DER EWIGE BRUNNEN

DER EWIGE BRUNNEN

EIN HAUSBUCH DEUTSCHER DICHTUNG

Gesammelt und herausgegeben von Ludwig Reiners
Aktualisiert und erweitert von Albert von Schirnding
Mit Titelvignetten von Andreas Brylka

C.H.BECK

Jubiläumsausgabe 2005
Die erste Auflage des *Ewigen Brunnen* ist 1955 erschienen.
1959 erschien eine 2., durchgearbeitete und erweiterte Ausgabe,
ab 1979 als Sonderausgabe mit Buchschmuck von Andreas Brylka
in zahlreichen Nachdrucken.

3. Auflage der Jubiläumsausgabe. 2007
4. Auflage der Jubiläumsausgabe. 2015
Diese Ausgabe erscheint zugleich als Sonderausgabe

Gesetzt aus der Bembo
Satz: Fotosatz Amann, Memmingen
Druck und Bindung: CPI – Ebner & Spiegel, Ulm
Gedruckt auf säurefreiem, alterungsbeständigem Papier
(hergestellt aus chlorfrei gebleichtem Zellstoff)
Printed in Germany
ISBN 978 3 406 67640 6 (Jubiläumsausgabe)
ISBN 978 3 406 67642 0 (Sonderausgabe)

www.beck.de

INHALT

VORWORT ZUR JUBILÄUMSAUSGABE

> Daß es Zusammenstellungen von Worten gibt, aus welchen, wie der Funke aus dem geschlagenen dunklen Stein, die Landschaften der Seele hervorbrechen, die unermeßlich sind wie der gestirnte Himmel …
>
> *Hugo von Hofmannsthal, Das Gespräch über Gedichte*

Ludwig Reiners hat seine bewundernswerte und überaus erfolgreiche Sammlung deutscher Gedichte 1955 veröffentlicht; vier Jahre später erschien eine zweite, durchgearbeitete und erweiterte Ausgabe. Sie blieb die Grundlage für alle folgenden zahlreichen Auflagen. Die Geschichte der deutschen Lyrik ist aber in den Jahrzehnten, die inzwischen vergangen sind, nicht stehengeblieben; viele Dichter, deren Werk Reiners noch nicht beziehungsweise nur unvollständig kennen konnte, sind mittlerweile zu Klassikern geworden oder sind doch dabei, es zu werden. Ich nenne nur die Namen von Nelly Sachs, Paul Celan, Ingeborg Bachmann, Günter Eich, Karl Krolow, Johannnes Bobrowski, Hilde Domin, Wolfgang Bächler, Hans Magnus Enzensberger, Robert Gernhardt, Reiner Kunze, Christoph Meckel, Sarah Kirsch. Dabei hat Ludwig Reiners durchaus auch Gedichte lebender Lyriker in seinen «Ewigen Brunnen» aufgenommen.

Eine Ergänzung war also fällig, eine möglichst repräsentative Auswahl zu treffen aus dem kostbaren Material, das im letzten halben Jahrhundert dem «ewigen Vorrat deutscher Poesie», so der andere Ewigkeitstitel einer berühmten Anthologie (von Rudolf Borchardt), hinzugefügt worden war. Sie durfte, schon im Hinblick auf den Charakter des «Hausbuchs», nicht zu knapp ausfallen. Das Angebot soll ja gerade nicht nur für die dünne Schicht geschmäcklerischer Kenner und Liebhaber bestimmt sein. Ein «Hausbuch» gehört (beinahe wie die Bibel) zum täglichen Dasein, ist möglichst immer griffbereit, wird bei den verschiedensten Gelegenheiten herangezogen, spendet, wie ehemals der Brunnen, der eine Großfamilie mit dem notwendigsten Element versorgte, jenes andere Lebenswasser: die Dichtung. So wird es zur unerschöpflichen Quelle des Findens und Wiederfindens von sprachlichen Kunstwerken, vor allem aber auch der ersten Begegnung mit ihnen.

Bei der Fülle und Breite, die sich mit dem Buchtypus verbinden, besteht die Gefahr der Unförmigkeit, die, wenn das Hausbuch zugleich als Handbuch dienen soll, unbedingt zu vermeiden ist. Deshalb mußte um der Ergänzung willen auch gekürzt werden. Von den über 1600 Gedichten, die der Band enthält, wurde etwa der vierte Teil ausgetauscht. Dabei sind auch einige bekannte Texte dem Rotstift zum Opfer gefallen. Der Bearbeiter sah sich der grundsätzlichen Frage konfrontiert, ob es sich bei einer so umfangreichen lyrischen Sammlung eher um ein Nachschlagewerk oder eine Anthologie handelt. Wohl um beides; wo aber Konflikte bei den leitenden Auswahlkriterien auftraten, fiel die Entscheidung zugunsten der Qualität und einer gewissen Überzeitlichkeit. So wird man die «Wacht am Rhein» in der Neuausgabe nicht mehr finden und hoffentlich auch nicht vermissen. Inzwischen ist man auch gegen manche Autoren, die trotz der ihnen im Dritten Reich zuteil gewordenen Förderung in den fünfziger Jahren noch immer angesehen waren, kritischer eingestellt. Begabungen wie Agnes Miegel oder Börries von Münchhausen sollen nicht ganz fehlen, sie waren aber meines Erachtens bei Reiners überrepräsentiert. Selbstverständlich haben Gedichte von Karl Bröger, Heinrich Lersch oder gar Edwin Erich Dwinger in einem Hausbuch deutscher Dichtung nichts mehr zu suchen.

Gestrichen habe ich manchen allzu regional begrenzten Dialektvers, ferner aus Dramen (meistens von Goethe oder Schiller) stammende Auszüge sowie unvollständig abgedruckte Texte, falls sie nicht um die fehlenden Strophen ergänzt wurden.

Auch die fünfundzwanzig thematischen Rubriken, in die der frühere Band gegliedert war, wurden teilweise verändert. So ist zum Beispiel aus dem «Buch des Vaterlandes» der distanziertere Titel «Kennst du das Land?», aus dem «Buch des Kampfes» ein «Buch des Mutes und der Tapferkeit», aus der etwas altväterisch klingenden Überschrift «Glück und Pflicht des Werktags» ein nüchterner «Lebensalltag» geworden. Die Texte, die unter «Größe des Lebens» firmierten, ließen sich in anderen Abteilungen unterbringen, mehrere davon in dem neu hinzugekommenen «Buch des Dichters». Denn sehr viele Autoren haben ihre Rolle und ihr Werk lyrisch reflektiert. Nach wie vor weisen die einzelnen Kapitel einen ganz unterschiedlichen Umfang auf. Es versteht sich, daß das «Buch der Liebe» das reichhaltigste des Bandes ist, eigentlich schon für sich genommen eine ganze Anthologie darstellt.

Der Bearbeiter verhehlt nicht, daß in seltenen Fällen seine Abneigung, öfter persönliche Vorliebe bei der Entfernung und Neuaufnahme von Stücken mitgesprochen haben. Gedichten gegenüber wäre vollkommene Objektivität, sofern sie überhaupt möglich ist, Gleichgültigkeit. Was Rilke über die Begegnung des Betrachters mit einem antiken Kunstwerk sagt («Archaischer Torso Apollos», S. 980), gilt im Grunde für jede Lektüre eines bedeutenden Gedichts: «denn da ist keine Stelle, / die dich nicht sieht».

München, im Sommer 2005 *Albert von Schirnding*

VORWORT VON LUDWIG REINERS

Wer vieles bringt, wird manchem etwas bringen;
Und jeder geht zufrieden aus dem Haus.

Johann Wolfgang Goethe, Faust

Im Jahre 1808 ließ die bayerische Regierung durch den Zentral-Schulrat Friedrich Immanuel Niethammer bei Goethe anfragen, ob er bereit sei, eine Sammlung von Gedichten zusammenzustellen, welche das «natürlichste gemeinschaftliche Bildungsmittel» der Nation werden könne; es solle für die Deutschen sein, was Homer für die Griechen war. Goethe antwortete, diesen Plan hege er schon lange; Niethammer möge ihn vertraulich behandeln, damit niemand ihm zuvorkomme; er solle aber schon jetzt Sorge tragen, daß in allen Bundesstaaten, auch in den österreichischen Erblanden, kein Nachdruck stattfinden dürfe. Und dann legt er seine Gedanken zu dieser Sammlung dar: Ein Volksbuch müsse den Charakter ansprechen, nicht den Geschmack. Auf den Charakter wirke der Gehalt, nicht die Form. Die Sammlung müsse ein «Unteres» enthalten, das befriedige und anlocke, ein «Mittleres», das allmählich aufgenommen werden könne, und ein «Oberstes», an dem die Menschen ihre «Ahndungsfähigkeit» üben könnten. Das Buch müsse nach «Rubriken» geordnet sein wie Vaterland, Familie, Liebe, Unsterblichkeit, und es müsse schlechthin alles enthalten: Legenden und Fabeln, Begebenheiten und Spottgedichte, naive Scherze und derbe Späße, Geistreiches und Gefälliges, Oden an Gott und Lieder der Studenten, Terzine und Knittelverse, kurzum, es müsse «durch Masse imponieren». Goethe hat sich mit diesem Plan lange beschäftigt, aber er hat ihn nie verwirklicht. Auch später ist eine Sammlung von solcher Breite, wie sie Goethe vorschwebte, nicht angelegt worden. Die Lücke ist verblieben, und sie ist schmerzlich.

Denn der Mensch bedarf des Verses, wie er des Waldes und des Weines bedarf. Eingezwängt in das zweckvolle Gehäuse der Alltagsarbeit, die ihn erregt und ermattet, aber nicht erfüllt und beglückt, strebt er zu anderen Ufern, zu denen ihn nur Kräfte tragen können, die ihn in der Tiefe seines Wesens erfassen. Solcher Kräfte gibt es viele, und eine von ihnen ist das Gedicht. Dem geistigen Kern unserer Epoche eher verschwistert als Glaube oder Natur, vermag es auch zu denen zu sprechen, die religiös unmusikalisch sind oder die Stimme des Waldes nicht mehr vernehmen, und es spricht in einer Sprache, wie sie sonst nur aus unserer Kinderzeit herübertönt.

Der Mensch unserer Tage ist oft der Belehrung so müde wie der Zerstreuung. Was er ersehnt, sind Wege zu tieferen Daseinsformen, Wege, die aus der Bedrängnis des Alltags herausführen, die den Blick freigeben auf unbekannte, auf schönere Reiche. Gerade diesen Blick schenkt uns das Gedicht. Es belehrt nicht: es erhellt. Es zerstreut nicht: es entrückt. Es läßt uns teilhaben an Welten, die allen anderen Schritten unerreichbar sind. Es überwindet die Not des Daseins, indem es große Sinnbilder beschwört und an ihrer Hand uns in das Reich des Ewigen hebt. Das Gedicht ist nicht Zierat des Lebens, sondern ein unentbehrlicher Teil. Die Menschheit würde ärmer, wenn sein Widerhall erstürbe.

Bei der Auswahl der Gedichte kam ich mir bisweilen vor wie jener Arzt in Tausendundeiner Nacht, dem der Sultan gestattet, sich einige Handvoll Edelsteine aus seinem Schatzgewölbe mitzunehmen, in dem die Diamanten, Rubine und Smaragde in Pferdeeimern an den Wänden stehen. Des funkelnden Reichtums deutscher Dichtung ist kein Ende, und den besten Ratschlag für die Auswahl bietet jener Brief Goethes an Niethammer. Er bewahrt uns auch vor dem modernen Irrtum, ein jedes Gedicht müsse ein «Wortkunstwerk» sein – ich hätte das Gesicht Goethes sehen mögen, wenn er diesen Ausdruck vernommen hätte. «Form» und «Inhalt» säuberlich auseinanderzuschneiden, ist schlechtes 18. Jahrhundert: die Form ist die Kontur des Inhalts, und der Goethe'sche Begriff des «Gehalts» tritt überwölbend hinzu. Gewiß, im Gedicht ist nur vorhanden, was nicht bloß geredet, sondern durch den Zauber der Sprache ins Leben heraufbeschworen ist. Aber diese Magie ist nicht Sache der Wortkunstgewerbler, sondern tieferer Kräfte. Die Aufgabe war, die Fülle der Welten widerzuspiegeln in der Fülle der Gedichte, in deren Buntheit jede Tonhöhe und jede Kunstform an ihrer Stelle Rang und Recht hat.

Wer das Buch zur Hand nimmt, wird in ihm Gedichte vermissen, die er liebt, und andere vorfinden, die er nicht mag. Aber diese Klippen kann keine Sammlung vermeiden, die zu vielen Menschen sprechen will; jedermann wird vieles finden, was ihm gemäß ist. Auch in dem Hause der Mutter Sprache sind viele Wohnungen.

Die Dichtkunst wie die Kirche darf die Pforten nicht verengen, sondern muß sie weit öffnen, wenn sie viele Menschen an sich ziehen will. Der Ältere wird auf diesen Seiten die Verse wiederfinden, die die Freude seiner Jugend waren; ich habe manche um ihrer Vertrautheit willen auch dann aufgenommen, wenn der Kunstgeschmack über sie hinweggegangen ist; ein Buch, das zugleich Nachschlagewerk sein will, darf auch die Vollzähligkeit nicht verachten. Der Jüngere wird Dichter finden, die man ihm als verstaubt verschrien hat; ihm muß man jene Geschichte erzählen, wie der Prinz von Preußen, der spätere Kaiser Wilhelm I., den Astronomen Friedrich Wilhelm Argelander fragte: «Nun, mein lieber Argelander, was gibt es Neues am gestirnten Himmel?» und von dem einstigen Spielgefährten die drastische Antwort empfing: «Kennen denn Königliche Hoheit schon das Alte?» Schließlich wird der Leser hier Namen begegnen, die er sonst nur in anderem Zusammenhang kennt: Kant und Schopenhauer, Moltke, Mozart, Spitzweg und

Thoma, Lagarde und Burckhardt, Rathenau und Wilamowitz. Ihre Schöpfungen sind keine Produkte der Wortkunst, aber Urkunden eines wichtigen Lebens.

Schwieriger als die Auswahl war die Anordnung. Gedichte nach den Anfangsbuchstaben der Dichter oder nach ihrem Lebensalter zu ordnen, ist mir von jeher vorgekommen, als wolle man Blumen alphabetisch zum Strauß binden. Die Anordnung nach dem «Gehalt» schenkt uns oft überraschende Akkorde; sie muß freilich auch kühne Übergänge in Kauf nehmen, wie wir sie sonst nur im wirklichen Leben finden.

Ein Buch wie dieses hat den Ehrgeiz, ein wenig mehr zu sein als ein Buch, nämlich ein Teil des gelebten Lebens. Wir alle haben wieder und wieder die Erfahrung gemacht, daß uns aus einem einzelnen Vers Kraft zuwachsen kann: indem er das Einmalige des Alltags als Vision des Ewigen vor uns hinstellt, löst er uns aus der Erdenschwere und hebt uns in ein höheres Reich. Wenn der Leser in ihm für alle Stimmungen seines Daseins die antwortenden Gegenbilder finden kann, dann vermag diese Welt der Gedichte ihn in seinen Freuden zu stärken, in seinen Leiden zu trösten und in seinem Wesen zu vertiefen und zu befreien.

Dies Buch hätte nicht entstehen können, wenn nicht Gertrud Grote und Georg Sund mir mit der Unermüdlichkeit des sachkundigen Liebhabers bei Auswahl und Anordnung geholfen hätten. Ich danke ihnen von Herzen. Vor allem danke ich meinem Verleger, Herrn Dr. Dr. h. c. Heinrich Beck, dafür, daß er meinen Lieblingsplan in dieser Weise verwirklicht hat.

München, im Sommer 1955 *Ludwig Reiners*

BUCH DER KINDHEIT

DIE SCHRITTE

Klein ist, mein Kind, dein erster Schritt,
klein wird dein letzter sein.
Den ersten gehen Vater und Mutter mit,
den letzten gehst du allein.

Sei's um ein Jahr, dann gehst du, Kind,
viel Schritte unbewacht,
wer weiß, was das dann für Schritte sind
im Licht und in der Nacht?

Geh kühnen Schritt, tu tapfren Tritt,
groß ist die Welt und dein.
Wir werden, mein Kind, nach dem letzten Schritt
wieder beisammen sein.

Albrecht Goes

EIN WIEGENLIED BEIM MONDSCHEIN ZU SINGEN

So schlafe nun, du Kleine!
Was weinest du?
Sanft ist im Mondenscheine
und süß die Ruh'.

Auch kommt der Schlaf geschwinder
und sonder Müh';
der Mond freut sich der Kinder
und liebet sie.

Er liebt zwar auch die Knaben,
doch Mädchen mehr,
gießt freundlich schöne Gaben
von oben her

auf sie aus, wenn sie saugen,
recht wunderbar,
schenkt ihnen blaue Augen
und blondes Haar.

Alt ist er wie ein Rabe,
sieht manches Land;
mein Vater hat als Knabe
ihn schon gekannt.

Und bald nach ihren Wochen
hat Mutter mal
mit ihm von mir gesprochen:
sie saß im Tal

in einer Abendstunde,
den Busen bloß,
ich lag mit offnem Munde
in ihrem Schoß;

sie sah mich an; für Freude
ein Tränchen lief;
der Mond beschien uns beide,
ich lag und schlief,

da sprach sie: «Mond, oh, scheine,
ich hab' sie lieb,
schein Glück für meine Kleine!»
Ihr Auge blieb

noch lang am Monde kleben
und flehte mehr.
Der Mond fing an zu beben,
als hörte er.

Und denkt nun immer wieder
an diesen Blick
und scheint von hoch hernieder
mir lauter Glück.

Er schien mir unterm Kranze
ins Brautgesicht
und bei dem Ehrentanze;
du warst noch nicht.

Matthias Claudius

DAS GEHEIMNIS DES DOMBRUNNENS

vom boden des doms reicht der brunnen
hinunter bis auf den grund der donau

die regensburger kinder
werden aus diesem brunnen geschöpft
wird erzählt

und nur sie
werden eines tages verstehen warum
in diesem dom sogar der teufel und seine großmutter
asyl gefunden haben

und nur sie
werden eines tages das verschmitzte lächeln
des verkündigungsengels verstehen

denn wer den dom zu regensburg besucht
und einen der beiden teufel berührt
der wetzt ein bißchen ab vom stein

und nur die regensburger kinder können ahnen
wie viele zärtliche berührungen es braucht
für eine erlösung.

Harald Grill

WOHIN DER SCHLAF SICH SCHLAFEN LEGT

Wohin der Schlaf sich schlafen legt,
wenn Großvater erwacht?

Am Morgen zwischen die Hörner der Kuh.
Die wiegt ihn ein
beim Wiederkäun,
da fallen ihm die Augen zu.
    Die ganze Nacht
    hat er Träume gebracht:
    vom Rosenbäumelein
    ein Rosenträumelein,
    vom Furchtbaum
    den Furchttraum.

Und nachmittags?

Am Nachmittag, wenn Großvater erwacht,
legt der Schlaf sich schlafen
zu den Hühnern unterm Flieder.
In den Kehlen knarrt es leis,
in den Kuhlen scharrt es leis,
da wird er müd und müder.
    Großvaters Mittagsrast
    trieb den Schlaf zu Eil und Hast:
    vom Aprikosenbäumelein
    ein Aprikosenträumelein,
    vom Irrbaum
    einen Wirrtraum!

Und euer Schlaf? Wohin er sich wohl schlafen legt,
wenn ihr erwacht?

    Die ganze Nacht
    hat er euch Träume gebracht:
    vom Rosen- und vom Aprikosenbäumelein
    ein Rosen- und ein Aprikosenträumelein.

Reiner Kunze

WIEGENLIEDER

Guten Abend, gute Nacht,
mit Rosen bedacht,
mit Näglein besteckt,
schlupf unter die Deck'.
Morgen früh, wenn's Gott will,
wirst du wieder geweckt.

Unbekannt

Da droben auf dem Berge,
da wehet der Wind,
da sitzet Maria
und wieget ihr Kind.
Sie wiegt es mit ihrer schneeweißen Hand,
dazu braucht sie kein Wiegenband.

Unbekannt

AMMEN-UHR

Der Mond, der scheint,
das Kindlein weint,
die Glock' schlägt zwölf,
daß Gott doch allen Kranken helf!

Gott alles weiß!
Das Mäuslein beißt,
die Glock' schlägt Ein,
der Traum spielt auf den Kissen dein.

Das Nönnchen läut'
zur Mettezeit,
die Glock' schlägt zwei,
sie gehn ins Chor in einer Reih.

Der Wind, der weht,
der Hahn, der kräht,
die Glock' schlägt drei,
der Fuhrmann hebt sich von der Streu.

Der Gaul, der scharrt,
die Stalltür knarrt,
die Glock' schlägt vier,
der Kutscher siebt den Haber schier.

Die Schwalbe lacht,
die Sonn' erwacht,
die Glock' schlägt fünf,
der Wandrer macht sich auf die Strümpf'.

Das Huhn gegackt,
die Ente quackt,
die Glock' schlägt sechs,
steh auf, steh auf, du faule Hex!

Zum Bäcker lauf,
ein Wecklein kauf,
die Glock' schlägt sieben,
die Milch tu an das Feuer schieben.

Tut Butter 'nein
und Zucker fein,
die Glock' schlägt acht,
geschwind dem Kind die Supp' gebracht!

Unbekannt

WIEGENLIED FÜR MEINEN JUNGEN

Schlaf, mein Küken – Racker, schlafe!
Guck: im Spiegel stehn zwei Schafe,
bläkt ein großes, mäkt ein kleines,
und das kleine, das ist meines!
    Bengel, Bengel, brülle nicht,
    du verdammter Strampelwicht.

Still, mein süßes Engelsfüllen:
Morgen schneit es Zuckerpillen,
übermorgen blanke Dreier,
nächste Woche goldne Eier,
    und der liebe Gott, der lacht,
    daß der ganze Himmel kracht.

Und du kommst und nimmst die Spenden,
säst sie aus mit Sonntagshänden,
und die Erde blüht von Farben
und die Menschen tun's in Garben –
    Herr, den Bengel kümmert nischt,
    was man auch für Lügen drischt.

Warte nur, du Satansrachen:
Heute nacht, du kleiner Drachen,
durch den roten Höllenbogen
kommt ein Schmetterling geflogen,
    huscht dir auf die Nase, hu,
    deckt dir beide Augen zu;

deckt die Flügel sacht zusammen,
dass du träumst von stillen Flammen,
von zwei Flammen, die sich fanden,
Hölle, Himmel still verbanden – –
    So, nu schläft er; es gelang;
    Himmel, Hölle, Gott sei Dank!

Richard Dehmel

PORTRÄT EINES KINDES

Wie viel
durch diese sehr offenen Augen
noch durchmuß

an Menschen, Bildern
und Schrecken,
an Tränen und Garben
von Licht –

Jetzt spiegeln sie,
zwischen Fristen von Schlaf,
von außen und innen
den Himmel.

Richard Exner

AN DAS BABY

Alle stehn um dich herum:
Fotograf und Mutti
und ein Kasten, schwarz und stumm,
Felix, Tante Putti …
Sie wackeln mit dem Schlüsselbund,
fröhlich quietscht ein Gummihund.
«Baby, lach mal!» ruft Mama.
«Guck», ruft Tante, eiala!»
Aber du, mein kleiner Mann,
siehst dir die Gesellschaft an …
Na, und dann – was meinste?
Weinste.

Später steht um dich herum
Vaterland und Fahnen;
Kirche, Ministerium,
Welsche und Germanen.
Jeder stiert nur unverwandt
auf das eigne kleine Land.
Jeder kräht auf seinem Mist,
weiß genau, was Wahrheit ist.
Aber du, mein guter Mann,
siehst dir die Gesellschaft an …
Na, und dann – was machste?
Lachste.

Kurt Tucholsky

EIGENES KINDERFOTO

Verblichen, von Wasserflecken versehrt,
ein Foto: Knabe am Schaukelpferd.
Sehr helles Haar; ein schmales Kinn;
das Gürtelkleid mit dem Anker darin.
Fest legt er die Hand auf das Pferdeohr,
so schrieb es ihm schon der Taufspruch vor:
das Seine zu halten, was auch käm,
dass niemand ihm die Krone nähm.

Denk nicht, dass sein ernster Blick dich such –
er forscht nach dem Mann hinterm schwarzen Tuch.

Dich säh er, wenn du im Traum ihn träfst.
Kreuze die Hände, vor du schläfst.

Georg von der Vring

MOTETTO, als der erste Zahn durch war

Viktoria! Viktoria!
Der kleine weiße Zahn ist da.
Du, Mutter! komm, und groß und klein
im Hause! kommt und guckt hinein
und seht den hellen, weißen Schein.

Der Zahn soll Alexander heißen!
Du liebes Kind! Gott halt' ihn dir gesund
und geb' dir Zähne mehr in deinen kleinen Mund
und immer was dafür zu beißen!

Matthias Claudius

WENN die bunten Blumen blühn,
kriegt Georg ein Röcklein.
Wenn die Haseln werden grün,
scheid ich ihm ein Stöcklein.

Sitz nun auf, sitz auf geschwind,
reiten sollst du heute.
Machst du's brav, mein liebes Kind,
freun sich alle Leute.

Mutter gibt dir Kuchenschnitt,
Vater gibt Rosinen.
Reit nur wacker Schritt für Schritt,
kannst sie bald verdienen.

Auch die kleinen Blümelein
nicken auf und nieder.
Reit nur in die Welt hinein,
aber komme wieder!

Unbekannt

REITER ZU PFERD,
von Soest nach Wörth:
was hat er gebracht?
Ein Säckchen voll Mäuse,
einen Pelz voll Läuse,
ein Haus voll Kinder,
einen Stall voll Rinder,
einen Ziegenbock,
einen hölzernen Stock:
hopp hopp, hopp hopp, hopp hopp.

Reiter zu Pferd,
der Gaul ist nichts wert,
das Bier ist bitter,
das trinken die Ritter,
der Wein ist sauer,
das trinkt nur der Bauer,
das Wasser ist schlecht,
das trinkt nur der Knecht.

Unbekannt

OTTOS MOPS

ottos mops trotzt
otto: fort mops fort
ottos mops hopst fort
otto: soso

otto holt koks
otto holt obst
otto horcht
otto: mops mops
otto hofft

ottos mops klopft
otto: komm mops komm
ottos mops kommt
ottos mops kotzt
otto: ogottogott

Ernst Jandl

JAPANISCHER HOLZSCHNITT

Ein rosa Pferd,
gezäumt und gesattelt, –
für wen?

Wie nah der Reiter auch sei,
er bleibt verborgen.

Komm du für ihn,
tritt in das Bild ein
und ergreif die Zügel!

Günter Eich

KINDHEITSGARTEN

Als ich dein war,
weißt du es noch?
Als mir das Haar
nach deinem Odem roch,
tauig und naß
voll deiner Tränen hing,
als mir dein Gras
noch bis zur Schulter ging,
als meine Hand,
braun und klein wie ein Tier,
aufwarf den Sand,
wühlte zum Herzen dir –
weißt du es noch? –
Rund war mein Knie,
von deinen Rinden zerrissen ...
Ach, du – ich weiß – aber wie
solltest du wissen –

Ina Seidel

DAS KARUSSELL
Jardin du Luxembourg

Mit einem Dach und seinem Schatten dreht
sich eine kleine Weile der Bestand
von bunten Pferden, alle aus dem Land,
das lange zögert, eh es untergeht.
Zwar manche sind an Wagen angespannt,
doch alle haben Mut in ihren Mienen;
ein böser roter Löwe geht mit ihnen
und dann und wann ein weißer Elefant.

Sogar ein Hirsch ist da ganz wie im Wald,
nur daß er einen Sattel trägt und drüber
ein kleines blaues Mädchen aufgeschnallt.

Und auf dem Löwen reitet weiß ein Junge
und hält sich mit der kleinen heißen Hand,
dieweil der Löwe Zähne zeigt und Zunge.

Und dann und wann ein weißer Elefant.

Und auf den Pferden kommen sie vorüber,
auch Mädchen, helle, diesem Pferdesprunge
fast schon entwachsen; mitten in dem Schwunge
schauen sie auf, irgendwohin, herüber –

Und dann und wann ein weißer Elefant.

Und das geht hin und eilt sich, daß es endet,
und kreist und dreht sich nur und hat kein Ziel.
Ein Rot, ein Grün, ein Grau vorbeigesendet,
ein kleines, kaum begonnenes Profil.
Und manchesmal ein Lächeln, hergewendet,
ein seliges, das blendet und verschwendet
an dieses atemlose, blinde Spiel.

Rainer Maria Rilke

DAS KARUSSELL

Wie Windes Anhauch in den Haaren,
die schon Gespiel des Traumes waren,
schwirrt es vorbei.
Dann bin ich an den Schlaf verloren,
und in mir paukt, magieverschworen,
ein Marsch der bunten Reiterei.
Kreisende Laternen bescheinen
bärtige Reiter, ich kenne keinen.

Warm trifft mich Schaum der Zähne,
wild überholen Pferde Schwäne,
Maul hetzt an Maul.
Aufschwellend werden die Tiere blasser,
die Bäume scheinen wie durch Wasser,
der Garten jagt, ein grüner Knaul.
Es greift mich an den Beinen,
es schleift mich in den Leinen.

Die Wüsten großer Stutenaugen
blenden, saugen
mich fort aus Fleisch und Gegenwart.
Alle Passagiere verwehten,
aber Orgel und Trompeten
befeuern mir die Fahrt.
Das Trittbrett schleift an Steinen,
ich kenne der Wege keinen.

Uns fliegen Raben an, entschlüpfen,
die leeren Kindersättel hüpfen,
die Taschen ohne Reisezehr.
Gebirge sinkt mit Eis und Almen,
Savannen drehn, und hinter Palmen
rollt himmelab das Blau ins Meer:
Am Hang der Unendlichkeit bricht
ein Schattenheer Disteln aus Licht.

Die Schatten am Distelberge
waren eben noch Reiter und Ferge.
Zackige Sterne bescheinen
sie heller: ich kenne keinen.

Oskar Loerke

KINDERSOMMER

erträumter einsamer blauer Engel
in meinem Herzen läutet ein heller Regen
in meinen Händen blühen die Glockenblumen
Salbeiblüten wehen mich an
die Perlenkette der Tränen gleitet
an den liegenden Schläfen nieder
immer ist Nachmittag
immer bin ich über einer Brücke von Staub
mein Birnbaum wirft Scherben ab
leise flötet der Schatten
mein Fuß ist warm und nackt an der Erde
drüben im dunklen Bereich der Schaukel
geigt die Angst
die Stuben sind dumpf und vertraut
über den feuchten Schwellen
blühen Schwertlilien auf
Abend lila und leicht
Abend durch vergessene Fenster
Abend
ich muß mein heißes hüstelndes Kranksein
in hohen Kissen verbergen
Nacht
ich lasse Akazienblätter treiben
ich liebe den Wind
die rauschenden runden Weiden führen
nicht irgendwohin
eine Mohnblume wartet auf mich

Friederike Mayröcker

EINEM KIND ZU EINER PUPPE

Wiege, Kind, das wunderbare
Wesen, das im Arm du hast!
Ohne Leben scheint es fast
mit dem aufgeklebten Haare.
Auf den Wangen die zwei Streife
grellen Rots sind reichlich kühn …
Nur das Kleid mit weißer Schleife
ist wie deines, hell und grün.

Wichtiges ist jetzt zu tun:
ihm ein wenig Brei zu reichen,
kleines Kissen glattzustreichen.
Es will essen, es will ruhn.
Manchmal freilich nippt es bloß,
statt daß es den Teller rein ißt …
Doch bedenk, daß es noch klein ist,
und du selber bis schon groß!

Schau, es läßt sich besser an!
Setz das Ding nur auf und nieder –
wie es da die Augenlider
öffnen schon und schließen kann!
Jedes Spiel, das du gespielt,
bring ihm bei und die Befehle
gib ihm, die man dir befiehlt,
bis es lebt mit deiner Seele,

bis es lacht und weint wie du!
Wie du's wiegst in deinem Schoße,
wirst du selber, wirst im Nu,
eh du's dachtest, eine große
lächelnde und ernste Frau.
Es schlägt Augen auf wie deine:
Zweier süßer Edelsteine
unerschöpflich tiefes Blau!

Max Kommerell

HAUS DER KINDHEIT

Da steh ich nun und bestaune
das Haus der Kindheit
das vom Krieg zerstörte
vom Frieden erhörte.
Es kennt mich nicht mehr
mit der Tür aus falschem Holz
dem Quader aus fremdem Stein.
Als ich stürzte und schrie
spülte meine Mutter das Abendgeschirr.
Mein Vater rief
die Sonne geht unter
als kehrte sie nie mehr zurück.
Die Fenster waren herrlich und hoch
nun hängen dürftig Gardinen.
Wo sind wir geblieben,
verzogen, dorthin wo der Regen
auf Gräber fällt.
Auch auf das Grab von Martha Burgen,
sie starb an Tb.
Unterm Dach war mein Zimmer.
Wer weiß, von wem es besetzt wird.
Ich will es nicht wissen.

Elisabeth Borchers

KINDHEIT

Da hab ich
den Pirol geliebt –
das Glockenklingen, droben
aufscholls, niedersanks
durch das Laubgehäus,

wenn wir hockten am Waldrand,
auf einen Grashalm reihten
rote Beeren; mit seinem
Wägelchen zog der graue
Jude vorbei.

Mittags dann in der Erlen
Schwarzschatten standen die Tiere,
peitschten zornigen Schwanzschlags
die Fliegen davon.

Dann fiel die strömende, breite
Regenflut aus dem offenen
Himmel; nach allem Dunkel
schmeckten die Tropfen,
wie Erde.

Oder die Burschen kamen
den Uferpfad her mit den Pferden,
auf den glänzenden braunen
Rücken ritten sie lachend
über die Tiefe.

Hinter dem Zaun
wölkte Bienengetön.
Später, durchs Dornicht am Schilfsee,
fuhr die Silberrassel
der Angst.
Es verwuchs, eine Hecke,
Düsternis Fenster und Tür.

Da sang die Alte in ihrer
duftenden Kammer. Die Lampe
summte. Es traten die Männer
herein, sie riefen den Hunden
über die Schulter zu.

Nacht, lang verzweigt im Schweigen –
Zeit, entgleitender, bittrer
von Vers zu Vers während:
Kindheit –
da hab ich den Pirol geliebt –

Johannes Bobrowski

GEMAHNT dich noch das schöne bildnis dessen
Der nach den schluchten-rosen kühn gehascht ·
Der über seiner jagd den tag vergessen ·
Der von der dolden vollem seim genascht?

Der nach dem parke sich zur ruhe wandte ·
Trieb ihn ein flügelschillern allzuweit ·
Der sinnend saß an jenes weihers kante
Und lauschte in die tiefe heimlichkeit ..

Und von der insel moosgekrönter steine
Verließ der schwan das spiel des wasserfalls
Und legte in die kinderhand die feine
Die schmeichelnde den schlanken hals.

Stefan George

KINDERZIMMER

Jede Nacht polterten unter dem Fenster
die Wagen mit dem Kohlestaub
zur Kattunfabrik
die Scheiben klirrten, ich lag
mit offenen Augen im Dunkeln
kratzte ein Loch in den Putz und malte mir
Abenteuer um den Erdball aus, die mich
von Mal zu Mal einen Tagesritt weiter
in Richtung Westen führten, eines Abends
war ich wieder zu Hause

das Zimmer sah jetzt
ganz anders aus, im Bett
lag ein Mann, der mir fremd war
ich hörte
den Fingernagel am Mörtel schaben.

Guntram Vesper

NATUR

Hab' heut' vor mir des Weges gehn
eine Gnädige mit ihrem Knäblein gesehn –
hochelegant, das Bürschlein zumal
geschnitten aus dem Modejournal,
nun hielten Madam just Lektion,
dozierten vom feinen Anstandston:
da müsse nicht Schritt und Tritt allein,
auch Wort und Blick gemessen sein –
drum solle sich's endlich mal menagieren,
zum Beispiel nicht so mit den Armen vagieren –
man müsse ja sonst glauben, daß er
so ein hergelaufener Junge wär,
man müsse sich sonst ja ordentlich schämen,
ihn wieder mit spazieren zu nehmen!

Das Bürschlein – fünf Jahr mocht's, denk' ich, zählen –
schien auch die Sache ziemlich zu quälen:
es trippelte sittsam und still fürbaß
und dachte betrübt an dies und das,
zerknickt, schien's, von dem Herzeleid
ob seiner schlimmen Verworfenheit.
Und als des Wegs eine Pfütze kam,
die endlich sein Auge in Anspruch nahm,
wandt's, eingedenk der Lehren, sich
zur Mutter und fragte bescheidentlich:
«Darf ich mich mal in die Pfütze legen?»

Da dacht' ich: o lust'ge – Mama Natur,
laß du sie ängsteln und pfuschen nur
mit ihrer Lackier- und Verkleisterung:
du wirst ein Mensch – Glückauf, mein Jung'!

Ferdinand Avenarius

AUS DER KINDHEIT

«Ja, das Kätzchen hat gestohlen,
und das Kätzchen wird ertränkt.
Nachbars Peter sollst du holen,
daß er es im Teich versenkt!»

Nachbars Peter hat's vernommen,
ungerufen kommt er schon;
«Ist die Diebin zu bekommen,
gebe ich ihr gern den Lohn!»

«Mutter, nein, er will sie quälen,
gestern warf er schon nach ihr,
bleibt nichts andres mehr zu wählen,
so ertränk' ich selbst das Tier.»

Sieh, das Kätzchen kommt gesprungen,
wie es glänzt im Morgenstrahl!
Lustig hüpft's dem kleinen Jungen
auf den Arm zu seiner Qual.

«Mutter, laß das Kätzchen leben,
jedesmal, wenn's dich bestiehlt,
sollst du mir kein Frühstück geben –
sieh nur, wie es artig spielt!»

«Nein, der Vater hat's geboten,
hundertmal ist ihr verziehn!»
«Hat sie doch vier weiße Pfoten!»
«Einerlei! Ihr Tag erschien!»

«Nachbarin, ich folg' ihm leise,
ob er es auch wirklich tut!»
Peter spricht es häm'scher Weise,
und der Knabe hört's mit Wut.

Unterwegs auf manchem Platze
bietet er sein Liebchen aus;
aber keiner will die Katze,
jeder hat sie längst im Haus.

Ach, da ist er schon am Teiche,
und sein Blick, sein scheuer, schweift,
ob ihn Peter noch umschleiche –
ja, er steht von fern und pfeift.

«Nun, wir müssen alle sterben,
Großmama ging dir vorauf,
und du wirst den Himmel erben,
kratze nur, sie macht dir auf!»

Jetzt, um sie recht tief zu betten,
wirft er sie mit aller Macht,
doch zugleich, um sie zu retten,
springt er nach, als er's vollbracht.

Eilte Peter nicht, der lange,
gleich im Augenblick herzu,
fände er, es ist mir bange,
hier im Reich die ew'ge Ruh.

In das Haus zurückgetragen,
hört er auf die Mutter nicht,
schweigt auf alle ihre Fragen,
schließt die Augen trotzig-dicht.

Von dem Zucker, den sie brachte,
nimmt er zwar zerstreut ein Stück;
doch den Tee, den sie ihm machte,
weist er ungestüm zurück.

Welch ein Ton! Er dreht sich stutzend,
und auf einer Fensterbank,
spinnend und sich emsig putzend,
sitzt sein Kätzchen blink und blank.

«Lebt sie, Mutter?» «Dem Verderben
warst du näher, Kind, als sie!»
«Und sie soll auch nicht mehr sterben?»
«Trinke nur, so soll sie's nie!»

Friedrich Hebbel

BUBENSONNTAG

Wenn ich einst, ein kleiner Bube,
sonntags früh im Bette lag
und die helle Kirchenglocke
all das Schweigen unterbrach:

O, wie schlüpft' ich dann so hurtig
aus dem Bett ins Kleid hinein,
und wie gern ließ ich das Frühstück,
um zuerst bei Gott zu sein.

Ein Gesangbuch unterm Arme,
eh' ich's Lesen noch verstand,
ging ich fort, gebeugten Hauptes,
fromm verschränkend Hand in Hand.

Kam mein Hündchen froh gesprungen,
schalt ich: «Komm mir nicht zu nah!»
Kaum daß ich, zur Seite schielend,
nach der Vogelfalle sah.

Fiel die Kirchentür nun knarrend
hinter meinem Rücken zu,
sprach ich furchtsam-zuversichtlich:
«Jetzt allein sind Gott und du!»

Längst mit ganzem, vollem Herzen
hing ich ja an meinem Gott.
Doch, daß niemand ihn erblicke,
hielt ich stets für eitel Spott.

Und so hofft' ich jeden Morgen,
endlich einmal ihn zu sehn;
war's denn nichts, in meinen Jahren
stets um fünfe aufzustehn?

Auf dem hohen Turm die Glocke
war schon lange wieder stumm.
Der Altar warf düstre Schatten,
Gräber lagen rings herum.

Drang ein Schall zu mir herüber,
dacht' ich: «Jetzt wirst du ihn schaun!»
Aber meine Augen schlossen
sich zugleich vor Angst und Graun.

Und dies Zittern, dies Erbangen
und mein kalter Todesschweiß –
daß der Herr vorbeigewandelt,
galt mir alles für Beweis.

Still und träumend dann zu Hause
schlich ich mich in süßer Qual.
Und mein klopfend Herz gelobte
sich mehr Mut fürs nächste Mal.

Friedrich Hebbel

DAS SEGELSCHIFF DES KNABEN

Es stand im elterlichen Birkenschranke
hinter Kram und Glas,
aber seine Planke
war vom Räubermeere naß.

Durch Bauernmohn und Balsaminen
glückselig schwebend schnitt sein Kiel.
Ihm nachzustaunen war im Knabenspiel
dein erstes ernstes Dienen.

Und saß dein Kinderschopf gefangen
in Staub- und Schulgeruch –
schon wieder: die Matrosen sangen
durch das Vokabelbuch.

Und einmal waren alle tot.
So kam das Schiff gezogen,
als um dein ländlich frühes Abendbrot
Septemberwespen flogen.

Es fuhr, wo es nicht mehr den Wal gelüstet
zu schwimmen, aber da bliebst du bei ihm,
die Segel brausten, in den Wind gebrüstet,
wie Haufen weißer Cherubim.

– Noch fliegt die Wespe. Noch bist du bereit,
den alten Segler heimzusteuern
in dichte, wilde Ewigkeit.
Du hörst dorther ganz fern Salute feuern.

Oskar Loerke

KINDHEIT

Da rinnt der Schule lange Angst und Zeit
mit Warten hin, mit lauter dumpfen Dingen.
O Einsamkeit, o schweres Zeitverbringen ...
Und dann hinaus: die Straßen sprühn und klingen,
und auf den Plätzen die Fontänen springen,
und in den Gärten wird die Welt so weit. –
Und durch das alles gehn im kleinen Kleid,
ganz anders als die andern gehn und gingen – :
O wunderliche Zeit, o Zeitverbringen,
o Einsamkeit.

Und in das alles fern hinauszuschauen:
Männer und Frauen; Männer, Männer, Frauen
und Kinder, welche anders sind und bunt;
und da ein Haus und dann und wann ein Hund
und Schrecken lautlos wechselnd mit Vertrauen – :
O Trauer ohne Sinn, o Traum, o Grauen,
o Tiefe ohne Grund.

Und so zu spielen: Ball und Ring und Reifen
in einem Garten, welcher sanft verblaßt,
und manchmal die Erwachsenen zu streifen,
blind und verwildert in des Haschens Hast,
aber am Abend still, mit kleinen steifen
Schritten nach Haus zu gehn, fest angefaßt – :
O immer mehr entweichendes Begreifen,
o Angst, o Last.

Und stundenlang am großen grauen Teiche
mit einem kleinen Segelschiff zu knien;
es zu vergessen, weil noch andre gleiche
und schönere Segel durch die Ringe ziehn,
und denken müssen an das kleine bleiche
Gesicht, das sinkend aus dem Teiche schien – :
O Kindheit, o entgleitende Vergleiche.
Wohin? Wohin?

Rainer Maria Rilke

AUF DEM SANKT ANNA PLATZ

Regen fällt. Schon sind die Kinder fort!
Nur die Tropfen springen auf den Steinen.
Kaum verstummt ihr nasses Wort,
stürmt es her mit nackten Beinen.

Und so gehts im Wechsel, hin und her.
Schaffts der Himmel, kurz sich zu erhellen,
wirft die schwarze Wolke einen schnellen
Sommerregen, fegt den Kirchplatz leer.

Lange sind die Kleinen nicht betrogen.
Farbig glänzt der Platz, die Stadt, die Welt!
Schöne Zeit verspricht der Regenbogen:
Glaubens gern, die Kinder, daß ers hält!

Georg Britting

O WÜSST' ich doch den Weg zurück,
den lieben Weg zum Kinderland!
O warum sucht' ich nach dem Glück
und ließ der Mutter Hand?

O wie mich sehnet auszuruhn,
von keinem Streben aufgeweckt,
die müden Augen zuzutun,
von Liebe sanft bedeckt!

Und nichts zu forschen, nichts zu spähn
und nur noch träumen leicht und lind;
der Zeiten Wandel nicht zu sehn,
zum zweitenmal ein Kind!

O zeigt mir doch den Weg zurück,
den lieben Weg zum Kinderland!
Vergebens such' ich nach dem Glück,
ringsum ist öder Strand.

Klaus Groth

WEISST DU, WIEVIEL STERNE STEHEN

Weißt du, wieviel Sterne stehen
an dem blauen Himmelszelt?
Weißt du, wieviel Wolken gehen
weithin über alle Welt?
Gott der Herr hat sie gezählet,
daß ihm auch nicht eines fehlet
an der ganzen großen Zahl.

Weißt du, wieviel Mücklein spielen
in der hellen Sonnenglut?
Wieviel Fischlein auch sich kühlen
in der hellen Wasserflut?
Gott der Herr rief sie mit Namen,
daß sie all ins Leben kamen,
daß sie nun so fröhlich sind.

Weißt du, wieviel Kinder frühe
stehn aus ihren Bettlein auf,
daß sie ohne Sorg' und Mühe
fröhlich sind im Tageslauf?
Gott im Himmel hat an allen
seine Lust, sein Wohlgefallen,
kennt auch dich und hat dich lieb.

Wilhelm Hey

HIMMELSMÄRCHEN

Nun sind wir wieder unter uns Göttern,
sagte der Mond, als der Abend dunkelte,
und winkte zum Reigen den Planeten,
seinen Vettern.
Das Goldblut funkelte
durch demantene Schleier,
wie sie langsam sich drehten
in festlich melodischem Schritt.
Dann reichten sie die Leier
der Erde, Scheherezade,
und alle lauschten
ihrer glorreich wilden Ballade.
Die Nacht summte träumerisch mit.
Die Tränen rauschten.

Ricarda Huch

VOM BÜBLEIN, DAS ÜBERALL HAT MITGENOMMEN SEIN WOLLEN

Denk an! das Büblein ist einmal
spazieren gangen im Wiesental;
da wurd's müd gar sehr
und sagt': «Ich kann nicht mehr;
wenn nur was käme
und mich mitnähme!»

Da ist das Bächlein geflossen kommen
und hat's Büblein mitgenommen;
das Büblein hat sich aufs Bächlein gesetzt,
und hat gesagt: «So gefällt mir's jetzt.»

Aber was meinst du? das Bächlein war kalt,
das hat das Büblein gespürt gar bald;
es hat's gefroren gar sehr,
es sagt': «Ich kann nicht mehr;
wenn nur was käme
und mich mitnähme!»

Da ist das Schifflein geschwommen kommen
und hat's Büblein mitgenommen;
das Büblein hat sich aufs Schifflein gesetzt
und hat gesagt: «Da gefällt mir's jetzt.»

Aber siehst du? das Schifflein war schmal,
das Büblein denkt: «Da fall' ich einmal»;
da fürcht't es sich gar sehr
und sagt': «Ich mag nicht mehr;
wenn nur was käme
und mich mitnähme!»

Da ist die Schnecke gekrochen kommen
und hat's Büblein mitgenommen;
das Büblein hat sich ins Schneckenhäuslein gesetzt
und hat gesagt: «Da gefällt mir's jetzt.»

Aber denkt! die Schnecke war kein Gaul,
sie war im Kriechen gar zu faul;
dem Büblein ging's langsam zu sehr;
es sagt': «Ich mag nicht mehr;
wenn nur was käme
und mich mitnähme!»

Da ist der Reiter geritten gekommen,
der hat's Büblein mitgenommen;
das Büblein hat sich hinten aufs Pferd gesetzt
und hat gesagt: «So gefällt mir's jetzt.»

Aber gib acht! das ging wie der Wind,
es ging dem Büblein gar zu geschwind;
es hopst darauf hin und her
und schreit: «Ich kann nicht mehr;
wenn nur was käme
und mich mitnähme!»

Da ist ein Baum ihm ins Haar gekommen
und hat's Büblein mitgenommen;
er hat's gehängt an einen Ast gar hoch,
dort hängt das Büblein und zappelt noch.

Das Kind fragt:
«Ist denn das Büblein gestorben?»

Antwort:
«Nein! es zappelt ja noch!
Morgen gehen wir 'naus und tun's runter.»

Friedrich Rückert

KLAGE UM DEN KLEINEN JAKOB

Wo ist der kleine Jakob geblieben?
Hatte die Kühe waldein getrieben,
kam nimmer wieder.
Schwestern und Brüder
gingen ihn suchen in'n Wald hinaus –
Kleiner Jakob! Kleiner Jakob! Komm zu Haus!

Wohin ist der kleine Jakob gegangen?
Es hat ihn ein Unterird'scher gefangen,
muß unten wohnen,
trägt goldne Kronen,
gläserne Schuh', hat ein gläsern Haus –
Kleiner Jakob! Kleiner Jakob! Komm zu Haus!

Was macht der kleine Jakob da unten?
Streuet als Diener das Estrich mit bunten
Blumen und schenket
Wein ein und denket:
Wärest du wieder zum Wald hinaus!
Kleiner Jakob! Kleiner Jakob! Komm zu Haus!

So muß der kleine Jakob da wohnen,
helfen ihm nichts seine güldenen Kronen,
Schuhe noch Kleider,
weinet sich leider –
ach! armer Jakob! – die Äuglein aus.
Kleiner Jakob! Kleiner Jakob! Komm zu Haus!

Ernst Moritz Arndt

DAS BUCKLICHT MÄNNLEIN

Will ich in mein Gärtlein gehn,
will mein' Zwiebel gießen,
steht ein bucklicht Männlein da,
fängt als an zu niesen.

Will ich in mein Küchel gehn,
will mein Süpplein kochen,
steht ein bucklicht Männlein da,
hat mein Töpflein brochen.

Will ich in mein Stüblein gehn,
will mein Müslein essen,
steht ein bucklicht Männlein da,
hat's schon halber gessen.

Geh' ich in mein Kämmerlein,
will mein Bettlein machen,
steht ein bucklicht Männlein da,
fängt als an zu lachen.

Wenn ich an mein Bänklein knie,
will ein bißlein beten,
steht ein bucklicht Männlein da,
fängt als an zu reden:

«Liebes Kindlein, ach, ich bitt',
bet fürs bucklicht Männlein mit!»

Unbekannt

DIE WANDELNDE GLOCKE

Es war ein Kind, das wollte nie
zur Kirche sich bequemen,
und sonntags fand es stets ein Wie,
den Weg ins Feld zu nehmen.

Die Mutter sprach: Die Glocke tönt,
und so ist dir's befohlen,
und hast du dich nicht hingewöhnt,
sie kommt und wird dich holen.

Das Kind, es denkt: Die Glocke hängt
da droben auf dem Stuhle.
Schon hat's den Weg ins Feld gelenkt,
als lief' es aus der Schule.

Die Glocke Glocke tönt nicht mehr,
die Mutter hat gefackelt.
Doch welch ein Schrecken! hinterher
die Glocke kommt gewackelt.

Sie wackelt schnell, man glaubt es kaum;
das arme Kind im Schrecken,
es läuft, es kommt als wie im Traum:
die Glocke wird es decken.

Doch nimmt es richtig seinen Husch,
und mit gewandter Schnelle
eilt es durch Anger, Feld und Busch
zur Kirche, zur Kapelle.

Und jeden Sonn- und Feiertag
gedenkt es an den Schaden,
läßt durch den ersten Glockenschlag,
nicht in Person sich laden.

Johann Wolfgang Goethe

DER GETREUE ECKART

O wären wir weiter, o wär ich zu Haus!
Sie kommen. Da kommt schon der nächtliche Graus.
Sie sinds, die unholdigen Schwestern.
Sie streifen heran und sie finden uns hier,
sie trinken das mühsam geholte, das Bier,
und lassen nur leer uns die Krüge.

So sprechen die Kinder und drücken sich schnell;
da zeigt sich vor ihnen ein alter Gesell:
nur stille, Kind! Kinderlein, stille!
Die Hulden, sie kommen von durstiger Jagd,
und laßt ihr sie trinken, wie's jeder behagt,
dann sind sie euch hold, die Unholden.

Gesagt so geschehn! und da naht sich der Graus
und sieht so grau und so schattenhaft aus,
doch schlürft es und schlampft es aufs beste.
Das Bier ist verschwunden, die Krüge sind leer;
nun saust es und braust es, das wütige Heer,
ins weite Getal und Gebirge.

Die Kinderlein ängstlich gen Hause so schnell,
gesellt sich zu ihnen der fromme Gesell:
Ihr Püppchen, nur seid mir nicht traurig. –
Wir kriegen nun Schelten und Streich' bis aufs Blut. –
Nein keineswegs, alles geht herrlich und gut,
nur schweiget und horchet wie Mäuslein.

Und der es euch anrät und der es befiehlt,
er ist es, der gern mit den Kindelein spielt,
der alte Getreue, der Eckart.
Vom Wundermann hat man euch immer erzählt,
nur hat die Bestätigung jedem gefehlt,
die habt ihr nun köstlich in Händen.

Sie kommen nach Hause, sie setzen den Krug
ein jedes der Eltern bescheiden genug
und harren der Schläg und der Schelten.
Doch siehe, man kostet: Ein herrliches Bier!
Man trinkt in die Runde schon dreimal und vier,
und noch nimmt der Krug nicht ein Ende.

Das Wunder, es dauert zum morgenden Tag.
Doch fraget, wer immer zu fragen vermag:
Wie ists mit den Krügen ergangen?
Die Mäuslein, sie lächeln, im stillen ergetzt;
sie stammeln und stottern und schwatzen zuletzt,
und gleich sind vertrocknet die Krüge.

Und wenn euch, ihr Kinder, mit treuem Gesicht
ein Vater, ein Lehrer, ein Aldermann spricht,
so horchet und folget ihm pünktlich!
Und liegt auch das Zünglein in peinlicher Hut,
verplaudern ist schädlich, verschweigen ist gut;
dann füllt sich das Bier in den Krügen.

Johann Wolfgang Goethe

DIE KINDER DIESER WELT

Die Kinder dieser Welt hab ich gesehen.
Mein Bruder hat sie eingeladen
über die sieben Berge zu fahren.
über die sieben Berge fuhren
die Kinder dieser Welt.

Auf dem ersten Berg war Jahrmarkt.
Die Kinder riefen, halt an.
Da tanzten über dem Rasenzelt
milchblaue Bälle mit Nasen.
Haben, riefen die Kinder der Welt.

Auf dem zweiten Berg lief der Sturmwind
und die Kinder schrien, hol ein.
Sie stampften und griffen ins Steuerrad
sie ließen die Hupe gellen.
Ich weiß nicht was mein Bruder tat
um ihrer Herr zu sein.

Auf dem dritten Berg stand die Nebelkuh
und leckte über das Gras.
Da machten die Kinder die Augen zu
sie fragten, sind wir nicht blaß?
Wir stürzen in die tiefe Schlucht.
Wer weiß, wer unsre Knöchlein sucht.
Sterben, sagten die Kinder der Welt.

Auf dem vierten Berg war ein Wasser.
Und mein Bruder sagte, vorbei.
Da wollten die Kinder ihn schlagen
sie sprangen vom fahrenden Wagen
mitten in den See.
Sie schwammen dort in der Runde
tief unten am steinigen Grunde
wie die Kinder der Lilofee.

Auf dem fünften Berg schien die Sonne
wie sieben Sonnen klar.
Da streckten die Kinder die Arme aus
und beugten sich weit zu den Fenstern heraus
mit wehendem Haar
und winkten und sangen laut dabei
wie süß die sündige Liebe sei.
Küssen, sangen die Kinder der Welt.

Um den sechsten Berg schlich der Mondmann
klein und gebückt.
Seinen Hund an der Leine.
Da rückten die Kinder zusammen.
Mein Vater ist verrückt
mein Bruder hat keine Beine
meine Mutter ist fortgegangen
kommt nicht zurück …

Auf dem siebenten Berg war kein Haus
und mein Bruder sagte, steigt aus.
Da wurden sie alle traurig
und ließen die Luftballons los
und das lieblichste übergab sich
gerade in seinen Schoß.

Sie gingen eins hierhin, eins dorthin
die kleinen Fäuste geballt
und wir hörten sie noch von ferne
trotzig singen im Wald.

Marie Luise Kaschnitz

KINDERKREUZZUG

In Polen, im Jahr Neununddreißig
war eine blutige Schlacht
die hatte viele Städte und Dörfer
zu einer Wildnis gemacht.

Die Schwester verlor den Bruder
die Frau den Mann im Heer;
zwischen Feuer und Trümmerstätte
fand das Kind die Eltern nicht mehr.

Aus Polen ist nichts mehr gekommen
nicht Brief noch Zeitungsbericht.
Doch in den östlichen Ländern
läuft eine seltsame Geschicht.

Schnee fiel, als man sich's erzählte
in einer östlichen Stadt
von einem Kinderkreuzzug
der in Polen begonnen hat.

Da trippelten Kinder hungernd
in Trüpplein hinab die Chausseen
und nahmen mit sich andere, die
in zerschossenen Dörfern stehn.

Sie wollten entrinnen den Schlachten
dem ganzen Nachtmahr
und eines Tages kommen
in ein Land, wo Frieden war.

Da war ihr kleiner Führer
das hat sie aufgericht'
Er hatte eine große Sorge:
Den Weg, den wußte er nicht.

Eine Elfjährige schleppte
ein Kind von vier Jahr
hatte alles für eine Mutter
nur nicht ein Land, wo Frieden war.

Ein kleiner Jude marschierte im Trupp
mit einem samtenen Kragen
der war das weißeste Brot gewohnt
und hat sich gut geschlagen.

Und ging ein dünner Grauer mit
hielt sich abseits in der Landschaft.
Er trug an einer schrecklichen Schuld:
Er kam aus der Nazigesandtschaft.

Und da war ein Hund
gefangen zum Schlachten
mitgenommen als Esser
weil sie's nicht übers Herz brachten.

Da war eine Schule
und ein kleiner Lehrer für Kalligraphie.
Und ein Schüler an einer zerschossenen Tankwand
lernte schreiben bis zu Frie …

Da war auch eine Liebe.
Sie war zwölf, er war fünfzehn Jahr.
In einem zerschossenen Hofe
kämmte sie ihm sein Haar.

Die Liebe konnte nicht bestehen
es kam zu große Kält:
Wie sollen die Bäumchen blühen
wenn so viel Schnee drauf fällt?

Da war auch ein Begräbnis
eines Jungen mit samtenem Kragen
der wurde von zwei Deutschen
und zwei Polen zu Grab getragen.

Protestant, Katholik und Nazi war da
ihn der Erde einzuhändigen,
und zum Schluß sprach ein kleiner
Kommunist
von der Zukunft der Lebendigen.

So gab es Glaube und Hoffnung
nur nicht Fleisch und Brot.
Und keiner schelt sie mir, wenn sie
was stahl'n
der ihnen nicht Obdach bot.

Und keiner schelt mir den armen Mann
der sie nicht zu Tische lud:
Für ein halbes Hundert, da braucht es
Mehl, nicht Opfermut.

Sie zogen vornehmlich nach Süden.
Süden ist, wo die Sonn
mittags um zwölf steht
gradaus davon.

Sie fanden zwar einen Soldaten
verwundet im Tannengries
Sie pflegten ihn sieben Tage
damit er den Weg ihnen wies.

Er sagte ihnen: Nach Bilgoray!
Muß stark gefiebert haben
und starb ihnen weg am achten Tag.
Sie haben auch ihn begraben.

Und da gab es ja Wegweiser
wenn auch vom Schnee verweht
nur zeigten sie nicht mehr die Richtung an
sondern waren umgedreht.

Das war nicht etwa ein schlechter Spaß
sondern aus militärischen Gründen.
Und als sie suchten nach Bilgoray
konnten sie es nicht finden,

Sie standen um ihren Führer.
Der sah in die Schneeluft hinein
und deutete mit der kleinen Hand
und sagte: es muß dort sein.

Einmal, nachts, sahen sie ein Feuer
da gingen sie nicht hin.
Einmal rollten drei Tanks vorbei
da waren Menschen drin.

Einmal kamen sie an eine Stadt
da machten sie einen Bogen.
Bis sie daran vorüber waren
sind sie nur nachts weitergezogen.

Wo einst das südöstliche Polen war
bei starkem Schneewehn
hat man die fünfundfünfzig
zuletzt gesehn.

Wenn ich die Augen schließe
seh ich sie wandern
von einem zerschossenen Bauerngehöft
zu einem zerschossenen andern.

Über ihnen, in den Wolken oben
seh ich andre Züge, neue, große!
Mühsam wandernd gegen kalte Winde
Heimatlose, Richtungslose.

Suchend nach dem Land mit Frieden
ohne Donner, ohne Feuer
nicht wie das, aus dem sie kamen
und der Zug wird ungeheuer.

Und er scheint mir durch den Dämmer
bald schon gar nicht mehr derselbe:
Andere Gesichtlein seh ich:
spanische, französische, gelbe!

In Polen, in jenem Januar
wurde ein Hund gefangen
der hatte um seinen mageren Hals
eine Tafel aus Pappe hangen.

Darauf stand: Bitte um Hilfe!
Wir wissen den Weg nicht mehr.
Wir sind fünfundfünfzig,
der Hund führt euch her.

Wenn ihr nicht kommen könnt
jagt ihn weg.
Schießt nicht auf ihn
nur er weiß den Fleck.

Die Schrift war eine Kinderhand.
Bauern haben sie gelesen.
Seitdem sind eineinhalb Jahre um.
Der Hund ist verhungert gewesen.

Bertolt Brecht

KINDERLIED

Wer lacht hier, hat gelacht?
Hier hat sich's ausgelacht.
Wer hier lacht, macht Verdacht,
daß er aus Gründen lacht.

Wer weint hier, hat geweint?
Hier wird nicht mehr geweint.
Wer hier weint, der auch meint,
daß er aus Gründen weint.

Wer spricht hier, spricht und schweigt?
Wer schweigt, wird angezeigt.
Wer hier spricht, hat verschwiegen,
wo seine Gründe liegen.

Wer spielt hier, spielt im Sand?
Wer spielt, muß an die Wand,
hat sich beim Spiel die Hand
gründlich verspielt, verbrannt.

Wer stirbt hier, ist gestorben?
Wer stirbt, ist abgeworben.
Wer hier stirbt, unverdorben,
ist ohne Grund verstorben.

Günter Grass

LÜGENLIED

Ich will euch erzählen und will auch nicht lügen:
ich sah zwei gebratene Ochsen fliegen,
sie flogen gar ferne;
sie hatten den Rücken gen Himmel gekehrt,
die Füße wohl gegen die Sterne.

Ein Amboß und ein Mühlenstein,
die schwammen bei Köln wohl über den Rhein;
sie schwammen gar leise;
ein Frosch verschlang sie alle beid'
zu Pfingsten wohl auf dem Eise.

Es fuhr ein Schiff auf trockenem Land;
es hatte die Segel gen Wind gespannt
und segelt' im vollen Laufen.
Da stieß es an einen hohen Berg;
da tat das Schiff ersaufen.

In Straßburg stand ein hoher Turm,
der trotzte Regen, Wind und Sturm
und stand fest über die Maßen;
den hat der Kuhhirt mit seinem Horn
eines Morgens umgeblasen.

So will ich hiermit mein Liedlein beschließen,
und sollt's auch die werte Gesellschaft verdrießen,
will trinken und nicht mehr lügen;
bei mir zuland sind die Mücken so groß
als hier die größesten Ziegen.

Unbekannt

ICH SCHENK DIR WAS:
Was ist denn das?
Ein silbernes Wart ein Weilchen
und ein goldnes Nixchen
in einem niemalenen Büchschen.

Unbekannt

AUF DEM BERGE SINAI
wohnt der Schneider Kikriki.
Seine Frau, die alte Grete,
saß auf dem Balkon und nähte.
Fiel herab, fiel herab,
und das linke Bein brach ab.
Kam der Doktor Hinkelmann,
leimt' das Bein mit Spucke an.

Unbekannt

ICK SITZE DA und esse Klops,
uff eenmal kloppt's.
Ick sitze, staune, wunder mir,
uff eenmal jeht se uff, de Tür.
Nanu, denk' ick, ick denk', nanu!
Jetzt ist se uff, erst war se zu.
Ick jehe raus und kieke,
und wer steht draußen? Icke!

Unbekannt

MUTSCHEKÜHCHEN von Halberstadt,
bring doch unserm Kindchen was!
Was soll ich ihm denn bringen?
Ein paar Schuh' mit Ringen,
ein Paar Schuh' mit Gold beschlagen,
die soll unser Kindchen tragen.

Unbekannt

KLETTERBÜBLEIN

Steigt das Büblein auf den Baum,
ei, so hoch, man sieht es kaum.
Schlüpft von Ast zu Ästchen,
hüpft zum Vogelnestchen.
Ui! da lacht es,
hui! Da kracht es –
plumps, da liegt es drunten.

Friedrich Güll

GEH, DU SCHWARZE AMSEL!

Daß ich so schwarz bin –
Schuld hab ich nicht allein.
Schuld hat meine Mutter g'habt,
weil sie mich nicht gewaschen hat,
da ich noch klein,
da ich wunderwinzig bin gesein.

Unbekannt

SCHULREIME

Hörst du's schlagen halber acht?
Gleich das Buch zurechtgemacht!
Schau, schon rudelt's groß und klein,
dick und dünn zur Schul' hinein.
Willst du gar der letzte sein?

Schnell die Mappe übern Kopf
und die Kappe auf den Schopf.
Und nun spring und lern recht viel.
Wer sich tummelt, kommt ans Ziel.

Friedrich Güll

DIE GESCHICHTE VOM DUMMEN HÄNSCHEN

Hänschen will ein Tischler werden,
ist zu schwer der Hobel;
Schornsteinfeger will er werden,
doch ihm scheint's nicht nobel;
Hänschen will ein Bergmann werden,
mag sich doch nicht bücken;
Hänschen will ein Müller werden,
doch die Säcke drücken;
Hänschen will ein Weber werden,
doch das Garn zerreißt er.
Immer, wenn er kaum begonnen,
jagt ihn fort der Meister.
Hänschen, Hänschen, denke dran,
was aus dir noch werden kann!
Hänschen will ein Schlosser werden,
sind zu heiß die Kohlen;
Hänschen will ein Schuster werden,
sind zu hart die Sohlen;
Hänschen will ein Schneider werden,
doch die Nadeln stechen;
Hänschen will ein Glaser werden,
doch die Scheiben brechen;
Hänschen will Buchbinder werden,
riecht zu sehr der Kleister.
Immer, wenn er kaum begonnen,
jagt ihn fort der Meister.
Hänschen, Hänschen, denke dran,
was aus dir noch werden kann!
Hänschen hat noch viel begonnen,
brachte nichts zu Ende;
drüber ist die Zeit verronnen,
schwach sind seine Hände.
Hänschen ist nun Hans geworden,
und er sitzt voll Sorgen,
hungert, bettelt, weint und klaget
abends und am Morgen:
«Ach, warum nicht war ich Dummer
in der Jugend fleißig?
Was ich immer nun beginne –
dummer Hans nur heiß' ich.
Ach, nun glaub' ich selbst daran,
daß aus mir nichts werden kann!»

Rudolf Löwenstein

MEIN KIND, wir waren Kinder,
zwei Kinder, klein und froh;
wir krochen ins Hühnerhäuschen,
versteckten uns unter das Stroh.

Wir krähten wie die Hähne,
und kamen Leute vorbei –
kikereküh! sie glaubten,
es wäre Hahnengeschrei.

Die Kisten auf unserem Hofe
die tapezierten wir aus,
und wohnten drin beisammen,
und machten ein vornehmes Haus.

Des Nachbars alte Katze
kam öfters zum Besuch;
wir machten ihr Bückling und Knickse
und Komplimente genug.

Wir haben nach ihrem Befinden
besorglich und freundlich gefragt;
wir haben seitdem dasselbe
mancher alten Katze gesagt.

Wir saßen auch oft und sprachen
vernünftig, wie alte Leut,
und klagten, wie alles besser
gewesen zu unserer Zeit;

Wie Lieb und Treu und Glauben
verschwunden aus der Welt,
und wie so teuer der Kaffee,
und wie so rar das Geld! – – –

Vorbei sind die Kinderspiele,
und alles rollt vorbei –
das Geld und die Welt und die Zeiten,
und Glauben und Lieb und Treu.

Heinrich Heine

DAS BÜBLEIN AUF DEM EISE

Gefroren hat es heuer
noch gar kein festes Eis.
Das Büblein steht am Weiher
und spricht zu sich ganz leis:
«Ich will es einmal wagen,
das Eis muß doch nun tragen.
Wer weiß!»

Das Büblein stampft und hacket
mit seinem Stiefelein.
Das Eis auf einmal knacket,
und krach! schon bricht's hinein.
Das Büblein platscht und krabbelt,
als wie ein Krebs und zappelt
mit Arm und Bein.

«O helft, ich muß versinken
in lauter Eis und Schnee!
O helft, ich muß ertrinken
im tiefen, tiefen See!»
Wär' nicht ein Mann gekommen,
der sich ein Herz genommen –
o weh!

Der packt es bei dem Schopfe
und zieht es so heraus,
vom Fuße bis zum Kopfe
wie eine Wassermaus.
Das Büblein hat getropfet,
der Vater hat's geklopfet
zu Haus.

Friedrich Güll

EIN LIED, HINTERM OFEN ZU SINGEN

Der Winter ist ein rechter Mann,
kernfest und auf die Dauer;
sein Fleisch fühlt sich wie Eisen an
und scheut nicht süß noch sauer.

War je ein Mann gesund, ist er's;
er krankt und kränkelt nimmer,
weiß nichts von Nachtschweiß noch Vapeurs
und schläft im kalten Zimmer.

Er zieht sein Hemd im Freien an
und läßt's vorher nicht wärmen
und spottet über Fluß im Zahn
und Kolik in Gedärmen.

Aus Blumen und aus Vogelsang
weiß er sich nichts zu machen,
haßt warmen Drang und warmen Klang
und alle warme Sachen.

Doch wenn die Füchse bellen sehr,
wenn's Holz im Ofen knittert,
und um den Ofen Knecht und Herr
die Hände reibt und zittert;

wenn Stein und Bein vor Frost zerbricht,
und Teich' und Seen krachen;
das klingt ihm gut, das haßt er nicht,
dann will er tot sich lachen.

Sein Schloß von Eis liegt ganz hinaus
beim Nordpol an dem Strande;
doch hat er auch ein Sommerhaus
im lieben Schweizerlande.

Da ist er denn bald dort, bald hier,
gut Regiment zu führen.
Und wenn er durchzieht, stehen wir
und sehn ihn an und frieren.

Matthias Claudius

DIE VOGELHOCHZEIT

Die Vögel wollten Hochzeit halten.
Sie sangen überlaut:
Vidirallala, vidirallala,
vidiralla lala la.

Die Amsel war der Bräutigam,
er hatte schwarze Kleider an.

Die Drossel, seine Braute,
trug einen Kranz von Raute.

Der Finke, der Finke,
der bringt der Braut die Strümpfe.

Der Kakadu, der Kakadu,
der bringt der Braut die neuen Schuh.

Der grüne Specht, der grüne Specht,
der macht der Braut das Haar zurecht.

Der Kuckuck schreit, der Kuckuck schreit,
er bringt der Braut das Hochzeitskleid.

Der Sperling, der Sperling,
der bringt der Braut den Trauring.

Die Taube, die Taube,
die bringt der Braut die Haube.

Der Geier, der Geier,
der bringt der Braut den Schleier.

Die Federgans, die Federgans,
die bringt der Braut den Hochzeitskranz.

Die Lerche, die Lerche,
die bringt die Braut zur Kerche.

Der Auerhahn, der Auerhahn,
das ist der Küster und Kaplan.

Der Stiegelitz, der Stiegelitz,
der bringt die Braut zum Kirchensitz.

Brautmutter war die Eule,
nahm Abschied mit Geheule.

Der schwarze Rab, der war der Koch,
man siehts an seinen Federn noch.

Der Papagei mit krummem Schnabel,
der bringt den Gästen Messer und Gabel.

Der Wiedehopf, der Wiedehopf,
der schenkt der Braut ein Blumentopf.

Die Anten, die Anten,
das sind die Musikanten.

Die Meise, die Meise,
die trug herein die Speise.

Die Nachtigall, die Nachtigall,
die führt die Braut in den Tanzsaal.

Der Pfau mit seinem langen Schwanz
macht mit der Braut den ersten Tanz.

Der Uhu, der Uhu,
der macht die Fensterläden zu.

Die Schneppe, die Schneppe,
die führt die Braut zu Bette.

Sieh mich, sieh mich, sieh mich an,
jetzt sind wir schon Frau und Mann.

Nun ist die Vogelhochzeit aus,
und alle Vögel fliegen nach Haus.
Vidirallala,vidirallala,
vidiralla lala la.

Unbekannt

DAS MÄNNLEIN IM WALDE

Ein Männlein steht im Walde
ganz still und stumm,
es hat von lauter Purpur
ein Mäntlein um.
Sagt, wer mag das Männlein sein,
das da steht im Wald allein
mit dem purpurroten Mäntelein?

Das Männlein steht im Walde
auf einem Bein
und hat auf seinem Haupte
schwarz Käpplein klein.
Sagt, wer mag das Männlein sein,
das da steht im Wald allein
mit dem kleinen, schwarzen Käppelein?

Hoffmann von Fallersleben

EINKEHR

Bei einem Wirte wundermild,
da war ich jüngst zu Gaste;
ein goldner Apfel war sein Schild
an einem langen Aste.

Es war der gute Apfelbaum,
bei dem ich eingekehret;
mit süßer Kost und frischem Schaum
hat er mich wohl genähret.

Es kamen in sein grünes Haus
viel leichtbeschwingte Gäste;
sie sprangen frei und hielten Schmaus
und sangen auf das beste.

Ich fand ein Bett zu süßer Ruh'
auf weichen, grünen Matten;
der Wirt, er deckte selbst mich zu
mit seinem kühlen Schatten.

Nun fragt' ich nach der Schuldigkeit,
da schüttelt er den Wipfel.
Gesegnet sei er allezeit
von der Wurzel bis zum Gipfel!

Ludwig Uhland

KNECHT RUPRECHT

Von drauß vom Walde komm' ich her;
ich muß euch sagen, es weihnachtet sehr!
Allüberall auf den Tannenspitzen
sah ich goldene Lichtlein sitzen;
und droben aus dem Himmelstor
sah mit großen Augen das Christkind hervor,
und wie ich so strolcht durch den finstern Tann,
da rief's mich mit heller Stimme an:
«Knecht Ruprecht», rief es, «alter Gesell,
hebe die Beine und spute dich schnell!
Die Kerzen fangen zu brennen an,
das Himmelstor ist aufgetan,
Alt' und Junge sollen nun
von der Jagd des Lebens einmal ruhn;
und morgen flieg' ich hinab zur Erden,
denn es soll wieder Weihnachten werden!»

Ich sprach: «O lieber Herre Christ,
meine Reise fast zu Ende ist;
ich soll nur noch in diese Stadt,
wo's eitel gute Kinder hat.»
– «Hast denn das Säcklein auch bei dir?»
Ich sprach: «Das Säcklein, das ist hier;
denn Äpfel, Nuß und Mandelkern
fressen fromme Kinder gern.»
– «Hast denn die Rute auch bei dir?»
Ich sprach: «Die Rute, die ist hier;
doch für die Kinder nur, die schlechten,
die trifft sie auf den Teil, den rechten.»
Christkindlein sprach: «So ist es recht!
So geh mit Gott, mein treuer Knecht!»

Von drauß vom Walde komm' ich her;
ich muß euch sagen, es weihnachtet sehr!
Nun sprecht, wie ich's hierinnen find!
Sind's gute Kind, sind's böse Kind?

Theodor Storm

DER WEIHNACHTSMANN

Morgen kommt der Weihnachtsmann,
kommt mit seinen Gaben.
Trommel, Pfeifen und Gewehr,
Fahn' und Säbel und noch mehr,
ja ein ganzes Kriegesheer
möcht' ich gerne haben.

Bring uns, lieber Weihnachtsmann,
bring auch morgen, bringe
Musketier und Grenadier,
Zottelbär und Panthertier,
Roß und Esel, Schaf und Stier,
lauter schöne Dinge!

Doch du weißt ja unsern Wunsch,
kennst ja unsre Herzen.
Kinder, Vater und Mama,
auch sogar der Großpapa,
alle, alle sind wir da,
warten dein mit Schmerzen.

Hoffmann von Fallersleben

IHR KINDERLEIN, KOMMET! O kommet doch all.
Zur Krippe her kommet in Bethlehems Stall
und seht, was in dieser hochheiligen Nacht
der Vater im Himmel für Freude uns macht.

O seht in der Krippe im nächtlichen Stall,
seht hier bei des Lichtleins hellglänzendem Strahl
in reinlichen Windeln das himmlische Kind,
viel schöner und holder, als Engel es sind.

Da liegt es, ach Kinder, auf Heu und auf Stroh,
Maria und Joseph betrachten es froh.
Die redlichen Hirten knien betend davor,
hoch oben schwebt jubelnd der Engelein Chor.

O beugt wie die Hirten anbetend die Knie,
erhebet die Händlein und danket wie sie.
Stimmt freudig, ihr Kinder – wer wollt' sich nicht freun –
stimmt freudig zum Jubel der Engel mit ein.

Christoph von Schmid

EPIPHANIAS

Ein Stern zieht durch die blaue Nacht
an vielen anderen vorbei,
teilt manche Lichtfigur entzwei,
der strengen Ordnung nicht bedacht.

«Wir reiten schon die zehnte Nacht,
vom hohen Stern geführt, wir drei.
Im Sande nebenher getreu
der Schatten zieht durch lange Wacht.» –

«Halt ein! Sieh, unser Stern steht still!» –
«Unweit dem Haufen der Plejaden
und über einer Flur von Saaten,
wenn mich der Mond nicht trügen will.»
«Des Königs Heimat wäre hier?
Ich seh nur einen Stall vor mir!»

Clemens Podewils

MÜDE BIN ICH

Müde bin ich, geh' zur Ruh',
schließe beide Äuglein zu;
Vater, laß die Augen dein
über meinem Bette sein!

Hab ich unrecht heut getan,
sieh es, lieber Gott, nicht an!
Deine Gnad' und Jesu Blut
macht ja allen Schaden gut.

Alle, die mir sind verwandt,
Gott, laß ruhn in deiner Hand.
Alle Menschen, groß und klein,
sollen dir befohlen sein.

Kranken Herzen sende Ruh,
nasse Augen schließe zu;
laß den Mond am Himmel stehn
und die stille Welt besehn.

Luise Hensel

KINDLICHES KÖNIGTUM

Du warst erkoren schon als du zum throne
In deiner väterlichen gärten kies
Nach edlen steinen suchtest und zur krone
In deren glanz dein haupt sich glücklich pries.

Du schufest fernab in den niederungen
Im rätsel dichter büsche deinen staat ·
In ihrem düster ward dir vorgesungen
Die lust an fremder pracht und ferner tat.

Genossen die dein blick für dich entflammte
Bedachtest du mit sold und länderei ·
Sie glaubten deinen plänen · deinem amte
Und daß es süß für dich zu sterben sei.

Es waren nächte deiner schönsten wonnen
Wenn all dein volk um dich gekniet im rund
Im saale voll von zweigen farben sonnen
Der wunder horchte wie sie dir nur kund.

Das weiße banner über dir sich spannte
Und blaue wolke stieg vom erzgestell
Um deine wange die vom stolze brannte
Um deine stirne streng und himmelhell.

Stefan George

JUGEND UND FREUNDSCHAFT

SCHÖN IST DIE JUGEND

Schön ist die Jugend bei frohen Zeiten,
schön ist die Jugend, sie kommt nicht mehr.
Drum sag' ich's noch einmal:
Schön sind die Jugendjahr',
schön ist die Jugend, sie kommt nicht mehr.

Es blühen Rosen, es blühen Nelken,
es blühen Blumen, sie welken ab.

Es blüht ein Weinstock und der trägt Reben,
und aus den Reben quillt edler Wein.

Drum bindet Rosen und bindet Kränze,
schön ist die Jugend, sie kommt nicht mehr.
Drum sag' ich's noch einmal:
Schön sind die Jugendjahr',
schön ist die Jugend, sie kommt nicht mehr.

Unbekannt

TRUNKEN müssen wir alle sein!
Jugend ist Trunkenheit ohne Wein;
Trinkt sich das Alter wieder zu Jugend,
so ist es wundervolle Tugend.
Für Sorgen sorgt das liebe Leben,
und Sorgenbrecher sind die Reben.

Johann Wolfgang Goethe

O ALTE BURSCHENHERRLICHKEIT

O alte Burschenherrlichkeit,
wohin bist du verschwunden?
Nie kehrst du wieder, goldne Zeit,
so froh und ungebunden!
Vergebens spähe ich umher,
ich finde deine Spur nicht mehr,
o jerum, jerum, jerum,
o quae mutatio rerum!

Den Burschenhut bedeckt der Staub,
es sank der Flaus in Trümmer,
der Hieber ward des Rostes Raub,
erblichen ist sein Schimmer,
verklungen der Kommersgesang,
verhallt Rapier- und Sporenklang.
O jerum, jerum, jerum,
o quae mutatio rerum!

Wo sind sie, die vom breiten Stein
nicht wankten und nicht wichen,
die ohne Moos bei Scherz und Wein
den Herrn der Erde glichen?
Sie zogen mit gesenktem Blick
In das Philisterland zurück.
O jerum, jerum, jerum,
o quae mutatio rerum!

Da schreibt mit finsterm Amtsgesicht
der eine Relationen,
der andre seufzt beim Unterricht
und der macht Rezensionen;
der schilt die sünd'ge Seele aus
und der flickt ihr verfallnes Haus.
O jerum, jerum, jerum,
o quae mutatio rerum!

Allein das rechte Burschenherz,
kann nimmermehr erkalten,
im Ernste wird, wie hier im Scherz,
der rechte Sinn stets walten.
Die alte Schale nur ist fern,
geblieben ist uns doch der Kern:
Und den laßt fest uns halten!

Drum Freunde! reichet euch die Hand,
damit es sich erneue,
der alten Freundschaft heil'ges Band,
das alte Band der Treue.
Klingt an und hebt die Gläser hoch:
Die alten Burschen leben noch,
noch lebt die alte Treue!

Eugen Höfling

ALT HEIDELBERG

Alt Heidelberg, du feine,
du Stadt an Ehren reich,
am Neckar und am Rheine
kein' andre kommt dir gleich.

Stadt fröhlicher Gesellen,
an Weisheit schwer und Wein,
klar ziehn des Stromes Wellen,
Blauäuglein blitzen drein.

Und kommt aus lindem Süden
der Frühling übers Land,
so webt er dir aus Blüten
ein schimmernd Brautgewand.

Auch mir stehst du geschrieben
ins Herz gleich einer Braut,
es klingt wie junges Lieben
dein Name mir so traut.

Und stechen mich die Dornen,
und wird mir's drauß zu kahl,
geb' ich dem Roß die Sporen
und reit' ins Neckartal.

Joseph Victor von Scheffel

DER MAI IST GEKOMMEN

Der Mai ist gekommen, die Bäume schlagen aus,
da bleibe, wer Lust hat, mit Sorgen zu Haus!
Wie die Wolken dort wandern am himmlischen Zelt,
so steht auch mir der Sinn in die weite, weite Welt.

Herr Vater, Frau Mutter, daß Gott euch behüt'!
Wer weiß, wo in der Ferne mein Glück mir noch blüht;
es gibt so manche Straße, da nimmer ich marschiert,
es gibt so manchen Wein, den ich nimmer noch probiert.

Und abends im Städtlein, da kehr' ich durstig ein:
«Herr Wirt, mein Herr Wirt, eine Kanne blanken Wein!
Ergreife die Fiedel, du lust'ger Spielmann du,
von meinem Schatz das Liedel, das sing' ich dazu!»

O Wandern, o Wandern, du freie Burschenlust!
Da wehet Gottes Odem so frisch in die Brust;
da singet und jauchzet das Herz zum Himmelszelt:
Wie bist du doch so schön, o du weite, weite Welt!

Emanuel Geibel

WANDERLIED

Wohlauf! noch getrunken
den funkelnden Wein!
Ade nun, ihr Lieben!
Geschieden muß sein.
Ade nun, ihr Berge,
du väterlich Haus!
Es treibt in die Ferne
mich mächtig hinaus.

Die Sonne, sie bleibet
am Himmel nicht stehn,
es treibt sie, durch Länder
und Meere zu gehn.
Die Woge nicht haftet
am einsamen Strand,
die Stürme, sie brausen
mit Macht durch das Land.

Mit eilenden Wolken
der Vogel dort zieht,
und singt in der Ferne
ein heimatlich Lied.
So treibt es den Burschen
durch Wälder und Feld,
zu gleichen der Mutter,
der wandernden Welt.

Da grüßen ihn Vögel
bekannt überm Meer,
sie flogen von Fluren
der Heimat hieher;
da duften die Blumen
vertraulich um ihn,
sie trieben vom Lande
die Lüfte dahin.

Die Vögel, die kennen
sein väterlich Haus;
die Blumen einst pflanzt' er
der Liebe zum Strauß;

und Liebe, die folgt ihm,
sie geht ihm zur Hand:
so wird ihm zur Heimat
das ferneste Land.

Justinus Kerner

SEHNSUCHT

Es schienen so golden die Sterne,
am Fenster ich einsam stand
und hörte aus weiter Ferne
ein Posthorn im stillen Land.
Das Herz mir im Leibe entbrennte,
da hab' ich mir heimlich gedacht:
Ach, wer da mitreisen könnte
in der prächtigen Sommernacht.

Zwei junge Gesellen gingen
vorüber am Bergeshang.
Ich hörte im Wandern sie singen
die stille Gegend entlang:

Von schwindelnden Felsenschlüften,
wo die Wälder rauschen so sacht,
von Quellen, die von den Klüften
sich stürzen in Waldesnacht.

Sie sangen von Marmorbildern,
von Gärten, die überm Gestein
in dämmernden Lauben verwildern,
Palästen im Mondenschein,
wo die Mädchen am Fenster lauschen,
wann der Lauten Klang erwacht,
und die Brunnen verschlafen rauschen
in der prächtigen Sommernacht.

Joseph von Eichendorff

NACH DER ERSTEN BERGFAHRT

Einem jungen Mädchen

Liebes Kind, du bist gemagert, bist verbrannt von Mittagssonnen,
deine Wangen blühen frischer, wuschest dich an kühlen Bronnen,
wie du schreitest, schlank und kräftig, über deines Gärtchens Stufen!
Deine Stimme wurde voller, die das Echo wachgerufen,
in dem klaren Herdgeläute wurde deine Stimme heller,
deine wegeskund'gen Blicke kreisen rascher, streifen schneller,
deine Lippen wurden stiller, edler wurde deine Stirne,
und dein Auge, großgeöffnet, es betrachtet noch die Firne.

Conrad Ferdinand Meyer

SEHNSUCHT

In dieser Winterfrühe
wie ist mir doch zumut!
O Morgenrot, ich glühe
von deinem Jugendblut.

Es glüht der alte Felsen
und Wald und Burg zumal,
berauschte Nebel wälzen
sich jäh hinab in das Tal.

Mit tatenfroher Eile
erhebt sich Geist und Sinn
und flügelt goldne Pfeile
durch alle Ferne hin.

Auf Zinnen möcht' ich springen
in alter Fürsten Schloß,
möcht' hohe Lieder singen,
mich schwingen auf das Roß!

Und stolzen Siegeswagen
stürzt' ich mich brausend nach!
Die Harfe wird zerschlagen,
die nur von Liebe sprach.

– Wie? schwärmst du so vermessen,
Herz, hast du nicht bedacht,
hast du mit eins vergessen,
was dich so trunken macht?

Ach wohl! was aus mir singet,
ist nur der Liebe Glück,
die wirren Töne schlinget
sie sanft in sich zurück.

Eduard Mörike

ZUVERSICHT

O Jugend meiner Sinne,
o Jugend meiner Jahre!
Mir glückt, was ich beginne;
mich freut, was ich gewahre!

Ich will in meine Hände
des Schicksals Führung nehmen;
ich denke nicht ans Ende,
kein Fürchten soll mich lähmen.

Und naht der Tod am Schlusse,
will ich ihn selber werben
und wie der Hauch im Kusse
im Schoß der Liebe sterben.

Ricarda Huch

ES GAB ERDKUNDESTUNDEN,

als ich zur Schule ging,
da nahm niemand die Hände
aus den Taschen.
Überall lagen Atlanten verstreut;
vorn an der Karte zeigte der Lehrer
irgendwohin in Asien.
Bilder zogen vorbei.
Alle hörten zu und atmeten.
Wenn es ein Paradies gibt auf Erden –
und andere Zitate.
Es schellte, die Stunde war zuende.
Niemand zog die Füße zu sich;
keiner kannte das Thema.

Hugo Dittberner

16 JAHR

thechdthen jahr
thüdothdbahnhof
thechdthen jahr
wath tholl
wath tholl
der machen
thüdothdbahnhof
thechdthen jahr
wath tholl
wath tholl
der bursch
wath tholl
der machen
wath tholl
wath tholl
der machen
thechdthen jahr
thüdothdbahnhof
wath tholl
der machen
der bursch
mit theine
thechdthen jahr

Ernst Jandl

MIT VIERZEHN

1954, als ich Fußballweltmeister wurde,
besaß niemand in unserer Straße ein Auto.
Keine der Parteien in unserem Haus hatte Telefon.
Wer in der Eckkneipe ein Pils trank
und nicht einfach ein Helles, konnte sich etwas leisten.
Der Mann im Kiosk verkaufte Zigaretten auch einzeln.
Alle Frauen waren verrückt nach Eierlikör.

Wir hörten viel Radio, und solange das Geld reichte,
gingen wir zweimal die Woche ins Kino.
Neue Schuhe gab es ungefähr ein Jahr
nachdem die alten zu eng waren.
Wir hatten den Krieg verloren,
weil die andern die Übermacht stellten.
Das Wort ›Jude‹ kam in der Schule nicht vor.

Die Russen waren brutal, die Amerikaner o.k.,
die Engländer und Franzosen ganz anders.
Irgendwo drehte immer jemand den Gashahn auf.
Wenn abgesperrt wurde,
hatten sie wieder einen Blindgänger gefunden.
Manche gingen in den Westen
und kamen in einem Kamelhaarmantel zurück.
Berlin, das wußte jeder Laubenpieper,
war einmal die schönste Stadt der Welt.

Rainer Malkowski

ROSEN PFLÜCKE, Rosen blühn,
morgen ist nicht heut!
Keine Stunde laß entfliehn –
flüchtig ist die Zeit!

Trink und küsse! Sieh, es ist
heut Gelegenheit!
Weißt du, wo du morgen bist?
Flüchtig ist die Zeit!

Aufschub einer guten Tat
hat schon oft gereut!
Hurtig leben ist mein Rat –
flüchtig ist die Zeit!

Johann Wilhelm Ludwig Gleim

EILE ZUM LIEBEN

Ach, Liebste, laß uns eilen,
wir haben Zeit!
Es schadet das Verweilen
uns beiderseit.

Der edlen Schönheit Gaben
fliehn Fuß für Fuß,
daß alles, was wir haben,
verschwinden muß.

Der Wangen Zier verbleichet,
das Haar wird greis,
der Augen Feuer weichet,
die Brunst wird Eis.

Das Mündlein von Korallen
wird ungestalt,
die Händ' als Schnee verfallen,
und du wirst alt.

Drum laß uns jetzt genießen
der Jugend Frucht,
eh' denn wir folgen müssen
der Jahre Flucht.

Wo du dich selber liebest,
so liebe mich.
Gib mir, daß, wann du gibest,
verlier' auch ich.

Martin Opitz

LEBENSPFLICHTEN

Rosen auf den Weg gestreut
und des Harms vergessen!
Eine kleine Spanne Zeit
ward uns zugemessen.

Heute hüpft im Frühlingstanz
noch der frohe Knabe;
morgen weht der Totenkranz
schon auf seinem Grabe.

Wonne führt die junge Braut
heute zum Altare,
eh' die Abendwolke taut,
liegt sie auf der Bahre.

Ungewisser, kurzer Dauer
ist dies Erdenleben
und zur Freude, nicht zur Trauer
uns von Gott gegeben.

Gebet Harm und Grillenfang,
gebet ihn den Winden;
ruht bei frohem Becherklang
unter grünen Linden.

Ludwig Christoph Heinrich Hölty

DER TAG DER FREUDE

Umkränzt mit Rosen eure Scheitel,
noch stehen euch die Rosen gut,
und nennet kein Vergnügen eitel,
dem Wein und Liebe Vorschub tut.
Was kann das Totenreich gestatten?
Nein! lebend muß man fröhlich sein.
Dort herzen wir nur kalte Schatten;
Dort trinkt man Wasser und nicht Wein.

Seht! Phyllis kömmt: o neues Glücke,
auf! Liebe zeige deine Kunst,
bereichre hier die schönsten Blicke
mit Sehnsucht und mit Gegengunst.
O Phyllis! glaube meiner Lehre:
Kein Herz muß unempfindlich sein.
Die Sprödigkeit bringt etwas Ehre;
doch kann die Liebe mehr erfreun.

Der Wein, den ich dir überreiche,
ist nicht vom herben Alter schwer.
Doch, daß ich dich mit ihm vergleiche,
sei jung und feurig, so wie er.
So kann man dich vollkommen nennen:
So darf die Jugend uns erfreun,
und ich der Liebe selbst bekennen:
Auf Phyllis' Küsse schmeckt der Wein.

Friedrich von Hagedorn

DIE JUBELND NIE den überschäumten Becher
gehoben in der heiligen Mitternacht,
und denen nie ein dunkles Mädchenauge,
zur Sünde lockend, sprühend zugelacht –
die nie den ernsten Tand der Welt vergaßen
und freudig nie dem Strudel sich vertraut –
oh, sie sind klug, sie bringen's weit im Leben …
Ich kann nicht sagen, wie mir davor graut!

Otto Erich Hartleben

NACH DEM BALLE

Setz in des Wagens Finsternis
getrost den Atlässchuh!
Die Füchse schäumen ins Gebiß;
Und nun, Johann, fahr zu!
Es ruht an meiner Schulter aus
und schläft, ein müder Veilchenstrauß,
die kleine blonde Komtesse.

Die Nacht versinkt im Sumpf und Moor,
ein erster roter Streif.
Der Kiebitz schüttelt sich im Rohr
aus Schopf und Pelz den Reif.
Noch hört im Traum der Rosse Lauf,
dann schlägt die blauen Augen auf
die kleine blonde Komtesse.

Die Sichel klingt vom Wiesengrund,
der Tauber girrt und lacht,
am Rade kläfft der Bauernhund,
all Leben ist erwacht.
Ach, wie die Sonne köstlich schien,
wir fuhren schnell nach Gretna Green;
ich und die kleine Komtesse.

Detlev von Liliencron

MÄDCHEN! schlingt die wildsten Tänze,
reißt nur euren Kranz entzwei!
Ohne Furcht, denn solche Kränze
flicht man immer wieder neu;
doch den andern, den ich meine,
nehmt, ihr Zärtlichen, in acht!
Und zumal im Mondenscheine,
und zumal in solcher Nacht.

Eduard Mörike

DIE SCHWESTER

Meine Schwester hat Hochzeit – die Glocken gehn,
alle Leute nach meiner Schwester sehn,
meine Schwester trägt Schleier und Myrtenkranz,
ihre seidne Schleppe fliegt im Tanz.

Der Bräutigam redet und lacht so laut,
er küßt die zitternden Hände der Braut –
meine schmale Hand hat noch niemand geküßt,
nicht weiß meine Lippe, was Liebe ist.

Kein heißes Begehren trat vor mich hin,
es freite mich keiner, wie schön ich auch bin,
ich bin's, die nicht Liebe noch Liebsten kennt –
und mein Blut ist jung und mein Mund, der brennt!

Agnes Miegel

EWIG JUNG IST NUR DIE SONNE

Heute fanden meine Schritte mein vergeßnes Jugendtal,
seine Sohle lag verödet, seine Berge standen kahl.
Meine Bäume, meine Träume, meine buchendunkeln Höhn –
ewig jung ist nur die Sonne, sie allein ist ewig schön.

Drüben dort in schilf'gem Grunde, wo die müde Lache liegt,
hat zu meiner Jugendstunde sich lebend'ge Flut gewiegt,
durch die Heiden, durch die Weiden ging ein wandernd Herdgetön –
ewig jung ist nur die Sonne, sie allein ist ewig schön.

Conrad Ferdinand Meyer

JUGENDGEDENKEN

Ich will spiegeln mich in jenen Tagen,
die wie Lindenwipfelwehn entflohn,
wo die Silbersaite, angeschlagen,
klar, doch bebend gab den ersten Ton,
der mein Leben lang,
erst heute noch, widerklang,
ob die Saite längst zerrissen schon;

wo ich ohne Tugend, ohne Sünde,
blank wie Schnee vor dieser Sonne lag,
wo dem Kindesauge noch die Binde
lind verbarg den blendend hellen Tag:
Du entschwundene Welt
klingst über Wald und Feld
hinter mir wie ferner Wachtelschlag.

Wie so fabelhaft ist hingegangen
jener Zeit bescheidne Frühlingspracht,
wo, von Mutterliebe noch umfangen,
schon die Jugendliebe leis erwacht
wie, vom Sonnenschein
durchspielt, ein Edelstein,
den ein Glücklicher ans Licht gebracht.

Wenn ich scheidend einst muß überspringen
jene Kluft, die keine Brücke trägt,
wird mir nicht ein Lied entgegenklingen,
das bekannt und ahnend mich erregt?
O, die Welt ist weit!
Ob nicht die Jugendzeit
irgendwo noch an das Herz mir schlägt?

Träumerei! Was sollten jene hoffen,
die nie sahn der Jugend Lieblichkeit,
die ein unnatürlich Los getroffen,
Frucht zu bringen ohne Blütenzeit!
Ach, was man nicht kennt,
danach das Herz nicht brennt
und bleibt kalt dafür in Ewigkeit!

In den Waldeskronen meines Lebens
atme fort, du kühles Morgenwehn!
Heiter leuchte, Frühstein guten Strebens,
laß mich treu in deinem Scheine gehn!
Rankend Immergrün
soll meinen Stab umblühn,
nur noch einmal will ich rückwärts sehn!

Gottfried Keller

DU MILCHJUNGER KNABE,

wie siehst du mich an?
Was haben deine Augen
für eine Frage getan!

Alle Ratsherrn der Stadt
und alle Weisen der Welt
bleiben stumm auf die Frage,
die deine Augen gestellt!

Ein leeres Schneckhäusel,
schau, liegt dort im Gras;
da halte dein Ohr dran,
drin brümmelt dir was!

Gottfried Keller

IM WALDE

Hier an der Bergeshalde
verstummet ganz der Wind;
die Zweige hängen nieder,
darunter sitzt das Kind.

Sie sitzt in Thymiane,
sie sitzt in lauter Duft;
die blauen Fliegen summen
und blitzen durch die Luft.

Es steht der Wald so schweigend,
sie schaut so klug darein;
um ihre braunen Locken
hinfließt der Sonnenschein.

Der Kuckuck lacht von ferne,
es geht mir durch den Sinn:
Sie hat die goldnen Augen
der Waldeskönigin.

Theodor Storm

ALS DER ERSTE SCHNEE FIEL

Gleich einem König, der in seine Staaten
zurück als Sieger kehrt, empfängt ein Jubel dich!
Der Knabe balgt um deine Flocken sich
wie bei der Krönung um Dukaten.

Selbst mir, obschon ein Mädchen und der Rute
lang nicht mehr untertan, bist du ein lieber Gast;
denn siehst du nicht, seit du die Erde hast
so weich belegt, wie ich mich spute,

zu fahren, ohne Segel, ohne Räder,
auf einer Muschel hin durch deinen weißen Flor,
so sanft und doch so leicht, so schnell, wie vor
dem Westwind eine Flaumenfeder.

Aus allen Fenstern und aus allen Türen
sieht mir der bleiche Neid aus hohlen Augen nach;
selbst die Matrone wird ein leises Ach
und einen Wunsch um mich verlieren.

Denn der, um den wir Mädchen oft uns stritten,
wird hinter mir, so schlank wie eine Tanne, stehn
und sonst auf nichts mit seinen Augen sehn
als auf das Mädchen in dem Schlitten.

Leopold Friedrich Günther von Goeckingk

UNGEDULD

Immer wieder in die Weite,
über Länder an das Meer,
Phantasien, in der Breite
schwebt am Ufer hin und her!
Neu ist immer die Erfahrung:
Immer ist dem Herzen bang,
Schmerzen sind der Jugend Nahrung,
Tränen seliger Lobgesang.

Johann Wolfgang Goethe

DER GOTT DER JUGEND

Gehn dir im Dämmerlichte,
wenn in der Sommernacht
für selige Gesichte
dein liebend Auge wacht,
noch oft der Freunde Manen
und, wie der Sterne Chor,
die Geister der Titanen
des Altertums empor;

wird da, wo sich im Schönen
das Göttliche verhüllt,
noch oft das tiefe Sehnen
der Liebe dir gestillt;
belohnt des Herzens Mühen
der Ruhe Vorgefühl,
und tönt von Melodien
der Seele Saitenspiel:

So such im stillsten Tale
den blütenreichsten Hain,
und gieß aus goldner Schale
den frohen Opferwein!
Noch lächelt unveraltet
des Herzens Frühling dir,
der Gott der Jugend waltet
noch über dir und mir.

Friedrich Hölderlin

DA ICH EIN KNABE WAR ...

Da ich ein Knabe war,
Rettet' ein Gott mich oft
Vom Geschrei und der Rute der Menschen,
Da spielt ich sicher und gut
Mit den Blumen des Hains,
Und die Lüftchen des Himmels
Spielten mit mir.

Und wie du das Herz
Der Pflanzen erfreust,
Wenn sie entgegen dir
Die zarten Arme strecken,

So hast du mein Herz erfreut,
Vater Helios! Und, wie Endymion,
War ich dein Liebling,
Heilige Luna!

O all ihr treuen
Freundlichen Götter!
Daß ihr wüßtet,
Wie euch meine Seele geliebt!

Zwar damals ruft ich noch nicht
Euch mit Namen, auch ihr
Nanntet mich nie, wie die Menschen sich nennen,
Als kennten sie sich.

Doch kannt ich euch besser,
Als ich je die Menschen gekannt,
Ich verstand die Stille des Aethers,
Der Menschen Worte verstand ich nie.

Mich erzog der Wohllaut
Des säuselnden Hains
Und lieben lernt ich
Unter den Blumen.

Im Arme der Götter wuchs ich groß ...

Friedrich Hölderlin

DER KNABE

Ich möchte einer werden so wie die,
die durch die Nacht mit wilden Pferden fahren,
mit Fackeln, die gleich aufgegangnen Haaren
in ihres Jagens großem Winde wehn.
Vorn möcht' ich stehen wie in einem Kahne,
groß und wie eine Fahne aufgerollt.
Dunkel, aber mit einem Helm von Gold,
der unruhig glänzt. Und hinter mir gereiht
zehn Männer aus derselben Dunkelheit
mit Helmen, die wie meiner unstet sind,
bald klar wie Glas, bald dunkel, alt und blind.
Und einer steht bei mir und bläst uns Raum
mit der Trompete, welche blitzt und schreit,
und bläst uns eine schwarze Einsamkeit,
durch die wir rasen wie ein rascher Traum:
die Häuser fallen hinter uns ins Knie,
die Gassen biegen sich uns schief entgegen,
die Plätze weichen aus: wir fassen sie,
und unsre Rosse rauschen wie ein Regen.

Rainer Maria Rilke

DIE IDEALE

So willst du treulos von mir scheiden
mit deinen holden Phantasien,
mit deinen Schmerzen, deinen Freuden,
mit allen unerbittlich fliehn?
Kann nichts dich, Fliehende, verweilen,
o meines Lebens goldne Zeit?
Vergebens, deine Wellen eilen
hinab ins Meer der Ewigkeit.

Erloschen sind die heitern Sonnen,
die meiner Jugend Pfad erhellt;
die Ideale sind zerronnen,
die einst das trunkne Herz geschwellt,
er ist dahin, der süße Glaube
an Wesen, die mein Traum gebar,
der rauhen Wirklichkeit zum Raube,
was einst so schön, so göttlich war.

Wie einst mit flehendem Verlangen
Pygmalion den Stein umschloß,
bis in des Marmors kalte Wangen
Empfindung glühend sich ergoß,
so schlang ich mich mit Liebesarmen
um die Natur, mit Jugendlust,
bis sie zu atmen, zu erwarmen
begann an meiner Dichterbrust,

und, teilend meine Flammentriebe,
die Stumme eine Sprache fand,
mir wiedergab den Kuß der Liebe
und meines Herzens Klang verstand;
da lebte mir der Baum, die Rose,
mir sang der Quellen Silberfall,
es fühlte selbst das Seelenlose
von meines Lebens Widerhall.

Es dehnte mit allmächtgem Streben
die enge Brust ein kreisend All,
herauszutreten in das Leben,
in Tat und Wort, in Bild und Schall.
Wie groß war diese Welt gestaltet,
solang die Knospe sie noch barg!
Wie wenig, ach! hat sich entfaltet,
dies wenige, wie klein und karg!

Wie sprang, von kühnem Mut beflügelt,
beglückt in seines Traumes Wahn,
von keiner Sorge noch gezügelt,
der Jüngling in des Lebens Bahn.
Bis an des Äthers bleichste Sterne
erhob ihn der Entwürfe Flug;
nichts war so hoch und nichts so ferne,
wohin ihr Flügel ihn nicht trug.

Wie leicht ward er dahingetragen,
was war dem Glücklichen zu schwer!
Wie tanzte vor des Lebens Wagen
die luftige Begleitung her!
Die Liebe mit dem süßen Lohne,
das Glück mit seinem goldnen Kranz,
der Ruhm mit seiner Sternenkrone,
die Wahrheit in der Sonne Glanz!

Doch, ach! schon auf des Weges Mitte
verloren die Begleiter sich,
sie wandten treulos ihre Schritte,
und einer nach dem andern wich.
Leichtfüßig war das Glück entflogen,
des Wissens Durst blieb ungestillt,
des Zweifels finstre Wetter zogen
sich um der Wahrheit Sonnenbild.

Ich sah des Ruhmes heilge Kränze
auf der gemeinen Stirn entweiht.
Ach, allzuschnell, nach kurzem Lenze,
entfloh die schöne Liebeszeit!
Und immer stiller wards und immer
verlaßner auf dem rauhen Steg,
kaum warf noch einen bleichen Schimmer
die Hoffnung auf den finstern Weg.

Von all dem rauschenden Geleite
wer harrte liebend bei mir aus?
Wer steht mir tröstend noch zur Seite
und folgt mir bis zum finstern Haus?
Du, die du alle Wunden heilest,
der Freundschaft leise, zarte Hand,
des Lebens Bürden liebend teilest,
du, die ich frühe sucht' und fand,

und du, die gern sich mit ihr gattet,
wie sie der Seele Sturm beschwört,
Beschäftigung, die nie ermattet,
die langsam schafft, doch nie zerstört,
die zu dem Bau der Ewigkeiten
zwar Sandkorn nur für Sandkorn reicht,
doch von der großen Schuld der Zeiten
Minuten, Tage, Jahre streicht.

Friedrich Schiller

SOKRATES UND ALKIBIADES

«Warum huldigest du, heiliger Sokrates,
diesem Jünglinge stets? Kennest du Größers nicht?
Warum siehet mit Liebe,
wie auf Götter, dein Aug' auf ihn?»

Wer das Tiefste gedacht, liebt das Lebendigste.
Hohe Jugend versteht, wer in die Welt geblickt,
und es neigen die Weisen
oft am Ende zu Schönem sich.

Friedrich Hölderlin

AN DIE JÜNGLINGE

Trinkt des Weines dunkle Kraft,
die euch durch die Seele fließt
und zu heilger Rechenschaft
sie im Innersten erschließt!
Blickt hinab nun in den Grund,
dem das Leben still entsteigt,
forscht mit Ernst, ob es gesund
jedem Höchsten sich verzweigt!

Geht an einen schaurgen Ort,
denkt an aller Ehren Strauß,
sprecht dann laut das Schöpfungswort,
sprecht das Wort: es werde! aus.
Ja, es werde! spricht auch Gott,
und sein Segen senkt sich still,
denn den macht er nicht zum Spott,
der sich selbst vollenden will.

Betet dann, doch betet nur
zu euch selbst, und ihr beschwört
aus der eigenen Natur
einen Geist, der euch erhört.

Leben heißt, tief einsam sein;
In die spröde Knospe drängt
sich kein Tropfen Taus hinein,
eh sie innre Glut zersprengt.

Gott dem Herrn ists ein Triumph,
wenn ihr nicht vor ihm vergeht,
wenn ihr, statt im Staube dumpf
hinzuknien, herrlich steht,
wenn ihr stolz, dem Baume gleich,
euch nicht unter Blüten bückt,
wenn die Last des Segens euch
erst hinab zur Erde drückt.

Fort den Wein! Wer noch nicht flammt,
ist nicht seines Kusses wert,
und wer selbst vom Feuer stammt,
steht schon lange glutverklärt.
Euch geziemt nur *eine* Lust,
nur ein Gang durch Sturm und Nacht,
der aus eurer dunklen Brust
einen Sternenhimmel macht.

Friedrich Hebbel

«SAG NUR, wie trägst du so behäglich
der tollen Jugend anmaßliches Wesen?»
Fürwahr, sie wären unerträglich,
Wär' ich nicht auch unerträglich gewesen.

Johann Wolfgang Goethe

DER GEGENWART

Ei, wer schilt die Jugend euch?
Ihr sind alle Lebensgüter,
vor der Freuden Zauberreich
steht sie als des Gartens Hüter.

Sie ist stolz und stark und kühn,
reich an Streben und an Taten,
braucht's doch auch erst Frühlings Blühn,
eh' der Sommer reift die Saaten.

Aber eines weiß sie nicht
Und wird's, oft getäuscht, erkennen:
Daß, was heut am lautsten spricht,
wofür alle Herzen brennen,

was in jeder Meinung steht
als für ewig eingegraben,
kaum, daß ein Jahrzehnt vergeht,
nur ein Spott noch ist der Knaben.

Daß, wie Mode formt das Kleid,
auch der Geist tauscht seine Trachten,
und ein Richter nur: die Zeit,
als ein letzter sei zu achten.

Darum wirkt mit rascher Tat,
übergebt euch Strom und Lüften,
doch das Urteil und den Rat
laßt den Reifern und Geprüften!

Franz Grillparzer

ICH MÖCHTE über alle Bänke springen
und jeden grünen Baum umarmen
und vor den staunenden Gendarmen
mich lächelnd in die Lüfte schwingen.

Ich möchte eine Bogenlampe schlank
zum Spaß mit einer Hand ausreißen,
ich könnte einen Kassenschrank
mit Grazie zu den Sternen schmeißen.

Lichten sich auf meinem Haupt die Haare?
Was schiert mich der Chor der Spötter:
heute bin ich zwanzig Jahre
und ich kenne nur noch Götter!

Otto Mainzer

RECHENSCHAFT

Der Meister
Frisch! der Wein soll reichlich fließen!
Nichts Verdrießlichs weh' uns an!
Sage, willst du mitgenießen,
hast du deine Pflicht getan?

Einer
Zwei recht gute junge Leute
liebten sich nur gar zu sehr,
gestern zärtlich, wütend heute,
morgen wär' es noch viel mehr:
Senkte sie hier das Genicke,
dort zerrauft' er sich das Haar;
alles bracht' ich ins Geschicke,
und sie sind ein glücklich Paar.

Chor
Sollst uns nicht nach Weine lechzen!
Gleich das volle Glas heran!
Denn das Ächzen und das Krächzen
hast du heut schon abgetan.

Einer
Warum weinst du, junge Waise?
«Gott! ich wünschte mir das Grab!
Denn mein Vormund, leise, leise,
bringt mich an den Bettelstab.»
Und ich kannte das Gelichter,
zog den Schächer vor Gericht,
streng und brav sind unsre Richter,
und das Mädchen bettelt nicht.

Chor
Sollst uns nicht nach Weine lechzen!
Gleich das volle Glas heran!
Denn das Ächzen und das Krächzen
hast du heut schon abgetan.

Einer
Einem armen kleinen Kegel,
der sich nicht besonders regt,
hat ein ungeheurer Flegel
heute grob sich aufgelegt.
Und ich fühlte mich ein Mannsen,
ich gedachte meiner Pflicht,
und ich hieb dem langen Hansen
gleich die Schmarre durchs Gesicht.

Chor
Sollst uns nicht nach Weine lechzen!
Gleich das volle Glas heran!
Denn das Ächzen und das Krächzen
hast du heut schon abgetan.

Einer
Wenig hab' ich nur zu sagen:
Denn ich habe nichts getan.
Ohne Sorgen, ohne Plagen
nahm ich mich der Wirtschaft an;
doch ich habe nichts vergessen,
ich gedachte meiner Pflicht:
Alle wollten sie zu essen,
und an Essen fehlt' es nicht.

Chor
Sollst uns nicht nach Weine lechzen!
Gleich das volle Glas heran!
Denn das Ächzen und das Krächzen
hast du heut schon abgetan.

Einer
Einer wollte mich erneuen,
macht' es schlecht, verzeih' mir Gott!
Achselzucken, Kümmereien!
Und er hieß ein Patriot.

Ich verfluchte das Gewäsche,
rannte meinen alten Lauf.
Narre! wenn es brennt, so lösche,
hat's gebrannt, bau wieder auf!

Chor
Sollst uns nicht nach Weine lechzen!
Gleich das volle Glas heran!
Denn das Ächzen und das Krächzen
hast du heut schon abgetan.

Meister
Jeder möge so verkünden,
was ihm heute wohl gelang!
Das ist erst das rechte Zünden,
daß entbrenne der Gesang.
Keinen Druckser hier zu leiden,
sei ein ewiges Mandat!
Nur die Lumpe sind bescheiden,
Brave freuen sich der Tat.

Chor
Sollst uns nicht nach Weine lechzen!
Gleich das volle Glas heran!
Denn das Ächzen und das Krächzen
hast du heut schon abgetan.

Drei Stimmen
Heiter trete jeder Sänger,
hochwillkommen, in den Saal:
Denn nur mit dem Grillenfänger
halten wir's nicht liberal,
fürchten hinter diesen Launen,
diesem ausstaffierten Schmerz,
diesen trüben Augenbraunen
Leerheit oder schlechtes Herz.

Chor
Niemand soll nach Weine lechzen!
Doch kein Dichter soll heran,
der das Ächzen und das Krächzen
nicht zuvor hat abgetan!

Johann Wolfgang Goethe

EINFÜHRUNG

Ob du dich auch in finstrem tal verloren ·
Von höhen abgesunken:
Wie du hier stehst bist du erkoren
Ins neue land zu schaun.
Du hast vom quell getrunken:
Betritt die offnen aun!
Durch veilchenwiesen zieht die gelbe ähre ·
Im haine lodern die altäre
Bekränzt mit rosen .. zitternd warmer schein
Ist in den lüften und der stete
Gesang des engels tönt .. sein mund
Auf deinem brennt dich rein ·
Du weilst auf heiligem grund:
Knie hin und bete!

Stefan George

ALL DIE JUGEND floss dir wie ein tanz
Ein berauschtes spiel von horn und flöte?
«Herr so lockt ich deine sonnensöhne.
Menschlich glück verschwor ich um dein lied
Fügte mich der not des wandertumes
Forschte bis ich dich in ihnen fände ..
Tag und nacht hab ich nur dies getan
Seit ich eignen lebens mich entsinne:
Dich gesucht auf weg und steg.»

Stefan George

Du schlank und rein wie eine flamme
Du wie der morgen zart und licht
Du blühend reis vom edlen stamme
Du wie ein quell geheim und schlicht

Begleitest mich auf sonnigen matten
Umschauerst mich im abendrauch
Erleuchtest meinen weg im schatten
Du kühler wind du heisser hauch

Du bist mein wunsch und mein gedanke
Ich atme dich mit jeder luft
Ich schlürfe dich mit jedem tranke
Ich küsse dich mit jedem duft

Du blühend reis vom edlen stamme
Du wie ein quell geheim und schlicht
Du schlank und rein wie eine flamme
Du wie der morgen zart und licht.

Stefan George

DIE PASSION

Früh hob ich meine Seele in den Händen
Göttern zur Gabe hin
Und bin wie aus mir selber fortgegeben.

Was weiß ich sonst von meinem jungen Leben:
Daß ich ein Opfer bin
Und daß die andern Götter mich verschwenden.

Um jenes Gottes willen, der mich traf,
Da ich noch wehrlos war und wie im Schlaf.

Lonja Stehelin-Holzing

DIE WAHRE FREUNDSCHAFT zeigt sich im Versagen
zur rechten Zeit, und es gewährt die Liebe
gar oft ein schädlich Gut, wenn sie den Willen
des Fordernden mehr als sein Glück bedenkt.
Du scheinest mir in diesem Augenblick
für gut zu halten, was du eifrig wünschest,
und willst im Augenblick, was du begehrst.
Durch Heftigkeit ersetzt der Irrende,
was ihm an Wahrheit und an Kräften fehlt.

Mit fremden Menschen nimmt man sich zusammen,
da merkt man auf, da sucht man seinen Zweck
in ihrer Gunst, damit sie nutzen sollen:
Allein bei Freunden läßt man frei sich gehn,
man ruht in ihrer Liebe, man erlaubt
sich eine Laune; ungezähmter wirkt
die Leidenschaft, und so verletzen wir
am ersten die, die wir am zärtsten lieben.

Johann Wolfgang Goethe

AN HERMANN

Unter Tränen rissest du dich von meinem Halse!
In die Finsternis lang sah ich verworren dir nach.
Wie? auf ewig? sagtest du so? Dann lässet auf ewig
meine Jugend von mir, lässet mein Genius mich!
Und warum? bei allem, was heilig, weißt du es selber,
wenn es der Übermut schwärmender Jugend nicht ist?
O verwegenes Spiel! Komm! nimm dein Wort noch zurücke!
– Aber du hörtest nicht, ließest mich staunend allein.
Monde vergingen und Jahre; die heimliche Sehnsucht im Herzen,
standen wir fremd, es fand keiner ein mutiges Wort,
um den kindischen Bann, den luftgewebten, zu brechen,
und der gemeine Tag löschte bald jeglichen Wunsch.
Aber heutige Nacht erschien mir wieder im Traume
deine Knabengestalt – Wehe! wo rett' ich mich hin
vor dem lieblichen Bild? Ich sah dich unter den hohen
Maulbeerbäumen im Hof, wo wir zusammen gespielt.

Und du wandtest dich ab, wie beschämt, ich strich dir die Locken
aus der Stirne: «O du», rief ich, «was kannst du dafür!»
Weinend erwacht' ich zuletzt, trüb schien der Mond auf mein Lager,
aufgerichtet im Bett saß ich und dachte dir nach.
Oh, wie tobte mein Herz! Du fülltest wieder den Busen
mir, wie kein Bruder vermag, wie die Geliebte nicht kann!

Eduard Mörike

LIED DER FREUNDSCHAFT

Der Mensch hat nichts so eigen,
so wohl steht ihm nichts an,
als daß er Treu' erzeigen
und Freundschaft halten kann;
wann er mit seinesgleichen
soll treten in ein Band,
verspricht sich, nicht zu weichen
mit Herzen, Mund und Hand.

Die Red' ist uns gegeben,
damit wir nicht allein
für uns nur sollen leben
und fern von Leuten sein;
wir sollen uns befragen
und sehn auf guten Rat,
das Leid einander klagen,
so uns betreten hat.

Was kann die Freude machen,
die Einsamkeit verhehlt?
Das gibt ein doppelt Lachen,
was Freunden wird erzählt;
der kann sein Leid vergessen,
der es von Herzen sagt;
der muß sich selbst auffressen,
der in geheim sich nagt.

Gott stehet mir vor allen,
die meine Seele liebt;
dann soll mir auch gefallen,
der mir sich herzlich gibt.
Mit diesem Bunds-Gesellen
verlach' ich Pein und Not,
geh' auf den Grund der Höllen
und breche durch den Tod.

Ich hab', ich habe Herzen,
so treue wie gebührt,
die Heuchelei und Scherzen
nie wissentlich berührt;
ich bin auch ihnen wieder
von Grund der Seelen hold;
ich lieb' euch mehr, ihr Brüder,
als aller Erden Gold.

Simon Dach

GIB TREULICH mir die Hände,
sei Bruder mir und wende
den Blick vor deinem Ende
nicht wieder weg von mir!
Ein Tempel, wo wir knien,
ein Ort, wohin wir ziehen,
ein Glück, für das wir glühen,
ein Himmel mir und dir!

Novalis

DIE BÜRGSCHAFT

Zu Dionys, dem Tyrannen, schlich
Damon, den Dolch im Gewande;
ihn schlugen die Häscher in Bande.
«Was wolltest du mit dem Dolche, sprich!»
entgegnet ihm finster der Wüterich. –
«Die Stadt vom Tyrannen befreien!»
«Das sollst du am Kreuze bereuen.»

«Ich bin», spricht jener, «zu sterben bereit
und bitte nicht um mein Leben;
doch willst du Gnade mir geben,
ich flehe dich um drei Tage Zeit,
bis ich die Schwester dem Gatten gefreit,
ich lasse den Freund dir als Bürgen –
ihn magst du, entrinn' ich, erwürgen.»

Da lächelt der König mit arger List
und spricht nach kurzem Bedenken:
«Drei Tage will ich dir schenken.
Doch wisse: wenn sie verstrichen, die Frist,
eh du zurück mir gegeben bist,
so muß er statt deiner erblassen,
doch dir ist die Strafe erlassen.»

Und er kommt zum Freunde: «Der König gebeut,
daß ich am Kreuz mit dem Leben
bezahle das frevelnde Streben;
doch will er mir gönnen drei Tage Zeit,
bis ich die Schwester dem Gatten gefreit,
so bleib du dem König zum Pfande,
bis ich komme, zu lösen die Bande.»

Und schweigend umarmt ihn der treue Freund
und liefert sich aus dem Tyrannen,
der andere ziehet von dannen.
Und ehe das dritte Morgenrot scheint,
hat er schnell mit dem Gatten die Schwester vereint,
eilt heim mit sorgender Seele,
damit er die Frist nicht verfehle.

Da gießt unendlicher Regen herab,
von den Bergen stürzen die Quellen,
und die Bäche, die Ströme schwellen.
Und er kommt ans Ufer mit wanderndem Stab,
da reißet die Brücke der Strudel hinab,
und donnernd sprengen die Wogen
des Gewölbes krachenden Bogen.

Und trostlos irrt er an Ufers Rand:
Wie weit er auch spähet und blicket
und die Stimme, die rufende, schicket –
da stößet kein Nachen vom sichern Strand,
der ihn setze an das gewünschte Land,
kein Schiffer lenket die Fähre,
und der wilde Strom wird zum Meere.

Da sinkt er ans Ufer und weint und fleht,
die Hände zum Zeus erhoben:
«O hemme des Stromes Toben!
Es eilen die Stunden, im Mittag steht
die Sonne, und wenn sie niedergeht
und ich kann die Stadt nicht erreichen,
so muß der Freund mir erbleichen.»

Doch wachsend erneut sich des Stromes Wut,
und Welle auf Welle zerrinnet,
und Stunde an Stunde entrinnet,
da treibt ihn die Angst, da faßt er sich Mut
und wirft sich hinein in die brausende Flut
und teilt mit gewaltigen Armen
den Strom, und ein Gott hat Erbarmen.

Und gewinnt das Ufer und eilet fort
und danket dem rettenden Gotte:
da stürzet die raubende Rotte
hervor aus des Waldes nächtlichem Ort,
den Pfad ihm sperrend, und schnaubet Mord
und hemmet des Wanderers Eile
mit drohend geschwungener Keule.

«Was wollt ihr?» ruft er, für Schrecken bleich;
«Ich habe nichts als mein Leben,
das muß ich dem Könige geben!»
Und entreißt die Keule dem nächsten gleich:
«Um des Freundes willen erbarmet euch!»
Und drei, mit gewaltigen Streichen,
erlegt er, die andern entweichen.

Und die Sonne versendet glühenden Brand,
und von der unendlichen Mühe
ermattet, sinken die Kniee:
«O, hast du mich gnädig aus Räuberhand,
aus dem Strom mich gerettet ans heilige Land,
und soll hier verschmachtend verderben,
und der Freund mir, der liebende, sterben!»

Und horch! da sprudelt es silberhell
ganz nahe, wie rieselndes Rauschen,
und stille hält er, zu lauschen;
und sieh, aus dem Felsen, geschwätzig, schnell,
springt murmelnd hervor ein lebendiger Quell,
und freudig bückt er sich nieder
und erfrischet die brennenden Glieder.

Und die Sonne blickt durch der Zweige Grün
und malt auf den glänzenden Matten
der Bäume gigantische Schatten;
und zwei Wanderer sieht er die Straße ziehn,
will eilenden Laufes vorüberfliehn,
da hört er die Worte sie sagen:
«Jetzt wird er ans Kreuz geschlagen.»

Und die Angst beflügelt den eilenden Fuß,
ihn jagen der Sorge Qualen;
da schimmern in Abendrots Strahlen
von ferne die Zinnen von Syrakus,
und entgegen kommt ihm Philostratus,
des Hauses redlicher Hüter,
der erkennet entsetzt den Gebieter:

«Zurück! du rettest den Freund nicht mehr,
so rette das eigene Leben!
Den Tod erleidet er eben.
Von Stunde zu Stunde gewartet' er
mit hoffender Seele der Wiederkehr,
ihm konnte den mutigen Glauben
der Hohn des Tyrannen nicht rauben.»

«Und ist es zu spät, und kann ich ihm nicht
ein Retter willkommen erscheinen,
so soll mich der Tod ihm vereinen.
Des rühme der blut'ge Tyrann sich nicht,
daß der Freund dem Freunde gebrochen die Pflicht –
er schlachte der Opfer zweie
und glaube an Liebe und Treue.»

Und die Sonne geht unter, da steht er am Tor
und sieht das Kreuz schon erhöhet,
das die Menge gaffend umstehet;
an dem Seile schon zieht man den Freund empor,
da zertrennt er gewaltig den dichten Chor:
«Mich, Henker!» ruft er, «erwürget!
Da bin ich, für den er gebürget!»

Und Erstaunen ergreifet das Volk umher,
in den Armen liegen sich beide
und weinen für Schmerzen und Freude.
Da sieht man kein Auge tränenleer,
und zum Könige bringt man die Wundermär;
der fühlt ein menschliches Rühren,
läßt schnell vor den Thron sie führen.

Und blicket sie lange verwundert an;
drauf spricht er: «Es ist euch gelungen,
ihr habt das Herz mir bezwungen,
und die Treue, sie ist doch kein leerer Wahn –
so nehmet auch mich zum Genossen an.
Ich sei, gewährt mir die Bitte,
in eurem Bunde der dritte.»

Friedrich Schiller

DER GUTE KAMERAD

Ich hatt' einen Kameraden,
einen bessern findst du nit.
Die Trommel schlug zum Streite,
er ging an meiner Seite
in gleichem Schritt und Tritt.

Eine Kugel kam geflogen;
gilt's mir oder gilt es dir?
Ihn hat es weggerissen,
er liegt mir vor den Füßen,
als wär's ein Stück von mir.

Will mir die Hand noch reichen,
derweil ich eben lad':
kann dir die Hand nicht geben;
bleib du im ew'gen Leben,
mein guter Kamerad!

Ludwig Uhland

DER POSTILLION

Lieblich war die Maiennacht,
Silberwölklein flogen,
ob der holden Frühlingspracht
freudig hingezogen.

Schlummernd lagen Wies' und Hain,
jeder Pfad verlassen;
niemand als der Mondenschein
wachte auf den Straßen.

Leise nur das Lüftchen sprach,
und es zog gelinder
durch das stille Schlafgemach
all der Frühlingskinder.

Heimlich nur das Bächlein schlich;
denn der Blüten Träume
dufteten gar wonniglich
durch die stillen Räume.

Rauher war mein Postillion
ließ die Geißel knallen,
über Berg und Tal davon
frisch sein Horn erschallen.

Und von flinken Rossen vier
scholl der Hufe Schlagen,
die durchs blühende Revier
trabten mit Behagen.

Wald und Flur im schnellen Zug
kaum gegrüßt – gemieden;
und vorbei, wie Traumesflug,
schwand der Dörfer Frieden.

Mitten in dem Maienglück
lag ein Kirchhof innen,
der den raschen Wanderblick
hielt zu ernstem Sinnen

Hingelehnt an Bergesrand
war die bleiche Mauer,
und das Kreuzbild Gottes stand
hoch, in stummer Trauer.

Schwager ritt auf seiner Bahn
stiller jetzt und trüber;
und die Rosse hielt er an,
sah zum Kreuz hinüber:

«Halten muß hier Roß und Rad!
Mag's Euch nicht gefährden;
drüben liegt mein Kamerad
in der kühlen Erden!

Ein gar herzlieber Gesell!
Herr, 's ist ewig schade!
Keiner blies das Horn so hell
wie mein Kamerade!

Hier ich immer halten muß,
dem dort unterm Rasen
zum getreuen Brudergruß
sein Leiblied zu blasen!»

Und dem Kirchhof sandt' er zu
frohe Wandersänge,
daß es in die Grabesruh'
seinem Bruder dränge.

Und des Hornes heller Ton
klang vom Berge wieder,
ob der tote Postillion
stimmt' in seine Lieder. –

Weiter ging's durch Feld und Hag
mit verhängtem Zügel;
lang mir noch im Ohre lag
jener Klang vom Hügel.

Nikolaus Lenau

HEIMLICHE AUFFORDERUNG

Auf, hebe die funkelnde Schale
empor zum Mund,
und trinke beim Freudenmahle
dein Herz gesund!

Und wenn du sie hebst, so winke
mir heimlich zu –
Dann lächle ich, und dann trinke
ich still wie du …

Und still gleich mir betrachte
um uns das Heer
der trunkenen Schwätzer – verachte
sie nicht zu sehr:

Nein, hebe die blinkende Schale,
gefüllt mit Wein,
und laß beim lärmenden Mahle
sie glücklich sein.

Doch hast du das Mahl genossen,
den Durst gestillt,
dann verlasse der lauten Genossen
festfreudiges Bild,

Und wandle hinaus in den Garten
zum Rosenstrauch, –
dort will ich dich dann erwarten
nach altem Brauch …

Und will an die Brust dir sinken,
eh du's erhofft,
und deine Küsse trinken,
wie ehmals oft,

Und flechten in deine Haare
der Rose Pracht –
O komme, du wunderbare,
ersehnte Nacht!

John Henry Mackay

AN DAS TRINKGLAS EINES VERSTORBENEN FREUNDES

Du herrlich Glas, nun stehst du leer,
Glas, das er oft mit Lust gehoben;
die Spinne hat rings um dich her
indes den düstern Flor gewoben.

Jetzt sollst du mir gefüllet sein
mondhell mit Gold der deutschen Reben!
In deiner Tiefe heil'gen Schein
schau' ich hinab mit frommem Beben.

Was ich erschau' in deinem Grund,
ist nicht Gewöhnlichen zu nennen,
doch wird mir klar zu dieser Stund',
wie nichts den Freund vom Freund kann trennen.

Auf diesen Glauben, Glas so hold!
Trink' ich dich aus mit hohem Mute.
Klar spiegelt sich der Sterne Gold,
Pokal, in deinem teuren Blute.

Still geht der Mond das Tal entlang,
ernst tönt die mitternächt'ge Stunde,
leer steht das Glas, der heil'ge Klang
tönt nach in dem kristallnen Grunde.

Justinus Kerner

DREI GLÄSER

Ach! Deine Abschiedsgabe:
drei Gläser
hochgeschliffen,
die meine: Bronzehände,
die ineinander griffen.

Als einst am trüben Morgen
das erste Glas
zersplittert,
die Sorge um die Freundschaft
mir durch die Seele zittert.

Und als an einem Abend
das zweite jäh
zerschellte,
da ahnte meine Seele,
daß es der Freundschaft gelte.

Wie dann nach ein'gen Monden
das dritte noch
zersprungen,
die Seele klagte leise:
die Freundschaft wohl verklungen.

Doch meine Bronzehände,
die können nicht
vergehen.
Drum: brachen auch die Gläser,
die Freundschaft bleibt bestehen.

Hubertus-Kraft Graf von Strachwitz

SPIEL

Denkst, Freund, des wilden Knabenspiels du noch,
das wir getrieben einst am Bergesjoch,
wann unser freud'ger Wandertag verglomm
und höher stets und immer höher klomm?
Wir sprangen jubelnd über Stock und Stein
bergan und wieder in das Licht hinein,
und noch einmal und noch einmal,
bis uns entschlüpft' der letzte Sonnenstrahl.

Das Spiel, das wir im Alpentale dort
getrieben, Freund, wir spielen's heut noch fort.
Wann neben uns das süße Licht erbleicht,
wir steigen, bis von neuem wir's erreicht.
Wir springen rüstig über Stock und Stein
und mitten wieder in den Tag hinein,
und noch einmal und noch einmal,
bis uns entschlüpft der letzte Lebensstrahl.

Conrad Ferdinand Meyer

BUCH DER LIEBE

WUNDERLICHSTES Buch der Bücher
ist das Buch der Liebe;
aufmerksam hab' ich's gelesen:
wenig Blätter Freuden,
ganze Hefte Leiden;
einen Abschnitt macht die Trennung.
Wiedersehn – ein klein Kapitel,
fragmentarisch. Bände Kummers,
mit Erklärungen verlängert,
endlos, ohne Maß.
O Nisami! – doch am Ende
hast den rechten Weg gefunden;
Unauflösliches, wer löst es?
Liebende sich wieder findend.

Johann Wolfgang Goethe

DER WUNSCH

Du holder Gott der süß'sten Lust auf Erden,
der schönsten Göttin schöner Sohn!
Komm, lehre mich die Kunst, geliebt zu werden;
die leichte Kunst zu lieben weiß ich schon.

Komm ebenfalls und bilde Phyllis' Lachen,
Cythere, gib ihr Unterricht;
denn Phyllis weiß die Kunst, verliebt zu machen;
die leichte Kunst zu lieben weiß sie nicht.

Friedrich von Hagedorn

DIE LIEBE

Eine Schale des Harms, eine der Freuden wog
Gott dem Menschengeschlecht; aber der lastende
Kummer senket die Schale;
immer hebet die andere sich.

Irren, traurigen Tritts wanken wir unsern Weg
durch das Leben hinab, bis sich die Liebe naht,
eine Fülle der Freuden
in die steigende Schale geußt.

Wie dem Pilger der Quell silbern entgegenrinnt,
wie der Regen des Mais über die Blüten träuft,
naht die Liebe: des Jünglings
Seele zittert und huldigt ihr!

Nähm er Kronen und Gold, mißte die Liebe? Gold
ist ihm fliegende Spreu; Kronen ein Flittertand; –
alle Hoheit der Erde
sonder herzliche Liebe – Staub!

Los der Engel! Kein Sturm düstert die Seelenruh
des Beglückten! Der Tag hüllt sich in lichtes Blau;
Kuß und Flüstern und Lächeln
flügelt Stunden an Stunden fort!

Herrscher neideten ihn, kosteten sie des Glücks,
das dem Liebenden ward, würfen den Königsstab
aus den Händen und suchten
sich ein friedliches Hüttendach.

Unter Rosengesträuch spielet ein Quell und mischt
dem begegnenden Bach Silber. So strömen flugs
Seel und Seele zusammen,
wann allmächtige Liebe naht.

Ludwig Christoph Heinrich Hölty

VERGÄNGLICHKEIT DER SCHÖNHEIT

Es wird der bleiche Tod mit seiner kalten Hand
dir endlich mit der Zeit um deine Brüste streichen,
der liebliche Korall der Lippen wird verbleichen,
der Schultern warmer Schnee wird werden kalter Sand.

Der Augen süßer Blitz, die Kräfte deiner Hand,
für welchen solches fällt, die werden zeitlich weichen,
das Haar, das itzund kann des Goldes Glanz erreichen,
tilgt endlich Tag und Jahr als ein gemeines Band.

Der wohlgesetzte Fuß, die lieblichen Gebärden,
die werden teils zu Staub, teils nichts und nichtig werden;
dann opfert keiner mehr der Gottheit deiner Pracht.

Dies und noch mehr als dies muß endlich untergehen.
Dein Herze kann allein zu aller Zeit bestehen,
dieweil es die Natur aus Diamant gemacht.

Christian Hofmann von Hofmannswaldau

SILVIA ist wohlgemacht.
Ihre Glieder sind wie Ketten,
und ich wollte sicher wetten,
daß von hundert Amouretten
drei nicht ihre Schönheit hätten,
noch ihr holdes Angesicht –
nur ihr Herze tauget nicht.

Ach du ungezognes Herz!
Wenn du denn allein mißfällest,
wenn du ihren Geist verstellest,
wenn du ihren Mund vergällest
und mit Trotze von dir prellest,
was sich dir und ihr verpflicht' –
warum ändert sie sich nicht?

Benjamin Neukirch

COLLIN UND JULIETTE

Im süßen Duft der Rosen
lag Schäfer Collinet
und machte seiner losen
Geliebten ein Bouquet
und etwas andres noch –
ich wag es nicht zu sagen –
und etwas andres noch:
Wer wird nach allem fragen?

Fein züchtig, wie es Sitte,
sprach er mit ihr, allein
bald mischte als der Dritte
sich Cypripor darein
und etwas andres noch –
ich wag es nicht zu sagen –
und etwas andres noch:
Wer wird nach allem fragen?

Ich fühle deine Nähe,
du kleiner Göttersohn,
Dank, Amor, Dank! Ich sehe,
dein Szepter winkt mir schon
und etwas andres noch –
ich wag es nicht zu sagen –
und etwas andres noch:
Wer wird nach allem fragen?

O Dank für diese Stunde!
Sie führet zum Genuß,
verspricht von diesem Munde
mir einen Wonnekuß
und etwas andres noch –
ich wag es nicht zu sagen –
und etwas andres noch:
Wer wird nach allem fragen?

So dacht' er – naht dem Weibchen
sich schnell, von Liebe warm,
umfaßt das zarte Leibchen,
den Alabasterarm
und etwas andres noch –
ich wag es nicht zu sagen –
und etwas andres noch:
Wer wird nach allem fragen?

«Nimm diese Blumenkette!»
rief er. «Ich flocht sie dir;
doch dafür, Juliette,
gewähr ein Mäulchen mir
und etwas andres noch –
ich wag es nicht zu sagen –
und etwas andres noch:
Wer wird nach allem fragen?»

Drauf legt er sie geschwinde
auf weichen Rasen hin,
berührt dem lieben Kinde
das anmutsvolle Kinn
und etwas andres noch –
ich wag es nicht zu sagen –
und etwas andres noch:
Wer wird nach allem fragen?

Sie widerstrebt, er ringet,
siegt – eilet zum Genuß,
in Rosenlippen dringet
ein feuervoller Kuß
und etwas andres noch –
ich wag es nicht zu sagen –
und etwas andres noch:
Wer wird nach allem fragen?

«O Collin!» rief entzücket
die schöne Schäferin.
«Wie hast du mich beglücket,
ich fühle Wonnesinn
und etwas andres noch –
ich wag es nicht zu sagen –
und etwas andres noch:
Wer wird nach allem fragen?

Ach, meine Augen brechen
vor lauter Seligkeit;
wie groß, nicht auszusprechen
ist deine Zärtlichkeit
und etwas andres noch –
ich wag es nicht zu sagen –
und etwas andres noch:
Wer wird nach allem fragen?»

Des Schäfers banges Sehnen
ist nun gestillt. Es floß
ein Strom von Freudentränen
in der Geliebten Schoß
und etwas andres noch –
ich wag es nicht zu sagen –
und etwas andres noch:
Wer wird nach allem fragen?

Sie trieben Scherz und Possen,
bis süßer Schlaf sie band,
die Augen fest geschlossen,
hielt eins des andern Hand
und etwas andres noch –
ich wag es nicht zu sagen –
und etwas andres noch:
Wer wird nach allem fragen?

Gottfried August Bürger

NACH MEINER LIEB' viel hundert Knaben trachten,
allein der, den ich lieb', will mein nicht achten.
Ach weh mir armen Maid, vor Lieb' muß ich verschmachten.

Jeder begehrt zu mir sich zu verpflichten,
allein der, den ich lieb', tut mich vernichten.
Ach weh mir armen Maid, was soll ich denn anrichten?

Von allen keiner mag mir widerstreben,
allein der, den ich lieb', will sich nicht geben.
Ach weh mir armen Maid, was soll mir dann das Leben?

Unbekannt

ACH, AMOR, laß doch Phyllis nicht so spröde,
rief Damon aus in seinem Schmerz;
ach, Amor, laß doch Damon nicht so blöde,
rief Phyllis aus, und gib ihm etwas Herz!

Friedrich Hebbel

DIE FORELLE

In einem Bächlein helle,
da schoß in froher Eil'
die launige Forelle
vorüber wie ein Pfeil.
Ich stand an dem Gestade
und sah in süßer Ruh'
des muntern Fisches Bade
im klaren Bächlein zu.

Ein Fischer mit der Rute
wohl an dem Ufer stand
und sah's mit kaltem Blute,
wie sich das Fischlein wand.
Solang dem Wasser Helle,
so dacht' ich, nicht gebricht,
so fängt er die Forelle
mit seiner Angel nicht.

Doch plötzlich ward dem Diebe
die Zeit zu lang. Er macht
das Bächlein tückisch trübe,
und eh' ich es gedacht,
so zuckte seine Rute,
das Fischlein zappelt' dran,
und ich mit regem Blute
sah die Betrogne an.

Die ihr am goldnen Quelle
der sichern Jugend weilt,
denkt doch an die Forelle!
Seht ihr Gefahr, so eilt!
Meist fehlt ihr nur aus Mangel
der Klugheit. Mädchen, seht
Verführer mit der Angel!
Sonst blutet ihr zu spät.

Christian Friedrich Daniel Schubart

DIES BILDNIS ist bezaubernd schön,
wie noch kein Auge je gesehn!
Ich fühl es, wie dies Götterbild
mein Herz mit neuer Regung füllt.
Dies Etwas kann ich zwar nicht nennen,
doch fühl ich's hier wie Feuer brennen.
Soll die Empfindung Liebe sein?
Ja, ja, die Liebe ist's allein. –
O wenn ich sie nur finden könnte!
O wenn sie doch schon vor mir stände!
Ich würde – würde – warm und rein –
was würde ich? – ich würde voll Entzücken
an diesen heißen Busen drücken,
und ewig wäre sie dann mein.

Emanuel Schikaneder

PHIDILE

Ich war erst sechzehn Sommer alt,
unschuldig und nichts weiter,
und kannte nichts als unsern Wald,
als Blumen, Gras und Kräuter.

Da kam ein fremder Jüngling her;
ich hatt' ihn nicht verschrieben,
und wußte nicht, wohin noch her;
der kam und sprach von Lieben.

Er hatte schönes langes Haar
um seinen Nacken wehen;
und einen Nacken, als der war,
hab' ich noch nie gesehen.

Sein Auge, himmelblau und klar!
Schien freundlich was zu flehen;
so blau und freundlich, als das war,
hab' ich noch keins gesehen.

Und sein Gesicht, wie Milch und Blut!
Ich hab's nie so gesehen;
auch, was er sagte, war sehr gut,
nur konnt' ich's nicht verstehen.

Er ging mir allenthalben nach
und drückte mir die Hände,
und sagte immer O und Ach
und küßte sie behende.

Ich sah ihn einmal freundlich an
und fragte, was er meinte;
da fiel der junge schöne Mann
mir um den Hals, und weinte.

Das hatte niemand noch getan;
doch war's mir nicht zuwider,
und meine beiden Augen sahn
in meinen Busen nieder.

Ich sagt' ihm nicht ein einzig Wort,
als ob ich's übelnähme,
kein einzigs, und – er flohe fort;
wenn er doch wiederkäme!

Matthias Claudius

DAS HEXLEIN

Und woni uffem Schniidstuhl sitz
für Basseltang[1] und Liechtspöhn schnitz,
se chunnt e Hexli wohlgimuet,
und frogt no frei: «Haut's Messer guet?»

Und seit[2] mer frei no «Guete Tag!»
Und woni lueg[3], und woni sag:
«'s chönnt besser go, und Große Dank!»
se wird mer's Herz uf eimol chrank.

Und uf, und furt enanderno,
und woni lueg, ischs nümme do,
und woni rüef: «Du Hexli, he!»
Se git's mer scho kei Antwort meh.

Und sider schmeckt mer's Esse nit;
stell umme, was de hesch und witt[4],
und wenn en anders schlofe cha,
se höri alli Stunde schlah.

1 Zeitvertreib 2 sagt 3 schau 4 hast und weißt

Und was i schaff, das grothet nit,
und alli Schritt und alli Tritt,
se chunnt mim Sinn das Hexli für,
und was i schwätz, isch hinterfür.

’s isch wohr, es het e Gsichtli gha,
’s verluegti si en Engel dra,
und ’s seit mit so ’me freie Muet,
so lieb und süeß: «Haut ’s Messer guet?»

Und leider hani’s ghört und gseh,
und sellemols und nümme meh.
Dort ischs an Hag und Hurst verbei,
und witers über Stock und Stei.

Wer spöchtet me mi Hexli us,
wer zeigt mer siner Muetter Hus?
I lauf no, wo i laufe cha,
wer weiß, se triffi’s doch no a!

I lauf no alli Dörfer us,
i suech und frog vo Hus zu Hus,
und würd mer nit mi Hexli chund,
se würdi ebe nümme gsund.

Johann Peter Hebel

DER BEVORZUGTE

Ich bin die Kathrein
von Peterwardein.
Hab’ im Weißkircher Amt
die Männer allesamt.
Zygan und Magyar
und die Deutschen gar.
Was ich nur an mir hab’,
daß keiner ein’ andre mag?
Der Janauschek
geht nicht von meiner Schürze weg.
Der prächtige Kasimir
tanzt einzig mit mir.
Der Wenzel, der Janos, der Razziwill
tun, was ich will.

Wo ich mein Köpferl zeig’,
gibt’s Gaudi und Streit.
Wer nicht gestochen liegt,
der hat die Schwindsucht kriegt.
Den Benedikt
haben’s ins Narrenhaus g’schickt.
Dem Gutsherrn sein Sohn
ist zu den Türken davon.
Der Franz hat si g’henkt,
der Friedel ertränkt.
Nur der Dieter steht fern,
den mag’ i gern.

Carl Spitteler

DÄRF IH'S DIRNDL LIABN?

Ih bin jüngst verwichn
hin zan Pforra gschlichn:
«Därf ih 's Dirndl liabn?» –
«Untasteh dih nit, bei meina Seel,
wonst as Dirndl liabst, so kimst in d'Höll!»

Bin ih vull Valonga
zu da Muata gonga:
«Därf ih 's Dirndl liabn?»
«O mei liaba Schotz, es is noh z'frua,
noch funfzehn Jahrln erst, mei liaba Bua!»

Woar in großn Nötn,
hon ih 'n Votan betn:
«Därf ih 's Dirndl liabn?»
«Duners Schlagl!», schreit er in sein Zurn,
«willst mein Steckn kostn, konst es tuan!»

Wos is onzufanga?
Bin zan Herrgott gonga:
«Därf ih 's Dirndl liabn?»
«Ei jo freili», sogt er und hot glocht,
«wegn an Büaberl hon ih 's Dirndl ja gmocht!»

Peter Rosegger

MYRTEN

Sie brach ein Reis vom Hochzeitskranz
und pflanzt' es gläubig ein.
«Nun trage mir ein Kränzlein grün
für künftige Töchterlein!»

Sind sechzehn Jahre wohl herum;
das Reislein wuchs heran.
Hier sitzt das wackre Töchterlein –
fehlt nur der Freiersmann.

Theodor Storm

BARBARAZWEIGE

Am Barbaratage holt' ich
drei Zweiglein vom Kirschenbaum,
die setzt' ich in eine Schale,
drei Wünsche sprach ich im Traum.

Der erste, daß einer mich werbe,
der zweite, daß er noch jung,
der dritte, daß er auch habe
des Geldes wohl genung.

Weihnachten vor der Mette
zwei Stöcklein nur blühen zur Frist:
ich weiß einen armen Gesellen,
den nähm' ich, wie er ist.

Martin Greif

HEIDENRÖSLEIN

Sah ein Knab' ein Röslein stehn,
Röslein auf der Heiden,
war so jung und morgenschön,
lief er schnell, es nah zu sehn,
sah's mit vielen Freuden.
Röslein, Röslein, Röslein rot,
Röslein auf der Heiden.

Knabe sprach: «Ich breche dich,
Röslein auf der Heiden!»
Röslein sprach: «Ich steche dich,
daß du ewig denkst an mich,
und ich will's nicht leiden.»
Röslein, Röslein, Röslein rot,
Röslein auf der Heiden.

Und der wilde Knabe brach
's Röslein auf der Heiden;
Röslein wehrte sich und stach,
half ihm doch kein Weh und Ach,
mußt' es eben leiden.
Röslein, Röslein, Röslein rot,
Röslein auf der Heiden.

Johann Wolfgang Goethe

AUS IHREN AUGEN lacht die Freude,
auf ihren Lippen blüht die Lust,
und unterm Amazonenkleide
hebt Mut und Stolz und Drang die Brust.

Doch unter Locken, welche fliegen
um ihrer Schulter Elfenbein,
verrät ein Seitenblick beim Siegen
den schönen Wunsch, besiegt zu sein!

Jakob Michael Reinhold Lenz

WIE ER WOLLE GEKÜSSET SEIN

Nirgends hin als auf den Mund:
Da sinkt's in des Herzens Grund;
nicht zu frei, nicht zu gezwungen,
nicht mit gar zu fauler Zungen.

Nicht zu wenig, nicht zu viel:
Beides wird sonst Kinderspiel.
Nicht zu laut und nicht zu leise:
Bei der Maß' ist rechte Weise.

Nicht zu harte, nicht zu weich,
bald zugleich, bald nicht zugleich.
Nicht zu langsam, nicht zu schnelle,
nicht ohn' Unterscheid der Stelle.

Halb gebissen, halb gehaucht,
halb die Lippen eingetaucht,
nicht ohn' Unterscheid der Zeiten,
mehr alleine denn bei Leuten.

Paul Fleming

SCHÖN-ROHTRAUT

Wie heißt König Ringangs Töchterlein?
Rohtraut, Schön-Rohtraut.
Was tut sie denn den ganzen Tag,
da sie wohl nicht spinnen und nähen mag?
Tut fischen und jagen.
O daß ich doch ihr Jäger wär'!
Fischen und Jagen freute mich sehr.
– Schweig stille, mein Herze!

Und über eine kleine Weil,
Rohtraut, Schön-Rohtraut,
so dient der Knab' auf Ringangs Schloß
in Jägertracht und hat ein Roß,
mit Rohtraut zu jagen.
O daß ich doch ein Königssohn wär'!
Rohtraut, Schöne-Rohtraut lieb ich so sehr.
– Schweig stille, mein Herze!

Einsmals sie ruhten am Eichenbaum,
da lacht' Schön-Rohtraut:
«Was siehst mich an so wunniglich?
Wenn du das Herz hast, küsse mich!»
Ach! erschrak der Knabe!
Doch denket er: «Mir ist's vergunnt»,
und küsset Schön-Rohtraut auf den Mund
– Schweig stille, mein Herze!

Darauf sie ritten schweigend heim,
Rohtraut, Schön-Rohtraut;
es jauchzt der Knab' in seinem Sinn:
«Und würdst du heute Kaiserin,
mich sollt's nicht kränken!
Ihr tausend Blätter im Walde wißt,
ich hab' Schön-Rohtrauts Mund geküßt!
– Schweig stille, mein Herze!»

Eduard Mörike

EIN JÜNGLING AN DIE JUNGFERN

Ihr Jungfern, wenn ich sollte
so wie ich gerne wollte,
ihr würdet sehn, ich wollte
nicht anders, als ich sollte,
denn dies wär, was ich sollte,
was euer Wille wollte.

Friedrich von Logau

Jungfern, wenn des Liebsten Mund
sich zu eurem Munde schicket –
haltet still! Es ist der Grund,
drauf die Lieb ihr Siegel drücket.

Friedrich von Logau

MAN MEINT, ein abgestohlner Kuß sei minder angenehme?
Der Kuß wird süßer, wenn man schaut, wie sie so schön sich schäme,
und was man leichter haben kann, ist selten sehr bequeme.

Friedrich von Logau

DIE KÜSSE

Als sich aus Eigennutz Elisse
dem muntern Koridon ergab,
nahm sie für einen ihrer Küsse
ihm anfangs dreißig Schäfchen ab.

Am andern Tag erschien die Stunde,
daß er den Tausch viel besser traf.
Sein Mund gewann von ihrem Munde
Schon dreißig Küsse für ein Schaf.

Der dritte Tag war zu beneiden:
Da gab die milde Schäferin
um einen neuen Kuß mit Freuden
ihm alle Schafe wieder hin.

Allein am vierten ging's betrübter,
indem sie Herd' und Hund verhieß
für einen Kuß, den ihr Geliebter
umsonst an Doris überließ.

Friedrich von Hagedorn

EINST ging ich meinem Mädchen nach
tief in den Wald hinein
und fiel ihr um den Hals, und – ach!
droht' sie, ich werde schrein.

Da rief ich trotzig: Ha! ich will
den töten, der uns stört!
Still, lispelt' sie, Geliebter, still!
Daß ja dich niemand hört.

Johann Wolfgang Goethe

DAS MÄDCHEN MIT DEN HELLEN AUGEN

Das Mädchen mit den hellen Augen,
die wollte keines Liebste sein;
sie sprang und ließ die Zöpfe fliegen,
die Freier schauten hinterdrein.

Die Freier standen ganz von ferne
in blanken Röcken lobesam.
«Frau Mutter, ach, so sprecht ein Wörtchen
und macht das liebe Kindlein zahm!»

Die Mutter schlug die Händ' zusammen,
die Mutter rief: «Du töricht Kind,
greif zu, greif zu! Die Jahre kommen,
die Freier gehen gar geschwind!»

Sie aber ließ die Zöpfe fliegen
und lachte alle Weisheit aus;
da sprang durch die erschrocknen Freier
ein toller Knabe in das Haus.

Und wie sie bog das wilde Köpfchen
und wie ihr Füßchen schlug den Grund,
er schloß sie fest in seine Arme
und küßte ihren roten Mund.

Die Freier standen ganz von ferne,
die Mutter rief vor Staunen schier:
«Gott schütz' dich vor dem ungeschlachten,
ohn' Maßen groben Kavalier!»

Theodor Storm

DER ERSTE KUSS ist aller Küsse Krone;
beim zweiten wird das Weib schon halb Matrone.

Unbekannt

WIE ICH DICH LIEBE, wirst du nicht beim ersten Male
und nicht beim zweiten Male sehn,
erst ganz allmählich wirst du mich verstehn.

Wie im Gebirge du durch viele Täler steigst,
um zu des Berges Seele vorzudringen,
so mußt du viele Nächte mit mir ringen.

Dann wird ein Gipfelblick die Mühe lohnen,
dann werd' an eines Mittags stillem Strahl
ich dir kredenzen meines Herzens Gral,
und fortan wirst du mit den Göttern wohnen.

Otto Mainzer

DIE WURZELN DES ÜBELS

Mein Kind, das ist der Grund des Übels:
Ich kann bei dir nicht stündlich sein;
sonst kämst du nicht auf den Gedanken,
daß Küssen könnte sündlich sein.

Das Gegenteil will ich beweisen;
doch soll die Wirkung gründlich sein,
so muß vor allem das Verfahren
sowohl geheim als mündlich sein.

Heinrich Leuthold

«WANN DARF I denn kemma
ans Fenster zu dir
und denk dra, daß's kalt is,
daß i nit derfrier!»

«Na kimmst halt um neuni,
dees werd des recht' sei,
da kimmt aa mei Vater,
der hoazt dir schon ei.»

Franz von Kobell

IM GARTEN

Die hohen Himbeerwände
trennten dich und mich,
doch im Laubwerk unsre Hände
fanden von selber sich.

Die Hecke konnt' es nicht wehren,
wie hoch sie immer stund:
Ich reichte dir die Beeren,
und du reichtest mir deinen Mund.

Ach, schrittest du durch den Garten
noch einmal im raschen Gang,
wie gerne wollt' ich warten,
warten stundenlang.

Theodor Fontane

AMORS PFEIL hat Widerspitzen.
Wen er traf, der lass' ihn sitzen,
und erduld' ein wenig Schmerz!
Wer geprüften Rat verachtet
und ihn auszureißen trachtet,
der zerfleischet ganz sein Herz.

Gottfried August Bürger

BAUERNREGEL

Im Sommer such ein Liebchen dir
in Garten und Gefild!
Da sind die Tage lang genug,
da sind die Nächte mild.

Im Winter muß der süße Bund
schon fest geschlossen sein,
so darfst nicht lange stehn im Schnee
bei kaltem Mondenschein.

Ludwig Uhland

DU BIST DAS HAUS,
in dem ich wohne.

Du bist die Stadt,
in der ich mich aufhalte.

Du bist das Land,
durch das ich gehe.

Ein Haus, eine Stadt, ein Land.

Walter Helmut Fritz

UND D' LIEB' ist a Haus,
da geht d' Freud' ein und aus,
und i woaß nit, was s' treibt,
daß s' nit allweil drin bleibt.

Unbekannt

I WERD DI scho liabn,
wann d'Zaunsteckn blüahn,
wann der Bach aufi rinnt,
nachher heirat i di gschwind.

Unbekannt

DIE LIEB' ist wie's Wetter,
bald stürmisch, bald still;
a Narr, der durchs Bitten
was ausrichten will.

Unbekannt

UND WANN mei Schatz heirat,
was hab nacha i?
Nacha hab i an Dreck
und a Fotografie.

Unbekannt

VON DER LIEBE

Schrieb die schöne Adelheid:
«Daß ich Euer Liebesleid
süß zu stillen mag geruhn
habt Ihr folgendes zu tun:
Wenn die Abendwinde wehn,
müßt Ihr heut um sieben stehn
unter meinem Fensterlein,
aber nur auf einem Bein.»

Das Unglaubliche geschah!
Um Punkt sieben stand er da!
Ganz allein auf einem Bein
stand er da im Mondenschein! –
Lache keiner, der dies hört!
Lieb' hat jeden schon betört,
jedem schlägt sein Stündlein fein,
da er tanzt auf einem Bein.

Franz Karl Ginzkey

ABSAGEBRIEF

«Jean, leb wohl! mei Vatter leidt's net
un merr soll die Eltern ehrn;
ohne Sege da gedeiht's net,
wann merr noch so glicklich wern.

Ewig zwar wern ich dich liewe,
nimmermehr vergess' ich dich;
doch die Eltern zu betriewe,
des breng' ich nicht iwer mich.

Geh net mehr am haus voriwer,
daß dich nicht mei Vater sieht,
dann ich krieh' sonst Vorwerf driwer,
wie ich se schon oft hab' krieht.

Teurer Jean, du des bedenke!
Gelt, du dust's for ganz gewiß?
Du den alten Mann net krenke
un komm erscht, wann's dunkel is!

Awer komm dorchs Hinnerpörtche!
Dann mei kindlich Ehrlichkeit
wääs zwar des gehääme Örtche,
wo der Vorderschlissel leiht;

Doch die Eltern zu betriebe,
liewer Jean, sei fern von mir! –
Nää! un kräg ich's ääch verziehe –
drum komm dorch die Hinnerdir.

Stolper ja net uff de Stäge,
dann mei Vatter is ze Haus;
du's um seines Schlummers wege!
Liewer zieh die Stiwel aus!»

Friedrich Stoltze

EIN ZAUN dazwischen
mag die Lieb' erfrischen!

Unbekannt

EIN TRAUM

O Traum, der mich entzücket!
Was hab' ich nicht erblicket!
Ich warf die müden Glieder
in einem Tale nieder,
wo einen Teich, der silbern floß,
ein schattigtes Gebüsch umschloß.

Da sah ich durch die Sträuche
mein Mädchen bei dem Teiche;
das hatte sich, zum Baden,
der Kleider meist entladen
bis auf ein untreu weiß Gewand,
das keinem Lüftchen widerstand.

Der freie Busen lachte,
den Jugend reizend machte.
Mein Blick blieb lüstern stehen
bei diesen regen Höhen,
wo Zephir unter Lilien blies
und sich die Wollust fühlen ließ.

Sie fing nun an, o Freuden!
sich vollends auszukleiden:
doch ach! indem's geschiehet,
erwach' ich, und sie fliehet.
O, schlief' ich doch von neuem ein!
Nun wird sie wohl im Wasser sein!

Johann Peter Uz

FAHRENDES VOLK

Endlich ist es mir gelungen,
endlich hab' ich es erreicht;
meine Liebe liegt bezwungen,
und mein Herz ist wieder leicht.

Kaum am Horizont gewittert
noch von fern der tolle Wust;
doch mein frierend Herze zittert
schaudernd in der kalten Brust.

Und mich faßt ein schmerzlich Sehnen;
und wie ein verlornes Glück
wünsch' ich mir die alten Tränen
und die alte Glut zurück.

Arthur Fitger

DIE NACHTIGALL

Das macht, es hat die Nachtigall
die ganze Nacht gesungen;
da sind von ihrem süßen Schall,
da sind in Hall und Widerhall
die Rosen aufgesprungen.

Sie war doch sonst ein wildes Blut;
nun geht sie tief in Sinnen,
trägt in der Hand den Sommerhut
und duldet still der Sonne Glut
und weiß nicht, was beginnen.

Das macht, es hat die Nachtigall
die ganze Nacht gesungen;
da sind von ihrem süßen Schall,
da sind in Hall und Widerhall
die Rosen aufgesprungen.

Theodor Storm

HANS DER SCHWÄRMER

Hans Töffel liebt Schön Doris sehr,
Schön Doris Hans Töffel vielleicht noch mehr.
Doch seine Liebe, ich weiß nicht wie,
ist zu scheu, zu schüchtern, zu viel Elegie.
Im Kreise liest er Gedichte vor,
Schön Doris steht unten am Gartentor:
ach, käm' er doch frisch zu mir hergesprungen,
wie wollt' ich ihn herzen, den lieben Jungen.
    Hans Töffel liest oben Gedichte.

Am andern Abend, der blöde Tor,
Hans Töffel trägt wieder Gedichte vor,
was Schön Doris wirklich sehr verdrießt,
da er immer weiter und weiter liest.
Sie schleicht sich hinaus, er gewahrt es nicht;
just sagt er von Heine ein herrlich Gedicht.

Schön Doris steht unten in Rosendüften
und hätte so gern seinen Arm um die Hüften.
Hans Töffel liest oben Gedichte.

Am andern Abend ist großes Fest,
viel Menschen sind eng aneinandergepreßt.
Heut muß er's doch endlich sehn, der Poet,
wenn Schön Doris sacht aus der Türe geht.
Der Junker Hans Jürgen, der merkt es gleich;
die Linden duften, die Nacht ist so weich.
Und unten im stillen, dunkeln Garten
braucht heute Schön Doris nicht lange zu warten.
Hans Töffel liest oben Gedichte.

Detlev von Liliencron

ARIOSO

Ich will euch nicht betrügen:
ich bin heut nicht vernünftig.
Heut will ich mich vergnügen,
der Weisheit folg' ich künftig.
Des Augenwinks
Beschwörung,
des Wangenrunds
Betörung,
der Lippe listig Grüßen,
wen saht ihr nicht
zu Füßen?

Ich will euch nicht betrügen:
ich stecke noch im Kerker;
und wollt' ich zehnmal lügen,
er wäre zehnmal stärker.
Nennt mich getrost
Verräter;
der Weisheit folg' ich
später.
Wie heißt es von den Festen?
Die letzten sind
die besten.

Rudolf Alexander Schröder

IM VOLKSTON

Als ich dich kaum gesehn,
mußt' es mein Herz gestehn,
ich könnt' dir nimmermehr
vorübergehn.

Fällt nun der Sternenschein
nachts in mein Kämmerlein,
lieg' ich und schlafe nicht
und denke dein.

Ist doch die Seele mein
so ganz geworden dein,
zittert in deiner Hand,
tu ihr kein Leid!

Theodor Storm

HEIMLICHE LIEBE

Kein Feuer, keine Kohle
kann brennen so heiß
als heimliche Liebe,
von der niemand nichts weiß.

Keine Rose, keine Nelke,
kann blühen so schön,
als wenn zwei verliebte Seelen
beieinander tun stehn.

Setze du einen Spiegel
ins Herz mir hinein,
damit du kannst sehen,
wie so treu ich es mein'!

Unbekannt

DU BIST WIE EINE BLUME

Du bist wie eine Blume
so hold und schön und rein;
ich schau' dich an, und Wehmut
schleicht mir ins Herz hinein.

Mir ist, als ob ich die Hände
aufs Haupt dir legen sollt',
betend, daß Gott dich erhalte
so rein und schön und hold.

Heinrich Heine

MÄDCHENRÄTSEL

Träumt er zur Erde, wen,
sagt mir, wen meint er?
Schwillt ihm die Träne, was,
Götter, was weint er?

Bebt er, ihr Schwestern, was,
redet, erschrickt ihn?
Jauchzt er, o Himmel, was
ist's, was beglückt ihn?

Heinrich von Kleist

SEIT ICH IHN GESEHEN,
glaub' ich blind zu sein;
wo ich hin nur blicke,
seh' ich ihn allein.
Wie im wachen Traume
schwebt sein Bild mir vor,
taucht aus tiefstem Dunkel
heller nur empor.

Sonst ist licht- und farblos
alles um mich her,
nach der Schwestern Spiele
nicht begehr' ich mehr.
Möchte lieber weinen
still im Kämmerlein;
seit ich ihn gesehen,
glaub' ich blind zu sein.

Adelbert von Chamisso

FRÜHLINGSNACHT

Übern Garten durch die Lüfte
hört' ich Wandervögel ziehn,
das bedeutet Frühlingsdüfte,
unten fängts schon an zu blühn.

Jauchzen möcht' ich, möchte weinen,
ist mir's doch, als könnt's nicht sein!
Alte Wunder wieder scheinen
mit dem Mondesglanz herein.

Und der Mond, die Sterne sagen's,
und in Träumen rauscht's der Hain,
und die Nachtigallen schlagen's:
«Sie ist deine, sie ist dein!»

Joseph von Eichendorff

JUNGE LIEBE

Über dem Brünnlein nicket der Zweig,
Waldvögel zwitschern und flöten,
wild Anemon' und Schlehdorn bleich
im Abendstrahle sich röten,
und ein Mädchen mit blondem Haar
beugt über der glitzernden Welle,
schlankes Mädchen, kaum fünfzehn Jahr,
mit dem Auge der scheuen Gazelle.

Ringelblumen blättert sie ab:
«Liebt er, liebt er mich nimmer?»
Und wenn «liebt» das Orakel gab,
um ihr Antlitz gleitet ein Schimmer:
«Liebt er nicht» – o Grimm und Graus!
Daß der Himmel den Blüten gnade!
Gras und Blumen, den ganzen Strauß,
wirft sie zürnend in die Kaskade.

DU BIST MÎN, ich bin dîn:
des solt du gewis sîn.
Du bist beslozzen
In mînem herzen;
verlorn ist daz slüzzelîn:
du muost immer drinne sîn.

Unbekannt

Gleitet dann in die Kräuter lind,
ihr Auge wird ernst und sinnend;
frommer Eltern heftiges Kind,
nur Minne nehmend und minnend,
kannte sie nie ein anderes Band
als des Blutes, die schüchterne Hinde;
und nun Einer, der nicht verwandt –
ist das nicht eine schwere Sünde?

Mutlos seufzet sie niederwärts,
in argem Schämen und Grämen,
will zuletzt ihr verstocktes Herz
recht ernstlich in Frage nehmen.
Abenteuer sinnet sie aus:
wenn das Haus nun stände in Flammen
und um Hilfe riefen heraus
der Karl und die Mutter zusammen?

Plötzlich ein Perlenregen dicht
stürzt ihr glänzend aus beiden Augen,
in die Kräuter gedrückt ihr Gesicht,
wie das Blut der Erde zu saugen,
ruft sie schluchzend: «Ja, ja, ja!»
Ihre kleinen Hände sich ringen,
«retten, retten würd' ich Mama
und zum Karl in die Flamme springen!»

Annette von Droste-Hülshoff

DIE ZÄRTLICHKEITEN

Ich liebe jene ersten bangen Zärtlichkeiten,
die halb noch Frage sind und halb schon Anvertraun,
weil hinter ihnen schon die andern Stunden schreiten,
die sich wie Pfeiler wuchtend in das Leben baun.

Ein Duft sind sie; des Blutes flüchtigste Berührung,
ein rascher Blick, ein Lächeln, eine leise Hand –
sie knistern schon wie rote Funken der Verführung
und stürzen Feuergarben in der Nächte Brand.

Und sind doch seltsam süß, weil sie im Spiel gegeben
noch sanft und absichtslos und leise nur verwirrt,
wie Bäume, die dem Frühlingswind entgegenbeben,
der sie in seiner harten Faust zerbrechen wird.

Stefan Zweig

DIE BEIDEN

Sie trug den Becher in der Hand
– ihr Kinn und Mund glich seinem Rand –
so leicht und sicher war ihr Gang,
kein Tropfen aus dem Becher sprang.

So leicht und fest war seine Hand:
er ritt auf einem jungen Pferde,
und mit nachlässiger Gebärde
erzwang er, daß es zitternd stand.

Jedoch, wenn er aus ihrer Hand
den leichten Becher nehmen sollte,
so war es beiden allzu schwer:
denn beide bebten sie so sehr,
daß keine Hand die andre fand
und dunkler Wein am Boden rollte.

Hugo von Hofmannsthal

IST ES NEU dir was vermocht
Dass dein puls geschwinder pocht?
Warte nur noch diese tage·
Sie entscheiden
Ob du leiden
Oder ob du glück erwirbst.
Ach du weisst dass du nicht stirbst
Ruft es wiederum: entsage!
Warte nur noch diese tage
Sie entscheiden
Ob du leiden
Oder ob du glück erwirbst.

Stefan George

LIEBE SCHWÄRMT auf allen Wegen,
Treue wohnt für sich allein;
Liebe kommt Euch rasch entgegen,
aufgesucht will Treue sein.

Johann Wolfgang Goethe

NEUE LIEBE, NEUES LEBEN

Herz, mein Herz, was soll das geben?
Was bedränget dich so sehr?
Welch ein fremdes, neues Leben!
Ich erkenne dich nicht mehr.
Weg ist alles, was du liebtest,
weg, warum du dich betrübtest,
weg dein Fleiß und deine Ruh –
ach, wie kamst du nur dazu!

Fesselt dich die Jugendblüte,
diese liebliche Gestalt,
dieser Blick voll Treu und Güte
mit unendlicher Gewalt?
Will ich rasch mich ihr entziehen,
mich ermannen, ihr entfliehen,
führet mich im Augenblick,
ach, mein Weg zu ihr zurück.

Und an diesem Zauberfädchen,
das sich nicht zerreißen läßt,
hält das liebe, lose Mädchen
mich so wider Willen fest:
muß in ihrem Zauberkreise
leben nun auf ihre Weise.
Die Verändrung, ach, wie groß!
Liebe! Liebe! laß mich los!

Johann Wolfgang Goethe

GEFUNDEN

Ich ging im Walde
so für mich hin,
und nichts zu suchen,
das war mein Sinn.

Im Schatten sah ich
ein Blümchen stehn,
wie Sterne leuchtend,
wie Äuglein schön.

Ich wollt' es brechen,
da sagt' es fein:
Soll ich zum Welken
gebrochen sein?

Ich grub's mit allen
den Würzlein aus,
zum Garten trug ich's
am hübschen Haus.

Und pflanzt' es wieder
am stillen Ort;
nun zweigt es immer
und blüht so fort.

Johann Wolfgang Goethe

ES HAT SICH gegen Liebe die Vernunft ermannt
und als Empörungsfahne Weisheit aufgesteckt.
Die Liebe hat zum Angriff einen Hauch gesandt,
und die Vernunft hat zitternd das Gewehr gestreckt.

Friedrich Rückert

EIN GETREUES HERZE wissen
hat des höchsten Schatzes Preis.
Der ist selig zu begrüßen,
des ein treues Herze weiß.
Mir ist wohl bei höchstem Schmerze,
denn ich weiß ein treues Herze.

Läuft das Glücke gleich zuzeiten
anders, als man will und meint,
ein getreues Herz hilft streiten
wider alles, was ist feind.
Mir ist wohl bei höchstem Schmerze,
denn ich weiß ein treues Herze.

Gunst, die kehrt sich nach dem Glücke.
Geld und Reichtum, das zerstäubt.
Schönheit läßt uns bald zurücke.
Ein getreues Herze bleibt.
Mir ist wohl bei höchstem Schmerze,
denn ich weiß ein treues Herze.

Nichts ist Süßers als zwei Treue,
wenn sie eines worden sein.
Dies ist's, des ich mich erfreue.
Und sie gibt ihr Ja auch drein.
Mir ist wohl bei höchstem Schmerze,
denn ich weiß ein treues Herze.

Paul Fleming

AN LIDA

Den einzigen, Lida, welchen du lieben kannst,
forderst du ganz für dich und mit Recht.
Auch ist er einzig dein,
denn seit ich von dir bin,
scheint mir des schnellsten Lebens
lärmende Bewegung
nur ein leichter Flor, durch den ich deine Gestalt
immerfort wie in Wolken erblicke:
Sie leuchtet mir freundlich und treu,
wie durch des Nordlichts bewegliche Strahlen
ewige Sterne schwimmen.

Johann Wolfgang Goethe

ICH LIEBE DICH, weil ich dich lieben muß;
ich liebe dich, weil ich nicht anders kann;
ich liebe dich nach einem Himmelsschluß;
ich liebe dich durch einen Zauberbann.
Dich lieb' ich wie die Rose ihren Strauch;
dich lieb' ich, wie die Sonne ihren Schein;
dich lieb' ich, weil du bist mein Lebenshauch;
dich lieb' ich, weil dich lieben ist mein Sein.

Friedrich Rückert

MEIN HERZ, ICH WILL DICH FRAGEN

Mein Herz, ich will dich fragen:
Was ist denn Liebe, sag?
«Zwei Seelen und ein Gedanke,
zwei Herzen und ein Schlag!»

Und sprich, woher kommt Liebe?
«Sie kommt und sie ist da!»
Und sprich, wie schwindet Liebe?
«Die war's nicht, der's geschah!»

Und was ist reine Liebe?
«Die ihrer selbst vergißt!»
Und wann ist Lieb am tiefsten?
«Wenn sie am stillsten ist.»

Und wann ist Lieb am reichsten?
«Das ist sie, wenn sie gibt!»
Und sprich, wie redet Liebe?
«Sie redet nicht, sie liebt!»

Friedrich Halm

ERKLÄR MIR, LIEBE

Dein Hut lüftet sich leis, grüßt, schwebt im Wind,
dein unbedeckter Kopf hat's Wolken angetan,
dein Herz hat anderswo zu tun,
dein Mund verleibt sich neue Sprachen ein,
das Zittergras im Land nimmt überhand,
Sternblumen bläst der Sommer an und aus,
von Flocken blind erhebst du dein Gesicht,
du lachst und weinst und gehst an dir zugrund,
was soll dir noch geschehen –

Erklär mir, Liebe!

Der Pfau, in feierlichem Staunen, schlägt sein Rad,
die Taube stellt den Federkragen hoch,
vom Gurren überfüllt, dehnt sich die Luft,
der Entrich schreit, vom wilden Honig nimmt
das ganze Land, auch im gesetzten Park
hat jedes Beet ein goldner Staub umsäumt.

Der Fisch errötet, überholt den Schwarm
und stürzt durch Grotten ins Korallenbett.
Zur Silbersandmusik tanzt scheu der Skorpion.
Der Käfer riecht die Herrlichste von weit;
hätt ich nur seinen Sinn, ich fühlte auch,
daß Flügel unter ihrem Panzer schimmern,
und nähm den Weg zum fernen Erdbeerstrauch!

Erklär mir, Liebe!

Wasser weiß zu reden,
die Welle nimmt die Welle an der Hand,
im Weinberg schwillt die Traube, springt und fällt.
So arglos tritt die Schnecke aus dem Haus!

Ein Stein weiß einen andern zu erweichen!

Erklär mir, Liebe, was ich nicht erklären kann:
sollt ich die kurze schauerliche Zeit
nur mit Gedanken Umgang haben und allein
nichts Liebes kennen und nichts Liebes tun?
Muß einer denken? Wird er nicht vermißt?

Du sagst: es zählt ein andrer Geist auf ihn …
Erklär mir nichts. Ich seh den Salamander
durch jedes Feuer gehen.
Kein Schauer jagt ihn, und es schmerzt ihn nichts.

Ingeborg Bachmann

MIT ZWEI WORTEN

Am Gestade Palästinas, auf und nieder, Tag um Tag,
«London?» frug die Sarazenin, wo ein Schiff vor Anker lag.
«London!» bat sie lang vergebens, nimmer müde, nimmer zag,
bis zuletzt an Bord sie brachte eines Bootes Ruderschlag.

Sie betrat das Deck des Seglers und ihr wurde nicht gewehrt.
Meer und Himmel. «London?» frug sie, von der Heimat abgekehrt,
suchte, blickte, durch des Schiffers ausgestreckte Hand belehrt,
nach den Küsten, wo die Sonne sich in Abendglut verzehrt …

«Gilbert?» fragt die Sarazenin im Gedräng der großen Stadt,
und die Menge lacht und spottet, bis sie dann Erbarmen hat.
«Tausend Gilbert gibt's in London!» Doch sie sucht und wird nicht matt.
«Labe dich mit Trank und Speise!» Doch sie wird von Tränen satt.

«Gilbert!» – «Nichts als Gilbert? Weißt du keine andern Worte? Nein?»
«Gilbert!» – «Hört, das wird der weiland Pilger Gilbert Becket sein,
den gebräunt in Sklavenketten glüher Wüste Sonnenschein,
dem die Bande löste heimlich eines Emirs Töchterlein.»

«Pilgrim Gilbert Becket!» dröhnt es, braust es längs der Themse Strand.
Sieh, da kommt er ihr entgegen, von des Volkes Mund genannt,
über seine Schwelle führt er, die das Ziel der Reise fand.
Liebe wandert mit zwei Worten gläubig über Meer und Land.

Conrad Ferdinand Meyer

LIEBESLIED

Wie soll ich meine Seele halten, daß
sie nicht an deine rührt? Wie soll ich sie
hinheben über dich zu andern Dingen?
Ach gerne möcht ich sie bei irgendwas
Verlorenem im Dunkel unterbringen
an einer fremden stillen Stelle, die
nicht weiterschwingt, wenn deine Tiefen schwingen.
Doch alles, was uns anrührt, dich und mich,
nimmt uns zusammen wie ein Bogenstrich,
der aus zwei Saiten eine Stimme zieht.
Auf welches Instrument sind wir gespannt?
Und welcher Spieler hat uns in der Hand?
O süßes Lied.

Rainer Maria Rilke

MENSCHENBEIFALL

Ist nicht heilig mein Herz, schöneren Lebens voll,
seit ich liebe? warum achtetet ihr mich mehr,
da ich stolzer und wilder,
wortereicher und leerer war?

Ach! der Menge gefällt, was auf den Marktplatz taugt,
und es ehret der Knecht nur den Gewaltsamen;
an das Göttliche glauben
die allein, die es selber sind.

Friedrich Hölderlin

WILLKOMMEN UND ABSCHIED

Es schlug mein Herz: geschwind zu Pferde!
Es war getan, fast eh' gedacht.
Der Abend wiegte schon die Erde,
und an den Bergen hing die Nacht;
schon stand im Nebelkleid die Eiche,
ein aufgetürmter Riese, da,
wo Finsternis aus dem Gesträuche
mit hundert schwarzen Augen sah.

Der Mond von einem Wolkenhügel
sah kläglich aus dem Duft hervor,
die Winde schwangen leise Flügel,
umsausten schauerlich mein Ohr,
die Nacht schuf tausend Ungeheuer,
doch frisch und fröhlich war mein Mut:
In meinen Adern welches Feuer!
In meinem Herzen welche Glut!

Dich sah ich, und die milde Freude
floß von dem süßen Blick auf mich;
ganz war mein Herz an deiner Seite
und jeder Atemzug für dich.
Ein rosenfarbnes Frühlingswetter
umgab das liebliche Gesicht,
und Zärtlichkeit für mich – ihr Götter!
Ich hofft' es, ich verdient' es nicht!

Doch ach, schon mit der Morgensonne
verengt' der Abschied mir das Herz:
In deinen Küssen welche Wonne!
In deinem Auge welcher Schmerz!
Ich ging. Du standst und sahst zur Erden,
und sahst mir nach mit nassem Blick –
Und doch, welch Glück, geliebt zu werden!
Und lieben, Götter, welch ein Glück!

Johann Wolfgang Goethe

MAILIED

Wie herrlich leuchtet
mir die Natur!
Wie glänzt die Sonne!
Wie lacht die Flur!

Es dringen Blüten
aus jedem Zweig
und tausend Stimmen
aus dem Gesträuch

und Freud und Wonne
aus jeder Brust.
O Erd', o Sonne,
o Glück, o Lust,

o Lieb', o Liebe,
so golden schön
wie Morgenwolken
auf jenen Höhn,

du segnest herrlich
das frische Feld,
im Blütendampfe
die volle Welt!

O Mädchen, Mädchen,
wie lieb' ich dich!
Wie blinkt dein Auge,
wie liebst du mich!

So liebt die Lerche
Gesang und Luft,
und Morgenblumen
den Himmelduft,

wie ich dich liebe
mit warmem Blut,
die du mir Jugend
und Freud' und Mut

zu neuen Liedern
und Tänzen gibst.
Sei ewig glücklich,
wie du mich liebst!

Johann Wolfgang Goethe

FREUDVOLL
und leidvoll,
gedankenvoll sein,
langen
und bangen
in schwebender Pein,
himmelhoch jauchzend,
zum Tode betrübt;
glücklich allein
ist die Seele, die liebt.

Johann Wolfgang Goethe

HEIMKEHR

O brich nicht, Steg, du zitterst sehr!
O stürz nicht, Fels, du dräuest schwer!
Welt, geh nicht unter, Himmel, fall nicht ein,
eh' ich mag bei der Liebsten sein!

Ludwig Uhland

MIR IST ZU LICHT zum Schlafen,
der Tag bricht in die Nacht,
die Seele ruht im Hafen,
ich bin so froh verwacht.

Ich hauchte meine Seele
im ersten Kusse aus,
was ist's, daß ich mich quäle,
ob sie auch fand ein Haus!

Sie hat es wohl gefunden
auf ihren Lippen schön,
o welche sel'ge Stunden!
Wie ist mir so geschehn.

Was soll ich nun noch sehen?
Ach, alles ist in ihr,
was fühlen, was erflehen?
Es ward ja alles mir!

Ich habe was zu sinnen,
ich hab', was mich beglückt,
in allen meinen Sinnen
bin ich von ihr entzückt.

Achim von Arnim

GANZ ODER GAR NICHT

Wer da will der Liebe leben,
muß sich ganz der Liebe geben,
sich nicht teilen, nicht zersplittern,
ganz im Kuß hinüberzittern;
muß des Herzens ganzes Drängen
auf des Mundes Spitze zwängen;
muß nicht denken, rechnen, klügeln,
sich nicht fesseln oder zügeln;
muß den Arm nicht ängstlich halten,
gilt es, Hüften zu umfalten;
nicht voll Scheu die Hand befühlen,
gilt's, im seidnen Haar zu wühlen;
muß im seligen Versenktsein
unklar, ob er ist und denkt, sein.

Friedrich Rückert

DAS ROSENBAND

Im Frühlingsschatten fand ich sie;
da band ich sie mit Rosenbändern.
Sie fühlt' es nicht und schlummerte.

Ich sah sie an; mein Leben hing
mit diesem Blick an ihrem Leben;
ich fühlt' es wohl und wußt' es nicht.

Doch lispelt' ich ihr sprachlos zu
und rauschte mit den Rosenbändern:
da wachte sie vom Schlummer auf.

Sie sah mich an; ihr Leben hing
mit diesem Blick an meinem Leben,
und um uns ward's Elysium.

Friedrich Gottlieb Klopstock

DANN WERDEN WIR KEIN FEUER BRAUCHEN

Dann werden wir kein Feuer brauchen
Es wird die Erde voll Wärme sein
Der Wald muß dampfen, die Meere
springen, Wolken die milchigen Tiere
drängen sich: ein mächtiger Wolkenbaum

Die Sonne ist blaß in all dem Glänzen
Greifbar die Luft ich halte sie fest
Ein hochtönender Wind
treibts in die Augen da weine ich nicht

Wir gehn bloßen Leibs
durch Wohnungen türenlos schattenlos
Sind wir allein weil keiner uns folgt niemand
das Lager versagt: stumm
sind die Hunde sie wehren nicht
den Schritt mir zur Seite: ihre Zungen
aufgebläht ohne Ton sind taub

Nur Himmel umgibt uns und schaumiger Regen Kälte
wird nie mehr sein, die Steine
die ledernen Blumen unsere Körper wie Seide dazwischen
Strahln Wärme aus, Helligkeit
Ist in uns wir sind silbernen Leibs

Morgen wirst du im Paradies mit mir sein

Sarah Kirsch

WENN DU MIR SAGST, du habest als Kind, Geliebte, den Menschen
nicht gefallen, und dich habe die Mutter verschmäht,
bis du größer geworden und still dich entwickelt – ich glaub' es:
gerne denk' ich dich mir als ein besonderes Kind.
Fehlet Bildung und Farbe doch auch der Blüte des Weinstocks,
wenn die Beere, gereift, Menschen und Götter entzückt.

Johann Wolfgang Goethe

LIEBESLIED OHNE HAST

Ich trete ein
in dein Lächeln
ich grabe mich ein
in dein Fleisch
ich schreibe meine Gedichte
an die Mauer
ich male meine Bilder
auf den Fluß
ich singe meine Lieder
für die Zikaden
und lege meine Hände
in deinen Schoß.

Said

SULEIKA SPRICHT:

Der Spiegel sagt mir, ich bin schön!
Ihr sagt: zu altern sei auch mein Geschick.
Vor Gott muß alles ewig stehn,
in mir liebt Ihn, für diesen Augenblick.

Johann Wolfgang Goethe

HATEM:

Locken! haltet mich gefangen
in dem Kreise des Gesichts!
Euch geliebten braunen Schlangen
zu erwidern hab' ich nichts.

Nur dies Herz, es ist von Dauer,
schwillt in jugendlichstem Flor;
unter Schnee und Nebelschauer
rast ein Ätna dir hervor.

Du beschämst wie Morgenröte
jener Gipfel ernste Wand,
und noch einmal fühlet Hatem
Frühlingshauch und Sommerbrand.

Schenke, her! Noch eine Flasche!
Diesen Becher bring' ich ihr!
Findet sie ein Häufchen Asche,
sagt sie: Der verbrannte mir.

*Johann Wolfgang Goethe**

* Goethe nannte sich im Westöstlichen Divan Hatem; anspielend reimt er Hatem auf Morgenröte.

WERBUNG

Komm gestern zu mir
komm wieder
vorigen Sommer
Da will ich noch frei sein für dich
noch jung genug

Wir werden glücklich sein
wie vor der Sintflut die Tiere
und wenn wir durstig sind
spüren
Der Regen kommt

Erich Fried

NIMMERSATTE LIEBE

So ist die Lieb'! So ist die Lieb'!
Mit Küssen nicht zu stillen:
Wer ist der Tor und will ein Sieb
mit eitel Wasser füllen?
Und schöpfst du an die tausend Jahr
und küssest ewig, ewig gar,
du tust ihr nie zu Willen.

Die Lieb', die Lieb' hat alle Stund
neu wunderlich Gelüsten;
wir bissen uns die Lippen wund,
da wir uns heute küßten.
Das Mädchen hielt in guter Ruh,
wie's Lämmlein unterm Messer;
ihr Auge bat: «Nur immer zu!
Je weher, desto besser!»

So ist die Lieb'! und war auch so,
wie lang es Liebe gibt,
und anders war Herr Salomo,
der Weise, nicht verliebt.

Eduard Mörike

VERSUCHUNG

Wenn sie in silberner Schale mit Wein uns würzet die Erdbeern,
dicht mit Zucker noch erst streuet die Kinder des Walds:
o, wie schmacht' ich hinauf zu den duftigern Lippen, wie dürstet
nach des gebogenen Arms schimmernder Weiße mein Mund!

Eduard Mörike

LIEB OHNE WORTE

Mich erfüllt Liebestoben zu dir!
Ich bin deinst,
als ob einst
wir vereinigst.

Sei du meinst!
Komm Liebchenstche zu mir –
Ich vergehste sonst
sehnsuchtstgepeinigst.

Achst, achst, schwachst schwachst arms Wortleinstche, was? – –
Genug denn, auch du, auch du mich liebsest.
Fühls, fühls ganzst ohne Worte: sei Meinstlein!
Ich sehne dich sprachlosestest.

Christian Morgenstern

HEUTE WÄR' ICH FAST ERSCHROCKEN

Heute wär' ich fast erschrocken
dir zu Füßen hingestürzt,
als du plötzlich deiner Locken
wilden Reichtum losgeschürzt.

Glänzend um die schlanken Glieder
wallt' ihr fesselloser Schwall
auf des Teppichs Purpur nieder
wie ein schwarzer Wasserfall.

Ach, und als du nun die braunen
Rätselaugen aufwärts schlugst
und in reizendem Erstaunen,
was mich so verwirre, frugst,

als du dann zum Spiegel hüpftest
und die Schnur von Perlen dir
tändelnd um die Stirne knüpftest –
o wie schön erschienst du mir!

Lauschend, keines Wortes mächtig,
stand ich, atemlos gebannt,
wie verzaubert in ein prächtig
Märchen aus dem Morgenland.

Emanuel Geibel

MIT EINEM GEMALTEN BAND

Kleine Blumen, kleine Blätter
streuen mir mit leichter Hand
gute junge Frühlingsgötter
tändelnd auf ein luftig Band.

Zephir, nimm's auf deine Flügel,
schling's um meiner Liebsten Kleid!
Und so tritt sie vor den Spiegel
all in ihrer Munterkeit.

Sieht mit Rosen sich umgeben,
selbst wie eine Rose jung:
einen Blick, geliebtes Leben!
Und ich bin belohnt genung.

Fühle, was dies Herz empfindet,
reiche frei mir deine Hand,
und das Band, das uns verbindet,
sei kein schwaches Rosenband!

Johann Wolfgang Goethe

MIT DEN SCHUHEN

Was man will, kann man nicht geben,
Und man gibt nur, was man muß,
Also gibt man einen Kuß
Und man gäbe gern das Leben.

Also gibt man einen Strauß
Statt des Gartens um ein Haus,
Gibt das Buch als den Entgelt
Für die Weisheit aller Welt,

Drängt den Ring an einen Finger,
Schlingt die Kette um den Hals, –
Alles nur ein wie geringer
Abschlag auf die Schuld des Alls!

Jenes Alls, in dem man ist,
Wenn man eine liebt, –
Wer der Gabe Sinn vergißt,
Was hat er, was er gibt?

Alle Gabe ist nur Sinn
Und Bild in einer Hülle.
Seit ich fühle alle Fülle,
Weiß ich erst, wie arm ich bin!

Mach mich du, geliebtes Kind,
Zum reichsten von den Leuten!
Sieh nicht an, was Gaben sind,
Nur an, was sie bedeuten!

Für das ganze Feld die Ähre,
Für den Himmel nimm den Stern,
Und mich selbst für was ich gern
Um Deinetwillen wäre!

Diese Hände mit den Schuhn –
Fühle, was sie nur vertreten,
Sieh nicht, was sie eben tun,
Nur was sie lieber täten!

Nimm sie so, wie ich sie sende
Denn sie meinen, Süße –
Lieber legt' ich beide Hände
Unter deine Füße!

Zwar sie stehn für keine Gabe
– Dennoch sei das Spiel verziehn!
Alles ist ja nur geliehn,
Solang ich dich nicht habe.

Rudolf Borchardt

SPIELZEUG

Liebchen fand ich spielend. Einen Kasten
hatte sie entdeckt voll längstvergeßnen,
staub'gen Kinderspielzeugs: Mauern, Tore,
Rathaus, Häuser, Häuserchen und Kirche.
Sie erbaut das Städtchen mit gelenken
Händen, stellt den Kirchturm in die Mitte ...
Doch ein Häuschen hat sie vorbehalten,
vorbehalten sieben grüne Pappeln
für ein allerliebstes kleines Landgut.
Nicht zu nah! Im Städtchen klatscht man sündlich.
Nicht zu ferne! Man bedarf der Menschen.
«Eben sind wir eingezogen!» jubelt'
sie und klatscht' in ihre kleinen Hände.
In der Wonne des erworbnen Heimes
riß ich Liebchen an mich so gewaltsam,
daß den Arm sie streckte wie ertrinkend ...
Was erwischte sie mit schnellen Fingern,
eng an meine Brust gepreßt? Die Kirche,
ja, die Kirche mit dem roten Dach war's,
und sie stellt' sie dicht vor unser Landhaus.

Conrad Ferdinand Meyer

ES IST kein lieber Ding auf Erden
denn Frauenlieb', wem sie kann werden.

Martin Luther

TRAUM DURCH DIE DÄMMERUNG

Weite Wiesen im Dämmergrau;
die Sonne verglomm, die Sterne ziehn:
Nun geh ich zu der schönsten Frau,
weit über Wiesen im Dämmergrau,
tief in den Busch von Jasmin.

Durch Dämmergrau in der Liebe Land;
ich gehe nicht schnell, ich eile nicht;
mich zieht ein weiches, samtenes Band
durch Dämmgrau in der Liebe Land,
in ein blaues, mildes Licht.

Otto Julius Bierbaum

AUF DER MILCH- UND HONIGWIESE

Sieh diesen Milch- und Honigblütensegen
am Hügel hin.
Hier will ich mich zu deinen Füßen legen.
Lieg auch dahin.

Man kann getrost ins Gras die Eintracht lenken.
Gib mir die Hand.
Die Wolken manchmal waagrecht anzudenken
ist intressant.

Nimm diese Decke unter deinen Rücken.
Liegst du bequem?
Doch könntest du noch etwas näher rücken,
wär's angenehm.

Nun schau' ich bloß den hohen Himmelsbogen
und sonst nichts mehr,
und um und um von weichem Gräserwogen
ein endlos Meer.

Hörst du die Grillen, wie sie emsig künden
den Takt der Zeit?
Und eine ferne Glocke hallt aus Gründen
der Freundlichkeit.

Ich glaub', ich kann jetzt kühn die Augen schließen,
ich trau' mir's zu.
Ich seh' im Traum ein schlimmes Pflänzlein sprießen,
und das bist du.

Denk dir, ich hör' des Pflänzleins Atem singen,
ganz leis und fein.
Dies Liedlein darf mir nicht umsonst verklingen,
drum hauch' ich's ein.

Kannst du ein wohlgemeintes Wort vertragen?
Ich muß, vergib.
Ich will dir's einmal deutsch und deutlich sagen:
Wer hat dich lieb?

Carl Spitteler

DAS STELLDICHEIN

Das ist die richtige Stelle:
die Linde am Straßenrain
und drüben die alte Kapelle;
hier ist das Stelldichein.
Die Sterne am Himmel stehen,
die Glocke im Dorf schlägt acht.
Von Elsebeth nichts zu sehen. –
Ich hab' mir's gleich gedacht.
Sie kann sich nicht trennen, ich wette,
vom Spiegel daheim an der Wand
und nestelt an Spange und Kette
und zupft an Tüchlein und Band.
Am Ende läßt sie mich harren
die liebe, lange Nacht.
Gewiß, sie hat mich zum Narren. –
Ich hab' mir's gleich gedacht.

Vielleicht – o du falsche Schlange!
Jetzt wird mir's auf einmal klar,
warum der Frieder, der lange,
heut morgen so lustig war.
Der Schrecken lähmt mir die Glieder,
ich bin betrogen, verlacht,
die Elsebeth hält's mit dem Frieder. –
Ich hab' mir's gleich gedacht.
Ich hebe zum Schwure die Hände
zum Sternenhimmel – doch halt,
was kommt durch das Wiesengelände
vom Dorf herüber gewallt?
Ich sehe zwei niedliche Füße,
sie nahen sich zaghaft und sacht,
sie kommt, die Treue, die Süße. –
Ich hab' mir's gleich gedacht.

Rudolf Baumbach

BEGEGNUNG

Was doch heut nacht ein Sturm gewesen,
bis erst der Morgen sich geregt!
Wie hat der ungebetne Besen
Kamin und Gassen ausgefegt!

Da kommt ein Mädchen schon die Straßen,
das halb verschüchtert um sich sieht;
wie Rosen, die der Wind zerblasen,
so unstet ihr Gesichtchen glüht.

Ein schöner Bursch tritt ihr entgegen,
Er will ihr voll Entzücken nahn:
Wie sehn sich freudig und verlegen
die ungewohnten Schelme an!

Er scheint zu fragen, ob das Liebchen
die Zöpfe schon zurecht gemacht,
die heute nacht im offenen Stübchen
ein Sturm in Unordnung gebracht.

Der Bursche träumt noch von den Küssen,
die ihm das süße Kind getauscht,
er steht, vom Anmut hingerissen,
derweil sie um die Ecke rauscht.

Eduard Mörike

WALDFREVEL

Seht den Schuft am Waldessaum
mit gewandten Sprüngen fliegend,
einen jungen Eschenbaum
auf den breiten Schultern wiegend!
Hat die Axt, die er gestohlen,
vornen in den Stamm geschwungen,
weit noch hinter seinen Sohlen
kommt der Wipfel nachgesprungen.
Wie er heimlich lacht und singt,

daß das Herz im Leibe springt!
Und die Dirne kommt daher
mit geschnittnen Weidenruten;
von der Last, die drückend schwer,
stehn die Wangen ihr in Gluten.
Und der Bursche wirft die schwere
Bürde beider in den Graben,
beide springen nach, als wäre
dort ein Nest voll Glück zu haben.

Wo ein kleiner Freudenquell
tief im Erlengrunde fließet
und die Silberadern hell
durch das samtne Moos ergießet,
wirft der schlanke Dieb sich nieder
mit der Dirn im braunen Arm,
löst ihr hastig Tuch und Mieder,
und er flüstert liebewarm,
daß sein brennend Herz erklingt,
wie die Nuß im Feuer singt:

«Schätzchen, o du kommst mir just,
daß ich meine Schätze grabe,
wieder einmal meine Lust
am verborgnen Reichtum habe!
Zeig mir der Korallen Schein
an dem frischen roten Munde,
gib mir schnell mein Elfenbein,
all das fein gedrehte, runde!»
Wie der Has' im Kohle springt
ihm das Herz und singt und klingt!

«Laß mich wägen all mein Gold,
deines Haares schwere Güsse!
Laß mich zählen meinen Sold,
zähle mir ein Hundert Küsse
blank und bar auf meine Lippen,
weil uns kein Verräter lauschet!
Laß mich von dem Weine nippen,
der mich armen Schelm berauschet!

Nun verhüll die Herrlichkeit
mit den Lumpen, mit den Fetzen,
daß kein Auge ungeweiht
spähen kann nach meinen Schätzen!
Dieses Tuch um deine Haare
dreimal, viermal sorglich winde,
daß die goldne Schimmerware
ja kein Strahl der Sonne finde!»

Gleich ist drauf die Dirn davon
durch den dunklen Wald gesprungen,
wieder hat der Bursche schon
seinen Eschenbaum geschwungen;
wie die Beine rasch ihn tragen
mit dem langen, schwanken Raube!
Einen grünen Siegeswagen,
schleift die Kron' er nach im Staube.
Wie die Grill' im Grase springt
ihm das Herz und singt und klingt!

Gottfried Keller

LIEBE DICH, LIEBE

Ich liebe Dich, Liebe, ich liebe,
und stündest Du jetzt in der Tür,
ich schwöre Dir, ich verschriebe
dem Satan die Seele dafür.

So richtig real zum Dranglauben,
mit aufgelassenem Haar,
tief hangende Goldregentrauben
wie ein Glanz vom vergangenen Jahr.

Ja, so weh geht die Jugend zu Herzen,
so leicht zeigt der Geist sich beirrt –
Nur schade, daß das Verschmerzen
fast täglich beschwerlicher wird.

Eilposten hasten geschwindest
über See – über Land –
Wohl meinend, sie rührten zumindest
einen eisernen Briefkastenrand.

Tief innen versiegelte Lieder
(Ach, zieh sie dir ein und sei gut!)
Fort-fort, und schon ist mir wieder
zum Buchstabenkotzen zumut.

Denn der Rhythmus ist immer derselbe,
und die Reime hat jedermann satt.
Doch da sitz ich nun mal an der Elbe
und warte wie wild auf das gelbe
Briefträgerrad ...

Peter Rühmkorf

ABENDS

Komm, Liebchen! es neigen
die Wälder sich dir;
und alles mit Schweigen
erwartet dich hier.

Der Himmel im glatten
umdämmerten Quell!
Dies Plätzchen im Schatten,
dies andre so hell!

Im Schatten, der Liebe
dich lockendes Glück,
dir flüsternd: es bliebe
noch vieles zurück –

Es blieben der süßen
Geheimnisse viel;
so festes Umschließen;
so wonniges Spiel!

Da rauscht es! da wanken
auf jeglichem Baum
die Äste; da schwanken
die Vögel im Traum.

Dies Wanken, dies Zittern
der Blätter im Teich –
o Liebe! dein Wittern!
o Liebe! dein Reich!

Johann Georg Jacobi

PHILINE

Singet nicht in Trauertönen
von der Einsamkeit der Nacht!
Nein, sie ist, o holde Schönen,
zur Geselligkeit gemacht.

Wie das Weib dem Mann gegeben
als die schönste Hälfte war,
ist die Nacht das halbe Leben,
und die schönre Hälfte zwar.

Könnt ihr euch des Tages freuen,
der nur Freuden unterbricht?
Er ist gut, sich zu zerstreuen,
zu was anderm taugt er nicht.

Aber wenn in nächtger Stunde
süßer Lampe Dämmrung fließt,
und vom Mund zum nahen Munde
Scherz und Liebe sich ergießt;

wenn der rasche, lose Knabe,
der sonst wild und feurig eilt,
oft bei einer kleinen Gabe
unter leichten Spielen weilt;

wenn die Nachtigall Verliebten
liebevoll ein Liedchen singt,
das Gefangnen und Betrübten
nur wie Ach und Wehe klingt:

Mit wie leichtem Herzensregen
horchet ihr der Glocke nicht,
die mit zwölf bedächtigen Schlägen
Ruh' und Sicherheit verspricht!

Darum an dem langen Tage
merke dir es, liebe Brust:
Jeder Tag hat seine Plage,
und die Nacht hat ihre Lust.

Johann Wolfgang Goethe

DAT DU MIEN LEEWSTEN BÜST,
dat du wull weest!
Kumm bi de Nacht, kumm bi de Nacht,
segg, wo du heest.

Kumm du um Middernacht,
kumm du Klock een!
Vader slöpt, Moder slöpt
ik slaap' alleen.

Klopp an de Kamerdör,
faat an de Klink!
Vader meent, Moder meent,
dat deit de Wind.

Wenn denn de Morgen kummt,
kreiht de d'Hahn,
Leewster min, Leewster min,
denn mußt du gahn.

Unbekannt

UNDER DER LINDEN
an der heide,
dâ unser zweier bette was,
dâ mugt ir vinden
schône beide
gebrochen bluomen unde gras.
Vor dem walde in einem tal,
tandaradei,
schône sanc diu nahtegal.

Ich kam gegangen
zuo der ouwe:
dô was mîn friedel komen ê.
Dâ wart ich enpfangen,
hêre frouwe,
daz ich bin sælic iemer mê.
Kuste er mich? wol tûsentstunt:
tandaradei,
seht wie rôt mir ist der munt.

Dô hat er gemachet
alsô rîche
von bluomen eine bettestat.
Des wirt noch gelachet
inneclîche,
kumt iemen an daz selbe pfat.
Bî den rôsen er wol mac,
tandaradei,
merken wâ mirz houbet lac.

Daz er bî mir læge,
wessez iemen
(nu enwelle got!), sô schamt ich mich.
Wes er mit mir pflæge,
niemer niemen
bevinde daz wan er und ich –
Und ein kleinez vogellîn,
tandaradei,
daz mac wol getriuwe sîn‹.

Walther von der Vogelweide

UNTER DER LINDE
auf der Heide
wo unser beider Lager war,
dort könnt ihr
Blumen und Gras
liebevoll gebrochen finden.
Vor dem Wald in einem Tal,
tandaradei,
Sang schön die Nachtigall.

Ich kam gegangen
zur Wiese:
Da war mein Geliebter schon vor mir
gekommen. Dort ward ich empfangen:
«Edle Dame»
daß ich auf ewig selig sein werde!
Ob er mich küßte? Wohl tausendmal,
tandaradei,
seht, wie rot mein Mund ist.

Da hatte er bereitet
so prächtig
ein Bett aus Blumen.
Darüber wird sich jeder
innerlich noch freuen,
der an demselben Pfad vorbeikommt.
An den Rosen wird er erkennen können,
tandaradei,
wo mein Haupt lag.

Wüßte jemand,
daß er bei mir lag
(Gott bewahre!), so schämte ich mich.
Was er mit mir tat -
soll niemals jemand
erfahren außer ihm und mir,
und ein kleines Vögelchen
tandaradei,
das kann gewiß verschwiegen sein.

Übersetzung: Bettina Göbels

MINNESANGS ABSCHIEDSLIED

Wilhelm von Aquitanien zum 826. neidisch nachgesungen

Es war ein Ritter, hochgelehrt,
der schwärmte statt von Schild und Schwert
für Block und Stift.
Wohl meinend, daß ihn, so bewehrt,
kein Schade trifft.

Ein jeder Kreuzzug kam ihm recht,
er blieb zuhaus, ein Damenknecht:
«I am your knight!» –
Ich sang von Liebe und Begehr
bis an den Punkt, wo gar nichts mehr
so richtig feit.

Ich knüpfte gegen die Begier
aus wohlgefügten Versen mir
ein Kettenwams –
Bis plötzlich eine schmale Hand
die Ritze in der Brünne fand,
oh, Gott verdamm's!

Sie hat mir unterm Unterhemd
den grauen Biber durchgekämmt,
das war *ihr* Stich.
War gegen jedes Wort gewitzt,
doch, was ein Fingernagel ritzt,
entzündet sich.

Entzündet sich, entbrennt, entflammt,
verhilf mir Gott, ich sing im Amt,
vom Eid beengt:
daß was hier an der Strippe zurrt
nicht noch den letzten Keuschheitsgurt
zersprengt.

Es kam wie's kam, es kommt wie's geht,
bald war ich nicht nur als Poet
aus-, ex- und leergebrannt.
Nichts floß wie einst, auf kein Geheisch:
«Lieg da nicht rum wie ein Stück Fleisch
vom Land!»

Sie war ein Viel-, ein Allesfraß,
die was vergangen war vergaß:
wohl sieben Jahr!
Als ich gesungen hatte dies
und sie empfunden hatte das,
wie schön das war.

Oh dunkles Ach, oh graues Oh!
Und wär schon froh, wenn sich soso,
ganz einfach pianissimo
mein Lied verlör –
Doch kam so jäh wie unbedarft
ein Kirmesfiedler angeharft,
der fand Gehör.

Sie küßten sich, sie herzten sich,
egal, wie er die gîgen strich,
– o schrî kunst schrî! –
Ich zwang mir Werg ins wehe Ohr
Es blieb ein Sonochniezuvor
für sie!

Vorbei, vorbei, zu spät, zu spät,
eh sich das Glücksrad weiter dreht,
bin ich perdü.
Das Auge gilbt, es graut das Gras,
im Lieben ist viel Unverlaß
zur Frühjahrsfrüh.

Doch der dies Lied gesungen hat,
trägt an der lieben frouwen statt
noch immer in der Unterwat
ein zartes Tuch –
Zuviel für solch ein Stücklein Stoff
was mir aus Nas und Augen troff,
das einzige, worauf ich hoff:
es füllt ein Buch!

Peter Rühmkorf

DER SPÄTE MAI

Die roten Blätter rauschen,
der Sommer ist lange vorbei,
es leuchten unsere Augen,
es blüht in uns der Mai.

Wir können die Liebe nicht bergen,
wir sind uns viel zu gut,
es brennen unsere Lippen,
in den Schläfen klopft unser Blut.

Wir reden schüchterne Worte,
wir sehn aneinander vorbei,
scheu wie die erste Liebe
macht uns der späte Mai.

Was zögerst du, was zagst du,
wer weiß, bald fällt der Schnee,
die ungeküßten Küsse,
das ist das bitterste Weh.

Hermann Löns

DIE HASEL

Es wollt' ein Mägdlein tanzen gehn,
sucht' Rosen auf der Heide,
was fand sie da am Wege stehn?
Eine Hasel, die war grüne.

«Nun grüß dich Gott, Frau Haselin!
Von was bist du so grüne?»
«Nun grüß dich Gott, feins Mägdelein!
Von was bist du so schöne?»

«Von was daß ich so schöne bin,
das kann ich dir wohl sagen:
Ich iss' weiß Brot, trink' kühlen Wein,
davon bin ich so schöne.»

«Ißt du weiß Brot, trinkst kühlen Wein,
und bist davon so schöne,
auf mich so fällt der kühle Tau,
davon bin ich so grüne.»

«Hüt dich, hüt dich, Frau Haselin,
und tu dich wohl umschauen!
Ich hab daheim zween Brüder stolz,
die wollen dich abhauen.»

«Und haun sie mich im Winter ab,
im Sommer grün' ich wieder;
verliert ein Mägdlein ihren Kranz,
den findt sie nie mehr wieder.»

Unbekannt

ES FIEL ein Reif in Frühlingsnacht,
wohl über die schöne blau Blümelein.
Sie sind verwelket, verdörret.

Ein Knabe hatte ein Mädlein lieb,
sie liefen heimlich von Hause fort,
es wußt's nicht Vater noch Mutter.

Sie liefen weit ins fremde Land,
sie hatten weder Glück noch Stern,
sie sind verdorben, gestorben.

Auf ihrem Grab Blaublümchen blühn,
umschlingen sich treu wie sie im Grab,
der Reif sie nicht welket, nicht dörret.

Anton Wilhelm von Zuccalmaglio

ICH HAB' DIE NACHT GETRÄUMET

Ich hab' die Nacht geträumet
wohl einen schweren Traum;
es wuchs in meinem Garten
ein Rosmarienbaum.

Der Kirchhof war der Garten,
das Blumenbeet ein Grab,
und von dem grünen Baume
fiel Kron und Blüten ab.

Die Blüten tät ich sammeln
in einen goldnen Krug;
der fiel mir aus den Händen,
daß er in Stücke schlug.

Draus sah ich Perlen rinnen
und Tröpflein rosenrot.
Was mag der Traum bedeuten?
Herzliebster, bist du tot?

Unbekannt

GRETCHEN AM SPINNRADE:

Meine Ruh' ist hin,
mein Herz ist schwer;
ich finde sie nimmer
und nimmermehr.

Wo ich ihn nicht hab',
ist mir das Grab,
die ganze Welt
ist mir vergällt.

Mein armer Kopf
ist mir verrückt,
mein armer Sinn
ist mir zerstückt.

Meine Ruh' ist hin,
mein Herz ist schwer;
ich finde sie nimmer
und nimmermehr.

Nach ihm nur schau' ich
zum Fenster hinaus,
nach ihm nur geh' ich
aus dem Haus.

Sein hoher Gang,
sein' edle Gestalt,
seines Mundes Lächeln,
seiner Augen Gewalt,

und seiner Rede
Zauberfluß,
sein Händedruck,
und ach sein Kuß!

Meine Ruh' ist hin,
mein Herz ist schwer;
ich finde sie nimmer
und nimmermehr.

Mein Busen drängt
sich nach ihm hin.
Ach dürft' ich fassen
und halten ihn,

und küssen ihn,
so wie ich wollt',
an seinen Küssen
vergehen sollt'!

Johann Wolfgang Goethe

ES WAREN zwei Königskinder,
die hatten einander so lieb;
sie konnten zusammen nicht kommen,
das Wasser war viel zu tief.

«Ach Liebster, könntest du schwimmen,
so schwimm doch herüber zu mir!
Drei Kerzen will ich anzünden,
und die sollen leuchten dir.»

Das hört' ein falsches Nönnchen,
die tät, als wenn sie schlief;
sie tät die Kerzlein auslöschen,
der Jüngling ertrank so tief.

Es war an ein' Sonntagmorgen,
die Leut waren alle so froh,
nicht so die Königstochter,
ihr' Augen saßen ihr zu.

«Ach Mutter, herzliebste Mutter,
mir tut der Kopf so weh.
Ich möchte spazieren gehen
wohl an der blauen See.»

«Ach Tochter, herzliebste Tochter,
allein sollst du nicht gehn,
weck auf deinen jüngsten Bruder
und der soll mit dir gehn.»

«Ach Mutter, herzliebste Mutter,
mein Bruder ist noch ein Kind,
der schießt ja all die Vöglein,
die auf Grünheide sind.»

«Ach Tochter, herzliebste Tochter,
allein sollst du nicht gehn,
weck auf deine jüngste Schwester,
und die soll mit dir gehn!»

«Ach Mutter, herzliebste Mutter,
meine Schwester ist noch ein Kind,
sie pflückt ja all die Blümlein,
die auf Grünheide sind.»

Die Mutter ging zur Kirche,
die Tochter hielt ihren Gang.
Sie ging so lang spazieren,
bis sie den Fischer fand.

«Ach Fischer, liebster Fischer,
willst du dir verdienen groß Lohn,
so wirf dein Netz ins Wasser
und fisch mir den Königssohn.»

Was zog sie von ihrem Finger,
ein Ringlein von Gold so rot,
«sieh da, wohledler Fischer,
kauf deinen Kindern Brot.»

Der Fischer warf seine Netze,
er warf sie bis auf den Grund,
er fischte und fischte so lange,
bis er den Königssohn fand.

Den schloß sie in ihre Arme
und küßte ihn auf den Mund,
«ach, Mündlein, könntest du sprechen,
so wär mein jung Herze gesund.»

Was nahm sie von ihrem Haupte?
Die goldene Königskron',
«sieh da, wohledler Fischer,
hier hast du deinen Lohn.»

Sie schwang sich um ihren Mantel
und sprang wohl in die See,
«lebt wohl, lieb Vater und Mutter,
ihr seht mich nimmermehr.»

Da hört' man Glöckchen läuten,
da hört' man Jammer und Not.
Hier liegen zwei Königskinder,
sind alle beide tot.

Unbekannt

DER WIRTIN TÖCHTERLEIN

Es zogen drei Burschen wohl über den Rhein,
bei einer Frau Wirtin, da kehrten sie ein.

«Frau Wirtin! hat Sie gut Bier und Wein?
Wo hat Sie ihr schönes Töchterlein?»

«Mein Bier und Wein ist frisch und klar.
Mein Töchterlein liegt auf der Totenbahr'.»

Und als sie traten zur Kammer hinein,
da lag sie in einem schwarzen Schrein.

Der erste, der schlug den Schleier zurück
und schaute sie an mit traurigem Blick:

«Ach! lebtest du noch, du schöne Maid!
Ich würde dich lieben von dieser Zeit.»

Der zweite deckte den Schleier zu
und kehrte sich ab und weinte dazu:

«Ach! daß du liegst auf der Totenbahr!
Ich hab' dich geliebet so manches Jahr.»

Der dritte hub ihn wieder sogleich
und küßte sie an den Mund so bleich:

«Dich liebt' ich immer, dich lieb' ich noch heut
und werde dich lieben in Ewigkeit.»

Ludwig Uhland

HEIMLICHER LIEBE PEIN

Mein Schatz, der ist auf die Wanderschaft hin,
ich weiß aber nicht, was ich so traurig bin,
vielleicht ist er tot und liegt in guter Ruh,
drum bring' ich meine Zeit so traurig zu.

Als ich mit mei'm Schatz in die Kirch wollt' gehn,
viel falsche, falsche Zungen unter der Türe stehn.
Die eine redt dies, die andre redt das,
das macht mir gar oft die Äugelein naß.

Die Disteln und Dornen, die stechen also sehr,
die falschen, falschen Zungen aber noch viel mehr,
kein Feuer auf Erden auch brennet also heiß
als heimliche Liebe, die niemand nicht weiß.

Ach herzlieber Schatz, ich bitte dich noch eins,
du wollest auch bei meiner Begräbnis sein,
bei meiner Begräbnis bis ins kühle Grab,
dieweil ich dich so treulich geliebet hab.

Ach Gott, was hat mein Vater und Mutter getan,
sie haben mich gezwungen zu einem ehelichen Mann,
zu einem ehelichen Mann, den ich nicht geliebt,
das macht mir ja mein Herz so betrübt.

Unbekannt

AN DIE MENSCHENGESICHTER

Ich habe was Liebes, das hab ich zu lieb;
was kann ich, was kann ich dafür?
Drum sind mir die Menschengesichter nicht hold:
Doch spinn' ich ja leider nicht Seide noch Gold,
ich spinne nur Herzeleid mir.

Auch mich hat was Liebes im Herzen zu lieb;
was kann es, was kann es fürs liebende Herz?
Auch ihm sind die Menschengesichter nicht hold:
Doch spinnt es ja leider nicht Seide noch Gold,
es spinnt sich nur Elend und Schmerz.

Wir seufzen und sehen, wir schmachten uns nach,
wir sehnen und seufzen uns krank.
Die Menschengesichter verargen uns das;
sie reden, sie tun uns bald dies und bald das,
und schmieden uns Fessel und Zwang.

Wenn ihr für die Leiden der Liebe was könnt,
Gesichter, so gönnen wirs euch.
Wenn wir es nicht können, so irr es euch nicht!
Wir können, ach leider! wir können es nicht,
nicht für das mongolische Reich!

Wir irren und quälen euch andre ja nicht;
wir quälen ja uns nur allein.
Drum, Menschengesichter, wir bitten euch sehr,
drum laßt uns gewähren, und quält uns nicht mehr,
o laßt uns gewähren allein!

Was dränget ihr euch um die Kranken herum,
und scheltet und schnarchet sie an?
Von Schelten und Schnarchen genesen sie nicht.
Man liebet ja Tugend, man übet ja Pflicht:
Doch keiner tut mehr als er kann.

Die Sonne, sie leuchtet; sie schattet, die Nacht;
hinab will der Bach, nicht hinan;
der Sommerwind trocknet; der Regen macht naß:
Das Feuer verbrennet. – Wie hindert ihr das? –
O laßt es gewähren, wie's kann!

Es hungert den Hunger, es dürstet den Durst;
sie sterben von Nahrung entfernt.
Naturgang wendet kein Aber und Wenn. –
O Menschengesichter, wie zwinget ihr's denn,
daß Liebe zu lieben verlernt?

Gottfried August Bürger

DER ASRA

Täglich ging die wunderschöne
Sultanstochter auf und nieder
um die Abendzeit am Springbrunn,
wo die weißen Wasser plätschern.

Täglich stand der junge Sklave
um die Abendzeit am Springbrunn,
wo die weißen Wasser plätschern;
täglich ward er bleich und bleicher.

Eines Abends trat die Fürstin
auf ihn zu mit raschen Worten:
«Deinen Namen will ich wissen,
deine Heimat, deine Sippschaft!»

Und der Sklave sprach: «Ich heiße
Mohammed, ich bin aus Yemen,
und mein Stamm sind jene Asra,
welche sterben, wenn sie lieben.»

Heinrich Heine

BARBARA ALLEN

Es war im Herbst, im bunten Herbst,
wenn die rotgelben Blätter fallen,
da wurde John Graham vor Liebe krank,
vor Liebe zu Barbara Allen.

Seine Läufer liefen hinab in die Stadt
und suchten, bis sie gefunden:
«Ach, unser Herr ist krank nach dir,
komm, Lady, und mach ihn gesunden.»

Die Lady schritt zum Schloß hinan,
schritt über die marmornen Stufen,
sie trat ans Bett, sie sah ihn an:
«John Graham, du ließest mich rufen.»

«Ich ließ dich rufen, ich bin im Herbst,
und die rotgelben Blätter fallen –
hast du kein letztes Wort für mich?
Ich sterbe, Barbara Allen.»

«John Graham, ich hab' ein letztes Wort.
Du warst mein all und eines;
du teiltest Pfänder und Bänder aus,
mir aber gönntest du keines.

John Graham, und ob du mich lieben magst,
ich weiß, ich hatte dich lieber,
ich sah nach dir, du lachtest mich an
und gingest lachend vorüber.

Wir haben gewechselt, ich und du,
die Sprossen der Liebesleiter:
Du bist nun unten, du hast es gewollt,
ich aber bin oben und heiter.»

Sie ging zurück. Eine Meil' oder zwei.
Da hörte sie Glocken schallen.
Sie sprach: «Die Glocken klingen für ihn,
für ihn und für – Barbara Allen.

Liebe Mutter, mach ein Bett für mich,
unter Weiden und Eschen geborgen;
John Graham ist heute gestorben um mich,
und ich sterbe um ihn morgen.»

Theodor Fontane

DER HANDSCHUH

Vor seinem Löwengarten,
das Kampfspiel zu erwarten,
saß König Franz,
und um ihn die Großen der Krone,
und rings auf hohem Balkone
die Damen in schönem Kranz.

Und wie er winkt mit dem Finger,
auf tut sich der weite Zwinger,
und hinein mit bedächtigem Schritt
ein Löwe tritt,
und sieht sich stumm
rings um,
mit langem Gähnen,
und schüttelt die Mähnen,
und streckt die Glieder,
und legt sich nieder.

Und der König winkt wieder,
da öffnet sich behend
ein zweites Tor,
daraus rennt
mit wildem Sprunge
ein Tiger hervor.

Wie der den Löwen erschaut,
brüllt er laut,
schlägt mit dem Schweif
einen furchtbaren Reif,
und recket die Zunge,
und im Kreise scheu
umgeht er den Leu
grimmig schnurrend;
drauf streckt er sich murrend
zur Seite nieder.

Und der König winkt wieder,
da speit das doppelt geöffnete Haus
zwei Leoparden auf einmal aus.
Die stürzen mit mutiger Kampfbegier
auf das Tigertier,
das packt sie mit seinen grimmigen Tatzen,
und der Leu mit Gebrüll
richtet sich auf, da wird's still,
und herum im Kreis,
von Mordsucht heiß,
lagern die greulichen Katzen.

Da fällt von des Altans Rand
ein Handschuh von schöner Hand
zwischen den Tiger und den Leun
mitten hinein.

Und zu Ritter Delorges spottenderweis
wendet sich Fräulein Kunigund:
«Herr Ritter, ist eure Lieb so heiß,
wie Ihr mirs schwört zu jeder Stund,
ei, so hebt mir den Handschuh auf.»

Und der Ritter, in schnellem Lauf
steigt hinab in den furchtbarn Zwinger
mit festem Schritte,
und aus der Ungeheuer Mitte
nimmt er den Handschuh mit keckem Finger.

Und mit Erstaunen und mit Grauen
sehens' die Ritter und Edelfrauen,
und gelassen bringt er den Handschuh zurück.
Da schallt ihm sein Lob aus jedem Munde,
aber mit zärtlichem Liebesblick –
er verheißt ihm sein nahes Glück –
empfängt ihn Fräulein Kunigunde.
Und er wirft ihr den Handschuh ins Gesicht:
«Den Dank, Dame, begehr' ich nicht!»
und verläßt sie zur selben Stunde.

Friedrich Schiller

RITTER OLAF

I

Vor dem Dome stehn zwei Männer,
tragen beide rote Röcke,
und der eine ist der König,
und der Henker ist der andre.

Und zum Henker spricht der König:
«Am Gesang der Pfaffen merk' ich,
daß vollendet schon die Trauung –
halt bereit dein gutes Richtbeil.»

Glockenklang und Orgelrauschen,
und das Volk strömt aus der Kirche;
bunter Festzug, in der Mitte
die geschmückten Neuvermählten.

Leichenblaß und bang und traurig
schaut die schöne Königstochter;
keck und heiter schaut Herr Olaf,
und sein roter Mund, der lächelt.

Und mit lächelnd rotem Munde
spricht er zu dem finstern König:
«Guten Morgen, Schwiegervater!
Heut ist dir mein Haupt verfallen.

Sterben soll ich heut. Oh, laß mich
nur bis Mitternacht noch leben,
daß ich meine Hochzeit feire
mit Bankett und Fackeltänzen.

Laß mich leben, laß mich leben,
bis geleert der letzte Becher,
bis der letzte Tanz getanzt ist –
laß bis Mitternacht mich leben!»

Und zum Henker spricht der König:
«Unserm Eidam sei gefristet
bis um Mitternacht sein Leben –
halt bereit dein gutes Richtbeil.»

II

Herr Olaf sitzt beim Hochzeitschmaus,
er trinkt den letzten Becher aus.
An seine Schulter lehnt
sein Weib und stöhnt –
der Henker steht vor der Türe.

Der Reigen beginnt, und Herr Olaf erfaßt
sein junges Weib, mit wilder Hast
sie tanzen, bei Fackelglanz,
den letzten Tanz –
der Henker steht vor der Türe.

Die Geigen geben so lustigen Klang,
die Flöten seufzen so traurig und bang!
Wer die beiden tanzen sieht,
dem erbebt das Gemüt –
der Henker steht vor der Türe.

Und wie sie tanzen im dröhnenden Saal,
Herr Olaf flüstert zu seinem Gemahl:
«Du weißt nicht, wie lieb ich dich hab,
so kalt ist das Grab!» –
Der Henker steht vor der Türe.

III

Herr Olaf, es ist Mitternacht,
dein Leben ist verflossen!
Du hattest eines Fürstenkinds
in freier Lust genossen.

Die Mönche murmeln das Totengebet,
der Mann im roten Rocke,
er steht mit einem blanken Beil
schon vor dem schwarzen Blocke.

Herr Olaf steigt in den Hof hinab,
da blinken viel' Schwerter und Lichter.
Es lächelt des Ritters roter Mund,
mit lächelndem Munde spricht er:

«Ich segne die Sonne, ich segne den Mond
und die Stern', die am Himmel schweifen.
Ich segne auch die Vögelein,
die in den Lüften pfeifen.

Ich segne das Meer, ich segne das Land
und die Blumen auf der Aue.
Ich segne die Veilchen; sie sind so sanft
wie die Augen meiner Fraue.

Ihr Veilchenaugen meiner Frau,
durch euch verlier' ich mein Leben!
Ich segne auch den Holunderbaum,
wo du dich mir ergeben.»

Heinrich Heine

FRAGE UND ANTWORT

Fragst du mich, woher die bange
Liebe mir zum Herzen kam,
und warum ich ihr nicht lange
schon den bittern Stachel nahm?

Sprich, warum mit Geisterschnelle
wohl der Wind die Flügel rührt.
Und woher die süße Quelle
die verborgnen Wasser führt?

Banne du auf seiner Fährte
mir den Wind in vollem Lauf!
Halte mit der Zaubergerte
du die süßen Quellen auf!

Eduard Mörike

WONNE DER WEHMUT

Trocknet nicht, trocknet nicht,
Tränen der heiligen Liebe!
Ach, den halbtrocknen Augen schon
wie öde, tot ist die Welt!
Trocknet nicht, trocknet nicht,
Tränen der ewigen Liebe!

Johann Wolfgang Goethe

NOCH EINMAL

Noch einmal fällt in meinen Schoß
die rote Rose Leidenschaft;
noch einmal hab' ich schwärmerisch
in Mädchenaugen mich vergafft.

Noch einmal legt ein junges Herz
an meines seinen starken Schlag;
noch einmal weht an meine Stirn
ein juniheißer Sommertag.

Theodor Storm

ES WAR EIN ALTER KÖNIG,
sein Herz war schwer, sein Haupt war grau;
der arme, alte König,
er nahm eine junge Frau.

Es war ein schöner Page,
blond war sein Haupt, leicht war sein Sinn;
er trug die seidne Schleppe
der jungen Königin.

Kennst du das alte Liedchen?
Es klingt so süß, es klingt so trüb!
Sie mußten beide sterben,
sie hatten sich viel zu lieb.

Heinrich Heine

URALTER WORTE kundig kommt die Nacht;
Sie löst den Dingen Rüstung ab und Bande,
Sie wechselt die Gestalten und Gewande
Und hüllt den Streit in gleiche braune Tracht.

Da rührt das steinerne Gebirg sich sacht
Und schwillt wie Meer hinüber in die Lande.
Der Abgrund kriecht verlangend bis zum Rande
Und trinkt der Sterne hingebeugte Pracht.

Ich halte dich und bin von dir umschlossen,
Erschöpfte Wandrer wiederum zu Haus;
So fühl ich dich in Fleisch und Blut gegossen,

Von deinem Leib und Leben meins umkleidet.
Die Seele ruht von langer Sehnsucht aus,
Die eins vom andern nicht mehr unterscheidet.

Ricarda Huch

LIEBESKLAGE

In deiner rußigen Höhle Gang
lebte auch ich, in Bocksgestank,
sah mit dem rotgeäderten einen Aug
lange aufs Meer hinaus.

Von Wein und Oliven war
herber Geschmack in mir,
und herberer noch, fehlende Süßigkeit
von süßem Mädchenfleisch.

Schleppfüßig schleppt ich mich,
kummerschwer hin an das Möwenriff,
im schwarzen Rausch
schrie ich laut auf:

«Muschelkind!
Milchstern der Woge du!
Weißes, perlmutternes
Wasserreh, steig doch herauf!»

Sie aber hört mich nie,
schwingt auf des silbernen
Schwertfischs Rücken sich und eilt
durch die Wasser davon.

Kümai! Kümai! rufen die Trunkenen.
Sturmflut der schwarzen,
steigenden Trunkenheit,
verschling auch mich!

Seh ich zum Himmel auf,
wankt mir das Kniegebirg.
Stürzend erbreche ich
Ströme von blauem Licht.

Friedrich Georg Jünger

ICH UND DU

Wir träumten voneinander
und sind davon erwacht,
wir leben, um uns zu lieben,
und sinken zurück in die Nacht.

Du tratst aus meinem Traume,
aus deinem trat ich hervor,
wir sterben, wenn sich eines
im andern ganz verlor.

Auf einer Lilie zittern
zwei Tropfen, rein und rund,
zerfließen in eins und rollen
hinab in des Kelches Grund.

Friedrich Hebbel

LIEBE

Nun stehn die Hirsche still auf dunklen Schneisen,
die Löwen stehen still im Felsentor,
nun schweigen Nachtigallen ihrer Weisen
und Sterne, Sterne hören auf zu kreisen
und aus den Sonnen tritt kein Tag hervor.

In gleiche Nacht sind wir nun eingetaucht,
in gleichen Tag und wieder Tag und Nacht,
ein gleiches Sterben hat uns angehaucht,
zwei Leben sind im Augenblick verraucht
und gleiches Wissen hat uns stumm gemacht.

Es ist als ob die Welt sanft von uns wich –.
Die Löwen stehen still im Felsentor
und Sterne, Sterne – Mond und Stern verblich
und alles starb, als du und ich
und ich und du sich Herz in Herz verlor.

Rudolf G. Binding

ICH BIN WIE LEIB dem Geist, wie Geist dem Leibe dir!
Ich bin wie Weib dem Mann, wie Mann dem Weibe dir!
Wen darfst du lieben sonst, da von der Lippe weg
mit ew'gen Küssen ich den Tod vertreibe dir?
Ich bin dir Rosenduft, dir Nachtigallgesang,
ich bin der Sonne Pfeil, des Mondes Scheibe dir;
was willst du noch? Was blickt die Sehnsucht noch umher?
Wirf alles, alles hin: du weißt, ich bleibe dir!

August von Platen

DIE LIEBENDEN

Seht jene Kraniche in großem Bogen!
Die Wolken, welche ihnen beigegeben
zogen mit ihnen schon, als sie entflogen
aus einem Leben in ein andres Leben.
In gleicher Höhe und mit gleicher Eile
scheinen sie alle beide nur daneben.
Daß so der Kranich mit der Wolke teile
den schönen Himmel, den sie kurz befliegen
daß also keines länger hier verweile
und keines andres sehe als das Wiegen
des andern in dem Wind, den beide spüren
die jetzt im Fluge beieinander liegen:
So mag der Wind sie in das Nichts entführen.
Wenn sie nur nicht vergehen und sich bleiben
so lange kann sie beide nichts berühren
so lange kann man sie von jedem Ort vertreiben
wo Regen drohen oder Schüsse schallen.
So unter Sonn und Monds verschiedenen Scheiben
fliegen sie hin, einander ganz verfallen.
Wohin, ihr? – Nirgend hin. – Von wem davon? – Von allen.
Ihr fragt, wie lange sind sie schon beisammen?
Seit kurzem. – Und wann werden sie sich trennen? – Bald.
So scheint die Liebe Liebenden ein Halt.

Bertolt Brecht

SIE SEHN SICH NICHT WIEDER

Von dunkelnden Wogen
hinuntergezogen,
zwei schimmernde Schwäne, sie schiffen daher,
die Winde, sie schwellen
allmählich die Wellen,
die Nebel, sie senken sich finster und schwer.

Die Schwäne, sie meiden
einander und leiden,
nun tun sie es nicht mehr, sie können die Glut
nicht länger verschließen,
sie wollen genießen,
verhüllt von den Nebeln, gewiegt von der Flut.

Sie schmeicheln, sie kosen,
sie trotzen dem Tosen
der Wellen, die zweie in eines verschränkt,
wie die sich auch bäumen,
sie glühen und träumen,
in Liebe und Wonne zum Sterben versenkt.

Nach innigem Gatten
ein süßes Ermatten,
da trennt sie die Woge, bevor sie's gedacht.
Laßt ruhn das Gefieder!
Ihr seht euch nicht wieder,
der Tag ist vorüber, es dämmert die Nacht.

Friedrich Hebbel

WO HAST DU all die Schönheit hergenommen,
du Liebesangesicht, du Wohlgestalt!
Um dich ist alle Welt zu kurz gekommen.
Weil du die Jugend hast, wird alles alt,
weil du das Leben hast, muß alles sterben,
weil du die Kraft hast, ist die Welt kein Hort,
weil du vollkommen bist, ist sie ein Scherben,
weil du der Himmel bist, gibt's keinen dort!

Ricarda Huch

EWIGE LIEBE

Nicht im Paradiese,
nicht in den Gefilden
ew'ger Seligkeiten,
wenn dahin mit milden
Worten Gott mich wiese,
würd' ich freudig schreiten,
wenn ich liegen könnte
dir im Grab zur Seite,
wo mich von dir trennte
keines Fingers Breite.
Wenn auch von dir schwände
alles Fleisch, das warme,
Knochen deine Hände,
Knochen deine Arme,
wärst mir Glück und Frieden,
wenn uns nur beschieden
alle hundert Jahre
eine Stunde käme,
die den Schlaf der Bahre
von uns beiden nähme,
daß wir uns erkennten
trotz des Todes Walten
und in unsrer alten
Liebe jäh entbrennten.

Ricarda Huch

EIN LIEBESLIED

Aus goldenem Odem
erschufen uns Himmel.
O, wie wir uns lieben ...

Vögel werden Knospen an den Ästen,
und Rosen flattern auf.

Immer suche ich nach deinen Lippen
hinter tausend Küssen.

Eine Nacht aus Gold,
Sterne aus Nacht ...
Niemand sieht uns.

Kommt das Licht mit dem Grün,
schlummern wir;
Nur unsere Schultern spielen noch wie Falter.

Else Lasker-Schüler

PEREGRINA

Der Spiegel dieser treuen, braunen Augen
ist wie von innerm Gold ein Widerschein;
tief aus dem Busen scheint er's anzusaugen,
dort mag solch Gold in heil'gem Gram gedeihn.
In diese Nacht des Blickes mich zu tauchen,
unwissend Kind, du selber lädst mich ein –
Willst, ich soll kecklich mich und dich entzünden,
reichst lächelnd mir den Tod im Kelch der Sünden!

Eduard Mörike

GESANG IM DUNKELN

Diese Nacht in schattenhaften Wäldern
lief ich hinter einer dunklen Rehe,
da sie meinen Atem hörte, floh sie,
blickte wild aus ihren schiefen Augen.

Wo sind Rosen, die ich brechen wollte?
Diese Hände sind so leer wie gestern,
meine Sohlen sind bestaubt und blutend,
meine Haare hangen voller Dornen.

Diese Nacht bei deinem Rosengarten
riß, wie riß ich an den Eisengittern!
Fliederblätter faßt ich mit den Lippen!
Kalte Büsche stachen meine Wange.

Diese Nacht war wie die andern alle,
heute Nacht wird sein wie alle Nächte,
ich vergehe unter deinem Atem,
ich zerreiße unter deinen Händen.

Zwischen Bäumen, Berg hinan die Felsen
tanz ich hin wie eine Fackel brennend,
sang ein Vogel fern, ich kann nicht hören,
weint es hinter mir, ich weiß es nimmer.

Meine Ohren sind bedrängt von Schluchzen,
nichts wie Tränen braust mirs vor den Augen,
ich vergehe unter deinem Atem,
ich zerreiße, wiß es, ich zerreiße!

Rudolf Borchardt

DU WILLST es nicht in Worten sagen,
doch legst du's brennend Mund auf Mund,
und deiner Pulse tiefes Schlagen
tut liebliches Geheimnis kund.

Du fliehst vor mir, du scheue Taube,
und drückst dich fest an meine Brust;
du bist der Liebe schon zum Raube
und bist dir kaum des Worts bewußt.

Du biegst den schlanken Leib mir ferne,
indes dein roter Mund mich küßt;
behalten möchtest du dich gerne,
da du doch ganz verloren bist.

Du fühlst, wir können nicht verzichten;
warum zu geben scheust du noch?
Du mußt die ganze Schuld entrichten,
du mußt, gewiß, du mußt es doch.

In Sehnen halb und halb in Bangen,
am Ende rinnt die Schale voll;
die holde Scham ist nur empfangen,
daß sie in Liebe sterben soll.

Theodor Storm

DU KAMST ZU MIR, mein Abgott, meine Schlange,
in dunkler Nacht, die um dich her erglühte.
Ich diente dir mit Liebesüberschwange
und trank das Feuer, das dein Atem sprühte.
Du flohst, ich suchte lang in Finsternissen.
Da kannten mich die Götter und Dämonen
an jenem Glanze, den ich dir entrissen,
und führten mich ins Licht, mit dir zu thronen.

Ricarda Huch

TRISTAN

Wer die Schönheit angeschaut mit Augen,
ist dem Tode schon anheimgegeben,
wird für keinen Dienst auf Erden taugen,
und doch wird er vor dem Tode beben,
wer die Schönheit angeschaut mit Augen!

Ewig währt für ihn der Schmerz der Liebe,
denn ein Tor nur kann auf Erden hoffen
zu genügen einem solchen Triebe:
Wen der Pfeil des Schönen je getroffen,
ewig währt für ihn der Schmerz der Liebe!

Ach, er möchte wie ein Quell versiechen,
jedem Hauch der Luft ein Gift entsaugen,
und den Tod aus jeder Blume riechen:
Wer die Schönheit angeschaut mit Augen,
ach, er möchte wie ein Quell versiechen!

August von Platen

DA WAREN trümmer nicht noch scherben
Da war kein abgrund war kein grab
Da war kein sehnen war kein werben:
Wo eine stunde alles gab.

Von tausend blüten war ein quillen
Im purpurlicht der zauberei.
Des vogelsangs unbändig schrillen
Durchbrach des frühlings erster schrei.

Das war ein stürzen ohne zäume
Ein rasen das kein arm beengt –
Ein öffnen neuer duftiger räume
Ein rausch der alle sinne mengt.

Stefan George

AN DIE ERSEHNTE

Ich habe dich Gerte getauft, weil du so schlank bist,
und weil mich Gott mit dir züchtigen will,
und weil eine Sehnsucht in deinem Gang ist
wie in schmächtigen Pappeln im April.

Ich kenne dich nicht – aber eines Tages
wirst du im Sturm an meine Türe klopfen,
und ich werde öffnen auf dies Klopfen,
und meine zuchtlose Brust wird gleichen Schlages
an deine zuchtlosen Brüste klopfen.

Denn ich kenne dich – deine Augen glänzen wie Knospen,
und du willst blühen, blühen, blühen!
Und deine jungen Gedanken sprühen
wie gepeitschte Sträucher an Sturzbächen;
und du möchtest wie ich den Stürmen Gottes trotzen
oder zerbrechen!

Richard Dehmel

AN SIE

Je enger wir uns aneinander banden,
je ferner voneinander rückten wir;
da unsere Pfühle noch beisammen standen,
berghohe Tiefe schied mich da von dir.

Seit ich, so schwerem Bann mich zu entziehen,
von dir ins Weite bin hinausgerannt,
bleibt dir, ich mag zur fernsten Küste fliehen,
dies Herz, ein treuer Kompaß, zugewandt.

Was soll ich nun aus diesem Wechsel lernen?
Was tun zur Heilung solcher Seelenpein?
Mich nähern, um mich wieder zu entfernen?
Fern bleiben, um dir ewig nah zu sein?

David Friedrich Strauß

LIEBE

Wenn wir uns nicht haben und uns sehnen,
dann ist's, als hätten wir uns endlich ganz.
Doch wenn wir nahe sind und uns geborgen wähnen,
verdunkelt sich die Lust, verblaßt der Glanz.

Die Ferne ist es nicht und nicht die Nähe.
Ach, immer lebt das Innigste allein.
Laß uns, wie gut es auch, wie schlimm es um uns stehe,
laß uns barmherzig zueinander sein!

Manfred Hausmann

DIE LIEBENDEN

Zweierlei tun die heimlich Liebenden,
wenn sie einander begegnen: Sie lächeln
und sie erzittern. Das Lächeln gleitet hinweg,
aber das Zittern bleibt und breitet sich aus, wo die Seele
flügelbebend sich öffnet.

Doch, wenn der Abend kommt,
Nacht ruht in jeder Blume, und schwarz ist geworden
der Mohn, kein Zittern, kein Lächeln mehr ist, und der Kuss
geendet: Wie flügelt die Seele dann,
oh wie schwebt sie, die unsre, in eins gefaltete, ruhlose,
über dem Tode.

Georg von der Vring

STILLER SCHREI

Wenn du nur zuweilen lächelst,
nur zuweilen Kühle fächelst
dieser ungemeßnen Glut –
in Geduld will ich mich fassen
und dich alles treiben lassen,
was der Liebe wehe tut.

Georg Friedrich Daumer

HYAZINTHEN

Fern hallt Musik; doch hier ist stille Nacht,
mit Schlummerduft anhauchen mich die Pflanzen:
Ich habe immer, immer dein gedacht;
ich möchte schlafen, aber du mußt tanzen.

Es hört nicht auf, es rast ohn Unterlaß;
die Kerzen brennen, und die Geigen schreien,
es teilen und es schließen sich die Reihen,
und alle glühen; aber du bist blaß.

Und du mußt tanzen; fremde Arme schmiegen
sich an dein Herz; o leide nicht Gewalt!
Ich seh' dein weißes Kleid vorüberfliegen
und deine leichte, zärtliche Gestalt. – –

Und süßer strömend quillt der Duft der Nacht
und träumerischer aus dem Kelch der Pflanzen.
Ich habe immer, immer dein gedacht;
ich möchte schlafen, aber du mußt tanzen.

Theodor Storm

SIEH MEIN KIND ich gehe.
Denn du darfst nicht kennen
Nicht einmal durch nennen
Menschen müh und wehe.

Mir ist um dich bange.
Sieh mein kind ich gehe
Dass auf deiner wange
Nicht der duft verwehe.

Würde dich belehren.
Müsste dich versehren
Und das macht mir wehe.
Sieh mein kind ich gehe.

Stefan George

LEBE WOHL –

Lebe wohl, du Flüchtige, Freie
die Flügel zu Fahrt und Flug –
geschlossen die Rune, die Reihe,
die deinen Namen trug.

Ich muß nun wieder
meine dunklen Gärten begehn,
ich höre schon Schwanenlieder
vom Schilf der nächtigen Seen.

Lebe wohl, du Tränenbereiter,
Eröffner von Qual und Gram,
verloren – weiter
die Tiefe, die gab und nahm.

Gottfried Benn

DIE LIEBE

Die Liebe
sitzt in der Sonne
auf einer Mauer und räkelt sich
für jeden zu sehn
Niemand hat sie gerufen
niemand könnte sie wegschicken
auch wenn sie störte

Woher kam sie als sie kam?
Man sieht selbst die Katze kommen
oder ein Gedicht auf dem Papier
Und der dunkelfüßige Traum
stellt sich nicht aus

Die Mauer ist leer
wo die Liebe saß
Wohin ging sie als sie ging?
Selbst der Tod, selbst die Träne
läßt eine Spur

Hilde Domin

AUF DEINE LIDER SENK ICH SCHLUMMER

Auf deine Lider senk ich Schlummer,
auf deine Lippen send ich Kuß,
indessen ich die Nacht, den Kummer,
den Traum alleine tragen muß.

Um deine Züge leg ich Trauer,
um deine Züge leg ich Lust,
indes die Nacht, die Todesschauer
weben allein durch meine Brust.

Du, die zu schwach, um tief zu geben,
du, die nicht trüge, wie ich bin –
drum muß ich abends mich erheben
und sende Kuß und Schlummer hin.

Gottfried Benn

LIEBENDE

Daß uns der Tod nicht anspringt
während wir lieben,
die Versuchung auszubrechen,
das Treibholz zu ergreifen und
wegzuschwemmen
flutabwärts,
daß die Namen derer,
die wir verrieten
– Stirn Augen und Hände –
daß uns ihre Schatten nicht schlagen
während wir schlafen,
während wir lieben,
und die heraufdämmernden Schatten jener,
die ihnen folgen werden
und die wir zu opfern bereit sind
schon heute, schon jetzt
in den Armen der anderen Absterbenden,
daß wir nicht, Liebende, selber
zum Opfer werden,
daß wir nicht scheitern
an unserer Unersättlichkeit.
Daß wir nicht scheitern.

Dagmar Nick

JÄGERLIED

Zierlich ist des Vogels Tritt im Schnee,
wenn er wandelt auf des Berges Höh';
zierlicher schreibt Liebchens liebe Hand,
schreibt ein Brieflein mir in ferne Land'.

In die Lüfte hoch ein Reiher steigt,
dahin weder Pfeil noch Kugel fleugt.
Tausendmal so hoch und so geschwind
die Gedanken treuer Liebe sind.

Eduard Mörike

AN FRIEDERIKE BRION

Wo bist du itzt, mein unvergeßlich Mädchen,
wo singst du itzt?
Wo lacht die Flur, wo triumphiert das Städtchen,
das dich besitzt?

Seit du entfernt, will keine Sonne scheinen,
und es vereint
der Himmel sich, dir zärtlich nachzuweinen,
mit deinem Freund.

All unsre Lust ist fort mit dir gezogen,
still überall
ist Stadt und Feld. Dir nach ist sie geflogen,
die Nachtigall.

O komm zurück! Schon rufen Hirt und Herden
dich bang herbei.
Komm bald zurück! Sonst wird es Winter werden
im Monat Mai.

Jakob Michael Reinhold Lenz

SIGNUM

Da war die Haustür und dahinter wars
daß ich und sie und sie und ich
in eines fremden Hauses stummer Nacht
betrieben was der Liebe glich.

Glich anderm noch: Denn unser Atem
ward aufgesogen durch das unerbittliche Gestein:
so zwischen heißer Glätte rauher Kälte
bewegten wir uns in ein Niemandsland hinein.

Da war die Haustür und war unverschlossen
da waren sie und ich und ich und sie.
Und der Moment der längst mit uns verflossen
verging in jenem fremden stummen Hause nie.

Günter Kunert

DER SPINNERIN NACHTLIED

Es sang vor langen Jahren
wohl auch die Nachtigall,
das war wohl süßer Schall,
da wir zusammen waren.

Ich sing' und kann nicht weinen
und spinne so allein
den Faden klar und rein,
solang der Mond wird scheinen.

Da wir zusammen waren,
da sang die Nachtigall,
nun mahnet mich ihr Schall,
daß du von mir gefahren.

Sooft der Mond mag scheinen,
gedenk' ich dein allein,
mein Herz ist klar und rein,
Gott wolle uns vereinen!

Seit du von mir gefahren,
singt stets die Nachtigall,
ich denk' bei ihrem Schall,
wie wir zusammen waren.

Gott wolle uns vereinen,
hier spinn' ich so allein,
der Mond scheint klar und rein,
ich sing' und möchte weinen!

Clemens Brentano

DAS IST IM LEBEN häßlich eingerichtet,
daß bei den Rosen gleich die Dornen stehn,
und was das arme Herz auch sehnt und dichtet,
zum Schlusse kommt das Voneinandergehn.
In deinen Augen hab' ich einst gelesen,
es blitzte drin von Lieb' und Glück ein Schein:
Behüt' dich Gott, es wär' zu schön gewesen,
behüt' dich Gott, es hat nicht sollen sein!

Joseph Victor von Scheffel

DER BRIEF, den du geschrieben,
er macht mich gar nicht bang;
du willst mich nicht mehr lieben,
aber dein Brief ist lang.

Zwölf Seiten, eng und zierlich!
Ein kleines Manuskript!
Man schreibt nicht so ausführlich,
wenn man den Abschied gibt.

Heinrich Heine

FRÖHLICHE BOTSCHAFT

Dort, wo die Wellen schäumen
am äußersten Sees-End,
dort liegt zwischen Apfelbäumen
ein Haus und ein freundlich Geländ'.

Ein Mädchen mit blonden Haaren
wird weilen in der Näh',
das wird dich herüberfahren
wohl über den blauen See.

Und lacht sie fröhlich und heiter
und blühn ihr die Wangen rot,
dann sag ihr von mir nichts weiter,
als nur: ich wäre tot.

Doch siehst du ihr Mündchen beben
und trübt sich ihr Auge klar,
dann sag ihr: ich sei noch am Leben
und komme zurück übers Jahr.

Und senkt sie den Blick, den frommen,
und stottert sie scheu und verwirrt –
dann sag ihr: ich sei schon gekommen
und sitze beim Schwanenwirt.

Heinrich Leuthold

DAS ZERBROCHENE RINGLEIN

In einem kühlen Grunde,
da geht ein Mühlenrad,
mein' Liebste ist verschwunden,
die dort gewohnet hat.

Sie hat mir Treu' versprochen,
gab mir ein'n Ring dabei,
sie hat die Treu gebrochen,
mein Ringlein sprang entzwei.

Ich möcht' als Spielmann reisen
weit in die Welt hinaus
und singen meine Weisen
und gehn von Haus zu Haus.

Ich möcht' als Reiter fliegen
wohl in die blut'ge Schlacht,
um stille Feuer liegen
im Feld bei dunkler Nacht.

Hör' ich das Mühlrad gehen:
ich weiß nicht, was ich will –
ich möcht' am liebsten sterben,
da wär's auf einmal still!

Joseph von Eichendorff

WENN DIE SONNE weggegangen,
kommt die Dunkelheit heran,
Abendrot hat goldne Wangen,
und die Nacht hat Trauer an.

Seit die Liebe weggegangen,
bin ich nun ein Mohrenkind,
und die roten frohen Wangen
dunkel und verloren sind.

Dunkelheit muß tief verschweigen
alles Wehe, alle Lust;
aber Mond und Sterne zeigen,
was mir wohnet in der Brust.

Wenn die Lippen dir verschweigen
meines Herzens stille Glut,
müssen Blick und Tränen zeigen,
wie die Liebe nimmer ruht.

Clemens Brentano

VOM SCHEIDEN

Wenn dir ein Mägdlein recht gefällt
und sie nimmt einen andern,
dann heißt es in die weite Welt
zu wandern.

Da draußen viele Mädchen sind,
so viele blond' und braune,
als Rosen blühn im Maienwind
am Zaune.

Mit neuem Glück an neuem Ort
zufrieden sind die mehrsten,
oft treibt ein zweiter Nagel fort
den ersten.

Doch wenn die Kur dir schlecht gelingt,
so werde Kapuziner,
und wenn kein Ablaß Frieden bringt,
trink Valtelliner.

Trink aus und würfle bei Morgenrot
um Dirnen mit blankem Messer –
stäch' dich vorher ein Landsknecht tot,
wär's besser.

Und tut er's nicht, so zeche fort,
doch wirf hinaus auf die Gasse
die Menschen mit ihrem Krämerwort,
daß Liebe sich heilen lasse ...

Wenn dir ein Mägdlein recht gefällt
und sie nimmt einen andern,
dann ist's am besten, aus der Welt
zu wandern.

Emil Prinz zu Schönaich-Carolath

WANDERSCHAFT

Im Walde blüht der Seidelbast,
im Graben liegt noch Schnee;
das du mir heut geschrieben hast,
das Brieflein tat mir weh.

Jetzt schneid' ich einen Stab im Holz,
ich weiß ein ander Land,
da sind die Jungfern nicht so stolz
der Liebe abgewandt.

Im Walde blüht der Seidelbast,
kein Brieflein tut mir weh,
und das du mir geschrieben hast,
schwimmt draußen auf dem See,
schwimmt draußen auf dem Bodensee,
ja draußen auf dem See.

Hermann Hesse

ABSCHIED

Morgens, das Haus ist noch dunkel,
erloschen das Feuer im Herd.
Der Wind geht sausend im Dunkel.
Was ist es, das dich beschwert?

Was ist es, das dich gelüstet?
Was, o Herz, das dir frommt?
Gerüstet und ungerüstet,
die Stunde des Abschieds kommt.

Tritt unter das Sternengefunkel.
Das Bleiben wäre so hold.
Wie lautlos im Morgendunkel
der Liebenden Träne verrollt.

Friedrich Georg Jünger

WO SIND DIE STUNDEN
der süßen Zeit,
da ich zuerst empfunden,
wie deine Lieblichkeit
mich dir verbunden?
Sie sind verrauscht, es bleibet doch dabei,
daß alle Lust vergänglich sei.

Ich schwamm in Freude;
der Liebe Hand
spann mir ein Kleid von Seide.
Das Blatt hat sich gewandt.
Ich geh' im Leide,
ich wein' jetzund, daß Lieb' und Sonnenschein
stets voller Angst und Wolken sein.

Christian Hoffmann von Hoffmannswaldau

ABSCHIED VON SEINER UNGETREUEN LIEBSTEN

Wie gedacht,
vor geliebt, jetzt ausgelacht.
Gestern in den Schoß gerissen,
heute von der Brust geschmissen,
morgen in die Gruft gebracht.
Wie gedacht,
vor geliebt, jetzt ausgelacht.

Dieses ist
aller Jungfern Hinterlist:
Viel versprechen, wenig halten;
sie entzünden und erkalten
öfters, eh ein Tag verfließt.
Dieses ist
aller Jungfern Hinterlist.

Dein Betrug,
falsche Seele, macht mich klug;
keine soll mich mehr umfassen,
keine soll mich mehr verlassen,
einmal ist fürwahr genug.
Dein Betrug,
falsche Seele, macht mich klug.

Denke nur,
ungetreue Kreatur,
denke, sag ich, nur zurücke
und betrachte deine Tücke
und erwäge deinen Schwur.
Denke nur,
ungetreue Kreatur!

Hast du nicht
ein Gewissen, das dich sticht,
wenn die Treue meines Herzens,
wenn die Größe meines Schmerzens
deinem Wechsel widerspricht?
Hast du nicht
ein Gewissen, das dich sticht?

Bringt mein Kuß
dir so eilends Überdruß,
ei so geh und küsse diesen,
welcher dir sein Geld gewiesen,
das dich wahrlich blenden muß,
bringt mein Kuß
dir so eilends Überdruß. –

Bin ich arm,
dieses macht mir wenig Harm;
Tugend steckt nicht in dem Beutel,
Geld und Schmuck macht nur die Scheitel,
aber nicht die Liebe warm.
Bin ich arm,
dieses macht mir wenig Harm.

Und wie bald
mißt die Schönheit die Gestalt!
Rühmst du gleich von deiner Farbe,
daß sie ihres gleichen darbe,
auch die Rosen werden alt.
Und wie bald
mißt die Schönheit die Gestalt!

Weg mit dir,
falsches Herze, weg von mir!
Ich zerreiße deine Kette,
denn die kluge Henriette
stellet mir was Bessers für.
Weg mit dir,
falsches Herze, weg von mir!

Johann Christian Günther

AGNES

Rosenzeit! wie schnell vorbei,
schnell vorbei
bist du doch gegangen!
Wär' mein Lieb nur blieben treu,
blieben treu,
sollte mir nicht bangen.

Um die Ernte wohlgemut,
wohlgemut
Schnitterinnen singen.
Aber ach! mir kranken Blut,
mir kranken Blut
will nichts mehr gelingen.

Schleiche so durchs Wiesental,
so durchs Tal,
als im Traum verloren,
nach dem Berg, da tausendmal,
tausendmal
er mir Treu geschworen.

Oben auf des Hügels Rand,
abgewandt,
wein' ich bei der Linde;
an dem Hut mein Rosenband,
von seiner Hand,
spielet in dem Winde.

Eduard Mörike

EIN JÜNGLING liebt ein Mädchen,
die hat einen Andern erwählt;
der Andre liebt eine Andre,
und hat sich mit dieser vermählt.

Das Mädchen heiratet aus Ärger
den ersten besten Mann,
der ihr in den Weg gelaufen;
der Jüngling ist übel dran.

Es ist eine alte Geschichte,
doch bleibt sie immer neu;
und wem sie just passieret,
dem bricht das Herz entzwei.

Heinrich Heine

DAS VERLASSENE MÄGDLEIN

Früh, wann die Hähne krähn,
eh' die Sternlein verschwinden,
muß ich am Herde stehn,
muß Feuer zünden.

Schön ist der Flammen Schein,
es springen die Funken;
ich schaue so drein,
in Leid versunken.

Plötzlich, da kommt es mir,
treuloser Knabe,
daß ich die Nacht von dir
geträumet habe.

Träne auf Träne dann
stürzet hernieder;
so kommt der Tag heran –
o ging' er wieder!

Eduard Mörike

'S IST ALLES dunkel, 's ist alles trübe,
dieweil mein Schatz einen andern liebt.
Ich hab geglaubt, sie liebt nur mich,
ich hab geglaubt, sie liebt nur mich,
aber nein, aber nein, sie hasset mich.

Was nützet mir ein schöner Garten,
wenn andre drin spazierengehn
und brechen all die Blümlein ab,
daran ich meine, so ganz alleine,
daran ich meine Freude hab'.

Was nützet mir ein schönes Mädchen,
wenn andere mit spazierengehn
und küssen ihr die Schönheit ab,
daran ich meine, so ganz alleine,
daran ich meine Freude hab'.

Bald kommen nun die schwarzen Brüder
und tragen mich zum Tor hinaus
und legen mich ins kühle Grab,
darin ich meine, so ganz alleine,
darin ich meine Ruhe hab'.

Unbekannt

GEDICHT FÜR J. S.

Auf dem Dezember-Bahnsteig in der ersten Stunde nach Mitternacht
dein Bild in die Kälte geschnitten,
mit hellem Mantel, den Schal übers Haar getan,
und einem im Abschied leuchtenden Gesicht!

Ich erfinde dich noch einmal im Augenblick der Trennung,
dunkel vor Zärtlichkeit und dem Verlangen nach Glück,
mit einer von Zuneigung leisen Stimme
in der winterlichen Frostluft.

Ich erfinde dich noch einmal: geschaffen nun,
um mit mir zu gehen, einem anderen:
Mann im hochgeschlagenen Mantelkragen,
der das Fenster im Fernzug-Abteil herunterläßt und winkt.

Du bleibst zurück, auf Fluten grauen Windes treibend,
zurück mit Umarmung und Kuß und dem Geruch deiner Haut.
Das schwarze und weiße Schachbrett der Schneenacht
liegt über deinem Gesicht; und ich weiß,
daß nichts an dir für mich bestimmt ist.

Karl Krolow

ES STEHT ein Baum im Odenwald,
der hat viel grüne Äst';
da bin ich schon viel tausendmal
bei meinem Schatz gewest.

Da sitzt ein schöner Vogel drauf,
der pfeift gar wunderschön;
ich und mein Schätzel lauern auf,
wenn wir mit'nander gehn.

Der Vogel sitzt in seiner Ruh'
wohl auf dem höchsten Zweig,
und schauen wir dem Vogel zu,
so pfeift er alsogleich.

Der Vogel sitzt in seinem Nest
wohl auf dem grünen Baum!
Ach, Schätzel, bin ich bei dir g'west,
oder ist es nur ein Traum?

Und als ich wied'rum kam zu dir,
gehauen war der Baum!
Ein andrer Liebster steht bei ihr –
o du verfluchter Traum!

Der Baum, der steht im Odenwald,
und ich bin in der Schweiz;
da liegt der Schnee, und ist so kalt:
mein Herz es mir zerreißt!

Unbekannt

SACHLICHE ROMANZE

Als sie einander acht Jahre kannten
(und man darf sagen: sie kannten sich gut),
kam ihre Liebe plötzlich abhanden.
Wie andern Leuten ein Stock oder Hut.

Sie waren traurig, betrugen sich heiter,
versuchten Küsse, als ob nichts sei,
und sahen sich an und wußten nicht weiter.
Da weinte sie schließlich. Und er stand dabei.

Vom Fenster aus konnte man Schiffen winken.
Er sagte, es wäre schon Viertel nach Vier
und Zeit, irgendwo Kaffee zu trinken.
Nebenan übte ein Mensch Klavier.

Sie gingen ins kleinste Café am Ort
und rührten in ihren Tassen.
Am Abend saßen sie immer noch dort.
Sie saßen allein, und sie sprachen kein Wort
und konnten es einfach nicht fassen.

Erich Kästner

BRUDER LIEDERLICH

Die Feder am Sturmhut in Spiel und Gefahren,
    Halli.
Nie lernt' ich im Leben fasten noch sparen,
    Hallo.
Der Dirne lass' ich die Wege nicht frei;
wo Männer sich raufen, da bin ich dabei,
und wo sie saufen, da sauf' ich für drei.
    Halli und Hallo.

Verdammt, es blieb mir ein Mädchen hängen,
    Halli.
Ich kann sie mir nicht aus dem Herzen zwängen,
    Hallo.

Ich glaube, sie war erst siebzehn Jahr',
trug rote Bänder im schwarzen Haar
und plauderte wie der lustigste Star.
    Halli und Hallo.

Was hatte das Mädel zwei frische Backen,
    Halli.
Krach, konnten die Zähne die Haselnuß knacken,
    Hallo.
Sie hat mir das Zimmer mit Blumen geschmückt,
die wir auf heimlichen Wegen gepflückt;
wie hab' ich dafür ans Herz sie gedrückt.
    Halli und Hallo.

Ich schenkt' ihr ein Kleidchen von gelber Seiden,
    Halli.
Sie sagte, sie möcht' mich unsäglich gern leiden,
    Hallo.
Und als ich die Taschen ihr vollgesteckt
mit Pralinés, Feigen und feinem Konfekt,
da hat sie von morgens bis abends geschleckt.
    Halli und Hallo.

Wir haben superb uns die Zeit vertrieben,
    Halli.
Ich wollte, wir wären zusammengeblieben,
    Hallo.
Doch wurde die Sache mir stark ennuyant;
ich sagt' ihr, daß mich die Regierung ernannt,
Kamele zu kaufen in Samarkand.
    Halli und Hallo.

Und als ich zum Abschied die Hand gab der Kleinen,
    Halli.
Da fing sie bitterlich an zu weinen,
    Hallo.
Was denk' ich just heut ohn' Unterlaß,
daß ich ihr so rauh gab den Reisepaß …
Wein her, zum Henker, und da liegt Trumpf As.
    Halli und Hallo.

Detlev von Liliencron

LIED DES HARFENMÄDCHENS

Heute, nur heute
bin ich so schön;
morgen, ach morgen
muß alles vergehn!

Nur diese Stunde
bist du noch mein;
sterben, ach sterben
soll ich allein.

Theodor Storm

DER SCHWERE ABEND

Die dunklen Wolken hingen
herab so bang und schwer,
wir beide traurig gingen
im Garten hin und her.

So heiß und stumm, so trübe
und sternlos war die Nacht,
so ganz wie unsre Liebe
zu Tränen nur gemacht.

Und als ich mußte scheiden
und gute Nacht dir bot,
wünscht' ich bekümmert beiden
im Herzen uns den Tod.

Nikolaus Lenau

LASS SCHARREN DEINER ROSSE HUF

Geh nicht, die Gott für mich erschuf!
Laß scharren deiner Rosse Huf
den Reiseruf!

Du willst von meinem Herde fliehn?
Und weißt ja nicht, wohin, wohin
dich deine Rosse ziehn!

Die Stunde rinnt! das Leben jagt!
wir haben uns noch nichts gesagt –
bleib, bis es tagt!

Du darfst aus meinen Armen fliehn?
Und weißt ja nicht, wohin, wohin
dich deine Rosse ziehn …

Conrad Ferdinand Meyer

DIE ZEIT IST HIN

Die Zeit ist hin, du löst dich unbewußt
und leise mehr und mehr von meiner Brust;
ich suche dich mit sanftem Druck zu fassen,
doch fühl' ich wohl, ich muß dich gehen lassen.

So laß mich denn, bevor du weit von mir
im Leben gehst, noch einmal danken dir;
und magst du nie, was rettungslos vergangen,
in schlummerlosen Nächten heimverlangen.

Hier steh' ich nun und schaue bang zurück;
vorüber rinnt auch dieser Augenblick,
und wieviel Stunden dir und mir gegeben,
wir werden keine mehr zusammen leben.

Theodor Storm

DIE EINE KLAGE

Wer die tiefste aller Wunden
hat in Geist und Sinn empfunden,
bittrer Trennung Schmerz;
wer geliebt, was er verloren,
lassen muß, was er erkoren,
das geliebte Herz,

der versteht in Lust die Tränen
und der Liebe ewig Sehnen
eins in Zwei zu sein,
eins im andern sich zu finden,
daß der Zweiheit Grenzen schwinden
und des Daseins Pein.

Wer so ganz in Herz und Sinnen
konnt' ein Wesen lieb gewinnen,
oh! den tröstet's nicht,
daß für Freuden, die verloren,
neue werden neu geboren:
Jene sind's doch nicht.

Das geliebte, süße Leben,
dieses Nehmen und dies Geben,
Wort und Sinn und Blick,
dieses Suchen und dies Finden
dieses Denken und Empfinden
gibt kein Gott zurück.

Karoline von Günderode

EIN IRRSAL kam in die Mondscheingärten
einer einst heiligen Liebe.
Schaudernd entdeckt' ich verjährten Betrug
und mit weinendem Blick, doch grausam,
hieß ich das schlanke,
zauberhafte Mädchen
ferne gehen von mir.
Ach, ihre hohe Stirn
war gesenkt, denn sie liebte mich;
aber sie zog mit Schweigen
fort in die graue
Welt hinaus.

Krank seitdem,
wund ist und wehe mein Herz.
Nimmer wird es genesen!
Als ginge, luftgesponnen, ein Zauberfaden
von ihr zu mir, ein ängstig Band,
so zieht es, zieht mich schmachtend ihr nach!
– Wie? wenn ich eines Tags auf meiner Schwelle
sie sitzen fände, wie einst, im Morgen-Zwielicht,
das Wanderbündel neben ihr,
und ihr Auge, treuherzig zu mir aufschauend,
sagte, da bin ich wieder
hergekommen aus weiter Welt!

Eduard Mörike

DER VERZWEIFELNDE

Nicht mehr zu dir zu gehen,
beschloß ich und beschwor ich,
und gehe jeden Abend,
denn jede Kraft und jeden Halt verlor ich.

Ich möchte nicht mehr leben,
möcht' augenblicks verderben,
und möchte doch auch leben
für dich, mit dir, und nimmer, nimmer sterben.

Ach rede, sprich ein Wort nur,
ein einziges, ein klares!
Gib Leben oder Tod mir,
nur dein Gefühl enthülle mir, dein wahres!

Georg Friedrich Daumer

LICHT UND SCHATTEN

Schwarz ihre Brauen,
weiß ihre Brust,
klein mein Vertrauen,
groß doch die Lust.

Schwatzhaft in Blicken,
schweigend die Zung',
alt das Mißglücken,
Wunsch immer jung.

Arm, was ich brachte,
reich meine Lieb',
warm, was ich dachte,
kalt, was ich schrieb.

Franz Grillparzer

DIE WELT war mir zuwider,
die Berge lagen auf mir,
der Himmel war mir zu nieder,
ich sehnte mich nach dir, nach dir.
O lieb Mädel, wie schlecht bist du!

Ich trieb wohl durch die Gassen
zwei lange Jahre mich;
an den Ecken mußt' ich passen
und harren nur auf dich, auf dich.
O lieb Mädel, wie schlecht bist du!

Ich hab' vor deiner Türe
die hellgestirnte Nacht,
daß dich mein Lieben rühre,
oft liebeskrank durchwacht.
O lieb Mädel, wie schlecht bist du!

Ich ging nicht zu dem Feste,
trank nicht den edlen Wein,
ertrug den Spott der Gäste,
um nur bei dir, bei dir zu sein.
O lieb Mädel, wie schlecht bist du!

Bin zitternd zu dir gekommen,
als wärst du ein Jungfräulein,
hab' dich in den Arm genommen,
als wärst du mein allein, allein.
O lieb Mädel, wie schlecht bist du!

Bergab bin ich gegangen
mit dir zu jeder Stund,
hab' fest an dir gehangen
und ging mit dir zugrund.
O lieb Mädel, wie schlecht bist du!

Clemens Brentano

WIE GLÄNZT das Gefäß! O wie faßt es sich schlank!
So bieten die Himmel berauschenden Trank.
Was birgt wohl das Zaudern? Verwegene Tat;
das Lächeln, das Neigen, was birgt es? Verrat;
die heiligen Blicke? Vernichtenden Scherz;
der göttliche Busen? Ein hündisches Herz.

O sag mir, ich lüge! O sag, sie ist rein!
Willkommner als Sinn soll der Wahnsinn mir sein.
Vom Wahnsinn zum Sinne, welch glücklicher Schritt!
Vom Sinne zum Wahnsinn! wer litt, was ich litt?
Nun ist mir's bequem, dein gestrenges Gebot;
ich eile zu scheiden, ich suche den Tod.
Sie zog mir mein Leben ins ihre hinein;
ich habe nichts mehr, um lebendig zu sein.

Johann Wolfgang Goethe

ROSE WEISS, Rose rot,
wie süß ist doch dein Mund,
Rose rot, Rose weiß,
dein denk' ich alle Stund,
alle Stund bei Tag und Nacht,
daß dein Mund mir zugelacht,
dein roter Mund.

Ein Vogel sang im Lindenbaum,
ein süßes Lied er sang,
Rose weiß, Rose rot,
das Herz im Leib mir sprang,
sprang vor Freude hin und her,
als ob dein Lachen bei ihm wär',
so süß es klang.

Rose weiß, Rose rot,
was wird aus mir und dir?
Ich glaube gar, es fiel ein Schnee,
dein Herz ist nicht bei mir,
nicht bei mir, geht andern Gang,
falsches Lied der Vogel sang
von mir und dir.

Hermann Löns

ABSCHIED

Ich muß von dir mich trennen –
Ade, ade –
Den Todesweg erkennen,
Dass ich ihn geh.

Was einst von dir gekommen
Als Freudenlicht,
Mir ward es fortgenommen
Und schier zu-nicht.

Was mir von dir erlost war
Als Liebesring,
Zeitlos und Augentrost war,
Sein Gold verging.

Wovon noch matt ein Schein ist,
Der auch vergeh –
O Gold, das nicht mehr mein ist,
Ade!

Georg von der Vring

O BLÜHENDE HEIDE, welken wirst du müssen!
Du Sternenantlitz, mußt du auch vergehn?
Es gäb' ein andres Glück, als dich zu küssen,
und andre Wünsche, als dich anzusehn?
Ihr Seelenaugen, warmes Licht der Liebe,
erlöschen sollt ihr? nie mehr widerspiegeln
die goldne Bläue über diesen Hügeln?
Du wärst dahin, und Erd' und Himmel bliebe?

Ricarda Huch

ALS MICH DEIN WANDELN AN DEN TOD VERZÜCKTE

Als mich Dein Dasein tränenwärts entrückte
und ich durch Dich ins Unermeßne schwärmte,
erlebten diesen Tag nicht Abgehärmte,
mühselig Millionen Unterdrückte?

Als mich Dein Wandeln an den Tod verzückte,
war Arbeit um uns und die Erde lärmte.
Und Leere gab es, gottlos Unerwärmte,
es lebten und es starben Niebeglückte!

Da ich von Dir geschwellt war zum Entschweben,
so viele waren, die im Dumpfen stampften,
an Pulten schrumpften und vor Kesseln dampften.

Ihr Keuchenden auf Straßen und auf Flüssen!!
Gibt es ein Gleichgewicht in Welt und Leben,
wie werd' ich diese Schuld bezahlen müssen!?

Franz Werfel

GEHAB DICH WOHL

Tu sie fort, tu immer sie fort
zu den Gallenäpfeln unter das welke Laub,
die süße Liebe auf dieser bitteren Erde –

Wie wirst du leben, wie werden wir leben?
Einsam – und bald wird keiner,
nach dem andern zu suchen, mehr sein.

Gehab dich wohl, gehab dich wohl.
Und auf dem Steige des Waldes leuchtet noch
dein rotes Tuch –

Georg von der Vring

SCHWARZ

Nacht ohne dich.
Wer wird mein Herz bewahren?
Der Mond erblich.
Die Vogelwolken fahren.
Vorüberstrich
ein Schwarm von schwarzen Jahren.

Georg von der Vring

OHNMACHT

Und wenn mein Arm den Nacken dir umwindet,
irrt er der Spur vergangner Nächte nach,
und wenn mein Mund den deinen bebend findet,
küßt er ihm kaum vergeßne Küsse wach.

Und in den reichsten Stunden, liebesüßen,
umschwelgt uns trunkener Erinnerung Bann;
aus meinem Lächeln und aus meinem Grüßen
schaut ein Gewesnes dich vertraulich an.

Und wenn ich mit dem Blick des Hohns dich quäle,
seh' ich im Aug' dir ein Gedenken glühn.
Und was ich löschen will aus deiner Seele,
in hellern Farben laß ich dir's erglühn.

Und wenn ich mich gemartert von dir wende,
spielt um die Lippen dir ein müder Zug –
der lächelt stumm: ich kenn' ja auch das Ende,
wie's immer kommt – mit Ekel und Betrug.

Arthur Schnitzler

GLEICHGEWICHT

Wir gehen
jeder für sich
den schmalen Weg
über den Köpfen der Toten
– fast ohne Angst –
im Takt unsres Herzens,
als seien wir beschützt,
solange die Liebe
nicht aussetzt.

So gehen wir
zwischen Schmetterlingen und Vögeln
in staunendem Gleichgewicht
zu einem Morgen von Baumwipfeln
– grün, gold und blau –
und zu dem Erwachen
der geliebten Augen.

Hilde Domin

AUGENBLICK IM JUNI

Wenn das Fenster geöffnet ist,
Vergänglichkeit mit dem Winde hereinweht,
mit letzten Blütenblättern der roten Kastanie
und dem Walzer «Faszination»
von neunzehnhundertundvier,
wenn das Fenster geöffnet ist
und den Blick freigibt auf Floßhafen und Stapelholz,
das immer bewegte Blattgewirk der Akazie, –
wie ein Todesurteil ist der Gedanke an dich.
Wer wird deine Brust küssen
und deine geflüsterten Worte kennen?

Wenn das Fenster geöffnet ist
und das Grauen der Erde hereinweht –
Das Kind mit zwei Köpfen,
– während der eine schläft, schreit der andere –
es schreit über die Welt hin
und erfüllt die Ohren meiner Liebe mit Entsetzen.
(Man sagt, die Mißgeburten nähmen seit Hiroshima zu.)

Wenn das Fenster geöffnet ist, gedenke ich derer,
die sich liebten im Jahre neunzehnhundertundvier
und der Menschen des Jahres dreitausend,
zahnlos, haarlos.

Wem gibst du den zerrinnenden Blick, der einst mein war?
Unser Leben, es fähret schnell dahin als flögen wir davon,
und in den Abgründen wohnt verborgen das Glück.

Günter Eich

SOMMERS ENDE

Gleichtönig, leis und klagend rinnt
den lauen Abend lang der Regen,
hinweinend wie ein müdes Kind,
der nahen Mitternacht entgegen.

Der Sommer, seiner Feste müd,
hält seinen Kranz in welken Händen
und wirft ihn weg – er ist verblüht –
und neigt sich bang und will verenden.

Auch unsre Liebe war ein Kranz
auflodernd heißer Sommerfeste,
nun löst sich sacht der letzte Tanz,
der Regen stürzt, es fliehn die Gäste.

Und eh' wir der verwelkten Pracht
und der erloschenen Glut uns schämen,
laß uns in dieser ernsten Nacht
von unsrer Liebe Abschied nehmen.

Hermann Hesse

FRAGMENT

… das alles ist nur kleine Keckheit;
Die große Kühnheit aber ist
Die Liebe. So wie dem grauen Fisch
Über dem faulen Laub des Beckens
Zuerst die Flossen, dann der Rücken,
Und dann er ganz sich rötet –
Gelangt, wenn sich die kühnen Beiden
Gewiss und inne werden ihrer einst geteilten
Unsagbar gleichen Seele, die wie Feuerfelder
Von zweien Seiten aufglüht –
Gelangt den also Liebenden
In ihre Augen solch ein Glanz,
Das jeder sie soll meiden, denn sie sind
Niemandes Freund hinfort, und in ihr Herz,
Den Augen anzusehn, traf Gottes rauher
Gebogener Pfeil, der macht, daß sie in eins
Getroffen, nun im Blute eins, wie ewig schon
Im Geist, bedürftig nicht der Freude mehr,
Des Kummers nicht, sich betten auf ein Lager,
Wo Sterben Lust sei, doch kein Tod mehr ist.

Georg von der Vring

EPILOG

Gott trennt, die er zusammenberief,
wie er im Schöpfungswort schon trennte:
wir taumelten in Gnaden tief,
im Wahn, wenn eins beim andern schlief,
und noch und wieder ihn erkennte,
sei's einz'ger Sinn der Elemente.

Er aber schlägt aus unserm Leibe
den letzten wahren Funken nicht:
Wer, hingestreckt bei süßem Weibe,
nur sehnt, daß immer solches bleibe,
hat abgewandt sich dem Gericht,
drin Welt besteht, dran Welt zerbricht.

Einst spürten wir wie Schmerz den Funken,
der zueinander uns befahl:
jetzt ist der Schmerz uns lang versunken,
und Lust, nur Lust wird draus getrunken
noch aber-aberhundert Mal –
Gott aber will uns in der Qual.

Und ahnend seinen Schnitt im Herzen,
eh' wir uns heben, da wir küssen,
noch decken wir ihn zu mit Scherzen,
bis ausgebrannt die letzten Kerzen –
und aus den leeren Finsternissen
auffahren wir in jähem Wissen.

Veronika Erdmann

LIEBESGEDICHTE

Ich hör dich Schritt für Schritt
seitdem du fortgegangen bist.
Ich seh dich Wort für Wort
seitdem du schweigst.

Der Tag- und Nachtschein
sucht die Wege ab.
Er findet dich nicht
und will uns nicht erleuchten.

Das Brot wird trocken.
Keiner ißt's.
Das Wasser schwebt davon
als Wolke.

Das Dach zerblättert
und die Tür fällt ein.
Das Jahr zählt zweifach.
Dreifach muß es sein.

Elisabeth Borchers

OH DER WILDNIS wildeste Blume
lächelte mir

Oh der Nacht nächtigste Locke
schlief bei mir:

Oh daß ich nie vergesse
wie schön es war

wenn Gram beschattet
was nicht mehr ist.

Paula Ludwig

SEHNSUCHT

Um bei dir zu sein,
trüg' ich Not und Fährde,
ließ' ich Freund und Haus
und die Fülle der Erde.

Mich verlangt nach dir
wie der Flut nach dem Strande,
wie die Schwalbe im Herbst
nach dem südlichen Lande,

wie den Alpsohn heim,
wenn er denkt, nachts alleine,
an die Berge voll Schnee
im Mondenscheine.

Ricarda Huch

MEIN ATEM SCHREIBT DEINEN NAMEN

Ich habe alles erreicht:
Ich bin nicht mehr erreichbar.
Leise schloß ich die Tür.

Es riecht nach Vergangenheit
im verdunkelten Zimmer.

Nach Rosen und Rauch
und moderndem Laub.

Unhörbar
sind meine Schritte.

Von der Decke
fällt Schnee.

Mein Atem
schreibt deinen Namen.

Wolf Peter Schnetz

ALLES NAHMST DU MIT DIR

Alles nahmst du mit dir
im Taumel deiner Liebe
rissest es mit als du gingst
brennend vom brennenden Fest –

In deinen Knien sind nun all meine Tänze begraben

In deinem Haar all meine Düfte versenkt –
In deinem Munde ruhen die Küsse des Jahres

Wie eine Grille sitz ich
im Stoppelgrase
und schreie mein Lied,
das einzige was du mir ließest,
in das verödete Land.

Paula Ludwig

SULEIKA

Ach, um deine feuchten Schwingen,
West, wie sehr ich dich beneide:
Denn du kannst ihm Kunde bringen,
was ich in der Trennung leide!

Die Bewegung deiner Flügel
weckt im Busen stilles Sehnen;
Blumen, Augen, Wald und Hügel
stehn bei deinem Hauch in Tränen.

Doch dein mildes, sanftes Wehen
kühlt die wunden Augenlider;
ach, für Leid müßt' ich vergehen,
hofft' ich nicht zu sehn ihn wieder.

Eile denn zu meinem Lieben,
spreche sanft zu seinem Herzen;
doch vermeid, ihn zu betrüben,
und verbirg ihm meine Schmerzen.

Sag ihm, aber sag's bescheiden,
seine Liebe sei mein Leben;
freudiges Gefühl von beiden
wird mir seine Nähe geben.

Marianne von Willemer

AN EINE GELIEBTE

Wie behutsam war
deinem Haar mein Haar,
und wir näherten uns nicht.
In den Wolken stand
als ein kühler Brand
jener Stern, der Liebe spricht.

Wenn du wiederkommst,
wenn du wiederkommst,
(o wie sehn' ich mich nach dir!),
will ich leise sein
und es nicht bereun,
daß dein Herz so schlägt in mir.

Und da bist du ja
wieder schön und nah,
und ich träume in dich hin …
Dieser Geigenton!
Ja, du warst es schon,
als ich jung gewesen bin.

Nur den Finger leis,
rührt der Finger leis,
und es ist sonst nichts geschehn.
Sieh, mein Angesicht
spürt dich lieb und licht –
doch jetzt mußt du wieder gehn!

Josef Weinheber

NÄHE DES GELIEBTEN

Ich denke dein, wenn mir der Sonne Schimmer
vom Meere strahlt;
ich denke dein, wenn sich des Mondes Flimmer
in Quellen malt.

Ich sehe dich, wenn auf dem fernen Wege
der Staub sich hebt;
in tiefer Nacht, wenn auf dem schmalen Stege
der Wandrer bebt.

Ich höre dich, wenn dort mit dumpfem Rauschen
die Welle steigt;
im stillen Haine geh' ich oft zu lauschen,
wenn alles schweigt.

Ich bin bei dir, du seist auch noch so ferne,
du bist mir nah!
Die Sonne sinkt, bald leuchten mir die Sterne.
Oh, wärst du da!

Johann Wolfgang Goethe

WER JE GELEBT in Liebesarmen,
der kann im Leben nie verarmen;
und müßt' er sterben fern, allein,
er fühlte noch die sel'ge Stunde,
wo er gelebt an ihrem Munde,
und noch im Tode ist sie sein.

Theodor Storm

IMMER leiser wird mein Schlummer,
nur wie Schleier liegt mein Kummer
zitternd über mir.
Oft im Traume hör' ich dich
rufen drauß vor meiner Tür.
Niemand wacht und öffnet dir,
ich erwach' und weine bitterlich.

Ja, ich werde sterben müssen.
Eine andre wirst du küssen,
wenn ich bleich und kalt,
eh' die Maienlüfte wehen
eh' die Drossel singt im Wald;
willst du mich noch einmal sehen,
komm, o komme bald.

Hermann Lingg

BALLADE VOM BRENNESSELBUSCH

Liebe fragte Liebe: «Was ist noch nicht mein?»
Sprach zur Liebe Liebe: «Alles, alles dein!»
Liebe küßte Liebe: «Liebste, liebst du mich?»
Küßte Liebe Liebe: «Ewig, ewiglich!» – –

Hand in Hand hernieder stieg er mit Maleen
von dem Heidehügel, wo die Nesseln stehn,
eine Nessel brach er, gab er ihrer Hand,
zu der Liebsten sprach er: «Uns brennt heißrer Brand!

Lippe glomm auf Lippe, bis die Lust zum Schmerz,
bis der Atem stockte, brannte Herz an Herz,
darum, wo nur Nesseln stehn am Straßenrand,
wolln wir daran denken, was uns heute band!» –

Spricht von Treu' die Liebe, sagt sie ‹ewig› nur –
ach, die Treu' am Mittag gilt nur bis zwölf Uhr,
Treue gilt am Abend, bis die Nacht begann –
und doch weiß ich Herzen, die verbluten dran.

Krieg verschlug das Mädchen, wie ein Blatt verweht,
das im Wind die Wege fremder Koppeln geht,
und ihr lieber Liebster stieg zum Königsthron,
eine Königstochter nahm der Königssohn.

Sieben Jahre gingen, und die Nessel stand
sieben Jahr an jedem deutschen Straßenrand.
Wer hat die Treu' gehalten? Gott alleine weiß,
ob nicht wunde Treue brennet doppelt heiß!

Bei der Jagd im Walde stand mit schwerem Sinn,
stand am Knick der König bei der Königin,
Nesselblatt zum Munde hob er wie gebannt,
und die Lippe brannte, wie sie einst gebrannt:

«Brennettelbusch,
Brennettelbusch so kleene,
wat steihst du so alleene!

Brennettelbusch,
wo is myn Tyd 'eblewen,
un wo es myn Maleen?»

«Sprichst mit fremder Zunge?» frug die Königin.
«So sang ich als Junge», sprach er vor sich hin.
Heim sie ritten schweigend, Abend hing im Land –
seine Lippen brannten, wie sie einst gebrannt!

Durch den Garten streifte still die Königin,
zu der Magd am Flusse trat sie heimlich hin,
welche Wäsche spülte noch im Sternenlicht,
Tränen sahn die Sterne auf der Magd Gesicht:

«Brennettelbusch,
Brennettelbusch so kleene,
wat steihst du so alleene!
Brennettelbusch,
ik hev de Tyd 'eweten,
dar was ik nich alleen!»

Sprach die Dame leise: «Sah ich dein Gesicht
unter dem Gesinde? Nein, ich sah es nicht!»
Sprach das Mädchen leiser: «Konntest es nicht sehn,
Gestern bin ich kommen, und ich heiß Maleen!» –

Viele Wellen wallen weit ins graue Meer,
eilig sind die Wellen, ihre Hände leer,
eine schleicht so langsam mit den Schwestern hin,
trägt in nassen Armen eine Königin. – –

Liebe fragte Liebe: «Sag, weshalb du weinst?»
Raunte Lieb' zur Liebe: «Heut ist nicht mehr einst!»
Liebe klagte Liebe: «Ist's nicht wie vorher?»
Sprach zur Liebe Liebe: «Nimmer – nimmermehr.»

Börries von Münchhausen

DER KÖNIG IN THULE

Es war ein König in Thule
gar treu bis an das Grab,
dem sterbend seine Buhle
einen goldnen Becher gab.

Es ging ihm nichts darüber,
er leert' ihn jeden Schmaus;
die Augen gingen ihm über,
so oft er trank daraus.

Und als er kam zu sterben,
zählt' er seine Städt' im Reich,
gönnt' alles seinem Erben,
den Becher nicht zugleich.

Er saß beim Königsmahle,
die Ritter um ihn her,
auf hohem Vätersaale
dort auf dem Schloß am Meer.

Dort stand der alte Zecher,
trank letzte Lebensglut
und warf den heil'gen Becher
hinunter in die Flut.

Er sah ihn stürzen, trinken
und sinken tief ins Meer.
Die Augen täten ihm sinken;
trank nie einen Tropfen mehr.

Johann Wolfgang Goethe

DER ABSCHIED

Trennen wollten wir uns? wähnten es gut und klug?
Da wirs taten, warum schröckte, wie Mord, die Tat?
Ach! wir kennen uns wenig,
denn es waltet ein Gott in uns.

Den verraten? ach ihn, welcher uns alles erst,
Sinn und Leben erschuf, ihn den beseelenden
Schutzgott unserer Liebe,
dies, dies Eine vermag ich nicht.

Aber anderen Fehl denket der Weltsinn sich
andern ehernen Dienst übt er und anders Recht,
und es listet die Seele
Tag für Tag der Gebrauch uns ab.

Wohl! ich wußt' es zuvor. Seit die gewurzelte
ungestalte, die Furcht Götter und Menschen trennt,
muß, mit Blut sie zu sühnen,
muß der Liebenden Herz vergehn.

Laß mich schweigen! o laß nimmer von nun an mich
  dieses Tödliche sehn, daß ich im Frieden doch
    hin ins Einsame ziehe,
      und noch unser der Abschied sei!

Reich die Schale mir selbst, daß ich des rettenden
  Heilgen Giftes genug, daß ich des Lethetranks
    mit dir trinke, daß alles,
      Haß und Liebe, vergessen sei!

Hingehn will ich. Vielleicht seh' ich in langer Zeit
  Diotima! dich hier. Aber verblutet ist
    dann das Wünschen und friedlich
      gleich den Seligen, fremde gehn

Wir umher, ein Gespräch führet uns ab und auf,
  sinnend, zögernd, doch itzt mahnt die Vergessenen
    hier die Stelle des Abschieds.
      Es erwarmet ein Herz in uns,

Staunend seh' ich dich an, Stimmen und süßen Sang,
  wie aus voriger Zeit, hör ich und Saitenspiel,
    und die Lilie duftet
      golden über dem Bach uns auf.

Friedrich Hölderlin

IMMER WIEDER, ob wir der Liebe Landschaft auch kennen
und den kleinen Kirchhof mit seinen klagenden Namen
und die furchtbar verschweigende Schlucht, in welcher die andern
enden: immer wieder gehn wir zu zweien hinaus
unter die alten Bäume, lagern uns immer wieder
zwischen die Blumen, gegenüber dem Himmel!

Rainer Maria Rilke

TRENNUNG

Der erste Tag war leicht
der zweite Tag war schwerer
der dritte Tag war schwerer als der zweite

Von Tag zu Tag schwerer:
Der siebente Tag war so schwer
daß es schien er sei nicht zu ertragen

Nach diesem siebenten Tag
sehne ich mich
schon zurück

Erich Fried

DAS IST DER LIEBE heil'ger Götterstrahl,
der in die Seele schlägt und trifft und zündet,
wenn sich Verwandtes zum Verwandten findet,
da ist kein Widerstand und keine Wahl,
es löst der Mensch nicht, was der Himmel bindet.

Friedrich Schiller

LIEBE WARD von Gott der Welt verliehen,
um zu Gott die Seele zu erziehen.
In die Schule bin ich früh gegangen,
habe nicht die rechte Lehr' empfangen.
Unerzogen ist das Seelchen blieben,
bis du ihm zum Meister wardst verschrieben.
Mußt Geduld nur haben! will ja gerne
lernen, erst ist not, daß ich verlerne;
denn es blieb an mir das Falsche hangen.
Schlimmer als von vornen anzufangen!
Mußt mich alles erst vergessen lassen,
soll ich rein die neue Lehre fassen.

Friedrich Rückert

SULEIKA

Nimmer will ich dich verlieren!
Liebe gibt der Liebe Kraft.
Magst du meine Jugend zieren
mit gewalt'ger Leidenschaft.

Ach! wie schmeichelt's meinem Triebe,
wenn man meinen Dichter preist:
Denn das Leben ist die Liebe,
und des Lebens Leben Geist.

Johann Wolfgang Goethe

WIEDERFINDEN

Ist es möglich! Stern der Sterne,
drück' ich wieder dich ans Herz!
Ach, was ist die Nacht der Ferne
für ein Abgrund, für ein Schmerz!
Ja, du bist es, meiner Freuden
süßer, lieber Widerpart;
eingedenk vergangner Leiden,
schaudr' ich vor der Gegenwart.

Als die Welt im tiefsten Grunde
lag an Gottes ew'ger Brust,
ordnet' er die erste Stunde
mit erhabner Schöpfungslust,
und er sprach das Wort: Es werde!
Da erklang ein schmerzlich Ach!
als das All mit Machtgebärde
in die Wirklichkeiten brach.

Auf tat sich das Licht! So trennte
scheu sich Finsternis von ihm,
und sogleich die Elemente
scheidend auseinanderfliehn.
Rasch, in wilden, wüsten Träumen
jedes nach der Weite rang,
starr, in ungemeßnen Räumen,
ohne Sehnsucht, ohne Klang.

Stumm war alles, still und öde,
einsam Gott zum erstenmal!
Da erschuf er Morgenröte,
die erbarmte sich der Qual;
sie entwickelte dem Trüben
ein erklingend Farbenspiel,
und nun konnte wieder lieben,
was erst auseinanderfiel.

Und mit eiligem Bestreben
sucht sich, was sich angehört;
und zu ungemeßnem Leben
ist Gefühl und Blick gekehrt.
Sei's Ergreifen, sei es Raffen,
Wenn es nur sich faßt und hält!
Allah braucht nicht mehr zu schaffen,
wir erschaffen seine Welt.

So, mit morgenroten Flügeln,
riß es mich an deinen Mund,
und die Nacht mit tausend Siegeln
kräftigt sternenhell den Bund.
Beide sind wir auf der Erde
musterhaft in Freud' und Qual,
und ein zweites Wort: Es werde!
trennt uns nicht zum zweitenmal.

Johann Wolfgang Goethe

IHR HEIM

Lang vorüber ging ich den Gehegen,
drin der Giebel deines Heimes ragt,
dieser Pforte, diesen Schattenwegen!
Wer da wohne, hab' ich nicht gefragt.
Wer da wohne
hinter einer dunkeln Lindenkrone,
hat das Herz mir nicht vorausgesagt.

Pfade liefen durch die feuchte Wiese,
kleine Sohlen sah ich hier und dort
eingezeichnet auf dem weichen Kiese,
aber meines Weges zog ich fort.
Ich begehrte
zu verfolgen nicht die flücht'ge Fährte,
zu betreten nicht den stummen Ort.

Auch ein Rauschen hört' ich aus der Linde,
die der Hauch der Abendlüfte bog;
«Komme, Wandrer», rief es, «komm und finde!»
während rascher ich des Weges zog.
Ich vertraute
dem Versprechen nicht der Geisterlaute,
deren Wehn mir oft das Herz betrog.

Und den Stern der Liebe sah ich eilen
dort zum dunkelscharfen Bergesrand,
auf dem schlanken Giebel blitzend weilen
wie ein zitternd Feuer, eh' er schwand.
Im Entweichen
gab der Freund am Himmel mir ein Zeichen,
wann er über meinem Glücke stand.

Längst versunken glaubt' ich's in die Ferne,
das so nahe mir verborgen lag!
Wer versteht den stillen Wink der Sterne
vor dem rechten, dem bestimmten Tag?
Vor der Stunde,
die ihn zieht zu dem ersehnten Bunde,
den nicht Tod noch Leben trennen mag?

Lang vorüber ging ich deiner Liebe
durch den Staub des Lebens unbewußt,
daß zur Wonne mir die Klage bliebe
und ein leiser Schmerz in sel'ger Brust –
Schmerz und Klage
über ohne dich verdarbte Tage,
die mit deinem Kuß du stillen mußt.

Conrad Ferdinand Meyer

GLÜCKES GENUG

Wenn sanft du mir im Arme schliefst,
ich deinen Atem hören konnte,
im Traum du meinen Namen riefst,
um deinen Mund ein Lächeln sonnte –
Glückes genug.

Und wenn nach heißem, ernstem Tag
du mir verscheuchtest schwere Sorgen,
wenn ich an deinem Herzen lag
und nicht mehr dachte an ein Morgen –
Glückes genug.

Detlev von Liliencron

DU MEINE SEELE, du mein Herz,
du meine Wonn', o du mein Schmerz,
du meine Welt, in der ich lebe,
mein Himmel du, darin ich schwebe,
o du mein Grab, in das hinab
ich ewig meinen Kummer gab!
Du bist die Ruh', du bist der Frieden,
du bist der Himmel, mir beschieden.
Daß du mich liebst, macht mich mir wert,
dein Blick hat mich vor mir verklärt,
du hebst mich liebend über mich,
mein guter Geist, mein beßres Ich!

Friedrich Rückert

DER ZÖGERNDE

Ich zögerte, dich gutzuheißen.
Mein Auge, allzu scharf geübt,
die Hülle von dem Bild zu reißen,
war durch den Ätzgrund noch getrübt.

Ich zögerte, dich zu erkennen,
ich maß den Ton und Widerhall.
Zu oft enttäuschten mich die Tennen,
darauf die Ernte kam zu Fall.

Doch da ich dich noch prüfend ritzte
und meine Frage in dich drang,
geschah es, daß Erkenntnis blitzte
und Feuer lachend mich verschlang.

Arnold Krieger

AM STRANDE

Heute sah ich wieder dich am Strand
Schaum der Wellen dir zu Füßen trieb
mit dem Finger grubst du in den Sand
Zeichen ein, von denen keines blieb.

Ganz versunken warst du in dein Spiel
mit der ewigen Vergänglichkeit,
Welle kam und Stern und Kreis zerfiel
Welle ging und du warst neu bereit.

Lachend hast du dich zu mir gewandt,
ahntest nicht den Schmerz, den ich erfuhr:
Denn die schönste Welle zog zum Strand,
und sie löschte deiner Füße Spur.

Marie Luise Kaschnitz

DIE ABGESCHIEDENEN

So hab' ich endlich dich gerettet
mir aus der Menge wilden Reihn!
Du bist in meinen Arm gekettet,
du bist nun mein, nun einzig mein.
Es schlummert alles diese Stunde,
nur wir noch leben auf der Welt,
wie in der Wasser stillem Grunde
der Meergott seine Göttin hält.

Verrauscht ist all das rohe Tosen,
das deine Worte mir verschlang,
dein leises, liebevolles Kosen
ist nun mein einz'ger, süßer Klang.
Die Erde liegt in Nacht gehüllet,
kein Licht erglänzt auf Flur und Teich,
nur dieser Lampe Schimmer füllet
noch unsrer Liebe kleines Reich.

Ludwig Uhland

KEHR EIN BEI MIR!

Du bist die Ruh',
der Friede mild,
die Sehnsucht du
und was sie stillt.

Ich weihe dir
voll Lust und Schmerz
zur Wohnung hier
mein Aug' und Herz.

Kehr ein bei mir
und schließe du
still hinter dir
die Pforten zu!

Treib andern Schmerz
aus dieser Brust!
Voll sei dies Herz
von deiner Lust.

Dies Augenzelt,
von deinem Glanz
allein erhellt,
o füll es ganz!

Friedrich Rückert

NICHTS SONST

Auch nach Jahren
sind wir uns unbekannt.
Deshalb erkennen wir uns.
Deshalb Zärtlichkeit
und ihr Wortlaut.
Deshalb voller Gedächtnis
Hände und Lippen.
Nichts sonst taugt
gegen Tod und Verderben.

Walter Helmut Fritz

AN DIE GELIEBTE

Wenn ich, von deinem Anschaun tief gestillt,
mich stumm an deinem heil'gen Wert vergnüge,
dann hör' ich recht die leisen Atemzüge
des Engels, welcher sich in dir verhüllt,

und ein erstaunt, ein fragend Lächeln quillt
auf meinem Mund, ob mich kein Traum betrüge,
daß nun in dir, zu ewiger Genüge,
mein kühnster Wunsch, mein einz'ger, sich erfüllt?

Von Tiefe dann zu Tiefen stürzt mein Sinn,
ich höre aus der Gottheit nächt'ger Ferne
die Quellen des Geschicks melodisch rauschen.

Betäubt kehr' ich den Blick nach oben hin,
zum Himmel auf – da lächeln alle Sterne;
ich kniee, ihrem Lichtgesang zu lauschen.

Eduard Mörike

GLEICHNIS

Und deine Arme sind der Wald,
darin ich Tau der Frühe finde,
und deine Augen wie die Linde,
daraus der Duft des Sommers wallt.

Und deine Lippen wie der Zug
besonnter Berge, die mich rufen,
und deine Hände sind wie Kufen,
darin der Winzer Trauben trug.

Und dein Verschweigen redet mehr
als aller lauten Stunden Stimmen,
bis meine letzten Bitten schwimmen
in deines Herzens warmes Meer.

Ruth Schaumann

LIEBE

Was die Liebe kann begehren,
Liebe darf es frei gewähren.

Was von Liebe ward verschuldet,
gern von Liebe wird's geduldet.

Alles Fehlen, alles Irren
Liebe weiß es zu entwirren;

trägt mit seliger Gebärde
alle Not und Schuld der Erde;

am Geliebten jeden Flecken
weiß sie sorgsam zu verdecken;

ja, ihn völlig freizusprechen,
lächelnd teilt sie sein Verbrechen.

Robert Prutz

FREUNDLICHE VISION

Nicht im Schlafe hab' ich das geträumt,
hell am Tage sah ich's schön vor mir:
eine Wiese voller Margeriten;
tief ein weißes Haus in grünen Büschen;
Götterbilder leuchten aus dem Laube.
Und ich geh' mit einer, die mich lieb hat,
ruhigen Gemütes in die Kühle
dieses weißen Hauses, in den Frieden,
der voll Schönheit wartet, daß wir kommen.

Otto Julius Bierbaum

AN CHARLOTTE VON STEIN

Warum gabst du uns die tiefen Blicke,
unsre Zukunft ahndungsvoll zu schaun,
unsrer Liebe, unserm Erdenglücke
wähnend selig nimmer hinzutraun?
Warum gabst uns, Schicksal, die Gefühle,
uns einander in das Herz zu sehn,
um durch all die seltenen Gewühle
unser wahr Verhältnis auszuspähn?

Ach, so viele tausend Menschen kennen,
dumpf sich treibend, kaum ihr eigen Herz,
schweben zwecklos hin und her und rennen
hoffnungslos in unversehnem Schmerz;
jauchzen wieder, wenn der schnellen Freuden
unerwart'te Morgenröte tagt.
Nur uns armen liebevollen beiden
ist das wechselseit'ge Glück versagt,
uns zu lieben, ohn' uns zu verstehen,
in dem andern sehn, was er nie war,
immer frisch auf Traumglück auszugehen
und zu schwanken auch in Traumgefahr.

Glücklich, den ein leerer Traum beschäftigt!
Glücklich, dem die Ahndung eitel wär'!
Jede Gegenwart und jeder Blick bekräftigt
Traum und Ahndung leider uns noch mehr.
Sag', was will das Schicksal uns bereiten?
Sag', wie band es uns so rein genau?
Ach, du warst in abgelebten Zeiten
meine Schwester oder meine Frau;

Kanntest jeden Zug in meinem Wesen,
spähtest, wie die reinste Nerve klingt,
konntest mich mit *einem* Blicke lesen,
den so schwer ein sterblich Aug' durchdringt.
Tropftest Mäßigung dem heißen Blute,
richtetest den wilden irren Lauf,
und in deinen Engelsarmen ruhte
die zerstörte Brust sich wieder auf;
hieltest zauberleicht ihn angebunden
und vergaukeltest ihm manchen Tag.
Welche Seligkeit glich jenen Wonnestunden,
da er dankbar dir zu Füßen lag,
fühlt' sein Herz an deinem Herzen schwellen,
fühlte sich in deinem Auge gut,
alle seine Sinnen sich erhellen
und beruhigen sein brausend Blut.

Und von allem dem schwebt ein Erinnern
nur noch um das ungewisse Herz,
fühlt die alte Wahrheit ewig gleich im Innern,
und der neue Zustand wird ihm Schmerz.
Und wir scheinen uns nur halb beseelet,
dämmernd ist um uns der hellste Tag.
Glücklich, daß das Schicksal, das uns quälet,
uns doch nicht verändern mag.

Johann Wolfgang Goethe

IN TAUSEND FORMEN magst du dich verstecken,
doch, Allerliebste, gleich erkenn' ich dich;
du magst mit Zauberschleiern dich bedecken,
Allgegenwärtige, gleich erkenn' ich dich.

An der Zypresse reinstem, jungem Streben,
Allschöngewachsne, gleich erkenn' ich dich;
in des Kanales reinem Wellenleben,
Allschmeichelhafte, wohl erkenn' ich dich.

Wenn steigend sich der Wasserstrahl entfaltet,
Allspielende, wie froh erkenn' ich dich;
wenn Wolke sich gestaltend umgestaltet,
Allmannigfaltige, dort erkenn' ich dich.

An des geblümten Schleiers Wiesenteppich,
Allbuntbesternte, schön erkenn' ich dich;
und greift umher ein tausendarm'ger Eppich,
o Allumklammernde, da kenn' ich dich.

Wenn am Gebirg der Morgen sich entzündet,
gleich, Allerheiternde, begrüß' ich dich,
dann über mir der Himmel rein sich ründet,
Allherzerweiternde, dann atm' ich dich.

Was ich mit äußerm Sinn, mit innerm kenne,
du Allbelehrende, kenn' ich durch dich;
und wenn ich Allahs Namenhundert nenne,
mit jedem klingt ein Name nach für dich.

Johann Wolfgang Goethe

ES LACHT in dem steigenden jahr dir
Der duft aus dem garten noch leis,
Flicht in dem flatternden haar dir
Eppich und ehrenpreis.

Die wehende saat ist wie gold noch,
Vielleicht nicht so hoch mehr und reich;
Rosen begrüßen dich hold noch,
Ward auch ihr glanz etwas bleich.

Verschweigen wir was uns verwehrt ist,
Geloben wir glücklich zu sein,
Wenn auch nicht mehr uns beschert ist
Als noch ein rundgang zu zwein.

Stefan George

FÜR EWIG

Denn was der Mensch in seinen Erdeschranken
von hohem Glück mit Götternamen nennt:
die Harmonie der Treue, die kein Wanken,
der Freundschaft, die nicht Zweifelsorge kennt,
das Licht, das Weisen nur zu einsamen Gedanken,
das Dichtern nur in schönen Bildern brennt –
das hatt' ich all, in meinen besten Stunden,
in ihr entdeckt und es für mich gefunden.

Johann Wolfgang Goethe

ELEGIE

Und wenn der Mensch in seiner Qual verstummt, gab mir ein Gott zu sagen, was ich leide.

Was soll ich nun vom Wiedersehen hoffen,
von dieses Tages noch geschloßner Blüte?
Das Paradies, die Hölle steht dir offen;
wie wankelsinnig regt sich's im Gemüte! –
Kein Zweifeln mehr! Sie tritt ans Himmelstor,
zu ihren Armen hebt sie dich empor.

So warst du denn im Paradies empfangen,
als wärst du wert des ewig schönen Lebens;
dir blieb kein Wunsch, kein Hoffen, kein Verlangen,
hier war das Ziel des innigsten Bestrebens,
und in dem Anschaun dieses einzig Schönen
versiegte gleich der Quell sehnsüchtiger Tränen.

Wie regte nicht der Tag die raschen Flügel,
schien die Minuten vor sich her zu treiben!
Der Abendkuß, ein treu verbindlich Siegel:
so wird es auch der nächsten Sonne bleiben.
Die Stunden glichen sich in zartem Wandern
wie Schwestern zwar, doch keine ganz den andern.

Der Kuß, der letzte, grausam süß, zerschneidend
ein herrliches Geflecht verschlungner Minnen.
Nun eilt, nun stockt der Fuß, die Schwelle meidend,
als trieb' ein Cherub flammend ihn von hinnen;
das Auge starrt auf düstrem Pfad verdrossen,
es blickt zurück, die Pforte steht verschlossen.

Und nun verschlossen in sich selbst, als hätte
dies Herz sich nie geöffnet, selige Stunden
mit jedem Stern des Himmels um die Wette
an ihrer Seite leuchtend nicht empfunden;
und Mißmut, Reue, Vorwurf, Sorgenschwere
belasten's nun in schwüler Atmosphäre.

Ist denn die Welt nicht übrig? Felsenwände,
sind sie nicht mehr gekrönt von heiligen Schatten?
Die Ernte, reift sie nicht? Ein grün Gelände,
zieht sich's nicht hin am Fluß durch Busch und Matten?
Und wölbt sich nicht das überweltlich Große,
Gestaltenreiche, bald Gestaltenlose?

Wie leicht und zierlich, klar und zart gewoben
schwebt, seraphgleich, aus ernster Wolken Chor,
als glich' es ihr, am blauen Äther droben,
ein schlank Gebild aus lichtem Duft empor;
so sahst du sie in frohem Tanze walten,
die lieblichste der lieblichsten Gestalten.

Doch nur Momente darfst dich unterwinden,
ein Luftgebild statt ihrer festzuhalten;
ins Herz zurück, dort wirst du's besser finden,
dort regt sie sich in wechselnden Gestalten;
zu vielen bildet Eine sich hinüber,
so tausendfach und immer, immer lieber.

Wie zum Empfang sie an den Pforten weilte
und mich von dannauf stufenweis beglückte;
selbst nach dem letzten Kuß mich noch ereilte,
den letztesten mir auf die Lippen drückte:
So klar beweglich bleibt das Bild der Lieben,
mit Flammenschrift ins treue Herz geschrieben.

Ins Herz, das fest, wie zinnenhohe Mauer
sich ihr bewahrt und sie in sich bewahret,
für sie sich freut an seiner eignen Dauer,
nur weiß von sich, wenn sie sich offenbaret,
sich freier fühlt in so geliebten Schranken
und nur noch schlägt, für alles ihr zu danken.

War Fähigkeit zu lieben, war Bedürfen
von Gegenliebe weggelöscht, verschwunden;
ist Hoffnungslust zu freudigen Entwürfen,
Entschlüssen, rascher Tat sogleich gefunden!
Wenn Liebe je den Liebenden begeistet,
ward es an mir aufs lieblichste geleistet;

und zwar durch sie! – Wie lag ein innres Bangen
auf Geist und Körper, unwillkommner Schwere:
von Schauerbildern rings der Blick umfangen
im wüsten Raum beklommner Herzensleere;
nun dämmert Hoffnung von bekannter Schwelle,
Sie selbst erscheint in milder Sonnenhelle.

Dem Frieden Gottes, welcher euch hienieden
mehr als Vernunft beseliget – wir lesen's –,
vergleich' ich wohl der Liebe heitern Frieden
in Gegenwart des allgeliebten Wesens;
da ruht das Herz, und nichts vermag zu stören
den tiefsten Sinn, den Sinn, ihr zu gehören.

In unsers Busens Reine wogt ein Streben,
sich einem Höhern, Reinern, Unbekannten
aus Dankbarkeit freiwillig hinzugeben,
Enträtselnd sich den ewig Ungenannten;
wir heißen's: fromm sein! – Solcher seligen Höhe
fühl' ich mich teilhaft, wenn ich vor ihr stehe.

Vor ihrem Blick, wie vor der Sonne Walten,
vor ihrem Atem, wie vor Frühlingslüften,
zerschmilzt, so längst sich eisig starr gehalten,
der Selbstsinn tief in winterlichen Grüften;
kein Eigennutz, kein Eigenwille dauert,
vor ihrem Kommen sind sie weggeschauert.

Es ist, als wenn sie sagte: «Stund' um Stunde
wird uns das Leben freundlich dargeboten,
das Gestrige ließ uns geringe Kunde,
das Morgende, zu wissen ist's verboten;
Und wenn ich je mich vor dem Abend scheute,
die Sonne sank und sah noch, was mich freute.

Drum tu wie ich und schaue, froh-verständig,
dem Augenblick ins Auge! Kein Verschieben!
Begegn' ihm schnell, wohlwollend wie lebendig,
im Handeln sei's, zur Freude, sei's dem Lieben;
nur wo du bist, sei alles, immer kindlich,
so bist du alles, bist unüberwindlich.»

Du hast gut reden, dacht' ich, zum Geleite
gab dir ein Gott die Gunst des Augenblickes,
und jeder fühlt an deiner holden Seite
sich augenblicks den Günstling des Geschickes;
mich schreckt der Wink, von dir mich zu entfernen,
was hilft es mir, so hohe Weisheit lernen!

Nun bin ich fern! Der jetzigen Minute,
was ziemt denn der? Ich wüßt' es nicht zu sagen;
sie bietet mir zum Schönen manches Gute,
das lastet nur, ich muß mich ihm entschlagen;
mich treibt umher ein unbezwinglich Sehnen,
da bleibt kein Rat als grenzenlose Tränen.

So quellt denn fort und fließet unaufhaltsam!
Doch nie geläng's, die innre Glut zu dämpfen!
Schon rast's und reißt in meiner Brust gewaltsam,
wo Tod und Leben grausend sich bekämpfen.
Wohl Kräuter gäb's, des Körpers Qual zu stillen;
allein dem Geist fehlt's am Entschluß und Willen,

fehlt's am Begriff: wie sollt' er sie vermissen?
Er wiederholt ihr Bild zu tausendmalen.
Das zaudert bald, bald wird es weggerissen,
undeutlich jetzt und jetzt im reinsten Strahlen;
wie könnte dies geringstem Troste frommen,
die Ebb' und Flut, das Gehen wie das Kommen?

Verlaßt mich hier, getreue Weggenossen!
Laßt mich allein am Fels, in Moor und Moos;
nur immer zu! euch ist die Welt erschlossen,
die Erde weit, der Himmel hehr und groß;
betrachtet, forscht, die Einzelheiten sammelt,
Naturgeheimnis werde nachgestammelt.

Mir ist das All, ich bin mir selbst verloren,
der ich noch erst den Göttern Liebling war;
sie prüften mich, verliehen mir Pandoren,
so reich an Gütern, reicher an Gefahr;
sie drängten mich zum gabeseligen Munde,
sie trennen mich, und richten mich zu Grunde.

Johann Wolfgang Goethe

DIE SCHWERMUTSSCHNELLEN HINDURCH,

am blanken
Wundspiegel vorbei:
da werden die vierzig
entrindeten Lebensbäume geflößt.

Einzige Gegen-
schwimmerin, du
zählst sie, berührst sie
alle.

Paul Celan

DIE LIEBE HEMMET NICHTS; sie kennt nicht Tür und Riegel
und dringt durch alles sich;
sie ist ohn' Anbeginn, schlug ewig ihre Flügel
und schlägt sie ewiglich.

Matthias Claudius

BUCH DER EHE

ICH WÜNSCHE mir eine hübsche Frau,
die nicht alles nähme gar zu genau,
doch aber zugleich am besten verstände,
wie ich mich selbst am besten befände.

Johann Wolfgang Goethe

EIN JAHRMARKT ohne Hiebe,
ein Jüngling ohne Liebe,
ein Ehestand, der wohlbestellt,
sind seltsame Dinge in dieser Welt.

Abraham a Santa Clara

KLEINER RAT

An seine Schwester Nannerl

Du wirst im Eh'stand viel erfahren,
was dir ein halbes Rätsel war;
bald wirst du aus Erfahrung wissen,
wie Eva einst hat handeln müssen,
dass sie hernach den Kain gebar.

Doch, Schwester, diese Eh'standspflichten
wirst du von Herzen gern verrichten,
denn glaube mir, sie sind nicht schwer.
Doch jede Sache hat zwo Seiten:
Der Eh'stand bringt zwar viele Freuden,
allein auch Kummer bringet er.

Drum, wenn dein Mann dir finstre Mienen,
die du nicht glaubest zu verdienen,
in seiner übeln Laune macht,
so denke, das ist Männergrille,
und sag: Herr, es gescheh' dein Wille
bei Tag, und meiner in der Nacht.

Wolfgang Amadeus Mozart

ÄNNCHEN VON THARAU

Ännchen von Tharau ist's, die mir gefällt,
sie ist mein Leben, mein Gut und mein Geld.
Ännchen von Tharau hat wieder ihr Herz
auf mich gerichtet, in Lieb und in Schmerz.
Ännchen von Tharau, mein Reichtum, mein Gut,
du meine Seele, mein Fleisch und mein Blut.

Käm' alles Wetter gleich auf uns zu schlah'n,
wir sind gesinnt, beieinander zu stah'n.
Krankheit, Verfolgung, Betrübnis und Pein
Soll unsrer Liebe Verknotigung sein.
Ännchen von Tharau, mein Licht, meine Sonn',
mein Leben schließ ich um deines herum.

Recht als ein Palmenbaum über sich steigt,
je mehr ihn Hagel und Regen angreift:
So werd' die Lieb in uns mächtig und groß,
durch Kreuz, durch Leiden, durch allerlei Not.
Ännchen von Tharau, mein Reichtum, mein Gut,
du meine Seele, mein Fleisch und mein Blut!

Würdest du gleich einmal von mir getrennt,
lebtest da, wo man die Sonne kaum kennt;
ich will dir folgen durch Wälder, durch Meer,
durch Eis, durch Eisen, durch feindliches Heer.
Was ich gebiete, wird von dir getan,
was ich verbiete, das läßt du mir stah'n.

Was hat die Liebe doch für ein Bestand,
wo nicht Ein Herz ist, Ein Mund, Eine Hand?
Wo man sich peiniget, zanket und schlägt,
und gleich den Hunden und Katzen beträgt?
Ännchen von Tharau das woll'n wir nicht tun;
Du bist mein Täubchen, mein Schäfchen, mein Huhn.

Was ich begehre, ist lieb dir und gut;
ich laß den Rock dir, du läßt mir den Hut!
Dies ist uns Ännchen die süßeste Ruh,
ein Leib und Seele wird aus Ich und Du.
Dies macht das Leben zum himmlischen Reich,
durch Zanken wird es der Hölle gleich.

Simon Dach

HOCHZEITSLIED

Aus der Eltern Macht und Haus
tritt die zücht'ge Braut heraus
an des Lebens Scheide –
geh und lieb und leide!

Freigesprochen, unterjocht,
wie der junge Busen pocht
in Gewand von Seide –
geh und lieb und leide!

Frommer Augen helle Lust
überstrahlt an voller Brust
blitzendes Geschmeide –
geh und lieb und leide!

Merke dir's, du blondes Haar:
Schmerz und Lust Geschwisterpaar,
unzertrennlich beide –
geh und lieb und leide!

Conrad Ferdinand Meyer

DIE BRAUT

Am Tage der Hochzeit

Wie schmachtet' ich noch jüngst
um seinetwillen!
Und dennoch wein' ich nun
für mich im stillen.

Ach, als er heute mich
so heiß umfangen,
kam in die Seele mir
ein endlos Bangen.

Schluchzend an seinem Hals
konnt' ich nicht sprechen;
mir war's, als wollte was
in mir zerbrechen.

Das höchste Glück, so nah,
macht, daß ich bebe –
o Liebster, wüßtest du,
was ich dir gebe.

Emanuel Geibel

WIDMUNG

Aber wir gehen ja alle aus einer Hand in die andre,
bis uns die eine bezwingt, die uns am engsten umschließt.
Sieh, erst dann aufschlagen wir ganz die verschleierten Augen,
und in dir anderm versinkt tief die bezauberte Welt.

Veronika Erdmann

BRAUTLIED

Glieder bei Gliedern gelöst,
Schlaf in die Lider geflößt,
Herzen, die ruhiger pochen,
und kein Wort mehr gesprochen,
nur in befriedigter Brust
eins noch des andern bewußt.

Lippen, die küßten sich wund,
küßten die Herzen gesund,
weg das Siechen und Sehnen,
Seufzer und Küsse und Tränen.
Liebe ward wieder ein Kind,
schuldlos, wie Selige sind.

Horch, und die Glocke erscholl,
mahnt, daß die Stunde nun voll.
Leicht wie Flaum ist das Leben,
das sich der Liebe gegeben.
Sterne, o neiget den Blick
auf ein vollkommnes Geschick!

Droben rudert ein Schwan
milchweiß schimmernde Bahn,
hell das Gefieder von Sternen,
zieht er durch himmlische Fernen,
rudert nach Traumland voraus,
sucht der Glückseligen Haus.

Weile, du goldener Schwan.
Stunde, den Flügel halt an.
Über dem bräutlichen Dache
leis beziehet die Wache.
Bleibt in der Sel'gen Revier –
Traumland und Glücksland sind hier.

Isolde Kurz

DAS HEILIGSTE

Wenn zwei sich in einander still versenken,
nicht durch ein schnödes Feuer aufgewiegelt,
nein, keusch in Liebe, die die Unschuld spiegelt,
und schamhaft zitternd, während sie sich tränken,

dann müssen beide Welten sich verschränken,
dann wird die Tiefe der Natur entriegelt,
und aus dem Schöpfungsborn, im Ich entsiegelt,
springt eine Welle, die die Sterne lenken.

Was in dem Geist des Mannes, ungestaltet,
und in der Brust des Weibes, kaum empfunden,
als Schönstes dämmerte, das muß sich mischen;

Gott aber tut, die eben sich entfaltet,
die lichten Bilder seiner jüngsten Stunden
hinzu, die unverkörperten und frischen.

Friedrich Hebbel

HOCHZEITSLIED

Im Schlafgemach, fern von dem Feste,
sitzt Amor dir getreu und wacht,
daß nicht die List mutwill'ger Gäste
das Brautbett dir unsicher macht.
Er harrt auf dich. Der Fackel Schimmer
umglänzt ihn, und ihr flammend Gold
treibt Weihrauchdampf, der durch das Zimmer
in wollustvollen Wirbeln rollt.

Wie schlägt dein Herz beim Schlag der Stunde,
der deiner Gäste Lärm verjagt!
Wie blickst du nach dem schönen Munde,
der dir nun bald nichts mehr versagt.
Du gehst, und wünschend geht die Menge;
ach wer doch auch so glücklich wär'!
Die Mutter weint, und ihre Strenge
hielt' gern dich ab und darf nicht mehr.

Dein ganzes Glück nun zu vollenden,
trittst du ins Heiligtum herein;
die Flamme in des Amors Händen
wird wie ein Nachtlicht still und klein.
Schnell hilft der Schalk die Braut entkleiden
und ist doch nicht so schnell wie du,
sieht euch noch einmal an, bescheiden
hält er zuletzt die Augen zu.

Johann Wolfgang Goethe

HOCHZEITSLIED

Eine rechte Hand
in einer rechten Hand
da gehören zwei dazu
zwei rechte Hände
und an der einen ich
und an der andern du
da gehören zwei dazu
ein Ich und ein Du.

Ich geb dir meinen Namen
und steck dir einen Ring an
du steckst mir einen Ring an
in Ewigkeit Amen.
Im Hintergrund die Damen
halten sich vor die Augen
seidene Taschentücher
mit Monogrammen.

Wir haben Gott zum Zeugen
jedoch zum Unterschreiben
vor dem Beamten
zwei unserer Bekannten.
Wir haben Gott zum Zeugen
jedoch als Gratulanten
graue Elternreste
und teegefüllte Tanten.

Wir werden am Büffet
vor glacierten Torten
nebeneinander aufgestellt
und lebengelassen
und verabschiedet
mit freundlichen Worten
und alleingelassen
und ausgezählt.

Eine rechte Hand
in einer rechten Hand
da gehören zwei dazu
zwei rechte Hände
und an der einen ich
und an der andern du
da gehören zwei dazu
ein Ich und ein Du.

Ernst Jandl

LEBENSWEG

Ich bin durchs Leben auf dich zugegangen,
so fest und klar, wie übers grüne Land
die Taube flog, die lange eingefangen
und doch den Weg zur süßen Heimat fand.

Und denke ich an Sturm und Streit und Streben,
an meiner Jugend Wandern dort und hier,
so ist mir oft: Es war mein ganzes Leben
ein stiller, unbeirrter Weg zu dir.

Börries von Münchhausen

EHE

O daß ich dich fand,
einzig warm und fest,
Hand in meiner Hand,
Hand, die mich nicht läßt!

Meiner Sinne Sinn,
meiner Augen Licht,
wenn ich nächtig bin,
wandelst du dich nicht.

Unsrer Sterne still
ziehn wir morgenwärts,
wie den Blutstrom will,
meines Herzens Herz.

Ina Seidel

EHE

Wir haben Kinder, das zählt bis zwei.
Meistens gehen wir in verschiedene Filme.
Vom Auseinanderleben sprechen die Freunde.
    Doch meine und Deine Interessen
    berühren sich immer noch
    an immer den gleichen Stellen.
    Nicht nur die Frage nach den Manschettenknöpfen.
    Auch Dienstleistungen:
    Halt mal den Spiegel.
    Glühbirnen auswechseln.
    Etwas abholen.
    Oder Gespräche, bis alles besprochen ist.
Zwei Sender, die manchmal gleichzeitig
auf Empfang gestellt sind.
Soll ich abschalten?
    Erschöpfung lügt Harmonie.
    Was sind wir uns schuldig? Das.
    Ich mag das nicht: Deine Haare im Klo.
Aber nach elf Jahren noch Spaß an der Sache.
Ein Fleisch sein bei schwankenden Preisen.
Wir denken sparsam in Kleingeld.
Im Dunkeln glaubst Du mir alles.
Aufribbeln und Neustricken.
Gedehnte Vorsicht.
Dankeschönsagen.
    Nimm Dich zusammen.
    Dein Rasen vor unserem Haus.
    Jetzt bist Du wieder ironisch.
    Lach doch darüber.
    Hau doch ab, wenn Du kannst.
    Unser Haß ist witterungsbeständig.
Doch manchmal, zerstreut, sind wir zärtlich.
Die Zeugnisse der Kinder
müssen unterschrieben werden.
    Wir setzen uns von der Steuer ab.
    Erst übermorgen ist Schluß.
    Du. Ja Du. Rauch nicht so viel.

Günter Grass

WEDER Schatz, wie groß er sei,
ist uns Männern so ersprießlich,
weder Freund, wie gut er sei,
ist uns Männern so genießlich,
als die uns in Armen schlief;
denn die angetraute Treu
herrschet über Leid und Zeit,
wird durch Altsein immer neu.

Friedrich von Logau

LOSE

Der einst er seine junge
sonnige Liebe gebracht,
die hat ihn gehen heißen,
nicht weiter sein gedacht.

Drauf hat er heimgeführet
ein Mädchen still und hold;
die hat aus allen Menschen
nur einzig ihn gewollt.

Und ob sein Herz in Liebe
niemals für sie gebebt,
sie hat um ihn gelitten
und nur für ihn gelebt.

Theodor Storm

EHEGEDICHT

Geliebt haben wir uns,
daß das Gras um uns sich entzündete,
doch die Glut schadete nicht,
so selbstvergessen waren wir.

Verfolgt haben wir uns,
daß wir uns bis ins Mark trafen,
doch die Wunden schlossen sich wieder,
da kein Blut aus ihnen kam.

Seitdem wir uns aber geeinigt haben,
zusammen alt zu werden,
verwandelt sich die Liebe in Behutsamkeit,

und das Blut, das mitunter
nun aus Rissen quillt, schmerzt
Tropfen um Tropfen wie heißes Wachs.

Günter Herburger

TROST

So komme, was da kommen mag!
Solang du lebest, ist es Tag.

Und geht es in die Welt hinaus,
wo du mir bist, bin ich zu Haus.

Ich seh' dein liebes Angesicht,
ich sehe die Schatten der Zukunft nicht.

Theodor Storm

DAHEIM

Stets; wenn ich beim Heimgang sehe
unsres Herdes Rauch,
rührt mich deine liebe Nähe
wie ein Frühlingshauch.

Trieb mich einst durchs Weltgedränge
flücht'ges Traumgebild,
hier in dieser trauten Enge
atm' ich tiefgestillt.

Ob es auch an Schätzen fehle,
reich ist nur, wer liebt,
wem sich eine reine Seele
voll und treu ergibt.

Was auch kommt, wie sollt ich zagen
Hand in Hand mit dir?
Alles, alles will ich tragen,
bleibst nur du bei mir.

Wilhelm Hertz

SPAZIERGANG ZU ALLEN JAHRESZEITEN

Für E.

Noch arm in arm
entfernen wir uns voneinander

Bis eines wintertags
auf dem ärmel des einen
nur schnee sein wird

Reiner Kunze

DIE BRAUT

Vergiß die Mühsal dieses Tags, du Lieber!
Sie ist vorbei. Es geht auf sieben Uhr.
Vergiß sie doch! Sieh nicht so fremd an mir vorüber,
nimm mich in deinen Arm! Ich lebe nur,

wenn ich dich spüre, deine Wärme spüre
wie jetzt. Vielleicht bin ich ein wenig blaß,
da ich die liebe Hand an meine Brüste führe.
Ach, denke nicht, ich wollte wunder was!

Nur eine Weile so am Fenster stehen
in diesem Duft von Abend und April,
und auf die Wiesen und den Fluß hinuntersehen,
das ist schon alles, was ich will;

und dann ein bißchen für den Sommer planen
und tiefer atmen, wenn das Ohr vernimmt,
wie das hinbrodelnde Geräusch der Eisenbahnen
im fernen Schweigen dieser Nach verschwimmt.

Manfred Hausmann

DIE BESCHRÄNKTE FRAU

Ein Krämer hatte eine Frau,
die war ihm schier zu sanft und milde,
ihr Haar zu licht, ihr Aug' zu blau,
zu gleich ihr Blick dem Mondenschilde;
wenn er sie sah so still und sacht
im Hause gleiten wie ein Schemen,
dann faßt' es ihn wie böse Macht,
er mußte sich zusammennehmen.

Vor allem macht' ihm Überdruß
ein Wort, das sie an alles knüpfte,
das freilich in der Rede Fluß
gedankenlos dem Mund entschlüpfte:
«In Gottes Namen», sprach sie dann,
wenn schwere Prüfungsstunden kamen,
und wenn zu Weine ging ihr Mann,
dann sprach sie auch: «In Gottes Namen.»

Das schien ihm lächerlich und dumm,
mitunter frevelhaft vermessen;
oft schalt er, und sie weinte drum
und hat es immer doch vergessen.
Gewöhnung war es früher Zeit
und klösterlich verlebter Jugend;
so war es keine Sündlichkeit
und war auch eben keine Tugend.

Ein Sprichwort sagt: Wem gar nichts fehlt,
den ärgert an der Wand die Fliege;
so hat dies Wort ihn mehr gequält,
als andre Hinterlist und Lüge.
Und sprach sie sanft: «Es paßte schlecht!»,
durch Demut seinen Groll zu zähmen,
so schwur er, übel oder recht,
werd' es ihn ärgern und beschämen.

Ein Blütenhag war seine Lust.
Einst sah die Frau ihn sinnend stehen,
und ganz versunken, unbewußt,
so Zweig an Zweig vom Strauche drehen.
«In Gottes Namen!», rief sie, «Mann,
du ruinierst den ganzen Hagen!»
Der Gatte sah sie grimmig an,
fürwahr, fast hätt' er sie geschlagen.

Doch wer da Unglück sucht und Reu,
dem werden sie entgegeneilen,
der Handel ist ein zart Gebäu
und ruht gar sehr auf fremden Säulen.
Ein Freund falliert, ein Schuldner flieht,
ein Gläub'ger will sich nicht gedulden,
und eh ein halbes Jahr verzieht,
weiß unser Krämer sich in Schulden.

Die Gattin hat ihn oft gesehn
gedankenvoll im Sande waten,
am Kontobuche seufzend stehn,
und hat ihn endlich auch erraten.
Sie öffnet heimlich ihren Schrein,
langt aus verborgner Fächer Grube;
dann, leise wie der Mondenschein,
schlüpft sie in ihres Mannes Stube.

Der saß, die schwere Stirn gestützt,
und rauchte fort am kalten Rohre:
«Karl!» drang ein scheues Flüstern itzt,
und wieder: «Karl!» zu seinem Ohre;

sie stand vor ihm, wie Blut so rot,
als gält' es eine Schuld gestehen.
«Karl», sprach sie, «wenn uns Unheil droht,
ist's denn unmöglich, ihm entgehen?»

Drauf reicht' sie aus der Schürze dar
ein Säckchen, stramm und schwer zu tragen,
drin alles, was sie achtzehn Jahr
erspart am eigenen Behagen.
Er sah sie an mit raschem Blick
und zählte, zählte nun aufs neue,
dann sprach er seufzend: «Mein Geschick
ist zu verwirrt – dies langt wie Spreue!»

Sie bot ein Blatt und wandt' sich um,
erzitternd, glüh gleich der Granate;
es war ihr kleines Eigentum,
das Erbteil einer frommen Pate.
«Nein», sprach der Mann, «das soll nicht sein!»
Und klopfte freundlich ihre Wangen.
Dann warf er einen Blick hinein
und sagte dumpf: «Schier möcht' es langen.»

Nun nahm sie aus der Schürze Grund
all ihre armen Herrlichkeiten:
Teelöffelchen, Dukaten rund,
was ihr geschenkt von Kindeszeiten.
Sie gab es mit so freud'gem Zug!
Doch war's, als ob ihr Mund sich regte,
als sie zuletzt aufs Kontobuch
der sel'gen Mutter Trauring legte.

«Fast langt es», sprach gerührt der Mann,
«und dennoch kann es schmählich enden;
willst du dein Leben dann fortan,
geplündert, fristen mit den Händen?»
Sie sah ihn an – nur Liebe weiß
an liebem Blicke so zu hangen –
«in Gottes Namen!» sprach sie leis,
und weinend hielt er sie umfangen.

Annette von Droste-Hülshoff

MANN UND WEIB

Dem Weibe ist ein schönes Los beschieden,
was sie auch hat, sie hat es ganz und immer,
sie freut sich an des fernsten Sternes Schimmer,
allein sie schließt sich ab in klarem Frieden.

Der Mann wird nie so sehr vom Glück gemieden,
als er es meidet, denn er faßt es nimmer,
gleichgültig, wird es besser, wird es schlimmer,
er hört nicht auf, das Dasein umzuschmieden.

Ihr ist es wie ein zugeworfner Faden,
sie hält sich dran und schaudert vor den Wogen,
die unten dräun, und trinkt des Himmels Lüfte.

Er widersteht nicht, sich im Meer zu baden,
und forscht, vom hellen Leben abgezogen,
ob Gott sich nicht verbirgt im Schoß der Grüfte.

Friedrich Hebbel

WENN DU FORT BIST

wenn du fort bist
rücken die wände
so weit auseinander
dass mir die füße wehtun
vom gehen
in unserem haus

jeden schritt mach ich zweimal
einmal für dich
einmal für mich

wenn du fort bist
verlauf ich mich in unserem haus
und find nicht mehr hinaus

Harald Grill

ZUNEIGUNG

Ja, du weißt es, teure Seele,
daß ich fern von dir mich quäle,
Liebe macht die Herzen krank,
habe Dank.

Einst hielt ich, der Freiheit Zecher,
hoch den Amethystenbecher
und du segnetest den Trank,
habe Dank.

Und beschworst darin die Bösen,
bis ich, was ich nie gewesen,
heilig, heilig ans Herz dir sank,
habe Dank.

Hermann von Gilm

HEIMKEHR

Du mußt mir glauben, daß mir all die Welt
so fremd ist und so fern.
Die Städte mit den Lichtern, Pferd und Zelt,
ich mag sie nicht mehr gern.

Sie sind wie Tand und Nichts in meinem Sinn.
Ich habe nicht gewußt,
daß ich so ganz bei dir zu Hause bin,
an deiner lieben Brust.

Und in der Stille, die du um dich hast
beim Lächeln des Verzeihns
und ganz in diesem allzu scheuen fast
Erbeben deines Seins,

wenn du, indem du mir ins Auge siehst,
mit hilflosem Entschluß
den Arm hebst und mich atmend niederziehst
in deinen Duft und Kuß.

Manfred Hausmann

SCHLIESSE MIR die Augen beide
mit den lieben Händen zu!
Geht doch alles, was ich leide,
unter deiner Hand zur Ruh.

Und wie leise sich der Schmerz
Well' um Welle schlafen leget,
wie der letzte Schlag sich reget,
füllest du mein ganzes Herz.

Theodor Storm

EMPFÄNGNIS

Immer nahn uns ungeborne Seelen,
wenn wir atmen, Brust an Brust,
suchen sich ins Leben einzustehlen,
auf der Woge unsrer Lust.

Scherz und Kuß und inniges Vergeuden
unerschöpflich blinde Nacht!
Morgenfrühe ruft zu frischen Freuden, –
doch das neue Sein erwacht,

und nun möchte Aug' in Auge sehen.
Fühlst du, was in uns beginnt?
Neue Sonne zwingt uns, zu gestehen,
ob wir ihres Willens sind.

Hans Carossa

ULTRASCHALL

Wie Höhlenforscher
nähern wir uns
deinem Geheimnis

leuchten
mit flackernder Lampe
in deine Dunkelheit –

Tiefer und tiefer
dringen wir ein
bis in die Kammern
deines schlagenden
Herzens –

und wissen doch
wir werden blind sein
wenn du uns
entgegenstürzt
im Hellen

Ludwig Steinherr

NICHTS WIRD MEHR SEIN

Wie du uns unter
die Haut wächst

unmerklich
tiefer und tiefer –

(Schon weiß ich nicht mehr
wen ich berühre
leg ich die Hand
auf den Leib deiner Mutter –)

Wie du uns ins
Wort fällst mit
deinem Schweigen

Wie du alle Gegenstände
um uns ins
Vibrieren bringst

alle Zimmer erfüllst
mit erregtem Licht

mit Festlichkeit
und Bangen
des einen Satzes:

Nichts wird mehr sein
wie es war

Ludwig Steinherr

ERSTES KIND

So jung war deine Mutter nie
als in dem Lenz, da sie dich trug,
da noch dein Herz in ihrem schlug –
so jung war deine Mutter nie.

Auch nicht als Kind war sie so jung,
dem Frühling so vertraut wie da,
der Erde so verwandt und nah –
auch nicht als Kind war sie so jung.

Tag war wie Nacht und Nacht wie Tag,
sie lag mit Augen wach und groß,
du wuchsest ja in ihrem Schoß –
Tag war wie Nacht und Nacht wie Tag.

Der Frühling war in ihrem Blut,
die Knospe dehnte sich und sprang,
die Amsel brütete und sang,
und Frühling war der Mutter Blut.

Ina Seidel

SCHLAF

Ins Urlicht gestürzt
In der Urflut gebadet

Jetzt schläfst du
unendlich weit Gereister
im ersten Abend
dieser Welt

Durch deine
von Sternstaub verklebten
Lider schimmert
das Adergeflecht

Nur für Sekundenbruchteile
reißt ein Spalt auf
trifft mich dein Blick –

als käme er
vom anderen Ende
des Universums

doch in der Farbe
meiner Augen

Ludwig Steinherr

DIE JUNGE MUTTER

Im grün verhangnen duftigen Gemach
auf weißen Kissen liegt die junge Mutter;
wie brennt die Stirn! sie hebt das Auge schwach
zum Bauer, wo die Nachtigall das Futter
den nackten Jungen reicht: «Mein armes Tier»,
so flüstert sie, «und bist du auch gefangen
gleich mir, wenn draußen Lenz und Sonne prangen,
so hast du deine Kleinen doch bei dir.»

Den Vorhang hebt die graue Wärterin
und legt die Finger mahnend auf die Lippen;
die Kranke dreht das schwere Auge hin,
gefällig will sie von dem Tranke nippen;
er mundet schon, und ihre bleiche Hand
faßt fester den Kristall – o milde Labe! –
«Elisabeth, was macht mein kleiner Knabe?»
«Er schläft», versetzt die Alte abgewandt.

Wie mag er zierlich liegen! – Kleines Ding! –
und selig lächelnd sinkt sie in die Kissen;
ob man den Schleier um die Wiege hing,
den Schleier, der am Erntefest zerrissen?
Man sieht es kaum, sie flickte ihn so nett,
daß alle Frauen höchlich es gepriesen,
und eine Ranke ließ sie drüber sprießen.
«Was läutet man im Dom, Elisabeth?»

«Madame, wir haben heut Mariatag.»
So hoch im Mond? sie kann sich nicht besinnen. –
Wie war es nur? – doch ihr Gehirn ist schwach,
und leise suchend zieht sie aus dem Linnen
ein Häubchen, in dem Strahle kümmerlich
läßt sie den Faden in die Nadel gleiten;
so ganz verborgen will sie es bereiten,
und leise, leise zieht sie Stich um Stich.

Da öffnet knarrend sich die Kammertür,
vorsicht'ge Schritte übern Teppich schleichen.
«Ich schlafe nicht, Rainer, komm her, komm hier!
Wann wird man endlich mir den Knaben reichen?»
Der Gatte blickt verstohlen himmelwärts,
küßt wie ein Hauch die kleinen heißen Hände:
«Geduld, Geduld, mein Liebchen, bis zum Ende!
Du bist noch gar zu leidend, gutes Herz.»

«Du duftest Weihrauch, Mann.» – «Ich war im Dom;
schlaf, Kind!» und wieder gleitet er von dannen.
Sie aber näht, und liebliches Phantom
spielt um ihr Aug von Auen, Blumen, Tannen. –
Ach, wenn du wieder siehst die grüne Au,
siehst über einem kleinen Hügel schwanken
den Tannenzweig und Blumen drüber ranken,
dann tröste Gott dich, arme junge Frau!

Annette von Droste-Hülshoff

DIE MUTTER BEI DER WIEGE

Schlaf, süßer Knabe, süß und mild!
Du deines Vaters Ebenbild!
Das bist du; zwar dein Vater spricht,
du habest seine Nase nicht.

Nur eben itzo war er hier
und sah dir ins Gesicht
und sprach: Viel hat er zwar von mir,
doch meine Nase nicht.

Mich dünkt es selbst, sie ist zu klein,
doch muß es seine Nase sein;
denn wenn's nicht seine Nase wär',
wo hätt'st du denn die Nase her?

Schlaf, Knabe; was dein Vater spricht,
spricht er wohl nur im Scherz;
hab immer seine Nase nicht,
und habe nur sein Herz!

Matthias Claudius

ALS ER SEIN WEIB UND'S KIND AN IHRER BRUST SCHLAFEND FAND

Das heiß' ich rechte Augenweide,
's Herz weidet sich zugleich.
Der alles segnet, segn' euch beide!
Euch liebes Schlafgesindel, euch!

Matthias Claudius

IN SO UND SO VIEL WOCHEN

Als ich vom Reisen heimgekehrt,
wie froh begrüßt' ich Haus und Herd!
Die Zeit ist hingeschlendert,
hat nirgends nichts verändert.

Zum Willkomm trug mein Weib herein
dieselbe Flasche Cyperwein,
die wir mit Herzenspochen
beim Abschied angestochen.

Die Bettchen hab ich still beschaut,
drin lagen unsre Kinder traut
mit rotgeschlafnen Wangen,
wie da ich fortgegangen.

Rings alles an der alten Statt,
im Buch noch eingemerkt das Blatt,
bei dem ich abgebrochen
vor so und so viel Wochen.

Doch morgens, horch! was trippelt da?
Was ruft mir: Guten Tag, Papa?
Der Tausend! Ernst, mein Junge!
Wer löste dir die Zunge?

Wer half dir auf die Beine flink?
Du rutschtest kaum noch, als ich ging,
und hast kein Wort gesprochen
vor so und so viel Wochen.

Ach freilich, deine Welt, mein Kind,
verwandelt noch sich blitzgeschwind.
Erst wenn wir älter werden,
geht's fein im Schritt auf Erden.

Dann klärt der Siebenmeilenlauf
der Jugend wunderlich uns auf,
daß wir auch vorwärtskrochen
um so und so viel Wochen.

Paul Heyse

IM HERBSTE

Es rauscht, die gelben Blätter fliegen,
am Himmel steht ein falber Schein;
du schauerst leis und drückst dich fester
in deines Mannes Arm hinein.

Was nun von Halm zu Halme wandelt,
was nach den letzten Blumen greift,
hat heimlich im Vorübergehen
auch dein geliebtes Haupt gestreift.

Doch reißen auch die zarten Fäden,
die warme Nacht auf Wiesen spann –
es ist der Sommer nur, der scheidet;
was geht denn uns der Sommer an!

Du legst die Hand an meine Stirne
und schaust mir prüfend ins Gesicht;
aus deinen milden Frauenaugen
bricht gar zu melancholisch Licht.

Erlosch auch hier ein Duft, ein Schimmer,
ein Rätsel, das dich einst bewegt,
daß du in meine Hand gefangen
die freie Mädchenhand gelegt?

O schaudre nicht! Ob auch unmerklich
der hellste Sonnenschein verrann –
es ist der Sommer nur, der scheidet;
was geht denn uns der Sommer an?

Theodor Storm

SELBST die glücklichste der Ehen,
Tochter, hat ihr Ungemach;
selbst die besten Männer gehen
öfters ihren Launen nach.
Wer sich von dem goldnen Ringe
goldne Tage nur verspricht,
o, der kennt den Lauf der Dinge
und das Herz des Menschen nicht.

Manche wirft sich ohne Sorgen
in des Gatten Arm wie du
und beweint am andern Morgen
ihre Freiheit, ihre Ruh.
Aus dem Sklaven ihrer Blicke
wird ein mürrischer Tyrann;
banger Kummer folgt dem Glücke,
das mit ihrem Traum zerrann.

Doch dein Glück dir selbst zu schaffen,
Tochter, steht in deiner Hand:
die Natur gab dir die Waffen,
gab dir Sanftmut und Verstand.
Lerne deines Gatten Herzen
liebevoll entgegengehn,
leichte Kränkungen verschmerzen,
kleine Fehler übersehn.

Friedrich Wilhelm Gotter

ENGEL-EHE

Wie Flederwisch und Bürste sie regiert!
Glas und Gerät, es blitzt nur alles so
und lacht und lebt! Nur, ach, sie selber nicht!
Ihr schmuck Gesicht, dem Manne ihrer Wahl,
wenn ihre wirtschaftliche Bahn er kreuzt,
gleich einer Maske hält sie's ihm entgegen;
und fragt er gar, so wirft sie ihm das Wort
als wie dem Hunde einen Knochen zu.
Denn er ist schuld an allem, was sie plagt,
am Trotz der Mägde, an den großen Wäschen,
am Tagesmühsal und der Nächte Wachen,
schuld an dem schmutz'gen Pudel und den Kindern! –
Und er? – Er weiß, wenn kaum der grimme Tod
sein unverkennbar Mal ihm aufgeprägt,
dann wird, der doch in jedem Weibe schläft,
der Engel auch in seinem Weib erwachen;
ihr eigen Weh bezwingend wird sie dann,
was aus der Jugend Süßes ihr verblieb,
heraufbeschwören; leuchten wird es ihm

aus ihren Augen, lind wie Sommeratem
wird dann ihr Wort zu seinem Herzen gehn. –
Doch wähnet nicht, daß dies ihn tröste! Nein,
den künft'gen Engel, greulich haßt er ihn;
er magert ab, er schlottert im Gebein,
er wird daran ersticken jedenfalls.
Doch eh' ihm ganz die Kehle zugeschnürt,
muß er sein Weib in Himmelsglorie sehn;
die Rede, die er brütend ausstudiert,
womit vor seinem letzten Atemzug,
jedwedes Wort ein Schwert, auf einen Schlag
er alles Ungemach ihr hat vergelten wollen,
er wird sie nimmer halten; Segenstammeln
wird noch von seinen toten Lippen fliehn.
Das alles weiß er, und es macht ihn toll;
er geht umher und fluchet innerlich.
Ja, manches Mal im hellsten Sonnenschein
durchfährt es ihn, als stürz' er in das Grab.
Es war sein Weib, sie sprach ein sanftes Wort;
und zitternd blickt er auf: «Oh, Gott sei Dank,
noch nicht, noch nicht das Engelsangesicht!»

Theodor Storm

VERSÖHNUNG

Es ließe sich alles versöhnen,
wenn keine Rechenkunst es will.
In einer schönen,
ganz neuen und scheuen
Stunde spricht ein Bereuen
so mutig still.

Es kann ein ergreifend Gedicht
werden, das kurze Leben,
wenn ein Vergeben
aus Frömmigkeit schlicht
sein Innerstes spricht.

Zwei Liebende auseinandergerissen:
Gut wollen und einfach sein!
Wenn beide das wissen,
kann ihr Dach wieder sein Dach sein
und sein Kissen ihr Kissen.

Joachim Ringelnatz

GEH FLEISSIG UM mit deinen Kindern! habe
sie Tag und Nacht um dich, und liebe sie,
und laß dich lieben einzig-schöne Jahre;
denn nur den engen Traum der Kindheit sind
sie dein, nicht länger! Mit der Jugend schon
durchschleicht sie vieles bald – was du nicht bist,
und lockt sie mancherlei – was du nicht hast.
Erfahren sie von einer alten Welt,
die ihren Geist erfüllt; die Zukunft schwebt
nun ihnen vor. So geht die Gegenwart
verloren. Mit dem Wandertäschchen dann
voll Nötigkeiten zieht der Knabe fort.
Du siehst ihm weinend nach, bis er verschwindet,
und nimmer wird er wieder dein! Er kehrt
zurück, er liebt, er wählt der Jungfrau'n eine,
er lebt! Sie leben. Andre leben auf
aus ihm – du hast nun einen Mann an ihm,
hast einen Menschen – aber mehr kein Kind!
Die Tochter bringt vermählt dir ihre Kinder
aus Freude gern noch manchmal in dein Haus!
Du hast die Mutter – aber mehr kein Kind. –
Geh fleißig um mit deinen Kindern! habe
sie Tag und Nacht um dich, und liebe sie,
und laß dich lieben einzig-schöne Jahre!

Leopold Schefer

AN GRETCHEN

Jüngst, als unsere Mädchen, zur Fastnacht beide verkleidet,
im Halbdunkel sich scheu erst an der Türe gezeigt,
dann sich die Blonde als Schäferin dir, mir aber die kleine
Mohrin mit Lachen zumal warf in den offenen Arm
und du, Liebste, von fern mein Gefühl nicht ahnend, ins Ohr mir
(der ich verblüfft dasaß) flüstertest «lobe sie doch» – :
O wie gedacht' ich der Zeit, da diese nicht waren und wir uns
beide noch fremd, ja du selber noch hießest ein Kind.
Einst und Jetzt im Wechsel – ein fliegender Blitz der Gedanken
machte mich stumm, und hoch wallte vor Freuden mein Herz.

Eduard Mörike

SÜSS IST'S, den Reiz der Welt zu saugen,
wenn Herz und Sinn in Blüte stehn,
doch süßer noch, mit deines Kindes Augen
die Welt noch einmal frisch zu sehn.

Emanuel Geibel

DIE LIEBE,
welch lieblicher Dunst;
doch in der Ehe,
da steckt die Kunst.

Theodor Storm

WEISST, wo es keinen Herrn und keinen Diener gibt?
Wo eins dem andern dient, weil eins das andre liebt.

Friedrich Rückert

KINDER sind Rätsel von Gott und schwerer als alle zu lösen;
aber der Liebe gelingt's, wenn sie sich selber bezwingt.

Friedrich Hebbel

DER VATER

Ich zeuge meinen Zukunftssohn,
in einem Jahr ist er ein Kind,
dann braust um ihn der Zukunftswind,
er trinkt die Milch vom Zukunftsrind,
dann geh ich grauen Haars davon

und setze mich auf einen Berg
und lächle ins Gestirn hinein,
ich hör dich weinen, seh dich schrein,
ich ruh mich aus, ich bin allein,
du bist der Riese, ich bin Zwerg,

du bist der Mann, du baust die Stadt,
du singst das schäumende Gedicht,
du pflanzt den Baum, du Brand, du Licht,
du Zukunftsgegenwartgericht.
Oh, glücklich der, der Söhne hat!

Wolfgang Weyrauch

DAS VIERZEHNJÄHRIGE HERZ

Er ist so schön! – sein lichtes Haar,
das möcht' ich mit keinem vertauschen,
wie seidene Fäden so weich und klar,
wenn zarte Löckchen sich bauschen;
oft streichl' ich es, dann lacht er traun,
nennt mich «seine alberne Barbe»;
es ist nicht schwarz, nicht blond, nicht braun.
Nun ratet, wie nennt sich die Farbe?

Und seine Gebärde ist königlich.
Geht majestätisch zu Herzen,
zuckt er die Braue, dann fürcht' ich mich
und möchte auch weinen vor Schmerzen;
und wieder, seh' ich sein Lächeln blühn,
so klar wie das reine Gewissen,
da möchte ich gleich auf den Schemel knien
und die guten Hände ihm küssen.

Heut bin ich in aller Frühe erwacht,
beim ersten Glitzern der Sonne,
und habe mich gleich auf die Sohlen gemacht
zum Hügel drüben am Bronnen;
Erdbeeren fand ich, glüh wie Rubin,
schau, wie im Korbe sie lachen!
Die stell' ich ihm nun an das Lager hin,
da sieht er sie gleich beim Erwachen.

Ich weiß, er denkt mit dem ersten Blick:
«Das tat meine alberne Barbe!»
Und freundlich streicht er das Haar zurück
von seiner rühmlichen Narbe,
ruft mich bei Namen und zieht mich nah,
daß Tränen die Augen mir trüben;
ach, er ist mein herrlicher Vater ja,
soll ich ihn denn nicht lieben, nicht lieben!

Annette von Droste-Hülshoff

AN GEORGE FONTANE

Mein lieber George! und kann ich dir auch
am heutigen Tage nichts schenken,
so will ich doch nach altem Brauch
in Versen deiner gedenken.

In Versen, worin dein Dichter-Papa
sich immerdar ergossen,
wenn ihm, was just nicht selten geschah,
die Pfennige spärlich flossen.

Ich wünsche dir tüchtig Fleisch und Speck
und immer dickere Waden,
und wächst dein Herz am rechten Fleck,
so kann das auch nicht schaden.

Dein Vater ist nicht schlecht, nicht gut,
nur grade kein Menschenfresser;
drum sage nicht: «Es liegt im Blut» –
sondern werde ein bissel besser.

Die Schulen leisten jetzt so viel,
so klug wird unsre Jugend,
so komm denn auch, du höchstes Ziel
der eingetrichterten Tugend.

Ach, wenn du dann in Prima sitzt
und unter den Sextaknaben
gewahrest, wie dein Vater schwitzt –
so wolle Mitleid haben.

Blick auf den Ulx – der dein Papa –
mit nachsichtsvollen Augen,
denn «ehren sollst du die Eltern ja»,
auch wenn sie gar nichts taugen …

Theodor Fontane

LIED AN MEINEN SOHN

Der Sturm behorcht mein Vaterhaus,
mein Herz klopft in die Nacht hinaus,
laut; so erwacht' ich vom Gebraus
des Forstes schon als Kind.
Mein junger Sohn, hör zu, hör zu:
in deine ferne Wiegenruh
stöhnt meine Worte dir im Traum der Wind.

Einst hab ich auch im Schlaf gelacht,
mein Sohn, und bin nicht aufgewacht
vom Sturm: bis eine graue Nacht
wie heute kam.
Dumpf brandet heut im Forst der Föhn
wie damals, als ich sein Getön
vor Furcht wie meines Vaters Wort vernahm.

Horch, wie der knospige Wipfelsaum
sich sträubt, sich beugt, von Baum zu Baum;
mein Sohn, in deinen Wiegentraum
zornlacht der Sturm – hör zu, hör zu!
Er hat sich nie vor Furcht gebeugt!
Horch, wie er durch die Kronen keucht:
sei Du! sei Du! –

Und wenn dir einst von Sohnespflicht,
mein Sohn, dein alter Vater spricht,
gehorch ihm nicht, gehorch ihm nicht:
horch, wie der Föhn im Forst den Frühling braut!
Horch, er bestürmt mein Vaterhaus,
mein Herz tönt in die Nacht hinaus,
laut …

Richard Dehmel

MEINE KINDER

Nein; sie sind der Welt nicht zugetan,
lieben nicht sich selber über alles.
Aber wirft die Wucht des Wasserfalles
nicht das kühnste Kanu aus der Bahn?

Noch durch Mut und Übermut gefeit,
der sie führt, verwunschnem Stab vergleichbar,
scheint das Unerreichbarste erreichbar,
keine Steppe und kein Stern zu weit!

Wie sie klimmen durch Geröll und Schnee,
doppelt kriegerisch nach jedem Sturze,
in der rotgefrornen Faust das kurze
Tomahawk, im Herzen Tecumseh.

Wie der Zorn durch ihre Schläfen läuft,
reckt sich Unrecht hoch mit Schwur und Schwindel;
wie sie's rächen wollen am Gesindel,
das aus Trümmern seine Throne häuft!

Wie sie aufglüh'n zum Entscheidungsschlag!
Ach, daß sie für ein Phantom verbluten,
ist mir lieber, als daß sie in guten
Stuben buchen täglichen Ertrag.

Wie sie hassen, was sich wohlgefällt,
käuflich strebend, mit getarntem Kainmal!
– Und so wird sie denn wahrscheinlich einmal
kainisch fäll'n die Rache dieser Welt.

Gertrud von den Brincken

VATER UND SOHN

Wie wir einst in grenzenlosem Lieben
Späße der Unendlichkeit getrieben
zu der Seligen Lust –
Uranos erschloß des Busens Bläue,
und vereint in lustiger Kindertreue
schaukelten wir da durch seine Brust.

Aber weh! Der Äther ging verloren,
Welt erbraust und Körper ward geboren,
nun sind wir entzweit.
Düster von erbosten Mittagsmählern
treffen sich die Blicke stählern,
freundlich und bereit.

Und in seinem schwarzen Mantelschwunge
trägt der Alte wie der Junge
Eisen hassenswert.
Die sie reden, Worte, sind von kalter
Feindschaft der geschiedenen Lebensalter,
fahl und aufgezehrt.

Und der Sohn harrt, daß der Alte sterbe,
und der Greis verhöhnt mich jauchzend: Erbe!
daß der Orkus widerhallt.
Und schon klirrt in unsern wilden Händen
jener Waffen – kaum noch abzuwenden –
höllische Gewalt.

Doch auch uns sind Abende beschieden
an des Tisches hauserhabenem Frieden,
wo das Wirre schweigt,
wo wir's nicht verwehren trauten Mutes,
daß, gedrängt von Wallung gleichen Blutes,
Träne auf- und niedersteigt.

Wie wir einst in grenzenlosem Lieben
Späße der Unendlichkeit getrieben,
ahnen wir im Traum.
Und die leichte Hand zuckt nach der greisen,
und in einer wunderbaren, leisen
Rührung stürzt der Raum.

Franz Werfel

GESPRÄCHE MIT CLEMENS

Nun ist alles besprochen,
die Zukunft der Freunde,
die Pflasterung,
die Anfänge mit Vogelvau.

Nun ist alles besprochen
bis ans Ufer, wo sie angeln.
Alle Brücken wie in Avignon,
halb und sie tanzen darauf.

Nun ist alles besprochen,
die Urkunden und die Schwermut,
Versuche in Wasserfarben, Versuche
mit Scheunenschlüsseln und Schnee.

Günter Eich

AN DEN VATER

Vater! Manchmal mahnt es mich beim Weine,
wenn mir schwer der Leib und hell das Hirn,
wie wir oftmals saßen, Stirn an Stirn,
und am Glase deine Hand und meine.

Wir besprachen Tägliches vom Tage,
Trost erheischend aus dem bunten Wahn –
nur mitunter blickten wir uns an,
als erwarte jedes eine Frage.

Und ein keusches Lieben ließ uns beide
dann bewegt sein, nahe, wie noch nie,
denn wir beide standen unterm Leide:

Du vor deinem Tod, der nächtens schrie –
ich in meiner Jugend Dornenkleide –
und doch sagte keines: Komm und sieh!

Franz Theodor Csokor

GLÜCKLICH, glücklich nenn' ich den,
dem des Daseins letzte Stunde
schlägt in seiner Kinder Mitte.
Solches Scheiden heißt nicht Sterben,
denn er lebt im Angedenken,
lebt in seines Wirkens Früchten,
lebt in seiner Kinder Taten,
lebt in seiner Enkel Mund.

Franz Grillparzer

MEIN KIND KAM HEIM.
Ihm weht der seewind noch im haar.
Noch wiegt sein tritt
Bestandne furcht und junge lust der fahrt.

Vom salzigen sprühn
Entflammt noch seiner wange brauner schmelz:
Frucht schnell gereift
In fremder sonnen wildem duft und brand.

Sein blick ist schwer
Schon vom geheimnis das ich niemals weiß
Und leicht umflort
Da er vom lenz in unsern winter traf.

So offen quoll
Die knospe auf daß ich fast scheu sie sah
Und mir verbot
Den mund der einen mund zum kuß schon kor.

Mein arm umschließt
Was unbewegt von mir zu andrer welt
Erblüht und wuchs –
Mein eigentum und mir unendlich fern.

Stefan George

MEIN VATER

Spät komme ich zu dir.
Wenn Staub mich riefe – aber höre nur
im Spiel der feuchten, meiner Lippen,
diese gehorsame Stimme rufen.

Wo niemand wartet, Vater, im Schweigen, wo
in Salz und Asche kenne ich deinen Mund,
der nach den Kindern ruft und ächzend
bittet um Gnade die Menschensöhne.

Die ehmals gute Jacke verriet den Herrn.
Du ohne Mantel, war auch kein Tier dabei
noch Gott: wie sorgsam führtest du in
zwiefacher Kälte dein Kind zur Grube.

Dein Aug, die Stirne, Tafel vom Sinai,
der Nase starker Bogen – ich sehe nichts
und halte Nase, Stirn und deine
Bitternis doch in den hohlen Händen.

Ja, diese Hand, die unschlüssig Wort auf Wort
hier fügt, sie ahmte lange die Bögen nach
von deinem Namen, übte heimlich
Strenge und Mut des gerechten Mannes,

dem ich nie sagen konnte: ich bin dein Sohn.
Man hieß uns Fremde. Unsere Sprache war
ein Blick, ein Händetausch, und später
Auflehnung, bleiche Gewalt des Zornes.

Genügt die Trauer? Atem, Begeisterung,
die Liebesnächte danke ich deinem Grab
und auch die Kinder: unerschöpflich
höre sie lachen ... Ich komme, Vater.

Ludwig Greve

ELTERNLIED

Kinder laufen fort.
Lang her kann's noch gar nicht sein,
kamen sie zur Tür herein,
saßen zwistiglich vereint
alle um den Tisch.

Kinder laufen fort.
Und es ist schon lange her.
Schlechtes Zeugnis kommt nicht mehr,
Stunden Ärgers, Stunden schwer:
Scharlach, Diphterie!

Kinder laufen fort.
Söhne hangen Weibern an.
Töchter haben ihren Mann.
Briefe kommen, dann und wann,
nur auf einen Sprung.

Kinder laufen fort.
Etwas nehmen sie doch mit.
Wir sind ärmer, sie sind quitt.
Und die Uhr geht Schritt für Schritt
um den leeren Tisch.

Franz Werfel

DER GOLDENE BALL

Was auch an Liebe mir vom Vater ward,
ich hab's ihm nicht vergolten, denn ich habe
als Kind noch nicht gekannt den Wert der Gabe
und ward als Mann dem Manne gleich und hart.

Nun wächst ein Sohn mir auf, so heiß geliebt
wie keiner, dran ein Vaterherz gehangen,
und ich vergelte, was ich einst empfangen,
an dem, der mir's nicht gab – noch wiedergibt.

Denn wenn er Mann ist und wie Männer denkt,
wird er, wie ich, die eignen Wege gehen,
sehnsüchtig werde ich, doch neidlos sehen,
wenn er, was mir gebührt, dem Enkel schenkt. –

Weithin im Saal der Zeiten sieht mein Blick
dem Spiel des Lebens zu, gefaßt und heiter,
den goldnen Ball wirft jeder lächelnd weiter,
– und keiner gab den goldnen Ball zurück!

Börries von Münchhausen

DIE FEINEN OHREN

Meiner Mutter

Du warst allein.
Ich sah durchs Schlüsselloch
den matten Schein
der späten Lampe noch.

Was stand ich nur und trat nicht ein?
Und brannte doch,
und war mir doch, es müßte sein,
daß ich noch einmal deine Stirne strich
und zärtlich flüsterte: Wie lieb' ich dich.

Die alte böse Scheu,
dir ganz mein Herz zu zeigen,
sie quält mich immer neu.
Nun lieg' ich durch die lange Nacht
und horche in das Schweigen,
ob wohl ein weißes Haupt noch wacht.

Und einmal hab ich leis gelacht:
was sorgst du noch,
sie weiß es doch,
sie hat gar feine Ohren,
ihr geht von deines Herzens Schlag,
obwohl die Lippe schweigen mag,
auch nicht ein leiser Ton verloren.

Gustav Falke

MEINER MUTTER

Wie oft sah ich die blassen Hände nähen,
ein Stück für mich – wie liebevoll du sorgtest!
Ich sah zum Himmel deine Augen flehen,
ein Wunsch für mich – wie liebevoll du sorgtest!
Und an mein Bett kamst du mit leisen Zehen,
ein Schutz für mich – wie sorgenvoll du horchtest!
Längst schon dein Grab die Winde überwehen,
ein Gruß für mich – wie liebevoll du sorgtest!

Detlev von Liliencron

MUTTER

Ich sehe dich in einer Kerze Licht
im Rahmen einer dunklen Türe stehn.
Du spürst die Kühle von den Bergen wehn.
Du frierst ja, Mutter … dennoch weichst du nicht.

Du schaust mir nach, der in die Nacht enteilt,
In dunklen Schicksals ungewisse Frist,
mit einem Lächeln, das nur Weinen ist,
mit einem Schmerz, den kein Vertrauen heilt.

Ich sehe dich in deiner Liebe Licht
im Zittern deiner weißen Haare stehn,
du spürst die große dunkle Kühle wehn –

und langsam, langsam senkt sich dein Gesicht.
Noch immer leuchtet fern der Kerze Schein –
du frierst ja, Mutter … Mutter – geh hinein …

Albrecht Haushofer

MEIN FAMILI

mein schwester strickt am grünen strumpf
so heiß und groß so dick und weich
so seltsam übers knie gebeugt
mein schwester mit dem roten rumpf

mein oma liebe oma so
so faltig pergament so dünn
so vogel hals so fistel stimm
so mürrisch mittags abends froh

mein famili im zimmer lung
wo um den schwarzen tisch und rund
mit topf und fisch und zwiebelbrüh
mit hand mit mund mit großem hung

mein vater mit der nickelbrill
mein mutter auf dem küchenstuhl
mein starker bruder mit dem bart
mein kleine schwester blaß und still

mein famili mein ganze fam
ili mein ganze zwei drei und
mein vier und fünf und zwei und ein
mein famili wie wundersam

wie wundersam wie wir am tisch
am runden tisch von rundem holz
wie faust und gabel hier und hier
faust gabel hier mund da und fisch

mund da und fisch und fisch und kloß
am runden tisch der vater spricht
und ißt den kloß und ißt den fisch
vom tisch und spricht und zwiebelsoß

und zwiebelsoß rinnt ab vom mund
wischt ab ach wischt und wischt und spricht
die schwester hörts an ihrem strumpf
die mutter hörts der bruder und

großvater dort auf dem abort
der hund der hund bunt hinterm schirm
die laus in seinem pelz und ich
ich hörs ich hab im ohr die wort

wie altes brot die wort wie brot
wie schwarzes brot die mutter nimmts
vom küchenbord und lächelt wild
denn trocken brot macht wangen rot

wie glotzt aus seinem leib das brot
wie rollt es rollt es durch die tür
die base sitzt vor dem klavier
und spielt ohn brot ist große not

die schürz der mutter weht herum
die uhr platzt an der wand und da
grinst unterm bottich grinst die schab
der vater spricht seht euch nicht um

Ror Wolf

JETZT GEHT MEIN VATER ABENDS

Jetzt geht mein Vater abends
über die Wiesen im Herbstdampf,
neben sich den Hund.

In der Nacht verdarben
die schönen vergänglichen Kelche
der Herbstzeitlosen.

Im Hohlweg stehen die Apfelbäume
im feuchten Atem.
In sein einsames Antlitz sieht kein Mensch.

Wenn er heimkehrt,
haftet die lehmige Erde
an seinen groben Schuhen.

Er tritt an die Bücherstände
und legt die verbrannte Hand
langsam auf Lederbände,
mit goldenen Blumen gepreßt.

Ich lebe hier in der Stadt
und bin nicht einsamer als du und alle.

Aber den trüben Geruch
der Nußbäume wieder zu spüren,
den Weg um die runde Mauer wieder zu fahren,

neben dir, Vater, –
auf deine große Hand
meine zu legen,

um wieder fortzugehen –
es wäre schön.

Lonja Stehelin-Holzing

MÜTTER UND TÖCHTER

Einst kommst du, mein Kind, vom Leibe los
und er sinkt zurück in meinen Schoß.

Weil ich auch dann hingesunken bin.
Meiner Mutter Leib nahm mich dahin,

die mit dir und mir in Fleisch und Blut
eingegangen in die Ahnin ruht.

Erdig und verwittert, Leib in Leib,
Wipfel sank zur Wurzel, Weib in Weib. –

Ob sich hinter dir die Türe schließt?
Ob aus dir einst keine Tochter sprießt?

Qual und Seligkeit hört auf zu wandern,
Erde, ruhn wir, eine in der andern.

Während deine Söhne Schollen reißen,
Ernten aus uns auferstehen heißen,

sich die Erde und die Frauen beugend,
unvernichtbar, ruhelos und zeugend.

Ina Seidel

AN MEINEN SOHN

Wo bist du? Ach, ich höre dich nicht mehr.
Die Kinderstimme, die mich nächtlich rief,
wenn ich im Arm des Albtraums schlief.
Nun ist die Nacht so blind und leer.

Das Bergwerk hat wie Tuch den Schritt verschluckt,
die öde Steppe deinen Ruf verweht,
die Sümpfe fraßen dein Gebet,
dein Herz am Stacheldrahte zuckt.

Wo flog dein Lachen hin, der Amselton,
und deine Tränen ruhn in welchem Teich?
Dein Kleid, dem grauen Nebel gleich,
verhüllt dich ganz, mein lieber Sohn.

Ich frage jede Stunde nach dir aus,
die mit dem Ostwind kommt und weitergeht,
doch stumm hört sie, was schweigend fleht,
leer bleibt die Nacht, leer bleibt das Haus.

Wenn du noch lebst, von Hunger und von Not
den Mund erfüllt wie vom erstickten Schrei,
dir selbst nur ein Gewicht von Blei,
so ist es besser als der Tod.

Ist besser als das Nichts aus schwarzem Samt –
ein neuer Atem hebe deine Brust,
o fühle, daß du kommen mußt,
du Leben, das von meinem stammt!

Oda Schaefer

GENERATIONEN

Wie die Sonne, wie der Mond am Himmel
üben Eltern sich im Untergehen,
während Kinder den Zenith erreichen,
dort am höchsten Punkt des Himmels stehen,
während Enkel schon vom Horizonte
höher sich am Firmament bewegen,
ihre Eltern himmelabwärts treiben
auf des Alterns wohlbekannten Wegen.
Jeder Stern hat seine eignen Bahnen,
muß erstaunt den eignen Weg erfüllen,
wenn die Stufen seiner Lebensreise
oft so unwahrscheinlich sich enthüllen.
Kinder kamen, Enkel sind geboren,
doch die eigne Strahlung geht zur Neige.
Eltern schwinden unterm Horizonte,
damit Neues in die Höhe steige.

Emma Kann

FÜR ALLE ZEITEN

Wenn jetzt der Tod uns beiden winkte,
wenn eines Atems uns die Sinne schwänden
und wenn wir Herz an Herz erstarrten,
ein marmorn Paar,

ließ' ich aus leichter Hand mein Leben fliehen,
die Erde willig lassend, die geliebte,
die Wolkenschatten auf besonnten Bergen,
am Zaun die Winden.

In meinem Arm hielt' ich mein Leben
und nähm' es mit auf schwarzen Schwingen,
getrost, in Deinem Arm zu ruhen
für alle Zeiten.

Paul Jaeger

ZU LEHEN

Ich bin nicht mein, du bist nicht dein.
Keiner kann sein eigen sein.

Ich bin nicht dein, du bist nicht mein.
Keiner kann des andern sein.

Hast mich nur zu Lehn genommen,
hab zu Lehn dich überkommen.

Also mag's geschehn:
hilf mir, liebstes Lehn,

daß ich alle meine Tage
treulich dich zu Lehen trage

und dich einstmals vor der letzten Schwelle
unversehrt dem Lehnsherrn wiederstelle.

Werner Bergengruen

FRÜHES FOTO DER ELTERN

Da bin ich noch nicht dabei,
da waren sie erst verlobt,
da hätten sie's noch
verhindern können.

Wie gern bin ich da.

Peter Horst Neumann

ALTER UND VERGÄNGLICHKEIT

WARUM BIN ICH VERGÄNGLICH, o Zeus?» so fragte die Schönheit.
«Macht' ich doch,» sagte der Gott, «nur das Vergängliche schön.»
Und die Liebe, die Blumen, der Tau und die Jugend vernahmen's;
alle gingen sie weg, weinend, von Jupiters Thron.

Johann Wolfgang Goethe

CHIDHER

Chidher, der ewig junge, sprach:
Ich fuhr an einer Stadt vorbei,
ein Mann im Garten Früchte brach;
ich fragte, seit wann die Stadt hier sei?
Er sprach, und pflückte die Früchte fort:
«Die Stadt steht ewig an diesem Ort
und wird so stehen ewig fort.» –
Und aber nach fünfhundert Jahren
kam ich desselbigen Wegs gefahren.

Da fand ich keine Spur der Stadt;
ein einsamer Schäfer blies die Schalmei,
die Herde weidete Laub und Blatt;
ich fragte, wie lang ist die Stadt vorbei?
Er sprach, und blies auf dem Rohre fort:
«Das eine wächst, wenn das andere dorrt;
das ist mein ewiger Weideort.» –
Und aber nach fünfhundert Jahren
kam ich desselbigen Wegs gefahren.

Da fand ich ein Meer, das Wellen schlug,
ein Schiffer warf die Netzte frei;
und als er ruhte vom schweren Zug,
fragt' ich, seit wann das Meer hier sei?
Er sprach und lachte meinem Wort:
«So lang, als schäumen die Wellen dort,
fischt man und fischt man in diesem Port.» –
Und aber nach fünfhundert Jahren
kam ich desselbigen Wegs gefahren.

Da fand ich einen waldigen Raum
und einen Mann in der Siedelei,
er fällte mit der Axt den Baum;
ich fragte, wie alt der Wald hier sei?
Er sprach: «Der Wald ist ein ewiger Hort!
Schon ewig wohn' ich an diesem Ort,
und ewig wachsen die Bäum hier fort.» –
Und aber nach fünfhundert Jahren
kam ich desselbigen Wegs gefahren.

Da fand ich eine Stadt, und laut
erschallte der Markt vom Volksgeschrei.
Ich frage: Seit wann ist die Stadt erbaut?
Wohin ist Wald und Meer und Schalmei?
Sie schrien und hörten nicht mein Wort:
«So ging es ewig an diesem Ort
und wird es gehen ewig fort.» –
Und aber nach fünfhundert Jahren
will ich desselbigen Weges fahren.

Friedrich Rückert

DU KANNST NICHT SEIN, du kannst dich nur verschwenden,
kannst bleiben nicht, die Erde wandert aller Enden;
du kannst nicht sammeln, jedes Gold wird Blei,
und nichts ergreifen, alles schwirrt vorbei;
du kannst nicht wissen, denn es ward schon Trug.
Du kannst nur lieben. Lieben ist genug.

Ernst Bertram

IN JÜNGERN TAGEN war ich des Morgens froh,
des Abends weint' ich; jetzt, da ich älter bin,
beginn' ich zweifelnd meinen Tag, doch
heilig und heiter ist mir sein Ende.

Friedrich Hölderlin

ABENDSTIMMUNG

Der Morgen lacht wie eine junge Frau,
streng blickt am Abend meine Ufenau,

durch Flutendunkel geisterhaft gestreckt,
von nahen Bergesschatten zugedeckt.

Lang hat sich das Soldatenschiff ergetzt
an einem Echo. Beide schweigen jetzt.

Verklungen ist der Vesperglocke Schall,
ein dunkler Friede waltet überall.

Wär' ich ein Jüngling voller Leidenschaft,
beängstigt von der eignen Lebenskraft,

in Tränen löste sich, was bang und wild
ein junges Herz bestürmt, vor diesem Bild.

Nun hab' ich handelnd meine Glut gedämpft,
den Vesperfrieden hab' ich mir erkämpft,

und schreite, wann du, Sonne, dich entfernst,
getrost durch diesen tiefen Abendernst.

In den gestrengen Zügen der Natur
empfind' ich die verwandte Seele nur.

Conrad Ferdinand Meyer

DES MENSCHEN ALTER

Ein Kind – vergißt sich selbst; ein Knabe – kennt sich nicht;
ein Jüngling – acht't sich schlecht; ein Mann – hat immer Pflicht;
ein Alter – nimmt Verdruß; ein Greis – wird wieder Kind:
Was meinst du, was doch dies für Herrlichkeiten sind?

Friedrich von Logau

LIED DER JAHRE

Wer bin ich und wie halte ich die Jahre,
die glühn, verflackern, lischen wie der Mohn?
Wohin der Duft? Und wer bewahrt den Ton?
Hoch flog der Ball im Aufwind junger Jahre.
Nun fällt er schon ...?

Ist dies verloren, ist es je gewesen?
Schlaf unter Sternen; Küsten meerumblaut;
der Ströme Wandern; Städte hochgebaut? –
Ich könnte wieder alte Straßen gehen ...
Sie wären nicht vertraut.

Wer bin ich, da mir dies entsunken?
Und wer, von dem, das Zukunft mir gespart?
Und wer, vom Winde schwach, vom Weine trunken,
inmitten dieses Schwarms und dieser Fahrt
von Seelenvögeln und von Geisterfunken?
Gibt Antwort, Gegenwart!

Ich bin, ich atme – eines: Mund und Flöte.
Ich spiele mir ein Lied; ich bin das Lied.
Ich bin der Hauch, der durch die Höhlung zieht,
der Spieler und das Spiel, der Leib der Flöte,
der Flöte Lied.

Was frag' ich nach dem Lied verschollner Jahre ...
Ich bin, ich atme. Hör' ich nicht den Ton?
Hell schwebt die Wolke. Leuchtend brennt der Mohn.
Die Flöte harrt. Laß singen deine Jahre.
Ich hör' sie schon.

Rudolf Hagelstange

BALLADE DES ÄUSSEREN LEBENS

Und Kinder wachsen auf mit tiefen Augen,
die von nichts wissen, wachsen auf und sterben,
und alle Menschen gehen ihre Wege.

Und süße Früchte werden aus den herben
und fallen nachts wie tote Vögel nieder
und liegen wenig Tage und verderben.

Und immer weht der Wind, und immer wieder
vernehmen wir und reden viele Worte
und spüren Lust und Müdigkeit der Glieder.

Und Straßen laufen durch das Gras, und Orte
sind da und dort, voll Fackeln, Bäumen, Teichen,
und drohende, und totenhaft verdorrte ...

Wozu sind diese aufgebaut? Und gleichen
einander nie? Und sind unzählig viele?
Was wechselt Lachen, Weinen und Erbleichen?

Was frommt das alles uns und diese Spiele,
die wir doch groß und ewig einsam sind
und wandernd nimmer suchen irgend Ziele?

Was frommt's, dergleichen viel gesehen haben?
Und dennoch sagt der viel, der «Abend» sagt,
ein Wort, daraus Tiefsinn und Trauer rinnt

wie schwerer Honig aus den hohlen Waben.

Hugo von Hofmannsthal

VOM KÜNFTIGEN ALTER

Der Frost hat mir bereifet des Hauses Dach;
doch warm ist mir's geblieben im Wohngemach.
Der Winter hat die Scheitel mir weiß gedeckt;
doch fließt das Blut, das rote, durchs Herzgemach.
Der Jugendflor der Wangen, die Rosen sind
gegangen, all gegangen einander nach.
Wo sind sie hingegangen? ins Herz hinab:
Da blühn sie nach Verlangen, wie vor so nach.
Sind alle Freudenströme der Welt versiegt?
Noch fließt mir durch den Busen ein stiller Bach.
Sind alle Nachtigallen der Flur verstummt?
Noch ist bei mir im Stillen hier eine wach.
Sie singet: Herr des Hauses! verschleuß dein Tor,
daß nicht die Welt, die kalte, dring ins Gemach.
Schleuß aus den rauhen Odem der Wirklichkeit,
und nur dem Duft der Träume gib Dach und Fach!
Ich habe Wein und Rosen in jedem Lied,
und habe solcher Lieder noch tausendfach.
Vom Abend bis zum Morgen und Nächte durch
will ich dir singen Jugend und Liebes-Ach!

Friedrich Rückert

VANITAS! VANITATUM VANITAS!

Die Herrlichkeit der Erden
muß Rauch und Aschen werden,
kein Fels, kein Erz kann stehn.
Dies, was uns kann ergetzen,
was wir für ewig schätzen,
wird als ein leichter Traum vergehn.

Was sind doch alle Sachen,
die uns ein Herze machen,
als schlechte Nichtigkeit?
Was ist des Menschen Leben,
der immer um muß schweben,
als eine Phantasie der Zeit?

Der Ruhm, nach dem wir trachten,
den wir unsterblich achten,
ist nur ein falscher Wahn;
sobald der Geist gewichen
und dieser Mund erblichen,
fragt keiner, was man hier getan.

Es hilft kein weises Wissen,
wir werden hingerissen
ohn' einen Unterscheid.
Was nützt der Schlösser Menge?
Dem hie die Welt zu enge,
dem wird ein enges Grab zu weit.

Dies alles wird zerrinnen,
was Müh' und Fleiß gewinnen,
und sauerer Schweiß erwirbt;
was Menschen hier besitzen,
kann für den Tod nicht nützen,
dies alles stirbt uns, wenn man stirbt.

Ist eine Lust, ein Scherzen,
das nicht ein heimlich Schmerzen
mit Herzensangst vergällt?
Was ist's, womit wir prangen?
Wo wirst du Ehr' erlangen,
die nicht in Hohn und Schmach verfällt?

Was pocht man auf die Throne,
da keine Macht noch Krone
kann unvergänglich sein?
Es mag vom Toten-Reihen
kein Szepter dich befreien,
kein Purpur, Gold noch edler Stein.

Wie eine Rose blühet,
wenn man die Sonne siehet
begrüßen diese Welt;
die, eh' der Tag sich neiget,
eh' sich der Abend zeiget,
verwelkt und unversehns abfällt:

so wachsen wir auf Erden
und hoffen, groß zu werden,
und schmerz- und sorgenfrei;
doch eh' wir zugenommen
und recht zur Blüte kommen,
bricht uns des Todes Sturm entzwei.

Wir rechnen Jahr auf Jahre:
indessen wird die Bahre
uns vor die Tür gebracht;
drauf müssen wir von hinnen
und, eh' wir uns besinnen,
der Erden sagen gute Nacht.

Auf, Herz! Wach und bedenke,
daß dieser Zeit Geschenke
den Augenblick nur dein!
Was du zuvor genossen,
ist als ein Strom verschossen.
Was künftig – wessen wird es sein?

Andreas Gryphius

DIE SCHÖNE STUNDE

Nicht schelt' ich dich, du schöne Stunde,
weil du so schnell entwichen bist!
Du brachtest mir die süße Kunde,
daß noch mein Herz kein totes ist.

Wie sollt' ich mit dem Becher hadern,
weil er von meinem Mund sich trennt;
er goß durch alle meine Adern
den Wein, aus dem die Sonne brennt.

Friedrich Hebbel

«DIE JAHRE nahmen dir, du sagst, so vieles:
die eigentliche Lust des Sinnespieles;
Erinnerung des allerliebsten Tandes
von gestern, weit und breiten Landes
durchschweifen frommt nicht mehr; selbst nicht von oben
der Ehren anerkannte Zier, das Loben,
erfreulich sonst. Aus eignem Tun Behagen
quillt nicht mehr auf, dir fehlt ein dreistes Wagen!
Nun wüßt' ich nicht, was dir Besondres bliebe?»

Mir bleibt genug! Es bleibt Idee und Liebe!

Johann Wolfgang Goethe

DER MENSCH

Empfangen und genähret
vom Weibe wunderbar,
kömmt er und sieht und höret
und nimmt des Trugs nicht wahr;
gelüstet und begehret,
und bringt sein Tränlein dar;
verachtet und verehret,
hat Freude und Gefahr;
glaubt, zweifelt, wähnt und lehret,
hält nichts und alles wahr;
erbauet und zerstöret
und quält sich immerdar;
schläft, wachet, wächst und zehret,
trägt braun und graues Haar.
Und alles dieses währet,
wenn's hoch kömmt, achtzig Jahr.
Dann legt er sich zu seinen Vätern nieder,
und er kömmt nimmer wieder.

Matthias Claudius

MIT VIERZIG JAHREN

Mit vierzig Jahren ist der Berg erstiegen,
wir stehen still und schaun zurück,
dort sehen wir der Kindheit stilles liegen
und dort der Jugend lautes Glück.

Noch einmal schau, und dann gekräftigt weiter
erhebe deinen Wanderstab!
Hindehnt ein Bergesrücken sich, ein breiter,
und hier nicht, drüben geht's hinab.

Nicht atmend aufwärts brauchst du mehr zu steigen,
die Ebne zieht von selbst dich fort;
dann wird sie sich mit dir unmerklich neigen,
und eh' du's denkst, bist du im Port.

Friedrich Rückert

«WAS MAN in der Jugend wünscht, hat man im Alter genug»,
so sagen die Reichbegabten mit Fug;
wir aber, mindern Pfunds Verwalter,
was wir jung hatten, wünschen wir im Alter.

Franz Grillparzer

DIE KÜRZE

«Warum bist du so kurz, liebst du, wie vormals, denn
nun nicht mehr den Gesang? fandst du, als Jüngling, doch
in den Tagen der Hoffnung,
wenn du sangest, ein Ende nie?»

Wie mein Glück, ist mein Lied. – Willst du im Abendrot
froh dich baden? Hinweg ist's und die Erd' ist kalt,
und der Vogel der Nacht schwirrt
unbequem vor dem Auge dir.

Friedrich Hölderlin

OWÊ war sint verswunden alliu miniu jâr!
ist mir mîn leben getroumet oder ist ez wâr?
daz ich ie wânde daz iht wære, waz daz iht?
dar nâch hân ich geslâfen und enweiz es niht.
nû bin ich erwachet, und ist mir unbekant
daz mir hie vor was kündic als mîn ander hant.
liut unde lant da ich von kinde bin erzogen,
die sint mir frömde worden reht als ez sî gelogen.
die mîne gespilen wâren die sint træge unt alt.
verœset ist daz velt, verhouwen stât der walt:
wan daz daz wazzer fliuzet als ez wîlent flôz,
für wâr ich wânde mîn unglücke wurde grôz.
mich grüezet maneger trâge, der mich bekande ê wol.
diu welt ist allenthalben ungenâden vol.
als ich gedenke an manegen wünneclîchen tac,
die mir sint enphallen gar als in daz mêr ein slac,
iemer mêr ouwê.

Owê wie jæmerlîche junge liute tuont,
den ê vil wünneclîchen ir gemüete stuont!
die kunnen niuwan sorgen: ouwê wie tuont si sô?
swar ich zer werlte kêre, dâ ist nieman frô:
tanzen lachen singen zergât mir sorgen gar.
nie kristenman gesach sô jæmmerlîchiu jâr.
nû merkent wie den frouwen ir gebende stât:
die stolzen ritter tragent dörpellîche wât.
uns sint unsenfte brieve her von Rôme komen,
uns ist erloubet trûren und fröide gar benomen.
daz müet mich inneclîchen (wir lebten ie vil wol),
daz ich nû für mîn lachen weinen kiesen sol.
die wilden vogellîn betrüebet unser klage:
waz wunders ist an fröiden ob ich dâvon verzage?
waz spriche ich tumber man durch mînen bœsen zorn?
swer dirre wünne volget der hât jene dort verlorn,
iemer mêr ouwê.

O WEH, wohin sind alle meine Jahre verschwunden!
Habe ich mein Leben geträumt, oder ist es wahr?
Wovon ich immer glaubte, daß es sei, war das etwas?
So habe ich geschlafen und weiß es nicht.
Jetzt bin ich erwacht, und mir ist unbekannt,
was mir vorher so vertraut wie meine Hand gewesen ist.
Die Menschen und das Land, wo ich aufgewachsen bin,
sind mir fremd geworden, als ob eine Lüge wäre.
Die meine Freunde waren, sind träge und alt.
Verödet ist das Feld, gerodet ist der Wald:
Wenn das Wasser nicht mehr so flösse, wie es einst floß,
fürwahr, ich würde meinen, mein Leid wäre groß geworden.
Mancher grüßt mich säumig, der mich einst gut gekannt hat.
Die Welt ist allenthalben voll Mißgunst.
So denke ich an manchen wonnigen Tag zurück,
der mir entglitten ist wie ein Schlag ins Wasser,
immerdar: oh weh!

Oh weh, wie jämmerlich sich die jungen Leute betragen,
denen der Sinn einst sehr hoch stand!
Sie verstehen nur noch, sie zu sorgen: oh weh, warum tun sie das?
Wohin ich mich zur Welt auch wende, da ist niemand froh:
tanzen, lachen, singen: das zergeht ganz in Sorgen.
Kein Christ hat je so jammervolle Zeiten gesehen.
Achtet nur darauf, wie den Damen ihr Kopfputz steht:
Die stolzen Ritter tragen bäuerliche Kleidung.
Wir haben unangenehme Briefe aus Rom erhalten,
Trauern hat man uns erlaubt und Freude ganz genommen.
Das schmerzt mich innerlich sehr (wir haben immer so gut gelebt),
daß ich nun statt meines Lachens Weinen wählen soll.
Die wilden Vögelchen betrübt unsere Klage:
Wen wundert es dann noch, wenn ich zur Freude den Mut nicht mehr aufbringe?
Doch was spreche ich Narr in meinem bösen Zorn?
Wer der Wonne in dieser Welt nachjagt, hat jene in der anderen Welt verloren,
immerdar: oh weh!

Owê wie uns mit süezen dingen ist vergeben!
ich sihe die gallen mitten in dem honege sweben:
diu welt ist ûzen schœne, wîz grüen unde rôt,
und innan swarzer varwe, vinster sam der tôt.
swen si nû verleitet habe, der schouwe sînen trôst:
er wirt mit swacher bouze grôzer sünde erlôst.
daran gedenkent, ritter: ez ist iuwer dinc.
ir tragent die liehten helme und manegen herten rinc,
dar zuo die vesten schilte und diu gewîhten swert.
wolte got wær ich der sigenünfte wert.
sô wolte ich nôtic man verdienen rîchen solt.
joch meine ich niht die huoben noch der hêrren golt:
ich wolte sælden krône êweclîchen tragen:
die mohte ein soldenære mit sîme sper bejagen.
möht ich die lieben reise gevaren über sê,
sô wolte ich denne singen wol und niemer mêr ouwê,
niemer mêr ouwê.

Walther von der Vogelweide

NICHT JEDE Besserung ist Tugend;
oft ist sie nur das Werk der Zeit.
Die wilde Hitze roher Jugend
wird mit den Jahren Sittsamkeit.
Und was Natur und Zeit getan,
sieht unser Stolz als Besserung an.

Christian Fürchtegott Gellert

SOLL DAS kurze Menschenleben
immer reife Frucht dir geben,
mußt du jung dich zu den Alten,
alternd dich zur Jugend halten.

Paul Heyse

DAS ALTER

Das Alter ist ein höflich Mann:
Einmal übers andre klopft er an,
aber nun sagt niemand: Herein!
Und vor der Türe will er nicht sein.
Da klinkt er auf, tritt ein so schnell,
und nun heißt's, er sei ein grober Gesell.

Johann Wolfgang Goethe

DAS IST das ew'ge Lied und Leid,
daß die Erfahrung erst gedeiht,
wenn Mut und Kraft verrauchen.
Die Jugend kann – das Alter weiß.
Du kaufst erst um des Lebens Preis
die Kunst, das Leben zu gebrauchen.

Carl Siebel

Oh weh, wie man uns mit süßen Dingen vergiftet hat!
Ich sehe die Galle mitten im Honig schweben:
Die Welt ist außen schön, weiß, grün und rot,
und innen von schwarzer Farbe, finster wie der Tod.
Wen sie nun verleitet haben mag, der schaue seinen Trost:
Er wird mit etwas Buße von großer Sünde erlöst.
Daran denkt, Ritter: es ist eure Pflicht.
Ihr tragt die schimmernden Helme und die kräftigen Rüstungen,
dazu die festen Schilde und die geweihten Schwerter.
Ach wollte Gott, dass ich selbst des Triumphes würdig wäre!
So wollte ich armer Mann mir einen üppigen Sold verdienen.
Weder Bauernhöfe noch der Herren Gold meine ich:
Die Krone der Seligkeit würde ich für immer tragen wollen:
Die konnte ein Söldner mit seinem Speer erobern.
Könnte ich die liebe Fahrt übers Meer tun,
so wollte ich schön singen, und nimmermehr «oh weh»,
nimmermehr «oh weh».

Übersetzung: Bettina Göbels

HAT DIR DER TAG WAS GEBRACHT? So fragt sich am Abend der Jüngling;
hat dir der Tag was geraubt? fragt sich der Mann und der Greis.

Friedrich Hebbel

DAS GEMEINSAME SCHICKSAL

Siehe, wir hassen, wir streiten, es trennet uns Neigung und Meinung;
aber es bleichet indes dir sich die Locke wie mir.

Friedrich Schiller

ERWARTUNG UND ERFÜLLUNG

In den Ozean schifft mit tausend Masten der Jüngling;
still, auf gerettetem Boot, treibt in den Hafen der Greis.

Friedrich Schiller

EIN ALTER MANN ist stets ein König Lear! –
Was Hand in Hand mitwirkte, stritt,
ist längst vorbeigegangen;
was mit und an dir liebte, litt,
hat sich woanders angehangen.
Die Jugend ist um ihretwillen hier,
es wäre törig zu verlangen:
Komm, ältele du mit mir.

Johann Wolfgang Goethe

KÖNIG LEAR

In der Halle,
in jeder Hotelhalle,
in einem eingesessenen Sessel,
Klub-, Leder-, doch niemals Korbsessel,
zwischen verfrühten Kongreßteilnehmern
und leeren Sesseln, die Anteil haben,
selten, dann mit Distanz gegrüßt,
sitzt er, die von Kellnern umsegelte Insel,
und vergißt nichts.

Die Trauer findet an sich Geschmack
und lacht mit zwölf Muskeln einerseits.
Viel hört er nicht aber alles
und widerlegt den Teppich.
Die Stukkatur denkt er weg
und stemmt seine Brauen gegen.
Bis sich ihr Blattgold löst,
sprechen Barockengel vor.
Die Kirche schickt Spitzel;
ihm fehlen Komparsen.
Vergeblich ahmen zuviele Spiegel ihn nach.
Seine Töchter sind Anekdoten.

Im Hotel Sacher wird nach Herrn Kortner verlangt.
Herr Kortner läßt sagen, er sei auf der Probe.
In der Halle, in seinem Sessel, stellt jemand sich tot
und trifft sich mit Kent auf der Heide.

Günter Grass

DER GREIS

Die bösen Tage sind kommen;
da sind sie nun, die Jahre,
von denen ich sagen muß:
Leer sind sie mir von Freuden!
Sonne, Licht, Mond und Sterne
dunkeln um mich; ich sehe nur Wolken
und höre nur rasselnden Regen.
Die Hüter meiner Leibeshütte, die Hände, zittern.
Es krümmen sich die Starken, meine Füße.
Meine Zähne, die Mühlenmägde,
haben Feierabend gemacht.
Aus den Fenstern der Augen blicken nicht mehr
freundlich lächelnde Geister.
Verschlossen sind die Türen nach der Straße,
denn vergebens horcht das Ohr nach Vogellaut;
verstummt sind ihm die Töchter des Gesangs.
Schwindelnd fürcht' ich mich auf dem Hügel
und schrecke beim Tritte auf ebenem Wege.
Gleich dem Mandelbaume blüht mein Scheitelhaar.
An meinem Stabe zusammengekrümmt,
bin ich der Heuschrecke gleich.
Vertrocknet ist in mir die Lust.
Bald werd' ich beziehen mein ewiges Haus –
und die Kläger werden beflort gehen auf den Gassen.

Doch einst wird des Lebens Silberstrick wieder geflochten,
neugeschaffen mein Herz, die güldene Kugel.
Dann rasselt wieder am Rade des Brunnens der Eimer
und schöpft aus dem Quelle lebendes Wasser.
Geselle dich immer zur Erde, mein Staub;
bist ja mit ihr verwandt.
Du aber, mein Geist,
fleugst auf zu Gott, der dich gegeben hat.

Christian Friedrich Daniel Schubart

BALD

Es währt noch eine kurze Weile,
daß du durch diese Straße gehst
hinauf, herab die lange Zeile,
und manchmal grüßend stillestehst.

Bald wird der ein' und andre sagen:
den Alten sehen wir nicht mehr,
er ging an kalt' und warmen Tagen
doch hier sein Stündchen hin und her.

Es sei! Des Lebens volle Schalen
hab' ich geneigt an meinen Mund,
und auch des Lebens ganze Qualen
hab' ich geschmeckt bis auf den Grund.

Getan ist manches, was ich sollte,
nicht spurlos lass' ich meine Bahn;
doch manches, was ich sollt' und wollte,
wie manches ist noch ungetan!

Wohl sinkt sie immer noch zu frühe
herab, die wohlbekannte Nacht,
doch wer mit aller Sorg und Mühe
hat je sein Tagewerk vollbracht!

Schau um dich! Sieh die hellen Blicke,
der Wangen jugendfrisches Blut,
und sage dir: In jede Lücke
ergießt sich junge Lebensglut.

Es ist gesorgt, brauchst nicht zu sorgen;
mach Platz, die Menschheit stirbt nicht aus.
Sie feiert ewig neue Morgen,
du steige fest ins dunkle Haus!

Friedrich Theodor Vischer

DIE EHRE hat mich nie gesucht;
die hätte mich auch nie gefunden.
Wählt man, in zugezählten Stunden,
ein prächtig Feierkleid zur Flucht?

Auch Schätze hab' ich nie begehrt.
Was hilft es, sie auf kurzen Wegen
für Diebe mehr als sich zu hegen,
wo man das wenigste verzehrt?

Wie lange währt's, so bin ich hin
und einer Nachwelt untern Füßen!
Was braucht sie, wen sie tritt, zu wissen?
Weiß ich nur, wer ich bin!

Gotthold Ephraim Lessing

DIE ALTEN UND DIE JUNGEN

«Unverständlich sind uns die Jungen»,
wird von den Alten beständig gesungen;
meinerseits möcht' ich's damit halten:
«Unverständlich sind mir die Alten.»
Dieses Am-Ruder-bleiben-Wollen
in allen Stücken und allen Rollen,
dieses Sich-unentbehrlich-Vermeinen
samt ihrer «Augen stillem Weinen»,
als wäre der Welt ein Weh getan –
ach, ich kann es nicht verstahn.
Ob unsre Jungen, in ihrem Erdreisten,
wirklich was Besseres schaffen und leisten,
ob dem Parnasse sie näher gekommen
oder bloß einen Maulwurfshügel erklommen,
ob sie, mit andern Neusittenverfechtern,
die Menschheit bessern oder verschlechtern,
ob sie Frieden sä'n oder Sturm entfachen,
ob sie Himmel oder Hölle machen –
eins läßt sie stehn auf siegreichem Grunde:
sie haben den Tag, sie haben die Stunde;
der Mohr kann gehn, neu Spiel hebt an,
sie beherrschen die Szene, sie sind dran.

Theodor Fontane

HERR VON RIBBECK AUF RIBBECK IM HAVELLAND

Herr von Ribbeck auf Ribbeck im Havelland,
ein Birnbaum in seinem Garten stand,
und kam die goldene Herbsteszeit
und die Birnen leuchteten weit und breit,
da stopfte, wenn's Mittag vom Turme scholl,
der von Ribbeck sich beide Taschen voll,
und kam in Pantinen ein Junge daher,
so rief er: «Junge, wiste ne Beer?»
Und kam ein Mädel, so rief er: «Lütt Dirn,
kumm man röwer, ick hebb ne Birn.»

So ging es viel Jahre, bis lobesam
der von Ribbeck auf Ribbeck zu sterben kam.
Er fühlte sein Ende, 's war Herbsteszeit,
wieder lachten die Birnen weit und breit;
da sagte von Ribbeck: «Ich scheide nun ab.
Legt mir eine Birne mit ins Grab!»
Und drei Tage drauf, aus dem Doppeldachhaus,
trugen von Ribbeck sie hinaus.
Alle Bauern und Büdner mit Feiergesicht
sangen «Jesus meine Zuversicht!»
Und die Kinder klagten, das Herze schwer:
«He ist dod nu. Wer giwt uns nu ne Beer?»

So klagten die Kinder. Das war nicht recht –
ach, sie kannten den alten Ribbeck schlecht!
Der neue freilich, der knausert und spart,
hält Park und Birnbaum strenge verwahrt.
Aber der alte, vorahnend schon
und voll Mißtraun gegen den eigenen Sohn,
der wußte genau, was damals er tat,
als um eine Birn ins Grab er bat;
und im dritten Jahr aus dem stillen Haus
ein Birnbaumsprößling sproßt' heraus.

Und die Jahre gehen wohl auf und ab,
längst wölbt sich ein Birnbaum über dem Grab,
und in der goldenen Herbsteszeit

leuchtet's wieder weit und breit,
und kommt ein Jung übern Kirchhof her,
so flüstert's im Baume: «Wiste ne Beer?»
Und kommt ein Mädel, so flüstert's: «Lütt Dirn,
kumm man röwer, ick gew di ne Birn!»

So spendet Segen noch immer die Hand
des von Ribbeck auf Ribbeck im Havelland.

Theodor Fontane

JA, DAS MÖCHT' ICH NOCH ERLEBEN

Eigentlich ist mir alles gleich,
der eine wird arm, der andre wird reich,
aber mit Bismarck – was wird das noch geben?
Das mit Bismarck, das möcht' ich noch erleben.

Eigentlich ist alles soso,
heute traurig, morgen froh.
Frühling, Sommer, Herbst und Winter,
ach, es ist nicht viel dahinter.
Aber mein Enkel, soviel ist richtig,
wird mit nächstem vorschulpflichtig,
und in etwa vierzehn Tagen
wird er eine Mappe tragen,
Löschblätter will ich ins Heft ihm kleben –
ja, das möcht' ich noch erleben.

Eigentlich ist alles nichts,
heute hält's und morgen bricht's,
hin stirbt alles, ganz geringe
wird der Wert der ird'schen Dinge;
doch wie tief herabgestimmt
auch das Wünschen Abschied nimmt,
immer klingt es noch daneben:
Ja, das möcht' ich noch erleben.

Theodor Fontane

LEDERHOSEN-SAGA

Es war ein alter schwarzbrauner Hirsch,
Großvater schoß ihn auf der Pirsch,
und weil seine Decke so derb und dick,
stiftete er ein Familienstück.
Nachdem er lange nachgedacht,
ward eine Hose daraus gemacht,
denn Geschlechter kommen, Geschlechter vergehen,
hirschlederne Reithosen bleiben bestehen.

Er trug sie dreiundzwanzig Jahr,
eine wundervolle Hose es war!
Und als mein Vater sie kriegte zu Lehen,
da hatte die Hose gelernt zu stehen,
steif und mit durchgebeulten Knien
stand sie abends vor dem Kamin, –
Schweiß, Regen, Schnee, – ja, mein Bester:
Eine lederne Hose wird immer fester!

Und als mein Vater an die Sechzig kam,
einen Umbau der Hose er vor sich nahm,
das Leder freilich war unerschöpft,
doch die Büffelhornknöpfe war'n dünngeknöpft
wie alte Groschen, wie Scheibchen nur, –
er erwarb eine neue Garnitur.

Und dann allmählich machte das Reiten
ihm nicht mehr den Spaß wie in früheren Zeiten.
Besonders der Trab in den hohen Kadenzen
ist kein Vergnügen für Exzellenzen,
so fiel die Hose durch Dotation
an mich in der dritten Generation.

Ein Reiterleben in Niedersachsen, –
die Gaben der Hose war'n wieder gewachsen!
Sie saß jetzt zu Pferde wie aus Guß,
und hatte wunderbaren Schluß,
und abends stand sie mit krummen Knien
wie immer zum Trocknen am Kamin.

Aus Großvaters Tagen herüber klingt
eine ferne Sage, die sagt und singt,
die Hose hätte in jungen Tagen
eine prachtvolle grüne Farbe getragen,
mein Vater dagegen – weiß ich genau –
nannte die Hose immer grau.

Seit neunzehnhundert ist sie zu schaun
etwa wie guter Tabak: braun!
So entwickelt sie, fern jedem engen Geize,
immer neue ästhetische Reize,
und wenn mein Ältester einst sie trägt,
wer weiß, ob sie nicht ins Blaue schlägt!

Denn fern im Nebel der Zukunft schon
seh' ich die Hose an meinem Sohn.
Er wohnt in ihr, wie wir drin gewohnt,
und es ist nicht nötig, daß er sie schont,
ihr Leder ist gänzlich unerschöpft –
die Knöpfe nur sind wieder durchgeknöpft,
und er stiftet, folgend der Väter Spur,
eine neue Steinnußgarnitur.

Ja, Geschlechter kommen, Geschlechter gehen,
hirschlederne Reithosen bleiben bestehen.

Börries von Münchhausen

DER MENSCH ERFÄHRT, er sei auch wer er mag,
ein letztes Glück und einen letzten Tag.

Johann Wolfgang Goethe

AUS DER JUGENDZEIT

Aus der Jugendzeit, aus der Jugendzeit
klingt ein Lied mir immerdar;
o wie liegt so weit, o wie liegt so weit,
was mein einst war!

Was die Schwalbe sang, was die Schwalbe sang,
die den Herbst und Frühling bringt;
ob das Dorf entlang, ob das Dorf entlang
das jetzt noch klingt?

«Als ich Abschied nahm, als ich Abschied nahm,
waren Kisten und Kasten schwer;
als ich wieder kam, als ich wieder kam,
war alles leer.»

O du Kindermund, o du Kindermund,
unbewußter Weisheit froh,
vogelsprachekund, vogelsprachekund,
wie Salomo!

O du Heimatflur, o du Heimatflur,
laß zu deinem heil'gen Raum
mich noch einmal nur, mich noch einmal nur
entfliehn im Traum!

Als ich Abschied nahm, als ich Abschied nahm,
war die Welt mir voll so sehr;
als ich wieder kam, als ich wieder kam,
war alles leer.

Wohl die Schwalbe kehrt', wohl die Schwalbe kehrt',
und der leere Kasten schwoll;
ist das Herz geleert, ist das Herz geleert,
wird's nie mehr voll.

Keine Schwalbe bringt, keine Schwalbe bringt
dir zurück, wonach du weinst;
doch die Schwalbe singt, doch die Schwalbe singt
im Dorf wie einst:

«Als ich Abschied nahm, als ich Abschied nahm,
waren Kisten und Kasten schwer;
als ich wieder kam, als ich wieder kam,
war alles leer.»

Friedrich Rückert

ALTER

Das aber ist des Alters Schöne,
daß es die Saiten reiner stimmt,
daß es der Lust die grellen Töne,
dem Schmerz den herbsten Stachel nimmt.

Ermessen läßt sich und verstehen
die eigne mit der fremden Schuld,
und wie auch rings die Dinge gehen,
du lernst dich fassen in Geduld.

Die Ruhe kommt erfüllten Strebens,
es schwindet des Verfehlten Pein –
und also wird der Rest des Lebens
ein sanftes Rückerinnern sein.

Ferdinand von Saar

DIES HAUS

in dem wir wohnen
wird hinter uns abgerissen

Wir liefern die Schlüssel ab
beim Verwalter
so ist es

Es sind
ein paar Dialoge geschrieben
die andere sprechen

Die Bücher
machen das größte Kopfzerbrechen

Für die paar Tage bitte
keine Blumen mehr
nichts mehr einkaufen

Vier Stockwerke
das ist die Höhe

Wenn es soweit ist
muß alles sehr schnell gehen

Nicolas Born

IN DER FREMDE

Aus der Heimat hinter den Blitzen rot
da kommen die Wolken her,
aber Vater und Mutter sind lange tot,
es kennt mich dort keiner mehr.
Wie bald, wie bald kommt die stille Zeit,
da ruhe ich auch, und über mir
rauschet die stille Waldeinsamkeit
und keiner mehr kennt mich auch hier.

Joseph von Eichendorff

DAS SCHLOSS BONCOURT

Ich träum' als Kind mich zurücke
und schüttle mein greises Haupt;
wie sucht ihr mich heim, ihr Bilder,
die lang ich vergessen geglaubt?

Hoch ragt aus schatt'gen Gehegen
ein schimmerndes Schloß hervor,
ich kenne die Türme, die Zinnen,
die steinerne Brücke, das Tor.

Es schauen vom Wappenschilde
die Löwen so traulich mich an,
ich grüße die alten Bekannten
und eile den Burghof hinan.

Dort liegt die Sphinx am Brunnen,
dort grünt der Feigenbaum,
dort, hinter diesen Fenstern,
verträumt' ich den ersten Traum.

Ich tret' in die Burgkapelle
und suche des Ahnherrn Grab;
dort ist's, dort hängt vom Pfeiler
das alte Gewaffen herab.

Noch lesen umflort die Augen
die Züge der Inschrift nicht,
wie hell durch die bunten Scheiben
das Licht darüber auch bricht.

So stehst du, o Schloß meiner Väter,
mir treu und fest in dem Sinn,
und bist von der Erde verschwunden,
der Pflug geht über dich hin.

Sei fruchtbar, o teurer Boden,
ich segne dich mild und gerührt
und segn' ihn zwiefach, wer immer
den Pflug nun über dich führt.

Ich aber will auf mich raffen,
mein Saitenspiel in der Hand,
die Weiten der Erde durchschweifen
und singen von Land zu Land.

Adelbert von Chamisso

IM ALTER

Wie wird nun alles so stille wieder!
So war mir's oft in der Kinderzeit,
die Bäche gehen rauschend nieder
durch die dämmernde Einsamkeit,
kaum noch hört man einen Hirten singen,
aus allen Dörfern, Schluchten weit
die Abendglocken herüberklingen,
versunken nun mit Lust und Leid
die Täler, die noch einmal blitzen,
nur hinter dem stillen Walde weit
noch Abendröte an den Bergesspitzen,
wie Morgenrot der Ewigkeit.

Joseph von Eichendorff

EXIL

Am Abend nahen die Freunde,
die Schatten der Hügel.
Sie treten langsam über die Schwelle,
verdunkeln das Salz,
verdunkeln das Brot
und führen Gespräche mit meinem Schweigen.

Draußen im Ahorn
regt sich der Wind:
Meine Schwester, das Regenwasser
in kalkiger Mulde,
gefangen
blickt sie den Wolken nach.

Geh mit dem Wind,
sagen die Schatten.
Der Sommer legt dir
die eiserne Sichel aufs Herz.
Geh fort, bevor im Ahornblatt
das Stigma des Herbstes brennt.

Sei getreu, sagt der Stein.
Die dämmernde Frühe
hebt an, wo Licht und Laub
ineinander wohnen
und das Gesicht
in einer Flamme vergeht.

Peter Huchel

VERGÄNGLICHKEIT

Vom Baum des Lebens fällt
mir Blatt um Blatt.
O taumelbunte Welt,
wie machst du satt,
wie machst du satt und müd,
wie machst du trunken!
Was heut noch glüht,
ist bald versunken.
Bald klirrt der Wind
über mein braunes Grab,
über das kleine Kind
beugt sich die Mutter herab.
Ihre Augen will ich wiedersehn,
ihr Blick ist mein Stern,
alles andre mag gehn und verwehn,
alles stirbt, alles stirbt gern.
Nur die ewige Mutter bleibt,
von der wir kamen,
ihr spielender Finger schreibt
in die flüchtige Luft unsre Namen.

Hermann Hesse

DIE VERGÄNGLICHKEIT

Gespräch auf der Straße nach Basel zwischen Steinen und Brombach, in der Nacht

Der Bueb seit zum Aetti:
Fast allmol, Aetti, wenn mer's Röttler Schloß
so vor den Auge stoht, se denki dra,
obs üsem Hus echt au e mol so goht.
Stohts denn nit dört, so schudrig, wie der Tod
im Basler Todtetanz? Es gruset eim,
wie länger as me's bschaut. Und üser Hus,
es sitzt io wie ne Chilchli uffem Berg,
und d'Fenster glitzeren, es isch e Staat.
Schwetz, Aetti, gohts em echterst au no so?
I mein emol, es chönn schier gar nit sy.

Der Aetti seit:
Du guete Bursch, 's cha frili sy, was meinsch?
's chunnt alles iung und neu, und alles schliicht
sim Alter zu, und alles nimmt en End,
und nüt stoht still. Hörsch nit, wie's Wasser ruuscht,
und siehsch am Himmel obe Stern an Stern?
Me meint, vo alle rühr si kein, und doch
ruckt alles witers, alles chunnt und goht.
Je, 's isch nit anderst, lueg mi an, wie d'witt.
De bisch no iung; närsch, i bi au so gsi,

iez würds mer anderst, 's Alter, 's Alter chunnt,
und woni gang, go Gresgen oder Wies,
in Feld und Wald, go Basel oder heim,
's isch einerley, i gang im Chilchhof zu, –
briegg, alder nit! – und bis de bisch wien ich,
e gstandne Ma, se bini nümme do,
und d'Schof und Geiße weide uf mi'm Grab.
Jo wegerli, und 's Hus wird alt und wüst;
der Rege wäscht der's wüster alli Nacht,
und d'Sunne bleicht der's schwärzer alli Tag,
und im Vertäfer popperet der Wurm.
Es regnet no dur d'Bühne ab, es pfift
der Wind dur d'Chlimse. Drüber thuesch du au
no d'Auge zu: es chomme Chindes-Chind,
und pletze dra. Z'lezt fuults im Fundement,
und 's hilft nüt meh. Und wemme nootno gar
zweytusig zehlt, isch alles z'emme g'keit.
Und 's Dörfli sinkt no selber in si Grab.
Wo d'Chilche stoht, wo's Vogts und 's Here Hus,
goht mit der Zit der Pflug –

Der Bueb seit:
Nei, was de seisch!

Der Aetti seit:
Je, 's isch nit anderst, lueg mi a, wie d'witt!
Isch Basel nit e schöni tolli Stadt?
's sin Hüser drinn, 's isch mengi Chilche nit
so groß, und Chilche, 's sin in mengem Dorf
nit so viel Hüser. 's isch e Volchspiel, 's wohnt
e Richthum drinn, und menge brave Her,
und menge, woni gchennt ha, lit scho lang
im Chrüz-Gang hinterm Münster-Platz und schloft.
's isch eithue, Chind, es schlacht e mol e Stund,
goht Basel au ins Grab, und streckt no do
und dört e Glied zum Boden us, e Joch,
en alte Thurn, e Giebel-Wand; es wachst
do Holder druf, do Büechli, Tanne dört,
und Moos und Farn, und Reiger niste drinn –
's isch schad derfür! – und sind bis dörthi d'Lüt

so närsch wie iez, se göhn au Gspenster um,
d'Frau Faste, 's isch mer iez, sie fang scho a,
me seits emol, – der Lippi Läppeli,
und was weiß ich, wer meh. Was stoßisch mi?

Der Bueb seit:
Schwetz lisli, Aetti, bis mer über d'Bruck
do sin, und do an Berg und Wald verbey!
Dört obe iagt e wilde Jäger, weisch?
Und lueg, do niden in de Hürste seig
gwiß's Eyer-Meidli g'lege, halber fuul,
's isch Johr und Tag. Hörsch,wie der Laubi schnuuft?

Der Aetti seit:
Er het der Pfnüsel! Seig doch nit so närsch!
Hüst Laubi, Merz! – und loß die Todte go,
sie thüen der nüt meh! – Je, was hani gseit?
Vo Basel, aß es au emol verfallt. –
Und goht in langer Zit e Wanders-Ma
ne halbi Stund, e Stund wit dra verbey,
se luegt er dure, lit ke Nebel druf,
und seit si'm Cammerad, wo mittem goht:
«Lueg, dört isch Basel gstande! Selle Thurn
seig d'Peters-Chilche gsi, 's isch schad derfür!»

Der Bueb seit:
Nei Aetti, ischs der Ernst, es cha nit sy?

Der Aetti seit:
Je 's isch nit anders, lueg mi a, wie d' witt,
und mit der Zit verbrennt die ganzi Welt.
Es goht e Wächter us um Mitternacht,
e fremde Ma, me weiß nit, wer er isch,
er funklet, wie ne Stern, und rüeft: *«Wacht auf!*
Wacht auf, es kommt der Tag!» – Drob röthet si
der Himmel, und es dundert überal,
z'erst heimlig, alsg'mach lut, wie sellemol
wo Anno Sechsenünzgi der Franzos
so uding gschoße het. Der Bode schwankt,
aß d'Chilch-Thürn guge; d'Glocke schlagen a,

und lüte selber Bett-Zit wit und breit,
und alles bettet. Drüber chunnt der Tag;
o, b'hütis Gott, me brucht ke Sunn derzu,
der Himmel stoht im Blitz, und d'Welt im Glast.
Druf gschieht no viel, i ha iez nit der Zit;
und endli zündets a, und brennt und brennt,
wo Boden isch, und niemes löscht. Es glumst
wohl selber ab. Wie meinsch, siehts us derno?

Der Bueb seit:
O Aetti, sag mer nüt me! Zwor wie gohts
de Lüte denn, wenn alles brennt und brennt?
Der Aetti seit:
He, d'Lüt sin nümme do, wenns brennt, sie sin –
wo sin sie? Seig du frumm, und halt di wohl,
geb, wo de bisch, und bhalt di Gwisse rein!
Siehsch nit, wie d'Luft mit schöne Sterne prangt!
's isch iede Stern verglichlige ne Dorf,
und witer obe seig e schöni Stadt,
me sieht sie nit vo do, und haltsch di gut,
se chunnsch in so ne Stern, und 's isch der wohl,
und findsch der Aetti dört, wenn's Gottswill isch,
und 's Chüngi selig, d'Muetter. Oebbe fahrsch
au d'Milchstroß uf in die verborgni Stadt,
und wenn de sitwärts abe luegsch, was siehsch?
s Röttler Schloß! Der Belche stoht verchohlt,
der Blauen au, as wie zwee alti Thürn,
und zwische drinn isch alles use brennt,
bis tief in Boden abe. D'Wiese het
ke Wasser meh, 's isch alles öd und schwarz,
und todtestill, so wit me luegt – das siehsch,
und seisch di'm Cammerad, wo mitder goht:
«Lueg, dört isch d'Erde gsi, und selle Berg
het Belche gheiße! Nit gar wit dervo
isch Wisleth gsi, dort hani au scho glebt,
und Stiere g'weitet, Holz go Basel g'führt,
und broochet, Matte g'raust, und Liecht-Spöh' g'macht,
und g'vätterlet, bis an mi selig End,
und möcht iez nümme hi.» – *Hüst Laubi, Merz!*

Johann Peter Hebel

DIE ZWEI GESELLEN

Es zogen zwei rüst'ge Gesellen
zum erstenmal von Haus,
so jubelnd recht in die hellen,
klingenden, singenden Wellen
des vollen Frühlings hinaus.

Die strebten nach hohen Dingen,
die wollten, trotz Lust und Schmerz,
was Rechts in der Welt vollbringen,
und wem sie vorübergingen,
dem lachten Sinnen und Herz. –

Der erste, der fand ein Liebchen,
die Schwieger kauft' Hof und Haus;
der wiegte gar bald ein Bübchen,
und sah aus heimlichem Stübchen
behaglich ins Feld hinaus.

Dem zweiten sangen und logen
die tausend Stimmen im Grund,
verlockend' Sirenen, und zogen
ihn in der buhlenden Wogen
farbig klingenden Schlund.

Und wie er auftaucht' vom Schlunde,
da war er müde und alt.
Sein Schifflein, das lag im Grunde,
so still war's rings in die Runde,
und über die Wasser weht's kalt.

Es singen und klingen die Wellen
des Frühlings wohl über mir:
und seh' ich so kecke Gesellen,
die Tränen im Auge mir schwellen –
ach Gott, führ uns liebreich zu dir!

Joseph von Eichendorff

OKTOBER

der See ist im Oktober grau geworden
am Ufer fault noch Eispapier im Moos
die Zweige zittern. Groß und uferlos
dehnt sich der Himmel und zergeht im Norden

die Krähen fallen ein in schwarzen Scharen
ein später Zug von Schwalben nur entrinnt
den unbekannten kommenden Gefahren

ein Jahr vergeht ein anderes beginnt
wir sind nicht mehr dieselben die wir waren
wir werden nie mehr die sein die wir sind

Heinrich Detering

ÜBER DIE HEIDE

Über die Heide hallet mein Schritt;
dumpf aus der Erde wandert es mit.

Herbst ist gekommen, Frühling ist weit –
gab es denn einmal selige Zeit?

Brauende Nebel geisten umher;
schwarz ist das Kraut und der Himmel so leer.

Wär' ich hier nur nicht gegangen im Mai!
Leben und Liebe – wie flog es vorbei!

Theodor Storm

WELKE ROSE

In einem Buche blätternd, fand
ich eine Rose welk, zerdrückt,
und weiß auch nicht mehr, wessen Hand
sie einst für mich gepflückt.

Ach, mehr und mehr im Abendhauch
verweht Erinnrung; bald zerstiebt
mein Erdenlos, dann weiß ich auch
nicht mehr, wer mich geliebt.

Nikolaus Lenau

DER STROM, der neben mir verrauschte, wo ist er nun?
Der Vogel, dessen Lied ich lauschte, wo ist er nun?
Wo ist die Rose, die die Freundin am Herzen trug,
und jener Kuß, der mich berauschte, wo ist er nun?
Und jener Mensch, der ich gewesen, und den ich längst
mit einem andern Ich vertauschte, wo ist er nun?

August von Platen

AUF DEM CANAL GRANDE

Auf dem Canal grande betten
tief sich ein die Abendschatten,
hundert dunkle Gondeln gleiten
als ein flüsterndes Geheimnis.

Aber zwischen zwei Palästen
glüht herein die Abendsonne,
flammend wirft sie einen grellen
breiten Streifen auf die Gondeln.

In dem purpurroten Lichte
laute Stimmen, hell Gelächter,
überredende Gebärden
und das frevle Spiel der Augen.

Eine kleine, kurze Strecke
treibt das Leben leidenschaftlich
und erlischt im Schatten drüben
als ein unverständlich Murmeln.

Conrad Ferdinand Meyer

DAS ANGENEHME DIESER WELT…

Das Angenehme dieser Welt hab ich genossen,
die Jugendstunden sind, wie lang! wie lang! verflossen,
April und Mai und Julius sind ferne,
ich bin nichts mehr, ich lebe nicht mehr gerne!

Friedrich Hölderlin

TAG, DER DEN SOMMER ENDET

Tag, der den Sommer endet,
Herz, dem das Zeichen fiel:
die Flammen sind versendet,
die Fluten und das Spiel.

Die Bilder werden blasser,
entrücken sich der Zeit,
wohl spiegelt sie noch ein Wasser,
doch auch dies Wasser ist weit.

Du hast eine Schlacht erfahren,
trägst noch ihr Stürmen, ihr Fliehn,
indessen die Schwärme, die Scharen,
die Heere weiter ziehn.

Rosen und Waffenspanner,
Pfeile und Flammen weit – :
die Zeichen sinken, die Banner – :
Unwiederbringlichkeit.

Gottfried Benn

TERZINEN ÜBER VERGÄNGLICHKEIT

Noch spür' ich ihren Atem auf den Wangen:
Wie kann das sein, daß diese nahen Tage
fort sind, für immer fort, und ganz vergangen?

Dies ist ein Ding, das keiner voll aussinnt,
und viel zu grauenvoll, als daß man klage:
daß alles gleitet und vorüberrinnt

und daß mein eignes Ich, durch nichts gehemmt,
herüberglitt aus einem kleinen Kind
mir wie ein Hund unheimlich stumm und fremd.

Dann: daß ich auch vor hundert Jahren war
und meine Ahnen, die im Totenhemd,
mit mir verwandt sind wie mein eignes Haar,

so eins mit mir als wie mein eignes Haar.

Hugo von Hofmannsthal

UMBRA VITAE

Die Menschen stehen vorwärts in den Straßen
und sehen auf die großen Himmelszeichen,
wo die Kometen mit den Feuernasen
um die gezackten Türme drohend schleichen.

Und alle Dächer sind voll Sternedeuter,
die in den Himmel stecken große Röhren,
und Zauberer, wachsend aus den Bodenlöchern,
im Dunkel schräg, die ein Gestirn beschwören.

Selbstmörder gehen nachts in großen Horden,
die suchen vor sich ihr verlornes Wesen,
gebückt in Süd und West und Ost und Norden,
den Staub zerfegend mit den Armen-Besen.

Sie sind wie Staub, der hält noch eine Weile.
Die Haare fallen schon auf ihren Wegen.
Sie springen, daß sie sterben, und in Eile,
und sind mit totem Haupt im Feld gelegen,

Noch manchmal zappelnd. Und der Felder Tiere
stehn um sie blind und stoßen mit dem Horne
in ihren Bauch. Sie strecken alle Viere,
begraben unter Salbei und dem Dorne.

Die Meere aber stocken. In den Wogen
die Schiffe hängen modernd und verdrossen,
zerstreut, und keine Strömung wird gezogen,
und aller Himmel Höfe sind verschlossen.

Die Bäume wechseln nicht die Zeiten
und bleiben ewig tot in ihrem Ende,
und über die verfallnen Wege spreiten
sie hölzern ihre langen Fingerhände.

Wer stirbt, der setzt sich auf, sich zu erheben,
und eben hat er noch ein Wort gesprochen,
auf einmal ist er fort. Wo ist sein Leben?
und seine Augen sind wie Glas zerbrochen.

Schatten sind viele. Trübe und verborgen.
Und Träume, die an stummen Türen schleifen,
und der erwacht, bedrückt vom Licht der Morgen,
muß schweren Schlaf von grauen Lidern streifen.

Georg Heym

EIN LEBENS-LIED

Daß einmal mein dies Leben war,
daß in ihm jene Kiefern standen
und Ufer schlafend sich vorüberwanden,
daß ich in Wäldern aufschrie sonderbar,
daß einmal mein dies Leben war!

Wo Ufer schlafend sich vorüberwanden,
was trug der Fluß mit Schilf und Wolk' davon?
Wo bin ich – und ich höre noch den Ton
von Ruderbooten, wie sie lachend landen,
wo Ufer schlafend sich vorüberwanden.

Wo bin ich – und ich höre noch den Ton
von Equipagen, dicht im Kies verfahren,
Kastanien- und Laternensprache waren
noch da und Worte – doch wo sind sie schon?
Wo bin ich – und ich höre noch den Ton?

Kastanien- und Laternensprache waren
noch da und Atem einer breiten Schar.
Und mein war ein Gefühl von Gang und Haaren.
O Ewigkeit! – Und werd' ich es bewahren,
daß einmal mein dies Leben war!

Franz Werfel

ALTER MANN

Mit altem Mann geht's wunderlich:
hat viel gelernt, muß viel verlernen.
Ihm ist, als wollt sein eigen Ich
sich leis aus ihm entfernen.

Des Abschiednehmens lichte Zeit
verzehrt das flockichte Gewimmel;
in goldner Wölbung hoch und weit
blaut über ihm der Himmel.

Noch weist zu Füßen ihm die Flur,
als wär's durch Spiegel des Geschehens,
die alt-vertraute Zauberspur
des Kommens und des Gehens.

Die alt-vertraute Zauberspur,
trotz allen Haderns, Zorns und Grämens
geliebt – warum? –, und ist doch nur
die Spur des Abschiednehmens.

O Abschiednehmen, goldne Zeit,
gern bin ich deines Winks gewärtig,
vom Ziel des Weges nicht mehr weit
und dennoch reisefertig!

Mir altem Mann geht's wunderlich,
hab viel verlernt, muß neues lernen:
'ist an der Zeit: befreunde dich
der Nacht und ihren Sternen.

Rudolf Alexander Schröder

NUN SAGEN ALLE, DASS ICH ALT GEWORDEN

Nun sagen alle, daß ich alt geworden.
Als ich dich traf, da war ich junges Weib.
Doch was ein heimlich peinergötztes Morden
mir töte, sei nicht Angesicht noch Leib;
mein dunkles Auge sei es, das verwelke,
sich müder, trüber senke, Tag für Tag,
wie auf gedörrtem, sandigem Beet die Nelke,
die niemand sieht, die keiner tränken mag.

Nicht seltsam wäre, wenn es so verglühte,
denn Hagel schlug es hart, und Hundsglut stach,
bis, der es trug, ein Glaub an Gottes Güte,
der feine Stengel, niederbog und brach.
Vom Strahle kehrt sich's klaglos zu verdorren,
zur Erde hängt es, noch ihr nicht gesellt,
nicht dem Gestein, dem Staub, den Wurzelknorren,
weil der zerknickte Schaft es lange hält.

Es hat geglänzt, gefreut, den Herrn gepriesen,
sich froh erhoben, duldend sich geneigt,
gegrüßt die grün- und lichtgewirkten Wiesen,
dem blausten Himmel seinen Kelch gezeigt.
Nun muß es Sonne, Sturm und Regen leiden
ganz ohne Willen, Ausdruck, Bitt und Dank;
so wartend blickt es auf sein eignes Scheiden,
verkümmert, taumelig und stumpf und krank.

Drum mag ich wohl mein Auge Blume nennen. –
Fehlt ihm ihr Duft, doch trug es ihren Tau.
Die Sonne sog und ließ es durstig brennen,
verzehren sich vor ewig gleicher Schau.
Denn Rahmen ward ihm alles Sein und Treiben
und Bild die eine glückliche Gestalt;
es fand sie einst, um jung an ihr zu bleiben,
es fand nur sie und wurde matt und alt.

Sie ist sein Maß, ein jedes Ding zu messen,
und ist ein Mantel, der die Welt ihm hüllt,
Mond jeder Nacht, den's schauend schon vergessen,
der, immer neu gesucht, es neu erfüllt.
Und Last wie Lust ist ihres Fußes Gehen,
des Armes Ruck ihm und des Mundes Zug,
denn was es liebt, hat es zuviel gesehen,
und was es liebte, sah es nicht genug.

Gertrud Kolmar

DAS ENDE

Wenn ich mir, wie ich's gerne tue,
ein Bild des Endes malen will
aus lauter Glück und Glas und Ruhe,
seh ich mich immer alt und still

vor fensterblinder Hütte sitzen
und unter einem alten Baum.
Die Immen summen, sammeln, schwitzen;
der müde Wind (ich fühl ihn kaum)

bewegt (bewegt er sie?) die Zweige,
aus denen Schlaf und Honig rinnt.
Ich atme Kanaan und schweige
und horche in die hohen Zweige
und höre, wie es summt und sinnt.

Peter Gan

ALL DAS –

Tage, Tage
wilde Tauben der Vergänglichkeit!
Ach, Mohn und Ähren
und was sonst noch der Sommer
im Schilde führte,
sank in die Abschiedstruhn.

An einem solchen Tag,
wenn du Boote siehst,
die über Meere fahren,
dann tragen sie deine Asche
und du hältst sie nicht mehr zurück.

Cyrus Atabay

VOM VERSCHWINDEN

Wen alles wird man vermissen?
Weniger als man gedacht. –
Die mit dem reinen Gewissen
geben auf Anderes acht.

Die mit den vielen Bedenken
haben genug zu tun,
niemanden zu kränken,
gehen in unsichern Schuhn.

Verschwunden bleibt doch verschwunden.
Und was im Verschwinden ist,
zeigt nicht gern seine Wunden: –
eine letzte Lebens-List.

Karl Krolow

DAS SCHWEIGEN

Die letzten tauben Jahre,
die nimmt ihm niemand ab;
sie sind die sonderbare
Vernebelung vor dem Grab.

Wenn je die Wand sich lichtet,
sein Zauberland erscheint,
so ist's von ihm erdichtet
und nicht für ihn gemeint.

Man sagt, er sei jetzt weise;
doch wer so spricht, der irrt.
Es schweigt in jedem Greise,
was ihm begegnen wird.

Wo alle ringsum sprechen,
sinnt er dem Einen nach;
Gott wird sie unterbrechen,
wie er ihn unterbrach.

Georg von der Vring

DASS ICH NOCH IMMER AM LEBEN BIN
(Delire-Text)

Daß ich noch immer am Leben bin:
ich schüttle den Kopf schon zuweilen:
eine Mischung von Sinn und Abersinn,
schließlich das Grab oder sonstwohin
(wohin denn anders), Beeilen

paßt nicht ins Bild, das man macht
weiterhin – sich und andern zum Hohn.
Wem's lang, ein Leben lang schon
das todsichere Jenseits lacht,

macht es am Ende rein garnichts aus,
allenfalls sich selbst zu genügen,
beweg ich mich längst schon im Totenhaus.

Karl Krolow

AM LETZTEN TAGE DES JAHRES (SILVESTER)

Das Jahr geht um,
der Faden rollt sich sausend ab.
Ein Stündchen noch, das letzte heut,
und stäubend rieselt in sein Grab
was einstens war lebend'ge Zeit,
Ich harre stumm.

's ist tiefe Nacht!
Ob wohl ein Auge offen noch?
In diesen Mauern rüttelt dein
Verrinnen, Zeit! Mir schaudert, doch
es will die letzte Stunde sein
einsam durchwacht.

Gesehen all,
was ich begangen und gedacht,
was mir aus Haupt und Herzen stieg:
Das steht nun eine ernste Wacht
am Himmelstor. O halber Sieg,
o schwerer Fall!

Wie reißt der Wind
am Fensterkreuze, ja es will
auf Sturmesfittigen das Jahr
zerstäuben, nicht ein Schatten still
verhauchen unterm Sternenklar.
Du Sündenkind!

War nicht ein hohl
und heimlich Sausen jeder Tag
in deiner wüsten Brust Verlies,
wo langsam Stein an Stein zerbrach,
wenn es den kalten Odem stieß
vom starren Pol?

Mein Lämpchen will
verlöschen, und begierig saugt
der Docht den letzten Tropfen Öl.
Ist so mein Leben auch verraucht,
eröffnet sich des Grabes Höhl'
mir schwarz und still?

Wohl in dem Kreis,
den dieses Jahres Lauf umzieht,
mein Leben bricht: Ich wußt' es lang!
Und dennoch hat dies Herz geglüht
in eitler Leidenschaften Drang.
Mir brüht der Schweiß

der tiefsten Angst
auf Stirn und Hand! – Wie, dämmert feucht
ein Stern dort durch die Wolken nicht?
Wär' es der Liebe Stern vielleicht,
dir zürnend mit dem trüben Licht,
daß du so bangst?

Horch, welch Gesumm?
Und wieder? Sterbemelodie!
Die Glocke regt den ehrnen Mund.
O Herr! ich falle auf das Knie:
Sei gnädig meiner letzten Stund!
Das Jahr ist um.

Annette von Droste-Hülshoff

SPRUCH FÜR EINE SONNENUHR

Der Tag geht über mein Gesicht.
Die Nacht, sie tastet leis vorbei.
Und Tag und Nacht ein gleich Gewicht
und Nacht und Tag ein Einerlei.

Es schreibt die dunkle Schrift der Tag
und dunkler noch schreibt sie die Nacht.
Und keiner lebt, der deuten mag,
was beider Schatten ihm gebracht.

Und ewig kreist die Schattenschrift.
Leblang stehst du im dunklen Spiel.
Bis einmal dich die Deutung trifft:
Die Zeit ist um. Du bist am Ziel.

Rudolf G. Binding

TROSTARIA

Endlich bleibt nicht ewig aus,
endlich wird der Trost erscheinen,
endlich grünt der Hoffnungsstrauß,
endlich hört man auf zu weinen,
endlich bricht der Tränenkrug,
endlich spricht der Tod: Genug!

Endlich wird aus Wasser Wein,
endlich kommt die rechte Stunde,
endlich fällt der Kerker ein,
endlich heilt die tiefste Wunde,
endlich macht die Sklaverei
den gefangnen Joseph frei.

Endlich, endlich kann der Neid,
endlich auch Herodes sterben,
endlich Davids Hirtenkleid
seinen Saum in Purpur färben,
endlich macht die Zeit den Saul
zur Verfolgung schwach und faul.

Endlich nimmt der Lebenslauf
unsers Elends auch ein Ende,
endlich steht ein Heiland auf,
der das Joch der Knechtschaft wende,
endlich machen vierzig Jahr
die Verheißung zeitig wahr.

Endlich blüht die Aloe,
endlich trägt der Palmbaum Früchte,
endlich schwindet Furcht und Weh.
Endlich wird der Schmerz zu nichte.
Endlich sieht man Freudental.
Endlich, endlich kommt einmal.

Johann Christian Günther

AUS DEM LEBEN I

Ich hab in kalten Wintertagen,
in dunkler, hoffnungsarmer Zeit
ganz aus dem Sinne dich geschlagen,
o Trugbild der Unsterblichkeit.

Nun, da der Sommer glüht und glänzet,
nun seh ich, daß ich wohlgetan!
Aufs neu hab ich das Haupt bekränzet,
im Grabe aber ruht der Wahn.

Ich fahre auf dem klaren Strome,
er rinnt mir kühlend durch die Hand,
ich schau hinauf zum blauen Dome
und such – kein beßres Vaterland.

Nun erst versteh ich, die da blühet,
o Lilie, deinen stillen Gruß:
Ich weiß, wie sehr das Herz auch glühet,
daß ich wie du vergehen muß!

Seid mir gegrüßt, ihr holden Rosen,
in eures Daseins flüchtgem Glück!
Ich wende mich vom Schrankenlosen
zu eurer Anmut froh zurück!

Zu glühn, zu blühn und ganz zu leben,
das lehret euer Duft und Schein,
und willig dann sich hinzugeben
dem ewigen Nimmerwiedersein!

Gottfried Keller

DIE TROMMEL DRÖHNT

Die Trommel dröhnt. Veränderung ist im Gang.
Die blaue Haut der fertigen Zwetschge reißt:
Ihr nacktes Fleisch zeigt ohne Scham die
Farbe des Herbstes im Gold der Fäulnis.

Die Wespen fürchten Menschengesichter nicht,
sie brummen her und schlecken vom süßen Bier,
das auf dem Tisch in gelben Lachen
besser als Zwetschgensaft ihnen mundet.

Die Trommel dröhnt. Es lärmt von der Kegelbahn.
Die Äpfel kollern über den Gartenweg.
Die Kugel rollt. Die Kegel fallen.
Stürzt auch der König dahin und nimmt er

im Tanz sich drehend seine Gefolgschaft mit,
ertönt das schrecklich zählende: Alle neun!
Es stimmt genau. Die Zeit betrügt nicht.
Lächelnd berechnet der Wirt die Zeche.

Georg Britting

BUCH DES ABSCHIEDS UND DES TODES

ES IST ein Schnitter, heißt der Tod,
hat Gewalt vom großen Gott;
heut wetzt er das Messer,
es schneid't schon viel besser,
bald wird er drein schneiden,
wir müssen's nur leiden.
Hüt dich, schön's Blümelein!

Was heut noch grün und frisch dasteht,
wird morgen weggemäht:
die edlen Narzissen,
die englischen Schlüsseln,
die schönen Hyazinthen,
die türkischen Binden.
Hüt dich, schön's Blümelein!

Viel hunderttausend ungezählt
da unter die Sichel hinfällt:
rot Rosen, weiß Lilien,
euch wird er austilgen;
auch euch Kaiserkronen
wird er nicht verschonen.
Hüt dich, schön's Blümelein!

Das himmelfarben Ehrenpreis,
die Tulipanen gelb und weiß,
die silbernen Glöckchen,
die goldenen Flöckchen,
sinkt alles zur Erden,
was wird daraus werden?
Hüt dich, schön's Blümelein!

Ihr hübsch Lavendel, Rosmarein,
ihr vielfarbigen Röselein,
ihr stolzen Schwertlilien,
ihr krausen Basilien,
ihr zarten Violen,
man wird euch bald holen.
Hüt dich, schön's Blümelein!

Aus Seiden ist der Fingerhut,
aus Sammet ist das Wohlgemuth.
Noch ist er so blind,
nimmt, was er nur find't,
kein Sammet, kein Seiden
mag ihn vermeiden.
Hüt dich, schön's Blümelein!

Tod, Tod, komm her, ich fürcht' dich nit,
Trutz! komm und tu ein Schnitt.
Und werd' ich verletzet,
so werd' ich versetzet
in den himmlischen Garten,
auf den wir all warten.
Freu dich, schön's Blümelein!

Unbekannt

DER GRIMMIG TOD mit seinem Pfeil tut nach dem Leben zielen,
sein' Bogen schießt er ab in Eil' und läßt mit sich nicht spielen.
Das Leben schwind't wie Rauch im Wind, kein Fleisch mag ihm entrinnen,
kein Gut noch Schatz find't bei ihm Platz, du mußt mit ihm von hinnen.

Unbekannt

NACH ALTDEUTSCHER WEISE

Es ist bestimmt in Gottes Rat,
daß man, was man am liebsten hat,
muß meiden;
wiewohl nichts in dem Lauf der Welt
dem Herzen, ach, so sauer fällt
als Scheiden, ja Scheiden!

So dir geschenkt ein Knösplein was,
so tu es in ein Wasserglas –
doch wisse:
blüht morgen dir ein Röslein auf,
es welkt wohl noch die Nacht darauf;
das wisse, ja wisse!

Und hat dir Gott ein Lieb beschert,
und hältst du sie recht innig wert,
die Deine –
es werden wohl acht Bretter sein,
da legst du sie wie bald! hinein;
dann weine, ja weine!

Nur mußt du mich auch recht
verstehn,
ja, recht verstehn!
Wenn Menschen auseinandergehn,
so sagen sie: Auf Wiedersehn!
Ja, Wiedersehn!

Ernst von Feuchtersleben

DER LINDENBAUM

Am Brunnen vor dem Tore
da steht ein Lindenbaum:
ich träumt' in seinem Schatten
so manchen süßen Traum.

Ich schnitt in seine Rinde
so manches liebe Wort;
es zog in Freud und Leide
zu ihm mich immer fort.

Ich mußt' auch heute wandern
vorbei in tiefer Nacht,
da hab' ich noch im Dunkel
die Augen zugemacht.

Und seine Zweige rauschten,
als riefen sie mir zu:
komm her zu mir, Geselle,
hier findst du deine Ruh!

Die kalten Winde bliesen
mir grad ins Angesicht,
der Hut flog mir vom Kopfe
ich wendete mich nicht.

Nun bin ich manche Stunde
entfernt von jenem Ort,
und immer hör ich's rauschen:
du fändest Ruhe dort!

Wilhelm Müller

DIE KAPELLE

Droben stehet die Kapelle,
schauet still ins Tal hinab.
Drunten singt bei Wies' und Quelle
froh und hell der Hirtenknab'.

Traurig tönt das Glöcklein nieder,
schauerlich der Leichenchor,
stille sind die frohen Lieder,
und der Knabe lauscht empor.

Droben bringt man sie zu Grabe,
die sich freuten in dem Tal.
Hirtenknabe, Hirtenknabe!
Dir auch singt man dort einmal.

Ludwig Uhland

KLAGE OHNE TRAUER

Die Spinne wirft ihr Silberseil.
Der Wind schläft ein. So bleibt es heil.

Wie schnell flog meine Zeit vorbei,
Aus jeder Hecke Vogelschrei.

Die Erde spricht, Heuschreck ihr Mund,
Blaugrüne Diemen, wigwamrund.

Die Pappel samt. Die Wolle schneit,
Als Polster meinem Kopf bereit.

Ein Seufzer seufzt: «Vergeh, vergeh.»
Die Pappel rauscht: «Es tut nicht weh.»

Wilhelm Lehmann

DENK ES, O SEELE!

Ein Tännlein grünet wo,
wer weiß, im Walde,
ein Rosenstrauch, wer sagt,
in welchem Garten?
Sie sind erlesen schon,
denk es, o Seele!
auf deinem Grab zu wurzeln
und zu wachsen.

Zwei schwarze Rößlein weiden
auf der Wiese,
sie kehren heim zur Stadt
in muntern Sprüngen.
Sie werden schrittweis gehn
mit deiner Leiche;
vielleicht, vielleicht noch eh'
an ihren Hufen
das Eisen los wird,
das ich blitzen sehe!

Eduard Mörike

RASCH TRITT der Tod den Menschen an,
es ist ihm keine Frist gegeben;
es stürzt ihn mitten in der Bahn,
es reißt ihn fort vom vollen Leben.
Bereitet oder nicht, zu gehen,
er muß vor seinen Richter stehen!

Friedrich Schiller

DER FEIND

Einen kenne ich,
wir lieben ihn nicht.
Einen nenne ich,
der die Schwerter zerbricht.
Weh! Sein Haupt steht in der Mitternacht,
sein Fuß in dem Staub,
vor ihm weht das Laub
zur dunkeln Erde hernieder.
Ohne Erbarmen
in den Armen
trägt er die kindlich taumelnde Welt;
Tod, so heißt er,
und die Geister
beben vor ihm, dem schrecklichen Held.

Clemens Brentano

DER TOD

Der Tod ist unser Vater, von dem uns neu empfängt
das Erdgrab, unsre Mutter, und uns in ihr vermengt;
wann nun der Tag wird kommen und da wird sein die Zeit,
gebiert uns diese Mutter zur Welt der Ewigkeit.

Friedrich von Logau

DIE GROSSE FRACHT

Die große Fracht des Sommers ist verladen,
das Sonnenschiff im Hafen liegt bereit,
wenn hinter dir die Möwe stürzt und schreit.
Die große Fracht des Sommers ist verladen.

Das Sonnenschiff im Hafen liegt bereit,
und auf die Lippen der Galionsfiguren
tritt unverhüllt das Lächeln der Lemuren.
Das Sonnenschiff im Hafen liegt bereit.

Wenn hinter dir die Möwe stürzt und schreit,
kommt aus dem Westen der Befehl zu sinken;
doch offnen Augs wirst du im Licht ertrinken,
wenn hinter dir die Möwe stürzt und schreit.

Ingeborg Bachmann

AUF DEN SIEGER

Er, im Hintergrund,
der auf mich wartet,
den ich manchmal fühlen kann
wie einen Fremden,
der lautlos in meinem Rücken
den Saal betritt,
auf den ich mich zubewege
mit Schritten in jede Himmelsrichtung,
verharrend
im Schlaf,
der mir zusieht
mit ausdruckslosem Gesicht
bei der Begegnung mit meinem Körper
morgens vor dem Spiegel,
beim Kofferpacken,
beim Festziehen des Sicherheitsgurts,
der meine törichten Reden kennt
und unkommentiert läßt,
der nicht danach fragt,
ob ich einen Tag nutze
oder vergeude,
der mir kein Gehör schenken wird,
wenn ich ihn bitte zu kommen,
bevor die letzte Hoffnung
verbraucht ist –
er, der Geduldige,
der es leicht hat,
gleichmütig zu sein:
der von Anfang an
feststehende Sieger.

Rainer Malkowski

DER ADLER SCHLÄGT DIE ROSENROTE TAUBE

Der Adler schlägt die rosenrote Taube,
nach ihrem Herzblut steht ihm das Begehrn.
All, was da flügelt, wird zu seinem Raube,
und auf der Flucht noch muß es ihn verehrn

Und seine Stärke – unnütz, sich zu wehrn!
Das weiß der Fink in seinem grünen Laube,
der Sperling und das Huhn im Straßenstaube:
Er ist den Vögeln eingesetzt zum Herrn!

So uns der Tod! Wer wollte ihm entfliehen?
Den Rücken zeigen? Stell dich seinem Blick!
Er schießt den Pfeil dir sonst in das Genick!

Es gab schon Männer, welche hellauf schrien,
wenn er sie traf. Du mußt dich überwinden,
damit sie dich mit offnem Mund nicht finden.

Georg Britting

MITTEN WIR IM LEBEN SIND
mit dem Tod umfangen.
Wen suchen wir, der Hilfe tu,
daß wir Gnad erlangen?
Das bist du, Herr, alleine.
Uns reuet unsre Missetat,
die dich, Herr, erzürnet hat.

Heiliger Herre Gott,
heiliger starker Gott,
heiliger barmherziger Heiland,
du ewiger Gott!
Laß uns nicht versinken
in des bittern Todes Not,
Kyrie Eleison!

Mitten in dem Tod anficht
uns der Hölle Rachen.
Wer will uns aus solcher Not
frei und ledig machen?
Das tust du, Herr, alleine!
Es jammert dein Barmherzigkeit
unsre Sünd und großes Leid.

Mitten in der Hölle Angst
unsre Sünden uns treiben.
Wo sollen wir denn fliehen hin,
da wir mögen bleiben?
Zu dir, Herr Christ, alleine!
Vergossen ist dein teures Blut,
das genug für die Sünde tut.

Martin Luther

STERBELIED

Es ist genug! mein matter Sinn
sehnt sich dahin,
wo meine Väter schlafen;
ich hab' es endlich guten Fug,
es ist genug!
Ich muß mir Rast verschaffen.

Ich bin ermüdt, ich hab geführt
die Tages Bürd',
es muß einst Abend werden.
Erlös mich, Herr, spann aus den Pflug,
es ist genug!
Nimm von mir die Beschwerden.

Die große Last hat mich gedrückt,
ja, schier erstickt,
so viele lange Jahre.
Ach, laß mich finden, was ich such';
es ist genug!
mit solches Kreuzes Ware.

Nun gute Nacht, ihr meine Freund',
ihr meine Feind',
ihr Guten und ihr Bösen!
Euch folg' die Treu, euch folg' der Trug,
es ist genug!
Mein Gott will mich auflösen.

So nimm nun, Herr, hin meine Seel',
die ich befehl'
in deine Händ' und Pflege;
schreib sie ein in dein Lebensbuch;
es ist genug!
daß ich mich schlafen lege.

Nicht besser soll es mir ergehn,
als wie geschehn
den Vätern, die erworben
durch ihren Tod des Lebens Ruch.
Es ist genug!
Es sei also gestorben.

Anton Ulrich Herzog von Braunschweig

STERBEGEDICHT

Zeuch aus, gefangne Seele!
weil Stahl und Kerker bricht;
des Leibes Jammerhöhle
hemmt deine Freiheit nicht;
das Grab, mein Ruhekissen,
begräbt die Sklaverei;
da nun der Strick zerrissen,
so wird der Vogel frei.

Mein Ohr vernimmt das Zeichen,
so mir zu Schiffe ruft,
laßt nun die Segel streichen,
der Hafen meiner Gruft
macht, daß ich nicht mehr strande,
der Himmel wird mein Haus;
wohlan! wir sind am Lande,
steig, müder Geist! steig aus.

Johann Christian Günther

EIN CHRISTLICHES SPRÜCHLEIN

In meinen Leidensnächten ohne Stern
erlab' ich mich an guter Sprüche Kern.

Sankt Paule, der du mir zu jeder Frist
aus dem Apostelbund der liebste bist,

eins deiner Sprüchlein so von ungefähr
in bittern Nöten bet' ich vor mir her:

«Es ängstet sich, es sehnt sich allezeit
die Kreatur in ihrer Endlichkeit!»

Oft wird der edle Leib, das schöne Sein
zum dumpfen Kerker ohne Licht und Schein.

Dann ist es nicht ein hergebracht Gebet,
es ist der Geist, der in uns seufzt und fleht,

und wärst Du, Gott und Herr, nicht ewiglich,
ein solches Stoßgebet erschüfe Dich.

Conrad Ferdinand Meyer

EIN HEIDNISCHES SPRÜCHLEIN

Heut fiel mir wieder ein – ich weiß nicht wie –
ein Spruch aus Sokrates' Apologie:

«Was wartet unser, wann des Erdeseins
unruhig Licht erlischt? – Von zweien eins:

für sel'gen Wandel ein bequemer Raum!
Ein ungekränkter Schlummer ohne Traum!»

Wir Christen haben ein gewisses Licht,
doch auch ein Heidensprüchlein schadet nicht.

Conrad Ferdinand Meyer

AN EINEN FREUND

Du nimmst als Strebenden
den kranken Mann,
siehst als noch Lebenden
den Toten an.
O rufe nicht zur Wehr,
mich nicht zum Tun;
mir ziemt kein Kämpfen mehr,
mir ziemt nur Ruhn.

Lieg ich im Bette hier
wie in der Gruft,
steigt der Gedanke mir
hoch in die Luft;
ich überschau als Schwan
mit Vogelblick
des Lebens wirre Bahn
und mein Geschick.

Nicht war, was ich geschafft,
allwege gut.
Ach, bald gebrach's an Kraft
und bald an Mut.
Hier von des Glückes Huld
ward ich begrüßt;
dort hab' ich eigne Schuld
wie schwer gebüßt.

Das, halb im Traume, geht
an mir vorbei,
mein Leben ist verweht,
und ich bin frei.
Was blieb dir, Seele, nun,
als daß mit Ernst
du in dir selber ruhn,
du sterben lernst?

David Friedrich Strauß

LASST mich's immer leiser sagen,
immer sanfter, eh' ich scheide:
wüßt' ich doch von keinem Leide,
das zu klagen.

Klagt ihr immer und verklagt euch,
schuldig um die fremden Schulden;
ich erfuhr's: Ihr lernt gedulden;
ihr vertragt euch.

Einer raubt, was ihr euch raubtet,
nimmt euch ab, was ihr genommen;
jedem frommt ein anders Frommen,
als ihr glaubtet.

Kleid und Haus, sie wären deine?
Dein der Hof, das Land, die Krone?
Still! – Ihr wißt's euch selbst zum Hohne,
was ich meine.

Still, und laßt mich's leiser sagen,
sanfter sagen, eh' wir scheiden:
Menschen-Los ist Menschen-Leiden. –
Lernt's ertragen.

Rudolf Alexander Schröder

SCHLAF

Nun trifft es mich, wie's jeden traf,
ich liege wach, es meidet mich der Schlaf,
nur im Vorbeigehn flüstert er mir zu:
«Sei nicht in Sorg', ich sammle deine Ruh',
und tret' ich ehstens wieder in dein Haus,
so zahl' ich alles dir auf einmal aus.»

Theodor Fontane

NACHTGEFÜHL

Wenn ich mich abends entkleide,
gemachsam, Stück für Stück,
so tragen die müden Gedanken
mich vorwärts oder zurück.

Ich denke der alten Tage,
da zog die Mutter mich aus;
sie legte mich still in die Wiege,
die Winde brausten ums Haus.

Ich denke der letzten Stunde,
da werden's die Nachbarn tun;
sie senken mich still in die Erde,
dann werd' ich lange ruhn.

Schließt nun der Schlaf mein Auge,
wie träum' ich oftmals das:
es wäre eins von beidem,
nur wüßt' ich selber nicht, was.

Friedrich Hebbel

DAS LETZTE ZIEL

Ich glaub' nicht an die Dauer
jenseits der Kirchhofsmauer,
doch wünsch' ich nur so viel
mir als das letzte Ziel:

wenn abgetan des Lebens Last,
zu fühlen meine tiefe Rast.

Hieronymus Lorm

SCHLAFEN, Schlafen, nichts als Schlafen!
Kein Erwachen, keinen Traum!
Jener Wehen, die mich trafen,
leisestes Erinnern kaum!
Daß ich, wenn des Lebens Fülle
niederklingt in meine Ruh,
nur noch tiefer mich verhülle,
fester tu' die Augen zu.

Friedrich Hebbel

DER TOD UND DAS MÄDCHEN

Das Mädchen:
Vorüber! Ach vorüber!
Geh, wilder Knochenmann!
Ich bin noch jung, geh, Lieber!
Und rühre mich nicht an.

Der Tod:
Gib deine Hand, du schön und zart Gebild!
Bin Freund und komme nicht zu strafen.
Sei guten Muts! ich bin nicht wild,
sollst sanft in meinen Armen schlafen!

Matthias Claudius

O SÜSSER TOD, der alle Menschen schrecket,
von mir empfingst du lauter Huldigungen:
Wie hab' ich brünstig oft nach dir gerungen,
nach deinem Schlummer, welchen nichts erwecket!

Ihr Schläfer ihr, von Erde zugedecket,
von ew'gen Wiegenliedern eingesungen,
habt ihr den Kelch des Lebens froh geschwungen,
der mir allein vielleicht wie Galle schmecket?

Auch euch, befürcht' ich, hat die Welt betöret,
vereitelt wurden eure besten Taten,
und eure liebsten Hoffnungen zerstöret.

Drum selig alle, die den Tod erbaten,
ihr Sehnen ward gestillt, ihr Flehn erhöret,
denn jedes Herz zerhackt zuletzt ein Spaten.

August von Platen

WAS EINER IST, was einer war,
beim Scheiden wird es offenbar.
Wir hören's nicht, wenn Gottes Weise summt.
Wir schaudern erst, wenn sie verstummt.

Hans Carossa

TODESFURCHT

Hab verlangend alles schon empfangen,
allen Wechsel, den es gibt auf Erden:
aller Lust und allerlei Beschwerden
froh und unfroh immer wieder werden.
Und dazwischen ist die Zeit vergangen.

Neugier regt sich nach dem andern Kreise,
wie mags, frag ich, drüben nur bestellt sein;
und ob schwierig die besondre Reise,
und ob ich auf wunderbare Weise
werde wiederum auf meiner Welt sein.

Immer das Erlebte zu erleben,
lüstet mich, ich will es frei bekennen;
immer dieses zwischen Feuern schweben,
dieses atemlose Lastenheben
und dies hoffnungslose Herzverbrennen.

Ist's dort grün wie meine Kinderstunden?
Ist der Tag dort grau wie meine Tage?
Warten alle Wunder, aller Wunden
Wonnefieber, schmerzliches Gesunden,
aller Wollust wechselvolle Plage?

Bleib ich aller Feuerflammen Beute
und erhitzt von allen Hindernissen?
Glüht mir dort der helle Haß des Heute,
und entflammen mich die kalten Bräute?
Ach ich brenne schon, es nur zu wissen!

Was sich so lebendig mir verdichtet,
was mit Aug und Ohr ich je erworben,
nimmer sei von mir darauf verzichtet!
Anders werde dieser Streit geschlichtet
und das Leben nur zum Teil gestorben!

Einverleibt der Welt, der es entbrannte,
will es nimmer sich vom Leben trennen.
Wenn ich sie nicht mehr mit Namen nannte,
die ich bis zum letzten Blick erkannte,
würde sie sich selbst nicht mehr erkennen.

Wortverbunden bleib ich den Gestalten,
gegen die ich mich des Geistes wehre.
Nimmer würde anderen Gewalten
wehrlos ich mich zur Verfügung halten
dort in einer wortverlassnen Leere.

Dreist entreiß ich mich dem faulen Frieden,
nichts zu haben als die Totenstille.
Sie zu meiden, will ich nicht ermüden;
da zu bleiben, wenn ich abgeschieden,
fortzuleben sei mein letzter Wille.

Todesfurcht ist, daß Natur mich bringe
einst um alles mir lebendige Grauen.
Jener ewigen Ruh ist nicht zu trauen.
Ich will leiden, lieben, hören, schauen:
Ewig ruhlos, daß das Werk gelinge!

Karl Kraus

BEGINN DES ENDES

Ein Punkt nur ist es, kaum ein Schmerz,
nur ein Gefühl, empfunden eben;
und dennoch spricht es stets darein,
und dennoch stört es dich zu leben.

Wenn du es andern klagen willst,
so kannst du's nicht in Worte fassen.
Du sagst dir selber: «Es ist nichts!»
Und dennoch will es dich nicht lassen.

So seltsam fremd wird dir die Welt,
und leis verläßt dich alles Hoffen,
bis du es endlich, endlich weißt,
daß dich des Todes Pfeil getroffen.

Theodor Storm

ICH MÖCHTE HINGEHN wie das Abendrot
und wie der Tag in seinen letzten Gluten –
o leichter, sanfter, ungefühlter Tod!
Mich in den Schoß des Ewigen verbluten.

Ich möchte hingehn wie der heitre Stern,
im vollsten Glanz, in ungeschwächtem Blinken;
so stille und so schmerzlos möchte gern
ich in des Himmels blaue Tiefen sinken.

Du wirst nicht hingehn wie das Abendrot,
du wirst nicht stille wie der Stern versinken,
du stirbst nicht einer Blume leichten Tod,
kein Morgenstrahl wird deine Seele trinken.

Wohl wirst du hingehn, hingehn ohne Spur,
doch wird das Elend deine Kraft erst schwächen,
sanft stirbt es einzig sich in der Natur,
das arme Menschenherz muß stückweis brechen.

Georg Herwegh

TODES-ERFAHRUNG

Wir wissen nichts von diesem Hingehn, das
nicht mit uns teilt. Wir haben keinen Grund,
Bewunderung und Liebe oder Haß
dem Tod zu zeigen, den ein Maskenmund

tragischer Klage wunderlich entstellt.
Noch ist die Welt voll Rollen, die wir spielen.
Solang wir sorgen, ob wir auch gefielen,
spielt auch der Tod, obwohl er nicht gefällt.

Doch als du gingst, da brach in diese Bühne
ein Streifen Wirklichkeit durch jenen Spalt,
durch den du hingingst: Grün wirklicher Grüne,
wirklicher Sonnenschein, wirklicher Wald.

Wir spielen weiter. Bang und schwer Erlerntes
hersagend und Gebärden dann und wann
aufhebend; aber dein von uns entferntes,
aus unserem Stück entrücktes Dasein kann

uns manchmal überkommen, wie ein Wissen
von jener Wirklichkeit sich niedersenkend,
so daß wir eine Weile hingerissen
das Leben spielen, nicht an Beifall denkend.

Rainer Maria Rilke

MEINE TOTEN

Meine Freunde liegen in der Erde,
meine Lieben wohnen unterm Gras.
Und ich weiß, in ein paar Jahren werde
ich, der dieses schreibe, auch so was.

Etwas unausdenkbar Fürchterliches,
welt- und selbstzerfallen lieg ich da:
hier ein Bein und da ein Schleim; bin ich es
wirklich, dem so Gräßliches geschah?

Und ich kann dies wissen und kann leben?
kann am Schreibtisch sitzen und heut' Nacht
mich der Liebe süßem Spiel ergeben,
grad als wäre ich aus Stein gemacht?

Liebstes Kind, und hab' ich dich vergessen,
weil du, o wie lange schon, im Grund
kaum noch übrig bist? denn Würmer fressen
deine Augen und den schönen Mund.

Gestern bin ich durch den Wald gegangen;
nichts zu suchen, Liebstes, war mein Sinn.
Und es hat zu regnen angefangen,
und es wehte, und die Wipfel sangen,
daß ich dein, solang ich atme, bin.

Peter Gan

DORFMUSIK

Letztes Boot darin ich fahr
keinen Hut mehr auf dem Haar
in vier Eichenbrettern weiß
mit der Handvoll Rautenreis
meine Freunde gehn umher
    einer bläst auf der Trompete
    einer bläst auf der Posaune
Boot werd mir nicht überschwer
hör die andern reden laut:
dieser hat auf Sand gebaut

Ruft vom Brunnenbaum die Krähe
von dem ästelosen: wehe
von dem kahlen ohne Rinde:
nehmt ihm ab das Angebinde
nehmt ihm fort den Rautenast
    doch es schallet die Trompete
    doch es schallet die Posaune
keiner hat mich angefaßt
alle sagen: aus der Zeit
fährt er und er hats nicht weit

Also weiß ichs und ich fahr
keinen Hut mehr auf dem Haar
Mondenlicht um Brau und Bart
abgelebt zuendgenarrt
lausch auch einmal in die Höhe
    denn es tönet die Trompete
    denn es tönet die Posaune
und von weitem ruft die Krähe
ich bin wo ich bin: im Sand
mit der Raute in der Hand

Johannes Bobrowski

NÄCHTLICHE STUNDE

Nächtliche Stunde, die mir vergeht,
da ich's ersinne, bedenke und wende,
und diese Nacht geht schon zu Ende.
Draußen ein Vogel sagt: es ist Tag.

Nächtliche Stunde, die mir vergeht,
da ich's ersinne, bedenke und wende,
und dieser Winter geht schon zu Ende.
Draußen ein Vogel sagt: es ist Frühling.

Nächtliche Stunde, die mir vergeht,
da ich's ersinne, bedenke und wende,
und dieses Leben geht schon zu Ende.
Draußen ein Vogel sagt: es ist Tod.

Karl Kraus

KLAGE

Schlaf und Tod, die düstern Adler
umrauschen nachtlang dieses Haupt:
des Menschen goldnes Bildnis
verschlänge die eisige Woge
der Ewigkeit. An schaurigen Riffen
zerschellt der purpurne Leib.
Und es klagt die dunkle Stimme
über dem Meer.
Schwester stürmischer Schwermut
sieh ein ängstlicher Kahn versinkt
unter Sternen,
dem schweigenden Antlitz der Nacht.

Georg Trakl

STILL ZU WISSEN, du gehst
bald hinab zu den Vätern.
Oben im heiligen Blau
fahren die Wolken im Wind.

Beug dich über die Strömung,
höre die Wasser schweigen!
Hast du je vorher
ähnlich wie diesmal geliebt?

Wer noch Zeit hat, der weiß nichts.
Tiefes Leben! O Abschied,
bittre Schwäche des Herzens
unter der Blumengewalt.

Nicht zu fassen und traurig.
Süße, süße Gestalten!
Ach, mit Blüten beschwert ihm
nicht seine letzte Fahrt!

Dunklerer, brauner Herbst,
laß dich noch einmal umarmen!
Fallen die Früchte, vielleicht
bricht gelaßner das Herz.

Fortgehn im Frühling ist schwer.
Wachsam sind aber die Toten.
Schöne Blume, ich darf nicht.
Strenge Mutter, ich geh …

Josef Weinheber

TIEF IN DEN HIMMEL verklingt
traurig der letzte Stern.
Noch eine Nachtigall singt
fern – fern.
Geh schlafen, mein Herz, es ist Zeit.
Kühl weht die Ewigkeit.

Matt im Schoß liegt die Hand,
einst so tapfer am Schwert.
War, wofür du entbrannt,
Kampfes wert?
Geh schlafen, mein Herz, es ist Zeit.
Kühl weht die Ewigkeit.

Ricarda Huch

DER TOD, das ist die kühle Nacht,
das Leben ist der schwüle Tag.
Es dunkelt schon, mich schläfert,
der Tag hat mich müd gemacht.

Über mein Bett erhebt sich ein Baum,
drin singt die junge Nachtigall;
sie singt von lauter Liebe,
ich hör' es sogar im Traum.

Heinrich Heine

WANDRERS NACHTLIED

Über allen Gipfeln
ist Ruh',
in allen Wipfeln
spürest du
kaum einen Hauch;
die Vögelein schweigen im Walde.
Warte nur, balde
ruhest du auch.

Johann Wolfgang Goethe

FÜR KLABUND

Nehmen Sie jene erste
tauende Nacht im Jahr
und die strömenden blauen
Streifen des Februar,

nehmen Sie jene Verse,
Reime, Strophen, Gedicht,
die unsere Jugend erhellten
und man vergaß sie dann nicht,

nehmen Sie von den Wesen,
die man liebte und so,
jenen Hauch des Erlöschens
und dann salue und Chapeau –

ach, diese spärlichen vollen
Schläge des Herzens und
über uns fallen die Schollen –
leben Sie wohl, Klabund!

Gottfried Benn

ALLES, WAS GESCHIEHT,
ist nur Leid und Lied.
Gott spielt auf der Harfe Trost sich zu.
Welle fällt und steigt.
Ach, wie bald schon neigt
sich dein Haupt im Tod. Dann lächle du.

Klabund

NÄNIE

Auch das Schöne muß sterben! Das Menschen und Götter bezwinget,
nicht die eherne Brust rührt es des stygischen Zeus.
Einmal nur erweichte die Liebe den Schattenbeherrscher,
und an der Schwelle noch, streng, rief er zurück sein Geschenk.
Nicht stillt Aphrodite dem schönen Knaben die Wunde,
die in den zierlichen Leib grausam der Eber geritzt.
Nicht errettet den göttlichen Held die unsterbliche Mutter,
wann er, am skäischen Tor fallend, sein Schicksal erfüllt.
Aber sie steigt aus dem Meer mit allen Töchtern des Nereus,
und die Klage hebt an um den verherrlichten Sohn.
Siehe! Da weinen die Götter, es weinen die Göttinnen alle,
daß das Schöne vergeht, daß das Vollkommene stirbt.
Auch ein Klaglied zu sein im Mund der Geliebten, ist herrlich,
denn das Gemeine geht klanglos zum Orkus hinab.

Friedrich Schiller

DIE ERSTE NACHT

Jetzt kommt die Nacht, die erste Nacht im Grab.
O, wo ist aller Glanz, der dich umgab?
In kalter Erde ist dein Bett gemacht.
Wie wirst du schlummern diese Nacht?

Vom letzten Regen ist dein Kissen feucht,
Nachtvögel schrein, vom Wind emporgescheucht,
kein Lämpchen brennt dir mehr, nur kalt und fahl
spielt auf der Schlummerstatt der Mondenstrahl.

Die Stunden schleichen – schläfst du bis zum Tag?
Horchst du wie ich auf jeden Glockenschlag?
Wie kann ich ruhn und schlummern kurze Frist,
wenn du, mein Lieb, so schlecht gebettet bist?

Isolde Kurz

EINER TOTEN

Das aber kann ich nicht ertragen,
daß so wie sonst die Sonne lacht;
daß wie in deinen Lebenstagen
die Uhren gehn, die Glocken schlagen,
einförmig wechseln Tag und Nacht;

daß, wenn des Tages Lichter schwanden,
wie sonst der Abend uns vereint;
und daß, wo sonst dein Stuhl gestanden,
schon andre ihre Plätze fanden,
und nichts dich zu vermissen scheint;

indessen von den Gitterstäben
die Mondesstreifen schmal und karg
in deine Gruft hinunterweben,
und mit gespenstig trübem Leben
hinwandeln über deinen Sarg.

Theodor Storm

DEN 6. JUNI 1816

Du versuchst, o Sonne, vergebens
durch die düstren Wolken zu scheinen!
Der ganze Gewinn meines Lebens
ist, ihren Verlust zu beweinen.

Johann Wolfgang Goethe

BEI BETRACHTUNG VON SCHILLERS SCHÄDEL

Im ernsten Beinhaus war's, wo ich beschaute,
wie Schädel Schädeln angeordnet paßten;
die alte Zeit gedacht ich, die ergraute.
Sie stehn in Reih' geklemmt, die sonst sich haßten,
und derbe Knochen, die sich tödlich schlugen,
sie liegen kreuzweis zahm allhier zu rasten.
Entrenkte Schulterblätter! was sie trugen,
fragt niemand mehr, und zierlich-tät'ge Glieder,
die Hand, der Fuß, zerstreut aus Lebensfugen.
Ihr Müden also lagt vergebens nieder,
nicht Ruh' im Grabe ließ man euch, vertrieben
seid ihr herauf zum lichten Tage wieder,
und niemand kann die dürre Schale lieben,
welch herrlich edlen Kern sie auch bewahrte.
Doch mir Adepten war die Schrift geschrieben,
die heil'gen Sinn nicht jedem offenbarte,
als ich inmitten solcher starren Menge
unschätzbar herrlich ein Gebild gewahrte,
daß in des Raumes Moderkält' und Enge
ich frei und wärmefühlend mich erquickte,
als ob ein Lebensquell dem Tod entspränge.
Wie mich geheimnisvoll die Form entzückte!
Die gottgedachte Spur, die sich erhalten!
Ein Blick, der mich an jenes Meer entrückte,
das flutend strömt gesteigerte Gestalten.
Geheim Gefäß! Orakelsprüche spendend,
wie bin ich wert, dich in der Hand zu halten,
dich höchsten Schatz aus Moder fromm entwendend
und in die freie Luft zu freiem Sinnen,
zum Sonnenlicht andächtig hin mich wendend.
Was kann der Mensch im Leben mehr gewinnen,
als daß sich Gott-Natur ihm offenbare?
Wie sie das Feste läßt zu Geist verrinnen,
wie sie das Geisterzeugte fest bewahre.

Johann Wolfgang Goethe

MIT DEN FAHRENDEN SCHIFFEN

Mit den fahrenden Schiffen
sind wir vorübergeschweift,
die wir ewig herunter
durch glänzende Winter gestreift.
Ferner kamen wir immer
und tanzten im insligen Meer,
weit ging die Flut uns vorbei,
und der Himmel war schallend und leer.

Sage die Stadt,
wo ich nicht saß am Tor,
ging dein Fuß da hindurch,
der die Locke ich schor?
Unter dem sterbenden Abend
das suchende Licht
hielt ich, wer kam da hinab,
ach, ewig in fremdes Gesicht.

Bei den Toten ich rief,
im abgeschiedenen Ort,
wo die Begrabenen wohnen;
du, ach, warest nicht dort.
Und ich ging über Feld,
und die wehenden Bäume zu Haupt
standen im frierenden Himmel
und waren im Winter entlaubt.

Raben und Krähen
habe ich ausgesandt,
und sie stoben im Grauen
über das ziehende Land.
Aber sie fielen wie Steine
zur Nacht mit traurigem Laut
und hielten im eisernen Schnabel
die Kränze von Stroh und Kraut.

Manchmal ist deine Stimme,
die im Winde verstreicht,
deine Hand, die im Traume
rühret die Schläfe mir leicht;
alles war schon vorzeiten
und kehret wieder sich um.
Gehet in Trauer gehüllet,
streuet Asche herum.

Georg Heym

NICHT TADL' ICH deiner Schmerzen Glut, Verwitweter!
Wer glücklich war, der wiederholt sein Glück im Schmerz.

Johann Wolfgang Goethe

DER KLEINE FRANZ

Zarter Knabe, der du bang
sonst im Finstern zagtest,
sprich, wie du den großen Gang
durch das Dunkel wagtest,
wagtest, in den Schlund, davor
alle zitternd stehen,
durch das schwarzverhängte Tor
so allein zu gehen?

Seit dem letzten Sonnenstrahl
o wie weit die Reise!
Weiter, weiter tausendmal,
als vom Kind zum Greise!
Jüngst erst auf der Mutter Schoß,
ihr am Busen lagst du,
nun die Größten riesengroß
plötzlich überragst du.

Adolf Friedrich von Schack

DAS WIEDERSEHN

Der Weltraum fernt mich weit von dir,
so fernt mich nicht die Zeit.
Wer überlebt das Siebzigste
schon hat, ist nah bei dir.

Lang sah ich, Meta, schon dein Grab
und seine Linde wehn;
die Linde wehet einst auch mir,
streut ihre Blum auch mir.

Nicht mir! Das ist mein Schatten nur,
worauf die Blüte sinkt,
so, wie es nur dein Schatten war,
worauf sie oft schon sank.

Dann kenn ich auch die höhre Welt,
in der du lange warst;
dann sehn wir froh die Linde wehn,
die unsre Gräber kühlt.

Dann … Aber, ach, ich weiß ja nicht,
was du schon lange weißt;
nur daß es hell von Ahnungen
mir um die Seele schwebt,

mit wonnevollen Hoffnungen
die Abendröte kommt,
mit frohem, tiefem Vorgefühl
die Sonnen auferstehn!

Friedrich Gottlieb Klopstock

DER TOD

Ach, es ist so dunkel in des Todes Kammer,
tönt so traurig, wenn er sich bewegt
und nun aufhebt seinen schweren Hammer
und die Stunde schlägt.

Matthias Claudius

AM FENSTER

Du bist mir voraus.
Deine Erfahrung. Dein Atem
aufgehoben
in andern Bereichen. Die Luft
im Zimmer ohne Antwort, ohne
Bewegung der Vorhang
am Rande der offenen Nacht,
ein Rahmen, der dich
nicht festhält. Der Sargwagen
gleitet durchs Gartentor.
Du stehst hinter mir. Doch
ich habe nicht die Vernunft,
das zu glauben.

Dagmar Nick

DEIN SCHWEIGEN

Du entfernst dich so schnell
längst vorüber den Säulen des Herakles
auf dem Rücken von niemals
geloteten Meeren
unter Bahnen von niemals
berechneten Sternen
treibst Du
mit offenen Augen.

Dein Schweigen
meine Stimme
Dein Ruhen
mein Gehen
Dein Allesvorüber
mein Immernochda.

Marie Luise Kaschnitz

NUN HAST DU MIR DEN ERSTEN SCHMERZ GETAN

Nun hast du mir den ersten Schmerz getan,
der aber traf.
Du schläfst, du harter, unbarmherz'ger Mann,
den Todesschlaf.

Es blicket die Verlaßne vor sich hin,
die Welt ist leer.
Geliebet hab' ich und gelebt, ich bin
nicht lebend mehr.

Ich zieh' mich in mein Innres still zurück,
der Schleier fällt,
da hab' ich dich und mein vergangnes Glück,
du meine Welt!

Adelbert von Chamisso

DREIMAL

Dreimal ging die Witwe übers Oedland.
Da war kein Frühling, kein Sommer, kein Herbst noch Winter.
Mitten im Oedland saß ihr Mann, ihr Liebster,
und das erste Mal kniete sie nieder, umfing seinen Schoß,
sagte, wir haben die Kürbisse eingelegt
sauer und süß. Wir sammeln die ersten Nüsse.
Die Kinder schreiben das A und das O.
Leb wohl, und der Tote nickte.

Dreimal ging die Witwe übers Oedland.
Da war kein Tag, keine Nacht, kein Morgen noch Abend.
Mitten im Oedland saß ihr Mann, ihr Liebster,
und das zweitemal legte sie ihm ihre Hand auf die Brust,
sagte, ein Schnee ist gefallen, die Fenster blühn,
der Igel hält seinen Winterschlaf,
die Kinder backen Monde und Sterne.
Leb wohl, und der Tote nickte.

Dreimal ging die Witwe übers Oedland.
Da war kein Wasser, kein Feuer, keine Luft noch Erde.
Mitten im Oedland saß ihr Mann, ihr Liebster,
und das drittemal sah sie ihn an, berührte ihn nicht.
Sagte, wir haben die Beete abgedeckt,
die Erde in unserem Garten ist schwarz und fett,
die Kinder verbrennen den Winter.
Leb wohl, und der Tote nickte.

Zum andernmal ging die Witwe, fand das Oedland nicht mehr.
Hoch stand das Gras, verwachsen starrten die Hecken,
Margeriten blühten und Rosen, die Sichel ging.
Leb wohl, und die Sonne nickte.

Marie Luise Kaschnitz

AUF DEN TOD EINES KINDES

Du kamst, du gingst mit leiser Spur,
ein flücht'ger Gast im Erdenland;
woher? Wohin? Wir wissen nur:
aus Gottes Hand in Gottes Hand.

Ludwig Uhland

AUS DEN KINDERTOTENLIEDERN

Oft denk' ich, sie sind nur ausgegangen,
bald werden sie wieder nach Haus gelangen,
der Tag ist schön, o sei nicht bang,
sie machen nur einen weitern Gang.

Jawohl, sie sind nur ausgegangen,
und werden jetzt nach Haus gelangen,
o sei nicht bang, der Tag ist schön,
sie machen den Gang zu jenen Höhn.

Sie sind uns nur vorausgegangen,
und werden nicht hier nach Haus verlangen,
wir holen sie ein auf jenen Höhn
im Sonnenschein, der Tag ist schön.

Friedrich Rückert

MIR WAR'S, ich hört' es an der Türe pochen,
und fuhr empor, als wärst du wieder da
und sprächest wieder, wie du oft gesprochen,
mit Schmeichelton: Darf ich hinein, Papa?

Und da ich abends ging am steilen Strand,
fühlt' ich dein Händchen warm in meiner Hand.

Und wo die Flut Gestein herangewälzt,
sagt' ich ganz laut: Gib acht, daß du nicht fällst!

Paul Heyse

ÜBER EINEM GRABE

Blüten schweben über deinem Grabe.
Schnell umarmte dich der Tod, o Knabe,
den wir alle liebten, die dich kannten,
dessen Augen wie zwei Sonnen brannten,
dessen Blicke Seelen unterjochten,
dessen Pulse stark und feurig pochten,
dessen Worte schon die Herzen lenkten,
den wir weinend gestern hier versenkten.

Maiennacht. Der Sterne mildes Schweigen ...
Dort! Ich seh' es aus der Erde steigen!
Unterm Rasen quillt hervor es leise,
Flatterflammen drehen sich im Kreise,
ungelebtes Leben zuckt und lodert
aus der Körperkraft, die hier vermodert,
abgemähter Jugend letztes Walten,
letzte Glut verrauscht in Wunschgestalten.

Eine blasse Jagd: Voran ein Zecher,
in der Faust den überfüllten Becher!
Weh'nde Locken will der Buhle fassen,
die entflatternd nicht sich haschen lassen,
lustgestachelt rast er hinter jenen,
ein verhülltes Mädchen folgt in Tränen.
Durch die Brandung mit verstürmten Haaren
seh' ich einen kühnen Schiffer fahren.
Einen jungen Krieger seh' ich toben,
helmbedeckt, das lichte Schwert erhoben.
Einer stürzt sich auf die Rednerbühne,
weites Volksgetos' beherrscht der Kühne.
Ein Gedräng, ein Kämpfen, Ringen, Streben!
Arme strecken sich und Kränze schweben –

Kränze, wenn du lebtest, dir beschieden,
nicht erreichte!
    Knabe, schlaf in Frieden!

Conrad Ferdinand Meyer

AUF MEINES KINDES TOD

Von fern die Uhren schlagen,
es ist schon tiefe Nacht,
die Lampe brennt so düster,
dein Bettlein ist gemacht.

Die Winde nur noch gehen
wehklagend um das Haus,
wir sitzen einsam drinne
und lauschen oft hinaus.

Es ist, als müßtest leise
du klopfen an die Tür,
du hätt'st dich nur verirret
und kämst nun müd zurück.

Wir armen, armen Toren!
Wir irren ja im Graus
des Dunkels noch verloren –
du fandst dich längst nach Haus.

Joseph von Eichendorff

DER LIEBE DAUER

O lieb, solang du lieben kannst!
O lieb, solang du lieben magst!
Die Stunde kommt, die Stunde kommt,
wo du an Gräbern stehst und klagst!

Und sorge, daß dein Herze glüht
und Liebe hegt und Liebe trägt,
solang ihm noch ein ander Herz
in Liebe warm entgegenschlägt!

Und wer dir seine Brust erschließt,
o tu ihm, was du kannst, zulieb!
Und mach ihm jede Stunde froh,
und mach ihm keine Stunde trüb!

Und hüte deine Zunge wohl,
bald ist ein böses Wort gesagt!
O Gott, es war nicht bös gemeint –
der andre aber geht und klagt.

O lieb, solang du lieben kannst!
O lieb, solang du lieben magst!
Die Stunde kommt, die Stunde kommt,
wo du an Gräbern stehst und klagst!

Dann kniest du nieder an der Gruft,
und birgst die Augen, trüb und naß,
– sie sehn den andern nimmermehr –
ins lange, feuchte Kirchhofsgras.

Und sprichst: O schau auf mich herab,
der hier an deinem Grabe weint!
Vergib, daß ich gekränkt dich hab'!
O Gott, es war nicht bös gemeint!

Er aber sieht und hört dich nicht,
kommt nicht, daß du ihn froh umfängst;
der Mund, der oft dich küßte, spricht
nie wieder: ich vergab dir längst!

Er tat's, vergab dir lange schon,
doch manche heiße Träne fiel
um dich und um dein herbes Wort.
Doch still – er ruht, er ist am Ziel!

O lieb, solang du lieben kannst!
O lieb, solang du lieben magst!
Die Stunde kommt, die Stunde kommt,
wo du an Gräbern stehst und klagst!

Ferdinand Freiligrath

EINER TOTEN

Wie fühl' ich heute deine Macht,
als ob sich deine Wimper schatte
vor mir auf diesem ampelhellen Blatte
um Mitternacht!
Dein Auge sieht
begierig mein entstehend Lied.

Dein Wesen neigt sich meinem zu,
du bist's! Doch deine Lippen schweigen,
und liesest du ein Wort, das zart und eigen,
bist's wieder du,
dein Herzensblut,
indes dein Staub im Grabe ruht.

Mir ist, wann mich dein Atem streift,
der ich erstarkt' an Kampf und Wunden,
als seist in deinen stillen Grabesstunden
auch du gereift
an Liebeskraft,
an Willen und an Leidenschaft.

Die Marmorurne setzten dir
die Deinen – um dich zu vergessen,
sie erbten, bauten, freiten unterdessen,
du lebst in mir!
Wozu beweint?
Du lebst und fühlst mit mir vereint!

Conrad Ferdinand Meyer

DIE KLEINE BITTE

Decke mich denn am Ende
mit Weiden und weißem Klee,
Rosen als letzte Spende
tun meinem Herzen weh.

Lilien als letzte Gabe
sind nur der Jungfrauen Gut,
über dem armen Grabe
singen Vögel bei ihrer Brut.

Weiden und brütende Meisen
über dem Hügel zur stillen Zeit –
und ich darf lächelnd reisen
in die tiefste Verborgenheit.

Ruth Schaumann

GRABSPRUCH

Je länger du dort bist,
um so mehr bist du hier,
je weiter du fort bist,
um so näher bei mir.

Du wirst mir notwendiger,
als das tägliche Brot ist –
du wirst lebendiger,
je länger du tot bist!

Börries von Münchhausen

ÜBER ALLE GRÄBER wächst zuletzt das Gras,
alle Wunden heilt die Zeit, ein Trost ist das,
wohl der schlechteste, den man dir kann erteilen;
armes Herz, du willst nicht, daß die Wunden heilen.
Etwas hast du noch, solang es schmerzlich brennt;
das Verschmerzte nur ist tot und abgetrennt.

Friedrich Rückert

NICHT IN DAS GRAB, nicht übers Grab verschwendet
ein edler Mann der Sehnsucht hohen Wert.
Er kehrt in sich zurück und findet staunend
in seinem Busen das Verlorne wieder.

Johann Wolfgang Goethe

BEI DEM GRABE MEINES VATERS

Friede sei um diesen Grabstein her!
Sanfter Friede Gottes! Ach, sie haben
einen guten Mann begraben,
und mir war er mehr;

träufte mir von Segen, dieser Mann,
wie ein milder Stern aus bessern Welten!
Und ich kann's ihm nicht vergelten,
was er mir getan.

Er entschlief; sie gruben ihn hier ein.
Leiser, süßer Trost, von Gott gegeben,
und ein Ahnden von dem ew'gen Leben
düft' um sein Gebein!

Bis ihn Jesus Christus, groß und hehr!
freundlich wird erwecken – ach, sie haben
einen guten Mann begraben,
und mir war er mehr.

Matthias Claudius

WEM EIN GELIEBTES STIRBT, dem ist es wie ein Traum,
die ersten Tage kommt er zu sich selber kaum.

Wie er's ertragen soll, kann er sich selbst nicht fragen;
Und wenn er sich besinnt, so hat er's schon ertragen.

Friedrich Rückert

VERMÄCHTNIS

Ihr Freunde, hänget, wenn ich gestorben bin,
die kleine Harfe hinter dem Altar auf,
wo an der Wand die Totenkränze
manches verstorbenen Mädchens schimmern.

Der Küster zeigt dann freundlich dem Reisenden
die kleine Harfe, rauscht mit dem roten Band,
das, an der Harfe festgeschlungen,
unter den goldenen Saiten flattert.

Oft, sagt er staunend, tönen im Abendrot
von selbst die Saiten leise wie Bienenton;
die Kinder, hergelockt vom Kirchhof,
hörten's und sahn, wie die Kränze bebten.

Ludwig Christoph Heinrich Hölty

DIE FRÜHEN GRÄBER

Willkommen, o silberner Mond,
schöner, stiller Gefährt der Nacht!
Du entfliehst? Eile nicht, bleib, Gedankenfreund!
Sehet, er bleibt, das Gewölk wallte nur hin.

Des Maies Erwachen ist nur
schöner noch, wie die Sommernacht,
wenn ihm Tau, hell wie Licht, aus der Locke träuft
und zu dem Hügel herauf rötlich er kömmt.

Ihr Edleren, ach es bewächst
eure Male schon ernstes Moos!
O wie war glücklich ich, als ich noch mit euch
sahe sich röten den Tag, schimmern die Nacht!

Friedrich Gottlieb Klopstock

ALLERSEELEN

Stell auf den Tisch die duftenden Reseden,
die letzten roten Astern trag herbei
und laß uns wieder von der Liebe reden
wie einst im Mai.

Gib mir die Hand, daß ich sie heimlich drücke,
und wenn man's sieht, mir ist es einerlei,
gib mir nur einen deiner süßen Blicke
wie einst im Mai.

Es blüht und funkelt heut auf jedem Grabe,
ein Tag im Jahre ist den Toten frei;
komm an mein Herz, daß ich dich wieder habe,
wie einst im Mai.

Hermann von Gilm

AUF DEM KIRCHHOF

Der Tag ging regenschwer und sturmbewegt,
ich war an manch vergessenem Grab gewesen.
Verwittert Stein und Kreuz, die Kränze alt,
die Namen überwachsen, kaum zu lesen.

Der Tag ging sturmbewegt und regenschwer,
auf allen Gräbern fror das Wort: Gewesen.
Wie sturmestot die Särge schlummerten,
auf allen Gräbern taute still: Genesen.

Detlev von Liliencron

GRABSPRUCH

Gott ist wahrhaftig und gerecht,
hier ruht der Herr und auch sein Knecht;
nun, ihr Weltweise, tret't herbei
und sagt, wer Knecht und Herr da sei.

Unbekannt

AUF SOMMERLICHEM FRIEDHOF (1944)

In memoriam Oskar Loerke

Die Fliegenschnäpper steinauf, steinab.
Der Rosenduft begräbt dein Grab.
Es könnte nirgend stiller sein.
Der darin liegt, erschein, erschein!

Der Eisenhut blitzt blaues Licht.
Komm, wisch den Schweiß mir vom Gesicht.
Der Tag ist süß und ladet ein,
Noch einmal säßen wir zu zwein.

Sirene heult, Geschützmaul bellt.
Sie morden sich: es ist die Welt.
Komm nicht! Komm nicht! Laß mich allein,
Der Erdentag lädt nicht mehr ein.
Ins Qualenlose flohest du,
O Grab, halt deine Tür fest zu!

Wilhelm Lehmann

ALTER FRIEDHOF

Urnen füllen sich und Krüge
mit der Jahre grünem Moose.
Es verliert im Busch der Weg sich,
es verwilderte die Rose.

Rost stürzt durch die Tür der Grüfte,
wo die Gräser fröhlich sprießen,
Schloß und Riegel bröckeln nieder.
Was ist hier noch zu verschließen?

Nutzlos sind die Lebenslettern
denen, die so tief hier schlafen.
Namen lösen sich und Zahlen
von den alten Epitaphen.

An den Steinen, die zerfallen,
an den Kreuzen, die sich neigen,
merkst du, daß die Totenklagen
längst geheilt sind durch das
Schweigen.

Denn es löst die Zeit die Schmerzen,
die uns bleiben als Vermächtnis.
Länger währt das Reich der Toten
als der Lebenden Gedächtnis.

Friedrich Georg Jünger

CHRONIK

Geschrieben steht auf einem von den Blättern,
den arg vergilbten, mit Gelehrtenschrift,
was Andres Arnold, Roßhirt hier, betrifft,
in längst veralteten, längst blassen Lettern:

Geboren siebzehnhundertvierzig. Dann geworben
um Magdalena Kümmerle. Getraut.
Am Haus des Lebens schlecht und recht gebaut.
Elf Kinder. Früh verwitwet. Spät gestorben.

Dies ist das Leben irgendeines Mannes,
und keiner sieht mehr dieses Lebens Spur,
und unsre späten Augen finden nur
im Kinderreihen dreimal stehn: Johannes.

Nur dies. Und wissen plötzlich die Geschichte
von diesem Leben, das uns eines war,
wie alle sind, und das mit einem klar
im eignen Leide steht, im eignen Lichte:

Dreimal die Zeugungsnacht. Und dreimal schwanger.
Dreimal gebären. Dreimal erster Schrei.
Dreimal ein Kampf, wer hier der Stärkre sei:
Gott oder Roßhirt. Dreimal Totenanger.

Dreimal ein Kindergrab. Mit weißen Steinen
schön eingefaßt. Und Blumen. Und man kann
sie sonntags sehen. Einen großen Mann,
sein Weib daneben. Still, ganz ohne Weinen.

Und dreimal hier im Buch den gleichen Namen:
Johannes Arnold. Und das Kreuz besagt:
In Christi Namen schlafe, bis es tagt.
Du warst, Herr, und du bleibst der Sieger. Amen

Albrecht Goes

GRODEK

Am Abend tönen die herbstlichen Wälder
von tödlichen Waffen, die goldenen Ebenen
und blauen Seen, darüber die Sonne
düstrer hinrollt; umfängt die Nacht
sterbende Krieger, die wilde Klage
ihrer zerbrochenen Münder.
Doch stille sammelt im Weidengrund
rotes Gewölk, darin ein zürnender Gott wohnt,
das vergossne Blut sich, mondne Kühle;
alle Straßen münden in schwarze Verwesung.
Unter goldnem Gezweig der Nacht und Sternen
es schwankt der Schwester Schatten durch den schweigenden Hain,
zu grüßen die Geister der Helden, die blutenden Häupter;
und leise tönen im Rohr die dunklen Flöten des Herbstes.
O stolzere Trauer! ihr ehernen Altäre,
die heiße Flamme des Geistes nährt heute ein gewaltiger Schmerz,
die ungebornen Enkel.

Georg Trakl

DER LAG BESONDERS MÜHELOS AM RAND

Der lag besonders mühelos am Rand
des Weges. Seine Wimpern hingen
schwer und zufrieden in die Augenschatten.
Man hätte meinen können, daß er schliefe.

Aber sein Rücken war (wir trugen ihn,
den Schweren, etwas abseits, denn er störte sehr
Kolonnen, die sich drängten) dieser Rücken
war nur ein roter Lappen, weiter nichts.

Und seine Hand (wir konnten dann den Witz
nicht oft erzählen, beide haben wir
ihn schnell vergessen) hatte, wie ein Schwert,
den hartgefrorenen Pferdemist gefaßt,

den Apfel, gelb und starr,
als wär es Erde oder auch ein Arm
oder ein Kreuz, ein Gott: ich weiß nicht was.
Wir trugen ihn da weg und in den Schnee.

Walter Höllerer

SCHINDER

Schneeschwebe. Nacht. Mein Schinder ist zu Gast
und spricht, vor er mein Auge kommt zu brechen:
«Ich denke dran, daß du zu sterben hast
und will, was darauf folgt, mit dir besprechen.

Nochmals zu leben hab ich dir erlaubt
als ein Stück Vieh, ein Fleisch, ein tauber Knochen
mit Pavianschädel oder Walfischhaupt
das einst aus deinem Grabe kommt gekrochen – »

Schneeschwebe hör ich rauschen und muß wählen
bevor in meinem Auge fault das Licht
die Wälder und das Meer – entweder – oder –

Was soll ich dem Gewaltigen erzählen?
So oder so – die Götter seh ich nicht –
«Ich will nichts sein als meines Leibes Moder.»

Christoph Meckel

DAS ENDE DES FESTES

Da mit Sokrates die Freunde tranken
und die Häupter auf die Polster sanken,
kam ein Jüngling, kann ich mich entsinnen,
mit zwei schlanken Flötenbläserinnen.

Aus den Kelchen schütten wir die Neigen,
die gesprächesmüden Lippen schweigen,
um die welken Kränze zieht ein Singen …
Still! Des Todes Schlummerflöten klingen!

Conrad Ferdinand Meyer

ERINNERUNG AN DEN TOD

alkibiades mein spießgeselle
bist du lange fort
ich weiß nicht: wohin bist du gegangen
ach nur bei der regatta bist du nicht an bord
und die forellen muß ich jetzt alleine fangen
und selbst das mokkamahlen macht mir nicht mehr spaß
und wenn es regnet wirst du nicht mehr naß
jetzt bin ich traurig wenn ich grog bestelle

alkibiades mein spießgeselle
lange bist du fort
in meinem schrank liegt noch die alte pfeife
woanders (im notizbuch steht vielleicht der ort)
in einem zimmer das ich nicht mehr ganz begreife
liegt unser roter kater und liegt unsre braut
die kneipen sind jetzt alle leer und laut
die nächte angenagt von grüner helle

alkibiades mein spießgeselle
du bist lange fort
ich muß dich, lieber, wohl zu end vergessen
zuweilen schlaflos fällt noch ein vertropftes wort
ein streich ein schlips ein heisersein ein essen
ein angstruf mir von weißen vögeln ein
sonst bin ich alt und lächelnd wie ein kieselstein
und warte gern auf die uns forttut
auf die sanfte welle
alkibiades
alkibiades mein spießgeselle

Hans Magnus Enzensberger

WENN MIR NUR NOCH EIN JAHR BLIEBE

Keine Weltreise,
den Sonnenaufgängen
nachjagend.
Kein Einsammeln der Blicke
an den Orten
der Kindheit.
Ich würde bleiben,
wo ich beim Empfang der Nachricht
zufällig bin.

In denselben Büchern lesen,
vermute ich.
Und dieselbe Musik hören.

Daß ich tiefere Gedanken haben würde
als bisher,
wenn ich mein Gesicht ein letztes Mal
in den Duft
reifer Pflaumen hielte,
bezweifle ich.
Auch daß ich dir und anderen
gerechter werden könnte.

Angst soll mich nicht
zum Fälscher meiner Geschichte machen.
Und der Tod
mich antreffen
in Alltagsschuhen,
das ganz gewöhnliche
unselige
Lächeln auf den Lippen.

Rainer Malkowski

ES STERBEN NUR DIE ANDERN

Der Bus fährt
fast im Schritt
auf der steinigen Straße.

Einmal hält er an,
und der Fahrer
unterhält sich mit einem Hirten.

Wenig später mit einer Frau,
deren Mann gestorben ist
und die ihm einen Brief
ins Dorf mitgibt.

Er ist jung.
Es sterben nur die andern.

Walter Helmut Fritz

CHOR DER TOTEN

Wir Toten, wir Toten sind größere Heere
als ihr auf der Erde, als ihr auf dem Meere!
Wir pflügten das Feld mit geduldigen Taten,
ihr schwinget die Sichel und schneidet die Saaten,
und was wir vollendet und was wir begonnen,
das füllt noch dort oben die rauschenden Bronnen,
und all unser Lieben und Hassen und Hadern,
das klopft noch dort oben in sterblichen Adern,
und was wir an gültigen Sätzen gefunden,
dran bleibt aller irdische Wandel gebunden,
und unsere Töne, Gebilde, Gedichte
erkämpfen den Lorbeer im strahlenden Lichte,
wir suchen noch immer die menschlichen Ziele –
drum ehret und opfert! Denn unser sind viele!

Conrad Ferdinand Meyer

REWELGE

Des Morgens zwischen drein und vieren,
da müssen wir Soldaten marschieren
das Gäßlein auf und ab;
Tralali, Tralalei, Tralala,
mein Schätzel sieht herab.

«Ach, Bruder, jetzt bin ich geschossen,
die Kugel hat mich schwer getroffen,
trag mich in mein Quartier,
Tralali, Tralalei, Tralala,
es ist nicht weit von hier.»

«Ach, Bruder, ich kann dich nicht tragen,
die Feinde haben uns geschlagen,
helf dir der liebe Gott;
Tralali, Tralalei, Tralala,
ich muß marschieren in Tod.»

«Ach Brüder! ihr geht ja vorüber,
als wär es mit mir schon vorüber,
ihr Lumpenfeind seid da;
Tralali, Tralalei, Tralala,
ihr tretet mir zu nah.

Ich muß wohl meine Trommel rühren,
sonst werde ich mich ganz verlieren;
die Brüder dick gesäet,
Tralali, Tralalei, Tralala,
sie liegen wie gemäht.»

Er schlägt die Trommel auf und nieder,
er wecket seine stillen Brüder,
sie schlagen ihren Feind,
Tralali, Tralalei, Tralala,
ein Schrecken schlägt den Feind.

Er schlägt die Trommel auf und nieder,
sie sind vorm Nachtquartier schon wiede
ins Gäßlein hell hinaus,
Tralali, Tralalei, Tralala,
sie ziehn vor Schätzels Haus.

Da stehen morgens die Gebeine
in Reih und Glied wie Leichensteine,
die Trommel steht voran,
Tralali, Tralalei, Tralala,
daß sie ihn sehen kann.

Aus: Des Knaben Wunderhorn

DER GESANG DER VÖGEL

Es läuft das Reh schnell durch den schwarzen Wald
und fängt sich in den ausgelegten Schlingen –
und über ihm die kleinen Vögel singen
wohl auf dem Baume, daß es lustig schallt!

Die Rehe, die sich in den Schlingen fingen,
und also spüren finstern Tods Gewalt,
sie hören heller nur die Vögel singen,
und hörn den Falken schreien überm Wald! –

Meintest du denn, die Welt wird sich verdunkeln,
nur weil du stirbst? Das Veilchen nicht mehr blühn?
Die Sterne werden schön wie niemals funkeln,

die Sonnenblumen wütender erglühn!
Erst wenn du stirbst, wirst du es ganz begreifen,
daß, weil du stirbst, die Vögel heller pfeifen!

Georg Britting

TROST

Unsterblich duften die Linden –
was bangst du nur?
Du wirst vergehn und deiner Füße Spur
wird bald kein Auge mehr im Staube finden.
Doch blau und leuchtend wird der Sommer stehn
und wird mit seinem süßen Atemwehn
gelind die arme Menschenbrust entbinden.
Wo kommst du her? Wie lang bist du noch hier?
Was liegt an dir?
Unsterblich duften die Linden. –

Ina Seidel

ALS ICH IN WEISSEM KRANKENZIMMER DER CHARITÉ

Als ich in weißem Krankenzimmer der Charité
aufwachte gegen Morgen zu
und die Amsel hörte, wußte ich
es besser. Schon seit geraumer Zeit
hatte ich keine Todesfurcht mehr. Da ja nichts
mir je fehlen kann, vorausgesetzt
ich selber fehle. Jetzt
gelang es mir, mich zu freuen
alles Amselgesanges nach mir auch.

Bertolt Brecht

UNTER DER BLANKEN HACKE DES MONDS

werde ich sterben,
ohne das Alphabet der Blitze
gelernt zu haben.

Im Wasserzeichen der Nacht
die Kindheit der Mythen,
nicht zu entziffern.

Unwissend
stürz ich hinab,
zu den Knochen der Füchse geworfen.

Peter Huchel

KANN KEINE TRAUER SEIN

In jenem kleinen Bett, fast Kinderbett, starb die Droste
(zu sehn in ihrem Museum in Meersburg),
auf diesem Sofa Hölderlin im Turm bei einem Schreiner,
Rilke, George wohl in Schweizer Hospitalbetten,
in Weimar lagen die großen schwarzen Augen
Nietzsches auf einem weißen Kissen
bis zum letzten Blick –
alles Gerümpel jetzt oder garnicht mehr vorhanden,
unbestimmbar, wesenlos,
im schmerzlos-ewigen Zerfall.

Wir tragen in uns Keime aller Götter,
das Gen des Todes und das Gen der Lust –
wer trennte sie: die Worte und die Dinge,
wer mischte sie: die Qualen und die Statt,
auf der sie enden, Holz mit Tränenbächen,
für kurze Stunden ein erbärmlich Heim.

Kann keine Trauer sein. Zu fern, zu weit,
zu unberührbar Bett und Tränen,
kein Nein, kein Ja,
Geburt und Körperschmerz und Glauben
ein Wallen, namenlos, ein Huschen,
ein Überirdisches, im Schlaf sich regend,
bewegte Bett und Tränen –
schlafe ein!

Gottfried Benn

VERLORENES GESICHT

Niemand verraten, was dich bewegt,
weil es jeden befremden würde,
wenn er's erführe.

Auch im Tod dein Gesicht behalten,
möglichst mit einem Lächeln
und nicht allzu geschrumpft.

Oder denkst du: was kümmert's dich?
Wer geht neben dir, der die Entscheidung
fällt?

Niemand. Vor dem Ewigen
brauchst du nicht mal dein Gesicht.

Hermann Lenz

GRABSCHRIFT

Auf der Strecke geblieben
zur Seite geschafft an den ich denke
über dem Meer von Port Bou

Grabkammer Grabziffern Bild eines Bilds

Seine Grabkammer leergeräumt
gefüllt mit andrer Erinnerung
unter gleicher Ruheziffer

Die Reste im Beinhaus Reste

Manfred Peter Hein

MEERESLUFT

Milde Meeresluft.
Der Himmel zuweilen gewitterschwarz.

Dann ein Abendlicht,
als wäre etwas zu finden,
wenn einer unbeirrt westwärts fliegt.

Vielleicht leuchtende Ewigkeit.

Hermann Lenz

AN DIE NACHGEBORENEN

I

Wirklich, ich lebe in finsteren Zeiten!
Das arglose Wort ist töricht. Eine glatte Stirn
deutet auf Unempfindlichkeit hin. Der Lachende
hat die furchtbare Nachricht
nur noch nicht empfangen.

Was sind das für Zeiten, wo
ein Gespräch über Bäume fast ein Verbrechen ist.
Weil es ein Schweigen über so viele Untaten einschließt!
Der dort ruhig über die Straße geht
ist wohl nicht mehr erreichbar für seine Freunde
die in Not sind?

Es ist wahr: ich verdiene noch meinen Unterhalt.
Aber glaubt mir: das ist nur ein Zufall. Nichts
von dem was ich tue, berechtigt mich dazu, mich sattzuessen.
Zufällig bin ich verschont. (Wenn mein Glück aussetzt
bin ich verloren.)
Man sagt mir: Iß und trink du! Sei froh, daß du hast!

Aber wie kann ich essen und trinken, wenn
ich dem Hungernden entreiße, was ich esse, und
mein Glas Wasser einem Verdurstenden fehlt?
Und doch esse und trinke ich.

Ich wäre gern auch weise.
In den alten Büchern steht, was weise ist:
Sich aus dem Streit der Welt halten und die kurze Zeit
ohne Furcht verbringen.
Auch ohne Gewalt auskommen
Böses mit Gutem vergelten
seine Wünsche nicht erfüllen, sondern vergessen
gilt für weise.
Alles das kann ich nicht:
Wirklich, ich lebe in finsteren Zeiten!

2
In die Städte kam ich zur Zeit der Unordnung
als da Hunger herrschte.
Unter die Menschen kam ich zur Zeit des Aufruhrs
und ich empörte mich mit ihnen.
So verging meine Zeit
die auf Erden mir gegeben war.

Mein Essen aß ich zwischen den Schlachten.
Schlafen legte ich mich unter die Mörder.
Der Liebe pflegte ich achtlos
und die Natur sah ich ohne Geduld.
So verging meine Zeit
die auf Erden mir gegeben war.

Die Straßen führten in den Sumpf zu meiner Zeit.
Die Sprache verriet mich dem Schlächter.
Ich vermochte nur wenig. Aber die Herrschenden
saßen ohne mich sicherer, das hoffte ich.
So verging meine Zeit
die auf Erden mir gegeben war.

Die Kräfte waren gering. Das Ziel
lag in großer Ferne.
Es war deutlich sichtbar, wenn auch für mich
kaum zu erreichen.
So verging meine Zeit
die auf Erden mir gegeben war.

3
Ihr, die ihr auftauchen werdet aus der Flut
in der wir untergegangen sind
gedenkt
wenn ihr von unseren Schwächen sprecht
auch der finsteren Zeit
der ihr entronnen seid.

Gingen wir doch, öfter als die Schuhe die Länder wechselnd
durch die Kriege der Klassen, verzweifelt
wenn da nur Unrecht war und keine Empörung.

Dabei wissen wir doch:
Auch der Haß gegen die Niedrigkeit
verzerrt die Züge.
Auch der Zorn über das Unrecht
macht die Stimme heiser. Ach, wir
die wir den Boden bereiten wollten für Freundlichkeit
konnten selber nicht freundlich sein.
Ihr aber, wenn es soweit sein wird
daß der Mensch dem Menschen ein Helfer ist
gedenkt unsrer
mit Nachsicht.

Bertolt Brecht

BUCH DER NATUR

ICH SEHE KLAR GENUG, was ich zu sehen brauche;
die ganze Schöpfung lebt von Gottes Lebenshauche.

Wie sie den Hauch empfing, das ist von Nacht umhangen,
wir aber preisen Gott, daß sie den Hauch empfangen.

Friedrich Rückert

VORFRÜHLING

Härte schwand. Auf einmal legt sich Schonung
an der Wiesen aufgedecktes Grau.
Kleine Wasser ändern die Betonung.
Zärtlichkeiten, ungenau,

greifen nach der Erde aus dem Raum.
Wege gehen weit ins Land und zeigens.
Unvermutet siehst du seines Steigens
Ausdruck in dem leeren Baum.

Rainer Maria Rilke

VORFRÜHLING

In dieser Märznacht trat ich spät aus meinem Haus.
Die Straßen waren aufgewühlt von Lenzgeruch und grünem Saatregen.
Winde schlugen an. Durch die verstörte Häusersenkung ging ich weit hinaus
bis zu dem unbedeckten Wall und spürte: meinem Herzen schwoll ein neuer
Takt entgegen.

In jedem Lufthauch war ein junges Werden ausgespannt.
Ich lauschte, wie die starken Wirbel mir im Blute rollten.
Schon dehnte sich bereitet Acker. In den Horizonten eingebrannt
war schon die Bläue hoher Morgenstunden, die ins Weite führen sollten.

Die Schleusen knirschten. Abenteuer brach aus allen Fernen.
Überm Kanal, den junge Ausfahrtswinde wellten, wuchsen helle Bahnen,
in deren Licht ich trieb. Schicksal stand wartend in umwehten Sternen.
In meinem Herzen lag ein Stürmen wie von aufgerollten Fahnen.

Ernst Stadler

HOFFNUNG

Und dräut der Winter noch so sehr
mit trotzigen Gebärden,
und streut er Eis und Schnee umher,
es muß *doch* Frühling werden.

Und drängen die Nebel noch so dicht
sich vor den Blick der Sonne,
sie wecket doch mit ihrem Licht
einmal die Welt zur Wonne.

Blast nur ihr Stürme, blast mit Macht,
mir soll darob nicht bangen,
auf leisen Sohlen über Nacht
kommt doch der Lenz gegangen.

Da wacht die Erde grünend auf,
weiß nicht, wie ihr geschehen,
und lacht in den sonnigen Himmel hinauf,
und möchte vor Lust vergehen.

Sie flicht sich blühende Kränze ins Haar
und schmückt sich mit Rosen und Ähren,
und läßt die Brünnlein rieseln klar,
als wären es Freudenzähren.

Drum still! Und wie es frieren mag,
o Herz, gib dich zufrieden;
es ist ein großer Maientag
der ganzen Welt beschieden.

Und wenn dir oft auch bangt und graut,
als sei die Höll' auf Erden,
nur unverzagt auf Gott vertraut!
Es muß *doch* Frühling werden.

Emanuel Geibel

JAHRESRING

Dreht der alte Erdenball
wieder sich zum Lichte,
wird der eisige Kristall
am Gezweig zunichte.

Wieviel Jahr ich schon gestärkt
ging durch solche Morgen,
steht im Birkenstamm vermerkt,
unterm Weiß verborgen.

Wieviel Jahr sein grüner Flaum
mir noch wehen werde,
weiß kein weißer Birkenbaum
und kein Mund der Erde.

Und der Himmel, fern und still
hinter kahlen Zweigen,
hüllt als Auge der Sibyll
sich in Grau und Schweigen.

Georg von der Vring

ER IST'S

Frühling läßt sein blaues Band
wieder flattern durch die Lüfte;
süße, wohlbekannte Düfte
streifen ahnungsvoll das Land.
Veilchen träumen schon,
wollen balde kommen.
– Horch, von fern ein leiser Harfenton!
Frühling, ja du bist's!
Dich hab' ich vernommen!

Eduard Mörike

VORFRÜHLING

Es läuft der Frühlingswind
durch kahle Alleen,
seltsame Dinge sind
in seinem Wehn.

Er hat sich gewiegt,
wo Weinen war,
und hat sich geschmiegt
in zerrüttetes Haar.

Er schüttelte nieder
Akazienblüten
und kühlte die Glieder,
die atmend glühten.

Lippen im Lachen
hat er berührt,
die weichen und wachen
Fluren durchspürt.

Er glitt durch die Flöte
als schluchzender Schrei,
an dämmernder Röte
flog er vorbei.

Er flog mit Schweigen
durch flüsternde Zimmer
und löschte im Neigen
der Ampel Schimmer.

Es läuft der Frühlingswind
durch kahle Alleen,
seltsame Dinge sind
in seinem Wehn.

Durch die glatten
kahlen Alleen
treibt sein Wehn
blasse Schatten

und der Duft,
den er gebracht,
von wo er gekommen
seit gestern nacht.

Hugo von Hofmannsthal

FRÜHLING

Nun ist er endlich kommen doch
in grünem Knospenschuh;
«Er kam, er kam ja immer noch»,
die Bäume nicken sich's zu.

Sie konnten ihn all erwarten kaum,
nun treiben sie Schuß auf Schuß;
im Garten der alte Apfelbaum,
er sträubt sich, aber er muß.

Wohl zögert auch das alte Herz
und atmet noch nicht frei,
es bangt und sorgt: «Es ist erst März,
und März ist noch nicht Mai.»

O schüttle ab den schweren Traum
und die lange Winterruh:
es wagt es der alte Apfelbaum,
Herze, wag's auch du.

Theodor Fontane

MÄRZTAG

Wolkenschatten fliehen über Felder,
blau umdunstet stehen ferne Wälder.

Kraniche, die hoch die Luft durchpflügen,
kommen schreiend an in Wanderzügen.

Lerchen steigen schon in lauten Schwärmen,
überall ein erstes Frühlingslärmen.

Lustig flattern, Mädchen, deine Bänder,
kurzes Glück träumt durch die weiten Länder.

Kurzes Glück schwamm mit den Wolkenmassen,
wollt' es halten, mußt' es schwimmen lassen.

Detlev von Liliencron

FRÜHLINGSGLAUBE

Die linden Lüfte sind erwacht,
sie säuseln und weben Tag und Nacht,
sie schaffen an allen Enden.
O frischer Duft, o neuer Klang!
Nun, armes Herze, sei nicht bang!
Nun muß sich alles, alles wenden.

Die Welt wird schöner mit jedem Tag,
man weiß nicht, was noch werden mag,
das Blühen will nicht enden.
Es blüht das fernste, tiefste Tal:
Nun armes Herz, vergiß der Qual!
Nun muß sich alles, alles wenden!

Ludwig Uhland

MÄRZ. BRIEF NACH MERAN

Blüht nicht zu früh, ach blüht erst, wenn ich komme,
dann sprüht erst euer Meer und euren Schaum,
Mandeln, Forsythien, unzerspaltene Sonne –
dem Tal den Schimmer und dem Ich den Traum.

Ich, kaum verzweigt, im Tiefen unverbunden,
Ich, ohne Wesen, doch auch ohne Schein,
meistens im Überfall von Trauerstunden,
es hat schon seinen Namen überwunden,
nur manchmal fällt er ihm noch flüchtig ein.

So hin und her – ach blüht erst, wenn ich komme,
ich suche so und finde keinen Rat,
daß einmal noch das Reich, das Glück, das fromme,
der abgeschlossenen Erfüllung naht.

Gottfried Benn

DER LENZ

Da kommt der Lenz, der schöne Junge,
den alles lieben muß,
herein mit einem Freudensprunge
und lächelt seinen Gruß;

und schickt sich gleich mit frohem Necken
zu all den Streichen an,
die er auch sonst dem alten Recken,
dem Winter, angetan.

Er gibt sie frei, die Bächlein alle,
wie auch der Alte schilt,
die der in seiner Eisesfalle
so streng gefangen hielt.

Schon ziehn die Wellen flink von dannen
mit Tänzen und Geschwätz
und spötteln über des Tyrannen
zerronnenes Gesetz.

Den Jüngling freut es, wie die raschen
hinlärmen durchs Gefild,
und wie sie scherzend sich enthaschen
sein aufgeblühtes Bild.

Froh lächelt seine Mutter Erde
nach ihrem langen Harm;
sie schlingt mit jubelnder Gebärde
das Söhnlein in den Arm.

Nikolaus Lenau

FRÜHLING 1946

Holde Anemone,
bist du wieder da
und erscheinst mit heller Krone
mir Geschundenem zum Lohne
wie Nausikaa?

Windbewegtes Bücken,
Woge, Schaum und Licht!
Ach, welch sphärisches Entzücken
nahm dem staubgebeugten Rücken
endlich sein Gewicht?

Aus dem Reich der Kröte
steige ich empor,
unterm Lid noch Plutons Röte
und des Totenführers Flöte
gräßlich noch im Ohr.

Sah in Gorgos Auge
eisenharten Glanz,
ausgesprühte Lügenlauge
hört' ich flüstern, daß sie tauge
mich zu töten ganz.

Anemone! Küssen
laß mich dein Gesicht:
Ungespiegelt von den Flüssen
Styx und Lethe, ohne Wissen
um das Nein und Nicht.

Ohne zu verführen,
lebst und bist du da,
still mein Herz zu rühren,
ohne es zu schüren –
Kind Nausikaa!

Elisabeth Langgässer

IM FRÜHLING

Hier lieg' ich auf dem Frühlingshügel:
die Wolke wird mein Flügel,
ein Vogel fliegt mir voraus.
Ach, sag mir, alleinzige Liebe,
wo du bleibst, daß ich bei dir bliebe!
Doch du und die Lüfte, ihr habt kein Haus.

Der Sonnenblume gleich steht mein Gemüte offen,
sehnend,
sich dehnend
in Lieben und Hoffen.
Frühling, was bist du gewillt?
Wann werd' ich gestillt?

Die Wolke seh' ich wandeln und den Fluß,
es dringt der Sonne goldner Kuß
mir tief bis ins Geblüt hinein;

die Augen, wunderbar berauschet,
tun, als schliefen sie ein,
nur noch das Ohr dem Ton der Biene lauschet.
Ich denke dies und denke das,
ich sehne mich, und weiß nicht recht nach was:
halb ist es Lust, halb ist es Klage;
mein Herz, o sage,
was webst du für Erinnerung
in golden grüner Zweige Dämmerung?
– Alte unnennbare Tage!

Eduard Mörike

LENZFAHRT

Am Himmel wächst der Sonne Glut,
aufquillt der See, das Eis zersprang,
das erste Segel teilt die Flut,
mir schwillt das Herz wie Segeldrang.

Zu wandern ist das Herz verdammt,
das seinen Jugendtag versäumt,
sobald die Lenzessonne flammt,
sobald die Welle wieder schäumt.

Verscherzte Jugend ist ein Schmerz
und einer ew'gen Sehnsucht Hort,
nach seinem Lenze sucht das Herz
in einem fort, in einem fort!

Und ob die Locke mir ergraut
und bald das Herz wird stillestehn,
noch muß es, wann die Welle blaut,
nach seinem Lenze wandern gehn.

Conrad Ferdinand Meyer

DIE NACHTIGALLEN

Möcht' wissen, was sie schlagen
so schön bei der Nacht,
's ist in der Welt ja doch niemand,
der mit ihnen wacht.

Und die Wolken, die reisen,
und das Land ist so blaß,
und die Nacht wandert leise,
man hört's kaum, durchs Gras.

Nacht, Wolken, wohin sie gehen,
ich weiß es recht gut,
liegt ein Grund hinter den Höhen,
wo meine Liebste jetzt ruht.

Zieht der Einsiedel sein Glöcklein,
sie höret es nicht,
es fallen ihr die Löcklein
übers ganze Gesicht.

Und daß sie niemand erschrecket,
der liebe Gott hat sie schier
ganz mit Mondschein bedecket,
da träumt sie von mir.

Joseph von Eichendorff

SYRINGEN

Fast überirdisch dünkt mich euer Grüßen,
Syringen ihr, mit eurem Duft, dem süßen.

Nach Geisterweise weiß ich euch zu werten:
ein Duftgesang er ist mirs von Verklärten.

Gott, wie ich doch in dieser blauen Kühle
der Blumenwolke hier mich wohlig fühle!

Süß heimlich ahnend was hineinverwoben;
wie fühl ich mich so frei, so stolz gehoben!

Ha, bin ichs selbst, des einstig Erdenwesen
nun auch einmal zu solchem Glanz genesen?

Sinds meine Lieben, die, ach längst begraben,
in diesen Düften Fühlung mit mir haben?

Christian Wagner

BERICHT AUS DEM GARTEN

Mit den feurigen Offenbarungen
von Rosen
zieht der Mittag in das Haus ein.

Im Eßzimmer wird es still
für die Zeit,
bis das Fleisch verteilt
und die Gläser ausgetrunken sind.

Draußen wirft das Spalier seinen Schatten
auf den ruhenden Gärtner.
Er wird niemals erfahren,
was der Nußbaum verschweigt,
der am Nachmittag fallen muß.

Rainer Brambach

IM GRASE

Glocken und Zyanen,
Thymian und Mohn.
Ach, ein fernes Ahnen
hat das Herz davon.

Und im sanften Nachen
trägt es so dahin.
Zwischen Traum und Wachen
frag' ich, wo ich bin.

Seh' die Schiffe ziehen,
fühl' den Wellenschlag,
weiße Wolken fliehen
durch den späten Tag –

Glocken und Zyanen,
Mohn und Thymian.
Himmlisch wehn die Fahnen
über grünem Plan:

Löwenzahn und Raden,
Klee und Rosmarin.
Lenk es, Gott, in Gnaden
nach der Heimat hin.

Das ist deine Stille.
Ja, ich hör' dich schon.
Salbei und Kamille,
Thymian und Mohn,

und schon halb im Schlafen
– Mohn und Thymian –
landet sacht im Hafen
nun der Nachen an.

Josef Weinheber

LÖWENZAHN

Fliegen im Juni auf weißer Bahn
flimmernde Monde vom Löwenzahn,
liegst du versunken im Wiesenschaum,
löschend der Monde flockenden Flaum.

Wenn du sie hauchend im Winde drehst,
Kugel auf Kugel sich weiß zerbläst,
Lampen, die stäubend im Sommer stehn,
wo die Dochte noch wolliger wehn.

Leise segelt das Löwenzahnlicht
über dein weißes Wiesengesicht,
segelt wie eine Wimper blaß
in das zottig wogende Gras.

Monde um Monde wehten ins Jahr,
wehten wie Schnee auf Wange und Haar.
Zeitlose Stunde, die mich verließ,
da sich der Löwenzahn weiß zerblies.

Peter Huchel

AN DIE NELKE

Blume, runder Sternenkreis,
du, der Rose jüngre Schwester,
die sich stolzer noch und fester
in sich selbst zu schließen weiß,

offen weisest du dein Herz;
aber zwo gerollte Flammen
züngeln über ihm zusammen,
zückend brünstig himmelwärts

bittersüßen Würzgeruch,
Feuerstrahl aus dunklen Schlüften;
und doch schwebst du rank in Lüften
wie der Falter, dein Besuch.

Blühst im Fenster noch, wenn neu
sich der Garten vorbereitet,
schöne Freundin, die mich treu
durch das ganze Jahr begleitet.

Rudolf Alexander Schröder

WEGWARTE

Wegwarte,
blau –
dein Name?

– Weil starr
ich ins Blaue schau
und doch lausche und warte,
wo nichts als Weg war,
immerzu harrte,
Sommerstaubweg,
ob einer gegangen käme
das Feld entlang,
der nie mein Blühen gesehn.
Still die Tage und träg.
Nicht Fuß, nicht Rad,
Wind im Vorüberwehn
auf vergessenem Pfad. –

Dein Blau
wie Lerchengesang –
schon Kapsel und Same.

Clemens Podewils

GARTENTAG

Von unsern Zitterpappeln fliegt noch immer
der Samenflaum, das Gras ist wie verschneit.
Ein Rittersporn versendet seinen Schimmer,
als käme eine Frau in blauem Kleid.

Am Brunnenrand begegnen sich die Schatten,
das erste Dunkel nistet im Geheg.
Noch fehlt uns viel: komm, fügen wir die Platten
von hellem Schiefer in den neuen Weg,

der bei den Fliederbüschen dort im Bogen
zum Gitter führt! Bald werden wir ihn gehn
und über flimmernden Getreidewogen
das ferne Kuppelgrün der Stromstadt sehn.

O langer Gartentag! Duftender Abend,
halbfertiges Beet, noch ohne Form und Flor –
wie wohl wird uns! Die schwere Erde grabend
bereiten wir den Traum der Jahre vor.

Hans Carossa

GARTEN

Besänftigender Winde Schritte
sind in der Hecke auf der Wacht,
von Laurin, Herrn der Jahresmitte
und Herrn der Rosen, angefacht.

Es ist, sie fegen aus dem Garten,
mit sommerheiterer Geduld,
was welther weht: soviel des Harten,
soviel der Qual, soviel der Schuld.

Soviel der Unschuld nährt im Engen
das Feuer, menschenunerweckt;
es kann davon die Hand versengen,
was eine halbe Hand bedeckt.

Verwunschen stille Selbstgefühle,
Kokardenblume, Bärenklau.
Verschollner Gram und Ahnungskühle,
Lavendelruch, Lavendelblau.

Gedanken viel im Eingedanken,
an Balsamquellen Schar bei Schar,
so spielen Sterne, Glocken, Ranken
nach außen, was geist-innen war.

Entblättern Rosen mit dem Tage,
so scheinen sie alther zu schnein
zu ihres bösen Königs Klage
aus spitzem Dolomitgestein.

Oskar Loerke

ZWEI GÄRTEN

Schwer von Jasminduft, weht aus dunklen Gärten
der Mittagswind:
Ich denke euer, die ihr Spielgefährten
mir wart als Kind.

Der Tulpenbaum mit grünen Blumenbechern,
drin Nektar quillt,
der gute Birnbaum, der uns kleinen Zechern
die Hand gefüllt.

Vorüber eilt man scheu dem feuchten Grunde,
wo moosbefleckt,
dämonenbös mit schwarzem Schlangenmunde
der Brunnen schreckt.

Ein Ton von Bienen, die den Honig mischen,
summt überall,
unendlich klagt des Nachts aus Duftgebüschen
die Nachtigall.

Ein Garten war, da blühten Georginen
im Purpurflor
und Sonnenblumen mit des Cherubs Mienen
am offnen Tor.

Mohnpuppen kamen auch, die schön berockten,
im grünen Schal,
wenn die Holunderblütenküchlein lockten,
zu duftgem Mal,

der weiße Elefant verbarg im Grase
sein Rosenohr,
das rote Bällchen sich als Seifenblase
im Blau verlor.

Es weht mich an, Erinnerungen trunken,
der Mittagswind.
An alte Gärten denk ich, die versunken
auf immer sind. *Ricarda Huch*

JUNI

Schön wie niemals sah ich jüngst die Erde.
Einer Insel gleich trieb sie im Winde.
Prangend trug sie durch den reinen Himmel
ihrer Jugend wunderbaren Glanz.

Funkelnd lagen ihre blauen Seen,
ihre Ströme zwischen Wiesenufern.
Rauschen ging durch ihre lichten Wälder,
große Vögel folgten ihrem Flug.

Voll von jungen Tieren war die Erde.
Fohlen jagten auf den grellen Weiden,
Vögel reckten schreiend sich im Neste,
gurrend rührte sich im Schilf die Brut.

Bei den roten Häusern im Holunder
trieben Kinder lärmend ihre Kreisel;
singend flochten sie auf gelben Wiesen
Ketten sich aus Halm und Löwenzahn.

Unaufhörlich neigten sich die grünen
jungen Felder in des Windes Atem,
drehten sich der Mühlen schwere Flügel,
neigten sich die Segel auf dem Haff.

Unaufhörlich trieb die junge Erde
durch das siebenfache Licht des Himmels;
flüchtig nur wie einer Wolke Schatten
lag auf ihrem Angesicht die Nacht.

Marie Luise Kaschnitz

SOMMER

Am Abend schweigt die Klage
des Kuckucks im Wald.
Tiefer neigt sich das Korn,
der rote Mohn.

Schwarzes Gewitter droht
über dem Hügel.
Das alte Lied der Grille
erstirbt im Feld.

Nimmer regt sich das Laub
der Kastanie.
Auf der Wendeltreppe
rauscht dein Kleid.

Stille leuchtet die Kerze
im dunklen Zimmer;
eine silberne Hand
löschte sie aus;
windstille, sternlose Nacht.

Georg Trakl

AUS SANFTER MULDE in dem Erdgenick
wächst weiß der Mond und ist ein Lilienkelch,
in meinem Rückgrat golden steigt die Ähre,
der nichts zuvorkommt an den Vatermund,
die nie verkümmert in der Mutterzeit.

Noch ist das Dorf von Lilienkelch und Sonne
zugleich erleuchtet und die Holenweg-Angst
läßt sich geduldig zwischen Kauz und Käuzin
durchs Laubwerk werfen bis zum Amselspruch
und wird erst mitternachts ein Rückgrat brechen,
dort Ähre werden oder Mutterkorn.

Was weiß ich denn, wann mein Gesicht vergeht?
Die Ährenaugen strahlen übermächtig
zurück zur Ahnin unterm Todesschrei,
voraus zum Vater unter Taubenflügeln,
entlang die Knöchelchen am Erdenleib
bis zu dem Wirbel, wo dein Atem wirkt.

Christine Lavant

FELDEINSAMKEIT

Ich ruhe still im hohen, grünen Gras
und sende lange meinen Blick nach oben,
von Grillen rings umschwirrt ohn Unterlaß,
von Himmelsbläue wundersam umwoben.

Und schöne, weiße Wolken ziehn dahin
durchs tiefe Blau, wie schöne stille Träume:
mir ist, als ob ich längst gestorben bin,
und ziehe selig mit durch ew'ge Räume.

Hermann Ludwig Allmers

JULI-SCHWERMUT

Blumen des sommers duftet ihr noch so reich:
Ackerwinde im herben saatgeruch
Du ziehst mich nach am dorrenden geländer
Mir ward der stolzen gärten sesam fremd.

Aus dem vergessen lockst du träume: das kind
Auf keuscher scholle rastend des ährengefilds
In ernte-gluten neben nackten schnittern
Bei blanker sichel und versiegtem krug.

Schläfrig schaukelten wespen im mittagslied
Und ihm träufelten auf die gerötete stirn
Durch schwachen schutz der halme-schatten
Des mohnes blätter: breite tropfen blut.

Nichts was mir je war raubt die vergänglichkeit.
Schmachtend wie damals lieg ich in schmachtender flur
Aus mattem munde murmelt es: wie bin ich
Der blumen müd · der schönen blumen müd!

Stefan George

GANZ KURZ VOR DEM GEWITTER

Ein sanfter Regen, und die Zeder,
in den Abend gestickt mit tausend Stichen
und einem, verliert ihre Fassung.
Auch die Steine machen sich auf,
sie suchen ein Ufer. Nur die Saatkrähen
mit ihren nackten weißlichen Gesichtern
beschließen zu bleiben. Sie zerren
an dem Tuch, das die Dinge verhüllt,
als gelte es etwas zu zeigen.
Alles noch Sichtbare erinnert sich
an das Unsichtbare, das immer und ewig
unsichtbar bleibt, wenn das Gewitter
hereinbricht.

Michael Krüger

VOR DEM GEWITTER

Die Schwalbe peitscht die Wege.
Noch ist der Himmel frei.
Schon hör ich dumpfe Schläge.
Im Mühlgrund knarrt die Säge.
Vom Feld der Wachtel Schrei.

Die schwarzen Wolkenberge
reißt jäh ein Blitz entzwei.
Weiß nicht, wo ich mich berge.
Die Stuben dumpf wie Särge.
Herr, steh mir bei!

Richard Billinger

VOR DEM GEWITTER

Es stufen sich die Wolken zu Basteien
und Festungen aus Wasser. Regen kennt
die Blättersprache. Donner regt
sich träge in der Ferne, wo das Wasser
grau in der Schwebe hängt, ein Bleigewicht.

Die Zuckungen der Luft an deiner Haut,
das Knäuelgras, das deine Knie berührt,
vermischen sich mit einem Bussardschrei.
Ein Flügelflattern ist so leise wie
Erinnerung ans Wetzen einer Sense.

Die Lämmer hüpfen, wenn die Sonne sticht.
In Klumpen stehen Schafe. Alle haben
die Köpfe dicht beisammen überm Boden,
und niemand weiß, wie es sich mischt: Der Regen,
die Erde und das Gras, der Wind, das Licht.

Hermann Lenz

ERNTEGEWITTER

Ein jäher Blitz. Der Erntewagen schwankt.
Aus seinen Garben fahren Dirnen auf
und springen schreiend in die Nacht hinab.
Ein Blitz. Auf einer goldnen Garbe thront
noch unvertrieben eine frevle Maid,
der das gelöste Haar den Nacken peitscht.
Sie hebt das volle Glas mit nacktem Arm,
als brächte sie's der Glut, die sie umflammt,
und leert's auf einen Zug. Ins Dunkel wirft
sie's weit und gleitet ihrem Becher nach.
Ein Blitz. Zwei schwarze Rosse bäumen sich.
Die Peitsche knallt. Sie ziehen an. Vorbei.

Conrad Ferdinand Meyer

DER SOMMER ist fürchterlich:
Siehst du ihn toben?
Wie kann man ihn loben,
der seine Lanzen wirft,
uns zu erstechen –
und daß sie aus Gold sind
und nicht aus Eisen
wie sonst die Messer,
macht es nicht besser!

Wie kann man ihn preisen,
den blauen Himmel
mit seinen weißen
Wolken im Freudentanz?
Er tut den Augen weh,
all dieser Glanz.
Die wilden Blumen sind
wie Feuerräder
über dem Gras im Wind.
Später, am Abend, glüht
schrecklich der Mond.

Es blitzen die Schlangen
durch Dorn und Gesträuche.
Zwar die Kreuzotter
im spiegelnden glatten
Kleid kannst du erschlagen –
grün surren die Fliegen dann
über dem Aas!
Hätt' er nicht den schwarzen
Schatten, der Wald,
und die Quelle froschkalt,
wär' nicht zu ertragen
die hitzige Zeit.

Georg Britting

DAS GEWITTER

Ihr wilden Gebirge, der Adler
erhabene Trauer.
Goldnes Gewölk
raucht über steinerner Öde.
Geduldige Stille odmen die Föhren,
die schwarzen Lämmer am Abgrund,
wo plötzlich die Bläue
seltsam verstummt,
das sanfte Summen der Hummeln.
O grüne Blume –
o Schweigen.

Traumhaft erschüttern des Wildbachs
dunkle Geister das Herz,
Finsternis,
die über die Schluchten hereinbricht!
Weiße Stimmen
irrend durch schaurige Vorhöfe,
zerrissne Terrassen,
der Väter gewaltiger Groll, die Klage
der Mütter,
des Knaben goldener Kriegsschrei
und Ungebornes
seufzend aus blinden Augen.

O Schmerz, du flammendes Anschaun
der großen Seele!
Schon zuckt im schwarzen Gewühl
der Rosse und Wagen
ein rosenschauriger Blitz
in die tönende Fichte.
Magnetische Kühle
umschwebt dies stolze Haupt,
glühende Schwermut
eines zürnenden Gottes.

Angst, du giftige Schlange,
schwarze, stirb im Gestein!
Da stürzen der Tränen
wilde Ströme herab,
Sturm-Erbarmen,
Hallen in drohenden Donnern
die schneeigen Gipfel rings.
Feuer
läutert zerrissene Nacht.

Georg Trakl

VOR DER ERNTE

Nun störet die Ähren im Felde
ein leiser Hauch,
wenn eine sich beugt, so bebet
die andre auch.

Es ist, als ahnten sie alle
der Sichel Schnitt –
die Blumen und fremden Halme
erzittern mit.

Martin Greif

SOMMERGEFÜHL

Kurzer Sommer, glühender, bleib! Dein Anhauch
zwar verdrießt das ängstliche Gras. Das Korn doch
liebt dich, der sich rötende Wein. Die Grille
singt dir ein Loblied,

und die Lerche, wenn sie ins Blaue klettert,
tut es trillernd, dir zu gefallen, und des
wilden Klatschmohns purpurne Blüte ist ein
feuriger Juhschrei!

In den kühlen, glänzenden Nächten richtet
sich das grüne Gras wieder auf. Die Schnecke
wandert durch das taunasse Land und sieht nicht
oben die Sterne:

Ihren Fühlern sind sie entrückt! Sie fürchtet
jetzt schon wie die Kröte im schwarzen Hohlweg,
wie der Salamander im Sumpf den süßen
rosigen Morgen.

Georg Britting

SIBYLLE DES SOMMERS

September schleudert die Wabe des Lichts
weit über die felsigen Gärten aus.
Noch will die Sibylle des Sommers nicht sterben.
Den Fuß im Nebel und starren Gesichts
bewacht sie das Feuer im laubigen Haus,
wo Mandelschalen als Urnenscherben
zersplittert im harten Weggras liegen.
Das Schiffblatt neigt sich, das Wasser zu kerben.
Die Spinnen reisen, die Fäden fliegen.
Noch will die Sibylle des Sommers nicht sterben.
Sie knotet ihr Haar in den Bäumen fest.
Die Feige leuchtet in klaffender Fäule.
Und weiß und rund wie das Ei der Eule
glänzt abends der Mond im dünnen Geäst.

Peter Huchel

SOMMERBILD

Ich sah des Sommers letzte Rose stehn,
sie war, als ob sie bluten könne, rot;
da sprach ich schauernd im Vorübergehn:
so weit im Leben ist zu nah am Tod!

Es regte sich kein Hauch am heißen Tag,
nur leise strich ein weißer Schmetterling;
doch ob auch kaum die Luft sein Flügelschlag
bewegte, sie empfand es und verging.

Friedrich Hebbel

SEPTEMBERMORGEN

Im Nebel ruhet noch die Welt,
noch träumen Wald und Wiesen:
bald siehst du, wenn der Schleier fällt,
den blauen Himmel unverstellt,
herbstkräftig die gedämpfte Welt
in warmem Golde fließen.

Eduard Mörike

OBERON

Durch den warmen Lehm geschnitten
Zieht der Weg. Inmitten
Wachsen Lolch und Bibernell.
Oberon ist ihn geritten
Heuschreckschnell.

Oberon ist längst die Sagenzeit hinabgeglitten.
Nur ein Klirren
Wie von goldnen Reitgeschirren
Bleibt,
Wenn der Wind die Haferkörner reibt.

Wilhelm Lehmann

ASTERN

Astern –, schwelende Tage,
alte Beschwörung, Bann,
die Götter halten die Waage
eine zögernde Stunde an.

Noch einmal die goldenen Herden
der Himmel, das Licht, der Flor,
was brütet das alte Werden
unter den sterbenden Flügeln vor?

Noch einmal das Ersehnte,
den Rausch, der Rosen du –,
der Sommer stand und lehnte
und sah den Schwalben zu,

noch einmal ein Vermuten,
wo längst Gewißheit wacht:
die Schwalben streifen die Fluten
und trinken Fahrt und Nacht.

Gottfried Benn

DER MILDE HERBST VON ANNO 45

Ich Uralter kanns erzählen, wie der Herbst durch jenes Jahr
wie ein Strom rann und ein Spiegel hundert Abendröten war.

An Obstbäumen lehnten Leitern, knackten unter Eil und Fleiß,
und die Kinder schmausten immer, und die Kranken lachten leis.

Auf dem Boden rochs nach Äpfeln, in den Kellern feucht nach Wein,
und wer eine Sense ansah, dem fiel doch der Tod nicht ein.

War ein Herbst so lang wie jeder; Sonne sinkt und Stunde schlägt;
doch an jedes Leben, schien uns, war ein Kleines zugelegt.

Max Mell

VERKLÄRTER HERBST

Gewaltig endet so das Jahr
mit goldnem Wein und Frucht der Gärten.
Rund schweigen Wälder wunderbar
und sind des Einsamen Gefährten.

Da sagt der Landmann: Es ist gut.
Ihr Abendglocken lang und leise
gebt noch zum Ende frohen Mut.
Ein Vogelzug grüßt auf der Reise.

Es ist der Liebe milde Zeit.
Im Kahn den blauen Fluß hinunter
wie schön sich Bild an Bildchen reiht –
das geht in Ruh und Schweigen unter.

Georg Trakl

OKTOBER

Oktober du, Stille wird hörbar,
wenn weißer Nebel fällt;
der Geist, wie leicht doch zerstörbar,
an Bild um Bild sich hält:

Jede Färbung erfaßt er,
was reif hier steht und stumm,
nichts aus der Jahreszeit haßt er,
geht auch bei Gräbern um.

Neu ist mir Sinken und Ruhen,
so hab ichs nie gespürt.
Gehe mit raschelnden Schuhen
Wie einer, den man führt.

Nichts muß mehr überlegt sein.
Ein Blau so kühl und stet.
Die goldne Spreu wird der Weg sein:
Fortgehn, kein Winken. Valet.

Heinz Piontek

FÜLLE

Genug ist nicht genug! Gepriesen werde
der Herbst! Kein Ast, der seiner Frucht entbehrte!
Tief beugt sich mancher allzureich beschwerte,
der Apfel fällt mit dumpfem Laut zur Erde.

Genug ist nicht genug! Es lacht im Laube!
Die saftige Pfirsche winkt dem durstigen Munde!
Die trunknen Wespen summen in die Runde:
«Genug ist nicht genug!» um eine Traube.

Genug ist nicht genug! Mit vollen Zügen
schlürft Dichtergeist am Borne des Genusses,
das Herz, auch es bedarf des Überflusses,
genug kann nie und nimmermehr genügen!

Conrad Ferdinand Meyer

SÜSSER TRUG

Rotes Laub, Zerfall in den Büschen – doch der
Föhn malt schlau ein funkelndes Blau, als sei es
Sommer! Lange ging der davon. Es ist schon
spät im Oktober.

Süßer Trug! Die sterbenden Gärten zittern
in dem herrlich stürzenden Licht. Die letzten
Sonnenblumen glühen am Zaun, sie sehn den
stachligen Igel

unterm Baum sich wälzen: Die Blätter trägt er
treu nach Haus. Es lobt ihn die Gattin, sagt, es
sei genug getan für den langen Schlaf im
duftenden Laube.

Ach, sie weiß, es kommt nun der Winter, weißes
Eis, die Zeit der silbernen Nächte, die sie
nie geschaut. Doch raunen davon die Sagen
ihres Geschlechtes.

Georg Britting

SPÄTE ZEIT

Still das Laub am Baum verklagt.
Einsam frieren Moos und Grund.
Über allen Jägern jagt
hoch im Wind ein fremder Hund.

Überall im nassen Sand
liegt des Waldes Pulverbrand,
Eicheln wie Patronen.

Herbst schoß seine Schüsse ab,
leise Schüsse übers Grab.

Horch, es rascheln Totenkronen,
Nebel ziehen und Dämonen.

Peter Huchel

UNBERÜHMTER ORT

Septemberpause, da schweigt der Wind.
Unter hohem Himmel, bei Hafergebind,
Chronist, memorier
geschwindes Jetzt, veränderliches Hier.
Den unberühmten Ort
bemerkte kein schallendes Wort.
Nie hat er Charlemagne gesehn,
auch keine Schlacht ist ihm geschehn.
Die Hecken tapeziert der Harlekin mit Flügelseide,
sie stünde Kaiser Karl wie Hermelin zum Kleide.
Der Apfel bleibt liegen, wohin er fiel;
den Sand des Weges schlitzt ein Bauernwagen;
die Stare sammeln sich. Sie halten Konzil.
Hör zu, Chronist, schreib mit, was sie sagen.

Wilhelm Lehmann

VOGELWOLKE

Ein Abend,
starrend von Staren ...
und wärs auch
Wortspiel, es schafft sich
Wahrheit,
so schwarzes Gezwitscher,
ein unerhörtes
im Labyrinth.

Das muß
der Herbst sein. Er
runzelt die Braue:
Die Vogelwolke
steigt auf aus
besudelten Wipfeln

und nimmt nach
Norden
unverständliche Richtung.

Ernst Meister

KOMM in den totgesagten park und schau:
Der schimmer ferner lächelnder gestade ·
Der reinen wolken unverhofftes blau
Erhellt die weiher und die bunten pfade.

Dort nimm das tiefe gelb · das weiche grau
Von birken und von buchs · der wind ist lau ·
Die späten rosen welkten noch nicht ganz ·
Erlese küsse sie und flicht den kranz ·

Vergiß auch diese letzten astern nicht ·
Den purpur um die ranken wilder reben ·
Und auch was übrig blieb von grünem leben
Verwinde leicht im herbstlichen gesicht

Stefan George

HERBSTTAG

Herr: es ist Zeit. Der Sommer war sehr groß.
Leg deinen Schatten auf die Sonnenuhren,
und auf den Fluren laß die Winde los.

Befiehl den letzten Früchten voll zu sein;
gib ihnen noch zwei südlichere Tage,
dränge sie zur Vollendung hin und jage
die letzte Süße in den schweren Wein.

Wer jetzt kein Haus hat, baut sich keines mehr.
Wer jetzt allein ist, wird es lange bleiben,
wird wachen, lesen, lange Briefe schreiben
und wird in den Alleen hin und her
unruhig wandern, wenn die Blätter treiben.

Rainer Maria Rilke

WEG IN DIE DÄMMERUNG

Trüb verglimmt der Schein,
da der Abend naht
Und ich geh allein
den verschneiten Pfad,

der, vom Hang gelenkt,
mit gelindem Schwung
hin und her sich senkt
in die Niederung.

Birken, starr von Eis,
Pfahlwerk, unbehaun,
Dorn und Erlenreis,
ein verwehter Zaun

geben seiner Spur
anfangs das Geleit,
dann gehört er nur
der Unendlichkeit,

die verdämmernd webt
und ihn unbestimmt,
wie er weiterstrebt,
in ihr Dunkel nimmt.

Reif erknirscht und Schnee
unter meinem Schuh.
Weg, auf dem ich steh,
dir gehör ich zu!

Wer des Lichts begehrt,
muß ins Dunkel gehn.
Was das Grauen mehrt,
läßt das Heil erstehn.

Wo kein Sinn mehr mißt,
waltet erst der Sinn.
Wo kein Weg mehr ist,
ist des Wegs Beginn.

Manfred Hausmann

HERBST

Die Blätter fallen, fallen wie von weit,
als welkten in den Himmeln ferne Gärten;
sie fallen mit verneinender Gebärde.

Und in den Nächten fällt die schwere Erde
aus allen Sternen in die Einsamkeit.

Wir alle fallen. Diese Hand da fällt.
Und sieh dir andre an: es ist in allen.

Und doch ist Einer, welcher dieses Fallen
unendlich sanft in seinen Händen hält.

Rainer Maria Rilke

DER BALKEN

Balken, geringster meiner Brüder, verworfen
von den Zimmerleuten, vermißt von niemandem –
doch, von mir, dem Wundersüchtigen.

In Ponte de Lima sah ich dich,
vom Gras fast verborgen, hielt an
und hörte dich flüstern: *Ich bin's*!

Warum sollte das Wunder nicht aus Holz sein?
Geschichte ist ohne Geduld und Gnade,
geht geistlos mit den stärkeren Bataillonen.
Aber Holz, noch zersplittert und vermodernd,
fern seinem Ursprung, ein Schatten nur noch
des einstmals so starken Stammes, Holz
gibt nicht den Geist auf, verliert nicht
den Geruch der großen Geduld, ist Wohnung
anderen Wesen, winzigen furchtsamen Völkern.

Mein Stecken und mein Stab, Wiege und Kreuz:
im innersten Herzen der Erde höre ich
deinen Flügelschlag. In den Kohlewäldern
meines Verlangens glimmt es, das grüne Blatt,
wiegt es sich am *Baum des Lebens.*

Peter Hamm

WINTERNACHT

Nicht ein Flügelschlag ging durch die Welt,
still und blendend lag der weiße Schnee.
Nicht ein Wölklein hing am Sternenzelt,
keine Welle schlug im starren See.

Aus der Tiefe stieg der Seebaum auf,
bis sein Wipfel in dem Eis gefror;
an den Ästen klomm die Nix herauf,
schaute durch das grüne Eis empor.

Auf dem dünnen Glase stand ich da,
das die schwarze Tiefe von mir schied;
dicht ich unter meinen Füßen sah
ihre weiße Schönheit Glied um Glied.

Mit ersticktem Jammer tastet' sie
an der harten Decke her und hin,
ich vergess' das dunkle Antlitz nie,
immer, immer liegt es mir im Sinn!

Gottfried Keller

VOR DEM WINTER

Kein Himmel in der Frühe,
nach halben Schritten wird es still,
und wie das Blatt vom Baume fiel,
verzuckt ein Lichtlein ohne Will,
grämt sich und hat nicht Mühe.

Es will der Tag nicht raten.
Als löste sich von unsrem Mund
das Blatt, so sind die Worte wund.
Im Nebel rinnen Stund um Stund,
verrinnen unsre Taten.

Allein in letzter Höhe
steht noch ein Blatt und zittert bald.
Und wird im Sterben voll Gestalt;
ein Wind als wie ein Messer kalt
nimmt auch das letzte Blatt.

Konrad Weiß

AN EINEM WINTERMORGEN, VOR SONNENAUFGANG

O flaumenleichte Zeit der dunkeln Frühe!
Welch neue Welt bewegest du in mir?
Was ist's, daß ich auf einmal nun in dir
von sanfter Wollust meines Daseins glühe?

Einem Kristall gleicht meine Seele nun,
den noch kein falscher Strahl des Lichts getroffen;
zu fluten scheint mein Geist, er scheint zu ruhn,
dem Eindruck naher Wunderkräfte offen,
die aus dem klaren Gürtel blauer Luft
zuletzt ein Zauberwort vor meine Sinne ruft.

Bei hellen Augen glaub' ich doch zu schwanken;
ich schließe sie, daß nicht der Traum entweiche.
Seh' ich hinab in lichte Feenreiche?
Wer hat den bunten Schwarm von Bildern und Gedanken
zur Pforte meines Herzens hergeladen,
die glänzend sich in diesem Busen baden,
goldfarb'gen Fischlein gleich im Gartenteiche?

Ich höre bald der Hirtenflöten Klänge,
wie um die Krippe jener Wundernacht,
bald weinbekränzter Jugend Lustgesänge;
wer hat das friedenselige Gedränge,
in meine traurigen Wände hergebracht?

Und welch Gefühl entzückter Stärke,
in dem mein Sinn sich frisch zur Ferne lenkt!
Vom ersten Mark des heut'gen Tags getränkt,
fühl' ich mir Mut zu jedem frommen Werke.
Die Seele fliegt, so weit der Himmel reicht,
der Genius jauchzt in mir! Doch sage,
warum wird jetzt der Blick von Wehmut feucht?
Ist's ein verloren Glück, was mich erweicht?
Ist es ein werdendes, was ich im Herzen trage?
– Hinweg, mein Geist: hier gilt kein Stillestehn!
Es ist ein Augenblick, und alles wird verwehn!

Dort, sieh! am Horizont lüpft sich der Vorhang schon!
Es träumt der Tag, nun sei die Nacht entflohn;
die Purpurlippe, die geschlossen lag,
haucht, halbgeöffnet, süße Atemzüge:
auf einmal blitzt das Aug', und, wie ein Gott, der Tag
beginnt im Sprung die königlichen Flüge!

Eduard Mörike

Uns hât der winter geschât über al:
heide unde walt sint beide nû val,
dâ manic stimme vil suoze inne hal.
sæhe ich die megde an der strâze den bal
werfen! sô kæme uns der vogele schal.

Möhte ich verslâfen des winters zît!
wache ich die wîle, sô hân ich sîn nît,
das sîn gewalt ist sô breit und sô wît.
weizgot er lât ouch dem meien den strît:
sô lise ich bluomen dâ rîfe nû lît.

Walther von der Vogelweide

NUN laß mich rufen über die verschneiten
Gefilde wo du wegzusinken drohst:
Wie du mich unbewußt durch die gezeiten
Gelenkt – im anfang spiel und dann mein trost.

Du kamst beim prunk des blumigen geschmeides,
Ich sah dich wieder bei der ersten mahd
Und unterm rauschen rötlichen getreides
Wand immer sich zu deinem haus mein pfad.

Dein wort erklang mir bei des laubes dorren
So traulich daß ich ganz mich dir befahl
Und als du schiedest lispelte verworren
In seufzertönen das verwaiste tal.

So hat das schimmern eines augenpaares
Als ziel bei jeder wanderung geglimmt.
So ward dein sanfter sang der sang des jahres
Und alles kam weil du es so bestimmt.

Stefan George

Uns hat der Winter überall geschadet:
Heide und Wald sind nun beide fahl,
wo sonst manche Stimme äußerst süß wiederhallte.
Sähe ich nur die Mädchen an der Straße Ball
spielen! Dann käme auch bald der Vogelsang zu uns.

Ich möchte die Winterzeit verschlafen!
Solange ich wach bin, nehme ich es ihm übel,
daß seine Macht so groß und weitreichend ist.
Weiß Gott, auch er muss sich einmal dem Mai geschlagen geben:
Dann lese ich Blumen auf, wo jetzt Raureif liegt.

Übersetzung: Bettina Göbels

HEILIGE NACHT

Im Wald is so staad,
alle Weg san vawaht,
alle Weg san vaschniebn,
is koa Steigl net bliebn.

Hörst d' as z'weitest im Wald,
wann da Schnee oba fallt,
wann si's Astl o'biagt,
wann a Vogel auffliagt.

Aba heunt kunnt's scho sei,
es waar nomal so fei,
es waar nomal so staad,
daß sie gar nix rührn tat.

Kimmt die heilige Nacht.
Und da Wald ist aufgwacht,
schaugn de Has'n und Reh,
schaugn de Hirsch übern Schnee.

Hamm sie neamad net gfragt,
hot's eahr neamad net gsagt,
und kennan s' do bald,
d'Muatta Gottes im Wald.

Ludwig Thoma

AN DIE SONNE

Ich friere so, komm wieder zu der Bank,
da her zum Bahnhof, wo ich auf dich warte,
ich will auch nie mehr eitles Pfaurad sagen.
Mein Mantel ist schon dünn und abgetragen,
und dieser Hundewind quält meine Schwarte,
ich werde sicherlich bald elend krank.

Dann kann ich nimmer dich erwarten gehn.
Und wie mein Fenster klein ist, wirst wohl wissen,
auch wächst der Birnenbaum so in die Breite.
Dann hat mein Bett gar keine Sonnenseite,
und nur das Fensterkreuz kriecht auf die Kissen,
zwei Schattenbalken, die mich sterben sehn.

Christine Lavant

IM SONNENLICHT

Die Sonne, wie sie mir zufällt,
kupfern und golden,
dem blinzelnden Schläfer, –
ich habe sie nicht verlangt.

Ich will sie nicht, wie sie die Haut mir bräunt
und mir Gutes tut,
ich fürchte das Glück, –
ich habe es nicht verlangt.

Die ihr sie hinnehmt,
kupfern und golden,
daß sie das Weizenkorn härtet,
daß sie die Traube kocht, –
wer seid ihr, daß ihr nicht bangt?

Was üppig sie gab,
was wir genommen ohne Besinnen,
das unverlangte Geschenk, –
eines bestürzenden Tages
wird es zurückverlangt.

Was zu verschwenden erlaubt war,
die kupferne Scheidemünze,
die Haufen Goldes,
die vertanen Reichtümer, – genau
wird es zurückverlangt.

Aber wir werden leere Taschen haben
und der Gläubiger ist unbarmherzig.
Womit werden wir zahlen?
O Brüder, daß ihr nicht bangt!

Günter Eich

VOR TAG

Nun liegt und zuckt am fahlen Himmelsrand
in sich zusammengesunken das Gewitter.
Nun denkt der Kranke: «Tag! jetzt werd' ich schlafen!»
Und drückt die heißen Lider zu. Nun streckt
die junge Kuh im Stall die starken Nüstern
nach kühlem Frühduft. Nun im stummen Wald
hebt der Landstreicher ungewaschen sich
aus weichem Bett vorjährigen Laubes auf
und wirft mit frecher Hand den nächsten Stein
nach einer Taube, die schlaftrunken fliegt,
und graust sich selber, wie der Stein so dumpf
und schwer zur Erde fällt. Nun rennt das Wasser,
als wollte es der Nacht, der fortgeschlichnen, nach
ins Dunkel stürzen, unteilnehmend, wild
und kalten Hauches hin, indessen droben
der Heiland und die Mutter leise, leise
sich unterreden auf dem Brücklein: leise,
und doch ist ihre kleine Rede ewig
und unzerstörbar wie die Sterne droben.
Er trägt sein Kreuz und sagt nur: «Meine Mutter!»
Und sieht sie an, und: «Ach, mein lieber Sohn!»
sagt sie. – Nun hat der Himmel mit der Erde
ein stumm beklemmend Zwiegespräch. Dann geht
ein Schauer durch den schweren, alten Leib:
sie rüstet sich, den neuen Tag zu leben.
Nun steigt das geisterhafte Frühlicht. Nun
schleicht einer ohne Schuh' von einem Frauenbett,
läuft wie ein Schatten, klettert wie ein Dieb
durchs Fenster in sein eignes Zimmer, sieht
sich im Wandspiegel und hat plötzlich Angst
vor diesem blassen, übernächtigen Fremden,
als hätte dieser selbe heute nacht
den guten Knaben, der er war, ermordet
und käme jetzt, die Hände sich zu waschen
im Krüglein seines Opfers wie zum Hohn,
und darum sei der Himmel so beklommen
und alles in der Luft so sonderbar.
Nun geht die Stalltür. Und nun ist auch Tag.

Hugo von Hofmannsthal

AN DIE SONNE

Schöner als der beachtliche Mond und sein geadeltes Licht,
schöner als die Sterne, die berühmten Orden der Nacht,
viel schöner als der feurige Auftritt eines Kometen
und zu weit Schönrem berufen als jedes andre Gestirn,
weil dein und mein Leben jeden Tag an ihr hängt, ist die Sonne.

Schöne Sonne, die aufgeht, ihr Werk nicht vergessen hat
und beendet, am schönsten im Sommer, wenn ein Tag
an den Küsten verdampft und ohne Kraft gespiegelt die Segel
über dein Aug ziehn, bis du müde wirst und das letzte verkürzt.

Ohne die Sonne nimmt auch die Kunst wieder den Schleier,
du erscheinst mir nicht mehr, und die See und der Sand,
von Schatten gepeitscht, fliehen unter mein Lid.

Schönes Licht, das uns warm hält, bewahrt und wunderbar sorgt,
daß ich wieder sehe und daß ich dich wiederseh!

Nichts Schönres unter der Sonne als unter der Sonne zu sein …

Nichts Schönres als den Stab im Wasser zu sehn und den Vogel oben,
der seinen Flug überlegt, und unten die Fische im Schwarm,
gefärbt, geformt, in die Welt gekommen mit einer Sendung von Licht,
und den Umkreis zu sehn, das Geviert eines Felds, das Tausendeck meines Lands
und das Kleid, das du angetan hast. Und dein Kleid, glockig und blau!

Schönes Blau, in dem die Pfauen spazieren und sich verneigen,
Blau der Fernen, der Zonen des Glücks mit den Wettern für mein Gefühl,
blauer Zufall am Horizont! Und meine begeisterten Augen
weiten sich wieder und blinken und brennen sich wund.

Schöne Sonne, der vom Staub noch die größte Bewundrung gebührt,
drum werde ich nicht wegen dem Mond und den Sternen und nicht,
weil die Nacht mit Kometen prahlt und in mir einen Narren sucht,
sondern deinetwegen und bald endlos und wie um nichts sonst
Klage führen über den unabwendbaren Verlust meiner Augen.

Ingeborg Bachman

WETTERREGELN

Ist's in der Neujahrsnacht finster und still,
fehlt es am Geld oder am guten Will'.

Sonnt sich der Dachs in der Lichtmeß-Woch',
wird ihm warm oder es friert ihn noch.

Ist der März naß,
füllt er dem Bauern das Regenfaß.

Im ganzen April
kann's wettern, wie's will.

Donnert's im Mai,
ist der April vorbei.

Juni kalt und sonnenarm,
macht den Bauern nicht sonderlich warm.

Juli trocken und heiß,
klebt dem Bauern die Hose am Steiß.

Herrscht im August eine Bärenhitze,
vertrocknet manchmal die letzte Pfütze.

Ist im September der Krebs nimmer gut,
man keinen zu essen besser tut.

Schaut im Oktober die Maus aus dem Loch,
hat sie schon g'fressen oder 's hungert sie noch.

Guckt an Martini die Sonne hervor,
schwitzt die Gans im Ofenrohr.

Dezemberwind
macht die Nasen rot, die es nicht schon sind.

Unbekannt

FRÜH IM WAGEN

Es graut vom Morgenreif
in Dämmerung das Feld,
da schon ein blasser Streif
den fernen Ost erhellt;

man sieht im Lichte bald
den Morgenstern vergehn
und doch am Fichtenwald
den vollen Mond noch stehn:

so ist mein scheuer Blick,
den schon die Ferne drängt,
noch in das Schmerzensglück
der Abschiedsnacht versenkt.

Dein blaues Auge steht,
ein dunkler See, vor mir,
dein Kuß, dein Hauch umweht,
dein Flüstern mich noch hier.

An deinem Hals begräbt
sich weinend mein Gesicht,
und Purpurschwärze webt
mir vor dem Auge dicht.

Die Sonne kommt; – sie scheucht
den Traum hinweg im Nu,
und von den Bergen streicht
ein Schauer auf mich zu.

Eduard Mörike

MORGENLIED

Mit edeln Purpurröten
und hellem Amselschlag,
mit Rosen und mit Flöten
stolziert der junge Tag.
Der Wanderschritt des Lebens
ist noch ein leichter Tanz,
ich gehe wie im Reigen
mit einem frischen Kranz.

Ihr taubenetzten Kränze
der neuen Morgenkraft,
geworfen aus den Lüften
und spielend aufgerafft –
wohl manchen ließ ich welken
noch vor der Mittagsglut;
zerrissen hab ich manchen
aus reinem Übermut!

Mit edeln Purpurröten
und hellem Amselschlag,
mit Rosen und mit Flöten
stolziert der junge Tag –
hinweg, du dunkle Klage,
aus all dem Licht und Glanz!
Den Schmerz verlorner Tage
bedeckt ein frischer Kranz.

Conrad Ferdinand Meyer

MITTAG

Am Waldessaume träumt die Föhre.
Am Himmel weiße Wölkchen nur.
Es ist so still, daß ich sie höre,
die tiefe Stille der Natur.

Rings Sonnenschein auf Wies' und Wegen,
die Wipfel stumm, kein Lüftchen wach.
Und doch, es klingt, als ström' ein Regen
leis tönend auf das Blätterdach.

Theodor Fontane

ABENDGEFÜHL

Friedlich bekämpfen
Nacht sich und Tag.
Wie das zu dämpfen,
wie das zu lösen vermag!

Der mich bedrückte,
schläfst du schon, Schmerz?
Was mich beglückte,
sage, was war's doch, mein Herz?

Freude wie Kummer,
fühl' ich, zerrann,
aber den Schlummer
führten sie leise heran.

Und im Entschweben,
immer empor,
kommt mir das Leben
ganz wie ein Schlummerlied vor.

Friedrich Hebbel

ZWIELICHT

Dämmrung will die Flügel spreiten,
schaurig rühren sich die Bäume,
Wolken ziehn wie schwere Träume –
was will dieses Graun bedeuten?

Hast ein Reh du, lieb vor andern,
laß es nicht alleine grasen,
Jäger ziehn im Wald und blasen,
Stimmen hin und wider wandern.

Hast du einen Freund hienieden,
trau ihm nicht zu dieser Stunde,
freundlich wohl mit Aug und Munde,
sinnt er Krieg im tück'schen Frieden.

Was heut müde gehet unter,
hebt sich morgen neugeboren.
Manches bleibt in Nacht verloren –
hüte dich, bleib wach und munter!

Joseph von Eichendorff

ABEND

Der schnelle Tag ist hin; die Nacht schwingt ihre Fahn'
und führt die Sternen auf. Der Menschen müde Scharen
verlassen Feld und Werk; wo Tier und Vögel waren,
traurt itzt die Einsamkeit. Wie ist die Zeit vertan!

Der Port naht mehr und mehr sich zu der Glieder Kahn.
Gleich wie dies Licht verfiel, so wird in wenig Jahren
ich, du, und was man hat, und was man sieht, hinfahren.
Dies Leben kömmt mir vor als eine Rennebahn.

Laß, höchster Gott, mich doch nicht auf dem Laufplatz gleiten!
Laß mich nicht Ach, nicht Pracht, nicht Lust, nicht Angst verleiten!
Dein ewig, heller Glanz sei vor und neben mir!

Laß, wenn der müde Leib entschläft, die Seele wachen,
und wenn der letzte Tag wird mit mir Abend machen,
so reiß mich aus dem Tal der Finsternis zu dir!

Andreas Gryphius

AN DEN MOND

Guter Mond, du gehst so stille
durch die Abendwolken hin;
deines Schöpfers weiser Wille
hieß auf jener Bahn dich ziehn.

Leuchte freundlich jedem Müden
in das stille Kämmerlein!
Und dein Schimmer gieße Frieden
ins bedrängte Herz hinein!

Theodor Enslin

ABENDLIED

Der Mond ist aufgegangen,
die goldnen Sternlein prangen
am Himmel hell und klar;
der Wald steht schwarz und schweiget,
und aus den Wiesen steiget
der weiße Nebel wunderbar.

Wie ist die Welt so stille
und in der Dämmrung Hülle
so traulich und so hold!
Als eine stille Kammer,
wo ihr des Tages Jammer
verschlafen und vergessen sollt.

Seht ihr den Mond dort stehen?
Er ist nur halb zu sehen
und ist doch rund und schön!
So sind wohl manche Sachen,
die wir getrost belachen,
weil unsre Augen sie nicht sehn.

Wir stolze Menschenkinder
sind eitel arme Sünder
und wissen gar nicht viel;
wir spinnen Luftgespinste
und suchen viele Künste
und kommen weiter von dem Ziel.

Gott, laß uns dein Heil schauen,
auf nichts Vergänglichs trauen,
nicht Eitelkeit uns freun!
Laß uns einfältig werden
und vor dir hier auf Erden
wie Kinder fromm und fröhlich sein.

Wollst endlich sonder Grämen
aus dieser Welt uns nehmen
durch einen sanften Tod!
Und wenn du uns genommen,
laß uns in' Himmel kommen,
du, unser Herr und unser Gott!

So legt euch denn, ihr Brüder,
in Gottes Namen nieder!
Kalt ist der Abendhauch.
Verschon uns, Gott, mit Strafen
und laß uns ruhig schlafen!
Und unsern kranken Nachbar auch!

Matthias Claudius

STILLE DER NACHT

Willkommen, klare Sommernacht,
die auf betauten Fluren liegt!
Gegrüßt mir, goldne Sternenpracht,
die spielend sich im Weltraum wiegt!

Das Urgebirge um mich her
ist schweigend wie mein Nachtgebet;
weit hinter ihm hör' ich das Meer
im Geist und wie die Brandung geht.

Ich höre einen Flötenton,
den mir die Luft von Westen bringt,
indes herauf im Osten schon
des Tages leise Ahnung dringt.

Ich sinne, wo in weiter Welt
jetzt sterben mag ein Menschenkind –
und ob vielleicht den Einzug hält
das vielersehnte Heldenkind.

Doch wie im dunklen Erdental
ein unergründlich Schweigen ruht,
ich fühle mich so leicht zumal
und wie die Welt so still und gut.

Der letzte leise Schmerz und Spott
verschwindet aus des Herzens Grund;
es ist, als tät' der alte Gott
mir endlich seinen Namen kund.

Gottfried Keller

DIE NACHTBLUME

Nacht ist wie ein stilles Meer,
Lust und Leid und Liebesklagen
kommen so verworren her
in dem linden Wellenschlagen.

Wünsche wie die Wolken sind,
schiffen durch die stillen Räume,
wer erkennt im lauen Wind,
ob's Gedanken oder Träume? –

Schließ' ich nun auch Herz und Mund,
die so gern den Sternen klagen:
leise doch im Herzensgrund
bleibt das linde Wellenschlagen.

Joseph von Eichendorff

DÄMMRUNG senkte sich von oben,
schon ist alle Nähe fern;
doch zuerst emporgehoben
holden Lichts der Abendstern!
Alles schwankt ins Ungewisse,
Nebel schleichen in die Höh;
schwarzvertiefte Finsternisse
widerspiegelnd ruht der See.

Nun am östlichen Bereiche
ahn' ich Mondenglanz und -glut,
schlanker Weiden Haargezweige
scherzen auf der nächsten Flut.
Durch bewegter Schatten Spiele
zittert Lunas Zauberschein,
und durchs Auge schleicht die Kühle
sänftigend ins Herz hinein.

Johann Wolfgang Goethe

HYMNE AN DIE NACHT

Muß immer der Morgen wiederkommen?
Endet nie des Irdischen Gewalt?
Unselige Geschäftigkeit verzehrt
den himmlischen Anflug der Nacht?
Wird nie der Liebe geheimes Opfer
ewig brennen?
Zugemessen ward
dem Lichte seine Zeit
und dem Wachen –
aber zeitlos ist der Nacht Herrschaft,
ewig ist die Dauer des Schlafs.
Heiliger Schlaf!
Beglücke zu selten nicht
der Nacht geweihte –
in diesem irdischen Tagwerk
nur die Toren verkennen dich
und wissen von keinem Schlafe
als dem Schatten,
den du mitleidig auf uns wirfst
in jener Dämmrung
der wahrhaften Nacht.
Sie fühlen dich nicht
in der goldnen Flut der Trauben,
in des Mandelbaums
Wunderöl
und dem braunen Safte des Mohns.
Sie wissen nicht,
daß du es bist,
der des zarten Mädchens
Busen umschwebt
und zum Himmel den Schoß macht –
ahnden nicht,
daß aus alten Geschichten
du himmelöffnend entgegentrittst
und den Schlüssel trägst
zu den Wohnungen der seligen,
unendlicher Geheimnisse
schweigender Bote. *Novalis*

UM MITTERNACHT

Um Mitternacht ging ich, nicht eben gerne,
klein, kleiner Knabe, jenen Kirchhof hin
zu Vaters Haus, des Pfarrers; Stern am Sterne,
sie leuchteten doch alle gar zu schön;
um Mitternacht.

Wenn ich dann ferner, in des Lebens Weite,
zur Liebsten mußte, mußte, weil sie zog,
Gestirn und Nordschein über mir im Streite,
ich gehend, kommend Seligkeiten sog;
um Mitternacht.

Bis dann zuletzt des vollen Mondes Helle
so klar und deutlich mir ins Finstre drang,
auch der Gedanke willig, sinnig, schnelle
sich ums Vergangne wie ums Künftige schlang;
um Mitternacht.

Johann Wolfgang Goethe

UM MITTERNACHT

Gelassen stieg die Nacht ans Land,
lehnt träumend an der Berge Wand,
ihr Auge sieht die goldne Waage nun
der Zeit in gleichen Schalen stille ruhn;
    und kecker rauschen die Quellen hervor,
    sie singen der Mutter, der Nacht, ins Ohr
    vom Tage,
    vom heute gewesenen Tage.

Das uralt alte Schlummerlied,
sie achtet's nicht, sie ist es müd;
ihr klingt des Himmels Bläue süßer noch,
der flücht'gen Stunden gleichgeschwungnes Joch.
    Doch immer behalten die Quellen das Wort,
    es singen die Wasser im Schlafe noch fort
    vom Tage,
    vom heute gewesenen Tage.

Eduard Mörike

MONDNACHT

Es war, als hätt' der Himmel
die Erde still geküßt,
daß sie im Blütenschimmer
von ihm nun träumen müßt'.

Die Luft ging durch die Felder,
die Ähren wogten sacht,
es rauschten leis die Wälder,
so sternklar war die Nacht.

Und meine Seele spannte
weit ihre Flügel aus,
flog durch die stillen Lande,
als flöge sie nach Haus.

Joseph von Eichendorff

MANCHE NACHT

Wenn die Felder sich verdunkeln,
fühl ich, wird mein Auge heller.
Schon versucht ein Stern zu funkeln
und die Grillen wispern schneller.

Jeder Laut wird bilderreicher,
das Gewohnte sonderbarer,
hinterm Wald der Himmel bleicher,
jeder Wipfel hebt sich klarer.

Und du merkst es nicht im Schreiten,
wie das Licht verhundertfältigt
sich entringt den Dunkelheiten.
Plötzlich stehst du überwältigt.

Richard Dehmel

WEG

Mit dem Monde will ich wandeln:
Schlangenwege über Berge
führen Träume, bringen Schritte
durch den Wald dem Monde zu.

Durch Zypressen staunt er plötzlich,
daß ich ihm entgegengeh'.
Aus dem Ölbaum blaut er lächelnd,
wenn mich's friedlich talwärts zieht.

Schlangenwege durch die Wälder
bringen mich zum Silbersee:
nur ein Nachen auf dem Wasser
heilig oben unser Mond.

Schlangenwege durch die Wälder
führen mich zu einem Berg.
Oben steht der Mond und wartet
und ich steige leicht empor.

Theodor Däubler

DER MOND geht groß aus dem Abend hervor,
steht über dem Schloß und dem Gartentor
und läßt sanft glühend die Erde los.
Der Mond ist wie eine feurige Ros',
die meine Liebste im Garten verlor.

Mein Schatten an den steinernen Wänden
geht hinter mir wie ein dienender Mohr.
Ich werde den Mohren hinsenden,
er hebe die Rose vorsichtig auf
und bringe sie ihr in den dunklen Händen.

Maximilian Dauthendey

DEM AUFGEHENDEN VOLLMONDE

Willst du mich sogleich verlassen!
Warst im Augenblick so nah!
Dich umfinstern Wolkenmassen,
und nun bist du gar nicht da.

Doch du fühlst, wie ich betrübt bin,
blickt dein Rand herauf als Stern!
Zeugest mir, daß ich geliebt bin,
sei das Liebchen noch so fern.

So hinan denn! hell und heller,
reiner Bahn, in voller Pracht!
Schlägt mein Herz auch schmerzlich schneller,
überselig ist die Nacht.

Johann Wolfgang Goethe

NACHTLIED

Quellende, schwellende Nacht,
voll von Lichtern und Sternen;
in den ewigen Fernen,
sage, was ist da erwacht?

Herz in der Brust wird beengt;
steigendes, neigendes Leben,
riesenhaft fühle ich's weben,
welches das meine verdrängt.

Schlaf, da nahst du dich leis
wie dem Kinde die Amme,
und um die dürftige Flamme
ziehst du den schützenden Kreis.

Friedrich Hebbel

NACHTGERÄUSCHE

Melde mir die Nachtgeräusche, Muse,
die ans Ohr des Schlummerlosen fluten!
Erst das traute Wachtgebell der Hunde,
dann der abgezählte Schlag der Stunde,
dann ein Fischer-Zwiegespräch am Ufer,
dann? Nichts weiter als der ungewisse
Geisterlaut der ungebrochnen Stille,
wie das Atmen eines jungen Busens,
wie das Murmeln eines tiefen Brunnens,
wie das Schlagen eines dumpfen Ruders,
dann der ungehörte Tritt des Schlummers.

Conrad Ferdinand Meyer

NACHT ist schon hereingesunken,
schließt sich heilig Stern an Stern,
große Lichter, kleine Funken
glitzern nah und glänzen fern;
glitzern hier im See sich spiegelnd,
glänzen droben klarer Nacht,
tiefsten Ruhens Glück besiegelnd
herrscht des Mondes volle Pracht.

Johann Wolfgang Goethe

GESANG ZU ZWEIEN IN DER NACHT

Sie:
Wie süß der Nachtwind nun die Wiese streift
und klingend jetzt den jungen Hain durchläuft!
Da noch der freche Tag verstummt,
hört man der Erdenkräfte flüsterndes Gedränge,
das aufwärts in die zärtlichen Gesänge
der reingestimmten Lüfte summt.

Er:
Vernehm' ich doch die wunderbarsten Stimmen,
vom lauen Wind wollüstig hingeschleift,
indes, mit ungewissem Licht gestreift,
der Himmel selber scheinet hinzuschwimmen.

Sie:
Wie ein Gewebe zuckt die Luft manchmal,
durchsichtiger und heller aufzuwehen;
dazwischen hört man weiche Töne gehen
von sel'gen Feen, die im blauen Saal
zum Sphärenklang,
und fleißig mit Gesang,
silberne Spindeln hin und wieder drehen.

Er:
O holde Nacht, du gehst mit leisem Tritt
auf schwarzem Samt, der nur am Tage grünet,
und luftig schwirrender Musik bedienet
sich nun dein Fuß zum leichten Schritt,
womit du Stund um Stunde missest,
dich lieblich in dir selbst vergissest –
du schwärmst, es schwärmt der Schöpfung Seele mit!

Eduard Mörike

AN DEN MOND

Füllest wieder Busch und Tal
still mit Nebelglanz,
lösest endlich auch einmal
meine Seele ganz;

breitest über mein Gefild
lindernd deinen Blick,
wie des Freundes Auge mild
über mein Geschick.

Jeden Nachklang fühlt mein Herz
froh- und trüber Zeit,
wandle zwischen Freud' und Schmerz
in der Einsamkeit.

Fließe, fließe, lieber Fluß!
Nimmer werd ich froh;
so verrauschte Scherz und Kuß,
und die Treue so.

Ich besaß es doch einmal,
was so köstlich ist!
Daß man doch zu seiner Qual
nimmer es vergißt!

Rausche, Fluß, das Tal entlang,
ohne Rast und Ruh,
rausche, flüstre meinem Sang
Melodien zu,

wenn du in der Winternacht
wütend überschwillst,
oder um die Frühlingspracht
junger Knospen quillst.

Selig, wer sich vor der Welt
ohne Haß verschließt,
einen Freund am Busen hält
und mit dem genießt,

was, von Menschen nicht gewußt
oder nicht bedacht,
durch das Labyrinth der Brust
wandelt in der Nacht.

Johann Wolfgang Goethe

NACHTS

Im bangen Zimmer entschlief ich kaum
und war kaum wieder erwacht:
kühl blickte der Stern, kühl hauchte der Baum,
kühl wehte der Wind in der Nacht.

Und immer der Bronnen, der rauscht und quillt,
als wären, geschehn und vollbracht,
dein Tag ein Traum und dein Traum ein Bild,
ein Bild und ein Wind in der Nacht.

Rudolf Alexander Schröder

UND WIE MANCHE NACHT
bin ich aufgewacht,
lag so hell der Mond auf Bett und Schrein!
Sah ins Tal hinaus –
traumhell stand dein Haus –
tiefer träumend schlief ich wieder ein.

Hans Carossa

WIE RAFFT' ICH MICH AUF

Wie rafft' ich mich auf in der Nacht, in der Nacht
und fühlte mich fürder gezogen,
die Gassen verließ ich, vom Wächter bewacht,
durchwandelte sacht
in der Nacht, in der Nacht
das Tor mit dem gotischen Bogen.

Der Mühlbach rauschte durch felsigen Schacht,
ich lehnte mich über die Brücke,
tief unter mir nahm ich der Wogen in acht,
die wallten so sacht
in der Nacht, in der Nacht,
doch wallte nicht eine zurücke.

Es drehte sich oben, unzählig entfacht,
melodischer Wandel der Sterne,
mit ihnen der Mond in beruhigter Pracht,
sie funkelten sacht
in der Nacht, in der Nacht,
durch täuschend entlegene Ferne.

Ich blickte hinauf in der Nacht, in der Nacht,
ich blickte hinunter aufs neue:
o wehe, wie hast du die Tage verbracht,
nun stille du sacht
in der Nacht, in der Nacht
im pochenden Herzen die Reue!

August von Platen

DER ALTE BRUNNEN

Lösch aus dein Licht und schlaf! Das immer wache
Geplätscher nur des alten Brunnens tönt.
Wer aber Gast war unter meinem Dache,
hat sich stets bald an diesen Ton gewöhnt.

Zwar kann es einmal sein, wenn du schon mitten
im Traume bist, daß Unruh' geht ums Haus,
der Kies beim Brunnen knirscht von harten Tritten,
das helle Plätschern setzt auf einmal aus,

und du erwachst, – dann mußt du nicht erschrecken!
Die Sterne stehn vollzählig überm Land,
und nur ein Wandrer trat ans Marmorbecken,
der schöpft vom Brunnen mit der hohlen Hand.

Er geht gleich weiter. Und es rauscht wie immer.
O freue dich, du bleibst nicht einsam hier.
Viel Wandrer gehen fern im Sternenschimmer,
und mancher noch ist auf dem Weg zu dir.

Hans Carossa

DURCHWACHTE NACHT

Wie sank die Sonne glüh und schwer,
und aus versengter Welle dann
wie wirbelte der Nebel Heer
die sternenlose Nacht heran! –
Ich höre ferne Schritte gehn –
die Uhr schlägt zehn.

Noch ist nicht alles Leben eingenickt,
der Schlafgemächer letzte Türen knarren;
vorsichtig, in der Rinne Bauch gedrückt,
schlüpft noch der Iltis an des Giebels Sparren,
die schlummertrunkne Färse murrend nickt,
und fern im Stalle dröhnt des Rosses Scharren,
sein müdes Schnauben, bis, vom Mohn getränkt,
sich schlaff die regungslose Flanke senkt.

Betäubend gleitet Fliederhauch
durch meines Fensters offnen Spalt,
und an der Scheibe grauem Rauch
der Zweige wimmelnd Neigen wallt.
Matt bin ich, matt wie die Natur! –
Elf schlägt die Uhr.

O wunderliches Schlummerwachen, bist
der zartren Nerve Fluch du oder Segen? –
's ist eine Nacht vom Taue wach geküßt,
das Dunkel fühl' ich kühl wie feinen Regen
an meine Wangen gleiten, das Gerüst
des Vorhangs scheint sich schaukelnd zu bewegen,
und dort das Wappen an der Decke Gips
schwimmt sachte mit dem Schlängeln des Polyps.

Wie mir das Blut im Hirne zuckt!
Am Söller geht Geknister um,
im Pulte raschelt es und ruckt,
als drehe sich der Schlüssel um.
Und – horch! der Seiger hat gewacht!
's ist Mitternacht.

War das ein Geisterlaut? So schwach und leicht
wie kaum berührten Glases schwirrend Klingen
und wieder wie verhaltnes Weinen steigt
ein langer Klageton aus den Syringen,
gedämpfter, süßer nun, wie tränenfeucht,
und selig kämpft verschämter Liebe Ringen; –
o Nachtigall, das ist kein wacher Sang,
ist nur im Traum gelöster Seele Drang.

Da kollert's nieder vom Gestein!
Des Turmes morsche Trümmer fällt,
das Käuzlein knackt und hustet drein;
ein jäher Windesodem schwellt
Gezweig und Kronenschmuck des Hains; –
die Uhr schlägt eins.

Und drunten das Gewölke rollt und klimmt;
gleich einer Lampe aus dem Hünenmale
hervor des Mondes Silbergondel schwimmt,
verzitternd auf der Gasse blauem Stahle;
an jedem Fliederblatt ein Fünkchen glimmt,
und hell gezeichnet von dem blassen Strahle,
legt auf mein Lager sich des Fensters Bild,
vom schwanken Laubgewimmel überhüllt.

Jetzt möcht' ich schlafen, schlafen gleich,
entschlafen unterm Mondeshauch,
umspielt vom flüsternden Gezweig,
im Blute Funken, Funk im Strauch,
und mir im Ohre Melodei; –
die Uhr schlägt zwei.

Und immer heller wird der süße Klang,
das liebe Lachen; es beginnt zu ziehen
gleich Bildern von Daguerre die Deck' entlang,
die aufwärts steigen mit des Pfeiles Fliehen;
mir ist, als seh' ich lichter Locken Hang,
gleich Feuerwürmern seh ich Augen glühen,
dann werden feucht sie, werden blau und lind,
und mir zu Füßen sitzt ein schönes Kind.

Es sieht empor, so froh gespannt,
die Seele strömend aus dem Blick;
nun hebt es gaukelnd seine Hand,
nun zieht es lachend sie zurück;
und – horch! des Hahnes erster Schrei! –
Die Uhr schlägt drei.

Wie bin ich aufgeschreckt, – o süßes Bild,
du bist dahin, zerflossen mit dem Dunkel!
Die unerfreulich graue Dämmrung quillt,
verloschen ist des Flieders Taugefunkel,
verrostet steht des Mondes Silberschild,
im Walde gleitet ängstliches Gemunkel,
und meine Schwalbe an des Frieses Saum
zirpt leise, leise auf im schweren Traum.

Der Tauben Schwärme kreisen scheu,
wie trunken in des Hofes Rund,
und wieder gellt des Hahnes Schrei,
auf seiner Streue rückt der Hund,
und langsam knarrt des Stalles Tür –
die Uhr schlägt vier.

Da flammt's im Osten auf, – o Morgenglut!
Sie steigt, sie steigt, und mit dem ersten Strahle
strömt Wald und Heide vor Gesangesflut,
das Leben quillt aus schäumendem Pokale,
es klirrt die Sense, flattert Falkenbrut,
im nahen Forste schmettern Jagdsignale,
und wie ein Gletscher sinkt der Träume Land
zerrinnend in des Horizontes Brand.

Annette von Droste-Hülshoff

REGENLIED

Walle, Regen, walle nieder,
wecke mir die Träume wieder,
die ich in der Kindheit träumte,
wenn das Naß im Sande schäumte!

Wenn die matte Sommerschwüle
lässig stritt mit frischer Kühle
und die blanken Blätter tauten
und die Saaten dunkler blauten.

Welche Wonne, in dem Fließen
dann zu stehn mit nackten Füßen!
An dem Grase hinzustreifen
und den Schaum mit Händen greifen.

Oder mit den heißen Wangen
kalte Tropfen aufzufangen
und den neuerwachten Düften
seine Kinderbrust zu lüften!

Wie die Kelche, die da troffen,
stand die Seele atmend offen,
wie die Blumen düftetrunken
in den Himmelstau versunken.

Schauernd kühlte jeder Tropfen
tief bis an des Herzens Klopfen,
und der Schöpfung heilig Weben
drang bis ins verborgne Leben.

Walle, Regen, walle nieder,
wecke meine alten Lieder,
die wir in der Türe sangen,
wenn die Tropfen draußen klangen!

Möchte ihnen wieder lauschen,
ihrem süßen, feuchten Rauschen,
meine Seele sanft betauen
mit dem frommen Kindergrauen.

Klaus Groth

GEWITTERREGEN

gewitterregen bringt das jahr in flor.
das grabland saugt sich satt an wolkenbrüsten.
schmatzend saufen die ackerbreiten sich grün.

in den traufen gurgelt das wasser.
dann hinterm scheunentor warten, auf eine gabel gelehnt,
und die schlingernden blasen davontrudeln sehn!

zu den handreichungen des himmels
trommeln die regenfinger einen hymnus
auf die härenen flanken des wiesenfells.

die verschlämmten regenfurchen aufgehackt
und das flutband über die pflugwende gezogen.
im gleichklang strudeln die schleusen.

stroh und hünerfedern treiben im gerinne.
die rote erdspinne läuft über den roggenstein.
barfüßig schurren kinder im straßenschlamm.

dolden und rispen glinstern tropfnaß.
die kuckucksblume, mit allen wassern gewaschen,
bietet dem donner die tageszeit.

mit voller stimmkraft durchdringt der zaunkönig
die mit birkenruten gereinigte luft.
ein psalm, auf sonnensäulen gestützt.

das adernetz der wasserwege liegt verschlämmt.
die hügel dampfen wie schweißige gäule.
der himmel glänzt wie gloriaseide.

Wulf Kirsten

TRÜBES WETTER

Es ist ein stiller Regentag,
so weich, so ernst, und doch so klar,
wo durch den Dämmer brechen mag
die Sonne weiß und sonderbar.

Ein wunderliches Zwielicht spielt
beschaulich über Berg und Tal;
Natur, halb warm und halb verkühlt,
sie lächelt noch und weint zumal.

Die Hoffnung, das Verlorensein
sind gleicher Stärke in mir wach;
die Lebenslust, die Todespein,
sie ziehn auf meinem Herzen Schach.

Ich aber, mein bewußtes Ich,
beschau' das Spiel in stiller Ruh',
und meine Seele rüstet sich
zum Kampfe mit dem Schicksal zu.

Gottfried Keller

WALDLIED

Arm in Arm und Kron' an Krone steht der Eichenwald verschlungen,
heut hat er bei guter Laune mir sein altes Lied gesungen.

Fern am Rande fing ein junges Bäumchen an sich sacht zu wiegen,
und dann ging es immer weiter an ein Sausen, an ein Biegen;

kam es her in mächt'gem Zuge, schwoll es an zu breiten Wogen,
hoch sich durch die Wipfel wälzend kam die Sturmesflut gezogen.

Und nun sang und pfiff es graulich in den Kronen, in den Lüften,
und dazwischen knarrt' und dröhnt' es unten in den Wurzelgrüften.

Manchmal schwang die höchste Eiche gellend ihren Schaft alleine,
donnernder erscholl nur immer drauf der Chor vom ganzen Haine!

Einer wilden Meeresbrandung hat das schöne Spiel geglichen;
alles Laub war weißlich schimmernd nach Nordosten hingestrichen.

Also streicht die alte Geige Pan der Alte laut und leise,
unterrichtend seine Wälder in der alten Weltenweise.

In den sieben Tönen schweift er unerschöpflich auf und nieder,
in den sieben alten Tönen, die umfassen alle Lieder.

Und es lauschen still die jungen Dichter und die jungen Finken,
kauernd in den dunklen Büschen sie die Melodien trinken.

Gottfried Keller

JETZT REDE DU

Du warest mir ein täglich Wanderziel,
viellieber Wald, in dumpfen Jugendtagen,
ich hatte dir geträumten Glücks so viel
anzuvertraun, so wahren Schmerz zu klagen.

Und wieder such ich dich, du dunkler Hort,
und deines Wipfelmeers gewaltig Rauschen –
jetzt rede du! Ich lasse dir das Wort!
Verstummt ist Klag' und Jubel. Ich will lauschen

Conrad Ferdinand Meyer

SCHWARZSCHATTENDE KASTANIE

Schwarzschattende Kastanie,
mein windgeregtes Sommerzelt,
du senkst zur Flut dein weit Geäst,
dein Laub, es durstet und es trinkt,
schwarzschattende Kastanie!
Im Porte badet junge Brut
mit Hader oder Lustgeschrei,
und Kinder schwimmen leuchtend weiß
im Gitter deines Blätterwerks,
schwarzschattende Kastanie!
Und dämmern See und Ufer ein
und rauscht vorbei das Abendboot,
so zuckt aus roter Schiffslatern'
ein Blitz und wandert auf dem Schwung
der Flut, gebrochnen Lettern gleich,
bis unter deinem Lauf erlischt
die rätselhafte Flammenschrift,
schwarzschattende Kastanie!

Conrad Ferdinand Meyer

ABSCHIED
im Walde bei Lubowitz

O Täler weit, o Höhen,
o schöner, grüner Wald,
du meiner Lust und Wehen
andächt'ger Aufenthalt!
Da draußen, stets betrogen,
saust die geschäft'ge Welt,
schlag noch einmal die Bogen
um mich, du grünes Zelt!

Wenn es beginnt zu tagen,
die Erde dampft und blinkt,
die Vögel lustig schlagen,
daß dir dein Herz erklingt:
da mag vergehn, verwehen
das trübe Erdenleid,
da sollst du auferstehen
in junger Herrlichkeit!

Da steht im Wald geschrieben
ein stilles, ernstes Wort
von rechtem Tun und Lieben,
und was des Menschen Hort.
Ich habe treu gelesen
die Worte, schlicht und wahr,
und durch mein ganzes Wesen
ward's unaussprechlich klar.

Bald werd' ich dich verlassen,
fremd in der Fremde gehn,
auf buntbewegten Gassen
des Lebens Schauspiel sehn;
und mitten in dem Leben
wird deines Ernsts Gewalt
mich Einsamen erheben,
so wird mein Herz nicht alt.

Joseph von Eichendorff

PAPPEL

Verhalten,
ungeöffnet in Ast und Ranke,
um in das Blau des Himmels aufzuschrein – :
nur Stamm, Geschlossenheiten,
hoch und zitternd,
eine Kurve.

Die Mispel flüchtet,
Samentöter,
und wann der Blitze segnendes Zerbrechen
rauschte um meinen Schaft
enteinheitend,
weitverteilend
Baumgewesenes?
Und wer sah Pappelwälder?

Einzeln,
und an der Kronenstirn das Mal der Schreie,
das ruhelos die Nächte und den Tag
über der Gärten hinresedeten
süßen aufklaffenden Vergang,
was ihm die Wurzel saugt, die Rinde frißt,
in tote Räume bietet
hin und her.

Gottfried Benn

DER ABEND

Schweigt der Menschen laute Lust:
Rauscht die Erde wie in Träumen
wunderbar mit allen Bäumen,
was dem Herzen kaum bewußt,
alte Zeiten, linde Trauer,
und es schweifen leise Schauer
wetterleuchtend durch die Brust.

Joseph von Eichendorff

DIE ZYPRESSE

Kein Baum, unter dem man rastet.
Ungesellig, kaum Schutz
vor der Sonne.
Überhaupt kein Baum für Nähe
und Zutraulichkeit.
Keins der Laubmammuts,
um die man staunend
herumgeht:
klatschend schlägt die Hand
auf Elefantenhaut.

Die Rinde der Zypresse,
ein Bündel grauer, schlecht
gezurrter Fasern,
weckt kein Verlangen
nach Berührung.

Aus der Ferne muß man ihn sehen –
diesen Baum ohne Arme.
Auf einem kahlen Hügel, allein:

aufrecht,
aufrecht,

nachdrücklich redend
in der schwermütigen Sprache
der Zeichen.

Rainer Malkowski

IM GRASE

Süße Ruh', süßer Taumel im Gras,
von des Krautes Arom' umhaucht,
tiefe Flut, tief, tief trunkne Flut,
wenn die Wolk' am Azure verraucht,
wenn aufs müde, schwimmende Haupt
süßes Lachen gaukelt herab,
liebe Stimme säuselt und träuft
wie die Lindenblüt' auf ein Grab.

Wenn im Busen die Toten dann,
jede Leiche sich streckt und regt,
leise, leise den Odem zieht,
die geschloßne Wimper bewegt,
tote Lieb', tote Lust, tote Zeit,
all die Schätze, im Schutt verwühlt,
sich berühren mit schüchternem Klang
gleich den Glöckchen, vom Winde umspielt.

Stunden, flücht'ger ihr als der Kuß
eines Strahls auf den trauernden See,
als des ziehenden Vogels Lied,
das mir niederperlt aus der Höh',
als des schillernden Käfers Blitz,
wenn den Sonnenpfad er durcheilt,
als der flücht'ge Druck einer Hand,
die zum letzten Male verweilt.

Dennoch, Himmel, immer mir nur
dieses Eine nur: für das Lied
jedes freien Vogels im Blau
eine Seele, die mit ihm zieht,
nur für jeden kärglichen Strahl
meinen farbig schillernden Saum,
jeder warmen Hand meinen Druck,
und für jedes Glück einen Traum.

Annette von Droste-Hülshoff

GANYMED

Wie im Morgenglanze
du rings mich anglühst,
Frühling, Geliebter!
Mit tausendfacher Liebeswonne
sich an mein Herz drängt
deiner ewigen Wärme
heilig Gefühl,
unendliche Schöne!

Daß ich dich fassen möcht'
in diesen Arm!
Ach, an deinem Busen
lieg' ich, schmachte,
und deine Blumen, dein Gras
drängen sich an mein Herz.
Du kühlst den brennenden
Durst meines Busens,
lieblicher Morgenwind!
Ruft drein die Nachtigall
liebend nach mir aus dem Nebeltal.

Ich komm', ich komme!
Wohin? Ach, wohin?

Hinauf! Hinauf strebt's.
Es schweben die Wolken
abwärts, die Wolken
neigen sich der sehnenden Liebe.
Mir! Mir!
In euerm Schoße
aufwärts!
Umfangend umfangen!
Aufwärts an deinen Busen,
all-liebender Vater!

Johann Wolfgang Goethe

MAHOMETS GESANG

Seht den Felsenquell,
freudehell,
wie ein Sternenblick!
Über Wolken
nährten seine Jugend
gute Geister
zwischen Klippen im Gebüsch.

Jünglingfrisch
tanzt er aus der Wolke
auf die Marmorfelsen nieder,
jauchzet wieder
nach dem Himmel.

Durch die Gipfelgänge
jagt er bunten Kieseln nach,
und mit frühem Führertritt
reißt er seine Bruderquellen
mit sich fort.

Drunten werden in dem Tal
unter seinem Fußtritt Blumen,
und die Wiese
lebt von seinem Hauch.
Doch ihn hält kein Schattental,
keine Blumen,
die ihm seine Knie umschlingen,
ihm mit Liebesaugen schmeicheln:
nach der Ebne dringt sein Lauf
schlangenwandelnd.

Bäche schmiegen
sich gesellig an. Nun tritt er
in die Ebne silberprangend,
und die Ebne prangt mit ihm,
und die Flüsse von der Ebne
und die Bäche von den Bergen
jauchzen ihm und rufen: Bruder!
Bruder, nimm die Brüder mit,
mit zu deinem alten Vater,
zu dem ew'gen Ozean,
der mit ausgespannten Armen
unser wartet,
die sich, ach, vergebens öffnen,
seine Sehnenden zu fassen;
denn uns frißt in öder Wüste
gier'ger Sand. Die Sonne droben
saugt an unserm Blut. Ein Hügel
hemmet uns zum Teiche! Bruder,
nimm die Brüder von der Ebne,
nimm die Brüder von den Bergen
mit, zu deinem Vater mit!

Kommt ihr alle! –
Und nun schwillt er
herrlicher: Ein ganz Geschlechte
trägt den Fürsten hoch empor!
Und im rollenden Triumphe
gibt er Ländern Namen. Städte
werden unter seinem Fuß.
Unaufhaltsam rauscht er weiter,
läßt der Türme Flammengipfel,
Marmorhäuser, eine Schöpfung
seiner Fülle, hinter sich.

Zedernhäuser trägt der Atlas
auf den Riesenschultern; sausend
wehen über seinem Haupte
tausend Flaggen durch die Lüfte,
zeugen seiner Herrlichkeit.

Und so trägt er seine Brüder,
seine Schätze, seine Kinder
dem erwartenden Erzeuger
freudebrausend an das Herz.

Johann Wolfgang Goethe

DER STROM

Der große Strom kam breit hergeflossen
wie ein großer silberner Fisch. Wälder warn seine Flossen.
Mit dem hellen Schwanz hat er am Himmel angestoßen.

So schwamm er schnaubend in die Ebene hinein.
Licht wogte um ihn, dunstiger Schein.
Dann war nur mehr er, nur mehr er, der silberne, nur mehr er allein.

Georg Britting

AUF DEM SEE

Und frische Nahrung, neues Blut
saug' ich aus freier Welt:
wie ist Natur so hold und gut,
die mich am Busen hält!

Die Welle wieget unsern Kahn
im Rudertakt hinauf,
und Berge, wolkig himmelan,
begegnen unserm Lauf.

Aug', mein Aug', was sinkst du nieder?
Goldne Träume, kommt ihr wieder?
Weg, du Traum! so gold du bist:
hier auch Lieb' und Leben ist.

Auf der Welle blinken
tausend schwebende Sterne,
weiche Nebel trinken
rings die türmende Ferne;
Morgenwind umflügelt
die beschattete Bucht,
und im See bespiegelt
sich die reifende Frucht.

Johann Wolfgang Goethe

REISELIED

Wasser stürzt, uns zu verschlingen,
rollt der Fels, uns zu erschlagen,
kommen schon auf starken Schwingen
Vögel her, uns fortzutragen.

Aber unten liegt ein Land,
Früchte spiegelnd ohne Ende
in den alterslosen Seen.

Marmorstirn und Brunnenrand
steigt aus blumigem Gelände,
und die leichten Winde wehn.

Hugo von Hofmannsthal

AM TURME

Ich steh auf hohem Balkone am Turm,
umstrichen vom schreienden Stare,
und laß gleich einer Mänade den Sturm
mir wühlen im flatternden Haare;
o wilder Geselle, o toller Fant,
ich möchte dich kräftig umschlingen,
und, Sehne an Sehne, zwei Schritte vom Rand
auf Tod und Leben dann ringen!

Und drunten seh ich am Strand, so frisch
wie spielende Doggen, die Wellen
sich tummeln rings mit Geklaff und Gezisch
und glänzende Flocken schnellen.
O, springen möcht' ich hinein alsbald,
recht in die tobende Meute,
und jagen durch den korallenen Wald
das Walroß, die lustige Beute!

Und drüben seh ich ein Wimpel wehn
So keck wie eine Standarte,
seh auf und nieder den Kiel sich drehn
von meiner luftigen Warte;
o, sitzen möcht' ich im kämpfenden Schiff,
das Steuerruder ergreifen,
und zischend über das brandende Riff
wie eine Seemöve streifen.

Wär' ich ein Jäger auf freier Flur,
ein Stück nur von einem Soldaten,
wär' ich ein Mann doch mindestens nur,
so würde der Himmel mir raten;
nun muß ich sitzen so fein und klar,
gleich einem artigen Kinde,
und darf nur heimlich lösen mein Haar
und lassen es flattern im Winde!

Annette von Droste-Hülshoff

MÖWENFLUG

Möwen sah um einen Felsen kreisen
ich in unermüdlich gleichen Gleisen,
auf gespannter Schwinge schweben bleibend,
eine schimmernd weiße Bahn beschreibend,
und zugleich in grünem Meeresspiegel
sah ich um dieselben Felsenspitzen
eine helle Jagd gestreckter Flügel
unermüdlich durch die Tiefe blitzen.
Und der Spiegel hatte solche Klarheit,
daß sich anders nicht die Flügel hoben
tief im Meer als hoch in Lüften oben,
daß sich völlig glichen Trug und Wahrheit.

Allgemach beschlich es mich wie Grauen,
Schein und Wesen so verwandt zu schauen,
und ich fragte mich, am Strand verharrend,
ins gespenstische Geflatter starrend:
Und du selber? Bist du echt beflügelt?
Oder nur gemalt und abgespiegelt?
Gaukelst du im Kreis mit Fabeldingen?
Oder hast du Blut in deinen Schwingen?

Conrad Ferdinand Meyer

MEERESSTRAND

Ans Haff nun fliegt die Möwe,
und Dämmrung bricht herein;
über die feuchten Watten
spiegelt der Abendschein.

Graues Geflügel huschet
neben dem Wasser her;
wie Träume liegen die Inseln
im Nebel auf dem Meer.

Ich höre des gärenden Schlammes
geheimnisvollen Ton,
einsames Vogelrufen –
so war es immer schon.

Noch einmal schauert leise
und schweiget dann der Wind;
vernehmlich werden die Stimmen,
die über der Tiefe sind.

Theodor Storm

MEERES-ABEND

Du schüttelst, Baum, dein dunkles Haupt,
so ganz gedanken-überlaubt,
so altersgrün, so zeitbestaubt.

Da flog der leichte Windgott aus,
mit Schwingen spitz, im kalten Saus,
und kreist und bläst ums Bauernhaus.

Dann schleicht er einer Schlange gleich
durchs wehnde Gras, hinan den Deich,
und hockt dort schwarz, vorm Abend bleich.

O Glanz des Meers perlmutterklar!
Der Windgott schließt das Augenpaar
und lächelt schmal aus wirrem Haar.

Verschwand er dann? Der Deich ist leer.
Es schläft der Baum, das Haus, das Meer.
Aus Westen weht ein Traum daher …

Albrecht Schaeffer

FAHRT INS FEXTAL

Als deine Sonne meinen Schnee beschien,
ein Sonntag war's im blauen Engadin.

Der Winter glühte und der Frost war heiß,
unendlich sprühten Funken aus dem Eis.

Knirschend ergab sich alle Gegenwart,
Licht tanzte zur Musik der Schlittenfahrt.

Wir fuhren jenseits aller Jahreszeit
irgendwohin in die Vergangenheit.

Was rauh begonnen war, verlief uns hold,
ein Tag von Silber dankt dem Strahl von Gold.

Der Zauber führt in ein versunknes Reich.
Wie bettet Kindertraum das Leben weich!

Voll alter Spiele ist das weiße Tal;
die Berge sammeln wir wie Bergkristall.

Trennt heut die Elemente keine Kluft?
Ein Feuerfluß verbindet Erd und Luft.

Wir leben anders. Wenn's so weiter geht,
ist dies hier schon der andere Planet!

Ins Helle schwebend schwindet aller Raum.
So schwerlos gleitet nach dem Tod der Traum.

Nicht birgt die Zeit im Vorrat uns ein Weh.
Bleicht sich das Haar, so gibt es guten Schnee.

Uns wärmt der Winter. Leben ist ein Tag,
da Silvaplanas Wind selbst ruhen mag.

Nicht Ziel, nur Rast ist's, die das Glück sich gab,
hält einmal dieser Schlitten vor dem Grab.

Karl Kraus

DIE BERGE

Wir waren arm, und so fuhren wir lang
Mit dem Personenzug.
Meine Mutter hatte nur Wien gesehn,
Und ich war jung genug.
Wir fuhren lang über hügliges Land,
Ich zählte jede Station,
Ich trug sie wohl ein in mein Schönschreibheft,
An vierzig waren es schon.

Dann wurde ich müd, und ich schlief ein. –
Auf einmal – wie ward ich wach? –
Was donnerte her? Was brach herein?
Was rauschte und sauste nach?
Es ward so kühl und so finster das Grün,
Als schatteten Wände nah.
Meine Mutter zog mich zum Fenster hin –
Und ich sah:

Da ragten Berge himmelan,
Grünmoosig und felsigkahl,
Und einzelne Fichten hingen daran,
Und ein Wasser stürzte zu Tal.
Das Wasser, ja, das brauste so laut,
Weiß schleiernd, mit gläsernem Bug.
Kalt wars – mir schaudert es über die Haut –
Dumpf fort stampfte der Zug.

Und höher und höher stieg das Gewänd.
Woher soviel Wasser quoll?
Es floß vielleicht aus dem Firmament,
Dunkelblau und wolkenvoll.
«Das ist das Gesäuse», sprach jemand.
Meine Mutter nickte bloß.
Heftig griff sie nach meiner Hand
Und ließ sie nicht mehr los.

Und die Berge blieben. Zum erstenmal
Im Sommer sah ich Schnee.
«Eine Gemse!», rief meine Mutter. «Da!»
Aber es war nur ein Reh.
Unter hölzerner Brücke die Ache warf
Grünweißen Wellengischt.
Ah, wehte die Luft eisigkühl und scharf,
Mit Nadel- und Harzduft vermischt! –

Es war schon Abend, da stiegen wir aus,
Das Dorf lag so fremd, voll Gefahr.
Unser Haus war ein altes Bauernhaus,
Alles war wunderbar.
Mein Bett nur war zu früh gemacht,
Es gab noch so vieles zu schaun. –
Meine Mutter weinte die ganze Nacht –
So laut rauschte die Traun.

Felix Braun

ICH WILL HERAUS AUS DIESER STADT

Ich weiß, daß Berge auf mich warten,
draußen – weit –
und Wald und Winterfeld und Wiesengarten
voll Gotteinsamkeit –
weiß, daß für mich ein Wind durch Wälder dringt,
so lange schon –
daß Schnee fällt, daß der Mond nachtleise singt
den Ewig-Ton –

fühle, daß nachts Wolken schwellen,
Bäume,
daß Ebenen, Gebirge wellen
in meine Träume –

die Winterberge, meine Berge, tönen –
Wälder sind verschneit –
ich will hinaus, mit Euch mich zu versöhnen,
ich will heraus aus dieser Zeit,

hinweg von Märkten, Zimmern, Treppenstufen,
Straßenbraus –
die Waldberge, die Waldberge rufen,
locken mich hinaus!

Bald hab' ich diese Straßenwochen,
bald diesen Stadtbann aufgebrochen
und ziehe hin, wo Ströme durch die Ewig-Erde pochen,
ziehe selig in die Welt!

Gerrit Engelke

JUNI IN BERLIN

Lieber Gott, die Linden blühn!
Lieber Gott, was hab' ich getan,
daß ich in Mauern wohnen muß?
Draußen im Land deine Bäume sind grün,
hier hängt alles voll Ruß.

Ich kaufte mir eine Rose um Geld –
Rosen sind besser als Brot.
Ich habe sie neben mein Kissen gestellt,
sie blüht und duftet sich tot.

Lieber Gott, in mein Zimmer
scheint jetzt der Mond –
ach, warum hab' ich immer,
immer in Städten gewohnt?

Ina Seidel

DER MANN IN DER STADT SAGT

Ich möchte ein Haus, wo den Sommer zu haben
ich nur vor die Haustüre treten muß –
und da liegt schon die Wiese! Die Heuschrecken springen,
ein lieblich Getön macht der Fluß.

Dahinter die Berge, nicht hohe, sanft grüne,
wie sie das Allgäu zu bieten hat.
Die Grashänge glänzen, vom Winde geschliffen,
metallisch glatt.

Zum Fluß hinab führt der Haselnußpfad,
ein steiniger, grüner Graben.
Die Nüsse tragen gekräuselte Röckchen,
wie sie die Ballettmädchen haben.

Das Wasser ist schwarz, mit Kieseln am Grund,
um den Felsblock dann kocht es weiß,
und wird wieder friedlich. Dort grasen
der Ziegenbock und die Geiß.

Der Bock hat Hörner. Schwer schlägt der Geiß
das Euter gegen das Bein,
und in dem Euter die seufzende Milch
möchte gemolken sein.

Die Feder im Gras, die blaue, von wem?
Vom Häher, der waldeinwärts fliegt,
oder vom Entenerpel, der stolz
im schwarzweißen Wasser sich wiegt?

Ja, so ist der Sommer, ja, so ist das Haus,
in dem zu sein mich gelüstet,
um immer am Morgen den Erpel zu sehn,
der im blauen Golde sich brüstet,

das finstre Fichtengedränge zu sehn,
die schweigenden Spuren im Sand –
und die Forelle, wenns mir gelänge,
daß ich vertraulich das Richtige sänge,
schmiegte sich mir in die Hand.

Georg Britting

AN EINE KATZE

Katze, stolze Gefangene,
lange kamst du nicht mehr.
Nun, über dämmerverhangene
Tische zögerst du her,

Feierabendbote,
feindlich dem emsigen Stift,
legst mir die Vorderpfote
leicht auf begonnene Schrift,

mahnst mich zu neuem Besinnen,
du so gelassen und schön!
Leise schon hör ich dich spinnen
heimliches Orgelgetön.

Lautlos geht eine Türe.
Alles wird ungewohnt.
Wenn ich die Stirn dir berühre,
fühl ich auf einmal den Mond.

Woran denkst du nun? An dein Heute?
Was du verfehlt und erreicht?
An dein Spiel? Deine Jagd? Deine Beute?
Oder träumst du vielleicht,

frei von versuchenden Schemen
grausamer Gegenwart,
milde teilzunehmen
an der menschlichen Art,

selig in großem Verzichte
Welten entgegenzugehn,
wandelnd in einem Lichte,
das wir beide nicht sehn?

Hans Carossa

DER PANTHER

Im Jardin des Plantes, Paris

Sein Blick ist vom Vorübergehn der Stäbe
so müd geworden, daß er nichts mehr hält.
Ihm ist, als ob es tausend Stäbe gäbe
und hinter tausend Stäben keine Welt.

Der weiche Gang geschmeidig starker Schritte,
der sich im allerkleinsten Kreise dreht,
ist wie ein Tanz von Kraft um eine Mitte,
in der betäubt ein großer Wille steht.

Nur manchmal schiebt der Vorhang der Pupille
sich lautlos auf –. Dann geht ein Bild hinein,
geht durch der Glieder angespannte Stille –
und hört im Herzen auf zu sein.

Rainer Maria Rilke

DIE MEISE

Könnte ich dir sagen, kleine Meise,
wie ich dir so wohl gesonnen bin!
Lockend vor dem Fenster liegt die Speise,
doch du Ängstliche wagst dich nicht hin.

Und wie oft du hurtig angeflogen,
zitternd zwischen Bängnis und Begehr,
jedes Mal hats dich zurückgebogen
und gezwungen doch zur Wiederkehr.

Immer wohl im winzigen Flügelleibe
wird das Herz dir vor Erschrecken kalt,
siehst du durch die unbegriffne Scheibe
düster meine riesige Gestalt.

Jetzt! Im Fluge griffest du die Beute,
birgst sie flink in Zweigicht und Genist.
Wüßtest du, daß ich die Nahrung streute,
ohne Feindschaft, ohne Hinterlist,

daß du Gerngeschenktes fortgetragen,
fürchtig wie gestohlenen Gewinn –
kleine Meise, könnte ich dir sagen,
wie ich dir so wohl gesonnen bin!

Ach, es bangte dir vor keinem Zorne,
kämest wie der fromme Hund zum Herrn,
selig schmaustest du von fettem Korne
und der Sonnenblume süßem Kern.

Ließest dich auf meiner Schulter nieder,
und die Krume nähmst du mir vom Mund,
kehrtest traulich alle Morgen wieder,
und wir schlössen einen langen Bund.

Ihr in Wipfeln und in grauen Nestern,
Ruhelose zwischen Flucht und Schmaus,
kleine Meisen, meine scheuen Schwestern,
wie getreu sprecht ihr mich selber aus!

Allenthalben ist mein Tisch gerichtet,
weißes Brot und schwarzer Wein im Krug,
Süß und Bitter ward mir zugeschichtet,
und der große Wirt ist ohne Trug.

Ach, es bangte mir vor keinem Grimme
und mich drückte keine Kümmernis,
ach, verstünde ich nur seiner Stimme
stille Ladung: Nimm getrost und iß.

Werner Bergengruen

SCHWANZMEISEN

In heitrer Muße hat Euch Gott gemacht.
Sein Schöpferlächeln formte Federbäuchlein
mit schmalem Schwänzchen drollig lang bedacht,
das ganze übermalt von Farbenhäuchlein.

Schon wippt ein Pfannenstielchen durch die Luft
und allsogleich ein Schwarm von vielen, vielen,
die, kleine Gottgedanken, Licht und Duft,
ein klingend Zirpen durch die Weide spielen.

Wie seid Ihr nur in diese Welt gelangt?
In diese Welt! – Ein Wunder, uns zu trösten.
Auf daß wir fühlen, wenn der Geist uns bangt,
im Kleinsten, lächelnd, ist der Herr am größten.

Cola Beaucamp

DER HUND IN DER KIRCHE

Wie gedacht' ich jenes Tages der Worte,
die das Weib aus Kanaan gesprochen:
«Fressen doch die Hündlein von den Brocken,
die von ihrer Herren Tische fallen!»

In der dörflich bunten, halbgefüllten,
in der sommerlich geschmückten Kirche
betete der Priester am Altare:
«Dieses reine, unbefleckte Opfer,
milder Vater, wollest Du gesegnen!»

Durch die Stille, die der Bitte folgte,
klang ein dünnes, trippelndes Bewegen
von der Tür, im Rücken der Gemeinde,
zaghaft erst, verlegen, dann geschwinder.
Viele Augen wandten sich zur Seite.
Manche Fromme runzelte die Stirne,
gern bereit, ein Ärgernis zu nehmen. –

Auf den schwarz und weiß geschachten Fliesen
kam ein kleiner Hund auf kurzen Beinen
flink den Mittelgang entlanggelaufen,
ohne Abkunft, bäuerlicher Artung,
mißgefärbt und haarig wie ein Wollknäul,
aber drollig, jung und voller Neugier.

Tief am Boden lag die schwarze Nase,
witternd, schnuppernd suchte er die Richtung.
Er verhielt, er hob die rechte Pfote
eingewinkelt an, er hob die Ohren
und mit freudigem Kläffen schoß er schräge
ganz nach vorne zu den linken Bänken,
wo gedrängt die kleinen Mädchen knieten.

Ihrer eine, sonntäglich gekleidet,
siebenjährig, schlank und schmalgesichtig,
ward von jäher Röte überflutet,
und behend den dunkelbraunen Scheitel
neigte tief sie über ihr Gebetbuch.
Doch nun stießen sie die Nachbarinnen
kichernd an, voll Eifer und nicht ohne
eine kleine heilige Schadenfreude.

Selig, daß die Herrin er gefunden,
mit dem Stummelschwänzchen munter wedelnd,
suchte durchs Gewirr der Kinderfüße
sich der Hund zu ihr hindurchzuzwängen.
Kein Verleugnen half mehr, und die Kleine,
zitternd fast und nicht mehr fern den Tränen,
schnellte auf und schob sich widerwillig
durch die Reihe, schon den Hund im Arme,
knickste in des Hochaltares Richtung
und begann geschwind zur Tür zu flüchten
auf den schwarz und weiß geschachten Fliesen.
Und ein Sonnenstrahl fiel durch das bunte
Fenster und beglänzte ihre Haare
und das rote, glühende Gesichtchen.

Doch noch war der Ausgang nicht gewonnen,
als das Glöckchen hell zur Wandlung schellte,
alle knieten. Und das Kind hielt inne,
wandte sich und mit gesenktem Scheitel
ging es hurtig in die Knie nieder.
Sorglich mit der Linken hielt die Kleine
eng den Hund gepreßt an ihre Brüstchen
und bekreuzte gläubig mit der Rechten
sich und ihn.

Da lächelte am Pfeiler fromm der Löwe Hieronymi.
Das Getier der heiligen Geschichten,
dieses schneller, jenes erst mit Zögern,
schwer verstehend, wie es manches Art ist,
tat's ihm nach auf Bildern und Altären
überall. Es hoben an zu lächeln
Ochs' und Esel und der Fisch des Jonas,
Lucä Stier und des Johannes Adler,
Hund und Hirsch des heiligen Hubertus,
Martins Pferd und des Georgius Streithengst,
Lamm und Taube, endlich die gekrümmte
Schlange unterm Fuß der Gottesmutter.

Aus der Orgel aber stieg verstohlen
silberhell ein winziges Gelächter,
tropfte, perlte, wenigen vernehmlich.
Doch dann schwoll sie auf und rief mit Jauchzen:
«Lobt Ihn, alle Kreatur!»

Werner Bergengruen

DAS HÜNDLEIN

Ich bin das Hündlein aus dem Neuen Testament.
Ein Hühnerbein, ein magrer Schwanz von Fischen,
ein Brocken Brot fällt immer von den Tischen
der Tafelnden, die man die Kinder Gottes nennt.

Ich bin das Hündlein, das ein jeder Köter kennt,
und das sie zausen, wenn sie es erwischen,
bin Freund den alten Bettlern in den Nischen
und wedle tröstlich, wo ein armes Kindlein flennt.

Wer selber nur verachtet durch die Straßen rennt,
fährt gern den stolzen Heuchlern einmal zwischen
die Beine, wenn sie hinter Sündern zischen,
die Leid und Scham geheim zu Aschenhäuflein brennt.

Ich bin das Hündlein aus dem Neuen Testament.
An alle Ecken sieht man frech mich pissen.
Doch in den Frommen regt sich das Gewissen,
wenn wo ein Weib in Nöten meinen Namen nennt.

Christine Busta

GRUBENPFERDE

die grubenpferde wurden abgetragen
wie warme flöze. jeder tag nahm schichten
von ihnen fort. in stollen, förderschächten:
die grubenpferde wurden abgetragen.

wenn sie die ohren spitzen, hören sie
die rufe: grubenlampen, die zyklopen,
ihr kohlgeruch. tief in sich selbst das klopfen,
wenn sie die ohren spitzen, hören sie.

ein zuckerwürfel und ein büschel gras;
ein wind auf schwarzer wiese, wo ein hund
die bäume scheuen läßt. die kinderhand,
ein zuckerwürfel. und ein büschel gras.

Jan Wagner

VOM TOD DER TIERE

Vom Tod der Tiere ist die Heide voll.
Da blüht ein Flügel, schimmert ein Gebein.
Wie sind im riesgen Licht die Toten klein!
O schöner Fittich, Augen ohne Groll …

Des Hasen sanftes Fell erweckt der Wind.
Es pludert sich am Vogelleib der Flaum,
und keine Trauer bleibt. Es rührt sich kaum
ein Laut der Klage. Denn vorüber sind

die winzgen Toten. Doch der Wolken Zug
ist ohne Ende. Ewig ist das Licht.
Der Regen kühlt ein glühendes Gesicht
und immer bleiben Wind und Vogelflug.

Martha Saalfeld

DER HIMMEL DER TIERE

Hier sind sie. Die weichen Augen offen.
Lebten sie in einem Wald
ist es der Wald.
Lebten sie in der Prärie
wogt das Gras unter ihren Füßen für immer

Für manche von ihnen
wäre das nicht der Platz
der er ist – ohne Blut.
Diese jagen wie immer
aber mit Klauen und Zähnen

jetzt perfekt: Tödlicher
als sie es je für möglich hielten
Stiller und stärker schleichen sie
in den Wipfel des Baumes
und ihr Absprung

auf die lockenden Rücken der Opfer
ein Strom äußerster Freude
dauert Jahre
Und die Gejagten
erfüllen sich selbst ohne Schmerzen

erfahren entrückte Vollendung.
Sie beben sie gehen
unter den Baum in der Mitte des Kreises
sie fallen sie werden zerrissen
sie stehen auf und sie gehen erneut

Ulla Hahn

NACHRICHT

Noch findet er statt
der Sonnenaufgang
Die dunkle Nacht, noch
wird sie veranstaltet

Erstaunlich! Auch diese Früh fand ich mich wieder
am Leben. Erleichtert auch merkte ich auf den Atem
dicht neben mir: die Erde ist also noch immer bevölkert

Den Radiomeldungen über die neuesten Fortschritte
der kleineren Kriege kann ich beruhigt entnehmen:
Noch dauert an die Existenz der Gattung Mensch

Ausgerottet, lese ich in der Abendzeitung
hat sich heute noch nicht, was da alltäglich
nach Frieden schreit

Noch findet er statt
der Sonnenaufgang
Die dunkle Nacht, noch
wird sie veranstaltet

Wolf Biermann

ÜBERLEGUNG

Eigentlich wollte ich dir den Faun
und den Wald mit dem Bussard vererben,
nicht nur den Stacheldrahtzaun
und das Fischesterben.

Eigentlich dachte ich, Frieden sei Glück
und nicht bloß eine Vokabel.
Doch immer kehren die Tauben zurück
ohne den Ölzweig im Schnabel.

Vielleicht ist der Ölbaum schon umgehaun,
da machen Worte nichts besser.
Auch die Brücken, die wir aus Worten baun,
gehn über totes Gewässer.

Jetzt klagen mich deine Augen an
und wollen mir nicht vergeben.
Vielleicht hab ich doch nicht genug getan
für das Leben.

Dagmar Nick

MYTHEN, SAGEN UND LEGENDEN

HEKTORS ABSCHIED

Andromache:
Will sich Hektor ewig von mir wenden,
wo Achill mit den unnahbarn Händen
dem Patroklus schrecklich Opfer bringt?
Wer wird künftig deinen Kleinen lehren
Speere werfen und die Götter ehren,
wenn der finstre Orkus dich verschlingt?

Hektor:
Teures Weib, gebiete deinen Tränen!
Nach der Feldschlacht ist mein feurig Sehnen,
diese Arme schützen Pergamus.
Kämpfend für den heil'gen Herd der Götter,
fall' ich, und des Vaterlandes Retter
steig' ich nieder zu dem styg'schen Fluß.

Andromache:
Nimmer lausch' ich deiner Waffen Schalle,
müßig liegt dein Eisen in der Halle,
Priams großer Heldenstamm verdirbt.
Du wirst hingehn, wo kein Tag mehr scheinet,
der Cocytus durch die Wüsten weinet,
deine Liebe in dem Lethe stirbt.

Hektor:
All mein Sehnen will ich, all mein Denken
in des Lethe stillen Strom versenken,
aber meine Liebe nicht.
Horch! der Wilde tobt schon an den Mauern,
gürte mir das Schwert um, laß das Trauern!
Hektors Liebe stirbt im Lethe nicht.

Friedrich Schiller

WAS HAT, ACHILL …

Unbehelmt,
voran der Hundemeute,
über das kahle Vorgebirge her
auf ihrem Rappen eine,
den Köcher an der bleichen Mädchenhüfte.

Ein Falke kreist im blauen, großen,
unermeßlich blauen,
großen Himmel.

Er wird niederstoßen,
die harten Krallen und den krummen Schnabel
im Blut zu tränken, dem purpurnen Saft,
an dem das Falkenvolk sich wild berauscht.

Die nackte Brust der Reiterin.
Ihr glühend Aug.
Die Tigerhunde.
Der Rappe, goldgezügelt.
Sie hält ihn an.

Mit allem Licht
tritt aus den Wäldern vor
der Mann der Männer.
Die Tonnenbrust.
Auf starkem Hals das apfelkleine Haupt.

Er sieht die Reiterin
und sie sieht ihn.

So stehn sich zwei Gewitter still
am Morgen- und am Abendhimmel
gegenüber.

Der Falke schwankt betrunken auf der Beute.
Was hat, Achill,
dein Herz?
Was auch sein Schlag bedeute:
Heb auf den Schild aus Erz!

Georg Britting

ODYSSEUS UND DIE CIRCE

Mit einem Topf,
von Feuer berußt,
das reine Wasser aus dem Bach
zu schöpfen,
ist eine Kunst.
Nimm doch den Helm ab,
Odysseus.

So höhnte die Stimme
der Circe in heißer Luft.
Ich nahm den Helm ab,
da war kein Wasser.

Ich lag in der Hitze
verbrannten Grases,
den Gaumen trocken,
die Haut riß
über den Backenknochen.

Am Mittag,
bei heller Stirn der Berge,
die enge Schlucht. Ich stieg hinab,
den Felsenschutt im Nacken,
Steine fielen
an meinem Kopf vorbei.

Ausgesetzt der hallenden Öde,
hört ich die Mittagsstimme:

Wenn du im Herzen
die Wahrheit bewegst,
die Lüge bewegst,
die List,
erschlagen dich die Steine.

Eingeklemmt
in narbigen Fels,
mit nassem Rücken,
die Knöchel zerschunden,
schmeckte ich die grillige Stimme
und sah im Dunst des Steinschlags
die Augen einer Quelle.

Peter Huchel

PASSAGE DES ODYSSEUS

Nur heute geht die Sonne über Pylos unter
läuft die Lichtbahn dem Auge zu
kieselt das Meer im Ohr.

Immer erlischt um Mitternacht das Leuchtfeuer
strandet der weiße Dampfer zwischen
See-Igeln und Muscheln.

Täglich wird das Lamm geschlachtet, der Wein gekühlt
nur heute kommt uns der Wirt entgegen
mit gebreiteten Armen.

Nur einmal bespringt der Bock die Ziege, immer
schüttelt er die Hörner über ihrem
von Hölzern gespreizten Balg.

Immer und einmal? Wer ist Odysseus, daß er
mittendurch segelte?
Troja fällt immer wieder, täglich für immer
kehrt der Mann der Penelope heim.

Dietrich Krusche

ÖDIPUS

Platanen, Agaven, Weinberge,
ich steige über sie hinaus.
Ölbäume, Steinhaufen, Disteln
und eine Frau, die Oliven pflückt,
ein riesiger Leib,
verborgen unter dem schwarzen Kleid.
Eine Schwangere oder die Sphinx?
Sie gab sich selber als Rätsel auf
und wies mir den zweiten Weg.

Dann nur noch verkrüppelte Pinienzwerge,
borstig ergrautes Haar
über uralten Steingesichtern,
ich steige und steige.

Die letzte Zisterne am Weg
ist ausgetrocknet, verdurstet
eine Schlange in ihr.

Darüber nur nackter Porphyr,
ein Pfad, der sich windet,
sich frißt in den Fels,
den Schlund hinauf auf das Kinn.
Ein Riß, eine Kerbe, der Abgrund,

die unausweichbare Stelle,
wo Ödipus immer wieder
dem eigenen Vater begegnet.

Schon nahen die Geier,
umkreisen mich.
Ich fliehe und steige und steige
über die faltige Stirn der Erde
durch schütteres Greisenhaar
hinauf auf den kahlen Schädel des Berges,
das Dach dieser südlichen Welt,
das die Sonne bleicht
und die Geier und Adler umfliegen.

Wolfgang Bächler

DIE BRAUT VON KORINTH

Nach Korinthus von Athen gezogen
kam ein Jüngling, dort noch unbekannt.
Einen Bürger hofft' er sich gewogen:
beide Väter waren gastverwandt,
hatten frühe schon
Töchterchen und Sohn
Braut und Bräutigam voraus genannt.

Aber wird er auch willkommen scheinen,
wenn er teuer nicht die Gunst erkauft?
Er ist noch ein Heide mit den Seinen,
und sie sind schon Christen und getauft.
Keimt ein Glaube neu,
wird oft Lieb' und Treu'
wie ein böses Unkraut ausgerauft.

Und schon lag das ganze Haus im stillen,
Vater, Töchter, nur die Mutter wacht;
sie empfängt den Gast mit bestem Willen,
gleich ins Prunkgemach wird er gebracht.
Wein und Essen prangt,
eh' er es verlangt:
so versorgend wünscht sie gute Nacht.

Aber bei dem wohlbestellten Essen
wird die Lust der Speise nicht erregt;
Müdigkeit läßt Speis' und Trank vergessen,
daß er angekleidet sich aufs Bette legt;
und er schlummert fast,
als ein seltner Gast
sich zur offnen Tür hereinbewegt.

Denn er sieht, bei seiner Lampe Schimmer
tritt, mit weißem Schleier und Gewand,
sittsam still ein Mädchen in das Zimmer,
um die Stirn ein schwarz- und goldnes Band.
Wie sie ihn erblickt,
hebt sie, die erschrickt,
mit Erstaunen eine weiße Hand.

«Bin ich», rief sie aus, «so fremd im Hause,
daß ich von dem Gaste nichts vernahm?
Ach, so hält man mich in meiner Klause!
Und nun überfällt mich hier die Scham.
Ruhe nur so fort
auf dem Lager dort,
und ich gehe schnell, so wie ich kam.»

«Bleibe, schönes Mädchen!», ruft der Knabe,
rafft von seinem Lager sich geschwind:
«Hier ist Ceres', hier ist Bacchus' Gabe;
und du bringst den Amor, liebes Kind!
Bist vor Schrecken blaß!
Liebe, komm und laß,
laß uns sehn, wie froh die Götter sind!»

«Ferne bleib', o Jüngling, bleibe stehen!
Ich gehöre nicht den Freuden an.
Schon der letzte Schritt ist, ach!, geschehen
durch der guten Mutter kranken Wahn,
die genesend schwur:
Jugend und Natur
sei dem Himmel künftig untertan.

Und der alten Götter bunt Gewimmel
hat sogleich das stille Haus geleert.
Unsichtbar wird einer nur im Himmel,
und ein Heiland wird am Kreuz verehrt;
Opfer fallen hier,
weder Lamm noch Stier,
aber Menschenopfer unerhört.»

Und er fragt und wäget alle Worte,
deren keines seinem Geist entgeht:
Ist es möglich, daß am stillen Orte
die geliebte Braut hier vor mir steht?
«Sei die meine nur!
Unsrer Väter Schwur
hat vom Himmel Segen uns erfleht.»

«Mich erhältst du nicht, du gute Seele!
Meiner zweiten Schwester gönnt man dich.
Wenn ich mich in stiller Klause quäle,
ach!, in ihren Armen denk an mich,
die an dich nur denkt,
die sich liebend kränkt;
in die Erde bald verbirgt sie sich.»

«Nein, bei dieser Flamme sei's geschworen,
gütig zeigt sie Hymen uns voraus:
bist der Freude nicht und mir verloren,
kommst mit mir in meines Vaters Haus.
Liebchen, bleibe hier!
Feire gleich mit mir
unerwartet unsern Hochzeitsschmaus!»

Und schon wechseln sie der Treue Zeichen:
golden reicht sie ihm die Kette dar,
und er will ihr eine Schale reichen,
silbern, künstlich, wie nicht eine war.
«Die ist nicht für mich;
doch, ich bitte dich,
eine Locke gib von deinem Haar.»

Eben schlug die dumpfe Geisterstunde,
und nun schien es ihr erst wohl zu sein.
Gierig schlürfte sie mit blassem Munde
nun den dunkel blutgefärbten Wein;
doch vom Weizenbrot,
das er freundlich bot,
nahm sie nicht den kleinsten Bissen ein.

Und dem Jüngling reichte sie die Schale,
der, wie sie, nun hastig lüstern trank.
Liebe fordert er beim stillen Mahle;
ach, sein armes Herz war liebekrank.
Doch sie widersteht,
wie er immer fleht,
bis er weinend auf das Bette sank.

Und sie kommt und wirft sich zu ihm nieder:
«Ach, wie ungern seh' ich dich gequält!
Aber, ach!, berührst du meine Glieder,
fühlst du schaudernd, was ich dir verhehlt.
Wie der Schnee so weiß,
aber kalt wie Eis
ist das Liebchen, das du dir erwählt.»

Heftig faßt er sie mit starken Armen,
von der Liebe Jugendkraft durchmannt:
«Hoffe doch bei mir noch zu erwarmen,
wärst du selbst mir aus dem Grab gesandt!»
Wechselhauch und Kuß!
Liebesüberfluß!
«Brennst du nicht und fühlest mich entbrannt?»

Liebe schließet fester sie zusammen,
Tränen mischen sich in ihre Lust;
gierig saugt sie seines Mundes Flammen,
eins ist nur im andern sich bewußt.
Seine Liebeswut
wärmt ihr starres Blut,
doch es schlägt kein Herz in ihrer Brust.

Unterdessen schleichet auf dem Gange
häuslich spät die Mutter noch vorbei,
horchet an der Tür und horchet lange,
welch ein sonderbarer Ton es sei.
Klag- und Wonnelaut,
Bräutigams und Braut,
und des Liebesstammelns Raserei!

Unbeweglich bleibt sie an der Türe,
weil sie erst sich überzeugen muß,
und sie hört die höchsten Liebesschwüre,
Lieb- und Schmeichelworte mit Verdruß:
«Still! der Hahn erwacht!» –
«Aber morgen nacht
bist du wieder da?» – und Kuß auf Kuß.

Länger hält die Mutter nicht das Zürnen,
öffnet das bekannte Schloß geschwind:
«Gibt es hier im Hause solche Dirnen,
die dem Fremden gleich zu Willen sind?»
So zur Tür hinein.
Bei der Lampe Schein
sieht sie – Gott! sie sieht ihr eigen Kind.

Und der Jüngling will im ersten Schrecken
mit des Mädchens eignem Schleierflor,
mit dem Teppich die Geliebte decken;
doch sie windet gleich sich selbst hervor.
Wie mit Geists Gewalt
hebet die Gestalt
lang und langsam sich im Bett empor.

«Mutter! Mutter!», spricht sie hohle Worte,
«so mißgönnt Ihr mir die schöne Nacht!
Ihr vertreibt mich von dem warmen Orte,
bin ich zur Verzweiflung nur erwacht?
Ist's Euch nicht genug,
daß ins Leichentuch,
daß Ihr früh mich in das Grab gebracht?

Aber aus der schwerbedeckten Enge
treibet mich ein eigenes Gericht.
Eurer Priester summende Gesänge
und ihr Segen haben kein Gewicht;
Salz und Wasser kühlt
nicht, wo Jugend fühlt;
ach, die Erde kühlt die Liebe nicht!

Dieser Jüngling war mir erst versprochen,
als noch Venus' heitrer Tempel stand.
Mutter, habt Ihr doch das Wort gebrochen,
weil ein fremd, ein falsch Gelübd' Euch band!
Doch kein Gott erhört,
wenn die Mutter schwört,
zu versagen ihrer Tochter Hand.

Aus dem Grabe werd' ich ausgetrieben,
noch zu suchen das vermißte Gut,
noch den schon verlornen Mann zu lieben
und zu saugen seines Herzens Blut.
Ist's um den geschehn,
muß nach andern gehn,
und das junge Volk erliegt der Wut.

Schöner Jüngling! kannst nicht länger leben;
Du versiechest nun an diesem Ort.
Meine Kette hab' ich dir gegeben;
deine Locke nehm' ich mit mir fort.
Sieh sie an genau!
Morgen bist du grau,
und nur braun erscheinst du wieder dort.

Höre, Mutter, nun die letzte Bitte:
Einen Scheiterhaufen schichte du;
Öffne meine bange kleine Hütte,
bring' in Flammen Liebende zur Ruh'!
Wenn der Funke sprüht,
wenn die Asche glüht,
eilen wir den alten Göttern zu.»

Johann Wolfgang Goethe

DER GOTT UND DIE BAJADERE

Indische Legende

Mahadöh, der Herr der Erde,
kommt herab zum sechstenmal,
daß er unsersgleichen werde,
mitzufühlen Freud' und Qual.
Er bequemt sich, hier zu wohnen,
läßt sich alles selbst geschehn.
Soll er strafen oder schonen,
muß er Menschen menschlich sehn.
Und hat er die Stadt sich als Wandrer betrachtet,
die Großen belauert, auf Kleine geachtet,
verläßt er sie abends, um weiterzugehn.

Als er nun hinausgegangen,
wo die letzten Häuser sind,
sieht er, mit gemalten Wangen,
ein verlornes schönes Kind.
«Grüß' dich, Jungfrau!» – «Dank der Ehre!
Wart', ich komme gleich hinaus.» –
«Und wer bist du?» – «Bajadere,
und dies ist der Liebe Haus.»
Sie rührt sich, die Zimbeln zum Tanze zu schlagen;
sie weiß sich so lieblich im Kreise zu tragen,
sie neigt sich und biegt sich und reicht ihm den Strauß.

Schmeichelnd zieht sie ihn zur Schwelle,
lebhaft ihn ins Haus hinein.
«Schöner Fremdling, lampenhelle
soll sogleich die Hütte sein.
Bist du müd', ich will dich laben,
lindern deiner Füße Schmerz.
Was du willst, das sollst du haben,
Ruhe, Freuden oder Scherz.»
Sie lindert geschäftig geheuchelte Leiden.
Der Göttliche lächelt; er siehet mit Freuden
durch tiefes Verderben ein menschliches Herz.

Und er fordert Sklavendienste;
immer heitrer wird sie nur,
und des Mädchens frühe Künste
werden nach und nach Natur.
Und so stellet auf die Blüte
bald und bald die Frucht sich ein:
ist Gehorsam im Gemüte,
wird nicht fern die Liebe sein.
Aber sie schärfer und schärfer zu prüfen,
wählet der Kenner der Höhen und Tiefen
Lust und Entsetzen und grimmige Pein.

Und er küßt die bunten Wangen,
und sie fühlt der Liebe Qual,
und das Mädchen steht gefangen,
und sie weint zum erstenmal;
sinkt zu seinen Füßen nieder,
nicht um Wollust noch Gewinst,
ach, und die gelenken Glieder,
sie versagen allen Dienst!
Und so zu des Lagers vergnüglicher Feier
bereiten den dunklen behaglichen Schleier
die nächtlichen Stunden, das schöne Gespinst.

Spät entschlummert unter Scherzen,
früh erwacht nach kurzer Rast,
findet sie an ihrem Herzen
tot den vielgeliebten Gast.
Schreiend stürzt sie auf ihn nieder;
aber nicht erweckt sie ihn,
und man trägt die starren Glieder
bald zur Flammengrube hin.
Sie höret die Priester, die Totengesänge,
sie raset und rennet und teilet die Menge.
«Wer bist du? was drängt zu der Grube dich hin?»

Bei der Bahre stürzt sie nieder,
ihr Geschrei durchdringt die Luft:
«Meinen Gatten will ich wieder!
Und ich such' ihn in der Gruft.
Soll zu Asche mir zerfallen
dieser Glieder Götterpracht?
Mein! er war es, mein vor allen!
Ach, nur Eine süße Nacht!»
Es singen die Priester: Wir tragen die Alten
nach langem Ermatten und spätem Erkalten,
wir tragen die Jugend, noch eh' sie's gedacht.

«Höre deiner Priester Lehre:
Dieser war dein Gatte nicht.
Lebst du doch als Bajadere,
und so hast du keine Pflicht.
Nur dem Körper folgt der Schatten
in das stille Totenreich;
nur die Gattin folgt dem Gatten:
das ist Pflicht und Ruhm zugleich.
Ertönte, Drommete, zu heiliger Klage!
O nehmet, ihr Götter, die Zierde der Tage,
o nehmet den Jüngling in Flammen zu euch!»

So das Chor, das ohn' Erbarmen
mehret ihres Herzens Not;
und mit ausgestreckten Armen
springt sie in den heißen Tod.
Doch der Götterjüngling hebet
aus der Flamme sich empor,
und in seinen Armen schwebet
die Geliebte mit hervor.
Es freut sich die Gottheit der reuigen Sünder;
Unsterbliche heben verlorene Kinder
mit feurigen Armen zum Himmel empor.

Johann Wolfgang Goethe

BELSAZER

Die Mitternacht zog näher schon;
in stummer Ruh lag Babylon.

Nur oben in des Königs Schloß,
da flackert's, da lärmt des Königs Troß.

Dort oben in dem Königssaal
Belsazer hielt sein Königsmahl.

Die Knechte saßen in schimmernden Reihn
und leerten die Becher mit funkelndem Wein.

Es klirrten die Becher, es jauchzten die Knecht';
so klang es dem störrigen Könige recht.

Des Königs Wangen leuchten Glut;
im Wein erwuchs ihm kecker Mut.

Und blindlings reißt der Mut ihn fort;
und er lästert die Gottheit mit sündigem Wort.

Und er brüstet sich frech und lästert wild!
Die Knechtenschar ihm Beifall brüllt.

Der König rief mit stolzem Blick;
der Diener eilt und kehrt zurück.

Er trug viel gülden Gerät auf dem Haupt,
das war aus dem Tempel Jehovas geraubt.

Und der König ergriff mit frevler Hand
einen heiligen Becher, gefüllt bis zum Rand.

Und er leert ihn hastig bis auf den Grund
und rufet laut mit schäumendem Mund:

«Jehova! dir künd' ich auf ewig Hohn –
ich bin der König von Babylon!»

Doch kaum das grause Wort verklang,
dem König ward's heimlich im Busen bang.

Das gellende Lachen verstummte zumal;
es wurde leichenstill im Saal.

Und sieh! und sieh! an weißer Wand,
da kam's hervor wie Menschenhand;

und schrieb, und schrieb an weißer Wand
Buchstaben von Feuer, und schrieb und schwand.

Der König stieren Blicks da saß,
mit schlotternden Knien und totenblaß.

Die Knechtenschar saß kalt durchgraut
und saß gar still, gab keinen Laut.

Die Magier kamen, doch keiner verstand
zu deuten die Flammenschrift an der Wand.

Belsazer ward aber in selbiger Nacht
von seinen Knechten umgebracht.

Heinrich Heine

DIE NIBELUNGEN

In der dunkelnden Halle saßen sie,
sie saßen geschart um die Flammen,
Hagen Tronje zur Linken, sein Schwert auf dem Knie,
die Könige saßen zusammen.

Schön Kriemhild kauerte nah der Glut.
Von ihren schmalen Händen
zuckte der Schein wie Gold und Blut
und sprang hinauf an den Wänden.

König Gunter sprach: «Mein Herz geht schwer,
hör' ich den Ostwind klagen!
Spielmann, lang deine Fiedel her,
sing uns von frohen Tagen!»

Aufflog ein jubelnder Bogenstrich
und flatterte an den Balken,
Herr Volker sang: «Einst zähmte ich
einen edelen Falken ...»

Die blonde Kriemhild blickte auf
und sprach mit Tränen und leise:
«Spielmann, hör mit dem Liede auf,
sing eine andre Weise!»

Die braune Fiedel raunte alsbald
träumend und ganz versonnen,
Herr Volker sang: «Im Odenwald
da fließt ein kühler Bronnen ...»

Die blonde Kriemhild wandte sich
und sprach mit Tränen und bange:
«Mein Herz schlägt laut und fürchtet sich
und bebt bei deinem Sange ...»

Anhub die Fiedel zum drittenmal
aufweinend in Gram und Leide.
Herrn Volkers Stimme sang im Saal,
wie ein Vogel auf nächtiger Heide:

«Es glimmt empor aus ewiger Nacht
heißer als alle Feuersglut,
gelb wie das Aug' der Zwergenbrut,
das gierig seinen Glanz bewacht, –
o weh der Lust, die mich gezeugt!

Wie Brunft nach Brunft im Forste schreit,
wie nach der Lohe lechzt die Glut,
so treibt die Gier nach Menschenblut
ans Licht den Hort der Dunkelheit, –
o weh dem Schoß, der mich gebar!

Es ruft den Neid, es weckt den Mord,
stört auf die Drachen Trug und List,
hetzt Rachsucht, die die Rache frißt, –
und immer röter glüht der Hort, –
o weh der Brust, die mich gesäugt!

Es treibt und schwimmt im Purpurquell,
es trinkt den Quell und lechzt nach mehr,
es braust und schäumt die Flut steigt schnell,
breit wie die Donau strömt es her, –
o weh der Lieb', die lieb mir war!

Es schäumt und braust, atmet und steigt,
schon brandet's draußen an die Tür,
es klopft und pocht, der Riegel weicht,
nun flutet's heiß und rot herfür, –
weh über mich, weh über euch!»

Jäh bei dem letzten Bogenstrich
sprangen die Saiten und schrien,
Hagen von Tronje neigte sich
und wiegte sein Schwert auf den Knien.

Die Könige saßen bleich und verstört,
doch die schöne Kriemhild lachte,
sie sprach: «Nie hab' ich ein Lied gehört,
das mich lustiger machte!»

Sie kniete nieder und schürte die Glut.
Von ihren schmalen Händen
zuckte der Schein wie Gold und Blut
und sprang hinauf an den Wänden.

Agnes Miegel

GORM GRYMME

König Gorm herrscht über Dänemark,
er herrscht die dreißig Jahr,
sein Sinn ist fest, seine Hand ist stark,
weiß worden ist nur sein Haar,
weiß worden sind nur seine buschigen Braun,
die machten manchen stumm;
in Grimme liebt er dreinzuschaun –
Gorm Grymme heißt er drum.

Und die Jarls kamen zum Feste des Jul,
Gorm Grymme sitzt im Saal,
und neben ihm sitzt, auf beinernem Stuhl,
Thyra Danebod, sein Gemahl;
sie reichen einander still die Hand
und blicken sich an zugleich,
ein Lächeln in beider Auge stand, –
Gorm Grymme, was macht dich so weich?

Den Saal hinunter, in offner Hall,
da fliegt es wie Locken im Wind,
Jung-Harald spielt mit dem Federball,
Jung-Harald, ihr einziges Kind,
sein Wuchs ist schlank, blond ist sein Haar,
blau-golden ist sein Kleid,
Jung-Harald ist heut fünfzehn Jahr,
und sie lieben ihn allbeid.

Sie lieben ihn beid; eine Ahnung bang
kommt über die Königin,
Gorm Grymme aber den Saal entlang
auf Jung-Harald deutet er hin,
und er hebt sich zum Sprechen – sein Mantel rot
gleitet nieder auf den Grund:
«Wer je mir spräche: ‹er ist tot›,
der müßte sterben zur Stund!»

Und Monde gehn. Es schmolz der Schnee,
der Sommer kam zu Gast,
dreihundert Schiffe fahren in See,
Jung-Harald steht am Mast,
er steht am Mast, er singt ein Lied,
bis sich's im Winde brach,
das letzte Segel, es schwand, es schied, –
Gorm Grymme schaut ihm nach.

Und wieder Monde. Grau-Herbstestag
liegt über Sund und Meer,
drei Schiffe mit mattem Ruderschlag
rudern heimwärts drüber her;

schwarz hängen die Wimpel; auf Brömsebro-Moor
Jung-Harald liegt im Blut –
wer bringt die Kunde vor Königs Ohr?
Keiner hat den Mut.

Thyra Danebod schreitet hinab an den Sund,
sie hatte die Segel gesehn;
sie spricht: «Und bangt sich euer Mund,
ich meld ihm, was geschehn»;
ab legt sie ihr rotes Korallengeschmeid
und die Gemme von Opal,
sie kleidet sich in ein schwarzes Kleid
und tritt in Hall und Saal.

In Hall und Saal. An Pfeiler und Wand
Goldteppiche ziehen sich hin,
schwarze Teppiche nun mit eigener Hand
hängt drüber die Königin,
und sie zündet zwölf Kerzen, ihr flackernd Licht,
es gab einen trüben Schein,
und sie legt ein Gewebe, schwarz und dicht,
auf den Stuhl von Elfenbein.

Eintritt Gorm Grymme. Es zittert sein Gang,
er schreitet wie im Traum,
er starrt die schwarze Hall' entlang,
die Lichter, er sieht sie kaum,
er spricht: «Es weht wie Schwüle hier,
ich will an Meer und Strand,
reich meinen rotgoldenen Mantel mir
und reiche mir deine Hand.»

Sie gab ihm einen Mantel dicht,
der war nicht golden, nicht rot,
Gorm Grymme sprach: «Was niemand spricht,
ich sprech es: er ist tot.»
Er setzt sich nieder, wo er stand,
ein Windstoß fuhr durchs Haus,
die Königin hielt des Königs Hand,
die Lichter loschen aus. *Theodor Fontane*

DES SÄNGERS FLUCH

Es stand in alten Zeiten ein Schloß, so hoch und hehr;
weit glänzt' es über die Lande bis an das blaue Meer,
und rings von duft'gen Gärten ein blütenreicher Kranz,
drin sprangen frische Brunnen in Regenbogenglanz.

Dort saß ein stolzer König, an Land und Siegen reich,
er saß auf seinem Throne so finster und so bleich;
denn was er sinnt, ist Schrecken, und was er blickt, ist Wut,
und was er spricht, ist Geißel, und was er schreibt, ist Blut.

Einst zog nach diesem Schlosse ein edles Sängerpaar,
der ein' in goldnen Locken, der andre grau von Haar.
Der Alte mit der Harfe, der saß auf schmuckem Roß,
es schritt ihm frisch zur Seite der blühende Genoß.

Der Alte sprach zum Jungen: «Nun sei bereit, mein Sohn!
Denk unsrer tiefsten Lieder, stimm an den vollsten Ton!
Nimm alle Kraft zusammen, die Lust und auch den Schmerz!
Es gilt uns heut, zu rühren des Königs steinern Herz.»

Schon stehn die beiden Sänger im hohen Säulensaal,
und auf dem Throne sitzen der König und sein Gemahl,
der König furchtbar prächtig, wie blut'ger Nordlichtschein,
die Königin süß und milde, als blickte Vollmond drein.

Da schlug der Greis die Saiten, er schlug sie wundervoll,
daß reicher, immer reicher der Klang zum Ohre schwoll;
dann strömte himmlisch helle des Jünglings Stimme vor,
des Alten Sang dazwischen wie dumpfer Geisterchor.

Sie singen von Lenz und Liebe, von sel'ger goldner Zeit,
von Freiheit, Männerwürde, von Treu und Heiligkeit,
sie singen von allem Süßen, was Menschenbrust durchbebt,
sie singen von allem Hohen, was Menschenherz erhebt.

Die Höflingsschar im Kreise verlernet jeden Spott,
des Königs trotz'ge Krieger, sie beugen sich vor Gott;
die Königin, zerflossen in Wehmut und in Lust,
sie wirft den Sängern nieder die Rose von ihrer Brust.

«Ihr habt mein Volk verführet; verlockt ihr nun mein Weib?»
Der König schreit es wütend, er bebt am ganzen Leib;
er wirft sein Schwert, das blitzend des Jünglings Brust durchdringt,
draus statt der goldnen Lieder ein Blutstrahl hoch aufspringt.

Und wie vom Sturm zerstoben ist all der Hörer Schwarm.
Der Jüngling hat verröchelt in seines Meisters Arm;
der schlägt um ihn den Mantel und setzt ihn auf das Roß,
er bind't ihn aufrecht feste, verläßt mit ihm das Schloß.

Doch vor dem hohen Tore, da hält der Sängergreis,
da faßt er seine Harfe, sie, aller Harfen Preis,
an einer Marmorsäule, da hat er sie zerschellt;
dann ruft er, daß es schaurig durch Schloß und Gärten gellt:

«Weh euch, ihr stolzen Hallen! Nie töne süßer Klang
durch eure Räume wieder, nie Saite noch Gesang,
nein, Seufzer nur und Stöhnen und scheuer Sklavenschritt,
bis euch zu Schutt und Moder der Rachegeist zertritt!

Weh euch, ihr duft'gen Gärten im holden Maienlicht!
Euch zeig' ich dieses Toten entstelltes Angesicht,
daß ihr darob verdorret, daß jeder Quell versiegt,
daß ihr in künft'gen Tagen versteint, verödet liegt.

Weh dir, verruchter Mörder, du Fluch des Sängertums!
Umsonst sei all dein Ringen nach Kränzen blut'gen Ruhms!
Dein Name sei vergessen, in ew'ge Nacht getaucht,
sei wie ein letztes Röcheln in leere Luft verhaucht!»

Der Alte hat's gerufen, der Himmel hat's gehört.
Die Mauern liegen nieder, die Hallen sind zerstört;
noch eine hohe Säule zeugt von verschwundner Pracht;
auch diese, schon geborsten, kann stürzen über Nacht.

Und rings statt duft'ger Gärten ein ödes Heideland,
kein Baum verstreuet Schatten, kein Quell durchdringt den Sand,
des Königs Namen meldet kein Lied, kein Heldenbuch;
versunken und vergessen! Das ist des Sängers Fluch.

Ludwig Uhland

DER TAUCHER

«Wer wagt es, Rittersmann oder Knapp',
zu tauchen in diesen Schlund?
Einen goldnen Becher werf' ich hinab,
verschlungen schon hat ihn der schwarze Mund.
Wer mir den Becher kann wiederzeigen,
er mag ihn behalten; er ist sein eigen.»

Der König spricht es und wirft von der Höh'
der Klippe, die schroff und steil
hinaushängt in die unendliche See,
den Becher in der Charybde Geheul.
«Wer ist der Beherzte, ich frage wieder,
zu tauchen in diese Tiefe nieder?»

Und die Ritter, die Knappen um ihn her
vernehmen's und schweigen still,
sehen hinab in das wilde Meer,
und keiner den Becher gewinnen will.
Und der König zum drittenmal wieder fraget:
«Ist keiner, der sich hinunterwaget?»

Doch alles noch stumm bleibt wie zuvor.
Und ein Edelknecht, sanft und keck,
tritt aus der Knappen zagendem Chor,
und den Gürtel wirft er, den Mantel weg,
und alle die Männer umher und Frauen
auf den herrlichen Jüngling verwundert schauen.

Und wie er tritt an des Felsen Hang
und blickt in den Schlund hinab:
die Wasser, die sie hinunterschlang,
die Charybde jetzt brüllend wiedergab,
und wie mit des fernen Donners Getose
entstürzen sie schäumend dem finstern Schoße.

Und es wallet und siedet und brauset und zischt,
wie wenn Wasser mit Feuer sich mengt,
bis zum Himmel spritzet der dampfende Gischt,
und Flut auf Flut sich ohn' Ende drängt,
und will sich nimmer erschöpfen und leeren,
als wollte das Meer noch ein Meer gebären.

Doch endlich, da legt sich die wilde Gewalt,
und schwarz aus dem weißen Schaum
klafft hinunter ein gähnender Spalt,
grundlos, als ging's in den Höllenraum,
und reißend, sieht man die brandenden Wogen
hinab in den strudelnden Trichter gezogen.

Jetzt schnell, eh die Brandung wiederkehrt,
der Jüngling sich Gott befiehlt,
und – ein Schrei des Entsetzens wird rings gehört,
und schon hat ihn der Wirbel hinweggespült,
und geheimnisvoll über dem kühnen Schwimmer
schließt sich der Rachen; er zeigt sich nimmer.

Und stille wird's über dem Wasserschlund,
in der Tiefe nur brauset es hohl;
und bebend hört man von Mund zu Mund:
«Hochherziger Jüngling, fahre wohl!»
Und hohler und hohler hört man's heulen,
und es harrt noch mit bangem, mit schrecklichem Weilen.

Und wärfst du die Krone selber hinein
und sprächst: Wer mir bringet die Kron',
er soll sie tragen und König sein! –
Mich gelüstete nicht nach dem teuren Lohn.
Was die heulende Tiefe da unten verhehle,
das erzählt keine lebende, glückliche Seele!

Wohl manches Fahrzeug, von Strudel gefaßt,
schoß gäh in die Tiefe hinab;
doch zerschmettert nur rangen sich Kiel und Mast
hervor aus dem alles verschlingenden Grab. –
Und heller und heller, wie Sturmes Sausen,
hört man's näher und immer näher brausen.

Und es wallet und siedet und brauset und zischt,
wie wenn Wasser mit Feuer sich mengt,
bis zum Himmel spritzet der dampfende Gischt,
und Well' auf Well' sich ohn' Ende drängt,
und wie mit des fernen Donners Getose
entstürzt es brüllend dem finstern Schoße.

Und sieh! aus dem finster flutenden Schoß
da hebet sich's schwanenweiß,
und ein Arm und ein glänzender Nacken wird bloß,
und es rudert mit Kraft und mit emsigem Fleiß,
und er ist's, und hoch in seiner Linken
schwingt er den Becher mit freudigem Winken.

Und atmete lang und atmete tief
und begrüßte das himmlische Licht.
Mit Frohlocken es einer dem andern rief:
«Er lebt! Er ist da! Es behielt ihn nicht!
Aus dem Grab, aus der strudelnden Wasserhöhle
hat der Brave gerettet die lebende Seele.»

Und er kommt, es umringt ihn die jubelnde Schar,
zu des Königs Füßen er sinkt,
den Becher reicht er ihm kniend dar,
und der König der lieblichen Tochter winkt,
die füllt ihn mit funkelndem Wein bis zum Rande,
und der Jüngling sich also zum König wandte:

«Lang lebe der König! Es freue sich,
wer da atmet im rosigten Licht!
Da unten aber ist's fürchterlich,
und der Mensch versuche die Götter nicht
und begehre nimmer und nimmer zu schauen,
was sie gnädig bedecken mit Nacht und Grauen.

Er riß mich hinunter blitzesschnell –
da stürzt' mir aus felsigem Schacht
wildflutend entgegen ein reißender Quell:
mich packte des Doppelstroms wütende Macht,
und wie einen Kreisel mit schwindelndem Drehen
trieb mich's um, ich konnte nicht widerstehen.

Da zeigte mir Gott, zu dem ich rief
in der höchsten schrecklichen Not,
aus der Tiefe ragend ein Felsenriff,
das erfaßt' ich behend und entrann dem Tod –
und da hing auch der Becher an spitzen Korallen,
sonst wär' er ins Bodenlose gefallen.

Denn unter mir lag's noch, bergetief,
in purpurner Finsternis da,
und ob's hier dem Ohre gleich ewig schlief,
das Auge mit Schaudern hinuntersah,
wie's von Salamandern und Molchen und Drachen
sich regt' in dem furchtbaren Höllenrachen.

Schwarz wimmelten da, in grausem Gemisch,
zu scheußlichen Klumpen geballt,
der stachligte Roche, der Klippenfisch,
des Hammers greuliche Ungestalt,
und dräuend wies mir die grimmigen Zähne
der entsetzliche Hai, des Meeres Hyäne.

Und da hing ich und war's mir mit Grausen bewußt,
von der menschlichen Hilfe so weit,
unter Larven die einzige fühlende Brust,
allein in der gräßlichen Einsamkeit,
tief unter dem Schall der menschlichen Rede
bei den Ungeheuern der traurigen Öde.

Und schaudernd dacht' ich's, da kroch's heran,
regte hundert Gelenke zugleich,
will schnappen nach mir – in des Schreckens Wahn
laß' ich los der Koralle umklammerten Zweig;
gleich faßt mich der Strudel mit rasendem Toben!
Doch es war mir zum Heil, er riß mich nach oben.»

Der König darob sich verwundert schier
und spricht: «Der Becher ist dein,
und diesen Ring noch bestimm' ich dir,
geschmückt mit dem köstlichsten Edelgestein,
versuchst du's noch einmal und bringst mir Kunde,
was du sahst auf des Meeres tiefunterstem Grunde.»

Das hörte die Tochter mit weichem Gefühl,
und mit schmeichelndem Munde sie fleht:
«Laßt, Vater, genug sein das grausame Spiel!
Er hat Euch bestanden, was keiner besteht,
und könnt Ihr des Herzens Gelüsten nicht zähmen,
so mögen die Ritter den Knappen beschämen.»

Drauf der König greift nach dem Becher schnell,
in den Strudel ihn schleudert hinein:
«Und schaffst du den Becher mir wieder zur Stell',
so sollst du der trefflichste Ritter mir sein
und sollst die als Ehgemahl heut noch umarmen,
die jetzt für dich bittet mit zartem Erbarmen.»

Da ergreift's ihm die Seele mit Himmelsgewalt,
und es blitzt aus den Augen ihm kühn,
und er siehet erröten die schöne Gestalt
und sieht sie erbleichen und sinken hin –
da treibt's ihn, den köstlichen Preis zu erwerben,
und stürzt hinunter auf Leben und Sterben.

Wohl hört man die Brandung, wohl kehrt sie zurück,
sie verkündet der donnernde Schall –
da bückt sich's hinunter mit liebendem Blick:
es kommen, es kommen die Wasser all,
sie rauschen herauf, sie rauschen nieder,
den Jüngling bringt keines wieder.

Friedrich Schiller

KLEIN ROLAND

Frau Berta saß in der Felsenkluft,
sie klagt' ihr bittres Los.
Klein Roland spielt' in freier Luft,
dess' Klage war nicht groß.

«O König Karl, mein Bruder hehr,
o daß ich floh von dir!
Um Liebe ließ ich Pracht und Ehr',
nun zürnst du schrecklich mir.

O Milon, mein Gemahl so süß!
Die Flut verschlang mir dich.
Die ich um Liebe alles ließ,
nun läßt die Liebe mich.

Klein Roland, du mein teures Kind,
nun Ehr' und Liebe mir,
klein Roland, komm herein geschwind!
Mein Trost kommt all von dir.

Klein Roland, geh zur Stadt hinab,
zu bitten um Speis und Trank;
und wer dir gibt eine kleine Gab',
dem wünsche Gottes Dank!»

Der König Karl zur Tafel saß
im goldnen Rittersaal,
die Diener liefen ohn' Unterlaß
mit Schüssel und Pokal.

Von Flöten, Saitenspiel, Gesang
ward jedes Herz erfreut;
doch reichte nicht der helle Klang
zu Bertas Einsamkeit.

Und draußen in des Hofes Kreis,
da saßen der Bettler viel;
die labten sich an Trank und Speis'
mehr als am Saitenspiel.

Der König schaut in ihr Gedräng'
wohl durch die offne Tür:
da drückt sich durch die dichte Meng'
ein feiner Knab' herfür.

Des Knaben Kleid ist wunderbar,
Vierfarb zusammengestückt;
doch weilt er nicht bei der Bettlerschar,
herauf zum Saal er blickt.

Herein zum Saal klein Roland tritt,
als wär's sein eigen Haus;
er hebt eine Schüssel von Tisches Mitt'
und trägt sie stumm hinaus.

Der König denkt: «Was muß ich sehn?
Das ist ein sondrer Brauch.»
Doch weil er's ruhig läßt geschehn,
so lassen's die andern auch.

Es stund nur an eine kleine Weil',
klein Roland kehrt in den Saal;
er tritt zum König hin mit Eil'
und faßt seinen Goldpokal.

«Heida! halt an, du kecker Wicht!»,
der König ruft es laut.
Klein Roland läßt den Becher nicht,
zum König auf er schaut.

Der König erst gar finster sah,
doch lachen mußt' er bald:
«Du trittst in die goldne Halle da
wie in den grünen Wald;

du nimmst die Schüssel von Königs Tisch,
wie man Äpfel bricht vom Baum;
du holst wie aus dem Bronnen frisch
meines roten Weines Schaum.»

«Die Bäurin schöpft aus dem Bronnen frisch,
die bricht die Äpfel vom Baum;
meiner Mutter ziemet Wildbret und Fisch,
ihr roten Weines Schaum.»

«Ist deine Mutter so edle Dam',
wie du berühmst, mein Kind,
so hat sie wohl ein Schloß lustsam
und stattlich Hofgesind?

Sag an! wer ist denn ihr Truchseß?
Sag an! wer ist ihr Schenk?»
«Meine rechte Hand ist ihr Truchseß,
meine linke, die ist ihr Schenk.»

«Sag an! wer sind die Wächter treu?»
«Meine Augen blau allstund.»
«Sag an! wer ist ihr Sänger frei?»
«Der ist mein roter Mund.»

«Die Dam' hat wackre Diener, traun!
Doch liebt sie sondre Livrei,
wie Regenbogen anzuschaun,
mit Farben mancherlei.»

«Ich hab bezwungen der Knaben acht
von jedem Viertel der Stadt,
die haben mir als Zins gebracht
vierfältig Tuch zur Wat.»

«Die Dame hat nach meinem Sinn
den besten Diener der Welt.
Sie ist wohl Bettlerkönigin,
die offne Tafel hält.

So edle Dame darf nicht fern
von meinem Hofe sein.
Wohlauf, drei Damen! auf, drei Herrn!
Führt sie zu mir herein!»

Klein Roland trägt den Becher flink
hinaus zum Prunkgemach;
drei Damen, auf des Königs Wink,
drei Ritter folgen nach.

Es stund nur an eine kleine Weil',
der König schaut in die Fern',
da kehren schon zurück mit Eil'
die Damen und die Herrn.

Der König ruft mit einem Mal:
«Hilf Himmel! seh' ich recht?
Ich hab' verspottet im offnen Saal
mein eigenes Geschlecht.

Hilf Himmel! Schwester Berta, bleich,
im grauen Pilgergewand!
Hilf Himmel! in meinem Prunksaal reich
den Bettelstab in der Hand!»

Frau Berta fällt zu Füßen ihm,
das bleiche Frauenbild.
Da regt sich plötzlich der alte Grimm,
er blickt sie an so wild.

Frau Berta senkt die Augen schnell,
kein Wort zu reden sich traut;
klein Roland hebt die Augen hell,
den Öhm begrüßt er laut.

Da spricht der König in mildem Ton:
«Steh auf, du Schwester mein!
Um diesen deinen lieben Sohn
soll dir verziehen sein.»

Frau Berta hebt sich freudenvoll:
«Lieb Bruder mein, wohlan!
Klein Roland dir vergelten soll
was du mir Guts getan.

Soll werden seinem König gleich,
ein hohes Heldenbild;
soll führen die Farb' von manchem Reich
in seinem Banner und Schild;

soll greifen in manches Königs Tisch
mit seiner freien Hand;
soll bringen zu Heil und Ehre frisch
sein seufzend Mutterland.»

Ludwig Uhland

KÖNIG KARLS MEERFAHRT

Der König Karl fuhr über Meer
mit seinen zwölf Genossen,
zum Heil'gen Lande steuert' er,
und ward vom Sturm verstoßen.

Da sprach der kühne Held Roland:
»Ich kann wohl fechten und schirmen,
doch hält mir diese Kunst nicht stand
vor Wellen und vor Stürmen.«

Dann sprach Herr Holger aus Dänemark:
«Ich kann die Harfe schlagen;
was hilft mir das, wenn also stark
die Wind' und Wellen jagen?»

Herr Oliver war auch nicht froh,
er sah auf seine Wehre:
«Es ist mir um mich selbst nicht so,
wie um die Altekläre.»

Dann sprach der schlimme Ganelon,
er sprach es nur verstohlen:
«Wär' ich mit guter Art davon,
möcht' euch der Teufel holen!»

Erzbischof Turpin seufzte sehr:
«Wir sind die Gottesstreiter;
komm, liebster Heiland, über das Meer
und führ' uns gnädig weiter!»

Graf Richard Ohnefurcht hub an:
«Ihr Geister aus der Hölle!
Ich hab' euch manchen Dienst getan,
jetzt helft mir von der Stelle!»

Herr Naime diesen Ausspruch tat:
«Schon vielen riet ich heuer,
doch süßes Wasser und guter Rat
sind oft zu Schiffe teuer.»

Da sprach der graue Herr Riol:
«Ich bin ein alter Degen,
und möchte meinen Leichnam wohl
dereinst ins Trockne legen.»

Es war Herr Gui, ein Ritter fein,
der fing wohl an zu singen:
«Ich wollt, ich wär' ein Vögelein,
wollt' mich zu Liebchen schwingen.»

Da sprach der edle Graf Garein:
«Gott helf' uns aus der Schwere!
Ich trink' viel lieber den roten Wein,
als Wasser in dem Meere.»

Herr Lambert sprach, ein Jüngling frisch:
«Gott woll' uns nicht vergessen!
Äß' lieber selbst 'nen guten Fisch,
statt daß mich Fische fressen.»

Da sprach Herr Gottfried lobesan:
«Ich laß mir's halt gefallen,
man richtet mir nichts anders an,
als meinen Brüdern allen.»

Der König Karl am Steuer saß,
der hat kein Wort gesprochen,
er lenkt das Schiff mit festem Maß,
bis sich der Sturm gebrochen.

Ludwig Uhland

DIE SCHÖNE LILOFEE

Es freit' ein wilder Wassermann.
Er freit' nach königlichem Stamm
um die schöne Lilofee.

Er ließ eine Brücke mit Gold beschlagen,
darauf sollt' sie spazieren gahn,
die schöne Lilofee.

Und als sie auf die Brücke kam,
der Wassermann zog sie hinab,
die schöne Lilofee.

Da unten war sie sieben Jahr.
Und sieben Kind sie ihm gebar,
die schöne Lilofee.

Und als sie bei der Wiege stand,
da hört' sie einen Glockenklang,
die schöne Lilofee.

«Ach Wassermann, lieber Wassermann,
laß mich einmal zur Kirche gahn,
mich arme Lilofee.»

Und da sie auf dem Kirchhof kam,
da neigt' sich Laub und grünes Gras
vor der schönen Lilofee.

Und da sie in die Kirche kam,
da neigt' sich Graf und Edelmann
vor der schönen Lilofee.

Der Vater machte die Bank ihr auf,
die Mutter legte das Kissen drauf
der schönen Lilofee.

Sie führten sie an den gedeckten Tisch
und trugen ihr auf viel Fleisch und Fisch,
der schönen Lilofee.

Da sie den ersten Bissen aß,
fiel ihr ein Apfel in den Schoß,
der schönen Lilofee.

«Ach, liebe Mutter, seid so gut,
werft mir den Apfel in Feuersglut,
mir armen Lilofee.»

«Ei, willst du mich verbrennen hier?
Wer wird unsre Kinder ernähren mir,
du schöne Lilofee?»

«Die Kinder, die wollen teilen wir.
Nimmst du ihr drei, nimm ich ihr vier,
ich arme Lilofee.»

«Nimm ich ihr drei, nimmst du ihr drei,
das siebente wollen wir teilen gleich,
du schöne Lilofee.

Nimm ich ein Bein, nimmst du ein Bein,
daß wir einander gleiche sein,
du schöne Lilofee.»

«Und eh' ich mir lass' mein Kind zerteiln,
viel lieber will ich im Wasser weiln,
ich arme Lilofee!»

Unbekannt

LA BLANCHE NEF

«Herr König, ich bin Steffens Kind,
der den Erobrer einst geführt!
Es ist ein Lehn, daß mein Gesind',
mein Schiff allein den König führt!

Voraus den schnellsten Segeln fliegt
mein Boot, La Blanche Nef genannt;
es weiß, wo sichre Tiefe liegt,
es furcht das Meer, es kennt den Strand!»

– «Nicht mich, doch meinen besten Hort,
vier Königskinder, führest du –
sie knospen, weil mein Leben dorrt –
die junge Normandie dazu!

Gelobe mir dein himmlisch Teil,
gelobe mir dein männlich Wort:
Du bringst an Leib und Seele heil
die Kinder mir nach England dort!»

– «Ich schwöre dir mein himmlisch Teil,
ich schwöre dir mein männlich Wort:
An Leib und Seele bring' ich heil
die Kinder dir nach England dort!»

Des Schiffers geller Pfiff erscholl,
in See das Boot des Königs stach –
ein Korb, von frischen Blumen voll,
glitt Blanche Nef, la Belle, nach.

So leichtbeschwingt wie nie zuvor
durchfurchte Blanche Nef die See
mit ihrem kräft'gen Knabenflor
und Mägdlein, schlank wie Hirsch und Reh.

Die Königskinder hell und zart,
erhöht inmitten saßen sie,
ringsum gepaart in Zucht und Art
das Edelblut der Normandie.

Vier Stimmen sangen frisch und schön,
und hundertstimmig scholl der Chor;
es zog das junge Lustgetön
die Nixen aus der Flut empor.

– «Ich warne junge Herrlichkeit
und dich, normannisch Edelblut,
das Singen schafft der Nixe Leid,
dem freudelosen Kind der Flut!»

– «Und schaffen dem Gezücht wir Leid
und quälen wir das Halbgeschlecht
und reizen wir die Nixe Neid,
das, Steffen, ist uns eben recht!»

Gemach verlosch das Abendrot,
des Tages Gluten schliefen ein,
ausbreitet über Meer und Boot
der Mond den bleichen Geisterschein.

Die See ist wunderlich erregt.
Was wandert um des Kieles Lauf?
Von Armen wird die Flut bewegt,
beglänzte Nacken tauchen auf.

Der Steffen ernst am Steuer stand:
«Das Meer ist klar ... doch droht Gefahr ...»
Er deutet mit gestreckter Hand:
«Da naht sie schon, die Nixenschar!»

Umklammert hält den schrägen Mast
ein blanker Leib als Schiffsfigur,
daß Blanche Nef, von Graun erfaßt,
in wilder Flucht von dannen fuhr.

– «Ich warne junge Herrlichkeit,
vergeßt die Nachtgebete nicht!»
– «Ei, Steffen, Kind der alten Zeit,
süß herzt es sich im Mondenlicht ...»

Es klimmt und überklimmt das Bord,
es läßt sich nieder aus den Taun,
es kichert wie ein freches Wort,
es schaudert wie ein lüstern Graun …

es reizt, es quält, es schlüpft, es schmiegt
sich zwischen Edelknecht und Maid,
bis sich das Paar in Armen liegt
zu früher Lust, zu Tod und Leid …

Dem Steffen steigt das Haar. Er starrt
auf ein gespenstig Bacchanal:
die Königskinder, hell und zart,
verblühen all im Mondenstrahl.

«Verloren geht mein himmlisch Teil,
gebrochen ist mein männlich Wort:
nicht bring' an Leib und Seele heil
die Kinder ich nach England dort!

Stirb, Blanche Nef! Bevor es tagt!
Im Wasser weiß ich hier ein Riff …»
Er dreht das Steuer stracks und jagt
der Klippe zu das Sündenschiff.

Der König lauscht zurück: «Das scholl
wie Sterbeschrei!» Klar ist der Sund.
Ein Korb von welken Blumen voll,
sinkt Blanche Nef zum Meeresgrund.

Conrad Ferdinand Meyer

DER FISCHER

Das Wasser rauscht', das Wasser schwoll,
ein Fischer saß daran,
sah nach dem Angel ruhevoll,
kühl bis ans Herz hinan.
Und wie er sitzt und wie er lauscht,
teilt sich die Flut empor:
aus dem bewegten Wasser rauscht
ein feuchtes Weib hervor.

Sie sang zu ihm, sie sprach zu ihm:
«Was lockst du meine Brut
mit Menschenwitz und Menschenlist
hinauf in Todesglut?
Ach, wüßtest du, wie's Fischlein ist
so wohlig auf dem Grund,
du stiegst herunter, wie du bist,
und würdest erst gesund.

Labt sich die liebe Sonne nicht,
der Mond sich nicht im Meer?
Kehrt wellenatmend ihr Gesicht
nicht doppelt schöner her?
Lockt dich der tiefe Himmel nicht,
das feuchtverklärte Blau?
Lockt dich dein eigen Angesicht
nicht her in ewgen Tau?»

Das Wasser rauscht', das Wasser schwoll,
netzt ihm den nackten Fuß;
sein Herz wuchs ihm so sehnsuchtsvoll,
wie bei der Liebsten Gruß.
Sie sprach zu ihm, sie sang zu ihm,
da war's um ihn geschehn:
halb zog sie ihn, halb sank er hin,
und ward nicht mehr gesehn.

Johann Wolfgang Goethe

ZWEI LIEBCHEN

Ein Schifflein auf der Donau schwamm,
drin saßen Braut und Bräutigam,
er hüben und sie drüben.

Sie sprach: «Herzliebster, sage mir,
zum Angebind, was geb' ich dir?»

Sie streift zurück ihr Ärmelein,
sie greift ins Wasser frisch hinein.

Der Knabe, der tät gleich also,
und scherzt mit ihr und lacht so froh.

«Ach, schöne Frau Done, geb' Sie mir
für meinen Schatz eine hübsche Zier!»

Sie zog heraus ein schönes Schwert;
der Knab' hätt lang so eins begehrt.

Der Knab', was hält er in der Hand?
Milchweiß ein köstlich Perlenband.

Er legt's ihr um ihr schwarzes Haar,
sie sah wie eine Fürstin gar.

«Ach, schöne Frau Done, geb' Sie mir
für meinen Schatz eine hübsche Zier!»

Sie langt hinein zum andern Mal,
faßt einen Helm von lichtem Stahl.

Der Knab' vor Freud' entsetzt sich schier,
fischt ihr einen goldnen Kamm dafür.

Zum dritten sie ins Wasser griff:
ach weh! da fällt sie aus dem Schiff.

Er springt ihr nach, er faßt sie keck,
Frau Done reißt sie beide weg:

Frau Done hat ihr Schmuck gereut,
das büßt der Jüngling und die Maid.

Das Schifflein leer hinunterwallt;
die Sonne sinkt hinter die Berge bald.

Und als der Mond am Himmel stand,
die Liebchen schwimmen tot an Land,
er hüben und sie drüben.

Eduard Mörike

ERLKÖNIG

Wer reitet so spät durch Nacht und Wind?
Es ist der Vater mit seinem Kind.
Er hat den Knaben wohl in dem Arm,
er faßt ihn sicher, er hält ihn warm.

«Mein Sohn, was birgst du so bang dein Gesicht?»
«Siehst, Vater, du den Erlkönig nicht,
den Erlenkönig mit Kron' und Schweif?»
«Mein Sohn, es ist ein Nebelstreif.»

«Du liebes Kind, komm, geh mit mir!
Gar schöne Spiele spiel' ich mit dir;
manch bunte Blumen sind an dem Strand,
meine Mutter hat manch gülden Gewand.»

«Mein Vater, mein Vater, und hörest du nicht,
was Erlenkönig mir leise verspricht!?»
«Sei ruhig, bleibe ruhig, mein Kind;
in dürren Blättern säuselt der Wind.»

«Willst, feiner Knabe, du mit mir gehn?
Meine Töchter sollen dich warten schön;
meine Töchter führen den nächtlichen Reihn
und wiegen und tanzen und singen dich ein.»

«Mein Vater, mein Vater, und siehst du nicht dort
Erlkönigs Töchter am düstern Ort?»
«Mein Sohn, mein Sohn, ich seh' es genau,
es scheinen die alten Weiden so grau.»

«Ich liebe dich, mich reizt deine schöne Gestalt;
und bist du nicht willig, so brauch ich Gewalt.»
«Mein Vater, mein Vater, jetzt faßt er mich an!
Erlkönig hat mir ein Leids getan!»

Dem Vater grauset's, er reitet geschwind,
er hält in Armen das ächzende Kind,
erreicht den Hof mit Mühe und Not –
in seinen Armen das Kind war tot.

Johann Wolfgang Goethe

DER KNABE IM MOOR

O schaurig ist's übers Moor zu gehn,
wenn es wimmelt vom Heiderauche,
sich wie Phantome die Dünste drehn
und die Ranke häkelt am Strauche,
unter jedem Tritte ein Quellchen springt,
wenn aus der Spalte es zischt und singt,

o schaurig ist's übers Moor zu gehn,
wenn das Röhricht knistert im Hauche!

Fest hält die Fibel das zitternde Kind
und rennt als ob man es jage;
hohl über die Fläche sauset der Wind –
was raschelt drüben am Hage?
Das ist der gespenstige Gräberknecht,
der dem Meister die besten Torfe verzecht;
hu, hu, es bricht wie ein irres Rind!
Hinducket das Knäblein zage.

Vom Ufer starret Gestumpf hervor,
unheimlich nicket die Föhre,
der Knabe rennt, gespannt das Ohr,
durch Riesenhalme wie Speere;
und wie es rieselt und knittert darin!
Das ist die unselige Spinnerin,
das ist die gebannte Spinnlenor',
die den Haspel dreht im Geröhre!

Voran, voran, nur immer im Lauf,
voran als woll' es ihn holen;
vor seinem Fuße brodelt es auf,
es pfeift ihm unter den Sohlen
wie eine gespenstige Melodei;
das ist der Geigemann ungetreu
das ist der diebische Fiedler Knauf,
der den Hochzeitheller gestohlen!

Da birst das Moor, ein Seufzer geht
hervor aus der klaffenden Höhle;
weh, weh, da ruft die verdammte Margret:
«Ho, ho, meine arme Seele!»
Der Knabe springt wie ein wundes Reh,
wär' nicht Schutzengel in seiner Näh',
seine bleichen Knöchelchen fände spät
ein Gräber im Moorgeschwele.

Da mählich gründet der Boden sich,
und drüben, neben der Weide,
die Lampe flimmert so heimatlich,
der Knabe steht an der Scheide.
Tief atmet er auf, zum Moor zurück
noch immer wirft er den scheuen Blick:
Ja, im Geröhre war's fürchterlich,
o schaurig war's in der Heide!

Annette von Droste-Hülshoff

DAS FRÄULEIN VON RODENSCHILD

Sind denn so schwül die Nächt' im April?
Oder ist so siedend jungfräulich Blut?
Sie schließt die Wimper, sie liegt so still,
und horcht des Herzens pochender Flut.
«O will es denn nimmer und nimmer tagen!
O will denn nicht endlich die Stunde schlagen!
Ich wache, und selbst der Zeiger ruht!

Doch horch! es summt, eins, zwei und drei, –
noch immer fort? – sechs, sieben und acht,
elf, zwölf, – o Himmel, war das ein Schrei?
Doch nein, Gesang steigt über der Wacht,
nun wird mir's klar, mit frommem Munde
begrüßt das Hausgesinde die Stunde,*
anbrach die hochheilige Osternacht.»

Seitab das Fräulein die Kissen stößt,
und wie eine Hinde vom Lager setzt,
sie hat des Mieders Schleifen gelöst,
ins Häubchen drängt sie die Locken jetzt,
dann leise das Fenster öffnend, leise,
horcht sie der mählich schwellenden Weise,
vom wimmernden Schrei der Eule durchsetzt.

* Es bestand, und besteht hier und dort noch in katholischen Ländern die Sitte, am Vorabend des Oster- und Weihnachtstages den zwölften Glockenschlag abzuwarten, um den Eintritt des Festes mit einem frommen Liede zu begrüßen.

O dunkel die Nacht! und schaurig der Wind!
Die Fahnen wirbeln am knarrenden Tor, –
da tritt aus der Halle das Hausgesind'
mit Blendlaternen und einzeln vor.
Der Pförtner dehnet sich, halb schon träumend,
am Dochte zupfet der Jäger säumend,
und wie ein Oger gähnet der Mohr.

Was ist? – wie das auseinanderschnellt!
In Reihen ordnen die Männer sich,
und eine Wacht vor die Dirnen stellt
die graue Zofe sich ehrbarlich,
«Ward ich gesehn an des Vorhangs Lücke?
Doch nein, zum Balkone starren die Blicke,
nun langsam wenden die Häupter sich.

O weh meine Augen! bin ich verrückt?
Was gleitet entlang das Treppengeländ?
Hab' ich nicht so aus dem Spiegel geblickt?
Das sind meine Glieder, – welch ein Geblend'!
Nun hebt es die Hände, wie Zwirnes Flocken,
das ist mein Strich über Stirn und Locken! –
Weh, bin ich toll, oder nahet mein End'!»

Das Fräulein erbleicht und wieder erglüht,
das Fräulein wendet die Blicke nicht,
und leise rührend die Stufen zieht
am Steingelände das Nebelgesicht,
in seiner Rechten trägt es die Lampe,
ihr Flämmchen zittert über der Rampe,
verdämmernd, blau, wie ein Elfenlicht.

Nun schwebt es unter dem Sternendom,
Nachtwandlern gleich in Traumes Geleit,
nun durch die Reihen zieht das Phantom,
und jeder tritt einen Schritt zur Seit'. –
Nun lautlos gleitet's über die Schwelle, –
nun wieder drinnen erscheint die Helle,
hinauf sich windend die Stiegen breit.

Das Fräulein hört das Gemurmel nicht,
sieht nicht die Blicke, stier und verscheucht,
fest folgt ihr Auge dem bläulichen Licht,
wie dunstig über die Scheiben es streicht.
– Nun ist's im Saale – nun im Archive –
nun steht es still an der Nische Tiefe –
nun matter, matter, – ha! es erbleicht!

«Du sollst mir stehen! ich will dich fahn!»
Und wie ein Aal die beherzte Maid
durch Nacht und Krümmen schlüpft ihre Bahn,
hier droht ein Stoß, dort häkelt das Kleid,
leis tritt sie, leise, o Geistersinne
sind scharf! daß nicht das Gesicht entrinne!
Ja, mutig ist sie, bei meinem Eid!

Ein dunkler Rahmen, Archives Tor;
– Ha, Schloß und Riegel! – sie steht gebannt,
sacht, sacht das Auge und dann das Ohr
drückt zögernd sie an der Spalte Rand,
tiefdunkel drinnen – doch einem Rauschen
der Pergamente glaubt sie zu lauschen,
und einem Streichen entlang der Wand.

So niederkämpfend des Herzens Schlag,
hält sie den Odem, sie lauscht, sie neigt –
was dämmert ihr zur Seite gemach?
Ein Glühwurmleuchten – es schwillt, es steigt,
und Arm an Arme, auf Schrittes Weite,
lehnt das Gespenst an der Pforte Breite,
gleich ihr zur Nachbarspalte gebeugt.

Sie fährt zurück, – das Gebilde auch –
dann tritt sie näher – so die Gestalt –
nun stehen die beiden, Auge in Aug',
und bohren sich an mit Vampires Gewalt.
Das gleiche Häubchen decket die Locken,
das gleiche Linnen, wie Schnees Flocken,
gleich ordnungslos um die Glieder wallt.

Langsam das Fräulein die Rechte streckt,
und langsam, wie aus der Spiegelwand,
sich Linie um Linie entgegenreckt
mit gleichem Rubine die gleiche Hand;
nun rührt sich's – die Lebendige spüret
als ob ein Luftzug schneidend sie rühret,
der Schemen dämmert, – zerrinnt – entschwand.

Und wo im Saale der Reihen fliegt,
da siehst ein Mädchen du, schön und wild,
– vor Jahren hat's eine Weile gesiecht –
das stets in den Handschuh die Rechte hüllt.
Man sagt, kalt sei sie wie Eises Flimmer,
doch lustig die Maid, sie hieß ja immer:
«Das tolle Fräulein von Rodenschild.»

Annette von Droste-Hülshoff

WALDGESPRÄCH

Es ist schon spät, es wird schon kalt,
was reitst du einsam durch den Wald?
Der Wald ist lang, du bist allein,
du schöne Braut! Ich führ' dich heim!

«Groß ist der Männer Trug und List,
vor Schmerz mein Herz gebrochen ist,
wohl irrt das Waldhorn her und hin,
o flieh! Du weißt nicht, wer ich bin.»

So reich geschmückt ist Roß und Weib,
so wunderschön der junge Leib,
jetzt kenn' ich dich – Gott steh' mir bei!
Du bist die Hexe Lorelei.

«Du kennst mich wohl – von hohem Stein
schaut still mein Schloß tief in den Rhein.
Es ist schon spät, es wird schon kalt,
kommst nimmermehr aus diesem Wald!»

Joseph von Eichendorff

DIE LORELEI

Ich weiß nicht, was soll es bedeuten,
daß ich so traurig bin;
ein Märchen aus alten Zeiten,
das kommt mir nicht aus dem Sinn.

Die Luft ist kühl und es dunkelt,
und ruhig fließt der Rhein;
der Gipfel des Berges funkelt
im Abendsonnenschein.

Die schönste Jungfrau sitzet
dort oben wunderbar;
ihr goldnes Geschmeide blitzet,
sie kämmt ihr goldnes Haar.

Sie kämmt es mit goldenem Kamme
und singt ein Lied dabei;
das hat eine wundersame,
gewaltige Melodei.

Den Schiffer im kleinen Schiffe
ergreift es mit wildem Weh;
er schaut nicht die Felsenriffe,
er schaut nur hinauf in die Höh'.

Ich glaube, die Wellen verschlingen
am Ende Schiffer und Kahn;
und das hat mit ihrem Singen
die Lorelei getan.

Heinrich Heine

LORE LAY

Zu Bacharach am Rheine
wohnt' eine Zauberin,
die war so schön und feine
und riß viel Herzen hin.

Und brachte viel zu Schanden
der Männer rings umher,
aus ihren Liebesbanden
war keine Rettung mehr!

Der Bischof ließ sie laden
vor geistliche Gewalt –
und mußte sie begnaden,
so schön war ihr' Gestalt.

Er sprach zu ihr gerühret:
«Du arme Lore Lay!
Wer hat dich denn verführet
zu böser Zauberei?»

«Herr Bischof, laßt mich sterben,
ich bin des Lebens müd,
weil jeder muß verderben,
der meine Augen sieht!

Die Augen sind zwei Flammen,
mein Arm ein Zauberstab –
o schickt mich in die Flammen,
o brechet mir den Stab!»

«Ich kann dich nicht verdammen,
bis du mir erst bekennt,
warum in deinen Flammen
mein eignes Herz schon brennt!

Den Stab kann ich nicht brechen,
du schöne Lore Lay!
Ich müßte denn zerbrechen
mein eigen Herz entzwei!»

«Herr Bischof, mit mir Armen
treibt nicht so bösen Spott
und bittet um Erbarmen
für mich den lieben Gott!

Ich darf nicht länger leben,
ich liebe keinen mehr –
den Tod sollt Ihr mir geben,
drum kam ich zu Euch her!

Mein Schatz hat mich betrogen,
hat sich von mir gewandt,
ist fort von mir gezogen,
fort in ein fremdes Land.

Die Augen sanft und wilde,
die Wangen rot und weiß,
die Worte still und milde,
das ist mein Zauberkreis.

Ich selbst muß drin verderben,
das Herz tut mir so weh,
vor Schmerzen möcht' ich sterben,
wenn ich mein Bildnis seh'.

Drum laßt mein Recht mich finden,
mich sterben wie ein Christ,
denn alles muß verschwinden,
weil er nicht bei mir ist!»

Drei Ritter läßt er holen:
«Bringt sie ins Kloster hin!
Geh, Lore! Gott befohlen
sei dein berückter Sinn!

Du sollst ein Nönnchen werden,
ein Nönnchen schwarz und weiß,
bereite dich auf Erden
zu deines Todes Reis'!»

Zum Kloster sie nun ritten,
die Ritter alle drei
und traurig in der Mitten
die schöne Lore Lay.

«O Ritter, laßt mich gehen
auf diesen Felsen groß,
ich will noch einmal sehen
nach meines Lieben Schloß.

Ich will noch einmal sehen
wohl in den tiefen Rhein
und dann ins Kloster gehen
und Gottes Jungfrau sein!»

Der Felsen ist so jähe,
so steil ist seine Wand,
doch klimmt sie in die Höhe,
bis daß sie oben stand.

Es binden die drei Reiter
die Rosse unten an
und klettern immer weiter
zum Felsen auch hinan.

Die Jungfrau sprach: «Da gehet
ein Schifflein auf dem Rhein,
der in dem Schifflein stehet,
Der soll mein Liebster sein!

Mein Herz wird mir so munter,
er muß mein Liebster sein!» –
Da lehnt sie sich hinunter
und stürzet in den Rhein.

Die Ritter mußten sterben,
sie konnten nicht hinab;
sie mußten all' verderben,
ohn' Priester und ohn' Grab!

Wer hat dies Lied gesungen?
Ein Schiffer auf dem Rhein,
und immer hat's geklungen
von dem Dreiritterstein:

Lore Lay!
Lore Lay!
Lore Lay!
Als wären es meiner drei!

Clemens Brentano

UNDINE

Mit dem Jahr wächst das Schilf
und die bräunlichen Kolben
brechen wollig auf.

Der Fischer, der morgens
durchs Wasser watet,
schiebt den teerigen Kahn
an meiner Schulter vorbei.

Eine Legende bin ich,
ein Wasser grau bewegt,
in dem die Reusen
und Blätter schwimmen.

In Wurzelkörben
unterwaschener Weiden
schwankt mit dem Laich
der Fische mein Schmuck,
vom Maul der Hechte bewacht.

Wenn die Libellen
im Sommer das Licht vergittern,
das unbewegliche Licht
von Rohr und Wasser,
lieg ich im Kerker des Sees.

Die Rohrdommel steht,
ein Weidenpfahl,
im sickernden Grün der Algen.
Und hinter Nebelwolken der Mond,
eine graue Hornissenwabe.

Peter Huchel

ROMANZE

Horch, horch, was singen die Wellen am Strand?
Es waren drei Jäger im Oberland,
die wollten fischen und jagen
in ihren jungen Tagen.

Sie kamen an einen Wald so grau,
da saß eine wilde, uralte Frau,
die kämmte die weißen Locken,
das Herz tät ihnen stocken.

«Vor tausend Jahren da war ich schön,
da jagt' ich die Hirsche auf Bergeshöhn.
Kein König zog vorüber,
er küßte mich viel lieber!

Mein Haar ward grau, mein Haupt ward schwer,
mag heute keiner mich küssen mehr.
Wollt ihr das Alter nicht ehren?
Ich will euch Sitte lehren!»

Drei Haare sie riß aus dem greisen Schopf,
die wirbelt sie lachend über den Kopf;
drei schöne Mädchen alsbalde
hinschwebten über dem Walde.

Die Jäger standen und staunten sehr,
dann stürmten sie nach mit Waff' und Wehr,
das flüchtige Wild zu fangen –
sind alle verlorengegangen.

Julius Grosse

DER ZAUBERLEHRLING

Hat der alte Hexenmeister
sich doch einmal wegbegeben!
Und nun sollen seine Geister
auch nach meinem Willen leben;
seine Wort' und Werke
merkt' ich und den Brauch,
und mit Geistesstärke
tu' ich Wunder auch.

Walle, walle
manche Strecke,
daß zum Zwecke
Wasser fließe
und mit reichem, vollem Schwalle
zu dem Bade sich ergieße!

Und nun komm, du alter Besen!
Nimm die schlechten Lumpenhüllen!
Bist schon lange Knecht gewesen;
nun erfülle meinen Willen!
Auf zwei Beinen stehe,
oben sei ein Kopf,
eile nun und gehe
mit dem Wassertopf!

Walle, walle
manche Strecke,
daß zum Zwecke
Wasser fließe
und mit reichem, vollem Schwalle
zu dem Bade sich ergieße!

Seht, er läuft zum Ufer nieder –
wahrlich, ist schon an dem Flusse,
und mit Blitzesschnelle wieder
ist er hier mit raschem Gusse.
Schon zum zweiten Male!
Wie das Becken schwillt!
Wie sich jede Schale
voll mit Wasser füllt!

Stehe! stehe!
Denn wir haben
deiner Gaben
vollgemessen! –
Ach, ich merk' es! Wehe! wehe!
Hab' ich doch das Wort vergessen!

Ach, das Wort, worauf am Ende
er das wird, was er gewesen!
Ach, er läuft und bringt behende!
Wärst du doch der alte Besen!
Immer neue Güsse
bringt er schnell herein,
ach, und hundert Flüsse
stürzen auf mich ein!

Nein, nicht länger
kann ich's lassen,
will ihn fassen.
Das ist Tücke!
Ach, nun wird mir immer bänger!
Welche Miene! welche Blicke!

O du Ausgeburt der Hölle!
Soll das ganze Haus ersaufen?
Seh' ich über jede Schwelle
doch schon Wasserströme laufen.
Ein verruchter Besen,
der nicht hören will!
Stock, der du gewesen,
steh doch wieder still!

Willst's am Ende
gar nicht lassen?
Will dich fassen,
will dich halten
und das alte Holz behende
mit dem scharfen Beile spalten.

Seht, da kommt er schleppend wieder!
Wie ich mich nur auf dich werfe,
gleich, o Kobold, liegst du nieder!
Krachend trifft die glatte Schärfe.
Wahrlich, brav getroffen!
Seht, er ist entzwei!
Und nun kann ich hoffen,
und ich atme frei!

Wehe! wehe!
Beide Teile
stehn in Eile
schon als Knechte
völlig fertig in die Höhe!
Helft mir, ach, ihr hohen Mächte!

Und sie laufen! Naß und nässer
wird's im Saal und auf den Stufen.
Welch entsetzliches Gewässer!
Herr und Meister, hör' mich rufen! –
Ach, da kommt der Meister!
Herr, die Not ist groß!
Die ich rief, die Geister,
werd' ich nun nicht los.

«In die Ecke,
Besen! Besen!
Seid's gewesen.
Denn als Geister
ruft euch nur zu seinem Zwecke
erst hervor der alte Meister.»

Johann Wolfgang Goethe

DAS RIESENSPIELZEUG

Burg Nideck ist im Elsaß der Sage wohlbekannt,
die Höhe, wo vorzeiten die Burg der Riesen stand;
sie selbst ist nun verfallen, die Stätte wüst und leer,
du fragest nach den Riesen, du findest sie nicht mehr.

Einst kam das Riesenfräulein aus jener Burg hervor,
erging sich sonder Wartung und spielend vor dem Tor
und stieg hinab den Abhang bis in das Tal hinein,
neugierig zu erkunden, wie's unten möchte sein.

Mit wen'gen raschen Schritten durchkreuzte sie den Wald,
erreichte gegen Haslach das Land der Menschen bald,
und Städte dort und Dörfer und das bestellte Feld
erschienen ihren Augen gar eine fremde Welt.

Wie jetzt zu ihren Füßen sie spähend niederschaut,
bemerkt sie einen Bauer, der seinen Acker baut;
es kriecht das kleine Wesen einher so sonderbar,
es glitzert in der Sonne der Pflug so blank und klar.

«Ei! artig Spielding!» ruft sie, «das nehm' ich mit nach Haus!»
Sie knieet nieder, spreitet behend ihr Tüchlein aus
und feget mit den Händen, was sich da alles regt,
zu Haufen in das Tüchlein, das sie zusammenschlägt,

und eilt mit freud'gen Sprüngen, man weiß, wie Kinder sind,
zur Burg hinan und suchet den Vater auf geschwind:
«Ei Vater, lieber Vater, ein Spielding wunderschön!
So Allerliebstes sah ich noch nie auf unsern Höh'n.»

Der Alte saß am Tische und trank den kühlen Wein,
er schaut sie an behaglich, er fragt das Töchterlein:
«Was Zappeliges bringst du in deinem Tuch herbei?
Du hüpfest ja vor Freuden; laß sehen, was es sei.»

Sie spreitet aus das Tüchlein und fängt behutsam an,
den Bauer aufzustellen, den Pflug und das Gespann;
wie alles auf dem Tische sie zierlich aufgebaut,
so klatscht sie in die Hände und springt und jubelt laut.

Der Alte wird gar ernsthaft und wiegt sein Haupt und spricht:
«Was hast du angerichtet? Das ist kein Spielzeug nicht!
Wo du es hergenommen, da trag es wieder hin,
der Bauer ist kein Spielzeug, was kommt dir in den Sinn?

Sollst gleich und ohne Murren erfüllen mein Gebot;
denn wäre nicht der Bauer, so hättest du kein Brot;
es sprießt der Stamm der Riesen aus Bauernmark hervor,
der Bauer ist kein Spielzeug, da sei uns Gott davor!»

Burg Nideck ist im Elsaß der Sage wohlbekannt,
die Höhe, wo vor Zeiten die Burg der Riesen stand;
sie selbst ist nun verfallen, die Stätte wüst und leer,
und fragst du nach den Riesen, du findest sie nicht mehr.

Adelbert von Chamisso

DER RATTENFÄNGER

Zu Hameln fechten Mäus' und Ratzen
am hellen Tage mit den Katzen;
der Hungertod ist vor der Tür:
was tut der weise Rat dafür?
Im ganzen Land
macht er's bekannt:
wer von den Räubern
die Stadt kann säubern,
des Bürgermeisters Töchterlein,
die soll zum Lohn sein eigen sein.

Am dritten Tage hört man's klingen
wie wenn im Lenz die Schwalben singen;
der Rattenfänger zieht heran –
o seht den bunten Jägersmann!
Er blickt so wild
und singt so mild,
die Ratten laufen
ihm zu in Haufen;
er lockt sie nach mit Wunderschall,
ertränkt sie in der Weser all.

Die Bürger nach den Kirchen wallen,
zum Dankgebet die Glocken schallen:
des Bürgermeisters Töchterlein
muß nun des Rattenfängers sein.
Der Vater spricht:
«Ich duld' es nicht!
So hoher Ehren
mag ich entbehren.
Mit Sang und Flötenspiel gewinnt
man keines Bürgermeisters Kind.»

In seinem bunten Jägerstaate
erscheint der Spielmann vor dem Rate.
Sie sprechen all aus einem Ton
und weigern den bedungnen Lohn:
«Das Mägdelein?
Es kann nicht sein;
Herr Rattenfänger,
müht Euch nicht länger!
Eur Flötenspiel ist eitel Dunst
und kam wohl von des Satans Kunst.»

Am andern Morgen hört man's klingen,
wie wenn die Nachtigallen singen.
Ein Flöten- und ein Liedersang,
so süß vertraut, so liebebang!
　Da zieht heran
　der Jägersmann,
　der Rattenfänger,
　der Wundersänger
und Kinder, Knaben, Mägdelein
in hellen Scharen hinterdrein.

Und hold und holder hört man's klingen,
wie wenn die lieben Englein singen,
und vor des Bürgermeisters Tür,
da tritt sein einzig Kind herfür.
　Das Mägdelein
　muß in den Reihn;
　die Mäuschen laufen
　ihm zu in Haufen.
Er lockt sie nach mit Wunderschall,
und nach der Weser zogen all.

Die Eltern liefen nach den Toren,
doch jede Spur war schon verloren.
Kein Eckart hatte sie gewarnt,
des Jägers Netz hält sie umgarnt.
　Zwei kehrten um,
　eins blind, eins stumm.
　Aus ihrem Munde
　kommt die Kunde.
Da hob der Mütter Jammer an.
So rächte sich der Wundermann.

Karl Simrock

DER FEUERREITER

Sehet ihr am Fensterlein
dort die rote Mütze wieder?
Nicht geheuer muß es sein,
denn er geht schon auf und nieder.
Und auf einmal welch Gewühle
bei der Brücke, nach dem Feld!
Horch! das Feuerglöcklein gellt:
　Hinterm Berg,
　hinterm Berg
brennt es in der Mühle!

Schaut! da sprengt er wütend schier
durch das Tor, der Feuerreiter,
auf dem rippendürren Tier,
als auf einer Feuerleiter!
Querfeldein! Durch Qualm und Schwüle
rennt er schon und ist am Ort!
Drüben schallt es fort und fort:
　Hinterm Berg,
　hinterm Berg
brennt es in der Mühle.

Der so oft den roten Hahn
meilenweit von fern gerochen,
mit des heil'gen Kreuzes Span
freventlich die Glut besprochen –
weh! dir grinst vom Dachgestühle
dort der Feind im Höllenschein.
Gnade Gott der Seele dein!
    Hinterm Berg,
    hinterm Berg
rast er in der Mühle!

Keine Stunde hielt es an,
bis die Mühle borst in Trümmer;
doch den kecken Reitersmann
sah man von der Stunde nimmer.
Volk und Wagen im Gewühle
kehren heim von all dem Graus;
auch das Glöcklein klinget aus:
    Hinterm Berg,
    hinterm Berg
brennt's! –

Nach der Zeit ein Müller fand
ein Gerippe samt der Mützen
aufrecht an der Kellerwand
auf der beinern' Mähre sitzen:
Feuerreiter, wie so kühle
reitest du in deinem Grab!
Husch! da fällt's in Asche ab.
    Ruhe wohl,
    ruhe wohl
drunten in der Mühle!

Eduard Mörike

LENORE

Lenore fuhr ums Morgenrot
empor aus schweren Träumen:
«Bist untreu, Wilhelm, oder tot?
Wie lange willst du säumen?» –
Er war mit König Friedrichs Macht
gezogen in die Prager Schlacht
und hatte nicht geschrieben,
ob er gesund geblieben.

Der König und die Kaiserin,
des langen Haders müde,
erweichten ihren harten Sinn
und machten endlich Friede;
und jedes Heer, mit Sing und Sang,
mit Paukenschlag und Kling und Klang,
geschmückt mit grünen Reisern,
zog heim zu seinen Häusern.

Und überall, allüberall,
auf Wegen und auf Stegen,
zog alt und jung dem Jubelschall
der Kommenden entgegen.
«Gottlob!» rief Kind und Gattin laut,
«willkommen!» manche frohe Braut;
ach! aber für Lenoren
war Gruß und Kuß verloren.

Sie frug den Zug wohl auf und ab
und frug nach allen Namen;
doch keiner war, der Kundschaft gab,
von allen, so da kamen.
Als nun das Heer vorüber war,
zerraufte sie das Rabenhaar
und warf sich hin zur Erde
mit wütiger Gebärde.

Die Mutter lief wohl hin zu ihr:
«Ach, daß sich Gott erbarme!
Du trautes Kind, was ist mit dir?» –
Und schloß sie in die Arme –
«O Mutter, Mutter, hin ist hin!
Nun fahre Welt und alles hin!
Bei Gott ist kein Erbarmen.
O weh, o weh mir Armen!» –

«Hilf Gott! hilf! Sieh uns gnädig an!
Kind, bet' ein Vaterunser!
Was Gott tut, das ist wohlgetan,
Gott, deines Heils Berater!» –
«O Mutter! Mutter! eitler Wahn!
Gott hat an mir nicht wohlgetan!
Was half, was half mein Beten?
Nun ist's nicht mehr vonnöten.» –

«Hilf, Gott, hilf! Wer den Vater kennt,
der weiß, er hilft den Kindern.
Das hochgelobte Sakrament
wird deinen Jammer lindern.» –

«O Mutter, Mutter, was mich brennt,
das lindert mir kein Sakrament!
Kein Sakrament mag Leben
den Toten wiedergeben.» –

«Hör, Kind! Wie, wenn der falsche Mann
im fernen Ungarlande
sich seines Glaubens abgetan
zum neuen Ehebande?
Laß fahren, Kind, sein Herz dahin!
Er hat es nimmermehr Gewinn!
Wenn Seel' und Leib sich trennen,
wird ihn sein Meineid brennen!» –

«O Mutter! Mutter! hin ist hin!
Verloren ist verloren!
Der Tod, der Tod ist mein Gewinn!
O wär' ich nie geboren!
Lisch aus, mein Licht! auf ewig aus!
Stirb hin, stirb hin in Nacht und Graus!
Bei Gott ist kein Erbarmen;
o weh, o weh mir Armen!» –

«Hilf Gott! hilf! Geh nicht ins Gericht
mit deinem armen Kinde!
Sie weiß nicht, was die Zunge spricht;
behalt ihr nicht die Sünde! – –
Ach Kind, vergiß dein irdisch Leid
und denk an Gott und Seligkeit,
so wird doch deiner Seelen
der Bräutigam nicht fehlen!» –

«O Mutter! was ist Seligkeit?
O Mutter! was ist Hölle?
Bei Wilhelm nur ist Seligkeit,
wo Wilhelm fehlt, ist Hölle!
Lisch aus, mein Licht! auf ewig aus!
Stirb hin! stirb hin! in Nacht und Graus!
Ohn' ihn mag ich auf Erden,
mag dort nicht selig werden.» – –

So wütete Verzweifelung
ihr in Gehirn und Adern.
Sie fuhr mit Gottes Vorsehung
vermessen fort zu hadern,
zerschlug den Busen und zerrang
die Hand bis Sonnenuntergang,
bis auf am Himmelsbogen
die goldnen Sterne zogen.

Und außen, horch! gings trapp trapp trapp
als wie von Rosses Hufen,
und klirrend stieg ein Reiter ab
an des Geländers Stufen.
Und horch! und horch! den Pfortenring
ganz lose, leise, klinglingling!
Dann kamen durch die Pforte
vernehmlich diese Worte:

«Holla, holla! Tu auf, mein Kind!
Schläfst, Liebchen, oder wachst du?
Wie bist noch gegen mich gesinnt?
Und weinest oder lachst du?» –
«Ach, Wilhelm, du? – So spät bei Nacht?
Geweinet hab ich und gewacht;
ach! großes Leid erlitten!
Wo kommst du hergeritten?» –

«Wir satteln nur um Mitternacht.
Weit ritt ich her von Böhmen:
Ich habe spät mich aufgemacht
und will dich mit mir nehmen!» –
«Ach, Wilhelm, erst herein geschwind!
Den Hagedorn durchsaust der Wind,
herein, in meinen Armen,
Herzliebster, zu erwarmen!»

«Laß sausen durch den Hagedorn,
laß sausen, Kind, laß sausen!
Der Rappe scharrt, es klirrt der Sporn;
ich darf allhier nicht hausen.

Komm, schürze, spring und schwinge dich
auf meinen Rappen hinter mich!
Muß heut noch hundert Meilen
mit dir ins Brautbett eilen.» –

«Ach, wolltest hundert Meilen noch
mich heut ins Brautbett tragen?
Und horch, es brummt die Glocke noch,
die elf schon angeschlagen.» –
«Sieh hin, sieh her, der Mond scheint hell;
wir und die Toten reiten schnell,
ich bringe dich, zur Wette,
noch heut ins Hochzeitsbette.» –

«Sag an, wo ist dein Kämmerlein?
Wo?, wie dein Hochzeitbettchen?» –
«Weit, weit von hier! Still, kühl und klein! –
Sechs Bretter und zwei Brettchen!» –
«Hat's Raum für mich?» – «Für dich und mich!
Komm, schürze, spring und schwinge dich!
Die Hochzeitsgäste hoffen!
Die Kammer steht uns offen.» –

Schön Liebchen schürzte, sprang und schwang
sich auf das Roß behende;
wohl um den trauten Reiter schlang
sie ihre Lilienhände,
und hurre hurre, hopp hopp hopp!
ging's fort in sausendem Galopp,
daß Roß und Reiter schnoben
und Kies und Funken stoben.

Zur rechten und zur linken Hand,
vorbei vor ihren Blicken,
wie flogen Anger, Heid und Land!
Wie donnerten die Brücken!
«Graut Liebchen auch? ... Der Mond scheint hell!
Hurra! Die Toten reiten schnell!
Graut Liebchen auch vor Toten?» –
«Ach nein! ... doch laß die Toten!» –

Was klang dort für Gesang und Klang?
Was flatterten die Raben? …
Horch Glockenklang! Horch Totensang:
«Laßt uns den Leib begraben!»
Und näher zog ein Leichenzug,
der Sarg und Totenbahre trug.
Das Lied war zu vergleichen
dem Unkenruf in Teichen.

«Nach Mitternacht begrabt den Leib
mit Klang und Sang und Klage!
Jetzt führ ich heim mein junges Weib;
mit, mit zum Brautgelage! …
Komm, Küster, hier! komm mit dem Chor
und gurgle mir das Brautlied vor!
Komm, Pfaff, und sprich den Segen,
eh wir zu Bett uns legen!»

Still Klang und Sang. – Die Bahre schwand. –
Gehorsam seinem Rufen
kams, hurre! hurre! nachgerannt
hart hinter's Rappen Hufen.
Und immer weiter, hopp! hopp! hopp!
gings fort im sausenden Galopp,
daß Roß und Reiter schnoben
und Kies und Funken stoben.

Wie flogen rechts, wie flogen links
Gebirge, Bäum und Hecken!
Wie flogen links und rechts und links
die Dörfer, Städt und Flecken! –
«Graut Liebchen auch? … Der Mond scheint hell!
Hurra! Die Toten reiten schnell!
Graut Liebchen auch vor Toten?»
«Ach, laß sie ruhn, die Toten.» –

Sieh da! sieh da! Am Hochgericht
tanzt um des Rades Spindel
halb sichtbarlich, bei Mondenlicht,
ein luftiges Gesindel.

«Sa! sa! Gesindel! hier! komm hier!
Gesindel, komm und folge mir!
Tanz uns den Hochzeitsreigen,
wann wir zu Bette steigen!» –

Und das Gesindel husch husch husch!
Kam hinten nachgeprasselt,
wie Wirbelwind am Haselbusch
durch dürre Blätter rasselt.
Und weiter, weiter, hopp hopp hopp!
ging's fort in sausendem Galopp,
daß Roß und Reiter schnoben
und Kies und Funken stoben.

Wie flog, was rund der Mond beschien,
wie flog es in die Ferne!
Wie flogen oben überhin
der Himmel und die Sterne! –
«Graut Liebchen auch? ... Der Mond scheint hell!
Hurra! Die Toten reiten schnell! –
Graut Liebchen auch vor Toten?»
«O weh! laß ruhn die Toten!»

«Rapp! Rapp! Mich dünkt, der Hahn schon ruft, –
bald wird der Sand verrinnen. –
Rapp! Rapp! ich wittre Morgenluft
Rapp! tummle dich von hinnen!
Vollbracht, vollbracht ist unser Lauf!
Das Hochzeitbette tut sich auf!
Die Toten reiten schnelle!
Wir sind, wir sind zur Stelle.»

Rasch auf ein eisern Gittertor
ging's mit verhängtem Zügel;
mit schwanker Gert' ein Schlag davor
zersprengte Schloß und Riegel.
Die Flügel flogen klirrend auf,
und über Gräber ging der Lauf;
es blinkten Leichensteine
rundum im Mondenscheine.

Ha sieh! Ha sieh! Im Augenblick,
hu! hu! ein gräßlich Wunder!
Des Reiters Koller, Stück für Stück,
fiel ab wie mürber Zunder,
zum Schädel ohne Zopf und Schopf,
zum nackten Schädel ward sein Kopf,
sein Körper zum Gerippe
mit Stundenglas und Hippe.

Hoch bäumte sich, wild schnob der Rapp'
und sprühte Feuerfunken;
und hui! war's unter ihr hinab
verschwunden und versunken.
Geheul! Geheul aus hoher Luft,
Gewinsel kam aus tiefer Gruft.
Lenorens Herz mit Beben
rang zwischen Tod und Leben.

Nun tanzten wohl bei Mondenglanz
rundum herum im Kreise
die Geister einen Kettentanz
und heulten diese Weise:
«Geduld! Geduld! Wenn's Herz auch bricht!
Mit Gott im Himmel hadre nicht!
Des Leibes bist du ledig;
Gott sei der Seele gnädig!»

Gottfried August Bürger

TANNHÄUSER

Nun will ich aber heben an
von dem Tannhäuser singen,
und was er wunders hat getan
mit Frau Venussinnen.

Tannhäuser war ein Ritter gut,
denn er wollt' Wunder schauen,
er wollt' in der Frau Venus Berg
zu andern schönen Frauen.

Und als ein Jahr vorüber war,
seine Sünden wurden ihm leide:
«Frau Venus, edle Fraue fein,
ich will wieder von Euch scheiden.»

«Herr Tannhäuser, Ihr seid mir lieb,
behaltet's in Gedanken!
Ihr habt mir einen Eid geschworn:
Ihr wollt von mir nit wanken.»

«Frau Venus! nein, das hab' ich nit,
ich will dem widersprechen,
und redt das jemand außer Euch,
Gott helf' mir's an ihm rächen!»

«Herr Tannhäuser, wie redt Ihr nun?
Ihr sollet bei mir bleiben,
ich will Euch mein Gespielen geben
zu einem steten Weibe.»

«Und nähm' ich nun ein ander Weib,
ich hab' in meinem Sinne,
so müßt' ich in der Höllen Glut
auch ewiglich verbrinnen.»

«Ihr sagt viel von der Höllen Glut,
habt es doch nie empfunden –
gedenkt an meinen roten Mund!
Der lacht zu allen Stunden.»

«Was hilft mir Euer roter Mund?
Der kümmert mich nicht sehre;
nun gebt mir Urlaub, Fräulein zart,
um aller Frauen Ehre!»

«Tannhäuser, redet nicht also!
Ihr tut Euch nicht wohl besinnen;
so gehn wir in ein Kämmerlein
und spielen der edlen Minnen.»

«Euer Minne ist mir worden leid,
ich hab' in meinem Sinne:
Frau Venus, edle Frau so zart,
ihr seid eine Teufelinne.»

«Herr Tannhäuser, was redt Ihr nun,
daß Ihr mich so tut schelten?
Und sollt Ihr länger hier innen sein,
ihr müsset's sehr entgelten.»

«Frau Venus, nein, das will ich nicht,
ich mag nicht länger bleiben.
Maria, Mutter, reine Maid,
nun hilf mir von den Weiben!»

«Tannhäuser, Ihr sollt Urlaub han,
mein Lob, das sollt Ihr preisen,
wo Ihr auch in dem Land umfahrt;
nehmt Urlaub von dem Greisen!»

Da schied er wiedrum aus dem Berg
in Jammer und in Reue:
«Ich will gen Rom wohl in die Stadt
auf eines Papstes Treue.»

«Ach, Papste, lieber Herre mein!
Ich klag' Euch meine Sünde,
die ich mein Tag begangen hab',
wie ich Euch will verkünden.

Ich bin gewesen auch ein Jahr
bei Venus, einer Frauen.
Nun wollt' ich Beicht' und Buß' empfahn,
ob ich möcht' Gott anschauen.»

Der Papst hat ein Stäblein in der Hand,
und das war also dürre:
«So wenig das Stäblein grünen mag,
kommst du zu Gottes Hulde.»

«Und sollt' ich leben nur ein Jahr,
ein Jahr auf dieser Erden,
so wollt' ich Beicht' und Buß' empfahn
und Gottes Trost erwerben!»

Da zog er wiederum aus der Stadt
in Jammer und in Leiden.
«Maria, Mutter, reine Maid!
Ich muß mich von dir scheiden.»

Er zog nun wiederum in den Berg
und ewiglich ohn Ende:
«Ich will zu meiner Frauen zart,
wo mich Gott will hin senden.»

«Seid gottwillkommen, Tannhäuser!
Ihr habt mir lang gefehlet;
seid willkommen, mein lieber Herr,
zum Buhlen auserwählet!»

So ging's bis an den dritten Tag.
Der Stab fing an zu grünen.
Der Papst schickt' aus in alle Land,
wo Tannhäuser hin wär kommen?

Da war er wiederum in den Berg
und hatt' sein Lieb erkoren,
des muß der vierte Papst Urban
auch ewig sein verloren.

Unbekannt

VINUM SACRUM

Es schlichen zwei schlimme Gesellen
sich in die Kapelle hinein;
in Kannen, in goldnen, geweihten,
stand dort der heilige Wein.

Da spricht der eine mit Lachen
zum andern in sündigem Mut:
«Komm, willst du dich mit mir berauschen
in Christi eigenem Blut?»

Der andere greift nach der Kanne
und setzt sie flugs an den Mund;
sie trinken, und trinken, und trinken,
doch kommen sie nicht auf den Grund.

Sie trinken, und trinken, und trinken
und treiben viel frostigen Scherz,
doch steigt keine Glut auf die Wangen,
doch flammt keine Lust durch das Herz.

Sie trinken, und trinken, und trinken,
die Kanne bleibt voll, wie sie war,
da packt sie ein innerstes Grausen,
sie stürzen hin am Altar.

Sie rufen: «Er blutet aufs neue,
wer stillt des Blutes Lauf!
Er zeigt uns die offenen Wunden,
o weh uns, wir rissen sie auf!»

Nun schau'n sie ewig den Heiland,
ein blasses, blutendes Bild;
er blickt sie an, nicht finster,
ach, so unendlich mild!

Friedrich Hebbel

DER NARR DES GRAFEN VON ZIMMERN

Was rollt so zierlich, klingt so lieb
treppauf und -ab im Schloß?
Das ist des Grafen Zeitvertreib
und stündlicher Genoß:
Sein Narr, annoch ein halbes Kind
und rosiges Gesellchen,
so leicht und luftig wie der Wind,
und trägt den Kopf voll Schellchen.

Noch ohne Arg, wie ohne Bart,
an Possen reich genug,
ist doch der Fant von guter Art
und in der Torheit klug;
und was vergecken und verdrehn
die zappeligen Hände,
gerät ihm oft wie aus Versehn
zuletzt zum guten Ende.

Der Graf mit seinem Hofgesind
weilt in der Burgkapell',
da ist, wie schon das Amt beginnt,
kein Ministrant zur Stell'.
Rasch nimmt der Pfaff den Narrn beim Ohr
und zieht ihn zum Altare;
der Knabe sieht sich fleißig vor,
daß er nach Bräuchen fahre.

Und gut, als wär er's längst gewohnt,
bedient er den Kaplan;
doch wann's die Müh' am besten lohnt,
bricht oft der Unstern an;
denn als die heilge Hostia
vom Priester wird erhoben,
o Schreck! so ist kein Glöcklein da,
den süßen Gott zu loben!

Ein Weilchen bleibt es totenstill,
erbleichend lauscht der Graf,
der gleich ein Unheil ahnen will,
das ihn vom Himmel traf.
Doch schon hat sich der Narr bedacht,
den Handel zu versöhnen;
die Kappe schüttelt er mit Macht,
daß alle Glöcklein tönen!

Da strahlt von dem Ciborium
ein goldnes Leuchten aus;
es glänzt und duftet um und um
im kleinen Gotteshaus,
wie wenn des Himmels Majestät
in frischen Veilchen läge:
Der Herr, der durch die Wandlung geht -
er lächelt auf dem Wege!

Gottfried Keller

DER HERR DER INSEL

Die fischer überliefern daß im süden
Auf einer insel reich an zimmt und öl
Und edlen steinen die im sande glitzern
Ein vogel war der wenn am boden fußend
Mit seinem schnabel hoher stämme krone
Zerpflücken konnte wenn er seine flügel
Gefärbt wie mit dem saft der Tyrer-schnecke
Zu schwerem niedrem flug erhoben: habe
Er einer dunklen wolke gleichgesehn.
Des tages sei er im gehölz verschwunden
Des abends aber an den strand gekommen
Im kühlen windeshauch von salz und tang
Die süße stimme hebend daß delfine
Die freunde des gesanges näher schwammen
Im meer voll goldner federn goldner funken.
So habe er seit urbeginn gelebt.
Gescheiterte nur hätten ihn erblickt.
Denn als zum erstenmal die weißen segel
Der menschen sich mit günstigem geleit
Dem eiland zugedreht sei er zum hügel
Die ganze teure stätte zu beschaun gestiegen.
Verbreitet habe er die grossen schwingen
Verscheidend in gedämpften schmerzeslauten.

Stefan George

OPHELIA

Im Haar ein Nest von jungen Wasserratten,
und die beringten Hände auf der Flut
wie Flossen, also treibt sie durch den Schatten
des großen Urwalds, der im Wasser ruht.

Die letzte Sonne, die im Dunkel irrt,
versenkt sich tief in ihres Hirnes Schrein.
Warum sie starb? Warum sie so allein
im Wasser treibt, das Farn und Kraut verwirrt?

Im dichten Röhricht steht der Wind. Er scheucht
wie eine Hand die Fledermäuse auf.
Mit dunklem Fittich, von dem Wasser feucht
stehn sie wie Rauch im dunklen Wasserlauf,

Wie Nachtgewölk. Ein langer, weißer Aal
schlüpft über ihre Brust. Ein Glühwurm scheint
auf ihrer Stirn. Und eine Weide weint
das Laub auf sie und ihre stumme Qual.

II.
Korn. Saaten. Und des Mittags roter Schweiß.
Der Felder gelbe Winde schlafen still.
Sie kommt, ein Vogel, der entschlafen will.
Der Schwäne Fittich überdacht sie weiß.

Die blauen Lider schatten sanft herab.
Und bei der Sensen blanken Melodien
träumt sie von eines Kusses Karmoisin
den ewigen Traum in ihrem ewigen Grab.

Vorbei, vorbei. Wo an das Ufer dröhnt
der Schall der Städte. Wo durch Dämme zwingt
der weiße Strom. Der Widerhall erklingt
mit weitem Echo. Wo herunter tönt

Hall voller Straßen. Glocken und Geläut.
Maschinenkreischen. Kampf. Wo westlich droht
in blinde Scheiben dumpfes Abendrot,
in dem ein Kran mit Riesenarmen dräut,

mit schwarzer Stirn, ein mächtiger Tyrann,
ein Moloch, drum die schwarzen Knechte knien.
Last schwerer Brücken, die darüber ziehn
wie Ketten auf dem Strom, und harter Bann.

Unsichtbar schwimmt sie in der Flut Geleit.
Doch wo sie treibt, jagt weit den Menschenschwarm
mit großem Fittich auf ein dunkler Harm,
der schattet über beide Ufer breit.

Vorbei, vorbei. Da sich dem Dunkel weiht
der westlich hohe Tag des Sommers spät,
wo in dem Dunkelgrün der Wiesen steht
des fernen Abends zarte Müdigkeit.

Der Strom trägt weit sie fort, die untertaucht,
durch manchen Winters trauervollen Port.
Die Zeit hinab. Durch Ewigkeiten fort,
davon der Horizont wie Feuer raucht.

Georg Heym

AUS DER GESCHICHTE

DER TRUNKENE GOTT

Weiße Marmorstufen steigen
durch der Gärten laub'ge Nacht,
schlanke Palmenfächer neigen
in des Himmels blaue Pracht.
Über Tempeln, Hainen, Grüften
zecht in abendweichen Lüften
Alexanders Lieblingsschar;
kniend bietet ihm ein Knabe,
daß der Erde Herr sich labe,
Wein in edler Schale dar.

Herrlich ist's, den Wein zu schlürfen,
lagernd in der Götter Rat,
zwischen schwelgenden Entwürfen
und der wundergleichen Tat!
Goldne Becher überquellen,
Ruhmesgeister mit den hellen
Helmen tauchen aus der Flut –
goldne Schalen überschäumen,
Geister, die gebunden träumen,
steigen auf in Zornesglut.

Kleitos neben Philipps Sohne
furcht die Stirne kummervoll,
der benarbte Mazedone
schlürft im Weine Gram und Groll:
Er gedenkt der Heergenossen,
die die erste Phalanx schlossen
in den Bergen kühl und fern –
seinen dunklen Mut zu kränken,
lüstet es den schönen Schenken,
lagernd an dem Knie des Herrn.

Die erhabne Stirn und Braue
träumt den Zug ins Inderland,
lauschend liest den Traum das schlaue
Kind, den Blick emporgewandt:
«Bacchus bist du, der belaubte,
mit dem schwärmerischen Haupte,
der ins Land der Sonne zieht!
Ohne Heer kannst du bezwingen,
nur den Thyrsus darfst du schwingen,
winke nur, und Indien kniet!»

Finster grollt der alte Streiter:
«Durch der Wüste heißen Sand?
Immer ferner, immer weiter?
Nach des Indus Fabelstrand?
Kann ein Wink dir Sieg erwerben,
warum bluten, warum sterben
wir für dich? Zu deinem Spott?
Lebende kannst du belohnen,
deine toten Mazedonen
wecke sie, bist du ein Gott!

– Welchen dampfenden Altares
freust du auf der Erde dich?
Bist du die Gewalt des Ares,
helmumflattert, fürchterlich?
Herr, bevor den niedern Talen
du dich nahtest ohne Strahlen,
welches war dein himmlisch Amt?
Bist du Zeus? Bist du ein andrer?
Bist du Helios, der Wandrer,
dessen Stirne sonnig flammt?»

Grimmig neigt der graue Fechter
sich zum Ohr des Gottes hin,
mit unseligem Gelächter
rührt er an der Schulter ihn:
«Gast des Himmels, warum sinken
Haupt und Schulter dir zur Linken?
Lastet dir der Erde Raub?
Mit den Göttern willst du zechen?
Spotten hör' ich dein Gebrechen:
Alexander, du bist Staub!»

Eine zürnende Gebärde!
Blitz und Sturz! Ein Gott in Wut!
Ein Erdolchter an der Erde
windet sich in seinem Blut ...
In den Abendlüften Schauer,
ein verhülltes Haupt in Trauer,
ausgerast und ausgegrollt!
Marmorgleich versteinte Zecher,
und ein herrenloser Becher,
der hinab die Stufen rollt.

Conrad Ferdinand Meyer

DAS GRAB IM BUSENTO

Nächtlich am Busento lispeln, bei Cosenza, dumpfe Lieder;
aus den Wassern schallt es Antwort, und in Wirbeln klingt es wider!

Und den Fluß hinauf, hinunter ziehn die Schatten tapfrer Goten,
die den Alarich beweinen, ihres Volkes besten Toten.

Allzufrüh und fern der Heimat mußten hier sie ihn begraben,
während noch die Jugendlocken seine Schulter blond umgaben.

Und am Ufer des Busento reihten sie sich um die Wette,
um die Strömung abzuleiten, gruben sie ein frisches Bette.

In der wogenleeren Höhlung wühlten sie empor die Erde,
senkten tief hinein den Leichnam, mit der Rüstung, auf dem Pferde.

Deckten dann mit Erde wieder ihn und seine stolze Habe,
daß die hohen Stromgewächse wüchsen aus dem Heldengrabe.

Abgelenkt zum zweiten Male, ward der Fluß herbeigezogen:
mächtig in ihr altes Bette schäumten die Busentowogen.

Und es sang ein Chor von Männern: «Schlaf in deinen Heldenehren!
Keines Römers schnöde Habsucht soll dir je dein Grab versehren!»

Sangen's, und die Lobgesänge tönten fort im Gotenheere;
wälze sie, Busentowelle, wälze sie von Meer zu Meere!

August von Platen

WELTHERRSCHER IN WEST UND OST

Als Kaiser Karl zu Aachen saß,
zu Pfingsten Hof zu halten,
da kamen Gäste ferne her,
gar seltsame Gestalten.

Mit weitem, wallendem Gewand,
mit schwarzem Aug und Bart,
mit Schwertern wie die Sicheln krumm,
mit Sitten fremder Art.

Viel Sklaven folgten reich geschmückt
den stattlichen Gesandten,
hoch ragten aus dem bunten Zug
zween mächt'ge Elefanten.

Und wiehernd bog den schlanken Hals
manch feingegliedert Roß,
am Scharlachzügel fromm geführt
vom schwarzen Dienertroß.

Auch brachten schöne Knaben dar
in silbernen Geschirren
Gewürze aus dem Morgenland
wie Balsam, Weihrauch, Myrrhen.

Doch aller Schätze Köstlichstes
ein alter Diener trug –
ein Wunderwerk, die Wasseruhr,
die jede Stunde schlug.

Und als man sie zum Kaiser führt,
sie neigen sich zur Erden,
die Arme auf der Brust gekreuzt,
ehrfürchtig an Gebärden.

Und als den Boden dreimal sie
geküßt mit dem Gesicht,
da stehn sie vor des Kaisers Stuhl,
ihr Ältester aber spricht:

«O Sultan, deiner Taten Ruhm,
er ist mit hundert Zungen
vom Occident zum Orient
bis Bagdad hin erklungen;

drum beut dir Harun al Raschid
im fernen Morgenland,
der große Fürst der Gläubigen,
durch uns die Bruderhand.

Er bittet, daß von dir zu ihm
ein Friedensbund besteht,
weil Allahs Hand im Westen dich,
im Osten ihn erhöht.»

Da neigte Karl in Hulden sich
und gab mit vollen Händen
den Gästen reichlich Botensold,
dem Sultan Gegenspenden.

So reichten über Land und Meer
zwei Helden sich die Hand,
so huldigte der reiche Ost
dem fernen Abendland.

Johannes Knottnerus

KLAGELIED KAISER OTTOS III.

O Erde, nimm den Müden,
den Lebensmüden auf,
der hier im fernen Süden
beschließt den Pilgerlauf!
Schon steh ich an der Grenze,
die Leib und Seele teilt,
und meine zwanzig Lenze
sind rasch dahin geeilt.

Voll unerfüllter Träume,
verwaist, in Gram versenkt,
entfallen mir die Zäume,
die dieses Reich gelenkt.
Ein andrer mag es zügeln
mit Händen minder schlaff,
von diesen sieben Hügeln
bis an des Nordens Haff!

Doch selbst im Seelenreiche
harrt meiner noch die Schmach,
es folgt der blassen Leiche
begangner Frevel nach:
Vergebens mit Gebeten
beschwör ich diesen Bann,
und mir entgegen treten
Crescentius und Johann!

Doch nein! Die Stolzen beugte
mein reuemütig Flehn;
ihn, welcher mich erzeugte,
ihn werd ich wiedersehn!
Nach welchem ich als Knabe
so oft vergebens frug:
An seinem frühen Grabe
hab ich geweint genug.

Des deutschen Volks Berater
umwandeln Gottes Thron:
Mir winkt der Ältervater
mit seinem großen Sohn.
Und während, voll von Milde,
die fromme Hände legt
mir auf das Haupt Mathilde,
steht Heinrich tiefbewegt.

Nun fühl ich erst, wie eitel
des Glücks Geschenke sind,
wiewohl ich auf dem Scheitel
schon Kronen trug als Kind!
Was je mir schien gewichtig,
zerstiebt wie ein Atom:
O Welt, du bist so nichtig,
du bist so klein, o Rom!

O Rom, wo meine Blüten
verwelkt wie dürres Laub,
dir ziemt es nicht, zu hüten
den kaiserlichen Staub!
Die mir die Treue brachen,
zerbrächen mein Gebein:
Beim großen Karl in Aachen
will ich bestattet sein.

Die echten Palmen wehen
nur dort um sein Panier:
Ihn hab ich liegen sehen
in seiner Kaiserzier.
Was durfte mich verführen,
zu öffnen seinen Sarg?
Den Lorbeer anzurühren,
der seine Schläfe barg?

O Freunde, laßt das Klagen,
mir aber gebt Entsatz
und macht dem Leichenwagen
mit euren Waffen Platz!

Bedeckt das Grab mit Rosen,
das ich so früh gewann,
und legt den tatenlosen
zum tatenreichsten Mann!

August von Platen

SCHWÄBISCHE KUNDE

Als Kaiser Rotbart lobesam
zum heil'gen Land gezogen kam,
da mußt' er mit dem frommen Heer
durch ein Gebirge, wüst und leer.
Daselbst erhub sich große Not,
viel Steine gab's und wenig Brot,
und mancher deutsche Reitersmann
hat dort den Trunk sich abgetan.
Den Pferden war's so schwach im Magen,
fast mußt' der Reiter die Mähre tragen.
Nun war ein Herr aus Schwabenland,
von hohem Wuchs und starker Hand,
des Rößlein war so krank und schwach,
er zog es nur am Zaume nach:
er hätt' es nimmer aufgegeben,
und kostet's ihn das eigne Leben.
So blieb er bald ein gutes Stück
hinter dem Heereszug zurück;
da sprengten plötzlich in die Quer
fünfzig türkische Reiter daher;
Die huben an, auf ihn zu schießen,
nach ihm zu werfen mit den Spießen.
Der wackre Schwabe forcht' sich nit,
ging seines Weges Schritt vor Schritt,
ließ sich den Schild mit Pfeilen spicken
und tät nur spöttlich um sich blicken,
bis einer, dem die Zeit zu lang,
auf ihn den krummen Säbel schwang.

Da wallt dem Deutschen auch sein Blut,
er trifft des Türken Pferd so gut,
er haut ihm ab mit einem Streich
die beiden Vorderfüß' zugleich.
Als er das Tier zu Fall gebracht,
da faßt er erst sein Schwert mit Macht,
er schwingt es auf des Reiters Kopf,
haut durch bis auf den Sattelknopf,
haut auch den Sattel noch zu Stücken
und tief noch in des Pferdes Rücken;
zur Rechten sieht man wie zur Linken
einen halben Türken heruntersinken.
Da packt die andern kalter Graus;
sie fliehen in alle Welt hinaus,
und jedem ist's, als würd ihm mitten
durch Kopf und Leib hindurchgeschnitten.
Drauf kam des Wegs 'ne Christenschar,
die auch zurückgeblieben war;
die sahen nun mit gutem Bedacht,
was Arbeit unser Held gemacht.
Von denen hat's der Kaiser vernommen.
Der ließ den Schwaben vor sich kommen;
er sprach: «Sag an, mein Ritter wert!
Wer hat dich solche Streich' gelehrt?»
Der Held bedacht' sich nicht zu lang:
«Die Streiche sind bei uns im Schwang,
sie sind bekannt im ganzen Reiche,
man nennt sie halt nur Schwabenstreiche.»

Ludwig Uhland

DIE WEIBER VON WINSPERG

Der erste Hohenstaufen, der König Konrad, lag
mit Heeresmacht vor Winsperg seit manchem langen Tag;
der Welfe war geschlagen, noch wehrte sich das Nest,
die unverzagten Städter, die hielten es noch fest.

Der Hunger kam, der Hunger! das ist ein scharfer Dorn!
nun suchten sie die Gnade, nun fanden sie den Zorn.
«Ihr habt mir hier erschlagen gar manchen Degen wert,
und öffnet ihr die Tore, so trifft euch doch das Schwert.»

Da sind die Weiber kommen: «Und muß es also sein,
gewährt uns freien Abzug, wir sind vom Blute rein.»
Da hat sich vor den Armen des Helden Zorn gekühlt,
da hat ein sanft Erbarmen im Herzen er gefühlt.

«Die Weiber mögen abziehn, und jede habe frei,
was sie vermag zu tragen und ihr das Liebste sei!
Laß ziehn mit ihrer Bürde sie ungehindert fort!
Das ist des Königs Meinung, das ist des Königs Wort.»

Und als der frühe Morgen im Osten kaum gegraut,
da hat ein seltnes Schauspiel vom Lager man geschaut;
es öffnet leise, leise sich das bedrängte Tor,
es schwankt ein Zug von Weibern mit schwerem Schritt hervor.

Tief beugt die Last sie nieder, die auf dem Nacken ruht,
sie tragen ihre Eh'herrn, das ist ihr liebstes Gut.
«Halt an die argen Weiber!» ruft drohend mancher Wicht;
der Kanzler spricht bedeutsam: «Das war die Meinung nicht.»

Da hat, wie er's vernommen, der fromme Herr gelacht:
«Und war es nicht die Meinung, sie haben's gut gemacht;
gesprochen ist gesprochen, das Königswort besteht,
und zwar von keinem Kanzler zerdeutet und zerdreht.»

So war das Gold der Krone wohl rein und unentweiht.
Die Sage schallt herüber aus halbvergeßner Zeit.
Im Jahr elfhundertvierzig, wie ich's verzeichnet fand,
galt Königswort noch heilig im deutschen Vaterland.

Adelbert von Chamisso

BARBAROSSA

Der alte Barbarossa,
der Kaiser Friederich,
im unterird'schen Schlosse
hält er verzaubert sich.

Er ist niemals gestorben,
er lebt darin noch jetzt;
er hat im Schloß verborgen
zum Schlaf sich hingesetzt.

Er hat hinabgenommen
des Reiches Herrlichkeit
und wird einst wiederkommen
mit ihr, zu seiner Zeit.

Der Stuhl ist elfenbeinern,
darauf der Kaiser sitzt;
der Tisch ist marmelsteinern,
worauf sein Haupt er stützt.

Sein Bart ist nicht von Flachse,
er ist von Feuersglut,
ist durch den Tisch gewachsen,
worauf sein Kinn ausruht.

Er nickt als wie im Traume,
sein Aug halb offen zwinkt;
und je nach langem Raume
er einem Knaben winkt.

Er spricht im Schlaf zum Knaben:
«Geh hin vors Schloß, o Zwerg,
und sieh, ob noch die Raben
herfliegen um den Berg.

Und wenn die alten Raben
noch fliegen immerdar,
so muß ich auch noch schlafen
verzaubert hundert Jahr.»

Friedrich Rückert

DER GRAF VON HABSBURG

Zu Aachen in seiner Kaiserpracht,
im altertümlichen Saale,
saß König Rudolfs heilige Macht
beim festlichen Krönungsmahle.
Die Speisen trug der Pfalzgraf des Rheins,
es schenkte der Böhme des perlenden Weins,
und alle die Wähler, die sieben,
wie der Sterne Chor um die Sonne sich stellt,
umstanden geschäftig den Herrscher der Welt,
die Würde des Amtes zu üben.

Und rings erfüllte den hohen Balkon
das Volk in freudgem Gedränge,
laut mischte sich in der Posaunen Ton
das jauchzende Rufen der Menge.

Denn geendigt nach langem verderblichen Streit
war die kaiserlose, die schreckliche Zeit,
und ein Richter war wieder auf Erden.
Nicht blind mehr waltet der eiserne Speer,
nicht fürchtet der Schwache, der Friedliche mehr,
des Mächtigen Beute zu werden.

Und der Kaiser ergreift den goldnen Pokal
und spricht mit zufriedenen Blicken:
«Wohl glänzet das Fest, wohl pranget das Mahl,
mein königlich Herz zu entzücken;
doch den Sänger vermiß ich, den Bringer der Lust,
der mit süßem Klang mir bewege die Brust
und mit göttlich erhabenen Lehren.
So hab ichs gehalten von Jugend an,
und was ich als Ritter gepflegt und getan,
nicht will ichs als Kaiser entbehren.»

Und sieh! in der Fürsten umgebenden Kreis
trat der Sänger im langen Talare,
ihm glänzte die Locke silberweiß,
gebleicht von der Fülle der Jahre.
«Süßer Wohllaut schläft in der Saiten Gold,
der Sänger singt von der Minne Sold,
er preiset das Höchste, das Beste,
was das Herz sich wünscht, was der Sinn begehrt,
doch sage, was ist des Kaisers wert
an seinem herrlichsten Feste?»

«Nicht gebieten werd ich dem Sänger», spricht
der Herrscher mit lächelndem Munde,
«er steht in des größeren Herren Pflicht,
er gehorcht der gebietenden Stunde:
Wie in den Lüften der Sturmwind saust,
man weiß nicht, von wannen er kommt und braust,
wie der Quell aus verborgenen Tiefen,
so des Sängers Lied aus dem Innern schallt
und wecket der dunkeln Gefühle Gewalt,
die im Herzen wunderbar schliefen.»

Und der Sänger rasch in die Saiten fällt
und beginnt sie mächtig zu schlagen:
«Aufs Weidwerk hinaus ritt ein edler Held,
den flüchtigen Gemsbock zu jagen.
Ihm folgte der Knapp mit dem Jägergeschoß,
und als er auf seinem stattlichen Roß
in eine Au kommt geritten,
ein Glöcklein hört er erklingen fern,
ein Priester wars mit dem Leib des Herrn,
voraus kam der Mesner geschritten.

Und der Graf zur Erde sich neiget hin,
das Haupt mit Demut entblößet,
zu verehren mit gläubigem Christensinn,
was alle Menschen erlöset.
Ein Bächlein aber rauschte durchs Feld,
von des Gießbachs reißenden Fluten geschwellt,
das hemmte der Wanderer Tritte,
und beiseit legt jener das Sakrament,
von den Füßen zieht er die Schuhe behend,
damit er das Bächlein durchschritte.

‹Was schaffst du?› redet der Graf ihn an,
der ihn verwundert betrachtet.
‹Herr, ich walle zu einem sterbenden Mann,
der nach der Himmelskost schmachtet.
Und da ich mich nahe des Baches Steg,
da hat ihn der strömende Gießbach hinweg
im Strudel der Wellen gerissen.
Drum daß dem Lechzenden werde sein Heil,
so will ich das Wässerlein jetzt in Eil
durchwaten mit nackenden Füßen.›

Da setzt ihn der Graf auf sein ritterlich Pferd
und reicht ihm die prächtigen Zäume,
daß er labe den Kranken, der sein begehrt,
und die heilige Pflicht nicht versäume.
Und er selber auf seines Knappen Tier
vergnüget noch weiter des Jagens Begier,
der andre die Reise vollführet,

und am nächsten Morgen, mit dankendem Blick,
da bringt er dem Grafen sein Roß zurück,
bescheiden am Zügel geführet.

‹Nicht wolle das Gott›, rief mit Demutsinn
der Graf, ‹daß zum Streiten und Jagen
das Roß ich beschritte fürderhin,
das meinen Schöpfer getragen!
Und magst dus nicht haben zu eignem Gewinst,
so bleib es gewidmet dem göttlichen Dienst,
denn ich hab es dem ja gegeben,
von dem ich Ehre und irdisches Gut
zu Lehen trage und Leib und Blut
und Seele und Atem und Leben.›

‹So mög Euch Gott, der allmächtige Hort,
der das Flehen der Schwachen erhöret,
zu Ehren Euch bringen hier und dort,
so wie Ihr jetzt ihn geehret.
Ihr seid ein mächtiger Graf, bekannt
durch ritterlich Walten im Schweizerland,
euch blühn sechs liebliche Töchter.
So mögen sie›, rief er begeistert aus,
‹sechs Kronen Euch bringen in Euer Haus
und glänzen die spätsten Geschlechter!›»

Und mit sinnendem Haupt saß der Kaiser da,
als dächt er vergangener Zeiten,
jetzt, da er dem Sänger ins Auge sah,
da ergreift ihn der Worte Bedeuten.
Die Züge des Priesters erkennt er schnell
und verbirgt der Tränen stützenden Quell
in des Mantels purpurnen Falten.
Und alles blickte den Kaiser an
und erkannte den Grafen, der das getan,
und verehrte das göttliche Walten.

Friedrich Schiller

AGNES BERNAUER

Es reiten drei Herren zu München hinaus,
sie reiten wohl vor der Bernauerin Haus:
«Bernauerin, bist du darinnen?

Bist du dann darinnen, so tritt du heraus!
Der Herzog ist draußen vor deinem Haus,
mit all seinem Hofgesinde.»

Sobald die Bernauerin die Stimme vernahm,
ein schneeweißes Hemd zog sie gar bald an,
wohl vor den Herzog zu treten.

Sobald die Bernauerin vors Tor 'naus kam,
drei Herren gleich die Bernauerin vernahm'n:
«Bernauerin, was willst du machen?

Ei, willst du lassen den Herzog entwegen?
Oder willst du lassen dein jung frisches Leben,
ertrinken im Donauwasser?» –

«Und eh' ich will lassen mein' Herzog entwegen,
so will ich lassen mein jung frisches Leben,
ertrinken im Donauwasser.

Der Herzog ist mein, und ich bin sein;
sind wir gar treu versprochen.»

Bernauerin auf dem Wasser schwamm,
Maria, Mutter Gottes, hat sie gerufen an,
sollt' ihr aus dieser Not helfen:

«Hilf mir, Maria, aus dem Wasser heraus,
mein Herzog läßt dir bauen ein Gotteshaus,
von Marmelstein einen Altar.»

Sobald sie dies hat gesprochen aus,
Maria, Mutter Gottes, hat geholfen aus
und von dem Tod sie errettet. –

Sobald die Bernauerin auf die Brucken kam,
drei Henkersknecht zur Bernauerin kam';
«Bernauerin, was willst du machen?

Ei, willst du werden ein Henkersweib?
Oder willst du lassen dein jung stolzen Leib,
ertrinken im Donauwasser?»

«Und eh' ich will werden ein Henkersweib,
so will ich lassen mein' jung stolzen Leib,
ertrinken im Donauwasser!»

Es stund kaum an den dritten Tag,
dem Herzog kam eine traurige Klag:
«Bernauerin ist ertrunken!»

«Auf! rufet mir alle Fischer daher,
sie sollen fischen bis an das rote Meer,
daß sie mein feines Lieb suchen.»

Es kommen gleich alle Fischer daher,
sie haben gefischt bis an das rote Meer,
Bernauerin haben sie gefunden.

Sie legen's dem Herzog wohl auf den Schoß,
der Herzog viel tausend Tränen vergoß,
er tät gar herzlich weinen.

«So rufet mir her fünftausend Mann,
einen neuen Krieg will ich nun fangen an
mit meinem Herrn Vatern eben.

Und wär' mein Herr Vater mir nicht so lieb,
ich ließ ihn aufhängen als wie einen Dieb,
wär' aber mir eine große Schande.»

Es stund kaum an den dritten Tag,
dem Herzog kam eine traurige Klag':
sein Herr Vater ist gestorben!

«Die mir helfen meinen Herrn Vater begraben,
rote Mäntel müssen sie haben,
rot müssen sie sich tragen.

Und die mir helfen mein Feinslieb begraben,
schwarze Mäntel müssen sie haben,
schwarz müssen sie sich tragen!

So wollen wir stiften ein' ewige Meß,
daß man die Bernauerin nicht vergess',
man wolle für sie beten!»

Unbekannt

ICH HAB'S GEWAGT MIT SINNEN

Ich hab's gewagt mit Sinnen
und trag' des noch kein' Reu –
mag ich nit dran gewinnen,
noch muß man spüren Treu'!
Darmit ich mein':
Nit ei'm allein –
wenn man es wollt' erkennen –
dem Land zugut!
Wiewohl man tut
ein Pfaffenfeind mich nennen.

Da lass' ich jeden lügen
und reden was er will;
hätt' Wahrheit ich geschwiegen,
mir wären Hulder viel:
Nun hab' ich's gsagt!
Bin drum verjagt,
das klag' ich allen Frummen,
wiewohl noch ich
nit weiter fliech,
vielleicht werd' wieder kummen. –

Will nun ihr selbst nit raten
dies fromme Nation,
ihr's Schaden sich ergatten,
als ich vermahnet hon –
so ist mir leid.
Hiemit ich scheid',
will mengen baß die Karten!
Bin unverzagt:
ich hab's gewagt,
und will des Ends erwarten.

Ulrich von Hutten

PAPST JULIUS

Halb vom Hades schon bezwungen,
von Lemuren schon umschwebt,
hat er doch sich losgerungen –
sieh, er atmet! Sieh, er lebt!
Hinter seinen greisen Brauen
flammt's! Jetzt langt er nach dem Bart,
zürnt und schilt den Tod mit rauhen,
ungestümen Worten hart:

«Weg mir aus dem Angesichte,
Larven, die mir bleich gedroht!
Charon, aus dem Sonnenlichte
weg ins Schilf mit deinem Boot!
Keine Macht ist dir gegeben,
bis ich selbst dich rufen mag!
Heute hab' ich noch zu leben
einen vollgedrängten Tag!

Arzt, statt deiner faden Tropfen
gib mir des Falerners Glut!
Lasse meine Pulse klopfen,
wirf mir Feuer in das Blut!
Auf die Türen! Weg die Kissen!
Meine Feldherrn, tretet ein!
Meine Meister, laßt sie wissen,
daß sie dreifach emsig sei'n!

Regst, Bramante, die geschickten
Hände du? Vollende doch!
Diese Augen, sie erblickten
gerne deine Kuppel noch!
Michelangelo, willkommen!
Warum schaust du wieder scheel?
Dort erblick' ich meinen frommen,
meinen süßen Raffael!

Als den Hirten nicht des Lammes,
bildet mich als Mosen ab,
der den Dränger seines Stammes
niederschlug mit wucht'gem Stab –
wo die Wasserstürze tosen
in die Brunnenschale jach,
setzet, Meister, mich als Mosen,
der die Felsenwand zerbrach!

Moses bin ich in dem Blitze
Sinais, in Rauch und Dampf:
Meine donnernden Geschütze
enden flammend jeden Kampf!
Mit den neugegoßnen Stücken
bring' ich Burg und Stadt zu Fall,
schmettre Breschen, breche Lücken
in den stärksten Mauerwall!

Falkner, sprich, was macht mein Sperber,
der die Klaue sich zerstieß?
Marschalk, sag, wie lebt mein Berber,
den zu scharf ich jagen ließ?
Tummelt, Diener, zum Ergötzen
mir im Hof ein feurig Tier!
Laßt es springen, laßt es setzen
vor den alten Augen mir!

Helmt mir die gefurchte Stirne!
Harnischt mir die welke Hand!
Der Italien macht zur Dirne,
jagt den Fremdling aus dem Land!
Reicht ein Schwert! Ich will es retten!
Ruft, Drommeten, ruft zur Schlacht!
In der Faust zerrißne Ketten,
schreit' ich durch des Hades Nacht!»

Conrad Ferdinand Meyer

BAUERNAUFSTAND

Die Glocken stürmten vom Bernwardsturm,
der Regen durchrauschte die Straßen,
und durch die Glocken und durch den Sturm
gellte des Urhorns Blasen.

Das Büffelhorn, das lange geruht,
Veit Stoßperg nahm's aus der Lade,
das alte Horn, es brüllte nach Blut,
und wimmerte: «Gott genade!»

Ja, gnade dir Gott, du Ritterschaft!
Der Bauer stund auf im Lande,
und tausendjährige Bauernkraft
macht Schild und Schärpe zuschande!

Die Klingsburg hoch am Berge lag,
sie zogen hinauf in Waffen,
auframmte der Schmied mit einem Schlag
das Tor, das er fronend geschaffen.

Dem Ritter fuhr ein Schlag ins Gesicht
und ein Spaten zwischen die Rippen, –
er brachte das Schwert aus der Scheide nicht,
und nicht den Fluch von den Lippen.

Aufrauschte die Flamme mit aller Kraft,
brach Balken, Bogen und Bande, –
ja, gnade dir Gott, du Ritterschaft:
Der Bauer stund auf im Lande!

Börries von Münchhausen

PIDDER LÜNG

Der Amtmann von Tondern, Henning Pogwisch,
schlägt mit der Faust auf den Eichentisch:
«Heut fahr' ich selbst hinüber nach Sylt,
und hol' mir mit eigner Hand Zins und Gült.
Und kann ich die Abgaben der Fischer nicht fassen,
sollen sie Nasen und Ohren lassen,
und ich höhn' ihrem Wort:
    Lewwer duad üs Slaav!» *

Im Schiff vorn der Ritter, panzerbewehrt,
stützt sich finster auf sein langes Schwert.
Hinter ihm, von der hohen Geistlichkeit,
steht Jürgen, der Priester, beflissen, bereit.
Er reibt sich die Hände, er bückt den Nacken.
«Der Obrigkeit helf' ich die Frevler packen,
in den Pfuhl das Wort:
    Lewwer duad üs Slaav!»

Gen Hörnum hat die Prunkbarke den Schnabel gewetzt,
ihr folgen die Ewer, kriegsvolkbesetzt.
Und es knirschen die Kiele auf den Sand,
und der Ritter, der Priester springen ans Land,
und waffenrasselnd hinter den beiden
entreißen die Söldner die Klingen den Scheiden.
Nun gilt es, Friesen:
    Lewwer duad üs Slaav.

Die Knechte umzingeln das erste Haus.
Pidder Lüng schaut verwundert zum Fenster heraus.
Der Ritter, der Priester treten allein
über die ärmliche Schwelle hinein.
Des langen Peters starkzählige Sippe
sitzt grad an der kargen Mittagskrippe.
Jetzt zeige dich, Pidder:
    Lewwer duad üs Slaav.

* Lieber tot als Sklave

Der Ritter verneigt sich mit hämischem Hohn,
der Priester will anheben seinen Sermon.
Der Ritter nimmt spöttisch den Helm vom Haupt
und verbeugt sich noch einmal: «Ihr erlaubt,
daß wir euch stören bei euerm Essen,
bringt hurtig den Zehnten, den ihr vergessen,
und euer Spruch ist ein Dreck:
    Lewwer duad üs Slaav.»

Da reckt sich Pidder, steht wie ein Baum:
«Henning Pogwisch, halt dein Reden im Zaum!
Wir waren der Steuern von jeher frei,
und ob du sie wünschst, ist uns einerlei.
Zieh ab mit deinen Hungergesellen,
hörst du meine Hunde bellen?
Und das Wort bleibt stehn:
    Lewwer duad üs Slaav!»

«Bettelpack», fährt ihn der Amtmann an,
und die Stirnader schwillt dem geschienten Mann,
«du frißt deinen Grünkohl nicht eher auf,
als bis dein Geld hier liegt zu Hauf.»
Der Priester zischelt von Trotzkopf und Bücken
und verkriecht sich hinter des Eisernen Rücken.
O Wort, geh nicht unter:
    Lewwer duad üs Slaav!

Pidder Lüng starrt wie wirrsinnig den Amtmann an,
immer heftiger in Wut gerät der Tyrann,
und er speit in den dampfenden Kohl hinein:
«Nun geh an deinen Trog, du Schwein!»
Und er will, um die peinliche Stunde zu enden,
zu seinen Leuten nach draußen sich wenden.
Dumpf dröhnt's von drinnen:
    Lewwer duad üs Slaav!

Einen einzigen Sprung hat Pidder getan.
Er schleppt an den Napf den Amtmann heran,
und taucht ihm den Kopf ein, und läßt ihn nicht frei,
bis der Ritter erstickt ist im glühheißen Brei.

Die Fäuste dann lassend vom furchtbaren Gittern,
brüllt er, die Türen und Wände zittern,
das stolzeste Wort:
    Lewwer duad üs Slaav!

Der Priester liegt ohnmächtig ihm am Fuß,
die Häscher stürmen mit höllischem Gruß,
durchbohren den Fischer und zerren ihn fort,
in den Dünen, im Dorf rasen Messer und Mord.
Pidder Lüng doch, ehe sie ganz ihn verderben,
ruft noch einmal im Leben, im Sterben
sein Herrenwort:
    Lewwer duad üs Slaav!

Detlev von Liliencron

DER PILGRIM VOR ST. JUST

Nacht ist's und Stürme sausen für und für,
hispanische Mönche, schließt mir auf die Tür!

Laßt hier mich ruhn, bis Glockenton mich weckt,
der zum Gebet euch in die Kirche schreckt!

Bereitet mir, was euer Haus vermag,
ein Ordenskleid und einen Sarkophag!

Gönnt mir die kleine Zelle, weiht mich ein,
mehr als die Hälfte dieser Welt war mein.

Das Haupt, das nun der Schere sich bequemt,
mit mancher Krone ward's bediademt.

Die Schulter, die der Kutte nun sich bückt,
hat kaiserlicher Hermelin geschmückt.

Nun bin ich vor dem Tod den Toten gleich.
Und fall' in Trümmer wie das alte Reich.

August von Platen

DIE VERSTUMMTE LAUTE

Sie mochte gern an seiner Schulter lehnen
in einem weichen Abenddämmerlicht.
Sie barg vor ihm das Rieseln ihrer Tränen,
den halbenthüllten Reiz der Seele nicht:
«Freund, einz'ger Freund auf diesem düstern Eiland,
ich welke! Chastelard, auch du bist bleich!
Schlag deine Laute! Singe mir von weiland,
  von meinem ersten Königreich!»

Er stürmte durch die Saiten: «Jener Tage
ins Meer gesunkne Sonnen sind verblaßt!
Maria Stuart! Ich erhebe Klage,
daß du geschluchzt an meinem Herzen hast!
Mit deinen Tränen bade hier dem reinen,
entseelten Gott die Marmorfüße bleich –
Weib, sündlich ist's, vor einem Menschen weinen
  mit diesen Augen warm und weich!

Was war ich dir? Der nichtige Vertraute!
Ein Echo, das von deinen Seufzern scholl!
Ein Spiegel, drin sie eitel sich beschaute,
die Zähre, die dir an der Wimper quoll!
War dir die Laute nur, darauf zu breiten
die Fingerspitzen, und ich hallte schön –
ich hasse dich!» Er riß entzwei die Saiten
  mit einem gellen Mißgetön.

Er floh davon, hinaus in Wald und Wildnis.
Doch wo er lechzend schlürft' aus einem Quell,
sah er im Brunnen ein geliebtes Bildnis
aus naher Tiefe schimmern dunkelhell,
sah er ein blasses Angesicht in Zähren;
es schwand und blickte wiederum empor,
von Sehnen und Erfüllen und Gewähren
  rauscht's um den Born in Schilf und Rohr.

«Maria!» so beginnt in ihrer Kammer
am Lager kniend sie das Nachtgebet.
«Maria!» wiederholt voll Glut und Jammer
ein Mund, der neben ihr im Dunkel fleht.
Sie schreit. Man kommt. Von Fackelglut gerötet
bebt sie vor Zorn: «Ein Mörder! Fesselt ihn!»
Er lächelt: «Ist sie schön! Auch wenn sie tötet!»
Und gibt den Schergen sich dahin.

Er schreitet seinem Blutgerüst entgegen
in einem klaren, kühlen Morgenrot.
Mit hohlen Blicken flüstert angelegen
als hagrer Pater der vermummte Tod:
«Freund, du bekommst es gut! Du wirst entlastet!
Ich absolviere dich von Lust und Pein!
Von keiner weichen, weißen Hand betastet,
wirst du die stumme Laute sein!»

Conrad Ferdinand Meyer

DIE SCHLACHT BEI NASEBY

Vertrieben aus London, des Landes Herz,
und geschlagen bei Marston-Moor, –
Stuarts Heere wandelten niederwärts
in der Führer versinkender Spur.

Aber einmal, noch einmal kam Hoffen und Mut
in die zage zerbrochene Macht.
Schon träumte der Stolz und die schweigende Wut
vom Vergelten nach siegender Schlacht:

Prinz Rupprecht, der Länder und Meere durchtobt
auf Kämpfen und Fahrten um Frauen,
und sein blasser König, der heimlich gelobt,
vielhundert Galgen zu bauen.

Die Rundköpfe senkten vor Naseby die Stirn:
König Belial, komm heran!
Ihr Auge hieß Cromwell, Cromwell ihr Hirn;
zehntausende wog der Mann.

Und die Sonne stach und die Schlacht stieg auf,
Blut, Brüllen, flammender Rauch.
Verstaut und verbissen rang Hauf' an Hauf'
und die Toten rangen auch,

die Toten, das heilige Königtum
und sein ragender Wille im Land
und des Adels Recht und des Adels Ruhm:
Man jagte sie unter den Sand.

Karl Stuart ritt über die Heide hin,
verloren Krone und Herd;
einer fleischroten Sonne Verscheiden beschien
die Einsamen, König und Pferd.

Und er starrte hinein und sein Auge ward feucht;
fest griff ihm der Wind ins Gelock –
auf den nächtigen Wolken zerrann das Geleucht
wie Blut über einem Block.

Franz Theodor Csokor

DIE STUARTS

Puritaner-Lied

Sie dünken nach Gnad' und göttlichem Recht
sich dieses Landes Erben,
und sind doch ein verloren Geschlecht
und müssen alle sterben.

Sie machten von je den sündigen Leib
zum Herrscher ihrer Seelen –
ihre Ahnfrau war das Babelweib,
von dem die Bücher erzählen.

Sie mußten zweimal das Schafott
mit ihrem Blute färben,
doch unversöhnt ist unser Gott:
Sie müssen alle sterben.

Sie konnten errichten Jehovas Thron,
sie sind zu schwach befunden,
nun klopfen an Tür und Tore schon
ihres Hauses letzte Stunden.

Es kommt ein Wetter, es braust ein Strom,
die Lüge muß verderben – –
die Stuarts stehen all zu Rom
und müssen alle sterben.

Theodor Fontane

WIEGENLIED AUS DEM DREISSIGJÄHRIGEN KRIEG

Horch, Kind, horch, wie der Sturmwind weht
und rüttelt am Erker!
Wenn der Braunschweiger draußen steht,
der faßt uns noch stärker.
Lerne beten, Kind, und falten fein die Händ,
damit Gott den tollen Christian von uns wend'!

Schlaf, Kind, schlaf, es ist Schlafens-Zeit,
ist Zeit auch zum Sterben.
Bist du groß, wird dich weit und breit
die Trommel anwerben.
Lauf ihr nach, mein Kind, hör deiner Mutter Rat;
fällst du in der Schlacht, so würgt dich kein Soldat.

«Herr Soldat, tu mir nichts zuleid,
und laß mir mein Leben!»
«Herzog Christian führt uns zum Streit,
kann kein Pardon geben.
Lassen muß der Bauer mir sein Gut und Hab
zahle nicht mit Geld, nur mit dem kühlen Grab.»

Schlaf, Kind, schlaf, werde stark und groß.
Die Jahre, sie rollen;
folgst bald selber auf stolzem Roß
Herzog Christian dem Tollen.
Wie erschrickt der Pfaff und wirft sich auf die Knie –
«Für den Bauer nicht Pardon, den Pfaffen aber nie!»

Still, Kind, still, wenn Herr Christian kommt,
der lehrt dich zu schweigen!
Sei fein still, bis dir selber frommt,
ein Roß zu besteigen.
Sei fein still, dann bringt der Vater bald dir Brot,
wenn nach Rauch der Wind nicht schmeckt, und nicht der Himmel rot.

Ricarda Huch

SCHLOSS EGER

Lärmend, im Schloß zu Eger,
über dem Ungarwein,
sitzen die Würdenträger
Herzogs Wallenstein:
Tertschka, des Feldherrn Schwager,
Illo und Kinsky dazu,
ihre Heimat das Lager
und die Schlacht ihre Ruh.

Lustig flackern die Kerzen,
aber der Tertschka spricht:
«Ist mir's Nacht im Herzen
oder vorm Gesicht?
Diese Lichter leuchten
wie in dunkler Gruft,
und die Wände, die feuchten,
hauchen Grabesluft.»

Feurig funkelt der Ungar,
aber der Kinsky spricht:
«Draußen bei Frost und Hunger
schüttelte so mich's nicht;
hielte lieber bei Lützen
wieder in Qualm und Rauch;
wolle Gott uns schützen,
oder – der Teufel auch.»

Illo nur, Herz wie Kehle
hält er bei Laune sich,
dicht ist seine Seele
gegen Hieb und Stich,
trägt ein Büffelkoller
wie sein Körper traun,
lustiger und toller
war er nie zu schaun.

Und vom Trunke heiser
ruft er jetzt und lacht:
«Das erst ist der Kaiser,
wer den Kaiser macht;
Eid und Treue brechen,
taten wir's allein?
Hoch der König der Tschechen,
Herzog Wallenstein!»

Burg- und Schloßbewohner
ruhen … Da sieh, in Stahl,
Butlersche Dragoner
dringen in den Saal;
Butler selbst, im Helme,
tritt an den Illo: «Sprich,
seid ihr Schurken und Schelme,
oder gut kaiserlich?»

Hei, da fahren die Klingen
wie von selber heraus,
von dem Pfeifen und Schwingen
löschen die Lichter aus;
weiter geht es im Dunkeln,
nein, im Dunkeln nicht:
ihrer Augen Funkeln
gibt das rechte Licht.

Tertschka fällt; daneben
Kinsky mit Fluch und Schwur;
mehr um Tod wie Leben
ficht selbst Illo nur,
schlägt blindhin in Scherben
Schädel und Flaschen jetzt,
wie ein Eber im Sterben
noch die Hauer wetzt.

Licht und Fackel kommen,
geben düstren Schein:
Ineinander verschwommen
blinken Blut und Wein;
überall im Saale
Leichen in buntem Gemisch,
stumm, vor seinem Mahle,
sitzt der Tod am Tisch.

Butler aber, wie Wetter,
donnert jetzt: «Laßt sie ruhn!
Das sind erst die Blätter –
an die Wurzel nun!»
Bald in Schlosses Ferne
hört man's krachen und schrein –
schau nicht in die Sterne,
rette dich, Wallenstein!

Theodor Fontane

TRÄNEN DES VATERLANDES

Wir sind doch nunmehr ganz, ja mehr denn ganz verheeret!
Der frechen Völker Schar, die rasende Posaun',
das vom Blut fette Schwert, die donnernde Kartaun'
hat aller Schweiß und Fleiß und Vorrat aufgezehret.

Die Türme stehn in Glut, die Kirch ist umgekehret,
das Rathaus liegt im Graus, die Starken sind zerhaun,
die Jungfraun sind geschändt, und wo wir hin nur schaun,
ist Feuer, Pest und Tod, der Herz und Geist durchfähret.

Hier durch die Schanz' und Stadt rinnt allzeit frisches Blut.
Dreimal sind schon sechs Jahr', als unser Ströme Flut,
von so viel Leichen schwer, sich langsam fortgedrungen.

Doch schweig' ich noch von dem, was ärger als der Tod,
was grimmer denn die Pest und Glut und Hungersnot:
Daß nun der Seelen Schatz so vielen abgezwungen.

Andreas Gryphius

TRÄNEN DES VATERLANDES ANNO 1937

I

O Deutschland! Sagt, was habt aus Deutschland ihr gemacht?!
Ein Deutschland stark und frei?! Ein Deutschland hoch in Ehren?!
Ein Deutschland, drin das Volk sein Hab und Gut kann mehren,
auf aller Wohlergehn ist jedermann bedacht?!

Erinnerst du dich noch des Rufs: «Deutschland erwacht!»?
Als würden sie dich bald mit Gaben reich bescheren,
so nahmen sie dich ein, die heute dich verheeren.
Geschlagen bist du mehr denn je in einer Schlacht.

Dein Herz ist eingeschrumpft. Dein Denken ist mißraten.
Dein Wort ward Lug und Trug. Was ist noch wahr und echt?!
Was Lüge noch verdeckt, entblößt sich in den Taten:

Die Peitsche hebt zum Schlag ein irrer Folterknecht,
der Henker wischt das Blut von seines Beiles Schneide –
O wieviel neues Leid zu all dem alten Leide!

II

Du mächtig deutscher Klang: Bachs Fugen und Kantaten!
Du zartes Himmelsblau, von Grünewald gemalt!
Du Hymne Hölderlins, die feierlich uns strahlt!
O Farbe, Klang und Wort: geschändet und verraten!

Gelang es euch noch nicht, auch die Natur zu morden?!
Ziehn Neckar und der Rhein noch immer ihren Lauf?
Du Spielplatz meiner Kindheit: wer spielt wohl heut darauf?
Schwarzwald und Bodensee, was ist aus euch geworden?

Das vierte Jahr bricht an. Um Deutschland zu beweinen,
stehn uns der Tränen nicht genügend zu Gebot,
da sich der Tränen Lauf in soviel Blut verliert.

Drum, Tränen, haltet still! Laßt uns den Haß vereinen,
bis stark wir sind zu künden: «Zu Ende mit der Not!»
Dann: Farbe, Klang und Wort! Glänzt, dröhnt und jubiliert!

Johannes R. Becher

DER ALTE DERFFLING

Es haben alle Stände
so ihren Degenwert,
und selbst in Schneiderhände
kam einst das Heldenschwert;
drum jeder, der da zünftig
mit Nadel und mit Scher',
der mache jetzt und künftig
vor Derffling sein Honneur.

In seinen jungen Tagen
war das ein Schneiderblut,
doch mocht' ihm nicht behagen
so Zwirn wie Fingerhut,
und wenn er als Geselle
so saß und fädelt' ein,
schien ihm die Schneiderhölle
die Hölle selbst zu sein.

Einst, als das Nadelhalten
ihm schier ans Leben ging,
dacht' er: «Das Schädelspalten
ist doch ein ander Ding!»
Fort warf er Maß und Elle
voll Kriegslust an die Wand
und nahm an Nadels Stelle
den Säbel in die Hand.

Sonst focht er still und friedlich
nach Handwerksburschenrecht,
jetzt war er unermüdlich
beim Fechten im Gefecht;
es war der flinke Schneider
zum Stechen wohl geschickt,
oft hat er an die Kleider
dem Feinde was geflickt.

Er stieg zu hohen Ehren,
Feldmarschall ward er gar,
es mocht' ihn wenig kehren,
daß einst er Schneider war;
nur, fand er einen Spötter,
verstund er keinen Spaß
und brummte: «Für Hundsfötter
ist hier mein Ellenmaß.»

Krank lag in seinem Schlosse
der greise Feldmarschall.
Keins seiner Lieblingsrosse
kam wiehernd aus dem Stall;
er sprach: «Als alter Schneider
weiß ich seit langer Zeit:
Man wechselt seine Kleider –
auch hab' ich des nicht Leid.

Es fehlt der alten Hülle,
in Breite schon und Läng',
der Geist tritt in die Fülle,
der Leib wird ihm zu eng;
gesegnet sei dein Wille,
Herr Gott, in letzter Not!»
Er sprach's und wurde stille –
der alte Held war tot.

Theodor Fontane

PRINZ EUGEN

Prinz Eugenius, der edle Ritter,
wollt' dem Kaiser wiedrum liefern
Stadt und Festung Belgerad.
Er ließ schlagen einen Brucken,
daß man kunnt' hinüberrucken
mit der Armee wohl für die Stadt.

Als der Brucken nun war geschlagen,
daß man kunnt' mit Stuck und Wagen
frei passiern den Donaufluß:
Bei Semlin schlug man das Lager,
alle Türken zu verjagen
ihn'n zum Spott und zum Verdruß.

Am einundzwanzigsten August so eben
kam ein Spion bei Sturm und Regen,
schwur's dem Prinzen und zeigt's ihm an,
daß die Türken futragieren
so viel, als man kunnt' verspüren,
an die dreimalhunderttausend Mann.

Als Prinz Eugenius dies vernommen,
ließ er gleich zusammenkommen
sein' General und Feldmarschall.
Er tät sie recht instruieren,
wie man sollt' die Truppen führen
und den Feind recht greifen an.

Bei der Parole tät er befehlen,
daß man sollt' die Zwölfe zählen
bei der Uhr um Mitternacht;
da sollt' als zu Pferd aufsitzen,
mit dem Feinde zu scharmützen,
was zum Streit nur hätte Kraft.

Alles saß auch gleich zu Pferde,
jeder griff nach seinem Schwerte,
ganz still ruckt' man aus der Schanz.
Die Musketier wie auch die Reiter
täten alle tapfer streiten,
es war fürwahr ein schöner Tanz!

Ihr Konstabler auf der Schanzen,
spielet auf zu diesem Tanzen
mit Kartaunen groß und klein,
mit den großen, mit den kleinen
auf die Türken, auf die Heiden,
daß sie laufen all davon!

Unbekannt

PRINZ EUGEN, DER EDLE RITTER

Zelte, Posten, Werda-Rufer!
Lust'ge Nacht am Donauufer!
Pferde stehn im Kreis umher
angebunden an den Pflöcken;
an den engen Sattelböcken
hangen Karabiner schwer.

Um das Feuer auf der Erde,
vor den Hufen seiner Pferde
liegt das östreich'sche Pikett.
Auf dem Mantel liegt ein jeder,
von den Tschakos weht die Feder,
Leutnant würfelt und Kornett.

Neben seinem müden Schecken
ruht auf einer wollnen Decken
der Trompeter ganz allein:
«Laßt die Knöchel, laßt die Karten!
Kaiserliche Feldstandarten
wird ein Reiterlied erfreun!

Vor acht Tagen die Affäre
hab' ich, zu Nutz dem ganzen Heere,
in gehör'gen Reim gebracht;
selber auch gesetzt die Noten;
drum, ihr Weißen und ihr Roten!
Merket auf und gebet acht!»

Und er singt die neue Weise
einmal, zweimal, dreimal leise
denen Reitersleuten vor;
und wie er zum letzten Male
endet, bricht mit einem Male
los der volle, kräft'ge Chor:

«Prinz Eugen, der edle Ritter!»
Hei, das klang wie Ungewitter
weit ins Türkenlager hin.
Der Trompeter tät den Schnurrbart streichen
und sich auf die Seite schleichen
zu der Marketenderin.

Ferdinand Freiligrath

FRIEDERICUS REX

Friedericus Rex, unser König und Herr,
der rief seine Soldaten allesamt ins Gewehr,
zweihundert Bataillons und an die tausend Schwadronen,
und jeder Grenadier kriegte sechzig Patronen.

«Ihr verfluchten Kerls», sprach Seine Majestät,
«daß jeder in der Bataille seinen Mann mir steht.
Sie gönnen mir nicht Schlesien und die Grafschaft Glatz
und die hundert Millionen in meinem Schatz.

Die Kaiserin hat sich mit den Franzosen alliiert
und das Römische Reich gegen mich revoltiert,
die Russen seind gefallen in Preußen ein;
auf, laßt uns sie zeigen, daß wir brave Landskinder sein!

Meine Generale Schwerin und Feldmarschall von Keith,
und der Generalmajor von Zieten seind allemal bereit.
Kotz Mohren, Blitz und Kreuzelement,
wer den Fritz und seine Soldaten nicht kennt.» –

«Nun adjö, Lowise, wisch ab das Gesicht,
eine jede Kugel, die trifft ja nicht,
denn träf' jede Kugel apart ihren Mann,
wo kriegten die Könige ihre Soldaten dann!

Die Musketenkugel macht ein kleines Loch,
die Kanonenkugel ein weit größeres noch;
die Kugeln sind alle von Eisen und Blei,
und manche Kugel geht manchem vorbei.

Unsre Artillerie hat ein vortrefflich Kaliber,
und von den Preußen geht keiner nicht zum Feinde über;
die Schweden, die haben verflucht schlechtes Geld,
wer weiß, ob der Östreicher besseres hält.

Mit Pomade bezahlt den Franzosen sein König,
wir kriegen's alle Woche bei Heller und Pfennig.
Kotz Mohren, Blitz und Kreuzsackerment,
wer kriegt so prompt wie der Preuße sein Traktament!

Friedericus, mein König, den der Lorbeerkranz ziert,
ach, hättst du nur öfters zu plündern permittiert,
Friedericus Rex, mein König und Held,
wir schlügen den Teufel für dich aus der Welt.»

Willibald Alexis

WER WEISS WO

Schlacht bei Kolin, 18. Juni 1757

Auf Blut und Leichen, Schutt und Qualm,
auf roßzerstampften Sommerhalm
die Sonne schien.
Es sank die Nacht. Die Schlacht ist aus,
und mancher kehrte nicht nach Haus
einst von Kolin.

Ein Junker auch, ein Knabe noch,
der heut das erste Pulver roch,
er mußte dahin.
Wie hoch er auch die Fahne schwang,
der Tod in seinen Arm ihn zwang,
er mußte dahin.

Ihm nahe lag ein frommes Buch,
das stets der Junker bei sich trug,
am Degenknauf.
Ein Grenadier von Bevern fand
den kleinen erdbeschmutzten Band
und hob ihn auf.

Und brachte heim mit schnellem Fuß
dem Vater diesen letzten Gruß,
der klang nicht froh.
Dann schrieb hinein die Zitterhand:
«Kolin. Mein Sohn verscharrt im Sand.
Wer weiß wo.»

Und der gesungen dieses Lied,
und der es liest, im Leben zieht
noch frisch und froh.
Doch einst bin ich, und bist auch du,
verscharrt im Sand, zur ewigen Ruh.
Wer weiß wo.

Detlev von Liliencron

ERSTES BATAILLON GARDE

Erstes Bataillon Garde. Parad' oder Schlacht
ihm wenig «Differenzen» macht,
ob in Potsdam sie trommelnd auf Wache ziehn,
ob sie stehen und fallen bei Kolin,
ob Patronenverknattern, ob Kugelpfiff,
immer derselbe feste Griff,
dieselbe Ruh'. Jede Miene drückt aus:
«Ich gehör' zur Familie, bin mit vom Haus.»

Ihrer viere sitzen im Knapphanszelt,
eine Kottbuser hat sich jeder bestellt,
einen Kornus dazu; das Bier ist frisch.
Ein Berliner setzt sich mit an den Tisch,
ein Berliner Budiker – da wärt's nicht lange,
Plappermühl' ist im besten Gange.
«Wahrhaftig, ihr habt die schönste Montur,
Litzen, Paspel, Silberschnur,
Blechmützen wie Gold, gut Traktement,
und der König jeden von euch kennt.
Erstes Bataillon Garde, Prachtkerle von alln,
solch Götterleben sollt' mir gefalln.»

Drei schwiegen. Endlich der vierte spricht:
«Ne, Freund Berliner! So is es nicht.
Eine propre Montur, was soll uns die geben?
Unser Götter- is bloß ein Jammerleben.
Potsdam, o du verfluchtes Loch,
führst du doch heut in die Hölle noch
und nähmst ihn mit mitsamt seinen Hunden,
da wär' auch der gleich mit abgefunden,
ich mein' den da oben – uns läg' nichts dran,
is doch bloß ein Quälgeist und Tyrann,
schont nicht Fremde, nicht Landeskinder,
immer derselbe Menschenschinder,
immer dieselbe verfluchte Ravage –
Potsdam, o du große Blamage!»

Das war dem Berliner nach seinem Sinn,
er lächelte pfiffig vor sich hin:
«Ich sag' das schon lange. Was hat er denn groß?
Große Fenstern hat er, sonst is nicht viel los.
Und reden kann er. Na, das kann jeder
hier aber, er zieht nicht gerne von Leder.»

Da lachten all vier, und der eine spricht:
«Ne, Freund Budiker, so geht das nicht.
Zuhören kannst du, wenn wir mal fluchen,
aber du darfst es nicht selber versuchen;
wir dürfen frech sein und schimpfen und schwören,
weil wir selber mit zugehören,
wir dürfen reden von Menschenschinder,
dafür sind wir seine Kinder;
Potsdam, o du verfluchtes Loch,
aber, er, er ist unser König doch,
unser großer König, Gott soll mich verderben,
wollt' ich nicht gleich für Fritzen sterben.»

Theodor Fontane

KRIEGSLIED

's ist Krieg! 's ist Krieg! O Gottes Engel wehre
und rede Du darein!
's ist leider Krieg – und ich begehre
nicht schuld daran zu sein!

Was sollt' ich machen, wenn im Schlaf mit Grämen
und blutig, bleich und blaß
die Geister der Erschlagnen zu mir kämen
und vor mir weinten, was?

Wenn wackre Männer, die sich Ehre suchten,
verstümmelt und halb tot
im Staub sich vor mir wälzten und mir fluchten
in ihrer Todesnot?

Wenn tausend, tausend Väter, Mütter, Bräute,
so glücklich vor dem Krieg,
nun alle elend, alle arme Leute,
wehklagten über mich?

Wenn Hunger, böse Seuch' und ihre Nöten
Freund, Freund und Feind ins Grab
versammleten und mir zu Ehren krähten
von einer Leich herab?

Was hülf' mir Kron' und Land und Gold und Ehre?
Die könnten mich nicht freun!
's ist leider Krieg – und ich begehre
nicht schuld daran zu sein!

Matthias Claudius

AUF DEN TOD DER KAISERIN

Sie machte Frieden! Das ist mein Gedicht.
War ihres Volkes Lust und ihres Volkes Segen,
und ging getrost und voller Zuversicht
dem Tod als ihrem Freund entgegen.
Ein Welterobrer kann das nicht.
Sie machte Frieden! Das ist mein Gedicht.

Matthias Claudius

ANCIEN RÉGIME

Horntriolen, porzellanen,
zartes Glockenspielgeläute,
schmale braune Windspielmeute
würgt die Reiher und Fasanen.

Puderschnee auf grünen Röcken
widerspiegelt in den Teichen,
Vogelblut zerfließt zu weichen
Ornamenten ohne Schrecken.

Feuerwerke, Wasserspiele,
Menuett und Gigue vertollen,
Schüsse aus der Ferne rollen
todesbitter durch die Kühle.

Trommeln gehn das Fest zerschmettern,
andre Jäger sind geladen,
andres Blut rinnt in Kaskaden
rauchend von erhöhten Brettern.

Eckart Kleßmann

DIE KARYATIDE

Im Hof des Louvre trägt ein Weib
die Zinne mit dem Marmorhaupt,
mit einem allerliebsten Haupt.
Als Meister Goujon sie geformt,
in feinen Linien, überschlank,
und stehend auf dem Baugerüst
die letzte Locke meißelte,
erschoß den Meister hinterrücks
(am Tag der Saint Barthélemy)
ein überzeugter Katholik.
Vorstürzend überflutet' er
den feinen Busen ganz mit Blut.
Dann sank er rücklings in den Hof.
Die Marmormagd entschlummerte
und schlief dreihundert Jahre lang,
ein Feuerschein erwärmte sie
(am Tag, da die Kommune focht).
Sie gähnt' und blickte rings sich um;
«Wo bin ich denn? In welcher Stadt?
Sie morden sich. Es ist Paris.»

Conrad Ferdinand Meyer

PRINZ LOUIS FERDINAND

Sechs Fuß hoch aufgeschossen,
ein Kriegsgott anzuschaun,
der Liebling der Genossen,
der Abgott schöner Fraun,
blauäugig, blond, verwegen,
und in der jungen Hand
den alten Preußendegen –
Prinz Louis Ferdinand.

Die Generalitäten
kopfschütteln früh bis spät,
sie räuspern sich und treten
vor seine Majestät.
Sie sprechen: «Nicht zu dulden
ist dieser Lebenslauf,
die Mädchen und die Schulden
zehren den Prinzen auf.»

Der König drauf mit Lachen:
«Dank schön, ich wußt' es schon!
Es gilt, ihn kirr zu machen,
drum: Festungsgarnison!
Er muß in die Provinzen
und nicht länger hier verziehn,
nach Magdeburg mit dem Prinzen –
und nie Urlaub nach Berlin.»

Der Prinz vernimmt die Märe,
saß eben bei seinem Schatz:
«Nach Magdeburg, auf Ehre,
das ist ein schlimmer Platz!»
Er meldet sich am Orte,
und es spricht der General:
«Täglich elf Uhr zum Rapporte,
ein für allemal!»

O Prinz, das will nicht munden!
Doch denkt er: «Sei gescheit,
volle vierundzwanzig Stunden
sind eine hübsche Zeit.
Relais, viermal verschnaufen,
auf dem Sattel Nachtquartier,
und kann's ein Pferd nicht laufen,
so laufen's ihrer vier.»

Hin fliegt er wie die Schwalben,
fünf Meilen ist Station,
vom Braunen auf den Falben,
das ist die Havel schon;
vom Rappen auf den Schimmel,
nun faßt die Sehnsucht ihn,
drei Meilen noch – hilf, Himmel!
Prinz Louis in Berlin.

Gegeben und genommen
wird einer Stunde Glück.
Dann, flugs, wie er gekommen,
im Fluge geht's zurück.
Elf Uhr am andern Tage
hält er am alten Ort,
und mit dem Glockenschlage
da steht er zum Rapport.

Das war nur bloßes Reiten.
Doch wer so reiten kann,
der ist in rechten Zeiten
auch wohl der rechte Mann.
Schon über Tal und Hügel
stürmt ostwärts der Koloß –
Prinz Louis sitzt am Flügel
im Rudolstädter Schloß.

Es blitzt der Saal von Kerzen,
zwölf Lichter um ihn stehn,
Nacht ist's in seinem Herzen,
und Nacht nur kann er sehn.
Die Töne schwellen, rauschen,
es klingt wie Lieb' und Haß,
die Damen stehn und lauschen,
und was er spielt, ist das:

«Zu spät zu Kampf und Beten!
Der Feinde Rossehuf
wird über Nacht zertreten,
was ein Jahrhundert schuf;
ich seh' es fallen, enden,
und wie alles zusammenbricht –
ich kann den Tag nicht wenden,
aber leben will ich ihn nicht!»

Und als das Wort verklungen,
rollt Donner schon der Schlacht,
er hat sich aufgeschwungen,
und sein Herze noch einmal lacht,
vorauf den andern allen
er stolz zusammenbrach;
Prinz Louis war gefallen,
und Preußen fiel – ihm nach.

Theodor Fontane

LÜTZOWS WILDE JAGD

Was glänzt dort vom Walde im Sonnenschein?
  Hör's näher und näher brausen.
Es zieht sich herunter in düsteren Reih'n,
und gellende Hörner schallen darein
  und erfüllen die Seele mit Grausen.
Und wenn ihr die schwarzen Gesellen fragt:
Das ist Lützows wilde, verwegene Jagd.

Was zieht dort rasch durch den finstern Wald
und streift von Bergen zu Bergen?
Es legt sich in nächtlichen Hinterhalt;
das Hurra jauchzt und die Büchse knallt;
es fallen die fränkischen Schergen.
Und wenn ihr die schwarzen Jäger fragt:
Das ist Lützows wilde, verwegene Jagd.

Wo die Reben dort glühen, dort braust der Rhein,
der Wütrich geborgen sich meinte;
da naht es schnell mit Gewitterschein
und wirft sich mit rüst'gen Armen hinein
und springt ans Ufer der Feinde.
Und wenn ihr die schwarzen Schwimmer fragt:
Das ist Lützows wilde, verwegene Jagd.

Was braust dort im Tale die laute Schlacht,
was schlagen die Schwerter zusammen?
Wildherzige Reiter schlagen die Schlacht,
und der Funke der Freiheit ist glühend erwacht
und lodert in blutigen Flammen.
Und wenn ihr die schwarzen Reiter fragt:
Das ist Lützows wilde, verwegene Jagd.

Wer scheidet dort röchelnd vom Sonnenlicht,
unter winselnde Feinde gebettet?
Es zuckt der Tod auf dem Angesicht;
doch die wackern Herzen erzittern nicht.
Das Vaterland ist ja gerettet.
Und wenn ihr die schwarzen Gefall'nen fragt:
Das war Lützows wilde, verwegene Jagd.

Die wilde Jagd und die deutsche Jagd
auf Henkersblut und Tyrannen!
Drum, die ihr uns liebt, nicht geweint und geklagt!
Das Land ist ja frei, und der Morgen tagt,
wenn wir's auch nur sterbend gewannen.
Und von Enkeln zu Enkeln sei's nachgesagt:
Das war Lützows wilde verwegene Jagd.

Theodor Körner

DIE GRENADIERE

Nach Frankreich zogen zwei Grenadier',
die waren in Rußland gefangen;
und als sie kamen ins deutsche Quartier,
sie ließen die Köpfe hangen.

Da hörten sie beide die traurige Mär,
daß Frankreich verlorengegangen,
besiegt und zerschlagen das große Heer –
und der Kaiser, der Kaiser gefangen.

Da weinten zusammen die Grenadier'
wohl ob der kläglichen Kunde.
Der eine sprach: «Wie weh wird mir,
wie brennt meine alte Wunde!»

Der andre sprach: «Das Lied ist aus,
auch ich möcht' mit dir sterben;
doch hab' ich Weib und Kind zu Haus,
die ohne mich verderben.»

«Was schert mich Weib, was schert mich Kind,
ich trage weit beßres Verlangen;
laß sie betteln gehn, wenn sie hungrig sind –
mein Kaiser, mein Kaiser gefangen!

Gewähr mir, Bruder, eine Bitt:
Wenn ich jetzt sterben werde,
so nimm meine Leich nach Frankreich mit,
begrab mich in Frankreichs Erde.

Das Ehrenkreuz am roten Band
sollst du aufs Herz mir legen;
die Flinte gib mir in die Hand
und gürt mir um den Degen.

So will ich liegen und horchen still,
wie eine Schildwach', im Grabe,
bis einst ich höre Kanonengebrüll
und wiehernder Rosse Getrabe.

Dann reitet mein Kaiser wohl über mein Grab,
viel Schwerter klirren und blitzen;
dann steig' ich gewaffnet hervor aus dem Grab –
den Kaiser, den Kaiser zu schützen!»

Heinrich Heine

AM 18. OKTOBER 1816

Wenn heut ein Geist herniederstiege,
zugleich ein Sänger und ein Held,
ein solcher, der im heil'gen Kriege
gefallen auf dem Siegesfeld,
der sänge wohl auf deutscher Erde
ein scharfes Lied, wie Schwertesstreich,
nicht so, wie ich es künden werde,
nein, himmelskräftig, donnergleich:

«Ihr Fürsten! seid zuerst befraget:
Vergaßt ihr jenen Tag der Schlacht,
an dem ihr auf den Knien laget
und huldigtet der höhern Macht?
Wenn eure Schmach die Völker lösten,
wenn ihre Treue sie erprobt,
so ist's an euch, nicht zu vertrösten,
zu leisten jetzt, was ihr gelobt.

Ihr Völker, die ihr viel gelitten,
vergaßt auch ihr den schwülen Tag?
Das Herrlichste, was ihr erstritten,
wie kommt's, daß es nicht frommen mag?
Zermalmt habt ihr die fremden Horden,
doch innen hat sich nichts gehellt,
und Freie seid ihr nicht geworden,
wenn ihr das Recht nicht festgestellt.

Ihr Fürstenrät' und Hofmarschälle
mit trübem Stern auf kalter Brust,
die ihr vom Kampf um Leipzigs Wälle
wohl gar bis heute nichts gewußt,
vernehmt! an diesem heut'gen Tage
hielt Gott der Herr ein groß Gericht!
Ihr aber hört nicht, was ich sage,
ihr glaubt an Geisterstimmen nicht.

Was ich gesollt, hab' ich gesungen,
und wieder schwing' ich mich empor;
was meinem Blick sich aufgedrungen,
verkünd' ich dort dem sel'gen Chor:
Nicht rühmen kann ich, nicht verdammen,
untröstlich ist's noch allerwärts:
doch sah ich manches Auge flammen,
und klopfen hört' ich manches Herz.»

Ludwig Uhland

NACHRUF

Noch ist kein Fürst so hochgefürstet,
so auserwählt kein ird'scher Mann,
daß, wenn die Welt nach Freiheit dürstet,
er sie mit Freiheit tränken kann,
daß er allein in seinen Händen
den Reichtum alles Rechtes hält,
um an die Völker auszuspenden
so viel, so wenig ihm gefällt.

Die Gnade fließet aus vom Throne,
das Recht ist ein gemeines Gut,
es liegt in jedem Erdensohne,
es quillt in uns wie Herzensblut;
und wenn sich Männer frei erheben
und treulich schlagen Hand in Hand,
dann tritt das innre Recht ins Leben,
und der Vertrag gibt ihm Bestand.

Vertrag! Es ging auch hierzulande
von ihm der Rechte Satzung aus,
es knüpfen seine heil'gen Bande
den Volksstamm an das Fürstenhaus,
ob einer im Palast geboren,
in Fürstenwiege sei gewiegt,
als Herrscher wird ihm erst geschworen,
wenn der Vertrag besiegelt liegt.

Solch teure Wahrheit ward verfochten,
und überwunden ist sie nicht.
Euch, Kämpfer, ist kein Kranz geflochten,
wie der beglückte Sieg ihn flicht;
nein, wie ein Fähnrich, wund und blutig,
sein Banner rettet im Gefecht,
so blickt ihr tief gekränkt, doch mutig,
und stolz auf das gewahrte Recht.

Kein Herold wird's den Völkern künden
mit Pauken und Trompetenschall,
und dennoch wird es Wurzel gründen
in deutschen Gauen – überall,
daß Weisheit nicht das Recht begraben,
noch Wohlfahrt es ersetzen mag,
daß bei dem biedern Volk in Schwaben
das Recht besteht und der Vertrag.

Ludwig Uhland

IM TRAURIGEN MONAT November war's,
die Tage wurden trüber,
der Wind riß von den Bäumen das Laub,
da reist ich nach Deutschland hinüber.

Und als ich an die Grenze kam,
da fühlt ich ein stärkeres Klopfen
in meiner Brust, ich glaube sogar
die Augen begunnen zu tropfen.

Und als ich die deutsche Sprache vernahm,
da ward mir seltsam zumute;
ich meinte nicht anders, als ob das Herz
recht angenehm verblute.

Ein kleines Harfenmädchen sang.
Sie sang mit wahrem Gefühle
und falscher Stimme, doch ward ich sehr
gerühret von ihrem Spiele.

Sie sang von Liebe und Liebesgram,
Aufopfrung und Wiederfinden
dort oben, in jener besseren Welt,
wo alle Leiden schwinden.

Sie sang vom irdischen Jammertal,
von Freuden, die bald zerronnen,
vom Jenseits, wo die Seele schwelgt
verklärt in ew'gen Wonnen.

Sie sang das alte Entsagungslied,
das Eiapopeia vom Himmel,
womit man einlullt, wenn es greint,
das Volk, den großen Lümmel.

Ich kenne die Weise, ich kenne den Text,
ich kenn auch die Herren Verfasser;
ich weiß, sie tranken heimlich Wein
und predigten öffentlich Wasser.

Ein neues Lied, ein besseres Lied,
O Freude, will ich euch dichten!
Wir wollen hier auf Erden schon
das Himmelreich errichten.

Wir wollen auf Erden glücklich sein,
und wollen nicht mehr darben;
verschlemmen soll nicht der faule Bauch,
was fleißige Hände erwarben.

Es wächst hienieden Brot genug
für alle Menschenkinder,
auch Rosen und Myrten, Schönheit und Lust,
und Zuckererbsen nicht minder.

Ja, Zuckererbsen für jedermann,
sobald die Schoten platzen!
Den Himmel überlassen wir
den Engeln und den Spatzen.

Und wachsen uns Flügel nach dem Tod,
so wollen wir euch besuchen
dort oben, und wir, wir essen mit euch
die seligsten Torten und Kuchen.

Ein neues Lied, ein besseres Lied!
Es klingt wie Flöten und Geigen!
Das Miserere ist vorbei,
die Sterbeglocken schweigen.

Die Jungfer Europa ist verlobt
mit dem schönen Geniusse
der Freiheit, sie liegen einander im Arm,
sie schwelgen im ersten Kusse.

Und fehlt der Pfaffensegen dabei,
die Ehe wird gültig nicht minder –
es lebe Bräutigam und Braut,
und ihre zukünftigen Kinder!

Ein Hochzeitskarmen ist mein Lied,
das bessere, das neue!
In meiner Seele gehen auf
die Sterne der höchsten Weihe –

Begeisterte Sterne, sie lodern wild,
zerfließen in Flammenbächen –
ich fühle mich wunderbar erstarkt,
ich könnte Eichen zerbrechen!

Seit ich auf deutsche Erde trat,
durchströmen mich Zaubersäfte –
der Riese hat wieder die Mutter berührt,
und es wuchsen ihm neu die Kräfte.

Heinrich Heine

MEIN HERZ, mein Herz ist traurig,
doch lustig leuchtet der Mai;
ich stehe, gelehnt an der Linde,
hoch auf der alten Bastei.

Da drunten fließt der blaue
Stadtgraben in stiller Ruh;
ein Knabe fährt im Kahne,
und angelt und pfeift dazu.

Jenseits erheben sich freundlich,
in winziger, bunter Gestalt,
Lusthäuser, und Gärten, und Menschen,
und Ochsen, und Wiesen, und Wald.

Die Mägde bleichen Wäsche,
und springen im Gras herum:
Das Mühlrad stäubt Diamanten,
ich höre sein fernes Gesumm.

Am alten grauen Turme
ein Schilderhäuschen steht;
ein rotgeröckter Bursche
dort auf und nieder geht.

Er spielt mit seiner Flinte,
die funkelt im Sonnenrot,
er präsentiert und schultert –
ich wollt, er schösse mich tot.

Heinrich Heine

HECKER-LIED

Dreiunddreißig Jahre
währt die Knechtschaft schon.
Nieder mit den Hunde
von der Reaktion.
Blut – Blut muß fließen
knüppelhageldick,
damit wollen wir begießen
die freie Republik.

Schmiert die Guillotine
mit der Pfaffen Fett,
schmeißt die Konkubine
aus des Fürsten Bett.
An dem Darm des Pfaffen
hängt den Edelmann,
laßt ihn dran erschlaffen,
bis er nicht mehr kann.

Wenn euch die Leute fragen:
Lebet Hecker noch?
So sollt ihr ihnen sagen:
Ja, ja, er lebet noch.
Er hängt an keinem Baume,
er hängt an keinem Strick,
er hängt nur an dem Traume
der freien Republik.

Unbekannt

IM FRÜHLING

O laß sie träumen den Kaiserwahn,
Alt-Deutchlands Ritter und Recken;
wie werden sich vor dem roten Hahn
die roten Adler verstecken!

O laß sie träumen noch eine Nacht!
Dann wetzen wir aus die Scharte,
dann werden Fidibusse gemacht
aus der europäischen Karte.

Die Völker kommen und läuten Sturm –
erwache, mein Blum, erwache!
Vom Kölner Dome zum Stephansturm
wird brausen die Rache, die Rache.

Die alten Kohorten am Tiberstrom
stehn auf beim Klang der Trompeten:
Die Glocken schweigen, du ewiges Rom,
vergiß dein Singen und Beten!

Die Glocken schweigen, die Pfaffen schrein
in ihren zertrümmerten Hallen;
den Heiligen wird der goldene Schein
vom zitternden Haupte fallen.

Die Henker falten, vor Schrecken bleich,
die blutigen Hände zusammen;
und aus dem stürzenden Österreich
hoch lodern werden die Flammen.

Das alles, das alles soll geschehn
in kommenden Frühlingstagen –
Herrgott, laß die Welt nicht untergehn,
eh' die Nachtigallen schlagen!

Georg Herwegh

DIE SCHLESISCHEN WEBER

Im düstern Auge keine Träne,
sie sitzen am Webstuhl und fletschen die Zähne;
Deutschland, wir weben dein Leichentuch,
wir weben hinein den dreifachen Fluch –
    wir weben, wir weben!

Ein Fluch dem Gotte, zu dem wir gebeten
in Winterskälte und Hungersnöten;
wir haben vergebens gehofft und geharrt,
er hat uns geäfft und gefoppt und genarrt –
    wir weben, wir weben!

Ein Fluch dem König, dem König der Reichen,
den unser Elend nicht konnte erweichen,
der den letzten Groschen von uns erpreßt
und uns wie Hunde erschießen läßt –
    wir weben, wir weben!

Ein Fluch dem falschen Vaterlande,
wo nur gedeihen Schmach und Schande,
wo jede Blume früh geknickt,
wo Fäulnis und Moder den Wurm erquickt –
    wir weben, wir weben!

Das Schiffchen fliegt, der Webstuhl kracht,
wir weben emsig Tag und Nacht –
Altdeutschland, wir weben dein Leichentuch,
wir weben hinein den dreifachen Fluch,
    wir weben, wir weben!

Heinrich Heine

1848

Wohlan! Werft um, reißt ein! macht euch nur laut!
Verkennt der Gottheit stillgeschäft'gen Finger,
und all, woran Jahrhunderte gebaut,
erklärt es als der Willkür Sklavenzwinger.

Das schönste Werk der Weisheit und der Kraft,
daß sie die Roheit, schwer genug, gebändigt,
hebt's auf! Entlaßt den Pöbel seiner Haft,
erklärt der Bildung Werk als schon beendigt.

Macht alles gleich! hüllt in dasselbe Kleid
der Menschheit urerschaffne nackte Blöße,
bis alles ärmlich, wie ihr selber seid,
und euer Maß die vorbestimmte Größe.

Nicht was ihr habt, nein das nur, was euch fehlt,
empfahl euch in des Pöbels hohe Gnaden,
der trunken damals, als er euch gewählt,
und taumelnd noch von seinen Barrikaden.

«Allein die Bildung sei jetzt allgemein» –
als wäre Bildung eine fertge Größe,
die man, wie ins Gefäß den firnen Wein,
ein Totes in ein Unlebendges gösse!

Wie du die Bildung aufnimmst, sie erfaßt,
das macht den fremden Geist in dir lebendig,
das bunte Wissen, es vermehrt die Last,
ein Tor ist, wer gelehrt und nicht verständig.

Wollt ihr auf festen Grund das Neue baun,
soll Welt und Mitwelt euch's mit Danke lohnen,
denn eurer Klugheit wollen wir vertraun –
mit eurer Weisheit mögt ihr uns verschonen.

Franz Grillparzer

WIEN 1848

Stadt der Freude, Stadt der Töne,
morgenfrohes, stolzes Wien,
dessen frühlingsheitre Söhne
nun der Freiheit Rosen ziehn:
Ja, wir haben uns versündigt,
als wir grollten deiner Lust,
deinem Jauchzen, das verkündigt
eine starke, tiefe Brust.

Auf den zauberischen Wogen
deutscher Tänze schwebtest du;
Wetter kamen schwül gezogen,
schelmisch logst du üppige Ruh'.
Eisgrau saßen tote Wächter
vor dem klangerfüllten Haus –
sieh, da sandt'st du edle Fechter
singend in das Frührot aus!

Mit den Flöten, mit den Geigen,
mit Posaunen hell voran
führe vorwärts deinen Reigen
auf der morgenroten Bahn!

Einmal noch durch deutsche Lande
führ ein deutsches Kaiserbild,
reich zu schaun im Goldgewande,
und wir grüßen fromm und mild!

Dieser Traum wird auch verwehen
und am alten Sternenzelt
endlich unter die Sterne gehen,
zu der toten Götterwelt;
und wo flimmernd Schwan und Leier
und das Bild des Kreuzes sprühn,
wird dereinst im stillen Feuer
Caroli magni Krone glühn!

Aber dann in tausend Wiegen,
hier in Gold und dort in Holz,
wird der junge Kaiser liegen,
freier Mütter Ruhm und Stolz.
Wird als Hirt auf Blumenauen
im Gebirg als Jäger gehn,
auf des Meerschiffs schwanken Tauen
als ein braver Seemann stehn!

Gottfried Keller

DER GORDISCHE KNOTEN

Ihr rüttelt an dem Königspalast
mit unverdrossenem Mute,
ihr baut ein neues Haus mit Hast
und schreit zum Kitt nach Blute.
Doch ist es fertig, das neue Haus,
nach manchem saueren Tage,
der Bonaparte bleibt nicht aus,
der's stürzt mit einem Schlage!

Die Arme gekreuzt, gewaltig und stumm,
so wird er vor euch stehen,
ihr aber ziehet den Buckel krumm
und traget seine Livreen.
Und schlachten laßt ihr euch gern und froh
mit dienstergebener Miene,
und denket: besser in Waterloo,
als unter der Guillotine! –

So kommt es, ihr Männer des ewigen Nein,
so kommt's, ihr Tyrannenvertreiber,
es wird eine Zeit der Helden sein
nach der Zeit der Schreier und Schreiber.
Bis dahin webt mit Fleiß und List
eure Schlingen ineinander,
wenn der gordische Knoten fertig ist,
schickt Gott den Alexander. *Moritz von Strachwitz*

DIE TROMPETE VON VIONVILLE

16. August 1870

Sie haben Tod und Verderben gespien:
Wir haben es nicht gelitten.
Zwei Kolonnen Fußvolk, zwei Batterien,
wir haben sie niedergeritten.

Die Säbel geschwungen, die Zäume verhängt,
tief die Lanzen und hoch die Fahnen,
so haben wir sie zusammengesprengt, –
Kürassiere wir und Ulanen.

Doch ein Blutritt war es, ein Todesritt;
wohl wichen sie unsern Hieben,
doch von zwei Regimentern, was ritt und was stritt,
unser zweiter Mann ist geblieben.

Die Brust durchschossen, die Stirn zerklafft,
so lagen sie bleich auf dem Rasen,
in der Kraft, in der Jugend dahingerafft, –
nun, Trompeter, zum Sammeln geblasen!

Und er nahm die Trompet, und er hauchte hinein;
da, – die mutig mit schmetterndem Grimme
uns geführt in den herrlichen Kampf hinein,
der Trompete versagte die Stimme.

Nur ein klanglos Wimmern, ein Schrei voll Schmerz,
entquoll dem metallenen Munde;
eine Kugel hatte durchlöchert ihr Erz, –
um die Toten klagte die wunde!

Um die Tapfern, die Treuen, die Wacht am Rhein,
um die Brüder, die heut gefallen, –
um sie alle, es ging uns durch Mark und Bein,
erhub sie gebrochenes Lallen.

Und nun kam die Nacht, und wir ritten hindann,
rundum die Wachtfeuer lohten;
die Rosse schnoben, der Regen rann –
und wir dachten der Toten, der Toten! *Ferdinand Freiligrath*

MAHNUNG

Genug gemeistert nun die Weltgeschichte!
Die Sterne, die durch alle Zeiten tagen,
ihr wolltet sie mit frecher Hand zerschlagen
und jeder leuchten mit dem eignen Lichte.

Doch unaufhaltsam rucken die Gewichte,
von selbst die Glocken von den Türmen schlagen,
der alte Zeiger, ohne euch zu fragen,
weist flammend auf die Stunde der Gerichte.

O stiller Schauer, wunderbares Schweigen,
wenn heimlichflüsternd sich die Wälder neigen,
die Täler alle geisterbleich versanken,

und in Gewittern von den Bergesspitzen
der Herr der Weltgeschichte schreibt mit Blitzen –
denn seine sind nicht euere Gedanken. *Joseph von Eichendorff*

ALTE SCHWEIZER

Sie kommen mit dröhnenden Schritten entlang
den von Raffaels Fresken verherrlichten Gang
in der puffigen alten geschichtlichen Tracht,
als riefe das Horn sie zur Murtener Schlacht:

«Herr Heiliger Vater, der Gläubigen Hort,
so kann es nicht gehn und so geht es nicht fort!
Du sparst an den Kohlen, du knickerst am Licht –
an deinen Helvetiern knausre du nicht!

Wann den Himmel ein Heiliger Vater gewann,
ergibt es elf Taler für jeglichen Mann!
So galt's und so gilt's von Geschlecht zu Geschlecht,
wir pochen auf unser historisches Recht!

Herr Heiliger Vater, du weißt, wer wir sind!
Bescheidene Leute von Ahne zu Kind!
Doch werden wir an den Moneten gekürzt,
wir kommen wie brüllende Löwen gestürzt!

Herr Heiliger Vater, die Taler heraus!
Sonst räumen wir Kisten und Kasten im Haus ...
Potz Donner und Hagel und höllischer Pfuhl!
Wir versteigern dir den apostolischen Stuhl!»

Der Heilige Vater bekreuzt sich entsetzt
und zaudert und langt in die Tasche zuletzt –
da werden die Löwen zu Lämmern im Nu:
«Herr Heiliger Vater, jetzt segne uns du!»

Conrad Ferdinand Meyer

Anmerkung des Dichters: Bei der Thronbesteigung Leos XIII. brach im Vatikan eine kleine Palastrevolte aus, weil der sparsame Papst den Schweizern das übliche Donativ zurückhielt.

DAS MÄDCHEN VON DOBROWLANY
Eine Epistel

Wer hat, o Freund, von Gegenwart zu Gegenwart
so dich geängstigt, daß du nun das Licht verkennst,
das innige, zu dem wir doch geboren sind,
sogar Erinnerung fliehst an Stunden, wo wir froh,
die heiligen Dichter deutend, wanderten im Wald,
und an lautklirrende Tage, da der Kriegsgeist uns
bisweilen in der Fremde jäh zusammentrug?
Nur dumpfe Stufe nennst du dies, und, wundersam,
als wollt ein Baum sein eignes Wurzelwerk bespähn,
entfremdet gleichen Losen, die du niedrig schiltst,
gesammelt schweigsam drängst du dich ins Geister-All,
und was dir sonst, vom Ursprung her, so leicht gelang,
die klarste Schau, das beste Tun, dir gilts nicht viel,
geheimer Lehre kund, in strengen Übungen,
hoffst du den ewigen Ätherleib in dich zu ziehn,
Gestirnen Sternkraft abzuzwingen grenzenlos.
Doch dies ist nun dir auferlegt. Ich rechte nicht
und schnelle nur manchmal einen bunten Pfeil dir nach,
der dich umklinge, nicht verwunde, – vielleicht geschiehts,
daß du noch einmal umblickst, ob unwillig auch,
und schaust mit mir Vergangenheit: Novikas Höhn,
die, noch verschont, im hellen Abend schimmerten;
das Maisfeld war ein fließendes Geleucht im Wind,
und Schnitterinnen gingen spätem Tagwerk nach.
Uns aber, fernher, suchte noch ein fliehender Feind
mit Brandgeschoß. Im Dorf, das Dobrowlany heißt,
webt über Leichen vielgeteilte Flamme schon.
Der Kirchturm raucht. Strohdächer sprühn. Der junge Storch,
der, angstvoll klappernd, noch das alte Nest gesucht,
mit erzdurchschnittener Schwinge stürzt er schwer herab
ins Dachgebälk, das glühend blau zerblättert. Nah
dem Dorfrand aber, unsern Toten angereiht,
da schlafen, die die Flucht verschmähten, Greis und Frau,
vermummten Haupts, in blutigen Kitteln, ewigen Schlaf.
Und nun entsinne dich, wie uns Licht aus Düstrem kam,
als längs den Bränden, hoch von Funken überweht,
kornhelles Haar vorsinkend unter Scharlachtuch,

mühsam das Mädchen ging und weißer Linnen Last
auf schmächtigen Schultern schleppte nach der Leichenflur.
Entkleidet sind, unfaßbar eilig, Weib und Mann
und lind gehüllt in blumendurchwirktes Totenhemd.
Aus Lüften zischt es, Warnungsrufe hallen rauh.
Doch sie, ganz Arbeit, ganz Gesetzgeist, Liebende,
die keiner Scham bedarf, hat Gurt und Sturmhelm schon
dem nächsten Krieger abgeschnallt, den Waffenrock,
das Hemd entstreift, und gönnt sich nicht die kleinste Rast,
bis alle, alle festlich eingekleidet sind,
wie sichs für Tote ziemt im Land Galizien.
Dann ruht sie aus auf ihrem schmalen Linnenrest,
die Arme überm Schoß gekreuzt, und sieht uns an,
als warte sie auf neue Leichen, ernst und still.
Nacht kam und Aufbruch. Erde brennt in langem Strich.
Nicht Häuser nur, auch Garbenfelder lodern weit.
So stiegen wir durch Flammenscheine von Höh zu Höh;
doch als er tagte, blickten wir durch scharfes Glas
ins Land zurück. Bald fanden wir den Aschenrauch
von Dobrowlany. Vögel flogen, schwarz geschart.
Da grüßten wir das fremde Mädchen im Zwiegespräch:
Du nanntest sie die Glückliche, die sich ihr Herz
in edlen Wahnsinn hingerettet, – gedenkst du noch?

Doch wer sind wir, mein Freund? Was für Befehl traf uns?
Oh, hätten wir Seelen, einander als Lebendige
so schön zu nahn wie jenes holdentrückte Kind
verlassenen Toten, so mit weihendem Gebrauch
einander zu gewanden neu von Zeit zu Zeit
in Lichtgeweb, lang aufgespartes, geistiges,
das keine Strahlen durchläßt als die freudigen
der innern Sterne, – wären wir nicht reich genug
in unsrer Welt? Wärs not, in andere zu spähn?
Zu schleichen um unflügger Geister bleichen Kreis,
der auch nur harren will, ob ihn die Liebe nicht
erweckt und hebt und in unendliche Dienste zieht?

Hans Carossa

LEGENDE VOM TOTEN SOLDATEN

1
Und als der Krieg im fünften Lenz
keinen Ausblick auf Frieden bot
da zog der Soldat seine Konsequenz
und starb den Heldentod.

2
Der Krieg war aber noch nicht gar
drum tat es dem Kaiser leid
daß sein Soldat gestorben war:
Es schien ihm noch vor der Zeit.

3
Der Sommer zog über die Gräber her
und der Soldat schlief schon
da kam eines Nachts eine militär-
ische Ärztliche Kommission.

4
Es zog die Ärztliche Kommission
zum Gottesacker hinaus
und grub mit geweihtem Spaten den
gefallnen Soldaten aus.

5
Der Doktor besah den Soldaten genau,
oder was von ihm noch da war
und der Doktor fand, der Soldat war k. v.
und er drücke sich vor der Gefahr.

6
Und sie nahmen sogleich den Soldaten mit,
die Nacht war blau und schön.
Man konnte, wenn man keinen Helm aufhatte
die Sterne der Heimat sehn.

7
Sie schütteten ihm einen feurigen Schnaps
in den verwesten Leib
und hängten zwei Schwestern in seinen Arm
und sein halb entblößtes Weib.

8
Und weil der Soldat nach Verwesung stinkt
drum hinkt ein Pfaffe voran
der über ihn ein Weihrauchfaß schwingt
daß er nicht stinken kann.

9
Voran die Musik mit Tschindrara
spielt einen flotten Marsch.
Und der Soldat, so wie er's gelernt
schmeißt seine Beine vom Arsch.

10
Und brüderlich den Arm um ihn
zwei Sanitäter gehn
sonst flög er noch in den Dreck ihnen hin
und das darf nicht geschehn.

11
Sie malten auf sein Leichenhemd
die Farben Schwarz-Weiß-Rot
und trugen's vor ihm her; man sah
vor Farben nicht mehr den Kot.

12
Ein Herr im Frack schritt auch voran
mit einer gestärkten Brust
der war sich als ein deutscher Mann
seiner Pflicht genau bewußt.

13
So zogen sie mit Tschindrara
hinab die dunkle Chaussee
und der Soldat zog taumelnd mit
wie im Sturm die Flocke Schnee.

14
Die Katzen und die Hunde schrein
die Ratzen im Feld pfeifen wüst:
Sie wollen nicht französisch sein
weil das eine Schande ist.

15
Und wenn sie durch die Dörfer ziehn
waren alle Weiber da.
Die Bäume verneigten sich. Vollmond schien.
Und alles schrie hurra!

16
Mit Tschindrara und Wiedersehn!
Und Weib und Hund und Pfaff!
Und mitten drin der tote Soldat
wie ein besoffner Aff.

17
Und wenn sie durch die Dörfer ziehn
kommt's, daß ihn keiner sah
so viele waren herum um ihn
mit Tschindra und Hurra.

18
So viele tanzten und johlten um ihn
daß ihn keiner sah.
Man konnte ihn einzig von oben noch sehn
und da sind nur Sterne da.

19
Die Sterne sind nicht immer da
es kommt ein Morgenrot.
Doch der Soldat, so wie er's gelernt
zieht in den Heldentod.

Bertolt Brecht

EMIGRANTEN-MONOLOG

Ich hatte einst ein schönes Vaterland –
so sang schon der Flüchtling Heine.
Das seine stand am Rheine,
Das meine auf märkischem Sand.

Wir alle hatten einst ein (siehe oben!).
Das fraß die Pest, das ist im Sturm zerstoben.
O, Röslein auf der Heide,
dich brach die Kraftdruchfreude.

Die Nachtigallen wurden stumm,
sahn sich nach sicherm Wohnsitz um,
Und nur die Geier schreien
Hoch über Gräberreihen.

Das wird nie wieder, wie es war,
Wenn es auch anders wird.
Auch wenn das liebe Glöcklein tönt,
Auch wenn kein Schwert mehr klirrt.

Mir ist zuweilen so, als ob
Das Herz in mir zerbrach.
Ich habe manchmal Heimweh.
Ich weiß nur nicht, wonach …

Mascha Kaléko

BALLADE VON DER «JUDENHURE» MARIE SANDERS

1
In Nürnberg machten sie ein Gesetz
darüber weinte manches Weib, das
mit dem falschen Mann im Bett lag.
«Das Fleisch schlägt auf in den Vorstädten.
Die Trommeln schlagen mit Macht.
Gott im Himmel, wenn sie etwas vorhätten
wäre es heute nacht.»

2
Marie Sanders, dein Geliebter hat zu schwarzes Haar.
Besser, du bist heute zu ihm nicht mehr
wie du zu ihm gestern warst.
«Das Fleisch schlägt auf in den Vorstädten.
Die Trommeln schlagen mit Macht.
Gott im Himmel, wenn sie etwas vorhätten
wäre es heute nacht.»

3
Mutter, gib mir den Schlüssel
Es ist alles halb so schlimm.
Der Mond sieht aus wie immer.
«Das Fleisch schlägt auf in den Vorstädten.
Die Trommeln schlagen mit Macht.
Gott im Himmel, wenn sie etwas vorhätten
wäre es heute nacht.»

4
Eines Morgens, früh um neun Uhr
fuhr sie durch die Stadt
im Hemd, um den Hals ein Schild, das Haar geschoren.
Die Gasse johlte. Sie blickte kalt.
«Das Fleisch schlägt auf in den Vorstädten.
Der Streicher spricht heute nacht.
Großer Gott, wenn wir ein Ohr hätten
wüßten wir, was man mit uns macht.»

Bertolt Brecht

WIEN. HELDENPLATZ

der glanze heldenplatz zirka
versaggerte in maschenhaftem männchenmeere
drunter auch frauen die ans maskelknie
zu heften heftig sich versuchten, hoffensdick.
und brüllzten wesentlich.

verwogener stirnscheitelunterschwang
nach nöten nördlich, kechelte
mit zu-nummernder aufs bluten feilzer stimme
hinsensend sämmertliche eigenwäscher.

pirsch!
döppelte der gottelbock von Sa-Atz zu Sa-Atz
mit hünig sprenkem stimmstummel.
balzerig würmelte es im männechensee
und den weibern ward so pfingstig ums heil
zumahn: wenn ein knie-ender sie hirschelte.

Ernst Jandl

schtzngrmm
schtzngrmm
t-t-t-t
t-t-t-t
grrrmmmmm
t-t-t-t
s----c----h
tzngrmm
tzngrmm
tzngrmm
grrrmmmmm
schtzn
schtzn
t-t-t-t
t-t-t-t
schtzngrmm
schtzngrmm
tsssssssssssss
grrt
grrrrrt
grrrrrrrrrt
scht
scht
t-t-t-t-t-t-t-t-t-t
scht
tzngrmm
tzngrmm
t-t-t-t-t-t-t-t-t-t
scht
scht
scht
scht
scht
grrrrrrrrrrrrrrrrrrrrrrrrrrr
t-tt

Ernst Jandl

LILI MARLEEN

Vor der Kaserne,
vor dem großen Tor
stand eine Laterne,
und steht sie noch davor,
so wolln wir uns da wiedersehn,
bei der Laterne wolln wir stehn
wie einst, Lili Marleen.

Unsre beiden Schatten
sahn wie einer aus;
daß wir so lieb uns hatten,
das sah man gleich daraus.
Und alle Leute solln es sehn,
wenn wir bei der Laterne stehn
wie einst, Lili Marleen.

Schon rief der Posten:
Sie blasen Zapfenstreich;
es kann drei Tage kosten! –
Kamerad, ich komm' ja gleich. –
Da sagten wir auf Wiedersehn.
Wie gerne wollt ich mit dir gehn,
mit dir, Lili Marleen!

Deine Schritte kennt sie,
deinen zieren Gang,
alle Abend brennt sie.
Mich vergaß sie lang.
Und sollte mir ein Leids geschehn,
wer wird bei der Laterne stehn
mit dir, Lili Marleen?

Aus dem stillen Raume,
aus der Erde Grund
hebt mich wie im Traume
dein verliebter Mund.
Wenn sich die späten Nebel drehn,
werd ich bei der Laterne stehn
wie einst, Lili Marleen. *Hans Leip*

SOLDAT SOLDAT

1
Soldat Soldat in grauer Norm
Soldat Soldat in Uniform
Soldat Soldat, ihr seid so viel
Soldat Soldat, das ist kein Spiel
Soldat Soldat, ich finde nicht
Soldat Soldat, dein Angesicht
Soldaten sehn sich alle gleich
lebendig und als Leich

2
Soldat Soldat, wo geht das hin
Soldat Soldat, wo ist der Sinn
Soldat Soldat, im nächsten Krieg
Soldat Soldat, gibt es kein Sieg
Soldat Soldat, die Welt ist jung
Soldat Soldat, so jung wie du
Die Welt hat einen tiefen Sprung
Soldat, am Rand stehst *du*

3
Soldat Soldat, in grauer Norm
Soldat Soldat in Uniform
Soldat Soldat, ihr seid so viel
Soldat Soldat, das ist kein Spiel
Soldat Soldat, ich finde nicht
Soldat Soldat, dein Angesicht
Soldaten sehn sich alle gleich
lebendig und als Leich

Soldaten sehn sich alle gleich
– lebendig und als Leich

Wolf Biermann

PORZELLAN

«... 2000 Centner von der guten Porcellan-Massa ...»
Johann Friedrich Böttger, Sächsischer Hof-Alchimist

Porzellan, viel Porzellan hat man zerschlagen hier,
Püppchen, Vasen und Geschirr aus weißem Meißner Gold.
Doch nicht dies nur. Ach, *es war einmal* – ein Klirren,
Und als Donner kam es auf den Tatort zugerollt.
Nein, kein Polterabend war, was Volkes spitze Zungen
Die *Kristallnacht* nannten, jener Glückstag für die Glaser.
Bis zum Aschermittwoch später war da nur ein Sprung.
Narr und Nazi hatten, heißa, ihren Heidenspaß.
Unschuld, sagt ihr? Lag die Stadt nicht längst geschändet?
He, wo seid ihr, Dresdner Schäferinnen, *german bands*?

Durs Grünbein

RÜCKKEHR

Die Vaterstadt, wie find ich sie doch?
Folgend den Bomberschwärmen
komm ich nach Haus.
Wo denn liegt sie? Wo die ungeheuren
Gebirge von Rauch stehen.
Das in den Feuern dort
ist sie.

Die Vaterstadt, wie empfängt sie mich wohl?
Vor mir kommen die Bomber. Tödliche Schwärme
melden Euch meine Rückkehr. Feuersbrünste
gehen dem Sohn voraus.

Bertolt Brecht

HEIMKEHR

Im Rock des Feindes,
in zu großen Schuhen,
im Herbst,
auf blattgefleckten Wegen
gehst du heim.
Die Hähne krähen
deine Freude in den Wind,
und zögernd hält
der Knöchel
vor der stummen,
neuen Tür.

Hans Bender

TODESFUGE

Schwarze Milch der Frühe wir trinken sie abends
wir trinken sie mittags und morgens wir trinken sie nachts
wir trinken und trinken
wir schaufeln ein Grab in den Lüften da liegt man nicht eng
Ein Mann wohnt im Haus der spielt mit den Schlangen der schreibt
der schreibt wenn es dunkelt nach Deutschland dein goldenes Haar Margarete
er schreibt es und tritt vor das Haus und es blitzen die Sterne er pfeift seine Rüden herbei
er pfeift seine Juden hervor läßt schaufeln ein Grab in der Erde
er befiehlt und spielt auf nun zum Tanz

Schwarze Milch der Frühe wir trinken dich nachts
wir trinken dich morgens und mittags wir trinken dich abends
wir trinken und trinken
Ein Mann wohnt im Haus der spielt mit den Schlangen der schreibt
der schreibt wenn es dunkelt nach Deutschland dein goldenes Haar Margarete
Dein aschenes Haar Sulamith wir schaufeln ein Grab in den Lüften da liegt man nicht eng

Er ruft stecht tiefer ins Erdreich ihr einen ihr andern singet und spielt
er greift nach dem Eisen im Gurt er schwingts seine Augen sind blau
stecht tiefer die Spaten ihr einen ihr andern spielt weiter zum Tanz auf

Schwarze Milch der Frühe wir trinken dich nachts
wir trinken dich morgens und mittags wir trinken dich abends
wir trinken und trinken
ein Mann wohnt im Haus dein goldenes Haar Margarete
dein aschenes Haar Sulamith er spielt mit den Schlangen

Er ruft spielt süßer den Tod der Tod ist ein Meister aus Deutschland
er ruft streicht dunkler die Geigen dann steigt ihr als Rauch in die Luft
dann habt ihr ein Grab in den Wolken da liegt man nicht eng

Schwarze Milch der Frühe wir trinken dich nachts
wir trinken dich mittags der Tod ist ein Meister aus Deutschland
wir trinken dich abends und morgens wir trinken und trinken

der Tod ist ein Meister aus Deutschland sein Auge ist blau
er trifft dich mit bleierner Kugel er trifft dich genau
ein Mann wohnt im Haus dein goldenes Haar Margarete
er hetzt seine Rüden auf uns er schenkt uns ein Grab in der Luft
er spielt mit den Schlangen und träumet der Tod ist ein Meister aus Deutschland

dein goldenes Haar Margarete
dein aschenes Haar Sulamith

Paul Celan

DIE ERDE BEBT NOCH

Die Erde bebt noch von den Stiefeltritten.
Die Wiesen grünen wieder Jahr für Jahr.
Die Qualen bleiben, die wir einst erlitten,
ins Antlitz, in das Wesen eingeschnitten.
In unsren Träumen lebt noch oft, was war.

Das Blut versickerte, das wir vergossen.
Die Narben brennen noch und sind noch rot.
Die Tränen trockneten, die um uns flossen.
In Lust und Fluch und Lächeln eingeschlossen
begleitet uns, vertraut für immer, nun der Tod.

Die Städte bröckeln noch in grauen Nächten.
Der Wind weht Asche in den Blütenstaub
und das Geröchel der Erstickten aus den Schächten.
Doch auf den Märkten stehn die Selbstgerechten
und schreien, schreien ihre Ohren taub.

Die Sonne leuchtet wieder wie in Kindertagen.
Die Schatten fallen tief in uns hinein.
Sie überdunkeln unser helles Fragen.
Und auf den Hügeln, wo die Kreuze ragen,
wächst säfteschwer ein herber neuer Wein.

Wolfgang Bächler

CHOR DER GERETTETEN

Wir Geretteten,
aus deren hohlem Gebein der Tod schon seine Flöten schnitt,
an deren Sehnen der Tod schon seinen Bogen strich –
unsere Leiber klagen noch nach
mit ihrer verstümmelten Musik.

Wir Geretteten,
immer noch hängen die Schlingen für unsere Hälse gedreht
vor uns in der blauen Luft –
Immer noch füllen sich die Stundenuhren mit unserem tropfenden Blut.

Wir Geretteten,
immer noch essen an uns die Würmer der Angst.
Unser Gestirn ist vergraben im Staub.
Wir Geretteten
bitten euch:
Zeigt uns langsam eure Sonne.
Führt uns von Stern zu Stern im Schritt.
Laßt uns das Leben leise wieder lernen.
Es könnte sonst eines Vogels Lied,
das Füllen des Eimers am Brunnen
unseren schlecht versiegelten Schmerz aufbrechen lassen
und uns wegschäumen –
Wir bitten euch:
Zeigt uns noch nicht einen beißenden Hund –
Es könnte sein, es könnte sein
daß wir zu Staub zerfallen –
vor euren Augen zerfallen in Staub.
Was hält denn unsere Webe zusammen?
Wir odemlos gewordene,
deren Seele zu Ihm floh aus der Mitternacht
lange bevor man unseren Leib rettete
in die Arche des Augenblicks.
Wir Geretteten,
wir drücken eure Hand,
wir erkennen euer Auge –
aber zusammen hält uns nur noch der Abschied,
der Abschied im Staub
hält uns mit euch zusammen. *Nelly Sachs*

1946

Im Stichjahr meiner Geburt
war die Welt nicht heil
Meinem gejagten Vater
brannte das Hinterteil

Meine brave Mutter
hat mich hungernd getragen
Ihre wortlose Güte
ist nie zu Buche geschlagen

Den Geschwistern dreien
bin ich Mitesser gewesen
Sie werden mir verzeihen
wenn sie die Zeilen lesen

Der Himmel lag in Scherben
noch Gott gebrachs an Leim
In Asche gingen die Erben
und suchten die Wälder heim

Wer einen Schuppen gefunden
genoß die ärmliche Lust
Die Mütter zählten die Stunden
In der milchleeren Brust

Im Strichjahr meiner Geburt
war die Welt nicht heil
Daß sie es wenig wurde
trag ich geringes Teil

Richard Pietraß

HIROSHIMA

wenn man lange genug
in der Nachbarschaft gelebt hat,

ist eine Stadt wie die anderen
mit Obstläden, Fischläden, Fernsehtürmen
und den drehbaren Türmen des Restaurants.

Dann gibts da noch
einen Friedenspark
mit Friedensglocke, Friedensvogel
und ewigem Friedensfeuer –

warum gibts das
in anderen Städten nicht auch?

Dietrich Krusche

HIROSHIMA

Der den Tod auf Hiroshima warf
ging ins Kloster, läutet dort die Glocken.
Der den Tod auf Hiroshima warf
sprang vom Stuhl in die Schlinge, erwürgte sich.
Der den Tod auf Hiroshima warf
fiel in Wahnsinn, wehrt Gespenster ab
hunderttausend, die ihn angehen nächtlich
auferstandene aus Staub für ihn.

Nichts von alledem ist wahr.
Erst vor kurzem sah ich ihn
im Garten seines Hauses vor der Stadt.
Die Hecken waren noch jung und die Rosenbüsche zierlich.
Das wächst nicht so schnell, daß sich einer verbergen könnte
im Wald des Vergessens. Gut zu sehen war
das nackte Vorstadthaus, die junge Frau
die neben ihm stand im Blumenkleid
das kleine Mädchen an ihrer Hand
der Knabe der auf seinem Rücken saß
und über seinem Kopf die Peitsche schwang.
Sehr gut erkennbar war er selbst
vierbeinig auf dem Grasplatz, das Gesicht
verzerrt von Lachen, weil der Photograph
hinter der Hecke stand, das Auge der Welt.

Marie Luise Kaschnitz

BELSEN 1954

Ihr Toten von Belsen,
die ihr noch toter seid
als die Toten der Kriege,
stündet ihr auf, jetzt,
aus der blutunterlaufenen
Erde von Belsen,
nicht einer
würde euch nennen,
nicht einer
euch wiedererkennen.
Zerschürfte Wege,
als läge nichts
denn unendlich viele Heide dahinter.
Einsam verwittert
das Mahnmal
über dem Golgatha unsres Jahrhunderts.

Dagmar Nick

AUF MEINEN SCHULTERN

Auf meinen Schultern trage ich meinen Vater.
Er hängt über meinen Rücken.
Ich sehe mich um, wenn wieder ein Photoreporter kommt.
Was wollen sie nur von uns?

Ist es nicht die natürlichste Sache der Welt,
daß ich meinen Vater mit mir trage
durch die zerschossene Landschaft Koreas,
fort aus der Feuerzone,
fort in das Hinterland des Krieges,
wenn er hungrig und schwach ist zu Mittag
und seine Füße müde sind vom langen Umherirren,
von Tagen und Nächten zwischen den Fronten?

Ich spüre meinen Vater
auf meinen Schultern.
So hat schon Aeneas den alten Anchises
aus dem zerstörten Troja getragen.
So werden mich meine Söhne auf dem Rücken tragen
durch die Schrapnellgeschosse des nächsten Krieges,
durch das Zischen der Flammenwerfer,
die das Blitzlicht der Wochenschau sind.

Wieland Schmied

«ZUM EWIGEN FRIEDEN» VON IMMANUEL KANT

«Bei dem traurigen Anblick nicht sowohl der Übel, die das menschliche Geschlecht aus Natururſachen drücken, als vielmehr derjenigen, welche die Menschen sich untereinander selbst antun, erheitert sich doch das Gemüt durch die Aussicht, es könne künftig besser werden; und *zwar* mit uneigennützigem Wohlwollen, wenn wir längst im Grabe sein und die Früchte, die wir zum Teil selbst gesät haben, nicht einernten werden.»

Nie las ein Blick, von Tränen übermannt,
ein Wort wie dieses von Immanuel Kant.

Bei Gott, kein Trost des Himmels übertrifft
die heilige Hoffnung dieser Grabesschrift.

Dies Grab ist ein erhabener Verzicht:
«Mir wird es finster, und es werde Licht!»

Für alles Werden, das am Menschsein krankt,
stirbt der Unsterbliche. Er glaubt und dankt.

Ihm hellt den Abschied von dem dunklen Tag,
daß dir noch einst die Sonne scheinen mag.

Durchs Höllentor des Heute und Hienieden
vertrauend träumt er hin zum ewigen Frieden.

Er sagt es, und die Welt ist wieder wahr,
und Gottes Herz erschließt sich mit «und zwar».

Urkundlich wird es; nimmt der Glaube Teil,
so widerfährt euch das verheißne Heil.

O rettet aus dem Unheil euch zum Geist,
der euch aus euch die guten Wege weist!

Welch eine Menschheit! Welch ein hehrer Hirt!
Weh dem, den der Entsager nicht beirrt!

Weh, wenn im deutschen Wahn die Welt verschlief
das letzte deutsche Wunder, das sie rief!

Bis an die Sterne reichte einst ein Zwerg.
Sein irdisch Reich war nur ein Königsberg.

Doch über jedes Königs Burg und Wahn
schritt eines Weltalls treuer Untertan.

Sein Wort gebietet über Schwert und Macht
und seine Bürgschaft löst aus Schuld und Nacht.

Und seines Herzens heiliger Morgenröte
Blutschande weicht: daß Mensch den Menschen töte.

Im Weltbrand bleibt das Wort ihr eingebrannt:
Zum ewigen Frieden von Immanuel Kant!

Karl Kraus

FRÜHLINGSGLAUBE

Es wandert eine schöne Sage
wie Veilchenduft auf Erden um,
wie sehnend eine Liebesklage
geht sie bei Tag und Nacht herum.

Das ist das Lied vom Völkerfrieden
und von der Menschheit letztem Glück,
von goldner Zeit, die einst hienieden,
der Traum als Wahrheit, kehrt zurück.

Wo einig alle Völker beten
zum Einen König, Gott und Hirt;
von jenem Tag, wo den Propheten
ihr leuchtend Recht gesprochen wird.

Dann wird's nur Eine Schmach noch geben
nur eine Sünde in der Welt:
Des Eigen-Neides Widerstreben,
der es für Traum und Wahnsinn hält.

Wer jene Hoffnung gab verloren
und böslich sie verloren gab,
der wäre besser ungeboren:
Denn lebend wohnt er schon im Grab.

Gottfried Keller

AN DIE VÖLKER DER ERDE
1945

Zwölf, du äußerste Zahl und Maß der Vollkommenheiten,
Zahl der Reife, der heilig gesetzten! Vollendung der Zeiten!
Zwölfmal ist das schütternde Eis auf den Strömen geschwommen,
zwölfmal das Jahr zu des Sommers glühendem Scheitel geklommen,
zwölfmal kehrten die Schwalben, weißbrüstige Pfeile, nach Norden,
zwölfmal ist gesät und zwölfmal geerntet worden.
Zwölfmal grünten die Weiden und haben die Bäche beschattet,
Kinder wuchsen heran und Alte wurden bestattet.
Viertausend Tage, viertausend unendliche Nächte,
Stunde für Stunde befragt, ob eine das Zeichen brächte!
Völker, Ihr zählt, was an Frevel in diesem Jahrzwölft geschehen.
Was gelitten wurde, hat keiner von Euch gesehen,
keiner die Taufe, darin wir getauft, die Buße, zu der wir erwählt,
und der Engel allein hat Striemen und Tränen gezählt.

Er nur vernahm durch Fanfarengeschmetter, Festrufe und Glockendröhnen
der Gefolterten Schreien, Angstseufzer und Todesstöhnen,
er nur den flatternden Herzschlag aus nächtlichen Höllenstunden,
er nur das Wimmern der Frau'n, denen die Männer verschwunden,
er nur den lauernden Schleichschritt um Fenster und Pforten,
er nur das Haßgelächter der Richter und Häftlingseskorten – –
Völker der Welt, die der Ordnung des Schöpfers entglitt,
Völker, wir litten für Euch und für Eure Verschuldungen mit.
Litten, behaust auf Europas uralter Schicksalsbühne,
litten stellvertretend für Alle ein Leiden der Sühne.
Völker der Welt, der Abfall war allen gemein:
Gott hatte jedem gesetzt, des Bruders Hüter zu sein.
Völker der Welt, die mit uns dem nämlichen Urgrund entstammen:
Zwei Jahrtausende stürzten vor Euren Grenzen zusammen.
Alles Schrecknis geschah vor Euren Ohren und Blicken,
und nur ein Kleines war es, den frühen Brand zu ersticken.
Neugierig wittertet Ihr den erregenden Atem des Brandes.
Aber das Brennende war der Herzschild des Abendlandes!
Sicher meintet Ihr Euch hinter Meeren und schirmendem Walle
und vergaßt das Geheimnis: Was Einen trifft, das trifft Alle.
Jeglicher ließ von der Trägheit des Herzens sich willig verführen,
jeglicher dachte: «Was tut es … an mich wird das Schicksal nicht rühren …
ja, vielleicht ist's ein Vorteil … das Schicksal läßt mit sich reden …»
Bis das Schicksal zu reden begann, ja, zu reden mit einem jeden.
Bis der Dämon, gemästet, von unsrem Blute geschwellt,
brüllend über die Grenzen hervorbrach, hinein in die Welt.
Völker der Erde, Ihr haltet Euer Gericht.
Völker der Erde, vergeßt dieses Eine nicht:
Immer am lautesten hat sich der Unversuchte entrüstet,
immer der Ungestoßne gerühmt, daß er niemals gefallen.
Völker der Welt, der Ruf des Gerichts gilt uns Allen.
Alle verklagt das gemeinsam Verratne, gemeinsam Entweihte.
Völker, vernehmt mit uns Allen das göttliche: Metanoeite!

Werner Bergengruen

KENNST DU DAS LAND?

MIGNON

Kennst du das Land, wo die Zitronen blühn,
im dunkeln Laub die Goldorangen glühn,
ein sanfter Wind vom blauen Himmel weht,
die Myrte still und hoch der Lorbeer steht?
Kennst du es wohl?
  Dahin! Dahin
möcht' ich mit dir, o mein Geliebter, ziehn.

Kennst du das Haus? Auf Säulen ruht sein Dach,
es glänzt der Saal, es schimmert das Gemach,
und Marmorbilder stehn und sehn mich an:
Was hat man dir, du armes Kind, getan?
Kennst du es wohl?
  Dahin! Dahin
möcht' ich mit dir, o mein Beschützer, ziehn.

Kennst du den Berg und seinen Wolkensteg?
Das Maultier sucht im Nebel seinen Weg;
in Höhlen wohnt der Drachen alte Brut;
es stürzt der Fels und über ihn die Flut.
Kennst du ihn wohl?
  Dahin! Dahin
geht unser Weg! O Vater, laß uns ziehn!

Johann Wolfgang Goethe

OFFENER BRIEF AN ITALIEN

Italien
mein Land der Terrassen und Trauben
von Sonne geliebt
deine Haut ist blau wie die Blume
die der Dichter sich einst
an die Stirn steckte

In deiner Geschichte taste ich mich
von Marmor zu Marmor
aus brüchigen Schichten schäle ich Glanz

ASKLEPEION, KOS

Mit steigendem Tag
stürzen
die Schatten der Säulen

Zikaden
schreien in heller Ekstase
Selbst die Brunnen
singen im Diskant
Kein Wort von Kühlung

Dort in der Nische
saß Nero
hielt sich die Maske
des Gotts
vors erhitzte Gesicht

Rudolf Riedler

höre den Pulsschlag deiner Paläste
durch deine Portale betret ich die sieben Dante-Himmel

Vivaldi hat meinen Traum vertont
bei Leonardo lernte ich fliegen
ich frage Raffael nach der sanftesten Madonna
Michelangelo nach dem mächtigsten Mann

Mein Italien
ich schreibe dir aus Amerika
daß ich dir huldige
ich huldige deinen Ruinen im Blau
deinen traumäugigen Bettlerkindern
deinen gesprächigen armen sanften singenden stolzen
Menschen
der unerschöpflich dich liebenden Sonne im Blau

Rose Ausländer

ARCHIBALD DOUGLAS

«Ich hab' es getragen sieben Jahr,
und ich kann es nicht tragen mehr,
wo immer die Welt am schönsten war,
da war sie öd und leer.

Ich will hintreten vor sein Gesicht
in dieser Knechtsgestalt,
er kann meine Bitte versagen nicht,
ich bin ja worden alt.

Und trüg' er noch den alten Groll,
frisch wie am ersten Tag,
so komme, was da kommen soll,
und komme, was da mag.»

Graf Douglas spricht's. Am Weg ein Stein
lud ihn zu harter Ruh',
er sah in Wald und Feld hinein,
die Augen fielen ihm zu.

Er trug einen Harnisch, rostig und schwer,
darüber ein Pilgerkleid –
da horch, vom Waldrand scholl es her
wie von Hörnern und Jagdgeleit.

Und Kies und Staub aufwirbelte dicht,
herjagte Meut' und Mann,
und ehe der Graf sich aufgericht't,
waren Roß und Reiter heran.

König Jakob saß auf hohem Roß,
Graf Douglas grüßte tief;
dem König das Blut in die Wange schoß,
der Douglas aber rief:

«König Jakob, schaue mich gnädig an
und höre mich in Geduld,
was meine Brüder dir angetan,
es war nicht meine Schuld.

Denk nicht an den alten Douglas-Neid,
der trotzig dich bekriegt,
denk lieber an deine Kinderzeit,
wo ich dich auf den Knien gewiegt.

Denk lieber zurück an Stirling-Schloß,
wo ich Spielzeug dir geschnitzt,
dich gehoben auf deines Vaters Roß
und Pfeile dir zugespitzt.

Denk lieber zurück an Linlithgow,
an den See und den Vogelherd,
wo ich dich fischen und jagen froh
und schwimmen und springen gelehrt.

O, denk an alles, was einsten war,
und sänftige deinen Sinn –
ich hab' es gebüßet sieben Jahr,
daß ich ein Douglas bin.»

«Ich seh' dich nicht, Graf Archibald,
ich hör' deine Stimme nicht,
mir ist, als ob ein Rauschen im Wald
von alten Zeiten spricht.

Mir klingt das Rauschen süß und traut,
ich lausch' ihm immer noch,
dazwischen aber klingt es laut:
Er ist ein Douglas doch!

Ich seh' dich nicht, ich höre dich nicht,
das ist alles, was ich kann,
ein Douglas vor meinem Angesicht
wär' ein verlorener Mann.»

König Jakob gab seinem Roß den Sporn,
bergan ging jetzt sein Ritt,
Graf Douglas faßte den Zügel vorn
und hielt mit dem Könige Schritt.

Der Weg war steil, und die Sonne stach,
und sein Panzerhemd war schwer,
doch ob er schier zusammenbrach,
er lief doch nebenher.

«König Jakob, ich war dein Seneschall,
ich will es nicht fürder sein,
ich will nur warten dein Roß im Stall
und ihm schütten die Körner ein.

Ich will ihm selber machen die Streu
und es tränken mit eigner Hand,
nur laß mich atmen wieder aufs neu
die Luft im Vaterland!

Und willst du nicht, so hab einen Mut,
und ich will es danken dir,
und zieh dein Schwert und triff mich gut
und laß mich sterben hier!»

König Jakob sprang herab vom Pferd,
hell leuchtete sein Gesicht,
aus der Scheide zog er sein breites Schwert,
aber fallen ließ er es nicht.

«Nimm's hin, nimm's hin und trag es neu
und bewache mir meine Ruh'!
Der ist in tiefster Seele treu,
wer die Heimat liebt wie du.

Zu Roß, wir reiten nach Linlithgow
und du reitest an meiner Seit',
da wollen wir fischen und jagen froh
als wie in alter Zeit.»

Theodor Fontane

AN DAS VATERLAND

O mein Heimatland! O mein Vaterland!
Wie so innig, feurig lieb' ich dich!
Schönste Ros', ob jede mir verblich,
duftest noch an meinem öden Strand!

Als ich arm, doch froh, fremdes Land durchstrich,
Königsglanz mit deinen Bergen maß,
Thronenflitter bald ob dir vergaß,
wie war da der Bettler stolz auf dich!

Als ich fern dir war, o Helvetia!
Faßte manchmal mich ein tiefes Leid;
doch wie kehrte schnell es sich in Freud',
wenn ich einen deiner Söhne sah!

O mein Schweizerland, all' mein Gut und Hab!
Wann dereinst die letzte Stunde kommt,
ob ich Schwacher dir auch nichts gefrommt,
nicht versage mir ein stilles Grab!

Werf' ich von mir einst dies mein Staubgewand,
beten will ich dann zu Gott dem Herrn:
«Lasse strahlen deinen schönsten Stern
nieder auf mein irdisch Vaterland!»

Gottfried Keller

GESANG DES DEUTSCHEN

O heilig Herz der Völker, o Vaterland!
Allduldend, gleich der schweigenden Mutter Erd',
und allverkannt, wenn schon aus deiner
Tiefe die Fremden ihr Bestes haben!

Sie ernten den Gedanken, den Geist von dir,
sie pflücken gern die Traube, doch höhnen sie,
dich, ungestalte Rebe! daß du
schwankend den Boden und wild umirrest.

Du Land des hohen ernsteren Genius!
Du Land der Liebe! Bin ich der Deine schon,
oft zürnt' ich weinend, daß du immer
blöde die eigene Seele leugnest.

Doch magst du manches Schöne nicht bergen mir;
oft stand ich überschauend das holde Grün,
den weiten Garten hoch in deinen
Lüften auf hellem Gebirg' und sah dich.

An deinen Strömen ging ich und dachte dich,
indes die Töne schüchtern die Nachtigall
auf schwanker Weide sang, und still auf
dämmerndem Grunde die Welle weilte.

Und an den Ufern sah ich die Städte blühn,
die Edlen, wo der Fleiß in der Werkstatt schweigt,
die Wissenschaft, wo deine Sonne
milde dem Künstler zum Ernste leuchtet.

Kennst du Minervas Kinder? Sie wählten sich
den Ölbaum früh zum Lieblinge; kennst du sie?
Noch lebt, noch waltet der Athener
Seele, die sinnende, still bei Menschen.

Wenn Platons frommer Garten auch schon nicht mehr
am alten Strome grünt und der dürftge Mann
die Heldenasche pflügt, und scheu der
Vogel der Nacht auf der Säule trauert.

O heilger Wald! O Attika! Traf Er doch
mit seinem fruchtbarn Stahle dich auch, so bald,
und eilten sie, die dich belebt, die
Flammen entbunden zum Äther über?

Doch, wie der Frühling, wandelt der Genius
von Land zu Land. Und wir? Ist denn Einer auch
von unsern Jünglingen, der nicht ein
Ahnden, ein Rätsel der Brust verschwiege?

Den deutschen Frauen danket! Sie haben uns
der Götterbilder freundlichen Geist bewahrt,
und täglich sühnt der holde klare
Friede das böse Gewirre wieder.

Wo sind jetzt Dichter, denen der Gott es gab,
wie unsern Alten, freudig und fromm zu sein,
wo Weise, wie die unsre sind? Die
Kalten und Kühnen, die Unbestechbarn!

Nun! Sei gegrüßt in deinem Adel, mein Vaterland,
mit neuem Namen, reifeste Frucht der Zeit!
Du letzte und die erste aller
Musen, Urania, sei gegrüßt mir!

Noch säumst und schweigst du, sinnest ein freudig Werk,
das von dir zeuge, sinnest ein neu Gebild,
das einzig, wie du selber, das aus
Liebe geboren und gut, wie du, sei –

Wo ist dein Delos, wo dein Olympia,
daß wir uns alle finden am höchsten Fest? –
Doch wie errät der Sohn, was du den
Deinen, Unsterbliche, längst bereitest?

Friedrich Hölderlin

NACHTGEDANKEN

Denk ich an Deutschland in der Nacht,
dann bin ich um den Schlaf gebracht,
ich kann nicht mehr die Augen schließen,
und meine heißen Tränen fließen.

Die Jahre kommen und vergehn!
Seit ich die Muter nicht gesehn,
zwölf Jahre sind schon hingegangen;
es wächst mein Sehnen und Verlangen.

Mein Sehnen und Verlangen wächst.
Die alte Frau hat mich behext,
ich denke immer an die alte,
die alte Frau, die Gott erhalte!

Die alte Frau hat mich so lieb,
und in den Briefen, die sie schrieb,
seh ich, wie ihre Hand gezittert,
wie tief das Mutterherz erschüttert.

Die Mutter liegt mir stets im Sinn.
Zwölf lange Jahre flossen hin,
zwölf lange Jahre sind verflossen,
seit ich sie nicht ans Herz geschlossen.

Deutschland hat ewigen Bestand,
es ist ein kerngesundes Land,
mit seinen Eichen, seinen Linden,
werd ich es immer wiederfinden.

Nach Deutschland lechzt ich nicht so sehr,
wenn nicht die Mutter dorten wär;
das Vaterland wird nie verderben,
jedoch die alte Frau kann sterben.

Seit ich das Land verlassen hab,
so viele sanken dort ins Grab,
die ich geliebt – wenn ich sie zähle,
so will verbluten meine Seele.

Und zählen muß ich – Mit der Zahl
schwillt immer höher meine Qual,
mir ist, als wälzten sich die Leichen
auf meine Brust – Gottlob! sie weichen!

Gottlob! durch meine Fenster bricht
französisch heitres Tageslicht;
es kommt mein Weib, schön wie der Morgen,
und lächelt fort die deutschen Sorgen.

Heinrich Heine

AN DIE DEUTSCHEN

Spottet ja nicht des Kinds, wenn es mit Peitsch' und Sporn
auf dem Rosse von Holz mutig und groß sich dünkt,
denn, ihr Deutschen, auch ihr seid
tatenarm und gedankenvoll.

Oder kommt, wie der Strahl aus dem Gewölke kommt,
aus Gedanken die Tat? Leben die Bücher bald?
O ihr Lieben, so nehmt mich,
daß ich büße die Lästerung.

Friedrich Hölderlin

DIES LAND DER MÜHE, dieses Land des herben
Entsagens werd' ich ohne Seufzer missen,
wo man bedrängt von tausend Hindernissen
sich müde quält und dennoch muß verderben.

Zwar mancher Vorteil läßt sich hier erwerben,
Staatswürden, Wohlstand, eine Last von Wissen,
und unsre Deutschen waren stets beflissen,
sich abzuplagen und geplagt zu sterben.

Ein Solcher darf zu keiner Zeit ermatten,
er fördre sich, er schmeichle jeder Mode,
und sei dabei, wo Glück und Mut sich gatten.

Mir, der ich bloß ein wandernder Rhapsode,
genügt ein Freund, ein Becher Wein im Schatten,
und ein berühmter Name nach dem Tode.

August von Platen

WIEGENLIED

«Schlafe, was willst du mehr?»
(Johann Wolfgang Goethe)

Deutschland – auf weichem Pfühle
mach dir den Kopf nicht schwer!
Im irdischen Gewühle
schlafe, was willst du mehr?

Laß jede Freiheit dir rauben,
setze dich nicht zur Wehr,
du behältst ja den christlichen Glauben:
Schlafe, was willst du mehr?

Und ob man dir alles verböte,
doch gräme dich nicht zu sehr,
du hast ja Schiller und Goethe:
Schlafe, was willst du mehr?

Dein König beschützt die Kamele
und macht sie pensionär,
dreihundert Taler die Seele:
Schlafe, was willst du mehr?

Es fechten dreihundert Blätter
im Schatten, ein Sparterheer;
und täglich erfährst du das Wetter:
Schlafe, was willst du mehr?

Kein Kind läuft ohne Höschen
am Rhein, dem freien, umher:
Mein Deutschland, mein Dornröschen,
schlafe, was willst du mehr? –

Georg Herwegh

ES SEHNT SICH EWIG dieser Geist ins Weite,
und möchte fürder, immer fürder streben:
Nie könnt' ich lang an einer Scholle kleben,
und hätt' ein Eden ich an jeder Seite.

Mein Geist, bewegt von innerlichem Streite,
empfand so sehr in diesem kurzen Leben,
wie leicht es ist, die Heimat aufzugeben,
allein wie schwer, zu finden eine zweite.

Doch wer aus voller Seele haßt das Schlechte,
auch aus der Heimat wird es ihn verjagen,
wenn dort verehrt es wird vom Volk der Knechte.

Weit klüger ist's, dem Vaterland entsagen,
als unter einem kindischen Geschlechte
das Joch des blinden Pöbelhasses tragen.

August von Platen

DEUTSCHES LEID

Schiffer, zieh fort die Brücke,
du lockst mich nimmermehr an Bord,
ich weiß von keinem Glücke,
ich weiß von keinem Zufluchtsort.

Und ob sich draußen weiten
noch Länder froh und gastbereit,
und ihre Arme breiten
wie fremder Mütter Lindigkeit;

ich stünde doch in Ketten
mitten im festlich hohen Saal,
ich könnt' mich niemals retten
vor meines Volkes Schuld und Qual.

Ich würde doch entbehren
bei ihres reichen Tisches Brot,
ich würde mich verzehren
nach meiner Heimat bittrer Not,

mir bräche doch in Scherben
des vollen Bechers Prunkgerät,
ich müßte dennoch, dennoch sterben,
wenn Deutschland untergeht.

Gertrud von le Fort

DAS LIED DER DEUTSCHEN

Deutschland, Deutschland über alles,
über alles in der Welt,
wenn es stets zu Schutz und Trutze
brüderlich zusammenhält.
Von der Maas bis an die Memel,
von der Etsch bis an den Belt,
Deutschland, Deutschland über alles,
über alles in der Welt.

Deutsche Frauen, deutsche Treue,
deutscher Wein und deutscher Sang
sollen in der Welt behalten
ihren alten schönen Klang,
uns zu edler Tat begeistern
unser ganzes Leben lang,
deutsche Frauen, deutsche Treue,
deutscher Wein und deutscher Sang.

Einigkeit und Recht und Freiheit
für das deutsche Vaterland –
danach laßt uns alle streben
brüderlich mit Herz und Hand!
Einigkeit und Recht und Freiheit
sind des Glückes Unterpfand –
blüh im Glanze dieses Glückes,
blühe, deutsches Vaterland!

Hoffmann von Fallersleben

HYMNE

Land des Glaubens, deutsches Land,
Land der Väter und der Erben,
uns im Leben und im Sterben
Haus und Herberg, Trost und Pfand,
sei den Toten zum Gedächtnis,
den Lebend'gen zum Vermächtnis,
freudig vor der Welt bekannt,
Land des Glaubens, deutsches Land!

Land der Hoffnung, Heimatland,
ob die Wetter, ob die Wogen
über dich hinweggezogen,
ob die Feuer dich verbrannt,
du hast Hände, die da bauen,
du hast Herzen, die vertrauen;
Lieb und Treue halten Stand,
Land der Hoffnung, Heimatland!

Land der Liebe, Vaterland,
heilger Grund, auf den sich gründet,
was in Lieb und Leid verbündet
Herz mit Herzen, Hand mit Hand:

Frei wie wir dir angehören
und uns dir zu eigen schwören,
schling um uns dein Friedensband,
Land der Liebe, Vaterland!

Rudolf Alexander Schröder

DEUTSCHLAND, MEINE TRAUER

Heimat, meine Trauer,
Land im Dämmerschein –
Himmel, du mein blauer,
du mein Fröhlichsein.

Einmal wird es heißen:
Als du warst verkannt,
wurde dich zu preisen,
dir ein Lied gesandt.

War, um dich zu einen,
dir ein Lied geweiht,
und mit dir zu weinen
in der Dunkelheit …

Himmel schien, ein blauer,
Friede kehrte ein –
Deutschland, meine Trauer,
du, mein Fröhlichsein.

Johannes R. Becher

AUFERSTANDEN AUS RUINEN
und der Zukunft zugewandt,
laß uns dir zum Guten dienen,
Deutschland, einig Vaterland.
Alte Not gilt es zu zwingen,
und wir zwingen sie vereint,
denn es muß uns doch gelingen,
daß die Sonne, schön wie nie,
über Deutschland scheint.

Glück und Friede sei beschieden
Deutschland, unserm Vaterland.
Alle Welt sehnt sich nach Frieden,
reicht den Völkern eure Hand.
Wenn wir brüderlich uns einen,
schlagen wir des Volkes Feind.
Laßt das Licht des Friedens scheinen,
daß nie eine Mutter mehr
ihren Sohn beweint.

Laßt uns pflügen, laßt uns bauen,
lernt und schafft wie nie zuvor,
und der eignen Kraft vertrauend
steigt ein frei Geschlecht empor.
Deutsche Jugend, bestes Streben
unsres Volks in dir vereint,
wirst du Deutschlands neues Leben,
und die Sonne, schön wie nie,
über Deutschland scheint.

Johannes R. Becher

IN DER FREMDE

Oft hab' ich dich rauh gescholten,
Muttersprache, so vertraut!
Höher hätte mir gegolten
südlicher Sirenenlaut.

Und nun irr' ich in der Ferne
freudenlos von Ort zu Ort
und vernähm', ach, wie so gerne
nur ein einzig deutsches Wort.

Einsam schweif' ich in die Felder,
such' ein Echo der Natur;
aber Bäche, Winde, Wälder
rauschen fremd auf dieser Flur.

Unverstanden, unbeachtet,
wie mein deutsches Lied verhallt,
bleibt es, wann mein Busen schmachtet
und in bangem Sehnen wallt.

August Wilhelm von Schlegel

ABSCHIED

Kein Wort, auch nicht das kleinste, kann ich sagen,
wozu das Herz den vollen Schlag verwehrt;
die Stunde drängt, gerüstet steht der Wagen,
es ist die Fahrt der Heimat abgekehrt.

Geht immerhin – denn eure Tat ist euer –
und widerruft, was einst das Herz gebot;
und kauft, wenn dieser Preis euch nicht zu teuer,
dafür euch in der Heimat euer Brot!

Ich aber kann des Landes nicht, des eignen,
in Schmerz verstummte Klagen mißverstehn;
ich kann die stillen Gräber nicht verleugnen,
wie tief sie jetzt in Unkraut auch vergehn. –

Du, deren zarte Augen mich befragen –
der dich mir gab, gesegnet sie der Tag!
Laß nur dein Herz an meinem Herzen schlagen,
und zage nicht! Es ist derselbe Schlag.

Es strömt die Luft – die Knaben stehn und lauschen,
vom Strand herüber dringt ein Möwenschrei;
das ist die Flut! Das ist des Meeres Rauschen!
Ihr kennt es wohl; wir waren oft dabei.

Von meinem Arm in dieser letzten Stunde
blickt einmal noch ins weite Land hinaus,
und merkt es wohl, es steht auf diesem Grunde,
wo wir auch weilen, unser Vaterhaus.

Wir scheiden jetzt, bis dieser Zeit Beschwerde
ein andrer Tag, ein besserer, gesühnt;
denn Raum ist auf der heimatlichen Erde
für Fremde nur und was den Fremden dient.

Doch ist's das flehendste von den Gebeten:
Ihr mögt dereinst, wenn mir es nicht vergönnt,
mit festem Fuß auf diese Scholle treten,
von der sich jetzt mein heißes Auge trennt! –

Und du, mein Kind, mein jüngstes, dessen Wiege
auch noch auf diesem teuren Boden stand,
hör mich! denn alles andere ist Lüge:
Kein Mann gedeihet ohne Vaterland!

Kannst du den Sinn, den diese Worte führen,
mit deiner Kinderseele nicht verstehn,
so soll es wie ein Schauer dich berühren
und wie ein Pulsschlag in dein Leben gehn!

Theodor Storm

DAS BLEIBENDE

Solang noch der Tatrawind leicht
Slovakische Blumen bestreicht,
Solang wirken Mädchen sie ein
In trauliche Buntstickerein.

Solang noch im bayrischen Wald
Die Axt im Morgengraun hallt,
Solang auch der Einsame sitzt,
Der Gott und die Heiligen schnitzt.

Solang auf ligurischer Fahrt
Das Meer seine Fischer gewahrt,
Solang wird am Strande es schaun
Die spitzenklöppelnden Fraun.

Ihr Völker der Erde, mich rührt
Das Bleibende, das ihr vollführt.
Ich selbst, ohne Volk ohne Land,
Stütz nun meine Stirn in die Hand.

Franz Werfel

HEIMWEH

Wer in die Fremde will wandern,
der muß mit der Liebsten gehn,
es jubeln und lassen die andern
den Fremden alleine stehn.

Was wisset ihr, dunkele Wipfel,
von der alten, schönen Zeit?
Ach, die Heimat hinter den Gipfeln,
wie liegt sie von hier so weit.

Am liebsten betracht' ich die Sterne,
die schienen, wie ich ging zu ihr,
die Nachtigall hör' ich so gerne,
sie sang vor der Liebsten Tür.

Der Morgen, das ist meine Freude!
Da steig' ich in stiller Stund
auf den höchsten Berg in die Weite,
grüß' dich, Deutschland, aus Herzensgrund!

Joseph von Eichendorff

HEIMAT

Nur einen Steinwurf weit führt mich das Wort.
Der blinde Himmel schenkt mir keinen Blick.
An teuren Stellen klingt der Boden hohl.
Der Wald verliert in Luft sich, Wüste wächst
ins Grenzenlose auf mit tausend Füßen.
Die Flüsse sind versandet.
Versetzte Berge trauern um die Plätze,
die sie verlassen mußten über Nacht.

Michael Guttenbrunner

PARADOX

Wünschend,
in einem Land zu leben,
das es nicht gibt,
halte ich mich fest
an einem Haselnußzweig.

Michael Groißmeier

DER SCHWEIZER

Zu Straßburg auf der Schanz,
da ging mein Trauern an,
das Alphorn hört' ich drüben wohl anstimmen,
ins Vaterland mußt' ich hinüberschwimmen,
das ging nicht an.

Ein' Stunde in der Nacht,
sie haben mich gebracht;
sie führten mich gleich vor des Hauptmanns Haus,
ach Gott, sie fischten mich im Strome auf,
mit mir ist's aus.

Frühmorgens um zehn Uhr
stellt man mich vor das Regiment;
ich soll da bitten um Pardon,
und ich bekomm' doch meinen Lohn,
das weiß ich schon.

Ihr Brüder allzumal,
heut seht ihr mich zum letztenmal;
der Hirtenbub ist doch nur schuld daran,
das Alphorn hat mir solches angetan,
das klag' ich an.

Ihr Brüder alle drei,
was ich euch bitt, erschießt mich gleich;
verschont mein junges Leben nicht,
schießt zu, daß das Blut 'raus spritzt,
das bitt ich euch.

O Himmelskönig, Herr!
Nimm du meine arme Seele dahin,
nimm sie zu dir in den Himmel ein,
laß sie ewig bei dir sein
und vergiß nicht mein!

Aus: Des Knaben Wunderhorn

DIE MUSIK KOMMT

Klingling, bumbum und tschingdada,
zieht im Triumph der Perserschah?
Und um die Ecke brausend bricht's
wie Tubaton des Weltgerichts,
voran der Schellenträger.

Brumbrum, das große Bombardon,
der Beckenschlag, das Helikon,
die Pikkolo, der Zinkenist,
die Türkentrommel, der Flötist,
und dann der Herre Hauptmann.

Der Hauptmann naht mit stolzem Sinn,
die Schuppenketten unterm Kinn,
die Schärpe schnürt den schlanken Leib,
beim Zeus! das ist kein Zeitvertreib;
und dann die Herren Leutnants.

Zwei Leutnants, rosenrot und braun,
die Fahne schützen sie als Zaun,
die Fahne kommt, den Hut nimm ab,
der bleiben treu wir bis ins Grab!
Und dann die Grenadiere.

Der Grenadier im strammen Tritt,
in Schritt und Tritt und Tritt und Schritt;
das stampft und dröhnt und klappt und flirrt,
Laternenglas und Fenster klirrt;
und dann die kleinen Mädchen.

Die Mädchen alle, Kopf an Kopf,
das Auge blau und blond der Zopf,
aus Tür und Tor und Hof und Haus
schaut Mine, Trine, Stine aus;
vorbei ist die Musike.

Klingling, tschingtsching und Paukenkrach,
noch aus der Ferne tönt es schwach,
ganz leise bumbum bumbum tsching;
zog da ein bunter Schmetterling,
tschingtsching, bum, um die Ecke?

Detlev von Liliencron

FIRNELICHT

Wie pocht das Herz mir in der Brust
trotz meiner jungen Wanderlust,
wann, heimgewendet, ich erschaut
die Schneegebirge, süß umblaut,
das große, stille Leuchten!

Ich atmet' eilig, wie auf Raub,
der Märkte Dunst, der Städte Staub.
Ich sah den Kampf. Was sagest du,
mein reines Firnelicht, dazu,
du großes, stilles Leuchten?

Nie prahlt' ich mit der Heimat noch
und liebe sie von Herzen doch!
In meinem Wesen und Gedicht
allüberall ist Firnelicht,
das große, stille Leuchten.

Was kann ich für die Heimat tun,
bevor ich geh' im Grabe ruhn?
Was geb' ich, das dem Tod entflieht?
Vielleicht ein Wort, vielleicht ein Lied,
ein kleines, stilles Leuchten!

Conrad Ferdinand Meyer

DER REICHSTE FÜRST

Preisend mit viel schönen Reden
ihrer Länder Wert und Zahl,
saßen viele deutsche Fürsten
einst zu Worms im Kaisersaal.

«Herrlich», sprach der Fürst von Sachsen,
«ist mein Land und seine Macht,
Silber hegen seine Berge
wohl in manchem tiefen Schacht.»

«Seht mein Land in üpp'ger Fülle»,
sprach der Kurfürst von dem Rhein,
«goldne Saaten in den Tälern,
auf den Bergen edlen Wein!»

«Große Städte, reiche Klöster»,
Ludwig, Herr zu Bayern, sprach,
«schaffen, daß mein Land dem Euren
wohl nicht steht an Schätzen nach.»

Eberhard, der mit dem Barte,
Württembergs geliebter Herr,
sprach: «Mein Land hat kleine Städte,
trägt nicht Berge silberschwer;

doch ein Kleinod hält's verborgen:
Daß in Wäldern, noch so groß,
ich mein Haupt kann kühnlich legen
jedem Untertan in Schoß.»

Und es rief der Herr von Sachsen,
der von Bayern, der vom Rhein:
«Graf im Bart! Ihr seid der reichste,
euer Land trägt Edelstein!»

Justinus Kerner

DAS WEISSE WIRTSHAUS

Vom Fluß, der unten schnalzt, hat man den Sand,
den Ahorntisch, die Bänke weiß zu reiben.
Der Tisch steht fest. Hier magst du gerne bleiben,
vor dem Sankt Georg an der weißen Wand.

Sie ist gekalkt, ist weiß wie Eierschalen.
Es riecht so reinlich und es wird dir wohl.
Der Wein ist gut. Das ist kein Grund zu prahlen –
er wächst nicht hier, er kommt aus Südtirol.

Das Tal ist grün. Der Berg ist weiß beschneit.
Kann sein, der sieht nach Südtirol hinein.
Das ist voll Wein und Laub und Üppigkeit.

Hier drängt aus jedem Grünen noch der Stein.
Mit Kieseln schiebt und reibt der Fluß: das Leiern
tönt schwach herauf zu uns. Wir sind in Baiern.

Georg Britting

BEI DEN TEMPELN VON PAESTUM

Hier läßt sichs atmen. Und hier stirbt sichs leicht.
Die weißen Ochsen tragen ihr Gehörn.
Der Falke jagt im dunklen Himmel.
Die Tempel stehen still erhaben da.

Es blüht der Löwenzahn, grad wie bei uns,
mit goldner Farbe und in großer Zahl.
Die Götter mögen auch den Löwenzahn?
In Bayern steht er so auf jeder Wiese.

Mein Schatten wirft sich schwarz.
Und Schatten, Himmel und der Löwenzahn
sind wie bei uns.

Die Tempel sind mir gar nicht fremd.
Sie stehen still erhaben da.

Hier läßt sichs atmen,
und hier stirbt sichs leicht –
So denkt das Herz,
und hört der Säulen weißes Wort
im leichten Wind
wie Zitherspiel am Tegernsee.

Georg Britting

HEIMAT

Hier kocht der Wein, hier winkt ein gutes Haus,
hier steht die Wolke silberweiß im Wind.
Der Hirte führt dich in sein Tal hinaus,
wo die Gesichte deiner Jugend sind.

Hier braust dein Quell, hier blüht dein Weizenkorn.
Der Seelenfalter wiegt sich durch die Luft,
die Au ergrünt, du schlürfst der Halde Duft,
hier stößt die Fabel in ihr goldnes Horn.

Verhalten rinnt das Harz, ein Vogel schreit,
die Stille küßt dich wie mit Sonnenmund,
von Blumenschätzen gleißt der Honiggrund,
und Dörfer kunden alte, wunderbare Zeit.

Verwunschne Burgen stehen hoch im Licht,
voll Trunkenheit, bespült von großem Blau.
Aus tiefen Fenstern neigt sich ein Gesicht,
vernarbt von Abenteuern seltsam aschengrau.

Froh rollt ein Wagen auf glückhafter Fahrt –
die grünen Berge öffnen ihre Tore weit
und atmen kühl aus Steinversunkenheit,
und Wasser schweigen, tief und traumbewahrt.

Friedrich Schnack

EIGEN LAND

Es blinkt ein Pflug im Thüringer Land,
den führt eine feste, fröhliche Hand
durch meine, meine Erde!
Und mein ist der Pflug und mein das Gespann,
die silbernen Birken, der kupferne Tann
und mein am Walde die Herde!

Was ist in der Welt ein köstlicher Ding
als dieses, das ich von den Ahnen empfing!
Ich steige im Frühdunst zu Pferde,
die Güter der Gasse schiebt fort meine Hand:
Es blinkt ein Pflug im Thüringer Land,
der geht durch meine Erde!

Börries von Münchhausen

DAS FERNE GRAB

Die Wandervögel ziehen –
daß ich nicht Flügel hab'!
Noch einmal wollt ich knien
an meiner Mutter fernem Grab.

Noch einmal Blumen tragen
auf das verlassne Hügelbeet,
mit bangen Augen fragen,
ob auch das Kreuz darauf noch steht?

Das Haus ist wohl verschwunden,
darin sie einst so mild gebot –
ob es noch Trümmer kunden?
Oder sind auch die Trümmer tot?

Ging alles ganz zugrunde,
was sie geliebt an diesem Ort?
Hör' ich in weiter Runde
wohl noch ein einz'ges deutsches Wort?

Am Friedhoftore schlingen
die fremden Kinder Ringelreihn,
der Sprache dunkles Klingen
geht mir so feindlich ein.

Ich könnt' sie alle hassen:
Wie brächten sie der Mutter Leid!
Und doch, sie würd' umfassen
auch diese noch mit Gütigkeit.

O könnt' ich einmal weinen
bei ihr um dies verlorne Land,
die heiße Hand vereinen
mit ihrer stillen, sanften Hand,

in ihre Liebe betten,
was mich so zornig überfällt,
und ihr ans Herze retten
die ganze mutterlose Welt.

Getrud von le Fort

WO DER OSTWIND rauschend
über die Wälder der Oder fährt,
bin ich daheim.
Ich habe meinen Namen geschnitzt
in Stamm und Rinde,
so weiß ich, er wächst in sie hinein
und nie werde ich ganz vergessen sein
in der Fremde.

Ostländisch bin ich, das heißt
verdunkelt und einsam sein,
im Erbe des Blutes
tragen die Stimme der Ebene
und ruhelosen Wolkenzug.
Hier, wo der Vorfahr zur Rodung
die erste Saat hintrug,
hier nur bin ich geborgen.

Zwischen den weiten Wiesen
am Traumlicht der Schlehen vorüber
traurig die Schiffe hinabrinnen sehn,
funkelnd stehn im Abendschein tief im Strom
die läutenden Türme der alten Stadt
und der dunkelnde Dom
in den ruhlosen Wassern ...

Friedrich Bischoff

DIE STADT

Am grauen Strand, am grauen Meer
und seitab liegt die Stadt;
der Nebel drückt die Dächer schwer,
und durch die Stille braust das Meer
eintönig um die Stadt.

Es rauscht kein Wald, es schlägt im Mai
kein Vogel ohn' Unterlaß;
die Wandergans mit hartem Schrei
nur fliegt in Herbstesnacht vorbei,
am Strande weht das Gras.

Doch hängt mein ganzes Herz an dir,
du graue Stadt am Meer;
der Jugend Zauber für und für
ruht lächelnd doch auf dir, auf dir,
du graue Stadt am Meer.

Theodor Storm

ROLAND DER RIES', am Rathaus zu Bremen
steht er im Standbild, standhaft und wacht.

Roland der Ries' am Rathaus zu Bremen,
Kämpfer einst Kaiser Karls in der Schlacht.

Roland der Ries' am Rathaus zu Bremen,
männlich die Mark einst hütend mit Macht.

Roland der Ries', am Rathaus zu Bremen
lehnet an langer Lanz' er und lacht.

Roland der Ries', am Rathaus zu Bremen
wieder wie weiland wacht er und wacht.

Friedrich Rückert

FAHRT AUF DEM RHEIN

Wer will mit uns treiben
auf singenden Wellen,
wer will sich verschreiben
dem strudelnden, hellen
Herzen des Rheins?

Wir kommen, zu loben
die Ufer, die bunten,
die Heiligen droben,
die Irdischen drunten,
all Kinder des Rheins.

Von Burg und Kapelle
soll Antwort uns schallen:
Das Kreuz in der Zelle,
der Wein in den Hallen
zum Gruße geeint.

Wer will mit uns treiben
auf singenden Wellen,
wer will sich verschreiben
dem strudelnden, hellen
Herzen des Rheins?

Stefan Andres

ABSEITS

Es ist so still, die Heide liegt
im warmen Mittagssonnenstrahle,
ein rosenroter Schimmer fliegt
um ihre alten Gräbermale;
die Kräuter blühn; der Heideduft
steigt in die blaue Sommerluft.

Laufkäfer hasten durchs Gesträuch
in ihren goldnen Panzerröckchen,
die Bienen hängen Zweig um Zweig
sich an der Edelheide Glöckchen,
die Vögel schwirren aus dem Kraut –
die Luft ist voller Lerchenlaut.

Ein halbverfallen niedrig Haus
steht einsam hier und sonnbeschienen;
der Kätner lehnt zur Tür hinaus,
behaglich blinzelnd nach den Bienen;
sein Junge auf dem Stein davor
schnitzt Pfeifen sich aus Kälberrohr.

Kaum zittert durch die Mittagsruh
ein Schlag der Dorfuhr, der entfernten;
dem Alten fällt die Wimper zu,
er träumt von seinen Honigernten.
– Kein Klang der aufgeregten Zeit
drang noch in diese Einsamkeit.

Theodor Storm

WARNUNG VOR DEM RHEIN

An den Rhein, an den Rhein, zieh nicht an den Rhein,
mein Sohn, ich rate dir gut:
da geht dir das Leben zu lieblich ein;
da blüht dir zu freudig der Mut!

Siehst die Mädchen so frank und die Männer so frei,
als wär' es ein adlig Geschlecht,
gleich bist du mit glühender Seele dabei:
So dünkt es dich billig und recht.

Und im Strome, da taucht die Nix aus dem Grund,
und hast du ihr Lächeln gesehn,
und sang dir die Lurlei mit bleichem Mund,
mein Sohn, so ist es geschehn:

Dich bezaubert der Laut, dich betört der Schein,
Entzücken faßt dich und Graus;
nun singst du nimmer: Am Rhein, am Rhein!
und kehrst nicht wieder nach Haus.

Karl Simrock

MEI FRANKFORT

Es ist kää Stadt uff der weite Welt,
die so mer wie mei Frankfort gefällt,
un es will mer net in mei Kopp enei:
Wie kann nor e Mensch net von Frankfort sei!
Un wär'sch e Engel un Sonnekalb,
e Fremder is immer von außerhalb!
Der beste Mensch is es Ärgernis,
wann er net ääch von Frankfort is.

Friedrich Stoltze

IR SULT SPRECHEN WILLEKOMEN:
der iu mære bringet, daz bin ich.
allez daz ir habt vernomen,
daz ist gar ein wint: nû frâget mich.
ich wil aber miete:
wirt mîn lôn iht guot,
ich gesage iu lîhte daz iu sanfte tuot.
seht waz man mir êren biete.

Ich wil tiuschen frowen sagen
solhiu mære daz si deste baz
al der werlte suln behagen:
âne grôze miete tuon ich daz.
waz wold ich ze lône?
si sint mir ze hêr:
sô bin ich gefüege und bite si nihtes mêr
wan daz si mich grüezen schône.

Ich han lande vil gesehen
unde nam der besten gerne war:
übel müeze mir geschehen,
kunde ich ie mîn herze bringen dar
daz im wol gevallen
wolde fremeder site.
nû waz hulfe mich, ob ich unrehte strite?
tiuschiu zuht gât vor in allen.

Von der Elbe unz an den Rîn
und her wider unz an Ungerlant
mugen wol die besten sîn,
die ich in der werlte hân erkant.
kan ich rehte schouwen
guot gelâz unt lîp,
sem mir got, sô swüere ich wol daz hie diu wîp
bezzer sint danne ander frouwen.

Tiusche man sint wol gezogen,
rehte als engel sint diu wîp getân.
swer si schildet, derst betrogen:
ich enkan sîn anders niht verstân.

IHR SOLLT MICH WILLKOMMEN HEISSEN:
Denn ich bin es, der euch Neuigkeiten bringt.
Alles, was ihr bisher vernommen habt,
das ist nur heiße Luft: nun fragt mich.
Ich will aber entlohnt werden:
Fällt mein Lohn einigermaßen gut aus,
so erzähle ich euch vielleicht etwas Angenehmes.
Nun überlegt, was man mir anbieten kann.

Ich will den deutschen Damen
folgende Nachricht bringen, daß sie
der ganzen Welt noch mehr gefallen müssen:
Das tu ich ohne große Bezahlung.
Was sollte ich denn als Lohn wollen?
Sie sind mir zu kostbar.
Deshalb bin ich artig und bitte sie um nichts mehr,
als daß sie mich freundlich grüßen.

Ich habe viele Länder gesehen
und sah mich gern nach den Besten um:
Unglück soll mich treffen,
sollte ich je mein Herz dazu bringen können,
daß ihm fremde Sitte
wohlgefallen sollte.
Nun, was würde es mir nützen, wenn ich unehrlich wäre?
Deutsche Höflichkeit übertrifft alle anderen.

Von der Elbe bis an den Rhein
und wieder bis nach Ungarn
leben wohl sicherlich die Besten,
die ich in der Welt kennengelernt habe.
Sofern ich gute Sitte und Wohlgestalt
recht beurteilen kann,
so möchte ich wohl bei Gott schwören, daß hier die einfachen Frauen
besser sind als anderswo die Damen.

Deutsche Männer sind freundlich,
die Frauen sind recht wie Engel.
Wer sie tadelt, der ist verblendet:
Anders könnte ich ihn nicht verstehen.

tugent und reine minne,
swer die suochen wil,
der sol komen in unser lant: da ist wünne vil:
lange müeze ich lebe dar inne!

Der ich vil gedienet hân
und iemer mêre gerne dienen wil,
diust von mir vil unerlân;
iedoch sô tuot si leides mir sô vil.
si kan mir versêren
herze und den muot.
nû vergebez ir got dazs an mir missetuot.
her nâch mac si sichs bekêren.

Walther von der Vogelweide

ÖSTERREICHISCHES LIED

Wo sich der ewige Schnee
spiegelt im Alpensee,
Sturzbach am Fels zerstäubt,
eingedämmt Werke treibt,

wo in der Berge Herz
dämmert das Eisenerz,
Hammer Gestein zerstampft,
zischend die Schmelzglut dampft,

wo durch der Ebene Gold
silbern der Strom hinrollt,
Ufer von Früchten schwillt,
hügelan Rebe quillt,

Pflügerschweiß, Städtefleiß
hat da die rechte Weis',
was auch Geschick beschied,
immer noch blüht ein Lied.

Österreich heißt das Land!
Da er's mit gnädiger Hand
schuf, und so reichbegabt,
Gott hat es liebgehabt!

Anton Wildgans

Edle Sitte und reine Liebe:
Wer die sucht,
der soll in unser Land kommen: da gibt es viel Gutes:
Lange möchte ich da leben!

Sie, der ich lange gedient habe
und künftig immer dienen will,
die werde ich durchaus nicht aufgeben.
Und doch läßt sie mich so sehr leiden!
Sie weiß mir Herz
und Sinn zu versehren.
Nun vergebe ihr Gott, daß sie so schlecht an mir handelt.
Dann kann sie sich ändern.

Übersetzung: Bettina Göbels

EIN FREUND GING NACH AMERIKA

Ein Freund ging nach Amerika
und schrieb mir vor einigen Lenzen:
Schicke mir Rosen aus Steiermark,
ich hab' eine Braut zu bekränzen!

Und als vergangen war ein Jahr,
da kam ein Brieflein gelaufen:
Schicke mir Wasser aus Steiermark,
ich hab' ein Kindlein zu taufen!

Und wieder ein Jahr, da wollte der Freund,
ach, noch was anderes haben:
Schicke mir Erde aus Steiermark,
muß Weib und Kind begraben!

Und so ersehnte der arme Mann
aus fernsten, fremden Wegen
für höchste Freud, für tiefstes Leid
des Heimatlandes Segen!

Peter Rosegger

IN DEINER SPRACHE

Dein Wort hat mich einst in den Schlaf gesungen,
liebkosend mich, ein zarter Mutterlaut.
Durch viele Wände ist dein Wort gedrungen
als ein Geflüster, heimlich und vertraut.

In deiner Sprache habe ich gedichtet,
geträumt, geliebt, in ihr hab ich gedacht.
Dein Wort, dein starkes, hat mich aufgerichtet.
Dein Wort hat mich erfreut und angelacht.

In deiner Sprache, Deutschland, werd ich sterben,
am besten werd ich dir verständlich sein.
Die besten meiner Worte wirst du erben.
Wenn Sonne scheint, ist es dein Sonnenschein.

In deiner Sprache wird mir einst geschrieben:
«Er war ein Deutscher. Und ist deutsch geblieben.»

Johannes R. Becher

DEUTSCHLAND

Mögen andere von ihrer Schande sprechen, ich spreche von der meinen.

O Deutschland, bleiche Mutter!
Wie sitzest du besudelt
unter den Völkern.
Unter den Befleckten
fällst du auf.

Von deinen Söhnen der ärmste
liegt erschlagen.
Als sein Hunger groß war
haben deine anderen Söhne
die Hand gegen ihn erhoben.
Das ist ruchbar geworden.

Mit ihren so erhobenen Händen
erhoben gegen ihren Bruder
gehen sie jetzt frech vor dir herum
und lachen in dein Gesicht.
Das weiß man.

In deinem Hause
wird laut gebrüllt, was Lüge ist.
Aber die Wahrheit
muß schweigen.
Ist es so?

Warum preisen dich ringsum die Unterdrücker, aber
die Unterdrückten beschuldigen dich?
Die Ausgebeuteten
zeigen mit Fingern auf dich, aber
die Ausbeuter loben das System
das in deinem Hause ersonnen wurde!

Und dabei sehen dich alle
den Zipfel deines Rockes verbergen, der blutig ist
vom Blut deines
besten Sohnes.

Hörend die Reden, die aus deinem Hause dringen, lacht man.
Aber wer dich sieht, der greift nach dem Messer
wie beim Anblick einer Räuberin.

O Deutschland, bleiche Mutter!
Wie haben deine Söhne dich zugerichtet
daß du unter den Völkern sitzest
ein Gespött oder eine Furcht!

Bertolt Brecht

LIED EINER DEUTSCHEN MUTTER

Mein Sohn, ich hab dir die Stiefel
und dies braune Hemd geschenkt:
Hätt ich gewußt, was ich heute weiß
hätt ich lieber mich aufgehängt.

Mein Sohn, als ich deine Hand sah
erhoben zum Hitlergruß
wußte ich nicht, daß dem, der ihn grüßet
die Hand verdorren muß.

Mein Sohn, ich hörte dich reden
von einem Heldengeschlecht.
Wußte nicht, ahnte nicht, sah nicht:
Du warst ihr Folterknecht.

Mein Sohn, und ich sah dich marschieren
hinter dem Hitler her
und wußte nicht, daß, wer mit ihm auszieht
zurück kehrt er nimmermehr.

Mein Sohn, du sagtest mir, Deutschland
wird nicht mehr zu kennen sein.
Wußte nicht, es würd werden
zu Asche und blutigem Stein.

Sah das braune Hemd dich tragen
habe mich nicht dagegen gestemmt.
Denn ich wußte nicht, was ich heut weiß:
Es war dein Totenhemd.

Bertolt Brecht

GENAUIGKEITSÜBUNG

deutschland
land meiner väter
  allerdings: ich
  hatte nur einen

land meiner väter
  der vater meiner mutter
  besaß einen garten
  sein vater hingegen
  war tagelöhner

land meiner väter
  mein urgroßvater
  sprach nur gebrochen
  & selten deutsch
  sonst fließend polnisch

land meiner väter
  der name meiner familie
  ist der eines russischen flusses

deutschland
land meiner väter
  genau genommen:
  kein allzu brauchbarer anfang
  für ein gedicht

Yaak Karsunke

UM DEUTSCHLAND IST MIR GAR NICHT BANG

Um Deutschland ist mir gar nicht bang
Die Einheit geht schon ihren Gang
unterm Milliardenregen
Wir werden schön verschieden naß
Weh tut die Freiheit und macht Spaß
ein Fluch ist sie, ein Segen

Heimweh nach früher hab ich keins
nach alten Kümmernissen
Deutschland Deutschland ist wieder eins
nur ich bin noch zerrissen

Um Deutschland ist mir gar nicht bang
Die deutsche Wunde ist noch lang
nicht ausgeheilt, es rinnen
Schmerzbäche, wo die Narbe klafft
Nur blutet jetzt der schwarze Saft
statt raus tief tief nach innen

Heimweh nach früher hab ich keins
nach alten Kümmernissen
Deutschland Deutschland ist wieder eins
nur ich bin noch zerrissen

Um Deutschland ist mir gar nicht bang
Und ich als Weltkind mittenmang
ob Wissen oder Glauben
Ob Freund ob Feind, ob Weib ob Mann
Die liebe Muttersprache kann
kein Vaterland mir rauben

Heimweh nach früher hab ich keins
nach alten Kümmernissen
Deutschland Deutschland ist wieder eins
nur ich bin noch zerrissen

Wolf Biermann

KENNST DU DAS LAND, WO DIE KANONEN BLÜHN?

Kennst du das Land, wo die Kanonen blühn?
Du kennst es nicht? Du wirst es kennenlernen!
Dort stehn die Prokuristen stolz und kühn
in den Bureaus, als wären es Kasernen.

Dort wachsen unterm Schlips Gefreitenknöpfe.
Und unsichtbare Helme trägt man dort.
Gesichter hat man dort, doch keine Köpfe.
Und wer zu Bett geht, pflanzt sich auch schon fort!

Wenn dort ein Vorgesetzter etwas will
– und es ist sein Beruf, etwas zu wollen –,
steht der Verstand erst stramm und zweitens still.
Die Augen rechts! Und mit dem Rückgrat rollen!

Die Kinder kommen dort mit kleinen Sporen
und mit gezognem Scheitel auf die Welt.
Dort wird man nicht als Zivilist geboren.
Dort wird befördert, wer die Schnauze hält.

Kennst du das Land? Es könnte glücklich sein.
Es könnte glücklich sein und glücklich machen!
Dort gibt es Äcker, Kohle, Stahl und Stein
und Fleiß und Kraft und andre schöne Sachen.

Selbst Geist und Güte gibt's dort dann und wann!
Und wahres Heldentum. Doch nicht bei vielen.
Dort steckt ein Kind in jedem zweiten Mann.
Das will mit Bleisoldaten spielen.

Dort reift die Freiheit nicht. Dort bleibt sie grün.
Was man auch baut – es werden stets Kasernen.
Kennst du das Land, wo die Kanonen blühn?
Du kennst es nicht? Du wirst es kennenlernen!

Erich Kästner

BUCH DES MUTES UND DER TAPFERKEIT

PROMETHEUS

Bedecke deinen Himmel, Zeus,
mit Wolkendunst
und übe, dem Knaben gleich,
der Disteln köpft,
an Eichen dich und Bergeshöhn!
Mußt mir meine Erde
doch lassen stehn
und meine Hütte, die du nicht gebaut,
und meinen Herd,
um dessen Glut
du mich beneidest.

Ich kenne nichts Ärmeres
unter der Sonn' als euch, Götter!
Ihr nähret kümmerlich
von Opfersteuern
und Gebetshauch
eure Majestät
und darbtet, wären
nicht Kinder und Bettler
hoffnungsvolle Toren.

Da ich ein Kind war,
nicht wußte, wo aus noch ein,
kehrt' ich mein verirrtes Auge
zur Sonne, als wenn drüber wär'
ein Ohr, zu hören meine Klage,
ein Herz wie meins,
sich des Bedrängten zu erbarmen.

Wer half mir
wider der Titanen Übermut?
Wer rettete vom Tode mich,
von Sklaverei?
Hast du nicht alles selbst vollendet,
heilig glühend Herz?
Und glühtest jung und gut,
betrogen, Rettungsdank
dem Schlafenden da droben?

Ich dich ehren? Wofür?
Hast du die Schmerzen gelindert
je des Beladenen?
Hast du die Tränen gestillet
je des Geängsteten?
Hat nicht mich zum Manne
geschmiedet
die allmächtige Zeit
und das ewige Schicksal,
meine Herrn und deine?

Wähntest du etwa,
ich sollte das Leben hassen,
in Wüsten fliehen,
weil nicht alle
Blütenträume reiften?

Hier sitz' ich, forme Menschen
nach meinem Bilde,
ein Geschlecht, das mir gleich sei,
zu leiden, zu weinen,
zu genießen und zu freuen sich,
und dein nicht zu achten,
wie ich!

Johann Wolfgang Goethe

UNERGRÜNDLICHER Schmerz!
Knirscht' ich in vorigen Stunden.
Jetzt, mit noch blutenden Wunden,
segnet und preist dich mein Herz.

Alles Leben ist Raub;
Funken, die Sonnen entstammen,
lodern, das All zu durchflammen,
da verschluckt sie der Staub.

Nun ein heiliger Krieg!
Höchste und tiefste Gewalten
drängen in allen Gestalten!
Trotze, so bleibt dir der Sieg.

Tatst du in Qual und in Angst
erst genug für dein Leben,
werden sie selbst dich erheben,
wie du es hoffst und verlangst.

Greife ins All nun hinein!
Wie du gekämpft und geduldet,
sind dir die Götter verschuldet,
nimm dir, denn alles ist dein!

Nun versagen sie nichts
als den letzten der Sterne,
der dich in dämmernder Ferne
knüpft an den Urquell des Lichts.

Ihm entlocke den Blitz,
der dich, dein Ird'sches verzehrend
und dich mit Feuer verklärend,
löst für den ewigen Sitz!

Friedrich Hebbel

ZURUF

Alles kann sich umgestalten!
Mag das dunkle Schicksal walten.
Mutig! auf der steilsten Bahn.
Trau dem Glücke! Trau den Göttern!
Steig, trotz Wogendrang und Wettern,
kühn, wie Cäsar, in den Kahn.

Laß den Schwächling angstvoll zagen!
Wer um Hohes kämpft, muß wagen,
Leben gelt' es oder Tod!
Laß die Woge donnernd branden!
Nur bleib immer, magst du landen
oder scheitern, selbst Pilot!

Friedrich von Matthisson

BEHERZIGUNG

Feiger Gedanken
bängliches Schwanken,
weibisches Zagen,
ängstliches Klagen
wendet kein Elend,
macht dich nicht frei.

Allen Gewalten
zum Trutz sich erhalten,
nimmer sich beugen,
kräftig sich zeigen
rufet die Arme
der Götter herbei.

Johann Wolfgang Goethe

EINLASS

Huri:
Heute steh' ich meine Wache
vor des Paradieses Tor,
weiß nicht grade, wie ich's mache,
kommst mir so verdächtig vor!

Ob du unsern Mosleminen
auch recht eigentlich verwandt?
Ob dein Kämpfen, dein Verdienen
dich ans Paradies gesandt?

Zählst du dich zu jenen Helden?
Zeige deine Wunden an,
die mir Rühmliches vermelden,
und ich führe dich heran.

Dichter:
Nicht so vieles Federlesen!
Laß mich immer nur herein:
Denn ich bin ein Mensch gewesen
und das heißt ein Kämpfer sein.

Schärfe deine kräft'gen Blicke!
Hier – durchschaue diese Brust,
sieh der Lebenswunden Tücke,
sieh der Liebeswunden Lust!

Und doch sang ich gläub'ger Weise:
Daß mir die Geliebte treu,
daß die Welt, wie sie auch kreise,
liebevoll und dankbar sei.

Mit den Trefflichsten zusammen
wirkt' ich, bis ich mir erlangt,
daß mein Nam' in Liebesflammen
von den schönsten Herzen prangt.

Nein! du wählst nicht den Geringern!
Gib die Hand, daß Tag für Tag
ich an deinen zarten Fingern
Ewigkeiten zählen mag.

Johann Wolfgang Goethe

GUT VERLOREN – etwas verloren!
Mußt rasch dich besinnen
und neues gewinnen.

Ehre verloren – viel verloren!
Mußt Ruhm gewinnen,
da werden die Leute sich anders besinnen.

Mut verloren – alles verloren!
Da wär' es besser:
nicht geboren.

Johann Wolfgang Goethe

RITTER, TOD UND TEUFEL

Weil etwas kahl mein Kämmerlein ich fand,
sprach ich zum Pfarrer: Ziere mir die Wand!

«Da meine Brief' und Helgen! Hutten, schaut,
was Euch belustigt oder auferbaut!

Ergötzt Euch ‹Ritter Tod und Teufel› hier?
Nehmt hin das Blatt! Der Ritter, Herr, seid Ihr.»

Das sagst du, Pfarrer, gut. Ich häng' es auf
und nagl' es an mit meines Schwertes Knauf.

Dem garst'gen Paar, davor den Memmen graut,
hab' immerdar ich fest ins Aug geschaut.

Mit diesen beiden starken Knappen reit'
ich auf des Lebens Straßen allezeit,

bis ich den einen zwing' mit tapferm Sinn
und von dem andern selbst bezwungen bin.

Conrad Ferdinand Meyer

WAS VERKÜRZT mir die Zeit?
Tätigkeit!
Was macht sie unerträglich lang?
Müßiggang!
Was bringt in Schulden?
Harren und dulden!
Was macht gewinnen?
Nicht lange besinnen!
Was bringt zu Ehren?
Sich wehren!

Johann Wolfgang Goethe

GEBET

Herr, laß mich hungern dann und wann,
satt sein macht stumpf und träge,
und schick mir Feinde, Mann um Mann,
Kampf hält die Kräfte rege.

Gib leichten Fuß zu Spiel und Tanz,
Flugkraft in goldne Ferne,
und hängt den Kranz, den vollen Kranz,
mir höher in die Sterne.

Gustav Falke

DOKTRIN

Schlage die Trommel und fürchte dich nicht,
und küsse die Marketenderin!
Das ist die ganze Wissenschaft,
das ist der Bücher tiefster Sinn.

Trommle die Leute aus dem Schlaf,
trommle Reveille mit Jugendkraft,
marschiere trommelnd immer voran,
das ist die ganze Wissenschaft.

Das ist die Hegelsche Philosophie,
das ist der Bücher tiefster Sinn.
Ich hab' sie begriffen, weil ich gescheit,
und weil ich ein guter Tambour bin.

Heinrich Heine

EIN WANDERER

Und ob du tausendmal mich kränkst,
o Welt voll Schmerz, voll Süßigkeit,
und mich in ferne Irre lenkst,
seitab vom Glück so weit, so weit –
doch will ich dir gehören,
dir treue Liebe schwören,
für Lust und Schmerzen gleich bereit.

Dank dir für jedes Leid, o Welt,
dank dir für jede Freud' und Lust!
Für jeden Wunsch, der mir zerschellt,
für jedes Beben dieser Brust!
Bis meine Lippen schweigen,
bleib' ich getreu dein eigen,
denn mir im Innern rufts: du mußt!

Jacob Burckhardt

DAS NATURGESETZ

So war's immer, mein Freund, und so wird's bleiben: die Ohnmacht
hat die Regel für sich, aber die Kraft den Erfolg.

Friedrich Schiller

DER RITT IN DEN TOD

«Greif aus, du mein junges, mein feuriges Tier!
noch einmal verwachs' ich zentaurisch mit dir!

Umschmettert mich, Tuben! Erhebet den Ton!
Den Latiner besiegte des Manlius Sohn!

Voran die Trophän! Der latinische Speer!
Der eroberte Helm! Die erbeutete Wehr!

Duell ist bei Strafe des Beiles verpönt …
doch er liegt, der die römische Wölfin gehöhnt!

Liktoren, erfüllet des Vaters Gebot!
Ich besitze den Kranz und verdiene den Tod –

Bevor es sich rollend im Sande bestaubt,
erheb' ich in ewigem Jubel das Haupt!»

Conrad Ferdinand Meyer

REITERLIED

Wohlauf, Kameraden, aufs Pferd, aufs Pferd!
Ins Feld, in die Freiheit gezogen!
Im Felde, da ist der Mann noch was wert,
da wird das Herz noch gewogen,
da tritt kein anderer für ihn ein,
auf sich selber steht er da ganz allein.

Aus der Welt die Freiheit verschwunden ist,
man sieht nur Herren und Knechte,
die Falschheit herrschet, die Hinterlist

bei dem feigen Menschengeschlechte.
Der dem Tod ins Angesicht schauen kann,
der Soldat allein ist der freie Mann.

Des Lebens Ängsten, er wirft sie weg,
hat nicht mehr zu fürchten, zu sorgen;
er reitet dem Schicksal entgegen keck,
trifft's heute nicht, trifft es doch morgen.
Und trifft es morgen, so lasset uns heut
noch schlürfen die Neige der köstlichen Zeit.

Von dem Himmel fällt ihm sein lustig Loos,
braucht's nicht mit Müh' zu erstreben.
Der Fröhner, der sucht in der Erde Schoß,
da meint er den Schatz zu erheben.
Er gräbt und schaufelt, so lang er lebt,
und gräbt, bis er endlich sein Grab sich gräbt.

Der Reiter und sein geschwindes Roß,
sie sind gefürchtete Gäste.
Es flimmern die Lampen im Hochzeitsschloß,
ungeladen kommt er zum Feste,
er wirbt nicht lange, er zeiget nicht Gold,
im Sturm erringt er den Minnesold.

Warum weint die Dirn' und zergrämet sich schier?
Laß fahren dahin, laß fahren!
Er hat auf Erden kein bleibend Quartier,
kann treue Lieb' nicht bewahren.
Das rasche Schicksal, es treibt ihn fort,
seine Ruh läßt er an keinem Ort.

Drum frisch, Kameraden, den Rappen gezäumt,
die Brust im Gefechte gelüftet!
Die Jugend brauset, das Leben schäumt,
frisch auf, eh' der Geist noch verdüftet!
Und setzet ihr nicht das Leben ein,
nie wird euch das Leben gewonnen sein.

Friedrich Schiller

REITERS MORGENGESANG

Morgenrot,
leuchtest mir zum frühen Tod?
Bald wird die Trompete blasen,
dann muß ich mein Leben lassen,
ich und mancher Kamerad.

Kaum gedacht,
war der Lust ein End gemacht!
Gestern noch auf stolzen Rossen,
heute durch die Brust geschossen,
morgen in das kühle Grab.

Ach, wie bald
schwindet Schönheit und Gestalt!
Tust du stolz mit deinen Wangen,
die mit Milch und Purpur prangen?
Ach, die Rosen welken all!

Darum still
füg' ich mich, wie Gott es will.
Nun, so will ich wacker streiten
und sollt' ich den Tod erleiden,
stirbt ein braver Reitersmann.

Wilhelm Hauff

REITERLIED

Die bange Nacht ist nun herum,
wir reiten still, wir reiten stumm
und reiten ins Verderben.
Wie weht so scharf der Morgenwind!
Frau Wirtin, noch ein Glas geschwind
vorm Sterben, vorm Sterben.

Du junges Gras, was stehst so grün?
Mußt bald wie lauter Röslein blühn;
mein Blut ja soll dich färben.
Den ersten Schluck, ans Schwert die Hand,
den trink' ich, für das Vaterland
zu sterben, zu sterben.

Und schnell den zweiten hinterdrein,
und der soll für die Freiheit sein,
der zweite Schluck vom Herben!
Dies Restchen – nun, wem bring' ich's gleich?
Dies Restchen dir, o Römisch Reich,
zum Sterben, zum Sterben!

Dem Liebchen – doch das Glas ist leer,
die Kugel saust, es blitzt der Speer;
bringt meinem Kind die Scherben!
Auf! in den Feind wie Wetterschlag!
O Reiterlust, am frühen Tag
zu sterben, zu sterben!

Georg Herwegh

PAUL

Neunzehnhundertsiebzehn
an einem Tag unter Null geboren,
rannte er wild über den Kinderspielplatz,
fiel, und rannte weiter,

den Ball werfend über den Schulhof,
fiel, und rannte weiter,

das Gewehr im Arm über das Übungsgelände,
fiel, und rannte weiter

an einem Tag unter Null
in ein russisches Sperrfeuer,

und fiel.

Rainer Brambach

SCHACH

Die Türme fielen in Feindes Hand,
meine Bauern habe ich verloren,
weise mich nicht aus deinem Land:
ich bringe dir die Gaben eines Mohren.

Zum Henker mit den Königinnen,
die schmieden nur Ränke und Lug,
ohne Mann und Roß stehe ich vor deinen Zinnen,
ein armer König –: du bist am Zug.

Cyrus Atabay

DER GRENZLAUF

Es hatten die von Uri und die von Glarus Streit.
Sie taten der Grenze willen einander Schmach und Leid.
Eins mähte des andern Wiese, eins haschte des andern Kuh.
Es schauten die Guten im Lande dem Hader mit Unmut zu.

Sie sprachen: «Es laufe von Altdorf, es laufe von Glarus ein Mann;
wo sie einander begegnen, da sei die Grenze fortan!
Wenn Tag und Nacht sich gleichen, beim ersten Hahnenschrei,
da sollen die beiden laufen, daß Recht und Friede sei!»

Nun hielten heimlich die Urner den magersten Gockel bereit.
Sie ließen ihn fasten und darben und dachten: Wer hungert, der schreit!
Es haben derweilen die Glarner den üppigsten Hahn sich erspäht.
Sie mästeten ihn und meinten: Wem's allzuwohl ist, der kräht!

Die Urner waren die Schlauen: Im Traum schon krähte der Hahn.
Ihr Bote sprang wie die Gemse dahin die steigende Bahn.
Schon glühten breiter die Gipfel in flammender Morgenfrüh',
da gähnte der Glarner Gockel ein faules «Kükerüküh!»

Nun schwang der Glarner die Fersen als wie ein fliehendes Wild;
er flog wie ein Adler der Berge hinan über Fels und Gefild.
Schon sieht er den andern kommen, da wird er zum schwirrenden Pfeil,
ihm braust's in den Ohren, es hämmert sein Herz in bebender Eil'.

Doch weh, schon hatte der andre des Vorteils gar zu viel!
Schon hatte der Urner den Seinen erjagt ein köstlich Ziel.
Da bat ihn der Glarner mit Tränen: «Daß Gott dein Herz erbarm'!
Gönn uns noch diese Weide! mein Land und Volk ist arm.»

Mit Lachen rief der Sieger: «Es werde, wie du sagst,
wenn du mich auf den Schultern hinübertragen magst!»
Da lud der wackre Glarner sich auf den starken Mann
und schritt mit bebenden Knien den grünen Hang hinan.

Er klimmt hinan mit Zittern; ihm schwindelt und ihm graust,
er krallt in Gras und Felsen sich fest mit blutender Faust,
er beißt die Lippen blutig, daß er nicht ächzen will,
dann bricht er stumm zusammen und ist auf ewig still. –

Es stiegen aus beiden Landen zum Schiedspruch die Männer herauf.
Es hoben mit leuchtenden Augen die Glarner den Toten auf.
Es schritten die Sieger von Uri gar langsam und stille hindann,
sie hatten die Wiese gar gerne. Sie hätten lieber den Mann.

Otto Ernst

DER LOTSE

«Siehst du die Brigg dort auf den Wellen?
Sie steuert falsch, sie treibt herein
und muß am Vorgebirg zerschellen,
lenkt sie nicht augenblicklich ein.

Ich muß hinaus, daß ich sie leite!»
«Gehst du ins offne Wasser vor,
so legt dein Boot sich auf die Seite
und richtet nimmer sich empor.»

«Allein ich sinke nicht vergebens,
wenn sie mein letzter Ruf belehrt;
Ein ganzes Schiff voll jungen Lebens
ist wohl ein altes Leben wert.

Gib mir das Sprachrohr. Schifflein, eile!
Es ist die letzte, höchste Not!» –
Vor fliegendem Sturme gleich dem Pfeile
hin durch die Schären eilt das Boot.

Jetzt schießt es aus dem Klippenrande!
«Links müßt ihr steuern!» hallt ein Schrei.
Kieloben treibt das Boot zu Lande,
und sicher fährt die Brigg vorbei.

Ludwig Giesebrecht

JOHANNA SEBUS

Der Damm zerreißt, das Feld erbraust,
die Fluten spülen, die Fläche saust.
«Ich trage dich, Mutter, durch die Flut,
noch reicht sie nicht hoch, ich wate gut.» –
«Auch uns bedenke, bedrängt wie wir sind,
die Hausgenossin, drei arme Kind!
Die schwache Frau! ... Du gehst davon!» –
Sie trägt die Mutter durchs Wasser schon.
«Zum Bühle, da rettet euch! harret derweil;

gleich kehr' ich zurück, uns allen ist Heil.
Zum Bühl ist's noch trocken und wenige Schritt';
doch nehmt auch mir meine Ziege mit!»

Der Damm zerschmilzt, das Feld erbraust,
die Fluten wühlen, die Fläche saust.
Sie setzt die Mutter auf sichres Land,
schön Suschen, gleich wieder zur Flut gewandt.
«Wohin? Wohin? Die Breite schwoll;
des Wassers ist hüben und drüben voll.
Verwegen ins Tiefe willst du hinein!» –
«Sie sollen und müssen gerettet sein!»

Der Damm verschwindet, die Welle braust,
eine Meereswoge, sie schwankt und saust.
Schön Suschen schreitet gewohnten Steg,
umströmt auch gleitet sie nicht vom Weg,
erreicht den Bühl und die Nachbarin;
doch der und den Kindern kein Gewinn!

Der Damm verschwand, ein Meer erbraust's,
den kleinen Hügel im Kreis umsaust's.
Da gähnet und wirbelt der schäumende Schlund
und ziehet die Frau mit den Kindern zu Grund;
das Horn der Ziege faßt das ein',
so sollten sie alle verloren sein!

Schön Suschen steht noch strack und gut:
Wer rettet das junge, das edelste Blut!
Schön Suschen steht noch wie ein Stern;
doch alle Werber sind alle fern.
Rings um sie her ist Wasserbahn,
kein Schifflein schwimmet zu ihr heran.
Noch einmal blickt sie zum Himmel hinauf,
da nehmen die schmeichelnden Fluten sie auf.

Kein Damm, kein Feld! Nur hier und dort
bezeichnet ein Baum, ein Turm den Ort.
Bedeckt ist alles mit Wasserschwall;
doch Suschens Bild schwebt überall. –

Das Wasser sinkt, das Land erscheint,
und überall wird schön Suschen beweint. –
Und dem sei, wer's nicht singt und sagt,
im Leben und Tod nicht nachgefragt!

*Johann Wolfgang Goethe**

JOHN MAYNARD

John Maynard!
«Wer ist John Maynard?»

«John Maynard war unser Steuermann,
aushielt er, bis er das Ufer gewann,
er hat uns gerettet, er trägt die Kron',
er starb für uns, unsre Liebe sein Lohn.
John Maynard.»

Die «Schwalbe» fliegt über den Eriesee,
Gischt schäumt um den Bug wie Flocken von Schnee;
von Detroit fliegt sie nach Buffalo –
die Herzen aber sind frei und froh,
und die Passagiere mit Kindern und Fraun
im Dämmerlicht schon das Ufer schaun,
und plaudernd an John Maynard heran
tritt alles: «Wie weit noch Steuermann?»
Der schaut nach vorn und schaut in die Rund:
«Noch dreißig Minuten … halbe Stund.»

Alle Herzen sind froh, alle Herzen sind frei –
da klingt's aus dem Schiffsraum her wie Schrei,
«Feuer!» war es, was da klang,
ein Qualm aus Kajüt' und Luke drang,
ein Qualm, dann Flammen lichterloh,
und noch zwanzig Minuten bis Buffalo.

* Goethe hat dem Gedicht folgende Widmung vorangestellt: Zum Andenken der siebzehnjährigen Schönen Guten aus dem Dorfe Brienen, die am 15. Januar 1809 bei dem Eisgange des Rheins und dem großen Bruche des Dammes von Kleverham Hilfe reichend unterging.

Und die Passagiere, buntgemengt,
am Bugspriet stehn sie zusammengedrängt,
am Bugspriet vorn ist noch Luft und Licht,
am Steuer aber lagert sich's dicht,
und ein Jammern wird laut: «Wo sind wir? wo?»
Und noch fünfzehn Minuten bis Buffalo. –

Der Zugwind wächst, doch die Qualmwolke steht,
der Kapitän nach dem Steuer späht,
er sieht nicht mehr seinen Steuermann,
aber durchs Sprachrohr fragt er an:
«Noch da, John Maynard?»
«Ja, Herr. Ich bin.»
«Auf den Strand! In die Brandung!»
«Ich halte drauf hin.»
Und das Schiffsvolk jubelt: «Halt aus! Hallo!»
Und noch zehn Minuten bis Buffalo. – –

«Noch da, John Maynard?» Und Antwort schallt's
mit ersterbender Stimme: «Ja, Herr, ich halt's!»
Und in die Brandung, was Klippe, was Stein,
jagt er die «Schwalbe» mitten hinein.
Soll Rettung kommen, so kommt sie nur so.
Rettung: der Strand von Buffalo!
Das Schiff geborsten. Das Feuer verschwelt.
Gerettet alle. Nur einer fehlt!

Alle Glocken gehn; ihre Töne schwell'n
himmelan aus Kirchen und Kapell'n,
ein Klingen und Läuten, sonst schweigt die Stadt,
ein Dienst nur, den sie heute hat:
Zehntausend folgen oder mehr,
und kein Aug' im Zuge, das tränenleer.

Sie lassen den Sarg in Blumen hinab,
mit Blumen schließen sie das Grab,
und mit goldner Schrift in den Marmorstein
schreibt die Stadt ihren Dankspruch ein:

«Hier ruht John Maynard! In Qualm und Brand
hielt er das Steuer fest in der Hand,
er hat uns gerettet, er trägt die Kron',
er starb für uns, unsre Liebe sein Lohn.
John Maynard.»

Theodor Fontane

NIS RANDERS

Krachen und Heulen und berstende Nacht,
Dunkel und Flammen in rasender Jagd –
Ein Schrei durch die Brandung!

Und brennt der Himmel, so sieht man's gut.
Ein Wrack auf der Sandbank! Noch wiegt es die Flut;
Gleich holt sich's der Abgrund.

Nis Randers lugt – und ohne Hast
Spricht er: «Da hängt noch ein Mann im Mast;
Wir müssen ihn holen.»

Da fasst ihn die Mutter: «Du steigst mir nicht ein!
Dich will ich behalten, du bliebst mir allein,
Ich will's, deine Mutter!

Dein Vater ging unter und Momme, mein Sohn;
Drei Jahre verschollen ist Uwe schon.
Mein Uwe, mein Uwe!»

Nis tritt auf die Brücke. Die Mutter ihm nach!
Er weist nach dem Wrack und spricht gemach:
«Und seine Mutter?»

Nun springt er ins Boot und mit ihm noch sechs:
Hohes, hartes Friesengewächs;
Schon sausen die Ruder.

Boot oben, Boot unten, ein Höllentanz!
Nun muß es zerschmettern ...! Nein, es blieb ganz ...!
Wie lange? Wie lange?

Mit feurigen Geißeln peitscht das Meer
Die menschenfressenden Rosse daher;
Sie schnauben und schäumen.

Wie hechelnde Hast sie zusammenzwingt!
Eins auf den Nacken des anderen springt
Mit stampfenden Hufen!

Drei Wetter zusammen! Nun brennt die Welt!
Was da? – Ein Boot, das landwärts hält –
Sie sind es! Sie kommen!

Und Auge und Ohr ins Dunkel gespannt ...
Still – ruft da nicht einer? – Er schreit's durch die Hand:
«Sagt Mutter, 's ist Uwe!»

Otto Ernst

DER WILDE

Ein Kanadier, der noch Europens
übertünchte Höflichkeit nicht kannte,
und ein Herz, wie Gott es ihm gegeben,
von Kultur noch frei, im Busen fühlte,
brachte, was er mit des Bogens Sehne
fern in Quebecs übereisten Wäldern
auf der Jagd erbeutet, zum Verkaufe.
Als er ohne schlaue Rednerkünste,
so wie man ihm bot, die Felsenvögel
um ein Kleines hingegeben hatte,
eilt' er froh mit dem geringen Lohne
heim zu seinen tief verdeckten Horden
in die Arme seiner braunen Gattin.

Aber ferne noch von seiner Hütte
überfiel ihn unter freiem Himmel
schnell der schrecklichste der Donnerstürme.
Aus dem langen rabenschwarzen Haare
troff der Guß herab auf seinen Gürtel,
und das grobe Haartuch seines Kleides
klebte rund an seinem hagern Leibe.

Schaurig zitternd unter kaltem Regen
eilte der gute, wackre Wilde
in ein Haus, das er von fern erblickte.
«Herr, ach laßt mich, bis der Sturm sich leget»,
bat er mit der herzlichsten Gebärde
den gesittet feinen Eigentümer,
«Obdach hier in euerm Hause finden!» –
«Willst du, mißgestaltes Ungeheuer»,
schrie ergrimmt der Pflanzer ihm entgegen,
«willst du Diebsgesicht mir aus dem Hause!»
Und ergriff den schweren Stock im Winkel.

Traurig schritt der ehrliche Hurone
fort von dieser unwirtbaren Schwelle,
bis durch Sturm und Guß der späte Abend
ihn in seine friedliche Behausung
und zu seiner braunen Gattin brachte.
Naß und müde setzt' er bei dem Feuer
sich zu seinen nackten Kleinen nieder,
und erzählte von den bunten Städtern
und den Kriegern, die den Donner tragen,
und dem Regensturm, der ihn ereilte,
und der Grausamkeit des weißen Mannes.
Schmeichelnd hingen sie an seinen Knien,
schlossen schmeichelnd sich um seinen Nacken,
trockneten die langen schwarzen Haare,
und durchsuchten seine Weidmannstasche,
bis sie die versprochnen Schätze fanden.

Kurze Zeit darauf hatt' unser Pflanzer
auf der Jagd im Walde sich verirret.
Über Stock und Stein, durch Tal und Bäche,
stieg er schwer auf manchen jähen Felsen,
um sich umzusehen nach dem Pfade,
der ihn tief in diese Wildnis brachte.
Doch sein Spähn und Rufen war vergebens;
nichts vernahm er als das hohle Echo
längs den hohen, schwarzen Felsenwänden.
Ängstlich ging er bis zur zwölften Stunde,
wo er an dem Fuß des nächsten Berges

noch ein kleines schwaches Licht erblickte.
Furcht und Freude schlug in seinem Herzen,
und er faßte Mut und nahte leise.
«Wer ist draußen?», brach mit Schreckenstone
eine Stimme tief her aus der Höhle.
Und ein Mann trat aus der kleinen Wohnung.
«Freund, im Walde hab' ich mich verirret»,
sprach der Europäer furchtsam schmeichelnd;
«gönnet mir, die Nacht hier zuzubringen,
und zeigt nach der Stadt, ich werd' euch danken,
morgen früh mir die gewissen Wege.»

«Kommt herein», versetzt der Unbekannte,
«wärmt euch; noch ist Feuer in der Hütte!»
Und er führt ihn auf das Binsenlager,
schreitet finster trotzig in den Winkel,
holt den Rest von seinem Abendmahle,
Hummer, Lachs und frischen Bärenschinken,
um den späten Fremdling zu bewirten.
Mit dem Hunger eines Weidmanns speiste,
festlich wie bei einem Klosterschmause,
neben seinem Wirt der Europäer.
Fest und ernsthaft schaute der Hurone
seinem Gaste spähend auf die Stirne,
der mit tiefem Schnitt den Schinken trennte,
und mit Wollust trank vom Honigtranke.
Eine Bärenhaut auf weichem Moose
war des Pflanzers gute Lagerstätte,
und er schlief bis in die hohe Sonne.

Wie der wilden Zone wildster Krieger,
schrecklich stand mit Köcher, Pfeil und Bogen
der Hurone jetzt vor seinem Gaste
und erweckte ihn; der Europäer
griff bestürzt nach seinem Jagdgewehre;
und der Wilde gab ihm eine Schale,
angefüllt mit süßem Morgentranke.
Als er lächelnd seinen Gast gelabet,
bracht' er ihn durch manche lange Windung,
über Stock und Stein, durch Tal und Bäche,

durch das Dickicht auf die rechte Straße.
Höflich dankte fein der Europäer;
finster blickend blieb der Wilde stehen,
sahe starr dem Pflanzer in die Augen,
sprach mit voller, fester, ernster Stimme:
«Haben wir vielleicht uns schon gesehen?»
Wie vom Blitz getroffen stand der Jäger,
und erkannte nun in seinem Wirte
jenen Mann, den er vor wenig Wochen
in den Sturmwind aus dem Hause jagte,
stammelte verwirrt Entschuldigungen.
Ruhig lächelnd sagte der Hurone:
«Seht, ihr fremden, klugen, weißen Leute,
seht, wir Wilden sind doch bessre Menschen!»
Und er schlug sich seitwärts in die Büsche.

Johann Gottfried Seume

FÜR EINEN SCHATTEN

Du kamst aus der Schule und weintest
konntest die Schleife nicht binden
Alles wurde zum Knoten

Auch später. Unter den Angeboten
des Lebens ließ wenig sich finden
nichts das du wirklich meintest

Du schriebst während andere klexten
mochtest deine Franzosen
die Übergänge zwischen Tälern und Texten
und was den Sand der Sekunden siebt

Du haßtest Liebesposen
jegliche Masche
Du wolltest Erde werden nicht Asche
Also hast du die Erde geliebt

Harald Hartung

DIE FÜSSE IM FEUER

Wild zuckt der Blitz. In fahlem Lichte steht ein Turm.
Der Donner rollt. Ein Reiter kämpft mit seinem Roß,
springt ab und pocht ans Tor und lärmt. Sein Mantel saust
im Wind. Er hält den scheuen Fuchs am Zügel fest.
Ein schmales Gitterfenster schimmert goldenhell,
und knarrend öffnet jetzt das Tor ein Edelmann …

«Ich bin ein Knecht des Königs, als Kurier geschickt
nach Nîmes. Herbergt mich! Ihr kennt des Königs Rock!» –
«Es stürmt. Mein Gast bist du. Dein Kleid, was kümmert's mich?
Tritt ein und wärme dich! Ich sorge für dein Tier!»
Der Reiter tritt in einen dunklen Ahnensaal,
von eines weiten Herdes Feuer schwach erhellt,
und je nach seines Flackerns launenhaftem Licht
droht hier ein Hugenott im Harnisch, dort ein Weib,
ein stolzes Edelweib aus braunem Ahnenbild …

Der Reiter wirft sich in den Sessel vor dem Herd
und starrt in den lebend'gen Brand. Er brütet, gafft …
Leis sträubt sich ihm das Haar. Er kennt den Herd, den Saal.
Die Flamme zischt. Zwei Füße zucken in der Glut.

Den Abendtisch bestellt die greise Schaffnerin
mit Linnen blendend weiß. Das Edelmägdlein hilft.
Ein Knabe trug den Krug mit Wein. Der Kinder Blick
hangt schreckensstarr am Gast und hangt am Herd entsetzt …
Die Flamme zischt. Zwei Füße zucken in der Glut.

«Verdammt! Dasselbe Wappen! Dieser selbe Saal!
Drei Jahre sind's … Auf einer Hugenottenjagd …
Ein fein, halsstarrig Weib … ‹Wo steckt der Junker? Sprich!›
Sie schweigt. ‹Bekenn!› Sie schweigt. ‹Gib ihn heraus!› Sie schweigt.
Ich werde wild. Der Stolz! Ich zerre das Geschöpf …
Die nackten Füße pack' ich ihr und stecke sie
tief mitten in die Glut … ‹Gib ihn heraus!› … Sie schweigt …
Sie windet sich … Sahst du das Wappen nicht am Tor?
Wer hieß dich hier zu Gaste gehen, dummer Narr?
Hat er nur einen Tropfen Bluts, erwürgt er dich.» –
Eintritt der Edelmann. «Du träumst! Zu Tische, Gast …»

Da sitzen sie. Die Drei in ihrer schwarzen Tracht
und er. Doch keins der Kinder spricht das Tischgebet.
Ihn starren sie mit aufgerißnen Augen an –
Den Becher füllt und übergießt er, stürzt den wilden Trunk,
springt auf: «Herr, gebet jetzt mir meine Lagerstatt!
Müd bin ich wie ein Hund!» Ein Diener leuchtet ihm,
doch auf der Schwelle wirft er einen Blick zurück
und sieht den Knaben flüstern in des Vaters Ohr ...
Dem Diener folgt er taumelnd in das Turmgemach.

Fest riegelt er die Tür. Er prüft Pistol' und Schwert.
Gell pfeift der Sturm. Die Diele bebt. Die Decke stöhnt.
Die Treppe kracht ... Dröhnt hier ein Tritt? Schleicht dort ein Schritt? ...
Ihn täuscht das Ohr. Vorüberwandelt Mitternacht.
Auf seinen Lidern lastet Blei, und schlummernd sinkt
er auf das Lager. Draußen plätschert Regenflut.

Er träumt. «Gesteh!» Sie schweigt. «Gib ihn heraus!» Sie schweigt.
Er zerrt das Weib. Zwei Füße zucken in der Glut.
Aufsprüht und zischt ein Feuermeer, das ihn verschlingt ...
«Erwach! Du solltest längst von hinnen sein! Es tagt!»
Durch die Tapetentür in das Gemach gelangt,
vor seinem Lager steht des Schlosses Herr – ergraut,
dem gestern dunkelbraun sich noch gekraust das Haar.

Sie reiten durch den Wald. Kein Lüftchen regt sich heut.
Zersplittert liegen Ästetrümmer quer im Pfad.
Die frühsten Vöglein zwitschern, halb im Traume noch.
Friedsel'ge Wolken schwimmen durch die klare Luft,
als kehrten Engel heim von einer nächt'gen Wacht.
Die dunkeln Schollen atmen kräft'gen Erdgeruch.
Die Ebne öffnet sich. Im Felde geht ein Pflug.
Der Reiter lauert aus den Augenwinkeln: «Herr,
ihr seid ein kluger Mann und voll Besonnenheit
und wißt, daß ich dem größten König eigen bin.
Lebt wohl! Auf Nimmerwiedersehn!» Der andere spricht:
«Du sagsts! Dem größten König eigen! Heute ward
sein Dienst mir schwer ... Gemordet hast du teuflisch mir
mein Weib! Und lebst! ... Mein ist die Rache, redet Gott.»

Conrad Ferdinand Meyer

ALLE TAGE

Der Krieg wird nicht mehr erklärt,
sondern fortgesetzt. Das Unerhörte
ist alltäglich geworden. Der Held
bleibt den Kämpfen fern. Der Schwache
ist in die Feuerzonen gerückt.
Die Uniform des Tages ist die Geduld,
die Auszeichnung der armselige Stern
der Hoffnung über dem Herzen.

Er wird verliehen,
wenn nichts mehr geschieht,
wenn das Trommelfeuer verstummt,
wenn der Feind unsichtbar geworden ist
und der Schatten ewiger Rüstung
den Himmel bedeckt.

Er wird verliehen
für die Flucht von den Fahnen,
für die Tapferkeit vor dem Freund,
für den Verrat unwürdiger Geheimnisse
und die Nichtachtung
jeglichen Befehls.

Ingeborg Bachmann

STIMME
DES SCHICKSALS

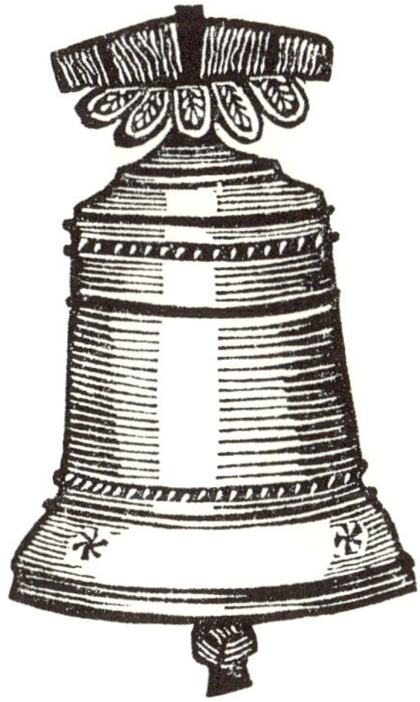

LIED DER PARZEN

Es fürchte die Götter
das Menschengeschlecht!
Sie halten die Herrschaft
in ewigen Händen,
und können sie brauchen,
wie's ihnen gefällt.

Der fürchte sie doppelt,
den je sie erheben!
Auf Klippen und Wolken
sind Stühle bereitet
um goldene Tische.

Erhebet ein Zwist sich,
so stürzen die Gäste,
geschmäht und geschändet,
in nächtliche Tiefen,
und harren vergebens
im Finstern gebunden,
gerechten Gerichtes.

Sie aber, sie bleiben
in ewigen Festen
an goldenen Tischen.
Sie schreiten vom Berge
zu Bergen hinüber –
aus Schlünden der Tiefe
dampft ihnen der Atem
erstickter Titanen,
gleich Opfergerüchen,
ein leichtes Gewölke.

Es wenden die Herrscher
ihr segnendes Auge
von ganzen Geschlechtern
und meiden, im Enkel
die ehmals geliebten
still redenden Züge
des Ahnherrn zu sehn.

So sangen die Parzen.
Es horcht der Verbannte
in nächtlichen Höhlen,
der Alte, die Lieder,
denkt Kinder und Enkel
und schüttelt das Haupt.

Johann Wolfgang Goethe

AN DIE GRUNDMÄCHTE

Es zählt vor euch nicht, daß ich Schmerzen leide,
es schweigt die Weide,
wenn man zur Flöte sie schneidet und schält.
Doch daß ich leide und nicht meutere,
und was ich mir draus läutere
zum Zwiegespräch mit euch, es zählt.

Oskar Loerke

HYPERIONS SCHICKSALSLIED

Ihr wandelt droben im Licht
auf weichem Boden, selige Genien!
Glänzende Götterlüfte
rühren euch leicht,
wie die Finger der Künstlerin
heilige Saiten.

Schicksallos, wie der schlafende
Säugling, atmen die Himmlischen;
keusch bewahrt
in bescheidener Knospe,
blühet ewig
ihnen der Geist,
und die seligen Augen
blicken in stiller
ewiger Klarheit.

Doch uns ist gegeben,
auf keiner Stätte zu ruhn,
es schwinden, es fallen
die leidenden Menschen
blindlings von einer
Stunde zur andern,
wie Wasser von Klippe
zu Klippe geworfen,
jahrlang ins Ungewisse hinab.

Friedrich Hölderlin

DIE STIMME DES SCHICKSALS

Erbarmen nicht, noch Göttergunst, noch Bitten
versöhnen dein Geschick;
uralter Stempel, aus Demant geschnitten,
prägt Leid und Glück.

Wie lange trübt der dunkle Quell der Trauer,
der Lust den Lebensstrom?
Nur Dumpfheit malt auf leere Nebelmauer
ihr Schreckphantom.

Getrost hinab die innerlichen Schächte,
von Finsternis geschwellt;
im Mittelpunkt vermählen sich die Mächte:
Recht, Wille, Welt.

Walter Rathenau

AN SCHWAGER KRONOS

Spute dich, Kronos!
Fort den rasselnden Trott!
Bergab gleitet der Weg:
Ekles Schwindeln zögert
mir vor die Stirne dein Haudern.
Frisch, holpert es gleich,
über Stock und Steine den Trott
rasch ins Leben hinein!

Nun schon wieder
den eratmenden Schritt
mühsam Berg hinauf!
Auf denn, nicht träge denn,
strebend und hoffend hinan!

Weit, hoch, herrlich der Blick
rings ins Leben hinein!
Vom Gebirg zum Gebirg
schwebet der ewige Geist,
ewigen Lebens ahndevoll.

Seitwärts des Überdachs Schatten
zieht dich an
und ein Frischung verheißender Blick
auf der Schwelle des Mädchens da.
Labe dich! – Mir auch, Mädchen,
diesen schäumenden Trank,
diesen frischen Gesundheitsblick!

Ab denn, rascher hinab!
Sieh, die Sonne sinkt!
Eh' sie sinkt, eh' mich Greisen
ergreift im Moore Nebelduft,
entzahnte Kiefer schnattern
und das schlotternde Gebein:

Trunknen vom letzten Strahl
reiß mich, ein Feuermeer
mir im schäumenden Aug,
mich Geblendeten, Taumelnden
in der Hölle nächtliches Tor!

Töne, Schwager, ins Horn,
raßle den schallenden Trab,
daß der Orkus vernehme: wir kommen!
Daß gleich an der Türe
der Wirt uns freundlich empfange!

Johann Wolfgang Goethe

FLIEHE, bist du des Führers im eigenen Busen nicht sicher,
 fliehe den lockenden Rand, ehe der Schlund dich verschlingt!
Manche gingen nach Licht und stürzten in tiefere Nacht nur;
 sicher im Dämmerschein wandelt die Kindheit dahin.

Friedrich Schiller

GRENZEN DER MENSCHHEIT

Wenn der uralte
heilige Vater
mit gelassener Hand
aus rollenden Wolken
segnende Blitze
über die Erde sät,
küss' ich den letzten
Saum seines Kleides,
kindliche Schauer
treu in der Brust.

Denn mit Göttern
soll sich nicht messen
irgendein Mensch.
Hebt er sich aufwärts
und berührt
mit dem Scheitel die Sterne,
nirgends haften dann
die unsichern Sohlen,
und mit ihm spielen
Wolken und Winde.

Steht er mit festen,
markigen Knochen
auf der wohlgegründeten,
dauernden Erde,
reicht er nicht auf,
nur mit der Eiche
oder der Rebe
sich zu vergleichen.

Was unterscheidet
Götter von Menschen?
Daß viele Wellen
vor jenen wandeln,
ein ewiger Strom:
Uns hebt die Welle,
verschlingt die Welle,
und wir versinken.

Ein kleiner Ring
begrenzt unser Leben,
und viele Geschlechter
reihen sich dauernd
an ihres Daseins
unendliche Kette.

Johann Wolfgang Goethe

DER RING DES POLYKRATES

Er stand auf seines Daches Zinnen,
er schaute mit vergnügten Sinnen
auf das beherrschte Samos hin.
«Dies alles ist mir untertänig»,
begann er zu Ägyptens König,
«gestehe, daß ich glücklich bin!»

«Du hast der Götter Gunst erfahren!
Die vormals deinesgleichen waren,
sie zwingt jetzt deines Zepters Macht;

doch einer lebt noch, sie zu rächen:
Dich kann mein Mund nicht glücklich sprechen,
solang des Feindes Auge wacht.»

Und eh' der König noch geendet,
da stellt sich, von Milet gesendet,
ein Bote dem Tyrannen dar:
«Laß, Herr, des Opfers Düfte steigen,
und mit des Lorbeers muntern Zweigen
bekränze dir dein festlich Haar.

Getroffen sank dein Feind vom Speere;
mich sendet mit der frohen Märe
dein treuer Feldherr Polydor –»
und nimmt aus einem schwarzen Becken,
noch blutig, zu der beiden Schrecken,
ein wohlbekanntes Haupt hervor.

Der König tritt zurück mit Grauen:
«Doch warn' ich dich, dem Glück zu trauen!»
versetzt er mit besorgtem Blick.
«Bedenk, auf ungetreuen Wellen –
wie leicht kann sie der Sturm zerschellen –
schwimmt deiner Flotte zweifelnd Glück.»

Und eh' er noch das Wort gesprochen,
hat ihn der Jubel unterbrochen,
der von der Reede jauchzend schallt:
Mit fremden Schätzen reich beladen,
kehrt zu den heimischen Gestaden
der Schiffe mastenreicher Wald.

Der königliche Gast erstaunet:
«Dein Glück ist heute gut gelaunet,
doch fürchte seinen Unbestand.
Der Kreter waffenkund'ge Scharen
bedräuen dich mit Kriegsgefahren;
schon nahe sind sie diesem Strand.»

Und eh' ihm noch das Wort entfallen,
da sieht man's von den Schiffen wallen,
und tausend Stimmen rufen: «Sieg!
Von Feindesnot sind wir befreiet,
die Kreter hat der Sturm zerstreuet,
vorbei, geendet ist der Krieg!»

Das hört der Gastfreund mit Entsetzen:
«Fürwahr, ich muß dich glücklich schätzen,
doch», spricht er, «zittr' ich für dein Heil.
mir grauet vor der Götter Neide;
Des Lebens ungemischte Freude
ward keinem Irdischen zuteil.

Auch mir ist alles wohl geraten;
bei allen meinen Herrschertaten
begleitet mich des Himmels Huld;
doch hatt' ich einen teuren Erben,
den nahm mir Gott; ich sah ihn sterben,
dem Glück bezahlt' ich meine Schuld.

Drum, willst du dich vor Leid bewahren,
so flehe zu den Unsichtbaren,
daß sie zum Glück den Schmerz verleihn.
Noch keinen sah ich fröhlich enden,
auf den mit immer vollen Händen
die Götter ihre Gaben streun.

Und wenn's die Götter nicht gewähren,
so acht' auf eines Freundes Lehren
und rufe selbst das Unglück her;
und was von allen deinen Schätzen
dein Herz am höchsten mag ergetzen,
das nimm und wirf's in dieses Meer!»

Und jener spricht von Furcht beweget:
«Von allem, was die Insel heget,
ist dieser Ring mein höchstes Gut.
Ihn will ich den Erinnen weihen,
ob sie mein Glück mir dann verzeihen –»
und wirft das Kleinod in die Flut.

Und bei des nächsten Morgens Lichte,
da tritt mit fröhlichem Gesichte
ein Fischer vor den Fürsten hin:
«Herr, diesen Fisch hab' ich gefangen,
wie keiner noch ins Netz gegangen;
dir zum Geschenke bring ich ihn.»

Und als der Koch den Fisch zerteilet,
kommt er bestürzt herbeigeeilet
und ruft mit hocherstauntem Blick:
«Sieh, Herr, den Ring, den du getragen,
ihn fand ich in des Fisches Magen;
oh, ohne Grenzen ist dein Glück!»

Hier wendet sich der Gast mit Grausen:
«So kann ich hier nicht ferner hausen,
mein Freund kannst du nicht weiter sein.
Die Götter wollen dein Verderben –
fort eil' ich, nicht mit dir zu sterben.»
Und sprach's und schiffte schnell sich ein.

Friedrich Schiller

DER GESANG DER PARZE

In der Wiege schlummert ein schönes Römerkind,
die graue Parze sitzt daneben und spinnt.
Sie schweigt und spinnt. Doch ist die Mutter fort,
so singt die Parze murmelnd ein dunkles Wort:

«Jetzt liegst du, Kindlein, noch in der Traumesruh'.
Bald, kleine Claudia, spinnest am Rocken du –
du wachsest rasch und entwächst den Kleidlein bald!
Du wachsest schlank! Du wirst eine Wohlgestalt!

Die Fackel lodert und wirft einen grellen Schein,
sie kleiden dich mit dem Hochzeitsschleier ein!
Die Knaben hüpfen empor am Festgelag'
und scherzen ausgelassen zum ernsten Tag.

Eine Herrin wandelt in ihrem eigenen Raum,
und ihre Mägd' und die Sklaven atmen kaum.
Ihr ziemt, daß all die Hände geflügelt sind.
Ihr ziemt, daß all die Lippen gezügelt sind.

Die blühenden Horen schwingen im Reigen sich:
Dir ward ein Knabe, Julier, freue dich!
Doch, wann die Freude schwebt und die Flöte schallt,
dann» – singt die Parze – «kommt der Jammer bald.

Der Tiber flutet und überschwemmt den Strand,
das bleiche Fieber steigt empor ans Land,
der Rufer ruft und kündet von Haus zu Haus:
‹vernehmt! Den Julier tragen sie heut hinaus!›

Jetzt, kleine Claudia, trägst du unträglich Leid!
In strenge Falten legst du dein Witwenkleid.
Dein Römerknabe springt dir behend vom Schoß
und grüßt dich helmumflattert herab vom Roß ...

Die Tuben blasen Schlacht und sie blasen Sieg ...
Da naht's. Da kommt's, was empor die Stufen stieg:
Vier Männer und die Bahre, Claudia, sind's
mit der bekränzten Leiche deines Kinds!

Jetzt, kleine Claudia, bist du zu Tode wund.» –
Das Kindlein lächelt. Es klirrt ein Schlüsselbund.
Die Mutter tritt besorgt in die Kammer ein,
und die Parze bleicht im goldenen Morgenschein.

Conrad Ferdinand Meyer

DAS GLÜCK VON EDENHALL

Von Edenhall der junge Lord
läßt schmettern Festdrommetenschall;
er hebt sich an des Tisches Bord
und ruft in trunkner Gäste Schwall:
«Nun her mit dem Glücke von Edenhall!»

Der Schenk vernimmt ungern den Spruch,
des Hauses ältester Vasall,
nimmt zögernd aus dem seidnen Tuch
das hohe Trinkglas von Kristall;
sie nennen's: das Glück von Edenhall.

Darauf der Lord: «Dem Glas zum Preis
schenk Roten ein aus Portugal!»
Mit Händezittern gießt der Greis,
und purpurn Licht wird überall;
Es strahlt aus dem Glücke von Edenhall!

Da spricht der Lord und schwingt's dabei:
«Dies Glas von leuchtendem Kristall
gab meinem Ahn am Quell die Fei;
drein schrieb sie: ‹Kommt dies Glas zu Fall,
fahr wohl dann, o Glück von Edenhall!›

Ein Kelchglas ward zum Los mit Fug
dem freud'gen Stamm von Edenhall;
wir schlürfen gern in vollem Zug,
wir läuten gern mit lautem Schall;
stoßt an mit dem Glücke von Edenhall!»

Erst klingt es milde, tief und voll,
gleich dem Gesang der Nachtigall,
dann wie des Waldstroms laut Geroll;
zuletzt erdröhnt wie Donnerhall
das herrliche Glück von Edenhall.

«Zum Horte nimmt ein kühn Geschlecht
sich den zerbrechlichen Kristall;
er dauert länger schon als recht,
stoßt an! Mit diesem kräft'gen Prall
versuch' ich das Glück von Edenhall.»

Und als das Trinkglas gellend springt,
springt das Gewölb mit jähem Knall,
und aus dem Riß die Flamme dringt;
die Gäste sind zerstoben all
mit dem brechenden Glücke von Edenhall.

Ein stürmt der Feind mit Brand und Mord,
der in der Nacht erstieg den Wall;
vom Schwerte fällt der junge Lord,
hält in der Hand noch den Kristall,
das zersprungene Glück von Edenhall.

Am Morgen irrt der Schenk allein,
der Greis, in der zerstörten Hall',
er sucht des Herrn verbrannt Gebein,
er sucht im grausen Trümmerfall
die Scherben des Glücks von Edenhall.

«Die Steinwand», spricht er, «springt zu Stück
die hohe Säule muß zu Fall,
Glas ist der Erde Stolz und Glück,
in Splitter fällt der Erdenball
einst gleich dem Glücke von Edenhall.»

Ludwig Uhland

DIE KRANICHE DES IBYKUS

Zum Kampf der Wagen und Gesänge,
der auf Korinthus' Landesenge
der Griechen Stämme froh vereint,
zog Ibykus, der Götterfreund.
Ihm schenkte des Gesanges Gabe,
der Lieder süßen Mund Apoll;
so wandert' er, an leichtem Stabe,
aus Rhegium, des Gottes voll.

Schon winkt auf hohem Bergesrücken
Akrokorinth des Wandrers Blicken,
und in Poseidons Fichtenhain
tritt er mit frommem Schauder ein.
Nichts regt sich um ihn her; nur Schwärme
von Kranichen begleiten ihn,
die fernhin nach des Südens Wärme
in graulichtem Geschwader ziehn.

«Seid mir gegrüßt, befreundte Scharen,
die mir zur See Begleiter waren!
Zum guten Zeichen nehm' ich euch,
mein Los, es ist dem euren gleich.
Von fernher kommen wir gezogen,
und flehen um ein wirtlich Dach.
Sei uns der Gastliche gewogen,
der von dem Fremdling wehrt die Schmach!»

Und munter fördert er die Schritte
und sieht sich in des Waldes Mitte;
da sperren, auf gedrangem Steg,
zwei Mörder plötzlich seinen Weg.
Zum Kampfe muß er sich bereiten,
doch bald ermattet sinkt die Hand,
sie hat der Leier zarte Saiten,
doch nie des Bogens Kraft gespannt.

Er ruft die Menschen an, die Götter,
sein Flehen dringt zu keinem Retter;
wie weit er auch die Stimme schickt,
nichts Lebendes wird hier erblickt.
«So muß ich hier verlassen sterben,
auf fremdem Boden, unbeweint,
durch böser Buben Hand verderben,
wo auch kein Rächer mir erscheint!»

Und schwer getroffen sinkt er nieder,
da rauscht der Kraniche Gefieder;
er hört, schon kann er nicht mehr sehn,
die nahen Stimmen furchtbar krähn.
«Von euch, ihr Kraniche dort oben,
wenn keine andre Stimme spricht,
sei meines Mordes Klag' erhoben!»
Er ruft es, und sein Auge bricht.

Der nackte Leichnam wird gefunden,
und bald, obgleich entstellt von Wunden,
erkennt der Gastfreund in Korinth
die Züge, die ihm teuer sind.

«Und muß ich so dich wiederfinden,
und hoffte, mit der Fichte Kranz
des Sängers Schläfe zu umwinden,
bestrahlt von seines Ruhmes Glanz!»

Und jammernd hören's alle Gäste,
versammelt bei Poseidons Feste,
ganz Griechenland ergreift der Schmerz,
verloren hat ihn jedes Herz.
Und stürmend drängt sich zum Prytanen
das Volk, es fordert seine Wut,
zu rächen des Erschlagnen Manen,
zu sühnen mit des Mörders Blut.

Doch wo die Spur, die aus der Menge,
der Völker flutendem Gedränge,
gelocket von der Spiele Pracht,
den schwarzen Täter kenntlich macht?
Sind's Räuber, die ihn feig erschlagen?
Tat's neidisch ein verborgner Feind?
Nur Helios vermag's zu sagen,
der alles Irdische bescheint.

Er geht vielleicht mit frechem Schritte
jetzt eben durch der Griechen Mitte,
und während ihn die Rache sucht,
genießt er seines Frevels Frucht.
Auf ihres eignen Tempels Schwelle
trotzt er vielleicht den Göttern, mengt
sich dreist in jene Menschenwelle,
die dort sich zum Theater drängt.

Denn Bank an Bank gedränget sitzen,
es brechen fast der Bühne Stützen,
herbeigeströmt von fern und nah,
der Griechen Völker wartend da.
Dumpfbrausend, wie des Meeres Wogen,
von Menschen wimmelnd wächst der Bau
in weiter stets geschweiftem Bogen
hinauf bis in des Himmels Blau.

Wer zählt die Völker, nennt die Namen,
die gastlich hier zusammenkamen?
Von Theseus' Stadt, von Aulis' Strand,
von Phocis, vom Spartanerland,
von Asiens entlegner Küste,
von allen Inseln kamen sie
und horchen von dem Schaugerüste
des Chores grauser Melodie,

der streng und ernst, nach alter Sitte,
mit langsam abgemeßnem Schritte
hervortritt aus dem Hintergrund,
umwandelnd des Theaters Rund.
So schreiten keine ird'schen Weiber,
die zeugete kein sterblich Haus!
Es steigt das Riesenmaß der Leiber
hoch über menschliches hinaus.

Ein schwarzer Mantel schlägt die Lenden,
sie schwingen in entfleischten Händen
der Fackel düsterrote Glut,
in ihren Wangen fließt kein Blut;
und wo die Haare lieblich flattern,
um Menschenstirnen freundlich wehn,
da sieht man Schlangen hier und Nattern
die giftgeschwollnen Bäuche blähn.

Und schauerlich, gedreht im Kreise,
beginnen sie des Hymnus Weise,
der durch das Herz zerreißend dringt,
die Bande um den Frevler schlingt.
Besinnungraubend, herzbetörend
schallt der Erinnyen Gesang,
er schallt, des Hörers Mark verzehrend,
und duldet nicht der Leier Klang:

«Wohl dem, der frei von Schuld und Fehle
bewahrt die kindlich reine Seele!
Ihm dürfen wir nicht rächend nahn,
er wandelt frei des Lebens Bahn.

Doch wehe, wehe, wer verstohlen
des Mordes schwere Tat vollbracht!
Wir heften uns an seine Sohlen,
das furchtbare Geschlecht der Nacht.

Und glaubt er fliehend zu entspringen,
geflügelt sind wir da, die Schlingen
ihm werfend um den flücht'gen Fuß,
daß er zu Boden fallen muß.
So jagen wir ihn, ohn' Ermatten,
versöhnen kann uns keine Reu,
ihn fort und fort bis zu den Schatten
und geben ihn auch dort nicht frei.»

So singend, tanzen sie den Reigen,
und Stille, wie des Todes Schweigen,
liegt überm ganzen Hause schwer,
als ob die Gottheit nahe wär.
Und feierlich, nach alter Sitte,
umwandelnd des Theaters Rund,
mit langsam abgemeßnem Schritte
verschwinden sie im Hintergrund.

Und zwischen Trug und Wahrheit schwebet
noch zweifelnd jede Brust und bebet
und huldiget der fruchtbar'n Macht,
die richtend im Verborgnen wacht,
die unerforschlich, unergründet
des Schicksals dunkeln Knäuel flicht,
dem tiefen Herzen sich verkündet,
doch fliehet vor dem Sonnenlicht.

Da hört man auf den höchsten Stufen
auf einmal eine Stimme rufen:
«Sieh da! sieh da, Timotheus,
die Kraniche des Ibykus!»
Und finster plötzlich wird der Himmel,
und über dem Theater hin
sieht man, in schwärzlichtem Gewimmel,
ein Kranichheer vorüberziehn.

«Des Ibykus!» – Der teure Name
rührt jede Brust mit neuem Grame,
und wie im Meere Well auf Well,
so läuft's von Mund zu Munde schnell
«Des Ibykus? den wir beweinen?
den eine Mörderhand erschlug?
Was ist's mit dem? was kann er meinen?
was ist's mit diesem Kranichzug?» –

Und lauter immer wird die Frage,
und ahnend fliegt's mit Blitzesschlage
durch alle Herzen: «Gebet acht,
das ist der Eumeniden Macht!
Der fromme Dichter wird gerochen,
der Mörder bietet selbst sich dar –
ergreift ihn, der das Wort gesprochen,
und ihn, an den's gerichtet war!»

Doch dem war kaum das Wort entfahren,
möcht' er's im Busen gern bewahren;
umsonst! Der schreckensbleiche Mund
macht schnell die Schuldbewußten kund.
Man reißt und schleppt sie vor den Richter,
die Szene wird zum Tribunal,
und es gestehn die Bösewichter,
getroffen von der Rache Strahl.

Friedrich Schiller

EDWARD

Aus dem Schottischen

«Dein Schwert, wie ist's von Blut so rot?
  Edward, Edward!
Dein Schwert, wie ist's von Blut so rot,
  und gehst so traurig her? – O!»
«O ich hab' geschlagen meinen Geier tot,
  Mutter! Mutter!
O ich hab' geschlagen meinen Geier tot,
  und keinen hab' ich wie er – O!»

«Dein's Geiers Blut ist nicht so rot,
 Edward, Edward!
Dein's Geiers Blut ist nicht so rot.
 Mein Sohn, bekenn mir frei – O!»
«O ich hab' geschlagen mein Rotroß tot,
 Mutter, Mutter!
O ich hab' geschlagen mein Rotroß tot,
 und's war so stolz und treu – O!»

«Dein Roß war alt, und hast's nicht not,
 Edward, Edward!
Dein Roß war alt und hast's nicht not,
 dich drückt ein ander Schmerz – O!»
«O ich hab' geschlagen meinen Vater tot,
 Mutter, Mutter!
O ich hab' geschlagen meinen Vater tot
 und weh, weh ist mein Herz – O!»

«Und was für Buße willt du nun tun?
 Edward, Edward!
Und was für Buße willt du nun tun?
 Mein Sohn, bekenn mir mehr – O!»
«Auf Erden soll mein Fuß nicht ruhn,
 Mutter, Mutter!
Auf Erden soll mein Fuß nicht ruhn,
 will gehn fern übers Meer – O!»

«Und was soll werden dein Hof und Hall?
 Edward, Edward!
Und was soll werden dein Hof und Hall?
 So herrlich sonst und schön – O!»
«Ich lass' es stehn, bis es sink' und fall',
 Mutter, Mutter!
Ich lass' es stehn, bis es sink' und fall',
 mag nie es wieder sehn – O!»

«Und was soll werden dein Weib und Kind?
 Edward, Edward!
Und was soll werden dein Weib und Kind,
 wann du gehst übers Meer? – O!»

«Die Welt ist groß, laß sie betteln drin,
Mutter, Mutter!
Die Welt ist groß, laß sie betteln drin,
ich seh' sie nimmermehr – O!»

«Und was willt du lassen deiner Mutter teur?
Edward, Edward!
Und was willt du lassen deiner Mutter teur?
Mein Sohn, das sage mir – O!»
«Fluch will ich Euch lassen und höllisch Feur,
Mutter, Mutter!
Fluch will ich Euch lassen und höllisch Feur,
denn Ihr, Ihr rietet's mir! – O!»

Johann Gottfried Herder

DIE SONNE BRINGT ES AN DEN TAG

Gemächlich in der Werkstatt saß
zum Frühtrunk Meister Nikolas.
Die junge Hausfrau schenkt' ihm ein;
es war im heitern Sonnenschein.
Die Sonne bringt es an den Tag!

Die Sonne blinkt von der Schale Rand,
malt zitternde Kringel an die Wand;
und wie den Schein er ins Auge faßt,
so spricht er für sich, indem er erblaßt:
«Du bringst es doch nicht an den Tag!»

«Wer nicht? Was nicht?» die Frau fragt gleich.
«Was stierst du so an? Was wirst du so bleich?»
Und er darauf: «Sei still, nur still!
Ich's doch nicht sagen kann noch will.
Die Sonne bringt's nicht an den Tag!»

Die Frau nur dringender forscht und fragt,
mit Schmeicheln ihn und Hadern plagt,
mit süßem und mit bitterm Wort;
sie fragt und plagt ihn fort und fort:
«Was bringt die Sonne nicht an den Tag?»

«Nein, nimmermehr!» – «Du sagst es mir noch!»
«Ich sag' es nicht.» – «Du sagst es mir doch!»
Da ward zuletzt er müd und schwach
und gab der Ungestümen nach.
Die Sonne bringt es an den Tag!

«Auf der Wanderschaft, 's ist zwanzig Jahr,
da traf es mich einst gar sonderbar;
ich hatt' nicht Geld, nicht Ranzen noch Schuh,
war hungrig und durstig und zornig dazu. –
Die Sonne bringt's nicht an den Tag!

Da kam mir just ein Jud in die Quer;
ringsher war's still und menschenleer.
‹Du hilfst mir, Hund, aus meiner Not;
den Beutel her, sonst schlag' ich dich tot!› –
Die Sonne bringt's nicht an den Tag!

Und er: ‹Vergieße nicht mein Blut;
acht Pfennige sind mein ganzes Gut!›
Ich glaubt' ihm nicht und fiel ihn an;
es war ein alter, schwacher Mann. –
Die Sonne bringt's nicht an den Tag!

So rücklings lag er blutend da;
sein brechendes Aug' in die Sonne sah.
Noch hob er zuckend die Hand empor,
noch schrie er röchelnd mir ins Ohr:
‹Die Sonne bringt es an den Tag!›

Ich macht' ihn schnell noch vollends stumm
und kehrt' ihm die Taschen um und um;
acht Pfenn'ge, das war das ganze Geld.
Ich scharrt' ihn ein auf selbigem Feld. –
Die Sonne bringt's nicht an den Tag!

Dann zog ich weit und weiter hinaus,
kam hier ins Land, bin jetzt zu Haus. –
Du weißt nun meine Heimlichkeit,
so halte den Mund und sei gescheit –
Die Sonne bringt's nicht an den Tag.

Wann aber sie so flimmernd scheint,
ich merk' es wohl, was sie da meint,
wie sie sich müht und sich erbost, –
du, schau nicht hin und sei getrost:
    Sie bringt es doch nicht an den Tag.»

So hatte die Sonn' eine Zunge nun;
der Frauen Zungen ja nimmer ruhn. –
«Gevatterin, um Jesu Christ!
Laßt Euch nicht merken, was Ihr nun wißt!»
    Nun bringt's die Sonne an den Tag!

Die Raben ziehen krächzend zumal
nach dem Hochgericht, zu halten ihr Mahl.
Wen flechten sie aufs Rad zur Stund?
Was hat er getan? Wie ward es kund?
    Die Sonne bracht' es an den Tag.

Adelbert von Chamisso

DIE VERGELTUNG

I

Der Kapitän steht an der Spiere,
das Fernrohr in gebräunter Hand,
dem schwarzgelockten Passagiere
hat er den Rücken zugewandt.
Nach einem Wolkenstreif in Sinnen
die beiden wie zwei Pfeiler sehn,
der Fremde spricht: «Was braut da drinnen?» –
«Der Teufel», brummt der Kapitän.

Da hebt von morschen Balkens Trümmer
ein Kranker seine feuchte Stirn,
des Äthers Blau, der See Geflimmer,
ach, alles quält sein fiebernd Hirn!
Er läßt die Blicke, schwer und düster,
entlängs dem harten Pfühle gehn,
die eingegrabnen Worte liest er:
«Batavia. Fünfhundertzehn.»

Die Wolke steigt, zur Mittagsstunde
das Schiff ächzt auf der Wellen Höhn,
Gezisch, Geheul aus wüstem Grunde,
die Bohlen weichen mit Gestöhn.
«Jesus, Marie! wir sind verloren!»
Vom Mast geschleudert der Matros',
ein dumpfer Krach in aller Ohren,
und langsam löst der Bau sich los.

Noch liegt der Kranke am Verdecke,
um seinen Balken festgeklemmt,
da kommt die Flut, und eine Strecke
wird er ins wüste Meer geschwemmt.
Was nicht geläng' der Kräfte Sporne,
das leistet ihm der starre Krampf,
und wie ein Narwal mit dem Horne
schießt fort er durch der Wellen Dampf.

Wie lange so? – er weiß es nimmer,
dann trifft ein Strahl des Auges Ball,
und langsam schwimmt er mit der Trümmer
auf ödem glitzerndem Kristall.
Das Schiff – die Mannschaft – sie versanken.
Doch nein, dort auf der Wasserbahn,
dort sieht den Passagier er schwanken
in einer Kiste morschem Kahn.

Armsel'ge Lade! sie wird sinken,
er strengt die heisre Stimme an:
«Nur grade! Freund, du drückst zur Linken!»
Und immer näher schwankt's heran,
und immer näher treibt die Trümmer,
wie ein verwehtes Möwennest;
«Courage!», ruft der kranke Schwimmer,
«mich dünkt, ich sehe Land im West!»

Nun rühren sich der Fähren Ende,
er sieht des fremden Auges Blitz,
da plötzlich fühlt er starke Hände,
fühlt wütend sich gezerrt vom Sitz.
«Barmherzigkeit! ich kann nicht kämpfen.»
Er klammert dort, er klemmt sich hier;
ein heisrer Schrei, den Wellen dämpfen,
am Balken schwimmt der Passagier.

Dann hat er kräftig sich geschwungen
und schaukelt durch das öde Blau,
er sieht das Land wie Dämmerungen
enttauchen und zergehn in Grau.
Noch lange ist er so geschwommen,
umflattert von der Möwe Schrei,
dann hat ein Schiff ihn aufgenommen,
Viktoria! Nun ist er frei!

II

Drei kurze Monde sind verronnen,
und die Fregatte liegt am Strand,
wo mittags sich die Robben sonnen
und Bursche klettern übern Rand,
den Mädchen ist's ein Abenteuer,
es zu erschaun vom fernen Riff,
denn noch zerstört ist nicht geheuer
das greuliche Korsarenschiff.

Und von der Stadt, da ist ein Waten,
ein Wühlen durch das Kiesgeschrill,
da die verrufenen Piraten
ein jeder sterben sehen will.
Aus Strandgebälken, morsch, zertrümmert,
hat man den Galgen, dicht am Meer,
in wüster Eile aufgezimmert.
Dort dräut er von der Düne her!

Welch ein Getümmel an den Schranken!
«Da kommt der Frei – der Hessel jetzt –
da bringen sie den schwarzen Franken,
der hat geleugnet bis zuletzt!» –
«Schiffbrüchig sei er hergeschwommen».
höhnt eine Alte: «ei, wie kühn!
Doch keiner sprach zu seinem Frommen,
die ganze Bande gegen ihn.»

Der Passagier, am Galgen stehend,
hohläugig, mit zerbrochnem Mut,
zu jedem Räuber flüstert flehend:
«Was tat dir mein unschuldig Blut?
Barmherzigkeit! – so muß ich sterben
durch des Gesindels Lügenwort,
o, mög' die Seele euch verderben!»
Da zieht ihn schon der Scherge fort.

Er sieht die Menge wogend spalten –
er hört das Summen im Gewühl –
nun weiß er, daß des Himmels Walten
nur seiner Pfaffen Gaukelspiel!
Und als er in des Hohnes Stolze
will starren nach den Ätherhöhn,
da liest er an des Galgens Holze:
«Batavia. Fünfhundertzehn.»

Annette von Droste-Hülshoff

DER HEIDEKNABE

Der Knabe träumt, man schicke ihn fort
mit dreißig Talern zum Heideort,
er ward drum erschlagen am Wege
und war doch nicht langsam und träge.

Noch liegt er im Angstschweiß, da rüttelt ihn
sein Meister und heißt ihm, sich anzuziehn
und legt ihm das Geld auf die Decke
und fragt ihn, warum er erschrecke.

«Ach Meister, mein Meister, sie schlagen mich tot,
die Sonne, sie ist ja wie Blut so rot!»
«Sie ist es für dich nicht alleine,
drum schnell, sonst mach' ich dir Beine!»

«Ach Meister, mein Meister, so sprachst du schon,
das war das Gesicht, der Blick, der Ton,
gleich greifst du» – zum Stock, will er sagen,
er sagt's nicht, er wird schon geschlagen.

«Ach Meister, mein Meister, ich geh', ich geh',
bring meiner Frau Mutter das letzte Ade!
Und sucht sie nach allen vier Winden,
am Weidenbaum bin ich zu finden!»

Hinaus aus der Stadt! Und da dehnt sie sich,
die Heide, nebelnd, gespenstiglich,
die Winde darübersausend.
«Ach, wär' hier ein Schritt wie tausend!»

Und alles so still und alles so stumm,
man sieht sich umsonst nach Lebendigem um,
nur hungrige Vögel schießen
aus Wolken, um Würmer zu spießen.

Er kommt ans einsame Hirtenhaus,
der alte Hirt schaut eben heraus,
des Knaben Angst ist gestiegen,
am Wege bleibt er noch liegen.

«Ach Hirte, du bist ja von frommer Art,
vier gute Groschen hab ich gespart,
gib deinen Knecht mir zur Seite,
daß er bis zum Dorf mich begleite.

Ich will sie ihm geben, er trinke dafür
am nächsten Sonntag ein gutes Bier,
dies Geld hier, ich trag' es mit Beben,
man nahm mir im Traum drum das Leben!»

Der Hirt, der winkte dem langen Knecht,
er schnitt sich eben den Stecken zurecht,
jetzt trat er hervor – wie graute
dem Knaben, als er ihn schaute!

«Ach, Meister Hirte, ach nein, ach nein,
es ist doch besser, ich geh' allein!»
Der Lange spricht grinsend zum Alten:
«Er will die vier Groschen behalten.»

«Da sind die vier Groschen!» Er wirft sie hin
und eilt hinweg mit verstörtem Sinn.
Schon kann er die Weide erblicken,
da klopft ihn der Knecht in den Rücken.

«Du hältst es nicht aus, du gehst zu geschwind,
ei, Eile mit Weile, du bist ja noch Kind,
auch muß das Geld dich beschweren,
wer kann dir das Ausruhn verwehren?

Komm, setz dich unter den Weidenbaum
und dort erzähl mir den häßlichen Traum,
mir träumte – Gott soll mich verdammen,
trifft's nicht mit deinem zusammen!»

Er faßt den Knaben wohl bei der Hand,
der leistet auch nimmermehr Widerstand;
die Blätter flüstern so schaurig,
das Wässerlein rieselt so traurig!

«Nun sprich, du träumtest» – «Es kam ein Mann –»
«War ich das? Sieh mich doch näher an,
ich denke, du hast mich gesehen!
Nun weiter, wie es ist geschehen?»

«Er zog ein Messer!» – «War das, wie dies?» –
«Ach ja, ach ja!» – «Er zog's?» – «Und stieß» –
«Er stieß dir's wohl so durch die Kehle?
Was hilft es auch, daß ich dich quäle!»

Und fragt ihr, wie's weiter gekommen sei?
So fragt zwei Vögel, sie saßen dabei,
der Rabe verweilte gar heiter,
die Taube konnte nicht weiter!

Der Rabe erzählt, was der Böse noch tat,
und auch, wie's der Henker gerochen hat;
die Taube erzählt, wie der Knabe
geweint und gebetet habe.

Friedrich Hebbel

FRAGE

Einst wird die Weltposaune dröhnen
und mächtig aus des Engels Mund,
ein lauter Donner, wird es tönen:
Du Erde, öffne deinen Schlund!

Sie schüttelt träumend ihre Glieder,
und alle Gräber tun sich auf
und geben ihre Toten wieder,
die kommen staunend Hauf zu Hauf.

Dann, wenn, den großen Spruch zu sprechen,
der Ew'ge sich vom Stuhl erhebt
und stockend alle Herzen brechen
und Todesangst die Welt durchbebt

und laut erkracht des Himmels Krone –
dann ringsum Schweigen fürchterlich –,
dann will ich stehn vor seinem Throne
und fragen: Warum schufst du mich?

Friedrich Theodor Vischer

DIE GOLDGRÄBER

Sie waren gezogen über das Meer,
nach Glück und Gold stand ihr Begehr,
drei wilde Gesellen, vom Wetter gebräunt,
und kannten sich wohl und waren sich freund.

Sie hatten gegraben Tag und Nacht
am Fluß die Grube, im Berg den Schacht;
in Sonnengluten und Regengebraus,
bei Durst und Hunger hielten sie aus.

Und endlich, endlich, nach Monden voll Schweiß,
da sahn aus der Tiefe sie winken den Preis,
da glüht' es sie an durch das Dunkel so hold,
mit Blicken der Schlange, das feurige Gold.

Sie brachen es los aus dem finsteren Raum,
und als sie's faßten, sie hoben es kaum,
und als sie's wogen, sie jauchzten zugleich:
«Nun sind wir geborgen, nun sind wir reich!»

Sie lachten und kreischten mit jubelndem Schall,
sie tanzten im Kreis um das blanke Metall,
und hätte der Stolz nicht bezähmt ihr Gelüst,
sie hätten's mit brünstiger Lippe geküßt.

Sprach Tom, der Jäger: «Nun laßt uns ruhn!
Zeit ist's, auf das Mühsal uns gütlich zu tun.
Geh, Sam, und hol uns Speisen und Wein!
Ein lustiges Fest muß gefeiert sein!»

Wie trunken schlenderte Sam dahin,
zum Flecken hinab mit verzaubertem Sinn;
sein Haupt umnebelnd beschlichen ihn sacht
Gedanken, wie er sie nimmer gedacht.

Die andern saßen am Bergeshang;
sie prüften das Erz, und es blitzt' und es klang.
Sprach Will, der Rote: «Das Gold ist fein;
nur schade, daß wir es teilen zu drei'n.»

«Du meinst?» – «Je, nun, ich meine nur so,
zwei würden des Schatzes besser froh.
Doch wenn ...» – «Wenn was?» – «Nun, nehmen wir an,
Sam wäre nicht da ...» «Ja freilich, dann, dann ...»

Sie schwiegen lang. Die Sonne glomm
und gleißt' um das Gold; da murmelte Tom:
«Siehst du die Schlucht dort unten?» – «Warum?»
«Ihr Schatten ist tief, und die Felsen sind stumm.»

«Versteh' ich dich recht?» – «Was fragst du noch viel!
Wir dachten es beide und führen's ans Ziel.
Ein tüchtiger Stoß und ein Grab im Gestein,
so ist es getan, und wir teilen allein!»

Sie schwiegen aufs neu. Es verglüht' der Tag;
wie Blut auf dem Golde das Spätrot lag.
Da kam er zurück, ihr junger Genoß,
von bleicher Stirne der Schweiß ihm floß.

«Nun her mit dem Korb und dem bauchigen Krug!»
Und sie aßen und tranken mit tiefem Zug.
«Hei lustig, Bruder! Dein Wein ist stark,
er rollt wie Feuer durch Bein und Mark.

Komm, tu uns Bescheid!» – «Ich trank schon vorher,
nun sind vom Schlafe die Augen mir schwer;
ich streck' ins Geklüft mich.» – «Nun, gute Ruh'!
Und nimm den Stoß, und den dazu!»

Sie trafen ihn mit den Messern gut.
Er schwankt und glitt im rauchenden Blut.
Noch einmal hub er sein blaß Gesicht:
«Herrgott im Himmel, du hältst Gericht!

Wohl um das Gold erschluget ihr mich.
Weh euch! Ihr seid verloren wie ich.
Auch ich, ich wollte den Schatz allein
und mischt' euch tödliches Gift an den Wein!»

Emanuel Geibel

PARABEL

Es ging ein Mann im Syrerland,
führt' ein Kamel am Halfterband.
Das Tier mit grimmigen Gebärden
urplötzlich anfing, scheu zu werden
und tat so ganz entsetzlich schnaufen,
der Führer vor ihm mußt' entlaufen.
Er lief und einen Brunnen sah
von ungefähr am Wege da.
Das Tier hört' er im Rücken schnauben,
das mußt' ihm die Besinnung rauben.
Er in den Schacht des Brunnens kroch,
er stürzte nicht, er schwebte noch.
Gewachsen war ein Brombeerstrauch
aus des geborstnen Brunnens Bauch;
daran der Mann sich fest tat klammern
und seinen Zustand drauf bejammern.
Er blickte in die Höh' und sah
dort das Kamelhaupt furchtbar nah,
das ihn wollt' oben fassen wieder.
Dann blickt' er in den Brunnen nieder;
da sah am Grund er einen Drachen
aufgähnen mit entsperrtem Rachen,
der drunten ihn verschlingen wollte,
wenn er hinunterfallen sollte.
So schwebend in der beiden Mitte,
da sah der Arme noch das Dritte.
Wo in die Mauerspalte ging
des Sträuchleins Wurzel, dran er hing,
da sah er still ein Mäusepaar,
schwarz eine, weiß die andre war.
Er sah die schwarze mit der weißen
abwechselnd an der Wurzel beißen.
Sie nagten, zausten, gruben, wühlten,
die Erd' ab von der Wurzel spülten;
und wie sie rieselnd niederrann,
der Drach' im Grund aufblickte dann,
zu sehn, wie bald mit seiner Bürde
der Strauch entwurzelt fallen würde.

Der Mann in Angst und Furcht und Not,
umstellt, umlagert und umdroht,
im Stand des jammerhaften Schwebens,
sah sich nach Rettung um vergebens.
Und, da er also um sich blickte,
sah er ein Zweiglein, welches nickte
vom Brombeerstrauch mit reifen Beeren,
da konnt' er doch der Lust nicht wehren.
Er sah nicht des Kameles Wut
und nicht den Drachen in der Flut
und nicht der Mäuse Tückespiel,
als ihm die Beer' ins Auge fiel.
Er ließ das Tier von oben rauschen
und unter sich den Drachen lauschen
und neben sich die Mäuse nagen,
griff nach den Beerlein mit Behagen.
Sie deuchten ihm zu essen gut,
aß Beer' auf Beerlein wohlgemut,
und durch die Süßigkeit im Essen
war alle seine Furcht vergessen. –

Du fragst: Wer ist der töricht' Mann,
der so die Furcht vergessen kann?
So wiß, o Freund, der Mann bist du:
vernimm die Deutung auch dazu!
Es ist der Drach im Brunnengrund
des Todes aufgesperrter Schlund;
und das Kamel, das oben droht,
er ist des Lebens Angst und Not.
Du bist's, der zwischen Tod und Leben
am grünen Strauch der Welt mußt schweben.
Die beiden, so die Wurzel nagen,
dich samt den Zweigen, die dich tragen,
zu liefern in des Todes Macht,
die Mäuse heißen Tag und Nacht.
Es nagt die schwarze wohl verborgen
vom Abend heimlich bis zum Morgen,
es nagt vom Morgen bis zum Abend,
die weiße, wurzeluntergrabend.
Und zwischen diesem Graus und Wust

lockt dich die Beere Sinnenlust,
daß du 's Kamel, die Lebensnot,
daß du im Grund den Drachen Tod,
daß du die Mäuse Tag und Nacht
vergissest und auf nichts hast acht,
als daß du recht viel Beerlein haschest,
aus Grabes Brunnenritzen naschest.

Friedrich Rückert

DIE NÄCHTLICHE TRAUUNG

Tief liegt das Dorf in seinem Frieden,
Türen und Tore siegelt der Mond;
das Kirchlein, ein wenig abgeschieden,
ist sein langes Alleinsein gewohnt.
Der greise Pfarrer und seine Gemeinde
schlafen sanft; und Wächter und Hund
denken im Traum selbst an keine Feinde,
alles schweigt wie Grabesgrund,
und es flüstert doch wie von irgendwoher.

Das Dorf kauert an der Westseeküste,
weit oben im Norden, im Jütenland.
Sind's Ruderschläge? Wer's nur wüßte!
Mit der Flut strebt schnell etwas an den Strand.
Gleichmäßiger Ruderschlag, wie auf Kommando;
wohl zwanzig Barkassen enttauchen dem Meer.
Eine Stimme, vorn, ruft: «Avanti, Mirando!»
Und zwanzig Barkassen fliegen her.
Steigt denn ans Ufer ein ganzes Volk?

Plötzlich stehn an des Seelsorgers Lager
zwei Menschen mit grasgrünen Masken vor:
«Heraus», hebt an der eine Frager,
«wir suchen dich, du bist der Pastor.»
Der andre spricht: «Sieh, tausend Zechinen,
hier in der linken Hand halt' ich sie fest.
Oder willst du den Dolch dir verdienen,
dann gibt dir meine Rechte den Rest!»
Und Dolch und Zechinen wiegen gleich.

Der erste spricht: «Laß die Heiligen walten.»
(Er radebrecht, sein Deutsch ist schlecht.)
«Du sollst jetzt eine Traurede halten,
mach's kurz und mach es schlicht und recht.
 Und gleich eine Leichenpredigt dranknüpfen.
 Heraus nun und rasch in deinen Talar.
 Dann darfst du wieder ins Bettuch schlüpfen,
 doch erst komm mit an deinen Altar.»
Und bebend folgt ihnen der alte Mann.

Wie sie draußen sind, sieht er von zahllosen Kerzen
inwendig glänzen sein Gotteshaus
und hört die Musik aller Lebensschmerzen
aus dem gewaltigen Orgelgebraus.
 Er wankt, die beiden müssen ihn stützen,
 er betet laut in die Nacht hinein:
 «Der Himmel wird mich vor Satan schützen,
 o Jesus, laß mich nicht allein.»
Und dann betritt er die Schwelle.

Er prallt zurück. Auf Gängen und Sitzen –
wartet der Hof? geschmückt wie zum Ball?
Uniformen und Orden blenden und blitzen
wie sonnebeglitzerter Schneekristall.
 Viele Admirale und Generale
 und noch manch andrer Offizier
 füllen mit ihrem Gala-Gestrahle
 des schmucklosen Kapellchens enges Revier.
Und der Priester tappt wie im Traum nach vorn.

Er findet vor dem heiligen Schreine
einen finstern Herrn, verwelkt und grau,
bei ihm die Braut, wie im Heiligenscheine,
jung wie am frühen Tag der Tau.
 Ihr stiert aus dem schwarzen Lockendunkel
 ein Diamant von wahnsinnigem Wert,
 über ihr bleich Gesicht irrt sein Gefunkel;
 ihre lieben Augen sind tränenverheert.
Der Prediger spricht seinen Trausermon.

Und gleich darauf, wie ihm befohlen,
hält er mit tiefster Ergriffenheit
eine Leichenrede. Er schluchzt verstohlen;
denkt er an Gottes Gerechtigkeit?
  Der Myrtenzweig und die Gräberblume
  verschlingen sich zum herben Kranz;
  beide gepflückt aus der irdischen Krume
  blühn sie empor in den himmlischen Glanz.
Der arme Geistliche tappt zurück.

Er taumelt, wie von Schwindel befangen,
sein Geist ist verwirrt, kein Amen der Schluß.
Knapp ist er dreißig Schritte gegangen,
hört er einen Pistolenschuß.
  Da packt ihn die Angst, da packt ihn Entsetzen,
  kaum tragen die zitternden Füße ihn fort.
  Wollen die Höllenwölfe ihn hetzen?
  Er hört sie heulen, er stöhnt: Mord! Mord!
Ohnmächtig fällt er am Gartenzaun hin.

Und er erwacht und schleppt sich zum Küster.
Der, gleich hochbejahrt, kindisch lullt und lacht,
und erzählt, wie ein Irrer, ihm mit Geflüster,
was er erlebt hat diese Nacht.
  Die beiden Greise trotteln versonnen
  einem Teich vorbei im Zwielichtgefild;
  der Teich steht still wie zu Stahl geronnen,
  nun regt ihn ihr schlotterndes Spiegelbild.
Dann treten sie ein durchs Kirchenportal:

Das Morgenrot spielt zum Erbarmen
um die junge erschossene Frau,
die mit weit ausgebreiteten Armen
vorm Altar liegt im Dämmergrau.
  Die Myrte ist ihr vom Haupt gerissen,
  um ihre Stirn knittert ein Kranz von Stroh.
  Gibt es ein Großes Weltgewissen?
  Gibt es ein Vöglein, heißt Nirgendwo?
Ein Dreimaster schaukelt auf hoher See.

Detlev von Liliencron

DIE BRÜCK' AM TAY

When shall we three meet again? (Macbeth)

«Wann treffen wir drei wieder zusamm'?»
«Um die siebente Stund, am Brückendamm.»
«Am Mittelpfeiler.»
    «Ich lösche die Flamm'.»
«Ich mit.»
    «Ich komme vom Norden her.»
«Und ich vom Süden,»
    «Und ich vom Meer.»
«Hei, das gibt einen Ringelreihn,
und die Brücke muß in den Grund hinein.»
«Und der Zug, der in die Brücke tritt
um die siebente Stund'?»
«Ei, der muß mit.»
    «Muß mit.»
«Tand, Tand
ist das Gebilde von Menschenhand!»

Auf der Norderseite das Brückenhaus –
alle Fenster sehen nach Süden aus,
und die Brücknersleut' ohne Rast und Ruh'
und in Bangen sehen nach Süden zu,
sehen und warten, ob nicht ein Licht
übers Wasser hin «ich komme» spricht,
«ich komme, trotz Nacht und Sturmesflug,
ich, der Edinburger Zug.»

Und der Brückner jetzt: «Ich seh' einen Schein
am anderen Ufer. Das muß er sein.
Nun, Mutter, weg mit dem bangen Traum,
unser Johnie kommt und will seinen Baum,
und was noch am Baume von Lichtern ist,
zünd' alles an wie zum heiligen Christ,
der will heuer zweimal mit uns sein –
und in elf Minuten ist er herein.»

Und es war der Zug. Am Süderturm
keucht er vorbei jetzt gegen den Sturm,
und Johnie spricht: «Die Brücke noch!
Aber was tut es, wir zwingen es doch.
Ein fester Kessel, ein doppelter Dampf,
die bleiben Sieger in solchem Kampf.
Und wie's auch rast und ringt und rennt,
wir kriegen es unter, das Element.

Und unser Stolz ist unsre Brück';
ich lache, denk' ich an früher zurück.
an all den Jammer und all die Not
mit dem elend alten Schifferboot;
wie manche liebe Christfestnacht
hab' ich im Fährhaus zugebracht
und sah unsrer Fenster lichten Schein
und zählte und konnte nicht drüben sein.»

Auf der Nordseite, das Brückenhaus –
alle Fenster sehen nach Süden aus,
und die Brücknersleut' ohne Rast und Ruh'
und in Bangen sehen nach Süden zu;
denn wütender wurde der Winde Spiel,
und jetzt, als ob Feuer vom Himmel fiel,
erglüht es in niederschießender Pracht
überm Wasser unten ... Und wieder ist Nacht.

«Wann treffen wir drei wieder zusamm'?»
«Um Mitternacht, am Bergeskamm.»
«Auf dem hohen Moor, am Erlenstamm.»
«Ich komme.»
    «Ich mit.»
        «Ich nenn' euch die Zahl.»
«Und ich die Namen.»
    «Und ich die Qual.»
«Hei!
    Wie Splitter brach das Gebälk entzwei.»
        «Tand, Tand
ist das Gebilde von Menschenhand.»

Theodor Fontane

DES MENSCHEN HAND

Legt in die Hand das Schicksal dir ein Glück,
mußt du ein andres wieder fallen lassen;
Schmerz und Gewinn erhältst du Stück um Stück,
und Tiefersehntes wirst du bitter hassen.

Des Menschen Hand ist eine Kinderhand,
sie greift nur zu, um achtlos zu zerstören;
mit Trümmern überstreuet sie das Land,
und was sie hält, wird ihr doch nie gehören.

Des Menschen Hand ist eine Kinderhand,
sein Herz ein Kinderherz im heft'gen Trachten.
Greif zu und halt! ... da liegt der bunte Tand;
und klagen müssen nun, die eben lachten.

Legt in die Hand das Schicksal dir den Kranz,
so mußt die schönste Pracht du selbst zerpflücken;
zerstören wirst du selbst des Lebens Glanz
und weinen über den zerstreuten Stücken.

Wilhelm Raabe

JÄGERGLÜCK

Du bückst dich, hältst ein Vierblatt empor, als gäb
es viele: aber andere suchen lang
im grünen Kleefeld glücklos. Dir doch
zeigt es sich gern, das sonst so scheu ist.

Und wills die Stunde, brauchst du wie träumend nur
das Flintenrohr zu heben im Wald: schon stürzt
das Reh. Das stieg aus heiterm Talgrund
eilig herauf, um den Tod zu finden.

Was nicht der List des kundigsten Fischers glückt,
oft glückts dem Neuling: hoch aus dem Bache schnellt
er leichter Hand die alte, schlaue
Gumpenforelle ans grelle Taglicht –

und wild sich schleudernd hilft sie noch selbst dem Feind.
Es zwingt das Herz, das reif ist, den Pfeil herbei.
Drum preise laut den Schuß nicht, Schütze!
Schultre den Bogen und troll dich schweigend!

Georg Britting

LETZTER WILLE

So sterben,
wie ich ihn einst sterben sah –,
den Freund, der Blitze und Blicke
göttlich in meine dunkle Jugend warf.
Mutwillig und tief,
in der Schlacht ein Tänzer –.

unter Kriegern der Heiterste,
unter Siegern der Schwerste,
auf seinem Schicksal ein Schicksal stehend,
hart, nachdenklich, vordenklich –:

erzitternd darob, *dass* er siegte,
jauchzend darüber, dass er *sterbend* siegte –:

befehlend, indem er starb
– und er befahl, dass man *vernichte* …

So sterben,
wie ich ihn einst sterben sah:
siegend, *vernichtend* …

Friedrich Nietzsche

PINIE UND BLITZ

Hoch wuchs ich über Mensch und Tier;
und sprech' ich – niemand spricht mit mir.

Zu einsam wuchs ich und zu hoch –
ich warte: worauf wart' ich doch?

Zu nah' ist mir der Wolken Sitz, –
ich warte auf den ersten Blitz.

Friedrich Nietzsche

NUR ZWEI DINGE

Durch soviel Formen geschritten,
durch Ich und Wir und Du,
doch alles blieb erlitten
durch die ewige Frage: wozu?

Das ist eine Kinderfrage.
Dir wurde erst spät bewußt,
es gibt nur eines: ertrage
– ob Sinn, ob Sucht, ob Sage –
dein fernbestimmtes: Du mußt.

Ob Rosen, ob Schnee, ob Meere,
was alles erblühte, verblich,
es gibt nur zwei Dinge: die Leere
und das gezeichnete Ich.

Gottfried Benn

LEBENSALLTAG

REDE AN DEN MANN ATLAS

Das wollen wir dem Manne Atlas sagen.
Du hast nicht Schwereres als wir zu tragen!
Erbärmlich schmerzt auch uns der Rücken!
Will das Gewicht der Welt uns schier erdrücken,
verbietet uns, bei dir wirds auch so sein,
ein stiller Hochmut, daß wir uns beklagen –
und heimlich ists auch Lust, sich so zu plagen!
Schmerz und Entzücken,
beides haben wir mit dir gemein –
und, alter Mann,
davon in zugemeßnen Stücken
wird man uns mehr nicht aufgebürdet haben,
als unser Nacken tragen kann.

Georg Britting

ABENDLIED EINES BAUERSMANNS

Das schöne große Tag-Gestirne
vollendet seinen Lauf.
Komm, wisch den Schweiß mir von der Stirne,
lieb Weib, und dann tisch auf.

Kannst hier auf der Erde decken,
hier unterm Apfelbaum:
Da pflegt es abends gut zu schmecken,
und ist am besten Raum.

Und rufe flugs die kleinen Gäste,
denn hör, mich hungert's sehr;
bring auch den kleinsten aus dem Neste,
wenn er nicht schläft, mit her.

Dem König bringt man viel zu Tische;
er, wie die Rede geht,
hat alle Tage Fleisch und Fische
und Panzen* und Pastet;

* Kutteln

EINEM TAGELÖHNER

Lange Jahre sah ich dich
führen deinen Spaten,
und ein jeder Schaufelstich
ist dir wohlgeraten.

Nie hat dir des Lebens Flucht
bang gemacht, ich glaube –
sorgtest für die fremde Frucht,
für die fremde Traube.

Nie gelodert hat die Glut
dir in eignem Herde,
doch du fußest fest und gut
auf der Mutter Erde.

Nun hast du das Land erreicht,
das du fleißig grubest,
laste dir die Scholle leicht,
die du täglich hubest!

Conrad Ferdinand Meyer

und ist ein eigner Mann erlesen,
von andrer Arbeit frei,
der ordert ihm sein Tafelwesen
und präsidiert dabei.

Gott lass' ihm alles wohl gedeihen!
Er hat auch viel zu tun
und muß sich Tag und Nacht kasteien,
daß wir in Frieden ruhn.

Und haben wir nicht Herrenfutter;
so haben wir doch Brot
und schöne frische, reine Butter
und Milch, was denn für Not?

Das ist genug für Bauersleute,
wir danken Gott dafür,
und halten offne Tafel heute
vor allen Sternen hier.

Es präsidiert bei unserm Mahle
der Mond, so silberrein!
Und guckt von oben in die Schale
und tut den Segen h'nein.

Nun Kinder, esset, eßt mit Freuden,
und Gott gesegn' es euch!
Sieh, Mond! ich bin wohl zu beneiden,
bin glücklich und bin reich!

Matthias Claudius

DIE SCHATZGRÄBER

Ein Winzer, der am Tode lag,
rief seine Kinder an und sprach:
«In unserm Weinberg liegt ein Schatz,
grabt nur danach!» – «An welchem Platz?»
schrie alles laut den Vater an.
«Grabt nur!» – O weh! da starb der Mann.

Kaum war der Alte beigeschafft,
so grub man nach aus Leibeskraft.
Mit Hacke, Karst und Spaten ward
der Weinberg um und um gescharrt.
Da war kein Kloß, der ruhig blieb;
man warf die Erde gar durchs Sieb,
und zog die Harken kreuz und quer
nach jedem Steinchen hin und her.
Allein da ward kein Schatz verspürt
und jeder hielt sich angeführt.

Doch kaum erschien das nächste Jahr,
so nahm man mit Erstaunen wahr,
daß jede Rebe dreifach trug.
Da wurden erst die Söhne klug,
und gruben nun jahrein jahraus
des Schatzes immer mehr heraus.

Gottfried August Bürger

LETZTE ERNTE

Ich brachte in siebzig Jahren viele Ernten ein,
dies soll mein letztes Fuder wohl gewesen sein!
Die Gäule scheuten am Tore, sie jagten mit Gewalt,
ich schrie und riß an der Leine, aber mein Arm ist alt.

Vor ihren polternden Hufen der Staub flog auf wie Rauch,
die Garben schleiften die Steine – mein alter Rücken auch.
Mutter, was hilft das Weinen? Das ist nun, wie es ist.
Siebzig Jahre und drüber war doch eine schöne Frist!

Daß sie den Schmied nur holen, ein Eisen fehlt dem Roß,
und hinterm Hof am Tore, da ist ein Pfosten los.
Und daß sie nicht vergessen: da, wo die Pappeln stehn,
im letzten Schlag am Berge, da sollen sie Roggen sä'n.

Kommt jeder an die Reihe, König, Bauer und Knecht!
Ist's unsers Herrgotts Wille, so ist es mir auch recht.
Was stehst du vor dem Bette und beugst dich drüber dicht?
Meinst du, Mutter, ich sähe die Totenlichter nicht?

Vier Lichter an der Lade, wie sich's zu Recht gehört,
vier Pferde vor dem Wagen, der mich vom Hofe fährt,
der weißen Klageweiber zween vor meiner Truh',
im breiten linnenen Laken vom Kopf bis auf die Schuh'! –

Mutter, kommen die Kühe schon vom Kamp herein?
Die Schwarze brüllt am Tore, da muß es Melkzeit sein.
Ich höre die Knechte singen vor der Dielentür, –
morgen um Feierabend bin ich nicht mehr hier!

Viel Hände braucht die Ernte. Der Herrgott hat's gewußt,
Gottlob, daß ich nicht früher habe fortgemußt!
Und wenn ich Feierabend heute machen soll, –
gemäht sind die letzten Ähren, und alle Scheuern voll!

Lulu von Strauß und Torney

WALDARBEITER

Die runde Säge hängt ihm um den Hals,
Axt unterm Arm, so geht er morgens aus.
Hört seine Schritte hallen harten Falls –
schlafblind, im Dämmer, steht noch Haus bei Haus.

Er hat den meilenweiten Wälderschritt,
den Hut im Nacken und das Brot im Sack,
Geruch von Harz und Borke führt er mit,
und kleiner Feuer Reisigrauchgeschmack.

Des frischen Laubes süßen Moderduft,
und Spechtgeklopf und Häherschrei und schwer
den Wipfelsturz aus goldner Herbstesluft –
Axtruf, lang läutend von den Halden her ...

Ina Seidel

DER ERDBEERFRAU

«A loadis[1] Erdbeer-Jahr, natürli, gel!
Am Benno-Tag, der Frost, der hats dawischt!»
Sprach sie mich an und lächelte dazu
mit welkem Mund und wasserblauen Augen,
so harmlos wie ein Kind, die dürre Alte.
«Recht schlimm für uns, und schlimmer noch für Euch»,
erwidert' ich. «Ihr kommt um den Verdienst,
den besten wohl im Sommer.»
«I? No wissns,
geits ihrer weni, werns halt besser zahlt,
die Erdbeer, gar die schöni, ausm Gstoan,[2]
wie ebba selli da!»
Sie rückt' hinweg
den Deckel ihres Korbs, und drinnen lagen
auf Tannenreislein und auf frischen Blättern
Erdbeeren duftend und so purpurrot,
daß schon ihr Anblick eine Labung war.
Der Alten bot er wahren Hochgenuß:
«Die wachsn aufn Staufn, in die Schluchtn»,
sagt sie und hebt voll Finderstolz ihr Körbchen.

Ich hätte seinen Inhalt gern erworben;
er war verkauft. Vom Berge kam die Frau,
nach langem Tagewerk, war hungrig jetzt,
ein wenig müd und sehnte sich nach Hause.
«Es warten Eure Kinder», meinte ich,
«und Enkel dort auf Euch.»
«Auf mi wart koas,
i bin alloa», gab sie zerstreut zurück,
und mit der Rechten ihre Augen deckend,
blickt' in die Sonne sie, die goldig flutend
soeben hinter Bergeshöhn versank.

1 leidig, schlecht 2 Gestein

«Da schaugns hin, zum Zwisl schaugns hin,
da bin i morgn um die Zeit scho gwest
gon Abnd hoaßts zur Alm no auffikrabin,
im Heubüh drobn schlaft ma woltern guat
und fruh um zwoa gehts ani scho in d' Staudn.

Gsund bin i, Gott sei Dank!» schloß sie vergnügt,
und zwinkert' nach den glutumsäumten Bergen
voll Liebe hin, «und hon aa koani Sorgn.»
«Im Sommer, doch wie sieht's im Winter aus?»
«Mit Gottes Gnad, halt so, a bißl wiescht,[3]
ma hofft halt immer, daß bal Frühling wird.
An Oaschicks[4] bringt ihm scho so kloanweis furt.»
«Das ist der Trost der Einsamen», sagt' ich,
«wie Ihr es seid, vielleicht von jeher wart?»

Gutmütig, heitren Spotts zuckte sie die Achseln
ob meines Irrtums. «Na, von jeher nit.
I hon amal a schöns Awesn gheit,
an braven Mo, fünf Kinder – ja amal!»
«Fünf Kinder? Hab und Gut? Und steht allein
und arm jetzt in der Welt? ... Wie ging das zu?»
«No, schiefri ebba. 's Unglück hat uns hoamgsucht,
verbrunna san mer aa», gab sie zur Antwort
und schien zu denken: Ei, was kümmert's dich?
Doch mählich eines Bessern sich besinnend,
hob leise seufzend sie von neuem an:
«Vor dreizehn Jahren – wartens – na, vor achtzehn,
ja wirkli, achtzehn – wie die Zeit vergeht!
Da is bei uns das großi Feuer gwest.
In d' Tenna eigschlagn hat der Blitz vom Himmi –
und voll mit Troad[5] wies war, so is verbrunnen,
und aa der Mo, sechs Küh, zwoa Kinder, alls
verbrunna.»
«Wie? Verbrannt?!»

3 wüst, schlecht 4 einschichtig, einzeln 5 Getreide

«Ja, ja, verbrennt.
Mi selba hat der Nachbar no am Zopf,
der damal armsdick war – wer möcht dees glaubn? –
herauszerrt aus die lichtrlohn Flammen.
Die Gloabiger hon si den Grund biholten,
und wiar i gangn, wiar i gstandn bin,
so bin i von der Brandgstätt weiterzogn.»
«Mit Euren Kindern?»
«Jo, mit denen drei,
die übri bliebn san, zwoa Diendln und
an kloan Buebn», entgegnet sie gelassen.
«Und dann? Wie habt Ihr dann Euch fortgeholfen?»
Sie hob den Kopf empor: «No, ehrli halt.
Viel garbeit, viel, und aa a bißl bet,
a bißl nur, denn damaln, wissens, Frau,
da war i bös mit unsern lieben Herrgott,
und bins aa blieben no a lange Weil,
denn oans vo meini Diendl is schlecht gratn
und leit da draußn vor der Kirchhofmauer,
i mach en Umweg, mueß i dort vorbi.»
«Die zweite aber? – die?»
«Die hat an Baurern,
in Hammerau, an reichn, is versorgt.»
«Und sorgt für ihre Mutter, will ich hoffen.»
«Für mi? Was denkens denn? Si hat den Mo,
hat ihm ins Haus koan roti Heller bracht
und wird aa koanen naustragn – dees hoff i!»
«Und Euer Sohn?»
«Seidat[6] war'r, Schandarm …
I sag, er war, jetzunder is er tot,
erschossn von die Pascher[7] an der Grenz.
Im letzten Hirgscht[8] hon i di Nachricht kriegt.»
Sie sprach es langsam, leise, unbewegt,
sann nach ein Weilchen; wie ein Lichtstrahl flog's
erhellend freudig über ihr Gesicht.
«Der is mit mir gar oft in d' Erdbeer ganga
wier er a Bua no war und später aa,
der hat die Berg so guat gekennt, wiar i.»

6 Soldat 7 Schmuggler 8 Herbst

Sie blickte in die Weite, ganz verklärt
vom sanften Glück des lieblichsten Erinnerns,
und wandt' zum Gehen sich mit kurzem Gruß.
Doch plötzlich hielt sie an. Die lichten Augen
erglänzten wild und stoben Zornesfunken.
An uns vorbeigeschritten kam ein Knabe,
der in der Hand ein Schüßlein voll mit Beeren,
armsel'gen, halbgereiften trug. – «Du Lump»,
rief ihm die Alte zu, «kannsts nit derwartn,
daß d' Erdbeer rot wer'n, muaßt di greani rupfn?»
Mit hoch erhobner Faust bedroht' sie ihn,
und ein gewaltig Fluchtwort flog ihm nach,
als schleunig er und still die Flucht ergriff.
Dann aber ganz erregt von Schmerz und Grimm
sprach sie: «Dees is mei allerirgster Kumma,
wenns d' Erdbeer brockn[9] ureif und kloanleizi.
Ma mirkts ja deutli, 's tuat der Pflanzen weh.
Sie wehrt si drum, was sie nur ko, die Armi,
just wier a Muatta um ihr liebis Kind,
do wenn die Frucht erst zeiti worn is,
geits's geduldi her; no jo, sie hat
das Ihre redli to, und denkt ihm halt:
Jetz werst der endli aa dein Frieden gunna!»

Da stockte sie und sah mich fragend an,
bestürzt beinah ob dieser Worte Sinn,
der dämmernd nur ihr zum Bewußtsein kam.

«Wo wohnens?» sprach sie hastig,
«in Sankt Zeno.»

«Da kimm i lei an nächstn Sunnta hin,
und Erdbeer bring i Ihna, solchi habens
no niemal koana gsegn. Bfüt Ihna Gott!»

Marie von Ebner-Eschenbach

9 pflücken

DAS GEWITTER

Urahne, Großmutter, Mutter und Kind
in dumpfer Stube beisammen sind;
es spielet das Kind, die Mutter sich schmückt,
Großmutter spinnet, Urahne gebückt
sitzt hinter dem Ofen im Pfühl –
wie wehen die Lüfte so schwül!

Das Kind spricht: «Morgen ist's Feiertag!
Wie will ich spielen im grünen Hag,
wie will ich springen durch Tal und Höhn,
wie will ich pflücken viel Blumen schön;
dem Anger, dem bin ich hold!» –
Hört ihr's wie der Donner grollt?

Die Mutter spricht: «Morgen ist's Feiertag!
Da halten wir alle fröhlich Gelag.
Ich selber, ich rüste mein Feierkleid;
das Leben, es hat auch Lust nach Leid,
dann scheint die Sonne wie Gold!»
Hört ihr's wie der Donner grollt?

Großmutter spricht: «Morgen ist's Feiertag!
Großmutter hat keinen Feiertag.
Sie kocht das Mahl, sie spinnet das Kleid;
das Leben ist Sorg und viel Arbeit;
wohl dem, der tat, was er sollt'!»
Hört ihr's wie der Donner grollt?

Urahne spricht: «Morgen ist's Feiertag!
Am liebsten morgen ich sterben mag:
Ich kann nicht singen und scherzen mehr,
ich kann nicht sorgen und schaffen schwer,
was tu' ich noch auf der Welt?»
Seht ihr, wie der Blitz dort fällt?

Sie hören's nicht, sie sehen's nicht,
es flammet die Stube wie lauter Licht:
Urahne, Großmutter, Mutter und Kind
vom Strahl miteinander getroffen sind,
vier Leben endet ein Schlag –
und morgen ist's Feiertag. *Gustav Schwab*

DIE ALTE WASCHFRAU

Du siehst geschäftig bei dem Linnen
die Alte dort in weißem Haar,
die rüstigste der Wäscherinnen
im sechsundsiebenzigsten Jahr.
So hat sie stets mit sauerm Schweiß
ihr Brot in Ehr und Zucht gegessen
und ausgefüllt mit treuem Fleiß
den Kreis, den Gott ihr zugemessen.

Sie hat in ihren jungen Tagen
geliebt, gehofft und sich vermählt;
sie hat des Weibes Los getragen,
die Sorgen haben nicht gefehlt;
sie hat den kranken Mann gepflegt,
sie hat drei Kinder ihm geboren;
sie hat ihn in das Grab gelegt
und Glaub' und Hoffnung nicht verloren.

Da galt's, die Kinder zu ernähren;
sie griff es an mit heiterm Mut,
sie zog sie auf in Zucht und Ehren,
der Fleiß, die Ordnung sind ihr Gut.
Zu suchen ihren Unterhalt
entließ sie segnend ihre Lieben,
so stand sie nun allein und alt,
ihr war ihr heitrer Mut geblieben.

Sie hat gespart und hat gesonnen
und Flachs gekauft und nachts gewacht,
den Flachs zu feinem Garn gesponnen,
das Garn dem Weber hingebracht;
der hat's gewebt zu Leinewand.
Die Schere brauchte sie, die Nadel,
und nähte sich mit eigner Hand
ihr Sterbehemde sonder Tadel.

Ihr Hemd, ihr Sterbehemd, sie schätzt es,
verwahrt's im Schrein am Ehrenplatz;
es ist ihr Erstes und ihr Letztes,
ihr Kleinod, ihr ersparter Schatz.
Sie legt es an, des Herren Wort
am Sonntag früh sich einzuprägen;
dann legt sie's wohlgefällig fort,
bis sie darin zur Ruh sie legen.

Und ich, an meinem Abend, wollte,
ich hätte, diesem Weibe gleich,
erfüllt, was ich erfüllen sollte
in meinen Grenzen und Bereich;
ich wollt', ich hätte so gewußt
am Kelch des Lebens mich zu laben,
und könnt' am Ende gleiche Lust
an meinem Sterbehemde haben.

Adelbert von Chamisso

DER SCHMIED

Ich hör' meinen Schatz,
den Hammer er schwinget,
das rauschet, das klinget,
das dringt in die Weite
wie Glockengeläute
durch Gassen und Platz.

Am schwarzen Kamin,
da sitzet mein Lieber,
doch, geh' ich vorüber,
die Bälge dann sausen
die Flammen aufbrausen
und lodern um ihn.

Ludwig Uhland

DIE ALTE KINDERFRAU

Ein enges Dachgelaß,
ein Topf Geranium,
und vor dem Fensterglas
die kleine Stadt rundum.

Geschrägt die Mörtelwand,
ein Duft von Würzgekräut,
und weißer Scheuersand
den Dielen eingestreut.

Und Bilder rund und bunt:
Ein Heil'ger, ein Soldat.
Aus Gips ein Pudelhund,
der mich um Zucker bat.

Wie glänzt das alles nah,
vieldeutig und genau,
auch sie ist wieder da,
die alte Kinderfrau.

Vor dem Geranium
ihr Runzelangesicht,
schaut sie sich lächelnd um
und blinzelt in das Licht.

Die Strickstrumpfnadel klirrt,
ihr Scheitel neigt sich weiß.
Im Vogelbauer schwirrt
der Zeisig zwitschernd leis.

Und ich, zu ihren Knien,
ein Knabe, zu Besuch,
den sie half auferziehn
zum ersten Fibelbuch.

Und dem sie wieder nun,
so wie sie ihn gelenkt,
anstatt sich auszuruhn,
uralte Weisheit schenkt;

Geschichten, fromm bedacht,
und Sprüche, drin der Schalk
auf schlesisch raunzt und lacht,
ein rechter Wechselbalg.

Ich seh' noch, gichtig krumm
die Alte, lichtumspielt,
wie das Geranium
das Alpenglühen hielt,

und mich nach Kinderart
still auf der Schemelbank –
so bleibt es mir bewahrt
mein ganzes Leben lang.

Friedrich Bischoff

FEIERABEND

Der runde Mond steht hinterm Apfelbaum,
die Schwester wäscht dem Brüderchen die Füße,
sie bringt im irdenen Napf die Milch, die süße,
und betet mit ihm, der schon halb im Traum.

Der Vater hat die Werkstatt zugemacht,
grau spinnt die Dämmerung die Fenster ein.
Die tags geglättet Wieg' und Totenschrein,
nun ruhen Hand und Hobel aus zur Nacht.

Auf krummem Rücken heim die Mutter bringt
im Korb das Ziegengras, draus duftet schwer
und süß die Nacht. Nun regt sich bald nichts mehr
im Haus und Hof, nur noch der Brunnen singt,

ein gütiger Plauderer, tröstend zärtlich leise
von Tages Arbeit und des Lebens Leid
und von der Erde dunkler Süßigkeit
die immer gleiche, immer neue Weise.

Emil Merker

DÄMMERUNG

Weiße Astern und rote:
die Fußballer.
Vase fauligen Wassers:
die Stadt.
Eine Mutter ruft
in der Dämmerung
den Jungen vom Sportplatz,
die Stimme ist
ein Butterbrot,
eine trockene Schulschnitte.
Lockenwickel
drehn hölzern
den Herbst zurück.

Dieter Hoffmann

RUDERN, GESPRÄCHE

Es ist Abend. Vorbei gleiten
zwei Faltboote, darinnen
zwei nackte junge Männer. Nebeneinander rudernd
sprechen sie. Sprechend
rudern sie nebeneinander.

Bertolt Brecht

VON ALLEN WERKEN

Von allen Werken die liebsten
sind mir die gebrauchten.
Die Kupfergefäße mit den Beulen und den abgeplatteten Rändern
die Messer und Gabeln, deren Holzgriffe
abgegriffen sind von vielen Händen: solche Formen
schienen mir die edelsten. So auch die Steinfliesen um alte Häuser
welche niedergetreten sind von vielen Füßen, abgeschliffen
und zwischen denen Grasbüschel wachsen, das
sind glückliche Werke.

Eingegangen in den Gebrauch der vielen
oftmals verändert, verbessern sie ihre Gestalt und werden köstlich
weil oftmals gekostet.
Selbst die Bruchstücke von Plastiken
mit ihren abgehauenen Händen liebe ich. Auch sie
lebten mir. Wenn auch fallen gelassen, wurden sie doch getragen.
Wenn auch überrannt, standen sie doch nicht zu hoch.
Die halbzerfallenen Bauwerke
haben wieder das Aussehen von noch nicht vollendeten
groß geplanten: ihre schönen Maße
sind schon zu ahnen; sie bedürfen aber
noch unseres Verständnisses. Andrerseits
haben sie schon gedient, ja sind schon überwunden. Dies alles
beglückt mich.

Bertolt Brecht

DES ALTEN PFARRERS WOCHE

Sonntag

Das ist nun so ein schlimmer Tag,
wie der April ihn bringen mag
mit Schlacken, Schnee und Regen.
Zum dritten Mal in das Gebraus
streckt Jungfer Anne vor dem Haus
ihr kupfern Blendlaternchen aus
und späht längs allen Wegen.

«Wo nur der Pfarrer bleiben kann?
Ach, sicher ist dem guten Mann
was übern Weg gefahren!
Ein Pfleger wohl, der Rechnung macht –
aus war der Gottesdienst um acht:
Soll man so streifen in der Nacht
bei Gicht und grauen Haaren!»

Sie schließt die Türe, schüttelt baß
ihr Haupt und wischt am Brillenglas;
so gut dünkt ihr die Stube;
im Ofen kracht's, der Lampenschein
hellt überm Tisch den Sonntagswein,
und lockend lädt der Sessel ein
mit seiner Kissengrube.

Pantoffeln – Schlafrock – alles recht!
Sie horcht aufs neu; doch hört sie schlecht,
es schwirrt ihr vor den Ohren.
«Wie? hat's geklingelt? ei der Daus,
zum zweiten Male! schnell hinaus!»
Da tritt der Pfarrer schon ins Haus,
ganz blau und steif gefroren.

Die Jungfrau blickt ein wenig quer,
begütigend der Pfarrer her,
wie's recht in diesem Orden.
Dann hustet er: «Nicht Mond noch Stern!
Der lahme Friedrich hört doch gern
ein christlich Wort am Tag des Herrn,
es ist mir spät geworden!»

Nun sinkt er in die Kissen fest,
wirft ab die Kleider ganz durchnäßt
und schlürft der Traube Segen.
Ach Gott! nur wer jahraus, jahrein
in Andrer Dienste lebt allein,
weiß, was es heißt, beim Sonntagswein
sich auch ein wenig pflegen.

Montag

«Wenn ich Montags früh erwache,
wird mir's ganz behaglich gleich;
Montag hat so eigne Sache
in dem kleinen Wochenreich.
Denn die Predigt liegt noch ferne,
alle Sorgen scheinen leicht;
keiner kommt am Montag gerne,
sei's zur Trauung, sei's zur Beicht'.

Und man darf mir's nicht verdenken,
will ich in des Amtes Frist
dem ein freies Stündchen schenken,
was doch auch zu loben ist.
So erwacht denn, ihr Gesellen
meiner fleiß'gen Jugendzeit!
Wollt in Reih' und Glied euch stellen,
alte Bilder, eingeschneit!

Ilion will ich bekriegen,
mit Horaz auf Reisen gehn,
will mit Alexander siegen
und an Memnons Säule stehn.
Oder auch vergnügt ergründen,
was das Vaterland gebracht,
mich mit Kant und Wolff verbünden,
ziehn mit Laudon in die Schlacht.»

Auf der Bücherleiter traben
sieh den Pfarrer, lustentbrannt,
sich verschanzen, sich vergraben
unter Heft und Foliant.
Blättern sieh ihn – nicken – spüren –
ganz versunken sitzen dann,
daß mit einer Linie rühren
du das Buch magst und den Mann.

Doch was kann ihn so bewegen?
Aufgeregt scheint sein Gehirn!
Und das Käppchen ganz verwegen
drückt er hastig in die Stirn.
Nun beginnt er gar zu pfeifen,
horch! das Lied vom Prinz Eugen;
seinen weißen Busenstreifen
seh' ich auf und niedergehn.

Ha, nun ist der Türk' geschlagen!
Und der Pfarrer springt empor,
höher seine Brauen ragen,
senkrecht steht sein Pfeifenrohr.
Im Triumph muß er sich denken
mit dem Kaiser und dem Staat,
sieht sich selbst den Säbel schwenken,
fühlt sich selber als Soldat.

Aber draußen klappern Tritte,
nach dem Pfarrer fragt es hell,
der, aus des Gefechtes Mitte,
huscht in seinen Sessel schnell.
«Ei! das wären saubre Kunden!
Beichtkind und Kommunikant!
Hättet ihr den Pfarr' gefunden
mit dem Säbel in der Hand!»

Dienstag

Auf der breiten Tenne drehn
Paar an Paar so nett,
wo die Musikanten stehn,
Geig' und Klarinett –
auch der Brummbaß rumpelt drein –
sieht man noch den Bräut'gamsschrein
und das Hochzeitbett.

Etwas eigen, etwas schlau
und ein wenig bleich,
sittsam sieht die junge Frau,
würdevoll zugleich;
denn sie ist des Hauses Sproß,
denn sie führt den Ehgenoß
in ihr Erb' und Reich.

Sippschaft ist ein weites Band,
geht gar viel hinein;
hundert Kappen goldentbrannt,
Kreuze funkeln drein;
wie das drängt, und wie das schiebt!
Was sich kennt und was sich liebt,
will beisammen sein.

Nun ein schallend Vivat bricht
in dem Schwarme aus,
wo sogar die Tiere nicht
weigern den Applaus.
Ja, wie an der Krippe fein
brüllen Ochs und Eselein
über'n Trog hinaus.

Ganz verdutzt der junge Mann
kaum die Flasche hält,
Späße hageln drauf und dran,
keiner neben fällt;
doch er lacht und reicht die Hand.
Nun, er ist für seinen Stand
schon ein Mann von Welt.

Alte Frauen schweißbedeckt,
junge Mägd' im Lauf,
spenden, was der Korb verdeckt,
Reihen ab und auf.
Sieben Tische kann man sehn,
sieben Kaffeekessel stehn
breit und glänzend drauf.

Aber freundlich, wie er kam,
sucht der Pfarrer gut
drüben unter tausend Kram
seinen Stab und Hut;
dankt noch schön der Frau vom Haus;
in die Dämmerung hinaus
trabt er wohlgemut.

Wandelt durch die Abendruh',
sinnend allerlei:
«Ei, dort ging es löblich zu,
munter, und nicht frei.
Aber – aber – aber doch –»
und ein langes Aber noch
fügt er seufzend bei.

«Wie das flimmert! Wie das lacht!
Kanten, Händebreit!»
Ach die schnöde Kleiderpracht
macht ihm tausend Leid.
Und nun gar – er war nicht blind –
eines armen Mannes Kind;
nein, das ging zu weit.

Kurz, er nimmt sich's ernstlich vor,
heut und hier am Steg,
ja, an der Gemeinde Ohr,
Wächter treu und reg,
will er's tragen ungescheut;
o, er findet schon die Zeit
und den rechten Weg.

Mittwoch

Begleitest du sie gern,
des Pfarrers Lust und Plagen:
Sich gleich an allen Tagen
triffst du den frommen Herrn.
Der gute Seelenhirt!
Tritt über seine Schwelle;
da ist er schon zur Stelle
als des Kollegen Wirt.

In wohlgemeinten Sorgen,
wie er geschäftig tut!
Doch dämmert kaum der Morgen,
dies eben dünkt ihm gut.
Am Abend kam der Freund
erschöpft nach Art der Gäste;
nun säubre man aufs beste,
daß alles nett erscheint.

Schon strahlt die große Kanne,
die Teller blitzen auf;
noch scheuert Jungfer Anne,
und horcht mitunter auf.
Ach, sollte sie der Gast
im alten Jäckchen finden:
sie müßte ganz verschwinden
vor dieser Schande Last.

Und was zur Hand tut stehen,
das reizt den Pfarrer sehr,
die Jungfer wird's nicht sehen,
er macht sich drüber her;
die Schlaguhr greift er an
mit ungeschickten Händen,
und sucht sie sacht zu wenden;
der übermütge Mann!

Schleppt Foliantenbürde,
putzt Fensterglas und Tisch;
fürwahr, mit vieler Würde
führt er den Flederwisch.
Am Paradiesesbaum
die Blätter, zart aus Knochen,
eins hat er schon zerbrochen,
jedoch man sieht es kaum.

Und als er just in Schatten
die alte Klingel stellt –
es kömmt ihm wohl zu statten –
da rauscht es draußen, gelt!
Fidel schlägt an in Hast,
die Jungfer ist geflüchtet,
und stattlich aufgerichtet
begrüßt der Pfarr' den Gast.

Wie dem so wohl gefallen
die Aussicht und das Haus,
wie der entzückt von allen,
nicht Worte drücken's aus!
Ich sag es ungeniert,
sie kamen aus den Gleisen,
sich Ehre zu erweisen,
der Gast und auch der Wirt.

Und bei dem Mittagessen,
das man vortrefflich fand,
da ward auch nicht vergessen
der Lehr- und Ehrenstand.
Ich habe viel gehört,
doch nichts davon getragen,
nur dieses mag ich sagen,
sie sprachen sehr gelehrt.

Und sieh nur! drüben schreitet
der gute Pfarrer just,
er hat den Gast geleitet
und spricht aus voller Brust:
«Es ist doch wahr! mein Haus,
so nett und blank da droben,
ich muß es selber loben,
es nimmt sich einzig aus.»

Donnerstag

Winde rauschen, Flocken tanzen,
jede Schwalbe sucht das Haus,
nur der Pfarrer unerschrocken
segelt in den Sturm hinaus.
Nicht zum besten sind die Pfade,
aber leidlich würd' es sein,
trüg' er unter seinem Mantel
nicht die Äpfel und den Wein.

Ach, ihm ist so wohl zumute,
daß dem kranken Zimmermann
er die längst gegönnte Gabe
endlich einmal bieten kann.
Immer muß er heimlich lachen,
wie die Anne Äpfel las,
und wie er den Wein stibitzte,
während sie im Keller saß.

Längs des Teiches sieh ihn flattern,
wie er rudert, wie er streicht,
kann den Mantel nimmer zwingen
mit den Fingern starr und feucht.
Öfters aus dem trüben Auge
eine kalte Zähre bricht,
wehn ihm seine grauen Haare
spinnenwebig ums Gesicht.

Doch, Gottlob! da ist die Hütte,
und nun öffnet sich das Haus,
und nun keuchend auf der Tenne
schüttet er die Federn aus.
Ach, wie freut der gute Pfarrer
sich am blanken Feuerschein!
Wie geschäftig schenkt dem Kranken
er das erste Gläschen ein.

Setzt sich an des Lagers Ende,
stärkt ihm bestens die Geduld,
und von seinen frommen Lippen
einfach fließt das Wort der Huld.
Wenn die abgezehrten Hände
er so fest in seine schließt,
anders fühlt sich dann der Kranke,
meint, daß gar nichts ihn verdrießt.

Mit der Einfalt, mit der Liebe
schmeichelt er die Seele wach,
kann an jedes Herz sich legen,
sei es kraftvoll oder schwach.

Aber draußen will es dunkeln,
draußen tröpfelt es vom Dach; –
lange sehn ihm nach die Kinder,
und der Kranke seufzt ihm nach.

Freitag

Zu denken in gestandnen Tagen
der Sorge, die so treulich sann,
der Liebe, die ihn einst getragen,
wohl ziemt es jedem Ehrenmann.
Am Lehrer alt, am Schüler mild
magst du nicht selten es gewahren;
und sind sie beide grau von Haaren,
um desto werter ist das Bild.

Zumeist dem Priester wird beschieden
für frühe Treue dieser Lohn;
nicht einsam ist des Alters Frieden,
der Zögling bleibt sein lieber Sohn.
Ja, was erstarrt im Lauf der Zeit,
und wehrt dem Neuen einzudringen,
des Herzens steife Flechsen schlingen
sich fester um Vergangenheit.

So läßt ein wenig Putz gefallen
sich heut der gute Pfarrer gern,
das span'sche Rohr, die Silberschnallen,
denn heute gehts zum jungen Herrn.
Der mag in reifen Jahren stehn,
da ihn erwachsne Kinder ehren,
allein das kann den Pfarr' nicht stören,
der ihn vor Zeiten klein gesehn.

Still wandelnd durch des Parkes Linden,
in deren Schutz das Veilchen blüht,
der Alte muß es freundlich finden,
daß man so gern ihn Freitags sieht;
er weiß, dem Junker sind noch frisch
die lieben längst entschwundnen Zeiten,
und seines Lehrers schwache Seiten:
ein Gläschen Wein, ein guter Fisch.

Schon tritt er in des Tores Halle;
da, wie aus reifem Erbsenbeet
der Spatzen Schar, so hinterm Walle
hervor es flattert, lacht und kräht,
der kleinen Junker wilde Schar,
die still gelauscht im Mauerbogen
und nun den Pfarrer so betrogen,
so überrumpelt ganz und gar.

Das stürmt auf ihn von allen Seiten,
das klammert überall sich an;
fürwahr, mühselig muß er schreiten,
der müde und geduld'ge Mann.
Jedoch er hat sie allzugern,
die ihn so unbarmherzig plagen,
und fast zu viel läßt er sie wagen,
die junge Brut des jungen Herrn.

Wie dann des Hauses Wirt sich freute,
der Mann mit früh ergrautem Haar
nicht wich von seines Lehrers Seite,
und rückwärts ging um dreißig Jahr;
wie er in alter Zeiten Bann
nur flüsternd sprach, nach Schüler Weise,
man sieht es an und lächelt leise,
doch mit Vergnügen sieht man's an.

Und später beim Spazierengehen
die beiden hemmen oft den Schritt,
nach jeder Blume muß man sehen,
und manche Pflanze wandert mit.
Der eine ist des Amtes bar,
nichts hat der andre zu regieren;
sie gehn aufs neu' botanisieren,
der Theolog und sein Scholar.

Doch mit dem Abend naht das Scheiden,
man schiebt es auf, doch kommt's heran,
die Kinder wollen's gar nicht leiden.
Am Fenster steht der Edelmann
und spinnt noch lange, lange aus
vielfarb'ger Bilder bunt Gezwirne;
dann fährt er über seine Stirne,
und atmet auf und ist zu Haus.

Samstag

Wie funkeln hell die Sterne,
wie dunkel scheint der Grund,
und aus des Teiches Spiegel
steigt dort der Mond am Hügel
grad um die elfte Stund'.

Da hebt vom Predigthefte
der müde Pfarrer sich;
wohl war er unverdrossen,
und endlich ist's geschlossen,
mit langem Federstrich.

Nun öffnet er das Fenster,
er trinkt den milden Duft,
und spricht: «Wer sollt' es sagen,
noch Schnee vor wenig Tagen,
und dies ist Maienluft.»

Die strahlende Rotunde
sein ernster Blick durchspäht,
schon will der Himmelswagen
die Deichsel abwärts tragen.
«Ja, ja, es ist schon spät!»

Und als dies Wort gesprochen,
es fällt dem Pfarrer auf,
als müss' er eben deuten
auf sich der ganz zerstreuten,
arglosen Rede Lauf.

Nie schien er sich so hager,
nie fühlt' er sich so alt,
als seit er heut begraben
den langen Moritz Raben,
den Förster dort vom Wald.

Am gleichen Tag geboren,
getauft am gleichen Tag!
Das ist ein seltsam Wesen
und läßt uns deutlich lesen,
was wohl die Zeit vermag!

Der Nacht geheimes Funkeln,
und daß sich eben muß,
wie Mondesstrahlen steigen,
der frische Hügel zeigen,
das Kreuz an seinem Fuß:

Das macht ihn ganz beklommen,
den sehr betagten Mann,
er sieht den Flieder schwanken,
und längs des Hügels wanken
die Schatten ab und an.

Wie oft sprach nicht der Tote
nach seiner Weise kühn:
«Herr Pfarr', wir alten Knaben,
wir müssen sachte traben,
die Kirchhofsblumen blühn.»

«So mögen sie denn blühen!»
spricht sanft der fromme Mann,
er hat sich aufgerichtet,
sein Auge, mild umlichtet,
schaut fest den Äther an.

«Hast Du gesandt ein Zeichen
durch meinen eignen Mund,
und willst mich gnädig mahnen
an unser Aller Ahnen
uralten ew'gen Bund;

nicht lässig sollst Du finden
den, der dein Siegel trägt,
doch nach dem letzten Sturme» –
da eben summt's vom Turme,
und zwölf die Glocke schlägt. –

«Ja, wenn ich bin entladen
der Woche Last und Pein,
dann führe, Gott der Milde,
das Werk nach deinem Bilde
in deinen Sonntag ein.»

Annette von Droste-Hülshoff

DER ALTE TURMHAHN, IDYLLE

Zu Cleversulzbach im Unterland
hundertunddreizehn Jahr' ich stand,
auf dem Kirchturm ein guter Hahn,
als ein Zierat und Wetterfahn'.
In Sturm und Wind und Regennacht
hab' ich allzeit das Dorf bewacht.
Manch falber Blitz hat mich gestreift,
der Frost mein' roten Kamm bereift,
auch manchen lieben Sommertag,
da man gern Schatten haben mag,
hat mir die Sonne unverwandt
auf meinen goldigen Leib gebrannt.

So ward ich schwarz für Alter ganz,
und weg ist aller Glitz und Glanz.
Da haben sie mich denn zuletzt
veracht't und schmählich abgesetzt.
Meinthalb! so ist der Welt ihr Lauf,
jetzt tun sie einen andern 'nauf.
Stolzier', prachtier' und dreh' dich nur!
Dir macht der Wind noch andre Cour.

Ade, o Tal, du Berg und Tal!
Rebhügel, Wälder allzumal!
Herzlieber Turm und Kirchendach,
Kirchhof und Steglein übern Bach!
Du Brunnen, dahin spat und früh
Öchslein springen, Schaf' und Küh',
Hans hinderdrein kommt mit dem Stecken
und Bastes Evlein auf dem Schecken!
– Ihr Störch' und Schwalben, grobe Spatzen,
euch soll ich nimmer hören schwatzen!
Lieb deucht mir jedes Drecklein itzt,
damit ihr ehrlich mich beschmitzt.
Ade, Hochwürden, Ihr, Herr Pfarr',
Schulmeister auch, du armer Narr!
Aus ist, was mich gefreut so lang',
Geläut' und Orgel, Sang und Klang.

Von meiner Höh' so sang ich dort
und hätt' noch lang gesungen fort,
da kam so ein krummer Teufelshöcker,
ich schätz', es war der Schieferdecker,
packt' mich, kriegt' nach manch hartem Stoß
mich richtig von der Stange los.
Mein alt preßhafter Leib schier brach,
da er mit mir fuhr ab dem Dach
und bei den Glocken schnurrt hinein;
die glotzten sehr verwundert drein,
regt' ihnen doch weiter nicht den Mut,
dachten eben, wir hangen gut.

Jetzt tät man mich mit altem Eisen
dem Meister Hufschmied überweisen;
der zahlt' zween Batzen und meint wunder,
wieviel es wär' für solchen Plunder.
Und also ich selben Mittag
betrübt vor seiner Hütte lag.
Ein Bäumlein – es war Maienzeit –
schneeweiße Blüten auf mich streut,
Hühner gackeln um mich her,
unachtend, was das für ein Vetter wär'.
Da geht mein Pfarrherr nun vorbei,
grüßt den Meister und lächelt: «Ei,
wär's so weit mit uns, armer Hahn?
Andrees, was fangt Ihr mit ihm an?
Ihr könnt ihn weder sieden noch braten,
mir aber müßt' es schlimm geraten,
einen alten Kirchendiener gut
nicht zu nehmen in Schutz und Hut.
Kommt! tragt ihn mir gleich vor ins Haus,
trinket ein kühl' Glas Wein mit aus.»

Der rußig' Lümmel, schnell bedacht,
nimmt mich vom Boden auf und lacht.
Es fehlt' nicht viel, so tat ich frei
gen Himmel einen Freudenschrei.
Im Pfarrhaus, ob dem fremden Gast
war groß und klein erschrocken fast;
bald aber in jedem Angesicht
ging auf ein rechtes Freudenlicht.
Frau, Magd und Knecht, Mägdlein und Buben
den großen Göckel in der Stuben
mit siebenfacher Stimmen Schall
begrüßen, begucken, betasten all'.
Der Gottesmann drauf mildiglich
mit eignen Händen trägt er mich
nach seinem Zimmer, Stiegen auf,
nachpolteret der ganze Hauf'.

Hier wohnt der Frieden auf der Schwell'!
In den geweißten Wänden hell
sogleich empfing mich sondre Luft,
Bücher- und Gelahrtenduft,
Gerani- und Resedaschmack,
auch ein Rüchlein Rauchtabak.
(Dies war mir all' noch unbekannt.)
Ein alter Ofen aber stand
in der Ecke linker Hand.
Recht als ein Turm tät er sich strecken
mit seinem Gipfel bis zur Decken,
mit Säulwerk, Blumwerk, kraus und spitz –
o anmutsvoller Ruhesitz!
Zuöberst auf dem kleinen Kranz
der Schmied mich auf ein Stänglein pflanzt'.
Betrachtet mir das Werk genau!
Mir deucht's ein guter Münsterbau;
mit Schildereien wohl geziert,
mit Reimen christlich ausstaffiert.
Davon vernahm ich manches Wort,
dieweil der Ofen ein guter Hort
für Kind und Kegel und alte Leut',
zu plaudern, wann es wind't und schneit.

Hier seht ihr seitwärts auf der Platten
eines Bischofs Krieg mit Mäus' und Ratten,
mitten im Rheinstrom sein Kastell.
Das Ziefer kommt geschwommen schnell,
die Knecht' nichts richten mit Waffen und Wehr,
der Schwänze werden immer mehr.
Viel tausend gleich in dicken Haufen
frech an der Mauer auf sie laufen,
fallen dem Pfaffen in sein Gemach;
sterben muß er mit Weh und Ach,
von den Tieren aufgefressen,
denn er mit Meineid sich vermessen.
– Sodann König Belsazers feinen Schmaus,
Weiber und Spielleut', Saus und Braus;
zu großem Schrecken an der Wand
Rätsel schreibt eines Geistes Hand.

– Zuletzt da vorne stellt sich für
Sara lauschend an der Tür,
als der Herr mit Abraham
vor seiner Hütte zu reden kam
und ihm einen Sohn versprach.
Sara sich Lachens nicht entbrach,
weil beide schon sehr hoch betaget.
Der Herr vernimmt es wohl und fraget:
«Wie, lachet Sara? glaubt sie nicht,
was der Herr will, leicht geschicht?»
Das Weib hinwieder Flausen machet,
spricht: «Ich habe nicht gelachet.»
Das war nun wohl gelogen fast,
der Herr es doch passieren laßt,
weil sie nicht leugt aus arger List,
auch eine Patriarchin ist.

Seit daß ich hier bin, dünket mir
die Winterszeit die schönste schier.
Wie sanft ist aller Tage Fluß
bis zum geliebten Wochenschluß!
– Freitag zu Nacht, noch um die Neune,
bei seiner Lampen Trost alleine,
mein Herr fangt an sein Predigtlein
studieren; anderst mag's nicht sein;
eine Weil' am Ofen brütend steht,
unruhig hin und dannen geht:
Sein Text ihm schon die Adern reget;
drauf er sein Werk zu Faden schläget.
Inmittelst einmal auch etwan
hat er ein Fenster aufgetan –
ah, Sternenlüfteschwall wie rein
mit Haufen dringet zu mir ein!
Den Verrenberg ich schimmern seh',
den Schäferbühel dick mit Schnee!

Zu schreiben endlich er sich setzet,
ein Blättlein nimmt, die Feder netzet,
zeichnet sein Alpha und sein O
über dem Exordio.

Und ich von meinem Postament
kein Aug' ab meinem Herrlein wend';
seh', wie er, mit Blicken steif ins Licht,
sinnt, prüfet jedes Worts Gewicht,
einmal sacht eine Prise greifet,
vom Docht den roten Butzen streifet;
auch dann und wann zieht er vor sich
ein Sprüchlein an vernehmentlich,
so ich mit vorgerecktem Kopf
begierlich bringe gleich zu Kropf.
Gemachsam kämen wir also
bis Anfang Applicatio.

Indes der Wächter Elfe schreit.
Mein Herr denkt: es ist Schlafenszeit;
ruckt seinen Stuhl und nimmt das Licht;
«Gut' Nacht, Herr Pfarr'!» Er hört es nicht.

Im Finstern wär' ich denn allein.
Das ist mir eben keine Pein.
Ich hör' in der Registratur
erst eine Weil' die Totenuhr,
lache den Marder heimlich aus,
der scharrt sich müd' am Hühnerhaus!
Windweben um das Dächlein stieben;
ich höre, wie im Wald da drüben –
man heißet es im Vogeltrost –
der grimmig' Winter sich erbost,
ein Eichlein spalt't jähling mit Knallen,
eine Buche, daß die Täler schallen.
– Du meine Güt', da lobt man sich
so frommen Ofen dankbarlich!
Er wärmelt halt die Nacht so hin,
es ist ein wahrer Segen drin.
– Jetzt, denk' ich, sind wohl hier und dort
Spitzbuben aus auf Raub und Mord;
denk', was eine schöne Sach' es ist,
brave Schloß und Riegel zu jeder Frist!
Was ich wollt' machen herentgegen,
wenn ich eine Leiter hört' anlegen;

und sonst was so Gedanken sind;
ein warmes Schweißlein mir entrinnt.
Um zwei, gottlob, und um die drei
glänzet empor ein Hahnenschrei,
um fünfe, mit der Morgenglocken,
mein Herz sich hebet unerschrocken,
ja voller Freuden auf es springt,
als der Wächter endlich singt:
«Wohlauf, im Namen Jesu Christ!
Der helle Tag erschienen ist!»

Ein Stündlein drauf, wenn mir die Sporen
bereits ein wenig steif gefroren,
rasselt die Lis' im Ofen, brummt,
bis 's Feuer angeht, saust und summt.
Dann von der Küch' 'rauf, gar nicht übel,
die Supp' ich wittre, Schmalz und Zwiebel.
Endlich, gewaschen und geklärt,
mein Herr sich frisch zur Arbeit kehrt.

Am Samstag muß ein Pfarrer fein
daheim in seiner Klause sein,
nicht visiteln, herumkutschieren,
seine Faß einbrennen, sonst hantieren.
Meiner hat selten solch' Gelust.
Einmal – ihr sagt's nicht weiter just –
zimmert' er den ganzen Nachmittag
dem Fritz an einem Meisenschlag,
dort an dem Tisch, und schwatzt' und schmaucht';
mich alten Tropf kurzweilt' es auch.

Jetzt ist der liebe Sonntag da.
Es läut't zur Kirchen fern und nah.
Man orgelt schon; mir wird dabei,
als säß' ich in der Sakristei.
Es ist kein Mensch im ganzen Haus;
ein Mücklein hör' ich, eine Maus.
Die Sonne sich ins Fenster schleicht,
zwischen die Kaktusstöck' hinstreicht
zum kleinen Pult von Nußbaumholz,

eines alten Schreinermeisters Stolz;
beschaut sich, was da liegt umher,
Konkordanz und Kinderlehr',
Oblatenschachtel, Amtssigill,
im Tintenfaß sich spiegeln will,
zuteuerst Sand und Grus besicht,
sich an dem Federmesser sticht
und gleitet übern Armstuhl frank
hinüber an den Bücherschrank.
Da stehn in Pergament und Leder
vornan die frommen Schwabenväter:
Andreä, Bengel, Rieger zween
samt Ötinger sind da zu sehn.

Wie sie die goldnen Namen liest,
noch goldener ihr Mund sie küßt,
wie sie rührt an Hillers Harfenspiel –
horch! klingt es nicht? so fehlt nicht viel.

Inmittelst läuft ein Spinnlein zart
an mir hinauf nach seiner Art
und hängt sein Netz, ohn' erst zu fragen,
mir zwischen Schnabel auf und Kragen.
Ich rühr' mich nicht aus meiner Ruh',
schau' ihm eine ganze Weile zu.
Darüber ist es wohl geglückt,
daß ich ein wenig eingenickt. –
Nun sagt, ob es in Dorf und Stadt
ein alter Kirchhahn besser hat?

Ein Wunsch im stillen dann und wann
kommt einen freilich wohl noch an.
Im Sommer stünd' ich gern da draus
bisweilen auf dem Taubenhaus,
wo dicht dabei der Garten blüht,
man auch ein Stück vom Flecken sieht.
Dann in der schönen Winterzeit,
als zum Exempel eben heut:
Ich sag' es grad' – da haben wir
gar einen wackern Schlitten hier,

grün, gelb und schwarz; – er ward verwichen
erst wieder sauber angestrichen:
Vorn auf dem Bogen brüstet sich
ein fremder Vogel hoffärtig –
wenn man mich etwas putzen wollt',
nicht, daß es drum viel kosten sollt',
ich stünd' so gut dort als wie der
und machet' niemand nicht Unehr'!
– Narr! denk' ich wieder, du hast dein Teil!
Willst du noch jetzo werden geil?
Mich wundert, ob dir nicht gefiel',
daß man, der Welt zum Spott und Ziel,
deinen warmen Ofen gar zuletzt
mitsamt dir auf die Läufe setzt',
daß auf dem Gsims da um dich säß'
Mann, Weib und Kind, der ganze Käs'!
Du alter Scherb', schämst du dich nicht,
auf Eitelkeit zu sein erpicht?
Geh in dich, nimm dein Ende wahr!
Wirst nicht noch einmal hundert Jahr'.

Eduard Mörike

KLEINE STADT

Die vielen kleinen Gassen, die die langgestreckte Hauptstraße überqueren,
laufen alle ins Grüne. Überall fängt Land an.
Überall strömt Himmel ein und Geruch von Bäumen und der starke Duft der Äcker.
Überall erlischt die Stadt in einer feuchten Herrlichkeit von Wiesen,
und durch den grauen Ausschnitt niedrer Dächer schwankt
Gebirge, über das die Reben klettern, die mit hellen Stützen in die Sonne leuchten.
Darüber aber schließt sich Kiefernwald: der stößt
wie eine breite dunkle Mauer an die rote Fröhlichkeit der Sandsteinkirche.

Am Abend, wenn die Fabriken schließen, ist die große Straße mit Menschen gefüllt.
Sie gehen langsam oder bleiben mitten auf der Gasse stehn.
Sie sind geschwärzt von Arbeit und Maschinenruß. Aber ihre Augen tragen
noch Scholle, zähe Kraft des Bodens und das feierliche Licht der Felder.

Ernst Stadler

DIE WELT, die fremde, lohnt mit Kränkung,
was sich, umwerbend, ihr gesellt:
Das Haus, die Heimat, die Beschränkung,
die sind das Glück und sind die Welt.

Theodor Fontane

WO DIE HÄUSERZEILEN ENDEN ...

Wo die Häuserzeilen enden
und das Schreberland beginnt,
bricht der Mörtel von den Wänden,
geht den ganzen Tag der Wind.
Drüben schwebt der Kran und Schwaden
steigen finster aus dem Schlot;
ausgebuchtet vom Verladen
sind die Gleise, starrt der Kot.

Grün und saftig stehn die Beete,
sind die Stauden; im Verschlag
lehnen sauber die Geräte.
Gleicher Schlag und andrer Schlag
geht in den zernagten Bauten,
in den Gärten aus und ein,
schluckt den Rost der Eisenrauten,
steckt den Lauch und zieht den Wein.

In den Häuserstümpfen tauchen
seltsam große Läden auf;
Tand, Konserven, Zeug zum Rauchen
steht im Fenster wirr zuhauf.
Janker, Schürze, Zwilch bedecken
in der Tür das Drahtgestell;
und es dreht sich auf dem Flecken
Rasen bunt das Karussell.

Theodor Kramer

STADT

Zehntausend starre Blöcke sind im Tal errichtet,
aus: Stein auf Stein um Holz- und Eisenroste hochgeschichtet;
und Block an Block zu einem Berg gedrückt,
von Dampfrohr, Turm und Bahn noch überbrückt,
von Draht, der Netz an Netze spinnt.
Der Berg, von vielen Furchen tief durchwühlt:
Das ist das große Labyrinth,
dadurch das Schicksal Mensch um Menschen spült.

Fünfhunderttausend rollt im Kreis das große Leben
durch alle Rinnen fort und fort in ungeheurem Streben:
In Kaufhaus, Werkstatt, Saal und Bahnhofshalle,
in Schule, Park, am Promenadenwalle,
im Fahrstuhlschacht, im Bau am Kran,
treppauf und -ab, durch Straßen über Plätze,
auf Wagen, Rad und Straßenbahn:
Da schäumt des Menschenstrudels wirre Hetze.

Fünfhunderttausend Menschen rollt das große Leben
durch alle Rinnen fort und fort in ungeheurem Streben.
Und karrt der Tod auch hundert täglich fort,
es braust der Lärm wie sonst an jedem Ort.
Schleppt er vom Hammerblock den Schmied,
schleppt er vom Kurvengleis den Wagenleiter:
Noch stärker brüllt das Straßenlied:
Der Wagen fährt – der Hammer dröhnt weiter.

Gerrit Engelke

OH, FRIEDLICHER MITTAG

mitten in der Stadt, mit den verschiedenen
Mittagessengerüchen im Treppenhaus. Die Fahrräder
stehen im Hausflur, abgeschlossen, neben
dem Kinderwagen, kein Laut ist zu hören.

Die Prospekte sind aus den Briefkästen
genommen und weggeworfen worden. Die Briefkästen
sind leer. Sogar das Fernsehen hat die türkische
Familie abgestellt, deren Küchenfenster

zum Lichtschacht hin aufgeht. Ich höre
Porzellan, Teller und Bestecke, dahinter
liegen Gärten, klar und kühl, in einem blassen
Frühlingslicht. Es sind überall die seltsamen

Erzählungen von einem gewöhnlichen Leben ohne
Schrecken am Mittwoch, genau wie heute. Der Tag
ist regenhell, verwehte Laute: oh friedlicher
Mittwoch, mit Zwiebeln auf dem Tisch,

mit Tomaten und Salat.
Die Vorhaben und Schindereien sind
zerfallen, und man denkt, wie friedlich
der Mittwoch ist.

Wolken über dem Dach, blau, und
Stille in den Zimmern, friedlich und still und
genauso offen wie Porree, wie Petersilie grün ist
und die Erbsen heiß sind.

Rolf Dieter Brinkmann

MENSCHEN GETROFFEN

Ich habe Menschen getroffen, die,
wenn man sie nach ihrem Namen fragte,
schüchtern – als ob sie gar nicht beanspruchen könnten,
auch noch eine Benennung zu haben –
«Fräulein Christian» antworteten und dann:
«wie der Vorname», sie wollten einem die Erfassung erleichtern,
kein schwieriger Name wie «Popiol» oder «Babendererde» –
«wie der Vorname» – bitte, belasten Sie Ihr Erinnerungsvermögen nicht!

Ich habe Menschen getroffen, die
mit Eltern und vier Geschwistern in einer Stube
aufwuchsen, nachts, die Finger in den Ohren,
am Küchenherde lernten,
hochkamen, äußerlich schön und ladylike wie Gräfinnen –
und innerlich sanft und fleißig wie Nausikaa,
die reine Stirn der Engel trugen.

Ich habe mich oft gefragt und keine Antwort gefunden,
woher das Sanfte und das Gute kommt,
weiß es auch heute nicht und muß nun gehn.

Gottfried Benn

KLEINES GLÜCK

Sie geht in aller Frühe,
noch eh' die Dämmrung schwand,
den Weg zur Tagesmühe
im ärmlichen Gewand;
die dunklen Nebel feuchten
noch in der Straße dicht,
sonst sähe man beleuchten
ein Lächeln ihr Gesicht;
die Götter mögen wissen,
warum sie heimlich lacht –
es weiß es nur das Kissen,
was ihr geträumt heut nacht.

Hermann Lingg

DER HAUER

Die breite Brust schweratmend hingestemmt,
hämmert er Schlag für Schlag die Eisenpflöcke
in das Gestein, bis aus dem Sprung der Blöcke
Staub sprudelt und den Kriechgang überschwemmt.

Im schwanken Flackerblitz des Grubenlichts
blänkert der nackte Körper wie metallen;
Schweißtropfen stürzen, perlenrund im Fallen,
aus den weit offenen Poren des Gesichts.

Der Hauer summt ein dummes Lied zum Takt
des Hammers und zum Spiel der spitzen Eisen
und stockt nur, wie von jähem Schreck gepackt,

wenn hinten weit im abgeteuften Stollen
Sprengschüsse dumpf wie Donnerschläge rollen,
und stockt, und läßt die Lampe dreimal kreisen.

Paul Zech

DIE MUSIK DER ARMEN LEUTE

Der Herr Musikprofessor spricht:
«Die Drehorgeln, die dulde man nicht!
Sie sind eine Plage und ein Skandal!»
Mein lieber Professor, nun hören Sie mal:

Ein enger Hof – kein Sonnenschein
fällt dort das ganze Jahr hinein.
Da herrscht ein seltsam muffiger Duft,
nach Armut riecht's und Kellerluft,
da blüht keine Blume, da grünt kein Laub,
die Kinder spielen in Müll und Staub.
Nun kommt ein Leiermann hervor
und schleppt seinen Kasten durchs offene Tor.
Einen lustigen Walzer spielt er auf,
da rennt es herbei in schnellem Lauf,
da krabbeln aus ihren Höhlen heraus
die Kinder in dem ganzen Haus,
und über die blassen, ernsten Gesichter
fliegt es dahin wie Sonnenlichter;
sie tanzen und wiegen sich hin und her
im Walzertakt – was will man mehr?

In der Kellertür steht ein schlumpiges Weib,
ihr hängen die Kleider um den Leib,
den Säugling hält sie in dem Arm,
in ein Wollentuch gewickelt warm.
Sie läßt ihn tanzen, und wie er sich regt
und mit den magern Ärmchen schlägt,
ist über die vergrämten Wangen
ein Strahl von Mutterfreude gegangen.
Das Mädchen für alles im ersten Stock,
es faßt mit den Fingerspitzen den Rock
und trällert den Text und dreht sich und lacht:
An den blauen Dragoner hat sie gedacht;
des Sonntags nach vollbrachtem Werk
im «Schwarzen Adler» zu Schöneberg – –
er war so unbeschreiblich flott
und tanzte den Walzer wie ein Gott.

Der Leiermann hat die Blicke erhoben
und wartet auf den Segen von oben.
Dann kommt – das hört ein jeder gern:
«Einst spielt' ich mit Zepter, mit Krone und Stern.»
Der arme Schreiber in seiner Kammer
vergißt eine Weile den täglichen Jammer.

Er läßt die kritzelnde Feder stehn
und seinen Blick zu den Wolken gehn,
die über die Dächer dahingezogen.
So hoch sind einst seine Träume geflogen
von Ruhm und Glück und Sonnenschein:
«O selig, o selig, ein Kind noch zu sein!»

Der Leiermann dreht seine Kurbel um,
seine Blicke wandern ringsherum.
Ein anderes Stück nun stellt er ein:
«Ich bitt' euch, lieben Vögelein!»
Die Näherin läßt die Maschine stehn,
und ihre Traumgedanken gehn
zum letzten Roman, den sie gelesen.
Wie edel ist doch der Graf gewesen,
daß er das arme Mädchen nahm,
obgleich es doch fast zur Enterbung kam.
Dann seufzt sie. Ach, sie weiß, wie es geht;
die edlen Grafen sind dünn gesät!
Doch wenn auch kein Graf. Wenn einer nur käme,
den sie möchte und der sie nähme!
Draußen schießen die Schwalben vorbei,
sie blickt ihnen nach und summt dabei:
«Ich bitt' euch lieben Vögelein,
will keins von euch mein Bote sein?»

Der Leiermann aber schaut sich stumm
von einem Fenster zum andern um,
zieht sein Register und spielt mit Schall:
«Es braust ein Ruf wie Donnerhall!»
In seiner Werkstatt der Schuster nun
läßt eine Weile den Hammer ruhn.
Er war bei Wörth und bei Sedan
und vor Paris und Orleans,
und wie er denkt an jene Zeit,
wird sein Soldatenherz ihm weit!
Er klopft mit kampfgewohnter Hand –
mit Gott für König und Vaterland –
gar mächtig auf das Leder ein:
«Lieb Vaterland, magst ruhig sein!»

Der Leiermann aber blickt und späht,
damit sein Lohn ihm nicht entgeht.
Und sieh, der Segen bleibt nicht fern,
denn Armut gibt der Armut gern.
Bald hier, bald dort mit leisem Klapp,
in Papier gewickelt, fällt er herab.
Und ob auch der Herr Professor schreit –
hier fühlt man nichts als Dankbarkeit,
denn ein wenig Licht ins graue Heute
bringt die Musik der armen Leute.

Heinrich Seidel

DIE MENSCHEN, die in den Höfen wohnen,
sind arm und selig in ihrer Weise
mit karger Luft und dem bißchen Sonne,
und sie sprechen gedämpft und lachen leise.
In ihren weißen Fenstern stehen
alltägliche Blumen in braunen Töpfen,
und hinter den Blumen, mit reichen Zöpfen,
sitzen die Frauen und Mädchen und nähen,
lassen von ihren geneigten Köpfen
nur die schimmernden Kronen sehen.

Aber des Abends, aus ihren Stuben,
steigen die Mütter zum Brunnen nieder,
und die blassen Mädchen und Buben
singen uralte Kinderlieder,
die die Seele so seltsam rühren,
bis die Mütter das Spiel beenden
und die Zögernden an den Händen
zu den Wiegen und Betten führen …

Die Menschen, die in den Höfen wohnen,
sind arm und selig in ihrer Weise
mit karger Luft und dem bißchen Sonne,
und sie sprechen gedämpft und lachen leise.
Ihre Geschicke sind klein bemessen,
ranken sich wie stille Reben,
und es ist, als hätte das Leben
und als würde der Tod sie vergessen. *Anton Wildgans*

FRITZ KATZFUSS

Fritz Katzfuß war ein siebzehnjähr'ger Junge,
rothaarig, sommersprossig, etwas faul,
und stand in Lehre bei der Witwe Marzahn,
die geizig war und einen Laden hatte,
drin Hering, Schlackwurst, Datteln, Schweizerkäse,
samt Pumpernickel, Lachs und Apfelsinen
ein friedlich Dasein miteinander führten.
Und auf der hohen, etwas schmalen Leiter
mit ihren halb schon weggetretnen Sprossen
sprang unser Katzfuß, wenn die Mädchen kamen
und Soda, Waschblau, Grieß, Korinthen wollten,
geschäftig hin und her.

Ja, sprang er wirklich?
Die Wahrheit zu gestehn, das war die Frage.
Die Mädchen, deren Schatz oft draußen paßte,
vermeinten ganz im Gegenteil, er «nöle»,
sei wie verbiestert und durchaus kein ‹Katzfuß›.
Im Laden, wenn Frau Marzahn auf ihn passe,
da ging es noch, wenn auch nicht grad aufs beste,
das Schlimme käm' erst, wenn er wegen Selter-
und Sodawasser in den Keller müsse,
das sei dann manchmal gradzu zum Verzweifeln,
und wär' er nicht solch herzensguter Junge,
der nie was sage, nie zu wenig gebe,
ja, meistens, daß die Waagschal überkappe,
so wär's nicht zu beleben.

Und nicht besser
klang, was die Herrin selber von ihm sagte,
die Witwe Marzahn. «Wo der dumme Junge
nur immer steckt? Hier vorne muß er flink sein,
doch soll er übern Hof und auf den Boden,
so dauert's ewig, und ist gar Geburtstag
von Kaiser Wilhelm oder Sedanfeier
und soll der Stock raus mit der preuß'schen Fahne
(mein sel'ger Marzahn war nicht für die deutsche),
Fritz darf nicht rauf – denn bis dreiviertel Stunden
ist ihm das mindste.»

So sprach Witwe Marzahn,
und kurz und gut, Fritz Katzfuß war ein Rätsel,
und nur das eine war noch rätselvoller:
Daß, wie's auch drohn und donnerwettern mochte,
ja, selbst wenn Blitz und Schlag zusammenfielen,
daß Fritz nie maulte, greinte, wütend wurde;
nein, unverändert blieb sein stilles Lächeln
und schien zu sagen: ‹Arme Kreaturen,
ihr glaubt mich dumm, ich bin der Überlegne.
Kramladenlehrling! Eure Welt ist Kram,
und wenn ihr Waschblau fordert oder Stärke,
blaut zu, soviel ihr wollt. Mein Blau der Himmel.›

So ging die Zeit, und Fritz war wohl schon siebzehn;
ein Oxhoft Apfelwein war angekommen
und lag im Hof. Von da sollt's in den Keller.
Fritz schlang ein Tau herum, und weil die Hitze
groß war und drückend, was er wenig liebte,
so warf er seinen Shirting-Rock beiseite,
nicht recht geschickt, so daß der Kragenhängsel
nach unten hing. Und aus der Vordertasche
glitt was heraus und fiel zur Erde. Lautlos.
Fritz merkt' es nicht. Die Witwe Marzahn aber
schlich sich heran und nahm ein Buch (das war es)
vom Boden auf und sah hinein: ‹Gedichte.
Gedichte, erster Teil, von Wolfgang Goethe.›
Zerlesen war's und schlecht und abgestoßen
und Zeichen eingelegt: ein Endchen Strippe,
Briefmarkenränder, und als dritt' und letztes
(zu glauben kaum) ein Streifen Schlackwurstpelle,
die Seiten links und rechts befleckt, befettet,
und oben stand, nun was? stand ‹Mignonlieder›.
Und Witwe Marzahn las: ‹Dahin, dahin,
möcht' ich mit dir, o mein Geliebter, ziehn.›
Nun war es klar. Um so was träg und langsam,
um Goethe, Verse, Mignon.

Armer Lehrling,
ich weiß dein Schicksal nicht, nur eines weiß ich:
Wie dir die Lehrzeit hinging bei Frau Marzahn,
ging mir das Leben hin. Ein Band von Goethe
blieb mir bis heut mein bestes Wehr und Waffen,
und wenn die Witwe Marzahn mich gepeinigt
und dumme Dinger, die nach Waschblau kamen,
mich langsam fanden, kicherten und lachten –
ich lächelte, grad' so wie du gelächelt,
Fritz Katzfuß, du mein Ideal, mein Vorbild.
Der Band von Goethe gab mir Kraft und Leben,
vielleicht auch Dünkel ... All genau dasselbe,
nur andres Haar und – keine Sommersprossen.

Theodor Fontane

DAS LIED VON DER GLOCKE

Vivos voco. Mortuos plango. Fulgura frango

Fest gemauert in der Erden
steht die Form aus Lehm gebrannt.
Heute muß die Glocke werden!
Frisch, Gesellen, seid zur Hand!
Von der Stirne heiß
rinnen muß der Schweiß,
soll das Werk den Meister loben;
doch der Segen kommt von oben.

Zum Werke, das wir ernst bereiten,
geziemt sich wohl ein ernstes Wort;
wenn gute Reden sie begleiten,
dann fließt die Arbeit munter fort.
So laß uns jetzt mit Fleiß betrachten,
was durch die schwache Kraft entspringt;
den schlechten Mann muß man verachten,
der nie bedacht, was er vollbringt.
Das ist's ja, was den Menschen zieret,
und dazu war ihm der Verstand,
daß er im innern Herzen spüret,
was er erschafft mit seiner Hand.

Nehmet Holz vom Fichtenstamme,
doch recht trocken laßt es sein,
daß die eingepreßte Flamme
schlage zu dem Schwalch hinein!
Kocht des Kupfers Brei,
schnell das Zinn herbei,
daß die zähe Glockenspeise
fließe nach der rechten Weise!

Was in des Dammes tiefer Grube
die Hand mit Feuers Hilfe baut,
hoch auf des Turmes Glockenstube,
da wird es von uns zeugen laut.
Noch dauern wird's in späten Tagen
und rühren vieler Menschen Ohr
und wird mit dem Betrübten klagen
und stimmen zu der Andacht Chor.
Was unten tief dem Erdensohne
das wechselnde Verhängnis bringt,
das schlägt an die metallne Krone,
die es erbaulich weiterklingt.

Weiße Blasen seh' ich springen,
wohl! die Massen sind im Fluß.
Laßt's mit Aschensalz durchdringen,
das befördert schnell den Guß.
Auch von Schaume rein
muß die Mischung sein,
daß vom reinlichen Metalle
rein und voll die Stimme schalle.

Denn mit der Freude Feierklange
begrüßt sie das geliebte Kind
auf seines Lebens erstem Gange,
den es in Schlafes Arm beginnt.
Ihm ruhen noch im Zeitenschoße
die schwarzen und die heitern Lose;
der Mutterliebe zarte Sorgen
bewachen seinen goldnen Morgen. –
Die Jahre fliehen pfeilgeschwind.
Vom Mädchen reißt sich stolz der Knabe,
er stürmt ins Leben wild hinaus,
durchmißt die Welt am Wanderstabe.
Fremd kehrt er heim ins Vaterhaus,
und herrlich, in der Jugend Prangen,
wie ein Gebild aus Himmelshöhn,
mit züchtigen, verschämten Wangen
sieht er die Jungfrau vor sich stehn.
Da faßt ein namenloses Sehnen
der Jünglings Herz, er irrt allein,
aus seinen Augen brechen Tränen,
er flieht der Brüder wilden Reihn.
Errötend folgt er ihren Spuren
und ist von ihrem Gruß beglückt,
das Schönste sucht er auf den Fluren,
womit er seine Liebe schmückt.
O zarte Sehnsucht, süßes Hoffen,
der ersten Liebe goldne Zeit!
Das Auge sieht den Himmel offen,
es schwelgt das Herz in Seligkeit –
o daß sie ewig grünen bliebe,
die schöne Zeit der jungen Liebe!

Wie sich schon die Pfeifen bräunen!
Dieses Stäbchen tauch' ich ein:
Sehn wir's überglast erscheinen,
wird's zum Gusse zeitig sein.
Jetzt, Gesellen, frisch!
prüft mir das Gemisch,
ob das Spröde mit dem Weichen
sich vereint zum guten Zeichen.

Denn wo das Strenge mit dem Zarten,
wo Starkes sich und Mildes paarten,
da gibt es einen guten Klang.
Drum prüfe, wer sich ewig bindet,
ob sich das Herz zum Herzen findet!
Der Wahn ist kurz, die Reu' ist lang. –
Lieblich in der Bräute Locken
spielt der jungfräuliche Kranz,
wenn die hellen Kirchenglocken
laden zu des Festes Glanz.
Ach! des Lebens schönste Feier
endigt auch den Lebensmai,
mit dem Gürtel, mit dem Schleier
reißt der schöne Wahn entzwei.
Die Leidenschaft flieht,
die Liebe muß bleiben,
die Blume verblüht,
die Frucht muß treiben.
Der Mann muß hinaus
ins feindliche Leben,
muß wirken und streben
und pflanzen und schaffen,
erlisten, erraffen,
muß wetten und wagen,
das Glück zu erjagen.
Da strömet herbei die unendliche Gabe,
es füllt sich der Speicher mit köstlicher Ha
die Räume wachsen, es dehnt sich das Ha

Und drinnen waltet
die züchtige Hausfrau,
die Mutter der Kinder,
und herrschet weise
im häuslichen Kreise,
und lehret die Mädchen
und wehret den Knaben
und reget ohn' Ende
die fleißigen Hände
und mehrt den Gewinn
mit ordnendem Sinn,
und füllet mit Schätzen die duftenden Laden
und dreht um die schnurrende Spindel den Faden,
und sammelt im reinlich geglätteten Schrein
die schimmernde Wolle, den schneeigten Lein,
und füget zum Guten den Glanz und den Schimmer,
und ruhet nimmer.

Und der Vater mit frohem Blick
von des Hauses weitschauendem Giebel
überzählet sein blühend Glück,
siehet der Pfosten ragende Bäume
und der Scheunen gefüllte Räume
und die Speicher, vom Segen gebogen,
und das Kornes bewegte Wogen,
rühmt sich mit stolzem Mund:
Fest, wie der Erde Grund,
gegen des Unglücks Macht
steht mir des Hauses Pracht! –
Doch mit des Geschickes Mächten
ist kein ew'ger Bund zu flechten,
und das Unglück schreitet schnell.

Wohl! nun kann der Guß beginnen,
schön gezacket ist der Bruch.
Doch, bevor wir's lassen rinnen,
betet einen frommen Spruch!
Stoßt den Zapfen aus!
Gott bewahr' das Haus!
Rauchend in des Henkels Bogen
schießt's mit feuerbraunen Wogen.

Wohltätig ist des Feuers Macht,
wenn sie der Mensch bezähmt, bewacht,
und was er bildet, was er schafft,
das dankt er dieser Himmelskraft;
doch furchtbar wird die Himmelskraft,
wenn sie der Fessel sich entrafft,
einhertritt auf der eigenen Spur
die freie Tochter der Natur.
Wehe, wenn sie losgelassen,
wachsend ohne Widerstand
durch die volkbelebten Gassen
wälzt den ungeheuren Brand!
Denn die Elemente hassen
das Gebild der Menschenhand.
Aus der Wolke
quillt der Segen,
strömt der Regen
aus der Wolke, ohne Wahl
zuckt der Strahl!
Hört ihr's wimmern hoch vom Turm?
Das ist Sturm!
Rot wie Blut
ist der Himmel,

das ist nicht des Tages Glut!
Welch Getümmel
Straßen auf!
Dampf wallt auf!
Flackernd steigt die Feuersäule,
durch der Straße lange Zeile
wächst es fort mit Windeseile,
kochend, wie aus Ofens Rachen,
glühn die Lüfte, Balken krachen,
Pfosten stürzen, Fenster klirren,
Kinder jammern, Mütter irren,
Tiere wimmern
unter Trümmern.
Alles rennet, rettet, flüchtet,
taghell ist die Nacht gelichtet.
Durch der Hände lange Kette
um die Wette
fliegt der Eimer, hoch im Bogen
spritzen Quellen, Wasserwogen.
Heulend kommt der Sturm geflogen,
der die Flamme brausend sucht.
Prasselnd in die dürre Frucht
fällt sie, in des Speichers Räume,
in der Sparren dürre Bäume,
und als wollte sie im Wehen
mit sich fort der Erde Wucht
reißen in gewaltger Flucht,
wächst sie in des Himmels Höhen
riesengroß. –
Hoffnungslos
weicht der Mensch der Götterstärke,
müßig sieht er seine Werke
und bewundernd untergehen.

Leergebrannt
ist die Stätte,
wilder Stürme rauhes Bette.
In den öden Fensterhöhlen
wohnt das Grauen,
und des Himmels Wolken schauen
hoch hinein.
Einen Blick
nach dem Grabe
seiner Habe
sendet noch der Mensch zurück –
greift fröhlich dann zum Wanderstabe.
Was Feuers Wut ihm auch geraubt,
ein süßer Trost ist ihm geblieben:
Er zählt die Häupter seiner Lieben,
und sieh! ihm fehlt kein teures Haupt.

In die Erd' ist's aufgenommen,
glücklich ist die Form gefüllt;
wird's auch schön zutage kommen,
daß es Fleiß und Kunst vergilt?
Wenn der Guß mißlang?
Wenn die Form zersprang?
Ach, vielleicht, indem wir hoffen,
hat uns Unheil schon getroffen.

Dem dunkeln Schoß der heil'gen Erde
vertrauen wir der Hände Tat,
vertraut der Sämann seine Saat
und hofft, daß sie entkeimen werde
zum Segen, nach des Himmels Rat.
Noch köstlicheren Samen bergen
wir trauernd in der Erde Schoß
und hoffen, daß er aus den Särgen
erblühen soll zu schönerm Los.

Von dem Dome
schwer und bang
tönt die Glocke
Grabgesang.
Ernst begleiten ihre Trauerschläge
einen Wandrer auf dem letzten Wege.

Ach! die Gattin ist's, die teure,
ach! es ist die treue Mutter,
die der schwarze Fürst der Schatten
wegführt aus dem Arm des Gatten,
aus der zarten Kinder Schar,

die sie blühend ihm gebar,
die sie an der treuen Brust
wachsen sah mit Mutterlust –
ach! des Hauses zarte Bande
sind gelöst auf immerdar;
denn sie wohnt im Schattenlande,
die des Hauses Mutter war;
denn es fehlt ihr treues Walten,
ihre Sorge wacht nicht mehr;
an verwaister Stätte schalten
wird die Fremde, liebeleer.

Bis die Glocke sich verkühlet,
laßt die strenge Arbeit ruhn.
Wie im Laub der Vogel spielet,
mag sich jeder gütlich tun.
Winkt der Sterne Licht,
ledig aller Pflicht
hört der Bursch die Vesper schlagen,
Meister muß sich immer plagen.

Munter fördert seine Schritte
fern im wilden Forst der Wandrer
nach der lieben Heimathütte.
Blökend ziehen
heim die Schafe,
und der Rinder
breitgestirnte, glatte Scharen
kommen brüllend,
die gewohnten Ställe füllend.
Schwer herein
schwankt der Wagen,
kornbeladen;
bunt von Farben
auf den Garben
liegt der Kranz,
und das junge Volk der Schnitter
fliegt zum Tanz.
Markt und Straße werden stiller,
um des Lichts gesell'ge Flamme
sammeln sich die Hausbewohner,
und das Stadttor schließt sich knarrend.
Schwarz bedecket
sich die Erde;
doch den sichern Bürger schrecket
nicht die Nacht,
die den Bösen gräßlich wecket;
denn das Auge des Gesetzes wacht.

Heil'ge Ordnung, segenreiche
Himmelstochter, die das Gleiche
frei und leicht und freudig bindet,
die der Städte Bau gegründet,
die herein von den Gefilden
rief den ungesell'gen Wilden,
eintrat in der Menschen Hütten,
sie gewöhnt zu sanften Sitten
und das teuerste der Bande
wob, den Trieb zum Vaterlande!

Tausend fleiß'ge Hände regen,
helfen sich in munterm Bund,
und in feurigem Bewegen
werden alle Kräfte kund.
Meister rührt sich und Geselle
in der Freiheit heil'gem Schutz;
jeder freut sich seiner Stelle,
bietet dem Verächter Trutz.
Arbeit ist des Bürgers Zierde,
Segen ist der Mühe Preis;
ehrt den König seine Würde,
ehret *uns* der Hände Fleiß.

Holder Friede,
süße Eintracht,
weilet, weilet
freundlich über dieser Stadt!
Möge nie der Tag erscheinen,
wo des rauhen Krieges Horden
dieses stille Tal durchtoben;

wo der Himmel,
den des Abends sanfte Röte
lieblich malt,
von der Dörfer, von der Städte
wildem Brande schrecklich strahlt!
    Nun zerbrecht mir das Gebäude,
    seine Absicht hat's erfüllt,
    daß sich Herz und Auge weide
    an dem wohlgelungnen Bild.
        Schwingt den Hammer, schwingt,
        bis der Mantel springt!
    Wenn die Glock' soll auferstehen,
    muß die Form in Stücke gehen.

Der Meister kann die Form zerbrechen
mit weiser Hand, zur rechten Zeit;
doch wehe, wenn in Flammenbächen
das glühnde Erz sich selbst befreit!
Blindwütend, mit des Donners Krachen,
zersprengt es das geborstne Haus,
und wie aus offnem Höllenrachen
speit es Verderben zündend aus.
Wo rohe Kräfte sinnlos walten,
da kann sich kein Gebild gestalten;
wenn sich die Völker selbst befrein,
da kann die Wohlfahrt nicht gedeihn.

Weh, wenn sich in dem Schoß der Städte
der Feuerzunder still gehäuft,
das Volk, zerreißend seine Kette,
zur Eigenhilfe schrecklich greift!
Da zerret an der Glocke Strängen
der Aufruhr, daß sie heulend schallt
und, nur geweiht zu Friedensklängen,
die Losung anstimmt zur Gewalt.

Freiheit und Gleichheit! hört man schallen,
der ruh'ge Bürger greift zur Wehr,
die Straßen füllen sich, die Hallen,
und Würgerbanden ziehn umher.
Da werden Weiber zu Hyänen
und treiben mit Entsetzen Scherz;
noch zuckend, mit des Panthers Zähnen,
zerreißen sie des Feindes Herz.
Nichts Heiliges ist mehr, es lösen
sich alle Bande frommer Scheu;
der Gute räumt den Platz dem Bösen,
und alle Laster walten frei.
Gefährlich ist's, den Leu zu wecken,
verderblich ist des Tigers Zahn;
jedoch der schrecklichste der Schrecken,
das ist der Mensch in seinem Wahn.
Weh denen, die dem Ewigblinden
des Lichtes Himmelsfackel leihn!
Sie strahlt ihm nicht, sie kann nur zünden
und äschert Städt' und Länder ein.

    Freude hat mir Gott gegeben!
    Sehet! wie ein goldner Stern
    aus der Hülse, blank und eben,
    schält sich der metallne Kern.
        Von dem Helm zum Kranz
        spielt's wie Sonnenglanz,
    auch des Wappens nette Schilder
    loben den erfahrnen Bilder.

Herein! Herein!
Gesellen alle, schließt den Reihen,
daß wir die Glocke taufend weihen!
‹Concordia› soll ihr Name sein.
Zur Eintracht, zu herzinnigem Vereine
versammle sie die liebende Gemeine.

Und dies sei fortan ihr Beruf,
wozu der Meister sie erschuf:
Hoch überm niedern Erdenleben
soll sie in blauem Himmelszelt,
die Nachbarin des Donners, schweben
und grenzen an die Sternenwelt,
soll eine Stimme sein von oben,

wie der Gestirne helle Schar,
die ihren Schöpfer wandelnd loben
und führen das bekränzte Jahr.
Nur ewigen und ernsten Dingen
sei ihr metallner Mund geweiht,
und stündlich mit den schnellen Schwingen
berühr' im Fluge sie die Zeit.
Dem Schicksal leihe sie die Zunge;
selbst herzlos, ohne Mitgefühl,
begleite sie mit ihrem Schwunge
des Lebens wechselvolles Spiel.
Und wie der Klang im Ohr vergehet,
der mächtig tönend ihr entschallt,
so lehre sie, daß nichts bestehet,
daß alles Irdische verhallt.

Jetzo mit der Kraft des Stranges
wiegt die Glock' mir aus der Gruft,
daß sie in das Reich des Klanges
steige, in die Himmelsluft.
Ziehet, ziehet, hebt!
Sie bewegt sich, schwebt.
Freude dieser Stadt bedeute,
Friede sei ihr erst Geläute.

Friedrich Schiller

KAMMERMUSIK

Der Apotheker, der Kaufmann, der Arzt und der Richter,
es sind immer wieder dieselben Gesichter;
so eine Kleinstadt, es ist ein Graus,
Gott gebe, ich wäre schon wieder heraus.

Aber am Sonntag lädt der Herr Richter
«Auf einen Löffel Suppe» den Großstadtdichter.
Der Apotheker, der Kaufmann, der Arzt, die drei
sind natürlich auch dabei.

Das Essen ist gut, da ist nichts zu sagen,
ihr Minister des Innern ist eben der Magen;
und der Wein nicht übel; nun ja, man spürt,
«man» hat eben in der Hauptstadt studiert.

Dann spricht man und raucht; es geschieht auch zuweilen,
daß Minuten ohne Gespräch enteilen;
dann spricht man wieder. Und dann, auf Ehr,
bringt die Hausfrau Notenständer her.

Und dann, da ich seufze: «Es ist nicht zu ändern!»
sitzen die Alten schon vor ihren Ständern;
ein jeder den Fiedelbogen nimmt;
zwei Geigen, Viola und Cello. «Es stimmt.»

Und sie spielen. Beethoven. Erst etwas befangen;
dann steigen Flämmlein in ihre Wangen,
und herrlich durch das Zimmer ziehn
die unendlichen, mächtigen Melodien.

Ich sitze und lausche, aufs tiefste erschüttert;
mein Herz wird mild, und die Seele erzittert.
Der Flügelschlag der Kunst durchrauscht
die Luft, dem fromm die Seele lauscht.

Mir wird, versunken im Anblick der Alten,
als müßt' zum Gebet ich die Hände falten:
O Himmel, im Alter bewahre auch mir
die Freude am Schönen wie diesen hier!

Hugo Salus

DER SPAZIERGANG

Sei mir gegrüßt, mein Berg mit dem rötlich strahlenden Gipfel!
    Sei mir, Sonne, gegrüßt, die ihn so lieblich bescheint!
Dich auch grüß ich, belebte Flur, euch, säuselnde Linden,
    und den fröhlichen Chor, der auf den Ästen sich wiegt,
ruhige Bläue, dich auch, die unermeßlich sich ausgießt
    um das braune Gebirg, über den grünenden Wald,
auch um mich, der endlich entflohn des Zimmers Gefängnis
    und dem engen Gespräch freudig sich rettet zu dir.
Deiner Lüfte balsamischer Strom durchrinnt mich erquickend,
    und den durstigen Blick labt das energische Licht.
Kräftig auf blühender Au erglänzen die wechselnden Farben,
    aber der reizende Streit löset in Anmut sich auf.
Frei empfängt mich die Wiese mit weithin verbreitetem Teppich,
    durch ihr freundliches Grün schlingt sich der ländliche Pfad,
um mich summt die geschäftige Bien, mit zweifelndem Flügel
    wiegt der Schmetterling sich über dem rötlichen Klee,

glühend trifft mich der Sonne Pfeil, still liegen die Weste,
nur der Lerche Gesang wirbelt in heiterer Luft.
Doch jetzt brausts aus dem nahen Gebüsch, tief neigen der Erlen
Kronen sich, und im Wind wogt das versilberte Gras.
Mich umfängt ambrosische Nacht; in duftende Kühlung
nimmt ein prächtiges Dach schattender Buchen mich ein,
in des Waldes Geheimnis entflieht mir auf einmal die Landschaft,
und ein schlängelnder Pfad leitet mich steigend empor.
Nur verstohlen durchdringt der Zweige laubigtes Gitter
sparsames Licht, und es blickt lachend das Blaue herein.
Aber plötzlich zerreißt der Flor. Der geöffnete Wald gibt
überraschend des Tags blendendem Glanz mich zurück.
Unabsehbar ergießt sich vor meinen Blicken die Ferne,
und ein blaues Gebirg endigt im Dufte die Welt.
Tief an des Berges Fuß, der gählings unter mir abstürzt,
wallet des grünlichten Stroms fließender Spiegel vorbei.
Endlos unter mir seh ich den Äther, über mir endlos,
blicke mit Schwindeln hinauf, blicke mit Schaudern hinab.
Aber zwischen der ewigen Höh und der ewigen Tiefe
trägt ein geländerter Steig sicher den Wandrer dahin.
Lachend fliehen an mir die reichen Ufer vorüber,
und den fröhlichen Fleiß rühmet das prangende Tal.
Jene Linien, sieh! die des Landmanns Eigentum scheiden,
in den Teppich der Flur hat sie Demeter gewirkt.
Freundliche Schrift des Gesetzes, des menschenerhaltenden Gottes,
seit aus der ehernen Welt fliehend die Liebe verschwand,
aber in freieren Schlangen durchkreuzt die geregelten Felder,
jetzt verschlungen vom Wald, jetzt an den Bergen hinauf
klimmend, ein schimmernder Streif, die Länder verknüpfende Straße,
auf dem ebenen Strom gleiten die Flöße dahin.
Vielfach ertönt der Herden Geläut im belebten Gefilde,
und den Widerhall weckt einsam des Hirten Gesang.
Muntre Dörfer bekränzen den Strom, in Gebüschen verschwinden
andre, vom Rücken des Bergs stürzen sie gäh dort herab.
Nachbarlich wohnet der Mensch noch mit dem Acker zusammen,
seine Felder umruhn friedlich sein ländliches Dach,
traulich rankt sich die Reb empor an dem niedrigen Fenster,
einen umarmenden Zweig schlingt um die Hütte der Baum.
Glückliches Volk der Gefilde! noch nicht zur Freiheit erwachet,
teilst du mit deiner Flur fröhlich das enge Gesetz.

Deine Wünsche beschränkt der Ernten ruhiger Kreislauf,
wie dein Tagwerk, gleich, windet dein Leben sich ab!
Aber wer raubt mir auf einmal den lieblichen Anblick? Ein fremder
Geist verbreitet sich schnell über die fremdere Flur!
Spröde sondert sich ab, was kaum noch liebend sich mischte,
und das Gleiche nur ists, was an das Gleiche sich reiht.
Stände seh ich gebildet, der Pappeln stolze Geschlechter
ziehn in geordnetem Pomp vornehm und prächtig daher.
Regel wird alles, und alles wird Wahl und alles Bedeutung,
dieses Dienergefolg meldet den Herrscher mit an.
Prangend verkündigen ihn von fern die beleuchteten Kuppeln,
aus dem felsigen Kern hebt sich die türmende *Stadt.*
In die Wildnis hinaus sind des Waldes Faunen verstoßen,
aber die Andacht leiht höheres Leben dem Stein.
Näher gerückt ist der Mensch an den Menschen. Enger wird um ihn,
reger erwacht, es umwälzt rascher sich in ihm die Welt.
Sieh, da entbrennen in feurigem Kampf die eifernden Kräfte,
Großes wirket ihr Streit, Größeres wirket ihr Bund.
Tausend Hände belebt *ein* Geist, hoch schläget in tausend
Brüsten, von *einem* Gefühl glühend, ein einziges Herz,
schlägt für das Vaterland und glüht für der Ahnen Gesetze,
hier auf dem teuren Grund ruht ihr verehrtes Gebein.
Nieder steigen vom Himmel die seligen Götter und nehmen
in dem geweihten Bezirk festliche Wohnungen ein,
herrliche Gaben bescherend erscheinen sie; Ceres vor allen
bringet des Pfluges Geschenk, Hermes den Anker herbei,
Bacchus die Traube, Minerva des Ölbaums grünende Reiser,
auch das kriegrische Roß führet Poseidon heran,
Mutter Cybele spannt an des Wagens Deichsel die Löwen,
in das gastliche Tor zieht sie als Bürgerin ein.
Heilige Steine! Aus euch ergossen sich Pflanzer der Menschheit,
fernen Inseln des Meers sandtet ihr Sitten und Kunst,
Weise sprachen das Recht an diesen geselligen Toren,
Helden stürzten zum Kampf für die Penaten heraus.
Auf den Mauren erschienen, den Säugling im Arme, die Mütter,
blickten dem Heerzug nach, bis ihn die Ferne verschlang.
Betend stürzten sie dann vor der Götter Altären sich nieder,
flehten um Ruhm und Sieg, flehten um Rückkehr für euch.
Ehre ward euch und Sieg, doch der Ruhm nur kehrte zurücke,
eurer Taten Verdienst meldet der rührende Stein:

«Wanderer, kommst du nach Sparta, verkündige dorten, du habest
 uns hier liegen gesehn, wie das Gesetz es befahl.»
Ruhet sanft, ihr Geliebten! Von eurem Blute begossen,
 grünet der Ölbaum, es keimt lustig die köstliche Saat.
Munter entbrennt, des Eigentums froh, das freie Gewerbe,
 aus dem Schilfe des Stroms winket der bläuliche Gott.
Zischend fliegt in den Baum die Axt, es erseufzt die Dryade,
 hoch von des Berges Haupt stürzt sich die donnernde Last.
Aus dem Felsbruch wiegt sich der Stein, vom Hebel beflügelt,
 in der Gebirge Schlucht taucht sich der Bergmann hinab.
Mulcibers Amboß tönt von dem Takt geschwungener Hämmer,
 unter der nervigten Faust spritzen die Funken des Stahls.
Glänzend umwindet der goldene Lein die tanzende Spindel,
 durch die Saiten des Garns sauset das webende Schiff.
Fern auf der Reede ruft der Pilot, es warten die Flotten,
 die in der Fremdlinge Land tragen den heimischen Fleiß,
andre ziehn frohlockend dort ein, mit den Gaben der Ferne,
 hoch von dem ragenden Mast wehet der festliche Kranz.
Siehe, da wimmeln die Märkte, der Kran von fröhlichem Leben,
 seltsamer Sprachen Gewirr braust in das wundernde Ohr.
Auf den Stapel schüttet die Ernten der Erde der Kaufmann,
 was dem glühenden Strahl Afrikas Boden gebiert,
was Arabien kocht, was die äußerste Thule bereitet,
 hoch mit erfreuendem Gut füllt Amalthea das Horn.
Das gebieret das Glück dem Talente die göttlichen Kinder,
 von der Freiheit gesäugt, wachsen die Künste der Lust.
Mit nachahmendem Leben erfreuet der Bildner die Augen,
 und vom Meißel beseelt, redet der fühlende Stein,
künstliche Himmel ruhn auf schlanken jonischen Säulen,
 und den ganzen Olymp schließet ein Pantheon ein.
Leicht wie der Iris Sprung durch die Luft, wie der Pfeil von der Senne,
 hüpfet der Brücke Joch über den brausenden Strom.
Aber im stillen Gemach entwirft bedeutende Zirkel
 sinnend der Weise, beschleicht forschend den schaffenden Geist,
prüft der Stoffe Gewalt, der Magnete Hassen und Lieben,
 folgt durch die Lüfte dem Klang, folgt durch den Äther dem Strahl,
sucht das vertraute Gesetz in des Zufalls grausenden Wunden,
 sucht den ruhenden Pol in der Erscheinungen Flucht.
Körper und Stimme leiht die Schrift dem stummen Gedanken,
 durch der Jahrhunderte Strom trägt ihn das redende Blatt.

Da zerrinnt vor dem wundernden Blick der Nebel des Wahnes,
und die Gebilde der Nacht weichen dem tagenden Licht.
Seine Fesseln zerbricht der Mensch. Der Beglückte! Zerriss' er
mit den Fesseln der Furcht nur nicht den Zügel der Scham!
Freiheit ruft die Vernunft, Freiheit die wilde Begierde,
von der heilgen Natur ringen sie lüstern sich los.
Ach, da reißen im Sturm die Anker, die an dem Ufer
warnend ihn hielten, ihn faßt mächtig der flutende Strom,
ins Unendliche reißt er ihn hin, die Küste verschwindet,
hoch auf der Fluten Gebirg wiegt sich entmastet der Kahn,
hinter Wolken erlöschen des Wagens beharrliche Sterne,
bleibend ist nichts mehr, es irrt selbst in dem Busen der Gott.
Aus dem Gespräche verschwindet die Wahrheit, Glauben und Treue
aus dem Leben, es lügt selbst auf der Lippe der Schwur.
In der Herzen vertraulichsten Bund, in der Liebe Geheimnis
drängt sich der Sykophant, reißt von dem Freunde den Freund,
auf die Unschuld schielt der Verrat mit verschlingendem Blicke,
mit vergiftendem Biß tötet des Lästerers Zahn.
Feil ist in der geschändeten Brust der Gedanke, die Liebe
wirft des freien Gefühls göttlichen Adel hinweg.
Deiner heiligen Zeichen, o Wahrheit, hat der Betrug sich
angemaßt, der Natur köstlichste Stimmen entweiht,
die das bedürftige Herz in der Freude Drang sich erfindet,
kaum gibt wahres Gefühl noch durch Verstummen sich kund.
Auf der Tribüne prahlet das Recht, in der Hütte die Eintracht,
des Gesetzes Gespenst steht an der Könige Thron.
Jahrelang mag, jahrhundertelang die Mumie dauern,
mag das trügende Bild lebender Fülle bestehn,
bis die Natur erwacht, und mit schweren ehernen Händen
an das hohle Gebäu rühret die Not und die Zeit,
einer Tigerin gleich, die das eiserne Gitter durchbrochen
und des numidischen Walds plötzlich und schrecklich gedenkt,
aufsteht mit des Verbrechens Wut und des Elends die Menschheit
und in der Asche der Stadt sucht die verlorne Natur.
O, so öffnet euch, Mauren, und gebt den Gefangenen ledig,
zu der verlassenen Flur kehrt er gerettet zurück!
Aber wo bin ich? Es birgt sich der Pfad. Abschüssige Gründe
hemmen mit gähnender Kluft hinter mir, vor mir den Schritt.
Hinter mir blieb der Gärten, der Hecken vertraute Begleitung,
hinter mir jegliche Spur menschlicher Hände zurück.

Nur die Stoffe seh ich getürmt, aus welchen das Leben
keimet, der rohe Basalt hofft auf die bildende Hand.
Brausend stürzt der Gießbach herab durch die Rinne der Felsen,
unter den Wurzeln des Baums bricht er entrüstet sich Bahn.
Wild ist es hier und schauerlich öd. Im einsamen Luftraum
hängt nur der Adler und knüpft an das Gewölke die Welt.
Hoch herauf bis zu mir trägt keines Windes Gefieder
den verlorenen Schall menschlicher Mühen und Lust.
Bin ich wirklich allein? In deinen Armen, an deinem
Herzen wieder, Natur, ach! und es war nur ein Traum,
der mich schaudernd ergriff mit des Lebens furchtbarem Bilde,
mit dem stürzenden Tal stürzte der finstre hinab.
Reiner nehm ich mein Leben von deinem reinen Altare,
nehme den fröhlichen Mut hoffender Jugend zurück!
Ewig wechselt der Wille den Zweck und die Regel, in ewig
wiederholter Gestalt wälzen die Taten sich um.
Aber jugendlich immer, in immer veränderter Schöne
ehrst du, fromme Natur, züchtig das alte Gesetz,
immer dieselbe, bewahrst du in treuen Händen dem Manne,
was dir das gaukelnde Kind, was dir der Jüngling vertraut,
nährest an gleicher Brust die vielfach wechselnden Alter;
unter demselben Blau, über dem nämlichen Grün
wandeln die nahen und wandeln vereint die fernen Geschlechter,
und die Sonne Homers, siehe! sie lächelt auch uns.

Friedrich Schiller

AUF EIN GRAB

Der hier begraben liegt, hat nicht viel Geld erworben
und außer dieser hier nie eine Liegenschaft.
Er ist wie jedermann geboren und gestorben,
und niemand rühmte ihn um Tat- und Geisteskraft.

Da er nichts hinterließ, ist er wohl längst vergessen.
Du, Fremder, bleibe stehn und merk auf diese Schrift.
Dann sag mir, ob sein Lob nicht manches übertrifft,
das in der Leute Mund und ihrem Ohr gesessen.

Daß jedes Jahr geblüht, war seine größte Lust!
Da schritt er ohne Hut gemächlich über Land.
Und wenn zur Winterszeit er erstmals heizen mußt',
dann hat er wie den Schlaf den Ofen Freund genannt.

Er teilte brüderlich sein Brot mit Hund und Meise
und wer es sonst begehrt'. Hat niemanden verdammt,
hat niemanden gehaßt als nur das Steueramt,
sprach nie vom Börsenkurs und selten über Preise.

Versichert war er nicht und nicht im Sportvereine.
Er ging zu keiner Wahl, er diente keinem Herrn,
sang nicht im Kirchenchor. Zeitungen hielt er keine.
Doch daß ich's nicht vergeß: er hatte Rettich gern.

Er rauchte Caporal. Ist wenig nur gereist.
Dafür hat's ihn gefreut, in jungem Gras zu ruhn.
Dann war er noch bemüht, gar niemand wehzutun,
und lobte Gottes Treu' und Zuger Kirschengeist.

Du, Wandrer, bitt für ihn. Und bleibe eingedenk,
daß Gott dein Kämmrer ist, dein Truchseß und dein Schenk.

Werner Bergengruen

LEBEN EINES MANNES

Gestern fuhr ich Fische fangen,
heut bin ich zum Wein gegangen,
– Morgen bin ich tot –
Grüne, goldgeschuppte Fische,
rote Pfützen auf dem Tische,
rings um weißes Brot.

Gestern ist es Mai gewesen,
heute wolln wir Verse lesen,
morgen wolln wir Schweine stechen,
Würste machen, Äpfel brechen,
pfundweis alle Bettler stopfen
und auf pralle Bäuche klopfen,
– Morgen bin ich tot –
Rosen setzen, Ulmen pflanzen,
schlittenfahren, fastnachtstanzen,
Netze flicken, Lauten rühren,
Häuser bauen, Kriege führen,
Frauen nehmen, Kinder zeugen,
übermorgen Kniee beugen,
übermorgen Knechte löhnen,
übermorgen Gott versöhnen –
Morgen bin ich tot.

Werner Bergengruen

VOM ESSEN UND TRINKEN

DAS ESSEN

Ein Mensch beim Essen ist ein gut Gesicht,
wenn er nichts denkt und nur die Kiefer mahlen,
die Zähne malmen und die Blicke strahlen
von einem sonderbaren Urweltlicht.

Vorspeisen sind wie Segel über Buchten,
schlank und zum Hafen schnellend in erregter Fahrt,
indes die schweren Fleischgerichte wuchten
gewaltig über Wiesen von Gemüsen zart.

Welch ein entzücktes Spiel: zu hohen Festen
erlesner Bissen Liebreiz zu erflehn,
und welche Lust: sich mächtig vollzumästen,
satt und mit Saft gefüllt vom Hals bis zu den Zeh'n.

Fischfleisch ist weiß und heilig oder rosen,
und manchmal rauchgebeizt und lauchgewürzt.
Auch kleine Fische gibt's in blanken Dosen,
die man wie Schnäpse jach hinunterstürzt.

Wildbret: Du Perle Cumberlands, von edler Fäule,
und nackter Horden rohgebratner Fraß!
Wohl dem, der Schneehuhn oder Rentierkeule
(gespickt, mit Sahne) hoch im Norden aß.

Beefsteak tatare ist fast so stark an Gnade
wie ein am Grill gebratnes Lendenstück,
und viele Götter leben im Salate,
saftrot und samenkerngeschwellt das Weib Tomate,
und grünes Kraut im Frühling ist ein kühles Glück.

Wenn du Kartoffeln oder Spargel ißt,
schmeckst du den Sand der Felder und den Wurzelsegen,
des Himmels Hitze und den großen Regen,
die kühlen Wässer und den warmen Mist.

Laßt mich hier schweigen vom Besoffensein,
vom tiefsten, tödlichsten Hinübergleiten,

vom hellsten, wachsten Indiewindereiten,
die Welt ist groß und unser Wort ist klein.

Laßt mich hier schweigen von dem Blutgericht
geheimster Liebe in verrauschten Zeiten –
laßt mich nur essen, dankbar und bescheiden –
ein Mensch beim Essen ist ein gut Gesicht.

Carl Zuckmayer

FEHLT DIR, o Mensch, die Harmonie
in deinem Innenleben,
so wird dich eine Symphonie
zu reinen Höhen heben.

Aus Sauerkraut besteht sie und
Schweinshaxen, rosig runden,
und war dein Herze noch so wund,
es wird sogleich gesunden.

Otto Julius Bierbaum

RESTAURATION

nach Durchlesung eines Manuskripts mit Gedichten

Das süße Zeug ohne Saft und Kraft!
Es hat mir all mein Gedärm erschlafft.
Es roch, ich will des Henkers sein,
wie lauter welke Rosen und Kamilleblümlein.
Mir ward ganz übel, mauserig, dumm,
ich sah mich schnell nach was Tüchtigem um,
lief in den Garten hinterm Haus,
zog einen herzhaften Rettich aus,
fraß ihn auf bis auf den Schwanz,
da ward ich wieder frisch und genesen ganz.

Eduard Mörike

DAS ENDE DES MONDES

oben scheint der mond, gerade jetzt
hat sich waldmann an den tisch gesetzt

und ißt eine durchgestrichne brühe.
schnee fällt leicht und weich und ohne mühe.

waldmann lächelnd waldmann löffelnd, leise
nimmt er etwas von der dunstmehlspeise,

und er kostet von den eisbeinscheiben.
bleich sieht man den mond vorübertreiben.

etwas nebel, etwas frost. mitunter
fällt ganz leicht und weich der schnee herunter.

der fasan, das blumenkohlgemüse,
sülze zitternd und das sanfte süße

dunkle huhn, gefüllt und aufgeschnitten,
ist in waldmanns leib hinabgeglitten.

zärtlich hört man waldmanns zähne knacken.
wurst gewürzt und hammelhirn gebacken,

ochsenschweif zerhauen, schweinskopfrinden
sieht man schnell in seinem mund verschwinden.

freundlich pfeift der wind, es fällt der schnee.
schnepfenmus und kalbsmilchfricassee,

wellfleisch, wachteln, wuchteln, trüffeltunken
sind geräuschlos in den leib gesunken.

vor dem fenster hängt der nebel dick.
in der ferne spielt die tischmusik.

vor dem fenster weht der schnee. am tisch
sticht hans waldmann still in einen fisch.

ausgedrückt der fisch und ganz verloren.
und der mond ist oben angefroren.

waldmann schöpfend waldmann dreimal nickend,
waldmann schluckend waldmanns gabel pickend,

tief im winter ißt er immer schneller:
erstens fisch und zweitens seinen teller.

oben scheint der mond, der schnee fällt weich.
waldmann nickt und waldmann beißt zugleich

in den tisch, er hat ihn ganz verzehrt.
das ist weiter nicht erwähnenswert.

erst den tisch, im nächsten augenblick,
da verzehrt er noch die tischmusik.

dann hat er das fenster aufgerissen:
o der mond, das war ein großer bissen.

und mit einem ungeheuren schlung
schluckt hans waldmann die erinnerung.

danach hat er diesen fall vergessen
und sich hingesetzt zum abendessen.

Ror Wolf

VOM SCHLARAFFENLAND

Nun höret zu und schweiget still,
was ich euch wunders sagen will
von einem guten Lande.
Es bliebe mancher nicht daheim,
könnt er dahin gelangen.

Die Gegend heißt Schlaraffenland,
ist faulen Leuten wohl bekannt,
liegt hinterm Zuckerberge.
Und willst du in das Land hinein,
friß dich hindurch die Zwerche.

Der Berg ist schier drei Meilen lang,
doch beiß dich durch und tu dir Zwang:
Gelingts dir ohne Schaden,
so findest du die Häuser all
gedeckt mit Eierfladen.

Tür und Wänd, das ganze Haus,
sind von Lebkuchenteig durchaus,
die Sparren Schweinebraten.
Kauft einer dort um Pfennigswert,
hier gilt es einen Dukaten.

Alle Brunnen sind voll süßem Wein,
rinnen einem selbst ins Maul hinein,
und andre süße Weine;
und wer die gerne trinken mag,
der mach sich auf die Beine.

Um jedes Haus, da ist ein Zaun
geflochten von Bratwürsten braun,
gebraten und gesotten.
Es mag sie essen, wer da will,
sie sind niemand verboten.

Auch fliegen um, das mögt ihr glauben,
gebratne Vögel, Gäns und Tauben,
und wer sie nicht will fangen,
dem fliegen sie von selbst ins Maul,
braucht nicht danach zu langen.

Die Säu geraten alle Jahr,
laufen herum und sind schon gar,
mit Messern in dem Rücken,
daß jeder bald ohn Aufenthalt
sich schneiden mag sein Stücke.

Fällt ein Wetter im Sommer ein,
so regnets lauter Honigseim.
Alle, die gerne schlecken,
die laufen in das Land hinein,
da haben sie zu lecken.

Fängt es im Winter zu schneien an,
so schneit es nichts als Marzipan,
Rosinen auch und Mandeln,
und wer sie gerne knabbern mag,
der hat einen guten Handel.

Auf Tannen wachsen große Krapfen,
wie hierzuland die Tannenzapfen,
auf Fichten wachsen Schnitten.
Auch kann man von den Birken da
gute Speckkuchen schütten.

Auf Weiden wachsen Semmel frei,
die Löffel hängen schon dabei,
darunter Milchbäch fließen.
Die Semmel fallen in die Milch,
daß sie jeder kann genießen.

Faul Gesinde, Mägd und Knecht,
sind in dem Lande gar eben recht.
Auf, Gretel, dann, und Stöffel!
Macht an den Milchbach euch geschwind
mit einem großen Löffel.

Wer tölpisch ist und gar nichts kann,
wird in dem Land ein Edelmann,
und wer nichts tut als schlafen,
essen, trinken, tanzen und spielen,
der wird zu einem Grafen.

Wer der Allerfaulste wird erkannt,
ist König über das ganze Land
und hat ein groß Einkommen.
Des Landes Art und Eigenschaft,
das habt ihr nun vollkommen.

Wer sich will machen auf die Reis
und selbst dahin den Weg nicht weiß,
der mag einen Blinden fragen.
Ein Stummer ist auch gut dazu,
wird ihm nicht unrecht sagen.

Aus is, gar is,
schad, daß net wahr ist!

Unbekannt

SEEFISCHKÜCHE

Da schwang ein brauner Brutzelduft,
und mir befahl mein Magen,
mich aus der Straßen Hungerluft
in das Lokal zu wagen.

Da sah ich auf dem Marmortisch
Butt, Knurrhahn, Stör und Quappen,
Steinbeißer, Goldbarsch, Katzenfisch
still durcheinander schnappen.

Das roch nach See, das roch nach Salz,
nach silbergrauen Weiten.
Und weiterhin roch es nach Schmalz,
nach Mahlzeit und Bereiten.

Des Koches rotbesterntes Weiß
sah ich den Fang durchklauben.
Er sang der Fischlein Lob und Preis
und ließ sie daran glauben.

Sie gingen frei von der Beschwer
des Eingeweids von hinnen,
ein in das heiße Dunkelmeer,
von dem die Alten spinnen.

Da schwammen sie im Siedeschmant,
Dorsch, Schnepel und Makrelen.
Ist das, sprach ich zum Koch gewandt,
der Himmel ihrer Seelen?

Der Koch hob seiner Mütze Dom:
Ob ich ihn uzen wolle?
Und wies mich in den Gästestrom,
wo ich bestellen solle.

Als ich dann vor dem Teller saß
und die gesottnen Teile
vom Leiterspiel der Gräten aß,
da war mir eine Weile,

als sei in mir die tiefe See
von Hornsund bis Kap Landsend,
und all der Fische Lust und Weh
drin auf und nieder tanzend.

Mein Herz inmitten ungestüm,
halb Haifisch und halb Flunder,
bald Lilie, bald Ungetüm,
ein staunenswertes Wunder.

Und einmal warf ein Kutter prompt
sein Netz zum Meereskeller
und fing mein Herz. Und wie es kommt,
es kam auf meinen Teller.

Da packte ich die Gabel fest.
Verflixtes Hirngefunke!
Und deckte meines Herzens Rest
Mit Senf und Lorbeertunke.

Hans Leip

ES WIRD mit Recht ein guter Braten
gerechnet zu den guten Taten,
und daß man ihn gehörig mache,
ist weibliche Charaktersache.
Ein braves Mädchen braucht dazu
mal erstens reine Seelenruh,
daß bei Verwendung der Gewürze
sie sich nicht hastig überstürze.
Dann zweitens braucht sie Sinnigkeit,
ja, sozusagen, Innigkeit,
damit sie alles appetitlich,
bald so, bald so und recht gemütlich
begießen, drehn und wenden könne,
daß an der Sache nichts verbrenne.
In Summa braucht sie Herzensgüte,
ein sanftes Sorgen im Gemüte,
fast etwas Liebe, insofern,
für all die hübschen, edlen Herrn,
die diesen Braten essen sollen
und immer gern was Gutes wollen.
Ich weiß, daß hier ein jeder spricht:
Ein böses Mädchen kann es nicht.
Drum hab' ich mir auch stets gedacht
zu Haus und anderwärts:
Wer einen guten Braten macht,
hat auch ein gutes Herz.

Wilhelm Busch

DAS WÄR' DIR ein schönes Gartengelände,
wo man den Weinstock mit Würsten bände.

Johann Wolfgang Goethe

CÉZANNE MALT UND ISST

I.
Es eilte Paul Cézanne, der große Provenzale,
tagtäglich aufs Motiv: Der Eichbaum, die Zypresse
und ein Gebirge, weiß in silberblanker Blässe,
erwarteten von ihm, daß er in Öl sie male.

Mal malt er auf dem Berg, mal zeichnet er im Tale,
doch nicht allein das Bild erregt sein Interesse:
Die Suppe mit dem Lauch, die Suppe mit der Kresse,
im Kessel mitgebracht, gießt er in eine Schale

und ißt mit Appetit, was Frau Brémond bereitet.
Dann putzt er sich den Bart, trinkt einen Marc und schreitet
an seinem Werk entlang, das er sich abgerungen.

Er prüft und korrigiert noch eine letzte Linie,
dann nickt er und signiert «Die große Pinie».
Ein tiefer Rülpser folgt. Das Werk ist ihm gelungen.

II.
Den Sinn begehrt die Welt, ein Bruderherz die Schwester.
Das Universum schwebt auf unstabilen Schwingen,
raunt Einstein, Zeit und Raum verschwinden mit den Dingen.
Cézanne, tief überzeugt, faßt seinen Pinsel fester.

Kehrt er nach Haus zurück, geht er zum Schweinemäster,
das allerfeinste Stück der Hüfte mitzubringen:
Es kann Zusammenspiel im Leben nur gelingen,
wenn beides, Leib und Geist, sich finden im Orchester.

Die flinke Köchin rührt das Köstliche zusammen
im Bauch des Küchenherds mit seinen tausend Flammen
und spaltet das Atom als kluger Gastronom.

Madame begreift ihr Werk: Ob kochen, braten, schmoren,
es geht auf dieser Welt kein Molekül verloren.
Verspeiste Kreatur verwandelt sich ja nur.

III.
Der Vater aller Kunst, doch voller Widersprüche!
Zwar schafft er lustbetont, sein Hirn agiert ästhetisch;
doch krankt er am Genuß, sein Harn ist diabetisch,
und der geplagte Leib geht mehr und mehr in Brüche.

Madame Brémonds Diät regiert des Malers Küche.
Jedoch ihr Reglement besteht nur theoretisch,
denn tief im Kochbetrieb lebt er nicht gern asketisch:
Ihn stimuliert Gewürz, berauschen die Gerüche.

Er riecht das Bratenfett und schöpft es löffelweise
aus dem gedickten Sud der krossen Hammelspeise,
hält sieghaft es empor – nur einen Augenblick,

und läßt's dann über Mais und Makkaroni stürzen,
Gemüse und Gratin gehörig nachzuwürzen:
So trotzt er der Diät und liebt sein Mißgeschick.

Ludwig Harig

VON DER KARTOFFEL

Von der Kartoffel laßt uns singen,
der edlen Knollenfrucht,
laßt emsig uns ins Erdreich dringen,
wo man dergleichen sucht!

Ja, laßt uns loben alle Sorten,
sie mögen weiß sein oder rot!
Gepries'ne Knolle allerorten!
Du bist uns wert so wie das Brot!

Wenn einst sie in der Pfanne braten,
halbieret oder scheibenweis,
leicht knusperig und wohlgeraten,
dem Duft gebühret Ehr und Preis!

Wenn sie im Topfe kochend brodeln,
als Salzkartoffeln allbekannt,
so wird der Älpler freudig jodeln,
den Seemann aber ziehts an Land.

Den Pommern selbst drängt es zu singen,
wenn er die Pellkartoffel sieht,
wenn dampfend ihre Schalen springen
und mehlig weiß das Fleisch erblüht.

Und Quark dazu! O liebe Brüder,
so Gutes gibt es nichts als das!
Drum hurtig! Bückt euch hurtig nieder
und buddelt ohne Unterlaß!

Günter Eich

DIE KARTOFFELERNTE

Kindlein, sammelt mit Gesang
der Kartoffeln Überschwang!
Ob wir voll bis oben schütten
alle Mulden, Körb und Bütten,
noch ist immer kein Vergang.

Wo man nur den Bulten hebt,
schaut, wie voll es lebt und webt!
O die schöngekerbten Knollen,
weiß und rot und dick geschwollen!
Immer mehr, je mehr man gräbt.

Nicht umsonst in bunter Schau
blüht' es rötlich, weiß und blau,
ward gejätet, ward gehäufet:
Kindlein, Gottes Segen reifet!
rief ich oft und traf's genau.

Einst vom Himmel schaute Gott
auf der Armen bittre Not.
Nahe ging's ihm; und was tat er
uns zum Trost, der gute Vater?
Regnet' er uns Mannabrot?

Nein, ein Mann ward ausgesandt,
der die neue Welt erfand.
Reiche nennens Land des Goldes;
doch der Arme nennts sein holdes,
nährendes Kartoffelland.

Nur ein Knöllchen eingesteckt
und mit Erde zugedeckt.
Unten treibt dann Gott sein Wesen.
Kaum sind Hände gnug zum Lesen,
wie es unten wühlt und heckt.

Was ist nun für Sorge noch?
Klar im irdnen Napf und hoch
dampft Kartoffelschmaus für alle.
Unsre Milchkuh auch im Stalle
nimmt ihr Teil und brummt am Trog.

Aber, Kindlein, hört! Ihr sollt
nicht verschmähn das liebe Gold!
Habt ihr Gold, ihr könnt bei Haufen
schöne Saatkartoffeln kaufen,
grad aus Holland, wenn ihr wollt!

Johann Heinrich Voß

WER ABER RECHT bequem ist und faul,
flög' dem eine gebratne Taube ins Maul,
er würde höchlich sich's verbitten,
wär' sie nicht auch geschickt zerschnitten.

Johann Wolfgang Goethe

SENDSCHREIBEN

Wer nicht richtet, sondern fleißig ist,
wie ich bin und wie du bist,
den belohnt auch die Arbeit mit Genuß;
nichts wird auf der Welt ihm Überdruß.
Denn er blecket nicht mit stumpfem Zahn
lang Gesottnes und Gebratnes an,
das er, wenn er noch so sittlich kaut,
endlich doch nicht sonderlich verdaut;
sondern faßt ein tüchtig Schinkenbein,
haut da gut taglöhnermäßig drein,
füllt bis oben gierig den Pokal,
trinkt und wischt das Maul wohl nicht einmal.

Sieh, so ist Natur ein Buch lebendig,
unverstanden, doch nicht unverständlich;
denn dein Herz hat viel und groß Begehr:
Was wohl in der Welt für Freude wär',
allen Sonnenschein und alle Bäume,
alles Meergestad und alle Träume
in dein Herz zu sammeln miteinander,
wie die Welt durchwühlend Banks, Solander.

Und wie muß dir's werden, wenn du fühlest,
daß du alles in dir selbst erzielest:
Freude hast an deiner Frau und Hunden,
als noch keiner im Elysium gefunden,
als er da mit Schatten lieblich schweifte
und an goldne Gottgestalten streifte.
Nicht in Rom, in Magna Graecia –
dir im Herzen ist die Wonne da!
Wer mit seiner Mutter, der Natur, sich hält,
findt im Stengelglas wohl eine Welt.

Johann Wolfgang Goethe

EPIPHANIASFEST

Die heil'gen drei König mit ihrem Stern,
sie essen, sie trinken und bezahlen nicht gern;
sie essen gern, sie trinken gern,
sie essen, trinken und bezahlen nicht gern.

Die heiligen drei König sind kommen allhier,
es sind ihrer drei und sind nicht ihrer vier;
und wenn zu dreien der vierte wär',
so wär' ein heil'ger Drei König mehr.

Ich erster bin der weiß' und auch der schön',
bei Tage solltet ihr erst mich sehn!
Doch ach, mit allen Spezerein
werd ich sein Tag kein Mädchen mir erfrein.

Ich aber bin der braun' und bin der lang',
bekannt bei Weibern wohl und bei Gesang.
Ich bringe Gold statt Spezerein,
da werd' ich überall willkommen sein.

Ich endlich bin der schwarz' und bin der klein'
und mag auch wohl einmal recht lustig sein.
Ich esse gern, ich trinke gern,
ich esse, trinke und bedanke mich gern.

Die heiligen drei König sind wohlgesinnt,
sie suchen die Mutter und das Kind.
Der Joseph fromm sitzt auch dabei,
der Ochs' und Esel liegen auf der Streu.

Wir bringen Myrrhen, wir bringen Gold,
dem Weihrauch sind die Damen hold.
Und haben wir Wein von gutem Gewächs,
so trinken wir drei so gut als ihrer sechs.

Da wir nun hier schöne Herrn und Fraun,
aber keine Ochsen und Esel schaun,
so sind wir nicht am rechten Ort
und ziehen unseres Weges weiter fort. *Johann Wolfgang Goethe*

RATSCHLAG FÜR GUTES TRINKEN

O trinke nie, um etwas zu vergessen,
es sinkt nur um so schwerer in dich ein.
Und trinke lieber bei und nach dem Essen.
Zuerst ein klarer Schnaps. Dann Bier, dann Wein.

Viel besser ist, beim Trunk sich zu erinnern.
Die Seele spinnt, wenn man gelassen säuft,
ein zart Gewebe, gleich den Seidenspinnern,
dieweil die Rede hin und wieder läuft.

Es ist auch manchmal gut, zu zwein zu trinken
und sich die höchste Freude anzutun,
bis dann die Leiber auf ein Lager sinken,
wo sie gesättigt miteinander ruhn.

Am besten trinkt sich's in verwandtem Kreise
um einen Tisch gesellt, daran man lang
und müßig sitzt, mit faulem Fleiße
einander steigernd bis zum Pansgesang.

Vermeide stets, dich einsam zu besaufen,
und laß es bleiben, wenn du traurig bist.
Doch laß getrost dich voll und voller laufen,
wenn dir so ist, wie mir es immer ist.

Hör auf, wenn dir im Kopf die Bienen sausen.
Hör auf, wenn Ärger oder Scham dich plagt.
Doch segne jenes ungeheure Brausen
windstiller Nächte, kurz bevor es tagt.

Dann mag geschehen, während Fensterscheiben
wie Gletscher glühn im ersten Morgenstrahl,
daß Bilder dir und Worte sich verleiben
wie eine unverrückbar heilige Zahl.

Carl Zuckmayer

PUNSCHLIED

Vier Elemente,
innig gesellt,
bilden das Leben,
bauen die Welt.

Preßt der Zitrone
saftigen Stern!
Herb ist des Lebens
innerster Kern.

Jetzt mit des Zuckers
linderndem Saft
zähmet die herbe
brennende Kraft!

Gießet des Wassers
sprudelnden Schwall!
Wasser umfänget
ruhig das All.

Tropfen des Geistes
gießet hinein!
Leben dem Leben
gibt er allein.

Friedrich Schiller

AN DEN WEIN

Du, den feurig der Gott weckte am herbstlichen Hang,
sieh, dein Sänger ergreift tiefen Blickes das Glas.
Ach, du schimmerst ihm wieder,
klar und aller Geheimnisse voll.

Wenn er jemals ein Glück bis zur Wurzel gefühlt,
war es glühend der Strom, welcher wie Sühneblut
sich dem seinen vermählte,
daß er dunkelster Nacht vergaß.

Sonst ein elender Mensch, dem das Leben den Fuß
auf den Nacken gesetzt, müde der Tat und des Worts,
war zum Spiel er den Winden
und dem Flug der Vögel zum Spott.

O, daß du die Gewalt gibst der Seele zurück,
die einst den Jüngling gespornt, größer als groß zu sein,
mit den Wolken zu fliegen,
die kein Schatten der Erde schwärzt.

O, daß du sein Gedicht, das ihm die Qual gebar,
näher zum Traume hinführst, näher dem zeugenden Quell,
und im Rausche vollendest
Eingang in das tönende Licht.

Dank dir! Dank dir und Preis! Der du den reifsten Sinn
dieser schwankenden Welt deinem Sänger enthüllst,
wenn er trunkenen Leibes
aus der Wirrnis flieht an des Gottes Herz.

Josef Weinheber

SOLANG MAN nüchtern ist,
gefällt das Schlechte;
wie man getrunken hat,
weiß man das Rechte.

Johann Wolfgang Goethe

FRAGST DU, was die Trinker trinken:
Wein, vom neuen wie vom alten.
Fragst du, wann und wo sie trinken:
Nach Belieben, wie sie's halten.

Fragst du mich, wie oft sie trinken:
Ohne Zweifel alle Tage.
Fragst du mich, warum sie trinken:
Nüchtern klingt mir diese Frage.

Der trinkt, weil die andern tranken,
der, weil ihn ein Kummer drückte,
der, um alles zu vergessen,
der, weil ihn der Wein entzückte.

Der trinkt, weil er trinken mußte,
der, um seinen Durst zu stillen,
der, um in das Nichts zu tauchen,
der trinkt um der Liebe willen.

Halte dich nicht auf bei Gründen,
immer wird der Wein ja munden.
Grund genug ist, daß der Meister
einst die Kelter hat erfunden.

Friedrich Georg Jünger

HERR BACCHUS

Herr Bacchus ist ein braver Mann,
das kann ich euch versichern;
mehr als Apoll, der Leiermann,
mit seinen Notenbüchern.

Apoll muß tiefgebückt und krumm
in Fürstensäle schleichen;
allein mit Bacchus gehn sie um,
als wie mit ihresgleichen.

Drum wollen wir auf den Parnaß
vor allen andern Dingen
das große Heidelberger Faß
voll Nierensteiner bringen.

Man lebte so nach altem Brauch
bisher dort allzu nüchtern.
Drum blieben die neun Jungfern auch
von je und je so schüchtern.

Ha! zapften sie sich ihren Trank
aus Bacchus' Nektartonnen,
sie jagten Blödigkeit und Zwang
ins Kloster zu den Nonnen.

Fürwahr! sie ließen nicht mit Müh'
zur kleinsten Gunst sich zwingen,
und ungerufen würden sie
uns in die Arme springen.

Gottfried August Bürger

DIE WAHRHEIT IST IM WEIN.
Das heißt: In unsern Tagen
muß einer betrunken sein,
um Lust zu haben, die Wahrheit zu sagen.

Friedrich Rückert

WER NIEMALS einen Rausch gehabt,
der ist kein braver Mann;
wer seinen Durst mit Achteln labt,
fang' lieber gar nicht an.
Da dreht sich alles um und um
in unsrem Capitolium.

Doch zu viel trinken ist nicht gut,
drei Quartel sind eben recht;
da steht auf einem Ohr der Hut,
ist nur der Wein auch echt.
Trinkt unsereiner zu viel Wein,
findt er sich nicht zum Haus hinein.

Ein jeder Trinker lebe hoch,
der bei dem vollen Glas
schon oft der Arbeit hartes Joch,
des Lebens Müh' vergaß.
Wer dich verschmäht, du edler Wein,
der ist nicht wert, ein Mensch zu sein.

Drum trink' ich, weil ich trinken kann
und mir das Weinchen schmeckt,
so lange, bis der Sensenmann
ins kühle Grab mich streckt.
Denn endet sich mein Lebenslauf,
so hört von selbst das Trinken auf.

Joachim Perinet

BRINGT MIR Blut der edlen Reben,
bringt mir Wein!
Wie ein Frühlingsvogel schweben
in den Lüften soll mein Leben
in dem Wein.

Bringt mir Efeu, bringt mir Rosen
zu dem Wein!
Mag Fortuna sich erbosen,
selbst will ich mein Glück mir losen
in dem Wein.

Bringt mir Mägdlein hold und mundlich
zu dem Wein!
Rollt die Stunde glatt und rundlich,
greif' ich mir die Lust sekundlich
in dem Wein.

Klang dir Bacchus, Gott der Liebe,
in dem Wein!
Sorgen fliehen fort wie Diebe,
und wie Helden glühn die Triebe
bei dem Wein.

Höchster Klang, wem sollst du klingen
in dem Wein?
Süßestes von allen Dingen,
dir, o Freiheit, will ich's bringen
in dem Wein!

Ernst Moritz Arndt

LASS MIR die Knaben vom Feste,
denn sie haben noch nichts erlebt!
Das ist am Weine das Beste,
daß die Erinnerung drüber schwebt.

Emanuel Geibel

ERGO BIBAMUS

Hier sind wir versammelt zu löblichem Tun,
drum, Brüderchen, *Ergo bibamus!*
Die Gläser, sie klingen, Gespräche, sie ruhn,
beherziget *Ergo bibamus!*
Das heißt noch ein altes, ein tüchtiges Wort,
es passet zum ersten und passet so fort,
und schallet ein Echo vom festlichen Ort,
ein herrliches *Ergo bibamus!*

Ich hatte mein freundliches Liebchen gesehn,
da dacht' ich mir: *Ergo bibamus!*
Und nahte mich traulich, da ließ sie mich stehn;
ich half mir und dachte: *Bibamus!*
Und wenn sie versöhnet euch herzet und küßt,
und wenn ihr das Herzen und Küssen vermißt,
so bleibet nur, bis ihr was Besseres wißt,
beim tröstlichen *Ergo bibamus!*

Mich ruft das Geschick von den Freunden hinweg;
ihr Redlichen, *Ergo bibamus!*
Ich scheide von hinnen mit leichtem Gepäck;
drum doppeltes *Ergo bibamus!*
Und was auch der Filz von dem Leibe sich schmorgt,
so bleibt für den Heitren doch immer gesorgt,
weil immer dem Frohen der Fröhliche borgt;
nun, Brüderchen, *Ergo bibamus!*

Johann Wolfgang Goethe

AUF SCHRITT und Tritt sich aufzupassen,
was soll es frommen?
Wer nicht wagen darf, sich gehn zu lassen,
wird nicht weit kommen.

Paul Heyse

RAUSCH

Rausch, mein riesiger, bartumwallter
Bruder, tritt zu mir herein!
Sieh dies Glas! Das ist ein alter,
mondscheingelber, feurigkühler, brennendkalter Wein.

Morgenroter, abendroter
Vetter: Saug am Ziegenschlauch,
daß ein butterheller, fetter
Wein dir salbt den Bauch!

Neige dich, mein riesenhafter
Purpurbruder, über mich!
Torkelnd, ein erschlaffter
Knabe, dem das Wangenrot verblich,

berg ich tief mich in den Falten
deines Kleides. In den roten Klüften
träume ich die alten Träume,
hingelagert an den Hügeln deiner Hüften.

Georg Britting

ALTER WEIN

Warm preist ihr mir den alten Wein.
Wie meinen? frag ich kalt.
Was soll das sein: Ein alter Wein?
Bei mir wird Wein nicht alt.

Bei mir ward manches alt und kalt:
Kopf, Rücken, Herz und Bein.
Es schwanden Schönheit und Gestalt.
Beim Wein muß das nicht sein.

Was immer auf der Flasche steht,
ob alt, ob jung der Wein:
Mit etwas gutem Willen geht
beim Reinen alles rein.

Robert Gernhardt

DAS GUTE MAHL

Der Teller sei aus Holz! Auch soll der Schinken
mit weißen Streifen Fetts durchwachsen sein!
Der Weinkrug sei geräumig, nicht zu klein,
und kühl, aus Stein! Das Glas, aus ihm zu trinken,

sei ungeschliffen, bäuerlicher Art!
So auch das Brot! Ein Tischtuch braucht es nicht!
Ein Mann, nur einer bloß, der mit dir spricht,
den Wein benennt und sagt: das Fleisch ist zart!

ist nötiger! Du sollst beim Mahle nicht
Einsiedler sein, auf einsam schweifender
Gedankenfahrt: ein dich Begreifender,

der ohne Furcht mit dir die Nüsse bricht,
die nicht zu brechenden, was es denn sei
auf diesem Stern, der sei beim Mahl dabei!

Georg Britting

LACRIMAE CHRISTI

Es war in alten Zeiten
ein schwäbischer Fiedelmann,
der kräftig strich die Saiten
und lustige Mären spann.

Mit Friederich dem Andern
ins Welschland zog er ein,
und kostete im Wandern
von einem jeden Wein.

Und als auf seinem Zuge
er nach Neapel kam,
quoll ihm aus irdnem Kruge
ein Tropfen wundersam.

Er trank mit durst'gem Munde
und rief den Wirt herbei:
«Viellieber, gebt mir Kunde,
was für ein Wein das sei.

Er rinnt mir altem Knaben
wie Feuer durchs Gebein;
von allen Gottesgaben
muß das die beste sein.»

Der dicke Kellermeister
gab ihm die Auskunft gern:
«Lacrimae Christi heißt er,
denn Tränen sind's des Herrn.»

Da überkam ein Trauern
den fremden Fiedelmann;
er dachte an den Sauern,
der in der Heimat rann.

Und betend sank er nieder,
den Blick emporgewandt:
«Herr, weinst du einmal wieder,
so wein im Schwabenland!»

Rudolf Baumbach

HISTORIE VON NOAH

Als Noah aus dem Kasten war,
da trat zu ihm der Herre dar,
der roch des Noäh Opfer fein
und sprach: «Ich will dir gnädig sein,
und weil du ein so frommes Haus,
so bitt dir selbst die Gnaden aus.»

Fromm Noah sprach: «Ach lieber Herr,
das Wasser schmeckt mir gar nicht sehr,
dieweil darin ersäufet sind
all sündhaft Vieh und Menschenkind;
drum möcht' ich armer alter Mann
ein anderweit Getränke han.»

Da griff der Herr ins Paradies
und gab ihm einen Weinstock süß
und sprach: «Den sollst du pflanzen sehr!»
Und gab ihm guten Rat und Lehr
und wies ihm alles so und so.
Der Noah ward ohn' Maßen froh.

Und rief zusammen Weib und Kind,
dazu sein ganzes Hausgesind,
pflanzt' Weinberg rings um sich herum;
der Noah war fürwahr nicht dumm!
Baut' Keller dann und preßt' den Wein
und füllt' ihn gar in Fässer ein.

Der Noah war ein frommer Mann,
stach ein Faß nach dem andern an
und trank es aus, zu Gottes Ehr:
Das macht' ihm eben kein Beschwer.
Er trank, nachdem die Sündflut war,
dreihundert noch und fünfzig Jahr.

Ein kluger Mann hieraus ersicht,
daß Weins Genuß ihm schadet nicht;
und item, daß ein guter Christ
in Wein niemalen Wasser gießt,
dieweil darin ersäufet sind
all sündhaft Vieh und Menschenkind.

August Kopisch

ZUM WEIN GESUNGEN

Wein rinnt durch die Finger,
Weinflecken auf den Fliesen,
Wein, ins Gras gekippt vorm Atelier.
Wein aus Kisten, Körben, Plastik!
Landwein, Tafelwein und Flaschenwein!
Wir trinken unter Pinien und Oliven.

Wein fließt uns davon, Wein fließt
in uns hinein, wir fließen, Wein,
rein und frei von acqua minerale.

Zwischen Fresken, die vergammeln,
und stillen, kühlen Parks mit Palmen
bin ich dem Wein, dem Wein verfallen,
Wein im Fenster, vor den Sternen!
Wein, weiß und morgen dunkelrot!
Wein, Wein und blaue Lippen.

Jürgen Theobaldy

ALTASSYRISCHE BALLADE

Im Schwarzen Walfisch zu Askalon,
da trank ein Mann drei Tag,
bis daß er steif wie ein Besenstiel
am Marmortische lag.

Im Schwarzen Walfisch zu Askalon,
da sprach der Wirt: «Halt an!
Der trinkt von meinem Dattelsaft
mehr, als er zahlen kann.»

Im Schwarzen Walfisch zu Askalon,
da bracht' der Kellner Schar
in Keilschrift auf sechs Ziegelstein
dem Gast die Rechnung dar.

Im Schwarzen Walfisch zu Askalon,
da sprach der Gast: «O weh!
Mein bares Geld ging alles drauf
im Lamm zu Ninive!»

Im Schwarzen Walfisch zu Askalon,
da schlug die Uhr halb vier,
da warf der Hausknecht aus Nubierland
den Fremdling vor die Tür.

Im Schwarzen Walfisch zu Askalon
wird kein Prophet geehrt,
und wer vergnügt dort leben will,
zahlt bar, was er verzehrt.

Joseph Victor von Scheffel

CHAMPAGNER

Fünfmalhunderttausend Teufel
kamen einstens in die Welt,
aber ach! die armen Teufel
hatten keinen Heller Geld.
Alle fingen an zu winseln,
alle fingen an zu schrein.
Keiner von den armen Pinseln
wußte weder aus noch ein.

Da sprach Pipifax der Kleine:
Ihr seid dumm wie Bohnenstroh;
ich allein, ja ich alleine
bin ein Teufel comme il faut!
Ihr habt Durst und nichts zu trinken,
freilich ist das Teufelsqual.
Seht ihr dort nicht Fenster blinken?
Dorten winkt uns der Pokal.

Hurra! schrien alle Teufel
und spazierten stracks hinein,
leerten schnell zehntausend Flaschen
von dem allerbesten Wein.
Sangen drauf im wilden Chore:
Nichts geht über Lieb' und Wein!
Und sie tranken con amore
in die späte Nacht hinein.

Als der Hahn fing an zu krähen
und die Flaschen alle leer
und die Teufel schon betrunken,
da kam Satanas daher.
Sperrte in die leeren Flaschen
die betrunknen Teufel ein
und verpichte dann die Flaschen,
zwängt' mit Draht die Pfropfen ein.

Fünfmalhunderttausend Teufel
sind in Flaschen festgebannt,
jede dieser Teufelsflaschen
wird Champagnerwein genannt.
Wenn die Stöpsel munter knallen,
öffnet sich der Freude Schoß,
Lieder ringsumher erschallen,
ja, dann ist der Teufel los.

Eduard Maria Oettinger

DES MORGENS ist ein Bier so gut,
desgleichen am Mittage,
des Nachmittags nicht Schaden tut,
macht abends keine Plage.
Herentgegen soll ein Branntewein
um Mitternacht nicht schädlich sein.

Wirtshausspruch zu Bruneck

DAS HILDEBRANDSLIED

Hildebrand und sein Sohn Hadubrand
ritten selbander von Wut entbrannt
gegen die Seestadt Venedig.
Hildebrand und sein Sohn Hadubrand,
keiner die Seestadt Venedig fand,
da fluchten sie beide unflätig.

Hildebrand und sein Sohn Hadubrand
ritten bis da, wo ein Wirtshaus stand,
Wirtshaus mit kühlen Bieren.
Hildebrand und sein Sohn Hadubrand
soffen sich da einen Riesenbrand,
krochen heim auf allen vieren.

Joseph Victor von Scheffel

ELEGIE

Nach dem Strand der Isar
mit umflortem Blick
schau' ich oft aus dieser
Musenstadt zurück.
Ob der Witz mich höhne,
ich gesteh' mit Schmerz:
Eine braune Schöne
fesselt dort mein Herz.

Freunde, ja, gefunden
hatt' ich dort ein Lieb,
das zu allen Stunden
freundlich hold mir blieb.
Morgens mild und labend,
mittags frisch und klar,
und am stillen Abend
zum Entzücken gar.

Schon ihr Nahestehen
tat dem Herzen gut;
ihr ins Auge sehen,
machte muntres Blut;
doch wenn sie den Lippen
sich geneigt ergab,
mit verschämtem Nippen
ging es da nicht ab.

Nein, im Land der Blonden
halt' ein andrer Haus!
Ich, in wenig Monden,
wandre wieder aus.
Dann, mit welchen Launen
mir das Glück auch droht,
trennt vom lieben braunen
Bier mich nur der Tod.

David Friedrich Strauß

FÜHR UNS NICHT IN VERSUCHUNG

Da ständ' ich wieder an der Ecke!
Höchst wunderbar! Wie kam es nur?
Die Beine wollen nicht vom Flecke,
recht nach Philisterpferds-Natur.
Der Weinkranz, der im Winde schwanket,
er winkt und winkt: So tritt doch ein!
Ja, locke nur! Gott sei's gedanket,
auf ewig schwur ich ab dem Wein.

's ist doch recht heiß! Mir klebt die Zunge
am Gaumen. Wie die Sonne sticht!
Der Kellner grüßt. Schön' Dank, mein Junge!
Was sagst du? Laut! – Ich höre nicht. –
Leicht möglich, daß ich was vergessen –
wohl gar vom letzten Male her
die Zeche. Zahlen gern – indessen
Wein trinken – nun und nimmermehr!

Was gibt es? Nichts? – Der Schlingel freute
sich nur, mich so gesund zu sehn.
Das ist wohl hübsch, mein Kind, doch heute –
ich bin – ich habe – ich muß gehen.
Nein, nein – ich sagt' es klar und deutlich:
Ich trinke nicht. Wem soll dies Glas?
Ei, nun, die Blume ist ganz leidlich –
und, was du sagst, vom neuen Faß?

Nun ja, für Wein vom vor'gen Jahre
passiert er, läßt sich wacker an.
Doch weißt du, daß mit junger Ware
ich nie mich recht befreunden kann.
Ja, meine alte Sorte kennst du –
bring mir ein Achtel doch von der –
ein Schöppchen höchstens – und – was rennst du –
bring lieber gleich 'ne Ganze her.

Wie kommt's, daß, geht erst auf die Neige
die Flasche, stets das letzte Glas
am liebenswürdigsten sich zeige?
Ein Phänomen – wie deut' ich das?
Heißt es: noch eine? – ob ich's wage?
Sie sprechen: So jung käme man
nicht mehr zusammen. – Nun, ich frage
beim Schicksal, Knöpfe zählend, an.

Ja – nein – ja – nein – Wie? schon der letzte?
O weh, der letzte Knopf brummt: nein.
Das harte Schicksal widersetzte
sich meinem Durst – es soll nicht sein. –
Und weil der Spruch mit nein beschlossen,
wär' ich gebunden? Kinderei!
Nein, just dem dummen Knopf zum Possen
trink' ich noch eine – ja, noch zwei.

Franz von Gaudy

TOTENKLAGE UM SAMOGONSKI

Brüder, Samogonski ist gestorben!
Ewige Ruhe seiner starken Seele!
Unablässig soll sein Nachruhm dauern.

Welcher Ruhm? Er brannte, brannte Branntwein,
brannte Branntwein, wie kein andrer brannte,
und sein Branntwein brannte wie kein andrer.

Nicht an Krankheit starb er, nicht an Alter.
Weil die Trübsal in der Welt sich mehrte,
hat der Gott der Bäume und der Trinker
und der Bienen ihn davongenommen.
Liebreich mög' er uns vor Augen bleiben:
Warzig, harzig, knollig wie ein Wildbaum,
bärtig, borstig, bräunlich, rotgesichtig.

Tief im Wald versteckt lag seine Hütte.
Niemals fand sie einer der Verfluchten,
niemals ein Beamter der Akzise,
niemals einer von den Landgendarmen,
nie auch eins von jenen Frauenzimmern,
den gehässigen Helfershelferinnen,
den denunziationsbereiten
Vorstandsdamen vom Zentralvereine
gegen Mißbrauch geistiger Getränke.

Ach, er brannte Branntwein wie kein andrer!
Einstmals, so gedenk ich, sind drei Tropfen,
drei verschüttete, hinabgefallen.

Kam die Maus und schleckte einen Tropfen.
Herrlich hat sie sich emporgerichtet.
Alle Schläfer hörten ihre Stimme.
«Katze, Katze», rief sie, «sprich, wo bist du?
Katze, komm hervor! Wir wollen kämpfen.»
Doch die Katze kam nicht. Sie auch hatte
einen Tropfen aufgeleckt vom Boden.
Augenblicklich war sie ausgezogen,
nach dem Löwen, dem Gepard zu suchen.

Ungesogen blieb der dritte Tropfen.
Durch den Teppich, durch die Dielenbretter
fraß er höhlend sich die Feuerstraße,
zischte abwärts durch die Grundgewässer,
unvermischlich, unverlöschlich fuhr er
durch den Lehm und der Gesteine Schichtung
immer tiefer. Und wir knieten nieder,
preßten unsere Augen an die Öffnung,
spähten bebend durch die schmale Röhre:
in der Mitte der geschaffnen Dinge
sahn wir rot das Herz der Erde schlagen.

Werner Bergengruen

DER TAMBOUR

Wenn meine Mutter hexen könnt',
da müßt' sie mit dem Regiment
nach Frankreich, überall mit hin
und wär' die Marketenderin.
Im Lager, wohl um Mitternacht,
wenn niemand auf ist als die Wacht,
und alles schnarchet, Roß und Mann,
vor meiner Trommel säß' sie dann:
Die Trommel müßt' eine Schüssel sein,
ein warmes Sauerkraut darein,
die Schlegel Messer und Gabel,
eine lange Wurst mein Sabel,
mein Tschako wär' ein Humpen gut,
den füll' ich mit Burgunderblut.
Und weil es mir an Lichte fehlt,
da scheint der Mond in mein Gezelt;
scheint er auch auf Franzö'sch herein,
mir fällt doch meine Liebste ein:
Ach weh! Jetzt hat der Spaß ein End!
– Wenn nur meine Mutter hexen könnt'!

Eduard Mörike

GLOSSE

«Wer nicht liebt Wein, Weib und Gesang,
der bleibt ein Narr sein Leben lang.»
Gut.
Doch wer es tut?
Wer Weiber liebt, der wird zum Narren;
die Sänger haben ihren Sparren;
und gar der Wein, wie allbekannt,
bringt seine Leute vom Verstand.
Drum, du guter
Doktor Luther,
es treib' es einer, wie er woll',
wir bleiben samt und sonders toll.

David Friedrich Strauß

PFANNKUCHENREZEPT

Die Trockenmilch der Firma Harrison Brothers, Chikago,
das Eipulver von Walkers, Merrymaker & Co, Kingstown, Alabama,
das von der deutschen Campführung nicht unterschlagene Mehl
und die Zuckerration von drei Tagen
ergeben, gemischt mit dem gut gechlorten Wasser des Altvaters Rhein,
einen schönen Pfannkuchenteig.
Man brate ihn in der Schmalzportion für acht Mann
auf dem Deckel einer Konservenbüchse und über dem Feuer
von lange gedörrtem Gras.
Wenn ihr ihn dann gemeinsam verzehrt,
jeder sein Achtel,
oh dann spürt ihr, wenn er auf der Zunge zergeht,
in einer üppigen Sekunde das Glück der geborgenen Kindheit,
wo ihr in die Küche euch schlichet, ein Stück
Teig zu erbetteln in der Vorweihnachtszeit,
oder ein Stück Waffel, weil Besuch gekommen war am Sonntagnachmittag,
spürt ihr in der schnell vergangenen Sekunde allen
Kuchenduft der Kinderjahre, habt noch einmal
fest gepackt den Schürzenzipfel der Mutter,
oh Ofenwärme, Mutterwärme, – bis ihr
wieder erwacht und die Hände leer sind
und ihr euch hungrig anseht und wieder
mürrisch zurückgeht ins Erdloch. Der Kuchen
war auch nicht richtig geteilt gewesen und immer
muß man aufpassen, daß man nicht zu kurz kommt.

Günter Eich

AN HAFIS

(Frage eines Wassertrinkers)

Die Schenke, die du dir gebaut,
ist größer als jedes Haus,
die Tränke, die du drin gebraut,
die trinkt die Welt nicht aus.
Der Vogel, der einst Phönix war,
der wohnt bei dir zu Gast,
die Maus, die einen Berg gebar,
die – bist du selber fast!

Bist Alles und Keins, bist Schenke und Wein,
bist Phönix, Berg und Maus,
fällst ewiglich in dich hinein,
fliegst ewig aus dir hinaus –
bist aller Höhen Versunkenheit,
bist aller Tiefen Schein,
bist aller Trunknen Trunkenheit
– wozu, wozu *dir* – Wein?

Friedrich Nietzsche

MENSCH, UNMENSCH, ÜBERMENSCH

HOMO SUM

Ich halte Leib und Geist in strenger Zucht
und werde doch vom Teufel hart versucht.

Ich wünsche meiner Seele Seligkeit
und bin mit Petri Schlüsselamt im Streit.

Am Tisch der Fugger speist' ich dort und hie
und schimpfte weidlich Pfeffersäcke sie.

Den Städterhochmut haßt' ich allezeit
und hätte gern ein städtisch Kind gefreit.

Auf ehrenfeste Sitten geb' ich viel
und fröne dem verdammten Würfelspiel.

Ich bin des Kaisers treuster Untertan
und riet dem Sickingen Empörung an.

Das plumpe Recht der Faust ist mir verhaßt
und selber hab' ich wohl am Weg gepaßt.

Ich bete christlich, daß es Friede sei,
und mich ergötzen Krieg und Kriegsgeschrei.

Der Heiland weidet alle Völker gleich –
nur meinen Deutschen gönn' ich Ruhm und Reich!

Das heißt: ich bin kein ausgeklügelt Buch,
ich bin ein Mensch mit seinem Widerspruch.

Conrad Ferdinand Meyer

GESCHEIT gedacht und dumm gehandelt,
so bin ich mein' Tage durchs Leben gewandelt.

Franz Grillparzer

ALTDEUTSCHES RÄTSEL

Der junge Held Dietrich von Bern
hatt' edle Sprüch' und Rätsel gern.
Da sprach der alte Hildebrand,
sein weiser Meister, wohlbekannt,
des Abends bei der Herdesruh'
einstmalen ihm auch dieses zu:
«Wer ist gar trübe, starr und karg,
freudlos wie ein verschloßner Sarg?
Wer sehnt sich hold zum Himmel auf,
stellt nach dem Christ den Lebenslauf?
Wer sinkt in Erdenlust und Not,
vergißt all göttliches Gebot?
Nun rate, wer da raten kann!
Das alles ist ein einz'ger Mann.»
Errötend sprach Herr Dieterich:
«Ach, lieber Meister, das bin ich!» –
«Ja», sprach der Meister ernstgesinnt;
«doch ist es auch all Menschenkind.»

Friedrich de la Motte Fouqué

BITTE

Ich kenne mancher Menschen Sinn
und weiß nicht, wer ich selber bin!
Mein Auge ist mir viel zu nah –
ich bin nicht, was ich seh und sah.
Ich wollte mir schon besser nützen,
könnt ich mir selber ferner sitzen.
Zwar nicht so ferne wie mein Feind!
Zu fern sitzt schon der nächste Freund –
doch zwischen dem und mir die Mitte!
Erratet ihr, um was ich bitte?

Friedrich Nietzsche

GRABSCHRIFT

Als Knabe verschlossen und trutzig,
als Jüngling anmaßlich und stutzig,

als Mann zu Taten willig,
als Greis leichtsinnig und grillig!

Auf deinem Grabstein wird man lesen:
Das ist fürwahr ein Mensch gewesen!

Johann Wolfgang Goethe

DAS GRÖSSTE Wunderding ist doch der Mensch allein:
er kann, nach dem ers macht, Gott oder Teufel sein. *Angelus Silesius*

MENSCH, geh nur in dich selbst! Denn nach dem Stein der Weisen
darf man nicht allererst in fremde Lande reisen. *Angelus Silesius*

EIN MENSCH, der seine Kräft und Sinne kann regieren,
der mag mit gutem Recht den Königstitel führen. *Angelus Silesius*

MENSCH, alls, was außer dir, das gibt dir keinen Wert,
das Kleid macht keinen Mann, der Sattel macht kein Pferd. *Angelus Silesius*

ZEITGEMÄSS

Ein Mensch, der mit Descartes gedacht,
daß Denken erst das Leben macht,
gerät in Zeiten, wo man Denker
nicht wünscht – und wenn, dann nur zum Henker.
Er kehrt den alten Lehrsatz um
Und sagt: non cogito, ergo sum!

Eugen Roth

LIEGT Scylla links, Charybdis rechts bereit,
was kann dem armen Erdenpilger glücken?
Der falsche Weg ist viele Meilen breit,
der rechte schmäler als ein Messerrücken.

Ludwig Fulda

PECH

Wahrlich, aus mir hätte vieles
werden können in der Welt,
hätte tückisch nicht mein Schicksal
sich mir in den Weg gestellt.

Hoher Ruhm war zu erwerben,
wenn die Waffen ich erkor;
mich den Kugeln preiszugeben,
war ich aber nicht der Tor.

Um der Musen Gunst zu buhlen,
war ich minder schon entfernt;
ein Gelehrter wär' ich worden,
hätt' ich Lesen nur gelernt.

Bei den Frauen, sonder Zweifel,
hätt' ich noch mein Glück gemacht
hätten sie mich allerorten
nicht unmenschlich ausgelacht.

Wie zum reichen Mann geboren
hätt' ich diesen Stand erwählt,
hätte nicht vor allen Dingen
immer mir das Geld gefehlt.

Über einen Staat zu herrschen,
war vor allen ich der Mann,
meine Gaben und Talente
wiesen diesen Platz mir an.

König hätt' ich werden sollen,
wo man über Fürsten klagt.
Doch mein Vater war ein Bürger,
und das ist genug gesagt.

Wahrlich, aus mir hätte vieles
werden können in der Welt,
hätte tückisch nicht mein Schicksal
sich mir in den Weg gestellt.

Adelbert von Chamisso

GROSSE ERWARTUNGEN

Ein Mensch vom großen Cäsar hörte:
Der konnte, ohne daß ihns störte,
um weiter Zeit nicht zu verlieren,
gleichzeitig schreiben und diktieren:
Triumph der Konzentration!
Viel weiter bringts des Menschen Sohn,
der unterm Essen Zeitung liest,
derweil ein Bach durchs Radio fließt,
und der, indes das Fernsehn flimmert,
an seinen Basteleien zimmert
und obendrein von Gott und Welt
mit einem Freund sich unterhält.
Ja, zwischendurch macht dieser Knabe
sogar noch seine Hausaufgabe.
Der Mensch darf drum als Vater hoffen:
Wer jung schon Cäsarn übertroffen,
wird, ein Genie ganz ohnegleichen,
im Leben allerhand erreichen.

Eugen Roth

WENN

Ja, hätte mir von Anbeginn
so manches nicht gefehlt,
und hätt' ich nur mit anderm Sinn
den andern Weg erwählt,
und hätt' ich auf dem rechten Pfad
die rechte Hilf' empfahn
und so statt dessen, was ich tat,
das Gegenteil getan,
und hätt' ich vieles nicht gemußt
auf höheres Geheiß
und nur die Hälft' vorher gewußt
von dem, was heut ich weiß,
und hätt' ich ernstlich nur gewollt,
ja, wollt' ich nur noch jetzt,
und wäre mir das Glück so hold
wie manchem, der's nicht schätzt,
und hätt' ich zehnmal soviel Geld
und könnt', was ich nicht kann,
und käm' noch einmal auf die Welt –
ja, dann!

Ludwig Fulda

ES WÄRE schön, was Guts zu kauen,
müßte man es nur nicht auch verdauen;
es wäre herrlich, genug zu trinken,
tät' einem nur nicht Kopf und Knie sinken;
hinüberzuschießen, das wären Possen,
würde nur nicht wieder herübergeschossen;
und jedes Mädchen wär' gern bequem,
wenn nur eine andre ins Kindbett käm'.

Johann Wolfgang Goethe

WIE SICH Verdienst und Glück verketten,
das fällt den Toren niemals ein;
wenn sie den Stein der Weisen hätten,
der Weise mangelte dem Stein.

Johann Wolfgang Goethe

DAS GLÜCK

Selig, welchen die Götter, die gnädigen, vor der Geburt schon
    liebten, welchen als Kind Venus im Arme gewiegt,
welchem Phöbus die Augen, die Lippen Hermes gelöset
    und das Siegel der Macht Zeus auf die Stirne gedrückt!
Ein erhabenes Los, ein göttliches, ist ihm gefallen,
    schon vor des Kampfes Beginn sind ihm die Schläfen bekränzt.
Ihm ist, eh' er es lebte, das volle Leben gerechnet,
    eh' er die Mühe bestand, hat er die Charis erlangt.
Groß zwar nenn' ich den Mann, der, sein eigner Bildner und Schöpfer,
    durch der Tugend Gewalt selber die Parze bezwingt;
aber nicht erzwingt er das Glück, und was ihm die Charis
    neidisch geweigert, erringt nimmer der strebende Mut.
Vor Unwürdigem kann dich der Wille, der ernste, bewahren,
    alles Höchste, es kommt frei von den Göttern herab.
Wie die Geliebte dich liebt, so kommen die himmlischen Gaben;
    oben in Jupiters Reich herrscht, wie in Amors, die Gunst.
Neigungen haben die Götter, sie lieben der grünenden Jugend
    lockigte Scheitel, es zieht Freude die Fröhlichen an.
Nicht der Sehende wird von ihrer Erscheinung beseligt,
    ihrer Herrlichkeit Glanz hat nur der Blinde geschaut.
Gern erwählen sie sich der Einfalt kindliche Seele,
    in das bescheidne Gefäß schließen sie Göttliches ein.
Ungehofft sind sie da und täuschen die stolze Erwartung,
    keines Bannes Gewalt zwinget die Freien herab.
Wem er geneigt, dem sendet der Vater der Menschen und Götter
    seinen Adler herab, trägt ihn zu himmlischen Höhn.
Unter die Menge greift er mit Eigenwillen, und welches
    Haupt ihm gefället, um das flicht er mit liebender Hand
jetzt den Lorbeer und jetzt die herrschaftgebende Binde,
    krönte doch selber den Gott nur das gewogene Glück.
Vor dem Glücklichen her tritt Phöbus, der pythische Sieger,
    und, der die Herzen bezwingt, Amor, der lächelnde Gott.
Vor ihm ebnet Poseidon das Meer, sanft gleitet des Schiffes
    Kiel, das den Cäsar führt und sein allmächtiges Glück.
Ihm zu Füßen legt sich der Leu, das brausende Delphin
    steigt aus den Tiefen, und fromm beut es den Rücken ihm an.
Zürne dem Glücklichen nicht, daß den leichten Sieg ihm die Götter
    schenken, daß aus der Schlacht Venus den Liebling entrückt.

Ihn, den die Lächelnde rettet, den Göttergeliebten beneid' ich,
jenen nicht, dem sie mit Nacht deckt den verdunkelten Blick.
War er weniger herrlich, Achilles, weil ihm Hephästos
selbst geschmiedet den Schild und das verderbliche Schwert?
Weil um den sterblichen Mann der große Olymp sich beweget?
Das verherrlichet ihn, daß ihn die Götter geliebt,
daß sie sein Zürnen geehrt und, Ruhm dem Liebling zu geben,
Hellas' bestes Geschlecht stürzten zum Orkus hinab.
Zürne der Schönheit nicht, daß sie schön ist, daß sie verdienstlos,
wie der Lilie Kelch prangt durch der Venus Geschenk!
Laß sie die Glückliche sein; du schaust sie, du bist der Beglückte!
Wie sie ohne Verdienst glänzt, so entzücket sie dich.
Freue dich, daß die Gabe des Lieds vom Himmel herabkommt,
daß der Sänger dir singt, was ihn die Muse gelehrt:
Weil der Gott ihn beseelt, so wird er dem Hörer zum Gotte;
weil er der Glückliche ist, kannst du der Selige sein.
Auf dem geschäftigen Markt, da führe Themis die Waage,
und es messe der Lohn streng an der Mühe sich ab;
aber die Freude ruft nur ein Gott auf sterbliche Wangen,
wo kein Wunder geschieht, ist kein Beglückter zu sehn.
Alles Menschliche muß erst werden und wachsen und reifen,
und von Gestalt zu Gestalt führt es die bildende Zeit;
aber das Glückliche siehest du nicht, das Schöne nicht werden,
fertig von Ewigkeit her steht es vollendet vor dir.
Jede irdische Venus ersteht, wie die erste des Himmels,
eine dunkle Geburt, aus dem unendlichen Meer;
wie die erste Minerva, so tritt, mit der Ägis gerüstet,
aus des Donnerers Haupt jeder Gedanke des Lichts.

Friedrich Schiller

AUFGABE

Keiner sei gleich dem andern, doch gleich sei jeder dem Höchsten!
Wie das zu machen? Es sei jeder vollendet in sich.

Johann Wolfgang Goethe

SCHILLER

Aus dem ‹Epilog zu Schillers Glocke›

Denn er war unser! Mag das stolze Wort
den lauten Schmerz gewaltig übertönen!
Er mochte sich bei uns im sichern Port
nach wildem Sturm zum Dauernden gewöhnen.
Indessen schritt sein Geist gewaltig fort
ins Ewige des Wahren, Guten, Schönen,
und hinter ihm in wesenlosem Scheine
lag, was uns alle bändigt, das Gemeine.

Ihr kanntet ihn, wie er mit Riesenschritte
den Kreis des Wollens, des Vollbringens maß,
durch Zeit und Land, der Völker Sinn und Sitte,
das dunkle Buch mit heiterm Blicke las;
doch wie er, atemlos, in unsrer Mitte,
in Leiden bangte, kümmerlich genas,
das haben wir in traurig schönen Jahren,
denn er war unser, leidend miterfahren.

Auch manche Geister, die mit ihm gerungen,
sein groß Verdienst unwillig anerkannt,
sie fühlen sich von seiner Kraft durchdrungen,
in seinem Kreise willig festgebannt:
Zum Höchsten hat er sich emporgeschwungen,
mit allem, was wir schätzen, eng verwandt.
So feiert ihn! Denn, was dem Mann das Leben
nur halb erteilt, soll ganz die Nachwelt geben.

So bleibt er uns, der vor so manchen Jahren –
schon zehne sind's! – von uns sich weggekehrt!
Wir haben alle segensreich erfahren:
Die Welt verdank' ihm, was er sie gelehrt;
schon längst verbreitet sich's in ganze Scharen,
das Eigenste, was ihm allein gehört.
Er glänzt uns vor, wie ein Komet entschwindend,
unendlich Licht mit seinem Licht verbindend.

Johann Wolfgang Goethe

SCHILLERS BESTATTUNG

Ein ärmlich düster brennend Fackelpaar, das Sturm
und Regen jeden Augenblick zu löschen droht.
Ein flatternd Bahrtuch. Ein gemeiner Tannensarg
mit keinem Kranz, dem kargsten nicht, und kein Geleit!
Als brächte eilig einen Frevel man zu Grab.
Die Träger hasteten. Ein Unbekannter nur,
von eines weiten Mantels kühnem Schwung umweht,
schritt dieser Bahre nach. Der Menschheit Genius wars.

Conrad Ferdinand Meyer

URWORTE, ORPHISCH

ΔΑΙΜΩΝ, Dämon
Wie an dem Tag, der dich der Welt verliehen,
die Sonne stand zum Gruße der Planeten,
bist alsobald und fort und fort gediehen
nach dem Gesetz, wonach du angetreten.
So mußt du sein, dir kannst du nicht entfliehen,
so sagten schon Sibyllen, so Propheten;
und keine Zeit und keine Macht zerstückelt
geprägte Form, die lebend sich entwickelt.

ΤΥΧΗ, Das Zufällige
Die strenge Grenze doch umgeht gefällig
ein Wandelndes, das mit und um uns wandelt;
nicht einsam bleibst du, bildest dich gesellig
und handelst wohl so, wie ein andrer handelt.
Im Leben ist's bald hin-, bald widerfällig,
es ist ein Tand und wird so durchgetandelt.
Schon hat sich still der Jahre Kreis geründet,
die Lampe harrt der Flamme, die entzündet.

ΕΡΩΣ, Liebe
Die bleibt nicht aus! – Er stürzt vom Himmel nieder,
wohin er sich aus alter Öde schwang,
er schwebt heran auf luftigem Gefieder,
um Stirn und Brust den Frühlingstag entlang,

scheint jetzt zu fliehn, vom Fliehen kehrt er wieder:
da wird ein Wohl im Weh, so süß und bang.
Gar manches Herz verschwebt im Allgemeinen,
doch widmet sich das edelste dem Einen.

ΑΝΑΓΚΗ, Nötigung
Da ist's denn wieder, wie die Sterne wollten:
Bedingung und Gesetz, und aller Wille
ist nur ein Wollen, weil wir eben sollten,
und vor dem Willen schweigt die Willkür stille;
das Liebste wird vom Herzen weggescholten,
dem harten Muß bequemt sich Will' und Grille.
So sind wir scheinfrei denn, nach manchen Jahren
nur enger dran, als wir am Anfang waren.

ΕΛΠΙΣ, Hoffnung
Doch solcher Grenze, solcher ehrnen Mauer
höchst widerwärt'ge Pforte wird entriegelt,
sie stehe nur mit alter Felsendauer!
Ein Wesen regt sich leicht und ungezügelt:
Aus Wolkendecke, Nebel, Regenschauer
erhebt sie uns, mit ihr, durch sie beflügelt,
ihr kennt sie wohl, sie schwärmt durch alle Zonen –
ein Flügelschlag – und hinter uns Äonen!

Johann Wolfgang Goethe

DIE LINIEN des Lebens sind verschieden
wie Wege sind und wie der Berge Grenzen.
Was hier wir sind, kann dort ein Gott ergänzen
mit Harmonien und ewigem Lohn und Frieden.

Friedrich Hölderlin

DASS GLÜCK ihm günstig sei,
was hilft's dem Stöffel?
Denn regnet's Brei,
fehlt ihm der Löffel.

Johann Wolfgang Goethe

DAS GÖTTLICHE

Edel sei der Mensch,
hilfreich und gut!
Denn das allein
unterscheidet ihn
von allen Wesen,
die wir kennen.

Heil den unbekannten
höhern Wesen,
die wir ahnen!
Ihnen gleiche der Mensch!
Sein Beispiel lehr' uns
jene glauben.

Denn unfühlend
ist die Natur:
Es leuchtet die Sonne
über Bös' und Gute,
und dem Verbrecher
glänzen, wie dem Besten,
der Mond und die Sterne.

Wind und Ströme,
Donner und Hagel
rauschen ihren Weg
und ergreifen,
vorübereilend,
einen um den andern.

Auch so das Glück
tappt unter die Menge,
faßt bald des Knaben
lockige Unschuld,
bald auch den kahlen
schuldigen Scheitel.

Nach ewigen, ehrnen,
großen Gesetzen
müssen wir alle
unseres Daseins
Kreise vollenden.

Nur allein der Mensch
vermag das Unmögliche:
Er unterscheidet,
wählet und richtet;
er kann dem Augenblick
Dauer verleihen.

Er allein darf
den Guten lohnen,
den Bösen strafen,
heilen und retten,
alles Irrende, Schweifende
nützlich verbinden.

Und wir verehren
die Unsterblichen,
als wären sie Menschen,
täten im großen,
was der Beste im kleinen
tut oder möchte.

Der edle Mensch
sei hilfreich und gut!
Unermüdet schaff' er
das Nützliche, Rechte,
sei uns ein Vorbild
jener geahneten Wesen!

Johann Wolfgang Goethe

LYNKEUS DER TÜRMER

Zum Sehen geboren,
zum Schauen bestellt,
dem Turme geschworen,
gefällt mir die Welt.
Ich blick' in die Ferne,
ich seh' in der Näh
den Mond und die Sterne,
den Wald und das Reh.
So seh' ich in allen
die ewige Zier,
und wie mir's gefallen,
gefall' ich auch mir.
Ihr glücklichen Augen,
was je ihr gesehen,
es sei, wie es wolle,
es war doch so schön!

Johann Wolfgang Goethe

WONACH DU sehnlich ausgeschaut,
es wurde dir beschieden.
Du triumphierst und jubelst laut:
Jetzt hab' ich endlich Frieden!

Ach, Freundchen, rede nicht so wild.
Bezähme deine Zunge.
Ein jeder Wunsch, wenn er erfüllt,
kriegt augenblicklich Junge.

Wilhelm Busch

JEDER hat einen Sparren frei,
wer's nit glaubt, hat ihrer zwei.

Unbekannt

DIE ZEIT zum Handeln jedes Mal verpassen
nennt ihr: die Dinge sich entwickeln lassen.
Was hat sich denn entwickelt, sagt mir an,
das man zur rechten Stunde nicht getan?

Emanuel Geibel

DIE MENSCHLICHSTE der Schwächen
ist, über das, was uns das Herz gebrochen,
noch obendrein den Kopf uns zu zerbrechen.

Paul Heyse

DAS SIND die Traurigen, Flachen,
die tief und stark sich scheinen:
Die Frauen, die nicht lachen,
die Männer, die nicht weinen.

Paul Heyse

DIE SORGLICHEN

Im Frühling, als der Märzwind ging,
als jeder Zweig voll Knospen hing,
da fragten sie mit Zagen:
Was wird der Sommer sagen?

Und als das Korn in Fülle stand,
in lauter Sonne briet das Land,
da seufzten sie und schwiegen:
Bald wird der Herbstwind fliegen.

Der Herbstwind blies die Bäume an
und ließ auch nicht ein Blatt daran.
Sie sahn sich an: Dahinter
kommt nun der böse Winter.

Das war nicht eben falsch gedacht,
der Winter kam auch über Nacht.
Die armen, armen Leute,
was sorgen sie nur heute?

Sie sitzen hinterm Ofen still
und warten, ob's nicht tauen will,
und bangen sich und sorgen
um morgen.

Gustav Falke

DU TOLLER WICHT, gesteh nur offen:
Man hat dich auf manchem Fehler betroffen!
« Ja wohl! doch macht' ich ihn wieder gut.»
Wie denn? «Ei, wie's ein jeder tut!»
Wie hast du denn das angefangen?
«Ich hab' einen neuen Fehler begangen.
Darauf waren die Leute so versessen,
daß sie des alten gern vergessen.»

Johann Wolfgang Goethe

EIN PHILOSOPH von ernster Art,
der sprach und strich sich seinen Bart:
Ich lache nie. Ich lieb' es nicht,
mein ehrenwertes Angesicht
durch Zähnefletschen zu entstellen
und närrisch wie ein Hund zu bellen;
ich lieb' es nicht, durch ein Gemecker
zu zeigen, daß ich Witz Entdecker;
ich brauche nicht durch Wertvergleichen
mit andern mich herauszustreichen,
um zu ermessen, was ich bin,
denn dieses weiß ich ohnehin.
Das Lachen will ich überlassen
den minder hoch begabten Klassen.
Ist einer ohne Selbstvertraun
in Gegenwart von schönen Fraun,
so daß sie ihn als faden Gecken
abfahren lassen oder necken,
und fühlt er drob geheimen Groll
und weiß nicht, was er sagen soll,
dann schwebt mit Recht auf seinen Zügen
ein unaussprechliches Vergnügen.
Und hat er Kursverlust erlitten,
ist er moralisch ausgeglitten,
so gibt es Leute, die doch immer
noch dümmer sind als er und schlimmer,
und hat er etwa krumme Beine,
so gibt's noch krümmere als seine.
Er tröstet sich und lacht darüber
und denkt: Da bin ich mir doch lieber.
Den Teufel lass' ich aus dem Spiele,
auch sonst noch lachen ihrer viele,
besonders jene ewig Heitern,
die unbewußt den Mund erweitern,
die sozusagen auserkoren
zum Lachen bis an beide Ohren.
Sie freuen sich mit Weib und Kind
schon bloß, weil sie vorhanden sind.
Ich dahingegen, der ich sitze
auf der Betrachtung höchster Spitze,
weit über allem Was und Wie,
ich bin für mich und lache nie.

Wilhelm Busch

DIE WAHRHEIT OHNE HERBERGE

Wer klopft bei solchem Wetter? «Ich bin's, ein armer Mann,
der, weil er Wahrheit redet, nicht unterkommen kann.»
Wie schlimm sind doch die Leute! Geh, Hans tu auf die Tür!
Ich such' indes was Warmes dem armen Mann herfür.
Herein! Wir li – li – lieben ein wa – wa – wahres Wort!
«Wer weiß, vielleicht muß ich hier auch balde wieder fort.
Drum sagt mir, krumme Mutter und stotteriger Mann,
wo häng' ich etwa jetzo mein Reiseränzel an?»
Er Grobian! Er Flegel! Fo – fort aus unserm Haus!
«Da habt ihr's! Niemand hält mehr die reine Wahrheit aus!»

August Kopisch

BOTENART

Der Graf kehrt heim vom Festturnei,
da wallt an ihm sein Knecht vorbei.

«Hallo, woher des Wegs, sag an!
Wohin, mein Knecht, geht deine Bahn?»

«Ich wandle, daß der Leib gedeih',
ein Wohnhaus such ich mir nebenbei.»

«Ein Wohnhaus? Nun, sprich grad heraus,
was ist geschehn bei uns zu Haus?»

«Nichts Sonderlichs! Nur todeswund
liegt euer kleiner weißer Hund.»

«Mein treues Hündchen todeswund!
Sprich, wie begab sich's mit dem Hund?»

«Im Schreck Eur Leibroß auf ihn sprang,
drauf lief's in den Strom, der es verschlang.»

«Mein schönes Roß, des Stalles Zier!
Wovon erschrak das arme Tier?»

«Besinn' ich recht mich, erschrak's davon,
als von dem Fenster stürzt' Euer Sohn.»

«Mein Sohn? Doch blieb er unverletzt?
Wohl pflegt mein süßes Weib ihn jetzt?»

«Die Gräfin rührte stracks der Schlag,
als vor ihr des Herrleins Leichnam lag.»

«Warum bei solchem Jammer und Graus,
du Schlingel, hütest du nicht das Haus?»

«Das Haus? Ei, welches meint Ihr wohl?
Das Eure liegt in Asch und Kohl!

Die Leichenfrau schlief ein an der Bahr,
und Feuer fing ihr Kleid und Haar.

Und Schloß und Stall verlodert' im Wind,
dazu das ganze Hausgesind.

Nur mich hat das Schicksal aufgespart,
Euch's vorzubringen auf gute Art.»

Anastasius Grün

OFFNE TAFEL

Viele Gäste wünsch' ich heut
mir zu meinem Tische!
Speisen sind genug bereit,
Vögel, Wild und Fische.
Eingeladen sind sie ja,
haben's angenommen.
    Hänschen, geh und sieh dich um!
    Sieh mir, ob sie kommen!

Schöne Kinder hoff' ich nun,
die von gar nichts wissen,
nicht, daß es was Hübsches sei,
einen Freund zu küssen.
Eingeladen sind sie all,
haben's angenommen.
    Hänschen, geh und sieh dich um!
    Sieh mir, ob sie kommen!

Frauen denk' ich auch zu sehn,
die den Ehegatten,
ward er immer brummiger,
immer lieber hatten.
Eingeladen wurden sie,
haben's angenommen.
    Hänschen, geh und sieh dich um!
    Sieh mir, ob sie kommen!

Junge Herrn berief ich auch,
nicht im mindsten eitel,
die sogar bescheiden sind
mit gefülltem Beutel.
Diese bat ich sonderlich,
haben's angenommen.
    Hänschen, geh und sieh dich um!
    Sieh mir, ob sie kommen!

Männer lud ich mit Respekt,
die auf ihre Frauen
ganz allein, nicht nebenaus
auf die schönste schauen.
Sie erwiderten den Gruß,
haben's angenommen.
    Hänschen, geh und sieh dich um!
    Sieh mir, ob sie kommen!

Dichter lud ich auch herbei,
unsre Lust zu mehren,
die weit lieber fremdes Lied
als ihr eignes hören.
Alle diese stimmten ein,
haben's angenommen.
    Hänschen, geh und sieh dich um!
    Sieh mir, ob sie kommen!

Doch ich sehe niemand gehn,
sehe niemand rennen.
Suppe kocht und siedet ein,
Braten will verbrennen.
Ach, wir haben's, fürcht ich, nur
zu genau genommen!
    Hänschen, sag, was meinst du wohl!
    Es wird niemand kommen.

Hänschen, lauf und säume nicht,
ruf mir neue Gäste!
Jeder komme, wie er ist,
das ist wohl das beste!
Schon ist's in der Stadt bekannt,
wohl ist's aufgenommen.
    Hänschen, mach die Türen auf:
    Sieh nur, wie sie kommen!

Johann Wolfgang Goethe

EIN LIED VON DER WEIBERTREUE

Sie haben zwei Tote zur Ruhe gebracht:
Der Hauptmann fiel in rühmlicher Schlacht;
mit Ehren ward er beigesetzt,
und der, den jüngst er wacker gehetzt,
der Räuber hängt am Galgen.

Da hält die Wacht als Schildergast
ein junger Landsknecht, verdrießlich fast.
Die Nach ist kalt; er flucht und friert,
und wird ihm geraubt, der den Galgen ziert,
so muß er für ihn hangen.

Im Grabgewölb bei des Hauptmanns Leib
verweilt verzweiflungsvoll sein Weib.
Sie hat geschworen in bittrer Not,
für ihn zu sterben den Hungertod;
die Amme zur Gesellschaft.

Die Amme spricht: «Gebieterin!
Ich habe geschworen nach Eurem Sinn.
Beklagt und lobt den sel'gen Herrn,
da stimm' ich mit ein, von Herzen gern,
doch plagt mich sehr der Hunger.

Er war, so alt er war, gar gut,
nicht eifersüchtig, von sanftem Mut;
ach, edle Frau, Ihr findet zwar
den zweiten nicht, wie der erste war,
doch plagt mich sehr der Hunger.»

Euch war's, es ist mir wohl bewußt,
ein harter Schlag, ein großer Verlust;
doch seid Ihr noch schön, doch seid Ihr noch jung,
und könntet noch haben der Freude genung;
es plagt mich sehr der Hunger.

Die Amme so; und stumm beharrt
die edle Frau, im Schmerz erstarrt.

Erloschen scheint der Augen Licht;
sie klaget nicht, sie weinet nicht,
  es plagt sie sehr der Hunger.

Und draußen bläst der Wind gar scharf.
Der Landsknecht läuft, so weit er darf,
indem er sich zu erwärmen sucht;
und wie er läuft, und wie er flucht,
  so sieht ein Licht er schimmern.

Von wannen mag der Schimmer sein?
Er schleicht hinzu, er tritt hinein:
«Gegrüßet mir, ihr edle Fraun!
Wie muß ich hier im Grabe schaun
  so hoher Schönheit Schimmer!»

So staunend er; und stumm beharrt
die edle Frau, im Schmerz erstarrt;
erloschen scheint der Augen Licht,
sie klaget nicht, sie weinet nicht,
  es plagt sie sehr der Hunger.

Die Amme drauf: «Das seht, Ihr ja!
Wir trauern um den Toten da.
Wir haben geschworen in bittrer Not,
für ihn zu sterben den Hungertod.
  Es plagt mich sehr der Hunger.»

Drauf er: «Das ist nicht wohlgetan
und hilft zu nichts dem toten Mann.
So schön! So jung! Ihr seid nicht klug,
es hat die Welt der Freude genug!
  Entsetzlich nagt der Hunger.

Ich sage nur: Ihr Frauen sollt
mich essen sehn, dann tun, was ihr wollt.
Hier hab ich Brot, hier hab ich Wurst,
hier eine Flasche für den Durst!
  Es plagt auch mich der Hunger.»

Und wie er tut, was er gesagt,
und ihm so wohl das Essen behagt,
da sinkt der Alten ganz der Mut:
«Ach, edle Frau, das schmeckt so gut!
Und, ach, mich plagt der Hunger!»

Drauf er: «So eßt! Ich habe für zwei
genug und habe genug für drei.
Ich esse sonst allein für vier!
So eßt und trinkt getrost mit mir;
das hilft schon für den Hunger.»

Die Amme versucht, auf gutes Glück,
ein Stückchen erst und dann ein Stück,
sie sieht der Herrin ins Angesicht:
Sie klaget nicht, sie weinet nicht;
es plagt sie sehr der Hunger.

«Ach, edle Frau, das schmeckt so gut,
Ihr wißt schon, wie der Hunger tut;
was hat davon Euer Herr Gemahl?
Es sei genug für dieses Mal,
entsetzlich nagt der Hunger!»

Er tritt zu ihr: «Versuch es nur.»
Sie aber spricht: «Mein Schwur! mein Schwur!»
Und stößt ihn dennoch nicht zurück;
sie nimmt ein Stückchen und dann ein Stück,
das hilft denn für den Hunger.

Er fällt vor ihr auf seine Knie:
«Ich sah ein schöneres Weib noch nie!
Nur sollt Ihr hinfort mir klüger sein.
Nun muß ich gehen; gedenket mein!
Ich komme morgen wieder;

nichts da von Lebensüberdruß!»
Er spricht's und raubt ihr einen Kuß
und stürzt hinaus, er ist schon fort;
die Alte ruft: «So halt auch Wort,
du lieber, lieber Landsknecht!»

Und ferner spricht sie zu der Frau:
«Bedenk' ich, Herrin, die Sache genau,
er hat es gar nicht schlecht gemacht
und uns auf guten Weg gebracht,
der liebe, liebe Landsknecht!»

Sie sagt nicht nein, sie sagt nicht ja;
sie steht betroffen, errötend da,
gibt ihren Tränen freien Lauf
und seufzet leis eratmend auf:
«Du lieber, lieber Landsknecht!»

Der Landsknecht aber verwundert sich sehr,
er steht vor dem Galgen, und der steht leer.
«Blitz Hagel! Das war mein Henkersschmaus.
Den Platz da füll' ich morgen noch aus!
Ich armer, armer Landsknecht!»

Er läuft zurück: «Nun schafft auch Rat,
sonst muß ich hangen; ich kam zu spat!»
Sie fragen ihn aus; wie er alles gesagt,
da weint die edle Frau und klagt:
«Du armer, lieber Landsknecht!»

Die Alte spricht: «Geduld! Geduld!
Ich wasch' ihn rein von aller Schuld!
Er hat uns errettet, das wißt Ihr doch,
versteht mich, Frau, was zaudern wir noch?
Du lieber, lieber Landsknecht!

Man hat ihm seinen Toten geraubt.
Wir haben auch einen, wenn Ihr es erlaubt,
gebt ihm den unsern, gebt Euren Schatz,
der füllt wie einer seinen Platz.
Du lieber, lieber Landsknecht!

Und wer betrachtet's scharf genug,
daß er entdeckte den Betrug?
Frisch angefaßt und schnell ans Werk!
Daß keiner dort den Mangel merk'!
Du lieber, lieber Landsknecht!»

Wie er die Hand an den Toten legt,
da ruft der Landsknecht tief bewegt:
«Mein Hauptmann! Was? Du bist es fürwahr!
Nun bring' ich dich an den Galgen gar!
    Du lieber, guter Hauptmann!»

Die Frau versetzt: «Was zauderst du?
Geschwind! Sonst kommen noch Leute dazu,
geschwind! Ich helfe, was ich kann!
Geschwind! geschwind! Du lieber Mann,
    du lieber, lieber Landsknecht!»

Und er darauf: «Es geht nicht an;
dem Räuber fehlt 'ein Vorderzahn.»
Da nimmt sie selber einen Stein
und schlägt den Zahn dem Toten ein.
    Du lieber, lieber Landsknecht!

So schleifen hinaus ihn alle drei
und hängen ihn an den Galgen frei.
Und streift nun der Wind die Heide entlang,
so geben die Knochen gar guten Klang
    zum Lied von der Weibertreue.

Adelbert von Chamisso

EIN MANN ist zu berechnen ganz genau;
wozu jedoch im Guten wie im Bösen
sich aufzuschwingen fähig eine Frau –
die Frage wird ihr bester Freund nicht lösen!

Friedrich Halm

ES LEGTE Adam sich im Paradiese schlafen;
da ward aus ihm das Weib geschaffen.
Du armer Vater Adam, du!
Dein erster Schlaf war deine letzte Ruh'.

Matthias Claudius

HERR UND HERRIN

Ein Mann:
Da du so schön bist, darf ich dich beschwören,
errege nicht mein leicht erregtes Blut.
Da du so schön bist, kann ich dir nicht wehren,
daß deine Hand zu sehr in meiner ruht.
Da du so schön bist, muß ich dich begehren,
denn alle Schönheit ist mir freies Gut.
Da du so schön bist, will ich dich zerstören,
damit es nicht ein andrer tut …

Das Weib:
Da du so stark bist, darfst du mich begehren,
doch meine Schönheit bleibt mein freies Gut.
Da du so stark bist, kannst du mich zerstören,
wenn dir die Tat nicht selbst zu wehe tut.
Da du so stark bist, mußt du mir beschwören,
daß du beschützen wirst mein schutzlos Blut.
Da du so stark bist, will ich dir nicht wehren,
daß deine Hand in meiner ruht …

Richard Dehmel

GUTMANN UND GUTWEIB

Und morgen fällt St. Martins Fest,
Gutweib liebt ihren Mann;
da knetet sie ihm Puddings ein
und bäckt sie in der Pfann'.

Im Bette liegen beide nun.
Da saust ein wilder West;
und Gutmann spricht zur guten Frau:
«Du, riegle die Türe fest!»

«Bin kaum erholt und halb erwarmt!
Wie käm' ich da zu Ruh?
Und klapperte sie einhundert Jahr,
ich riegelte sie nicht zu!»

Drauf eine Wette schlossen sie
ganz leise sich ins Ohr:
So, wer das erste Wörtlein spräch',
der schöbe den Riegel vor.

Zwei Wandrer kommen um Mitternacht
und wissen nicht, wo sie stehn;
die Lampe losch, der Herd verglomm,
zu hören ist nichts, zu sehn.

«Was ist das für ein Hexenort?
Da bricht uns die Geduld!»
Doch hörten sie kein Sterbenswort;
des war die Türe schuld.

Den weißen Pudding speisten sie,
den schwarzen, ganz vertraut;
und Gutweib sagte sich selber viel,
doch keine Silbe laut.

Zum andern sprach der eine dann:
«Wie trocken ist mir der Hals!
Der Schrank, der klafft, und geistig riecht's
da findet sich's allenfalls.

Ein Fläschchen Schnaps ergreif' ich da,
das trifft sich doch geschickt!
Ich bring es dir, du bringst es mir,
und bald sind wir erquickt.»

Doch Gutmann sprang so heftig auf
und fuhr sie drohend an:
«Bezahlen soll mit teurem Geld,
wer mir den Schnaps vertan!»

Und Gutweib sprang auch froh heran,
drei Sprünge, als wär' sie reich:
«Du, Gutmann, sprachst das erste Wort.
Nun riegle die Türe gleich!»

Johann Wolfgang Goethe

ALS KIND von angenehmen Zügen
war Röschen ein gar lustig Ding.
Gern zupfte sie das Bein der Fliegen,
die sie geschickt mit Spucke fing.

Sie wuchs, und größere Objekte
lockt' sie von nun an in ihr Garn,
nicht nur die jungen, nein, sie neckte
und rupft' auch manchen alten Narrn.

Inzwischen tat in stillem Walten
die Zeit getreulich ihre Pflicht.
Durch wundersame Bügelfalten
verziert sie Röschens Angesicht.

Und locker wurden Röschens Zähne.
Kein Freier stellte sich mehr ein.
Und schließlich kriegt' sie gar Migräne,
und die pflegt dauerhaft zu sein.

Dies führte sie zum Aberglauben,
obwohl sie sonst nicht gläubig schien.
Sie meinte fest, daß Turteltauben
den Schmerz der Menschen an sich ziehn.

Zwei Stück davon hat sie im Bauer,
ein Pärchen, welches zärtlich girrt.
Jetzt liegt sie täglich auf der Lauer,
ob ihnen noch nicht übel wird.

Wilhelm Busch

DIE ERSTE alte Tante sprach:
Wir müssen nun auch dran denken,
was wir zu ihrem Namenstag
dem guten Sophiechen schenken.

Drauf sprach die zweite Tante kühn:
Ich schlage vor, wir entscheiden
uns für ein Kleid in Erbsengrün,
das mag Sophiechen nicht leiden.

Der dritten Tante war das recht:
Ja, sprach sie, mit gelben Ranken!
Ich weiß, sie ärgert sich nicht schlecht
und muß sich auch noch bedanken.

Wilhelm Busch

MAN IST ja von Natur kein Engel,
vielmehr ein Welt- und Menschenkind,
und rings umher ist ein Gedrängel
von solchen, die dasselbe sind.

In diesem Reich geborner Flegel,
wer könnte sich des Lebens freun,
würd' es versäumt, schon früh die Regel
der Rücksicht kräftig einzubleun.

Es saust der Stock, es schwirrt die Rute,
du darfst nicht zeigen, was du bist.
Wie schad, o Mensch, daß dir das Gute
im Grunde so zuwider ist!

Wilhelm Busch

JA, WENN die Welt gescheiter wär',
dann ging's dem Teufel schlecht:
Die Dummheit ist von alters her
der Bosheit Henkersknecht.

Ludwig Fulda

«WER ANDERN eine Grube gräbt» –
dies Wort mag trefflich sein!
Doch: wer sie aus der Grube hebt,
auch der fällt meist hinein.

Ernst von Feuchtersleben

GEHORCHEN wird jeder mit Genuß
den Frauen, den hochgeschätzten,
hingegen machen uns meist Verdruß
die sonstigen Vorgesetzten.

Nur wenn ein kleines Mißgeschick
betrifft den Treiber und Leiter,
dann fühlt man für den Augenblick
sich sehr befriedigt und heiter.

Als neulich am Sonntag der Herr Pastor
eine peinliche Pause machte,
weil er den Faden der Rede verlor,
da duckt' sich der Küster und lachte.

Wilhelm Busch

WANN im Haus und auf den Gassen
stets am heftigsten du zankst? –
Wenn du selbst im Innern schwankst
und du willst's nicht merken lassen.

Emanuel Geibel

DÜMMER ist nichts zu ertragen,
als wenn Dumme sagen den Weisen,
daß sie sich in großen Tagen
sollten bescheidentlich erweisen.

Johann Wolfgang Goethe

EIN JEDER Mensch pflegt insgeheim
sein eigener Bewundrer, und zwar
der einzige zu sein.

Barthold Heinrich Brockes

WIE VERFÄHRT die Natur, um Hohes und Niedres im Menschen
zu verbinden? Sie stellt Eitelkeit zwischen hinein.

Friedrich Schiller

SAHST DU das wunderbare Bild von Brouwer?
Es zieht dich an wie ein Magnet,
du lächelst wohl, derweil ein Schreckenschauer
durch deine Wirbelsäule geht.

Ein kühler Doktor öffnet einem Manne
die Schwäre hinten im Genick;
daneben steht ein Weib mit einer Kanne,
vertieft in dieses Mißgeschick.

Ja, alter Freund, wir haben unsre Schwäre
meist hinten. Und voll Seelenruh
drückt sie ein andrer auf. Es rinnt die Zähre,
und fremde Leute sehen zu.

Wilhelm Busch

DER SATTE Reichtum hat's ausgedacht,
daß Armut niemandem Schande macht.
Die Schlemmer lehren am vollen Tisch,
wie Salz und Brot hält die Wangen frisch.
Die Tauben gurren vom Dachesrand:
«Nehmt lieber den Sperling in der Hand!» ...
Und die Dummen faßten den Mehrheitsbeschluß,
daß stets der Klügere nachgeben muß.

Oskar Blumenthal

SELBSTKRITIK

Die Selbstkritik hat viel für sich.
Gesetzt den Fall, ich tadle mich;
so hab' ich erstens den Gewinn,
daß ich so hübsch bescheiden bin;
zum zweiten denken sich die Leut,
der Mann ist lauter Redlichkeit;
auch schnapp' ich drittens diesen Bissen
vorweg den andern Kritiküssen;
und viertens hoff' ich außerdem
auf Widerspruch, der mir genehm.
So kommt es dann zuletzt heraus,
daß ich ein ganz famoses Haus.

Wilhelm Busch

MAGST DEN Tadel noch so fein,
noch so zart bereiten,
weckt er Widerstreiten.

Lob darf ganz geschmacklos sein,
hocherfreut und munter
schlucken sie's hinunter.

Marie von Ebner-Eschenbach

O HEISCHT NICHT, daß man kühl und achtsam
im Grenzbild seiner Kräfte lebt
und daß man niemals unbedachtsam
das eigne Können überstrebt.
Der Selbstvergrößerung Rausch und Wonne
erhält lebendig mich und dich –
denn jeder braucht, wie Luft und Sonne,
den Aberglauben an sein Ich.

Oskar Blumenthal

WARUM DU wider alles Hoffen
noch niemals mitten ins Schwarze getroffen?
Weil du's nicht lassen konntest, beim Zielen
immer ins Publikum zu schielen.

Emanuel Geibel

SCHEIN UND SEIN

Mein Kind, es sind allhier die Dinge,
gleichviel, ob große, ob geringe,
im wesentlichen so verpackt,
daß man sie nicht wie Nüsse knackt.

Wie wolltest du dich unterwinden,
kurzweg die Menschen zu ergründen.
Du kennst sie nur von außenwärts.
Du siehst die Weste, nicht das Herz.

Wilhelm Busch

DER WEISE Schopenhauer spricht –
und gern betret' ich seine Spur:
«Ein jedes Menschenangesicht
ist ein Gedanke der Natur.»

Es folgt daraus das eine nur,
wenn man dem Worte Glauben schenkt:
Daß auch die ewige Natur
mehr Dummes als Gescheites denkt.

Oskar Blumenthal

ARTHUR SCHOPENHAUER

Was er lehrte, ist abgetan,
was er lebte, wird bleiben stahn:
seht ihn nur an –
Niemandem war er untertan!

Friedrich Nietzsche

INNERES UND ÄUSSERES

«Gott nur siehet das Herz.» – Drum eben, weil Gott nur das Herz sieht,
sorge, daß wir doch auch etwas Erträgliches sehn.

Friedrich Schiller

DIE WELT ist dumm, die Welt ist blind,
wird täglich abgeschmackter!
Sie spricht von dir, mein schönes Kind:
Du hast keinen guten Charakter.

Die Welt ist dumm, die Welt ist blind,
und dich wird sie immer verkennen;
sie weiß nicht, wie süß deine Küsse sind,
und wie sie beseligend brennen.

Heinrich Heine

HAMLET

Als Hamlet hat sich unser großer Mime
photographieren lassen, einen Schädel
hält in den Händen er, und düster blickt er,
unsäglich düster in die Welt hinein.
So ist er in der Kunst- und Bilderhändler
Schaufenstern überall bei uns zu sehn,
und wer des Weges kommt, der bleibt bewundernd
vor diesem Bildnis stehn und sagt zu sich:
«Das ist er! O wie tief doch in die Rolle
des Dänenprinzen hat sich unser Künstler
hineingedacht! Das ist er wahrlich, wie
er leibt' und lebte. So sah Hamlet aus!»

Was dachte wohl bei sich der große Mann,
als mit dem Schädel in den Händen er
dem Photographen saß und dieser rief:
«Jetzt geht es los, jetzt, bitte, lieber Herr,
recht freundlich aussehn!» Was er da gedacht,
will ich verraten euch, doch sagt's nicht weiter!

Es war Vormittag, und, der nahen Mahlzeit
gedenkend, überlegte so der Mime:
«Ob es heut wieder Klöße geben wird?
Wenn dem so ist – und eine Ahnung sagt mir:
Es wird heut Klöße geben – o, dann soll
dreinschlagen doch ein Donnerwetter gleich.
Dann will daheim ich einen Lärm vollführen
und eine Szene machen meiner Gattin,
daß ihr, so hoff' ich, für geraume Zeit
die Lust zum Klößekochen soll vergehn.»

So hat gedacht bei sich der große Mime,
darum als Hamlet blickt so düster er.

Johannes Trojan

EIN GRAUES Auge,
ein schlaues Auge;
auf schelmische Launen
deuten die braunen;
des Auges Bläue
bedeutet Treue;
doch eines schwarzen Augs Gefunkel
ist stets, wie Gottes Wege, dunkel.

Friedrich von Bodenstedt

BRUNNENPROMENADE

Als ich ankam, Johannistag war grade,
gleich ging ich auf die Brunnenpromenade.
Kaum wollt' ich meinen Augen traun,
soviel des Herrlichen war da zu schaun,
eine lange Reihe der schönsten Damen,
wer zählt die Völker, wer nennt die Namen!

Eine ganz Teint und Taille war,
aschblond das schlicht gescheitelt Haar,
blendende Zähne, feines Kinn,
Typus einer Engländerin,
aber solcher, die palankin-überdacht
weit draußen ihre Tage verbracht,
in Hongkong oder Singapor
(ihr Diener Malaie halb, halb Mohr),
und neben ihr plaudert ein junger Lord
von Lachsfang im Stavanger-Fjord,
alles albionmäßig abgestempelt,
die Beinkleider unten umgekrempelt.

Es plätschert der Springbrunn, es duften die Blumen,
fremd blicken die Bonnen und Kindermuhmen,
noch fremder die Ammen; die Badekapelle
spielt eben eine Wagnerstelle,
Lohengrin-Arie, jetzt laut, jetzt leis,
die Damen schließen einen Kreis,
und in den Kreis, auf den Schlag des Gong,
tritt jetzt die Schönheit der Saison.

Ihr Aug' ist wie getaucht in Glut,
rot ist ihr Kleid und rot ihr Hut,
ein Hut, wie die Kirchenfürsten ihn tragen,
breitkrempig, ein Schleier umgeschlagen,
der Schleier auch rot – am Arme Koralln,
rot alles, worauf die Blicke falln,
eine Römerin (flüstert man) soll es sein,
andre sagen: aus Frankfurt am Main.

Und herwärts wogt es und wieder zurück,
auf Wagner folgt ein ungrisch Stück,
ein Czardas, und auf dem bewässerten Rasen
blitzt es wie von Goldtopasen;
überirdisch, ein paradiesisch Revier,
und die Frage kommt mir: «Was willst du hier?»
Eine Freiin grüßt mich ... doch, wer sie nicht kennte,
die Macht der höheren Elemente!

Nun ist die erste Woche dahin,
verändert schon fühl' ich Herz und Sinn,
und eh' eine zweite Woche vergangen,
ist es nahezu vorbei mit meinem Bangen;
Mummenschanz alles und Fastnachtsorden,
selbst der rote Hut ist mir komisch geworden,
ob aus Rom oder Frankfurt – ich seh' in Ruh
jetzt lieber dem Paukenschläger zu,
der kränklich und mürrisch und doch begeistert
auch Becken noch und Triangel meistert;
zu Schemen ist plötzlich alles verschwommen,
ich bin wieder zu mir selbst gekommen,
und während mir Scheuheit und Demut entschlummern,
zähl' ich mich zu den «besseren Nummern».

Theodor Fontane

SIE SASSEN und tranken am Teetisch,
und sprachen von Liebe viel.
Die Herren, die waren ästhetisch,
die Damen von zartem Gefühl.

Die Liebe muß sein platonisch,
der dürre Hofrat sprach.
Die Hofrätin lächelt ironisch,
und dennoch seufzet sie: Ach!

Der Domherr öffnet den Mund weit:
Die Liebe sei nicht zu roh,
sie schadet sonst der Gesundheit.
Das Fräulein lispelt: Wieso?

Die Gräfin spricht wehmütig:
Die Liebe ist eine Passion!
und präsentieret gütig
die Tasse dem Herren Baron.

Am Tische war noch ein Plätzchen;
mein Liebchen, da hast du gefehlt.
Du hättest so hübsch, mein Schätzchen,
von deiner Liebe erzählt.

Heinrich Heine

WILLST DU Männer gesprächig machen,
sprich von Sachen;
soll das Gespräch mit Frauen sich lohnen,
sprich von Personen.

Ludwig Fulda

DASS ES DIR nur nicht gleich Bedenken mache,
horcht eine Frau zerstreut auf deiner Stimme Ton.
Vielleicht ist sie nicht völlig bei der Sache,
doch desto mehr bei der Person.

Paul Heyse

DEN Streitgesprächen bleib' ich fern,
die um den Biertisch wandern:
Ein jeder hört sich selber gern
und überhört den andern.

Und hat man sich den Kopf beschwert
mit zorniger Verneinung,
geht man nach Hause, neu bekehrt –
zu seiner alten Meinung.

Ludwig Fulda

SEI, willst du unter Menschen gehn,
mit geist'gem Kleingeld vorgesehn.
Gedanken tief und groß und stark
laß lieber ganz zu Haus:
Auf einen Schein von tausend Mark
gibt niemand gern heraus.

Ludwig Fulda

HUMSTI-BUMSTI

Humsti war ein schöner Mann,
wohl beliebt bei allen Frauen;
doch auf Bumsti konnte man
nur mit Widerwillen schauen.

Humsti trug sich elegant,
abends Frack und weiße Weste –
Bumsti, dieser trübe Fant,
kam zerlumpt zu jedem Feste.

Humsti rauchte Henry Clays,
parfümierte sich die Haare,
Bumsti roch nach altem Käs'
und nach Pfälzer Ausschußware.

Humsti war recht muskulös,
Brust und Waden ohne Fehle,
Bumsti sagte maliziös:
Ich hab' eine größere Seele!

Adolfine hieß die Frau,
der sie beide Liebe schworen.
Humsti nahm das sehr genau,
Bumsti ließ es ungeschoren.

Humsti schickt' ihr Blumen hin,
Wagenräder, ungeheuer;
Bumsti dacht' in seinem Sinn:
Schenken ist recht hübsch, doch teuer.

Humsti nannt sie Schmetterling,
Engel, Göttin, Philomele;
Bumsti, wenn er mit ihr ging,
sprach von seiner großen Seele.

Adolfine, sicherlich
wirst du doch den Humsti nehmen?
Denn mit Bumsti muß man sich
auf der Promenade schämen.

Humsti ist ein Ehrenmann,
makellos, von höchster Reinheit.
Bumsti, jeder sieht's ihm an,
ist das Urbild der Gemeinheit.

Adolfine sagte: Schwer
ist die Frage, wen ich wähle.
Humsti, der gefällt mir sehr,
Bumsti hat die große Seele.

Adolfine, diese Frau
blieb nicht stehen beim Verdrusse;
und sie kam – denn sie war schlau –
schnell zu folgendem Entschlusse:

Tags gab sie mit Wohlbedacht
Humsti lächelnde Befehle
und empfing galant zur Nacht
Bumsti mit der großen Seele.

Rudolf Alexander Schröder

DAS IST ein Jagen auf dieser Erden
nach Rang und Würden und gleißendem Schein ...
im hitzigen Fieber, etwas zu werden,
versäumen die Toren, etwas zu sein.

Oskar Blumenthal

TOTALITÄT

Ein Kavalier von Kopf und Herz
ist überall willkommen;
er hat mit feinem Witz und Scherz
manch Weibchen eingenommen.
Doch wenn's ihm fehlt an Faust und Kraft,
wer mag ihn dann beschützen?
Und wenn er keinen Hintern hat,
wie mag der Edle sitzen?

Johann Wolfgang Goethe

EINST SPRACH ein satter Philosoph:
«Ich habe Haus und Stall und Hof:
Ist nicht die Welt vollkommen?»

Ein anderer drauf: «Dies wär' der Fall,
hätt' ich dir Haus und Hof und Stall
erst glücklich abgenommen.»

Ludwig Fulda

GIBT'S EIN Gespräch, wenn wir uns nicht belügen,
mehr oder weniger versteckt?
So ein Ragout von Wahrheit und von Lügen,
das ist die Köcherei, die mir am besten schmeckt.

Johann Wolfgang Goethe

UNERWÜNSCHTE BELEHRUNG

Ein Mensch, dems ziemlich dreckig geht,
hört täglich doch, von früh bis spät,
daß ihm das Schicksal viel noch gönnte
und er im Grunde froh sein könnte;
daß, angesichts manch schwererer Bürde
noch der und jener froh sein würde,
daß, falls man etwas tiefer schürfte,
er eigentlich noch froh sein dürfte;
daß, wenn genau man's nehmen wollte,
er, statt zu jammern, froh sein sollte,
daß, wenn er andrer Sorgen wüßte,
er überhaupt noch froh sein müßte.
Der Mensch, er hört das mit Verdruß,
denn unfroh bleibt, wer froh sein muß.

Eugen Roth

AUS EINER großen Gesellschaft heraus
ging einst ein stiller Gelehrter zu Haus.
Man fragte: Wie seid Ihr zufrieden gewesen?
«Wären's Bücher», sagt' er, «ich würd' sie nicht lesen.»

Johann Wolfgang Goethe

DAS GOLDENE KALB

Doppelflöten, Hörner, Geigen
spielen auf zum Götzenreigen,
und es tanzen Jakobs Töchter
um das goldne Kalb herum –
Brum – brum – brum –
Paukenschläge und Gelächter!

Hochgeschürzt bis zu den Lenden
und sich fassend an den Händen,
Jungfraun edelster Geschlechter
kreisen wie ein Wirbelwind
um das Rind –
Paukenschläge und Gelächter!

Aaron selbst wird fortgezogen
von des Tanzes Wahnsinnswogen,
und er selbst, der Glaubenswächter,
tanzt im Hohenpriesterrock
wie ein Bock –
Paukenschläge und Gelächter!

Heinrich Heine

Der adelige Rat:
Mein Vater war ein Reichsbaron!
Und Ihrer war, ich meine ...?

Der bürgerliche Rat:
So niedrig, daß, mein Herr Baron,
ich glaube, wären Sie sein Sohn,
Sie hüteten die Schweine.

Johann Heinrich Voß

MITMENSCHEN

Ein Mensch schaut in der Straßenbahn
der Reihe nach die Leute an:
Jäh ist er zum Verzicht bereit
auf jede Art Unsterblichkeit.

Eugen Roth

DAS LOBEN ist uns unbequem,
das Schelten ist so angenehm;
und gibt es nicht so viel zu schelten?
Nicht wahr, Prophet, du läßt es gelten?
Nisami: Im Namen Allahs rede ich:
Sich lobt, wer lobt; wer schilt, schilt sich.

Ernst von Feuchtersleben

ARM ODER REICH

«Sagen Sie, sind Sie dem lieben Gold
in der Tat so wenig hold?
Blicken Sie wirklich, fast stolz, auf die Hüter
aller möglichen irdischen Güter?
Ist der Kohinoor, dieser ‚Berg des Lichts',
Ihnen allen Ernstes nichts?»

So stellen zuzeiten die Fragen sich ein,
und ich sage dann «ja» und sag' auch «nein».

Wie meistens hierlandes die Dinge liegen,
bei dem Spatzenflug, den unsre Adler fliegen
(nicht viel höher als ein Scheunentor),
zieh' ich das Armsein entschieden vor.

Dieses Armsein ist mir schon deshalb genehmer,
weil für den Alltag um vieles bequemer.
Von Vettern und Verwandtenhaufen
werd' ich nie und nimmer belaufen,
es gibt – und dafür will Dank ich zollen –
keine Menschen, die irgendwas von mir wollen.
Ich höre nur selten der Glocke Ton,
keiner ruft mich ans Telefon,
ich kenne kein Hasten und kenne kein Streben
und kann jeden Tag mir selber leben.

Und doch, wenn ich irgend etwas geschrieben,
das, weil niemand es will, mir liegengeblieben,
oder wenn ich Druckfehler ausgereutet,
da weiß ich recht wohl, was Geld bedeutet.
Und wenn man trotzdem, zu dieser Frist,
den Respekt vor dem Gelde bei mir vermißt,
so liegt das daran ganz allein:
Ich finde die Summen hier immer zu klein.

Was, um mich herum hier, mit Golde sich ziert,
ist meistens derartig, daß mich's geniert;
der Grünkramhändler, der Weißbierbudiker, –

der Tantenbecourer, der Erbschaftsschlieker,
der Züchter von Southdownhammelherden,
Hoppegartenbarone mit Rennstallpferden,
Wuchrer, hochfahrend und untertänig –
sie haben mir alle viel, viel zu wenig.

Mein Interesse für Gold und derlei Stoff
beginnt erst beim Fürsten Demidoff,
bei Yussupoff und bei Dolgorucky,
bei Sklavenhaltern aus Südkentucky,
bei Mackay und Gould, bei Bennet und Astor –
hierlandes schmeckt alles nach Hungerpastor –
erst in der Höhe von Van der Bilt
seh' ich mein Ideal gestillt:
Der Nil müßte durch ein Nil-Reich laufen,
China würd ich meistbietend verkaufen,
einen Großadmiral würd' ich morgen ernennen,
der müßte die englische Flotte verbrennen,
auf daß, Gott segne seine Hände,
das Kattunchristentum aus der Welt verschwände.
So reich sein, das könnte mich verlocken –
sonst bin ich für Brot in die Suppe brocken.

Theodor Fontane

ZEITGENOSSEN, HAUFENWEISE

Es ist nicht leicht, sie ohne Haß zu schildern,
und ganz unmöglich geht es ohne Hohn.
Sie haben Köpfe wie auf Abziehbildern
und, wo das Herz sein müßte, Telephon.

Sie wissen ganz genau, daß Kreise rund sind
und Invalidenbeine nur aus Holz.
Sie sprechen fließend, und aus diesem Grund sind
sie Tag und Nacht – auch sonntags – auf sich stolz.

In ihren Händen wird aus allem Ware.
In ihrer Seele brennt elektrisch Licht.
Sie messen auch das Unberechenbare.
Was sich nicht zählen läßt, das gibt es nicht!

Sie haben am Gehirn enorme Schwielen,
fast als benutzten sie es als Gesäß.
Sie werden rot, wenn sie mit Kindern spielen,
die Liebe treiben sie programmgemäß.

Sie singen nie (nicht einmal im August)
ein hübsches Weihnachtslied auf offner Straße.
Sie sind nie froh und haben immer Lust.
Und denken, wenn sie denken, durch die Nase.

Sie loben unermüdlich unsre Zeit,
ganz als erhielten sie von ihr Tantiemen.
Ihr Intellekt liegt meistens doppelt breit.
Sie können sich nur noch zum Scheine schämen.

Sie haben Witz und können ihn nicht halten.
Sie wissen vieles, was sie nicht verstehn.
Man muß sie sehen, wenn sie Haare spalten!
Es ist, um an den Wänden hochzugehn.

Man sollte kleine Löcher in sie schießen!
Ihr letzter Schrei wär noch ein dernier cri.
Jedoch, sie haben viel zuviel Komplicen,
als daß sie sich von uns erschießen ließen.
Man trifft sie nie.

Erich Kästner

«SO SEI DOCH HÖFLICH!» – Höflich mit dem Pack?
Mit Seide näht man keinen groben Sack.

Johann Wolfgang Goethe

«IST DOCH» – rufen sie vermessen –
«nichts im Werke, nichts getan!»
Und das Große reift indessen
still heran.

Es erscheint nun. Niemand sieht es,
niemand hört es im Geschrei:
Mit bescheidner Trauer zieht es
still vorbei.

Ernst von Feuchtersleben

«WILLST DU uns, Freund, zu Kindern machen?
Du sagst uns weltbekannte Sachen!»
Verzeiht! ich konnt aus euren Werken,
daß ihr das alles wißt, nicht merken.

Ernst von Feuchtersleben

DER ERSTE hat das Haar gespalten
und einen Vortrag darüber gehalten;
der zweite fügt es neu zusammen
und muß die Ansicht des ersten verdammen;
im Buche des dritten kann man lesen,
es sei nicht das richtige Haar gewesen.

Ludwig Fulda

ZU FRAGMENTARISCH ist Welt und Leben!
Ich will mich zum deutschen Professor begeben,
der weiß das Leben zusammenzusetzen,
und er macht ein verständlich System daraus;
mit seinen Nachtmützen und Schlafrockfetzen
stopft er die Lücken des Weltenbaus.

Heinrich Heine

ÜBER den Einwurf eines Gescheiten
läßt sich streiten;
bei der Entgegnung eines Dummen
muß man verstummen.

Ludwig Fulda

RATSKOLLEGIUM

Der Vorsitzende:
Hochweiser Rat, geehrte Kollegen!
Bevor wir uns heute aufs Raten legen,
bitt' ich, erst reiflich zu erwägen,
ob wir vielleicht, um Zeit zu gewinnen,
heut sogleich mit dem Raten beginnen,
oder ob wir erst proponieren müssen,
was uns versammelt und was wir alle wissen? –
Ich muß pflichtmäßig voranschicken hierbei,
daß die Art der Geschäfte zweierlei sei:
Die einen sind die eiligen,
die andern die langweiligen.
Auf jene pfleg' ich cito zu schreiben,
die andern können liegen bleiben.
Die liegenden aber, geehrte Brüder,
zerfallen in wicht'ge und in höchstwicht'ge wieder.
Bei jenen – nun – man wird verwegen,
man schreibt nach amtlichem Überlegen
more solito hier, und dort ad acta,
die Diener rennen, man flucht, verpackt da,
der Staat floriert und bleibt im Takt da.
Doch werden die Zeiten so ungeschliffen,
wild umzuspringen mit den Begriffen,
kommt gar, wie heute, ein Fall, der eilig
und doch höchstwichtig zugleich – dann freilich
muß man von neuem unterscheiden:
Ob er mehr eilig oder mehr wichtig. –
Ich bitte, meine Herren, verstehn Sie mich richtig!
Der Punkt ist von Einfluß. Denn wir vermeiden
die species facti, wie billig, sofort,
findt sich der Fall mehr eilig als liegend.
Ist aber das Wichtige überwiegend,
wäre die Eile am unrechten Ort.

Meine Herren, Sie haben nun die Prämissen.
Sie werden den Beschluß zu finden wissen.

Joseph von Eichendorff

DER KRÄMER VON ISPAHAN

In Ispahan ein Zoll, ein neuer,
ist auferlegt der Krämerschaft;
ein Krämer aber meint, die Steuer
geh' über seines Beutels Kraft.

Er zählte, rechnet' und verglich es,
dann macht' er rasch sich auf den Weg
dahin, wo eben öffentliches
Gehör erteilt der Beglerbeg.

Er drängt sich durch die dichten Gassen:
«Herrr ich entrichte nicht den Zoll.»
«So mußt du diese Stadt verlassen»,
erwidert jener ruhevoll.

«Herr, hier kann ich den Zoll nicht geben,
und wohin soll ich in der Welt?»
«Nach Schiras oder Kaschan eben,
wo es am besten dir gefällt.»

«In Schiras ist dein jüngrer Bruder»,
der Krämer wagt das kühne Wort,
«in Kaschan ist dein Neff' am Ruder;
was kann ich hoffen da und dort?»

«So magst du dich nach Hofe wenden
und klagen, Unrecht tu man dir.»
«Am Hofe hat die Macht in Händen
dein ältrer Bruder, der Wesir.»

«So geh zur Höll' und laß dein Äffen!»
Der Krämer spricht: «Dort ist vielleicht
dein Vater selig anzutreffen;
wie schwer ist's, daß man euch entweicht.»

«So geh mit Gott, ich will's bedenken,
daß auf mein ganz Geschlecht nicht fällt
der Vorwurf, dich am Recht zu kränken
in dieser und in jener Welt.»

Friedrich Rückert

DER BAUER NACH GEENDIGTEM PROZESS

Gottlob, daß ich ein Bauer bin,
und nicht ein Advokat,
der alle Tage seinen Sinn
auf Zank und Streiten hat.

Und wenn er noch so ehrlich ist,
wie sie nicht alle sind,
fahr ich doch lieber meinen M …
in Regen und in Wind.

Denn davon wächst die Saat herfür,
ohn' Hilfe des Gerichts;
aus nichts wird etwas denn bei mir,
bei ihm aus etwas nichts.

Gottlob, daß ich ein Bauer bin,
und nicht ein Advokat!
Und fahr' ich wieder zu ihm hin,
so breche mir das Rad!

Matthias Claudius

DER JUNKER UND DER BAUER

Ein Bauer trat mit seiner Klage
vor Junker Alexander hin:
«Vernehmt, Herr, daß ich heut am Tage
recht übel angekommen bin:
Mein Hund hat Eure Kuh gebissen.
Wer wird den Schaden tragen müssen?»
«Schelm, das sollst du!», fuhr hier der Junker auf,
«für dreißig Taler war mit nicht die Kuh zu Kauf,
die sollst du diesen Augenblick erlegen.
Das sei hiermit erkannt von Rechtes wegen!»
«Ach nein, gestrenger Herr! Ich bitte, hört»,
rief ihm der Bauer wieder zu,
«ich hab' es in der Angst verkehrt;
nein, Euer Hund biß meine Kuh.» –
Und wie hieß nun das Urteil Alexanders?
«Ja Bauer! Das ist ganz was anders.»

Karl Wilhelm Ramler

DER BEAMTE

Er reibt sich die Hände: «Wir kriegen's jetzt!
auch der frechste Bursche spüret
schon bis hinab in die Fingerspitz',
daß von oben er wird regieret.

Bei jeder Geburt ist künftig sofort
der Antrag zu formulieren,
daß die hohe Behörde dem lieben Kind
gestatte zu existieren!»

Theodor Storm

DER IRONIKER MIT 35

Wie steht er denn nun da: mit Hüftbeschwerden,
mit seinem ganz subtilen Ich-Design,
das ihm nicht weiter hilft, «ach komm lass sein» –
der Zweifel dröhnt, der Zweifel rennt in Herden.

Ja klar, sein Leben: «immer nur im Werden»
und immer gut gefüllt mit Seelen-Pein,
die trinkt er aus und schenkt sich wieder ein –
das meiste läuft auch ohne ihn auf Erden.

Er steht vor einem Windrad, um sich zu sehn,
wie diese Silber-Arme, die sich drehn,
die Luft zersäbeln und die Winde schlagen –

so steht er da: so in die Welt gepinnt,
rotierend, fleißig, aber ziemlich blind
und in der Hüfte neuerdings ein Nagen.

Dirk von Petersdorff

GEBURTSANZEIGE

wenn dieses bündel auf die welt geworfen wird
die windeln sind noch nicht einmal gesäumt
der pfarrer nimmt das trinkgeld eh ers tauft
doch seine träume sind längst ausgeträumt
es ist verraten und verkauft

wenn es die zange noch am schädel packt
verzehrt der arzt bereits das huhn das es bezahlt
der händler zieht die tratte und es trieft
von tinte und von blut der stempel prahlt
es ist verzettelt und verbrieft

wenn es im süßlichen gestank der klinik plärrt
beziffern die strategen schon den tag
der musterung des mords der scharlatan
drückt seinen daumen unter den vertrag
es ist versichert und vertan

noch wiegt es wenig häßlich rot und zart
wieviel es netto abwirft welcher richtsatz gilt
was man es lehrt und was man ihm verbirgt
die zukunft ist vergriffen und gedrillt
es ist verworfen und verwirkt

wenn es mit krummer hand die luft noch fremd begreift
steht fest was es bezahlt für milch und telefon
der gastarif wenn es im grauen bett erstickt
und für das weib das es dann wäscht der lohn
es ist verbucht verhängt verstrickt

wenn nicht das bündel das da jault und greint
die grube überhäuft den groll vertreibt
was wir ihm zugerichtet kalt zerrauft
mit unerhörter schrift die schiere zeit beschreibt
ist es verraten und verkauft

Hans Magnus Enzensberger

MEIN ALTER FREUND, der Rechnungsrat,
ist doch der echte Bürokrat!
Er brachte glücklich es so weit,
daß er schon seit geraumer Zeit
auch mit sich selber – wie man hört –
nur ‹auf dem Dienstweg› noch verkehrt;
und ist die Köchin mal gehässig,
die Scheuerfrau nicht zuverlässig,
das Kindermädchen liebestoll,
vernimmt er sie zu Protokoll.
Sobald ein Rock ist auszuklopfen,
ein Loch im Strumpfe ist zu stopfen,
verfügt er's schriftlich jedes Mal
und bucht dies Schriftstück im ‹Journal›.
Die Gattin selbst, die treue, brave,
belegte er mit Ordnungsstrafe;
Anträge, Bitten und dergleichen
hat sie stets schriftlich einzureichen,
und oft passiert es ihr hienieden,
daß sie abschlägig wird beschieden. –
Wird einst der Rat gestorben sein,
dann richtet er sich noch so ein,
daß man ihn ja zu Grabe trage
an einem Sonntag-Nachmittage,
damit die dienstfreien Kollegen
kein Stündchen schwänzen seinetwegen.

Heinrich Schäffer

WELTLAUF

Ein Mensch, erst zwanzig Jahre alt,
beurteilt Greise ziemlich kalt
und hält sie für verkalkte Deppen,
die zwecklos sich durchs Dasein schleppen.
Der Mensch, der junge, wird nicht jünger:
Nun, was wuchs denn auf seinem Dünger?
Auch er sieht, daß trotz Sturm und Drang,
was er erstrebt, zumeist mißlang,
daß, auf der Welt als Mensch und Christ
zu leben, nicht ganz einfach ist,
hingegen leicht, an Herrn mit Titeln
und Würden schnöd herumzukritteln.
Der Mensch, nunmehr bedeutend älter,
beurteilt jetzt die Jugend kälter,
vergessend frühres Sich-Erdreisten:
«Die Rotzer sollen erst was leisten!»
Die Jugend wiedrum hält ...
Genug – das ist der Lauf der Welt.

Eugen Roth

RECHTZEITIGE EINSICHT

Ein Mensch sieht ein, daß wer, der stirbt,
den andern nur den Tag verdirbt,
an dem, den Freunden zum Verdruß,
er halt beerdigt werden muß.
Den ersten trifft's als harter Schlag:
«Natürlich! Samstag nachmittag!»,
der zweite ärgert sich nicht minder:
«Mit meinem schäbigen Zylinder?»
Der dritte sagt: «Paßt wie bestellt!
Im Westfriedhof, halb aus der Welt!»
Der vierte ringt mit dem Entschluß,
ob einen Kranz er geben muß.
Der fünfte aber herzlos spricht:
«So nah stand er mir wirklich nicht!»
Der sechste denkt nach altem Brauch:
«Ein Beileidsschreiben tut es auch!»
Und rückhaltlos bekennt der siebte,
daß er ihn überhaupt nicht liebte.
Zeit ist's. Der Sarg wird zugenagelt.
Es regnet draußen, schneit und hagelt –
kann sein auch, Julisonne sticht!
Mensch, das vergessen sie dir nicht!
Es spricht Kollege, Freund und Vetter:
Der damals? Bei dem Schweinewetter?!
Der Mensch schreibt drum: Mein letzter Wille –
beerdigt mich in aller Stille!

Eugen Roth

DIE TUGEND will nicht immer passen,
im ganzen läßt sie etwas kalt,
und daß man eine unterlassen,
vergißt man bald.

Doch schmerzlich denkt manch alter Knaster,
der von vergangnen Zeiten träumt,
an die Gelegenheit zum Laster,
die er versäumt.

Wilhelm Busch

RÄTSELHAFTE ZUVERSICHT

Ein Mensch, der weiß, daß er zum Schluß –
sit venia verbo – sterben muß
und daß er, ach, nach wenigen Tagen
maustot und stumm auf seinem Schragen
als Leichnam daliegt, als ein gelber,
verhehlt dies peinlich vor sich selber
und hält – das ist seit Adam erblich –
sich ausgerechnet für unsterblich.
Millionen starben um ihn her
durch Krankheit oder Schießgewehr
und endeten auf tausend Arten
vorzeitig ihre Lebensfahrten.
Die Welt ward beinah schon zertrümmert:
Der Mensch lebt weiter, unbekümmert,
der Raupe gleich, die frißt und frißt
und alles ringsherum vergißt,
bis eines Tags sie ausgefressen –
dann ist sie ihrerseits vergessen,
und andre, auch unsterblich-heiter,
kau'n an dem ewigen Undsoweiter.

Eugen Roth

MAN WIRD nicht besser mit den Jahren –
wie sollt' es auch? Man wird bequem
und bringt, um sich die Reu' zu sparen,
die Fehler all in ein System.

Das gibt dann eine glatte Fläche,
man gleitet unbehindert fort,
und «allgemeine Menschenschwäche»
wird unser Trost- und Losungswort.

Die Fragen alle sind erledigt,
das eine geht, das andre nicht,
nur manchmal eine stumme Predigt
hält uns der Kinder Angesicht.

Theodor Fontane

MATTI WECHSELT DAS RAD

während ich den reifen abmontiere
haut sich der chef auf die wiese, sieht dauernd rüber.
als fahrer verwartest du stunden, warum
wird er nervös, wenn er einmal
auf mich warten muß? wenn die panne
ihn zuviel zeit kostet: er
kann mir ja helfen.

Yaak Karsunke

DER RADWECHSEL

Ich sitze am Straßenrand
Der Fahrer wechselt das Rad.
Ich bin nicht gern, wo ich herkomme.
Ich bin nicht gern, wo ich hinfahre.
Warum sehe ich den Radwechsel
mit Ungeduld?

Bertolt Brecht

AN DEN MISTRAL

Mistral-Wind, du Wolken-Jäger,
Trübsal-Mörder, Himmels-Feger,
Brausender, wie lieb' ich dich!
Sind wir zwei nicht eines Schoßes
Erstlingsgabe, eines Loses
Vorbestimmte ewiglich?

Hier auf glatten Felsenwegen
lauf' ich tanzend dir entgegen,
tanzend, wie du pfeifst und singst:
Der du ohne Schiff und Ruder
als der Freiheit freister Bruder
über wilde Meere springst.

Kaum erwacht, hört' ich dein Rufen,
stürmte zu den Felsenstufen,
hin zur gelben Wand am Meer.
Heil! da kamst du schon gleich hellen
diamantnen Stromesschnellen
sieghaft von den Bergen her.

Auf den ebnen Himmels-Tennen
sah ich deine Rosse rennen,
sah den Wagen, der dich trägt,
sah die Hand dir selber zücken,
wenn sie auf der Rosse Rücken
blitzesgleich die Geißel schlägt. –

Sah dich aus dem Wagen springen,
schneller dich hinabzuschwingen,
sah dich wie zum Pfeil verkürzt
senkrecht in die Tiefe stoßen, -
wie ein Goldstrahl durch die Rosen
erster Morgenröten stürzt.

Tanze nun auf tausend Rücken,
Wellen-Rücken, Wellen-Tücken –
heil, wer neue Tänze schafft!
Tanzen wir in tausend Weisen,
frei – sei unsre Kunst geheißen,
fröhlich – unsre Wissenschaft!

Raffen wir von jeder Blume
eine Blüte uns zum Ruhme
und zwei Blätter noch zum Kranz!
Tanzen wir gleich Troubadouren
zwischen Heiligen und Huren,
zwischen Gott und Welt den Tanz!

Wer nicht tanzen kann mit Winden,
wer sich wickeln muß mit Binden,
angebunden, Krüppel-Greis,
wer da gleicht den Heuchel-Hänsen,
Ehren-Tölpeln, Tugend-Gänsen,
fort aus unsrem Paradeis!

Wirbeln wir den Staub der Straßen
allen Kranken in die Nasen,
scheuchen wir die Kranken-Brut!
Lösen wir die ganze Küste
von dem Odem dürrer Brüste,
von den Augen ohne Mut!

Jagen wir die Himmels-Trüber,
Welten-Schwärzer, Wolken-Schieber,
hellen wir das Himmelreich!
Brausen wir ... o aller freien
Geister Geist, mit dir zu zweien
braust mein Glück dem Sturme gleich. –

Und daß ewig das Gedächtnis
solchen Glücks, nimm sein Vermächtnis
nimm den Kranz hier mit hinauf!
Wirf ihn höher, ferner, weiter,
stürm empor die Himmelsleiter,
häng ihn – an den Sternen auf!

Friedrich Nietzsche

ICH LEB und weiß nit wie lang,
ich stirb und weiß nit wann,
ich fahr und weiß nit wohin:
Mich wundert, daß ich fröhlich bin.

Magister Martinus

WIR BLEIBEN ALLE KINDER

Und wird die Welt auch noch so alt,
der Mensch, er bleibt ein Kind!
Zerschlägt sein Spielzeug mit Gewalt,
wie eben Kinder sind!

Wann alles erst in klein zerstückt
und nichts mehr zu verderben,
so sucht er wieder – neu beglückt –
und spielt dann mit den Scherben!

Carl Spitzweg

NIETZSCHE

Schwergelbe wolken ziehen überm hügel
Und kühle stürme – halb des herbstes boten
Halb frühen frühlings … Also diese mauer
Umschloss den Donnerer – ihn der einzig war
Von tausenden aus rauch und staub um ihn?
Hier sandte er auf flaches mittelland
Und tote stadt die letzten stumpfen blitze
Und ging aus langer nacht zur längsten nacht.

Blöd trabt die menge drunten · scheucht sie nicht!
Was wäre stich der qualle · schnitt dem kraut!
Noch eine weile walte fromme stille
Und das getier das ihn mit lob befleckt
Und sich im moderdunste weiter mästet
Der ihn erwürgen half sei erst verendet!
Dann aber stehst du strahlend vor den zeiten
Wie andre führer mit der blutigen krone.

Erlöser du! selbst der unseligste –
Beladen mit der wucht von welchen losen
Hast du der sehnsucht land nie lächeln sehn?
Erschufst du götter nur um sie zu stürzen
Nie einer rast und eines baues froh?
Du hast das nächste in dir selbst getötet
Um neu begehrend dann ihm nachzuzittern
Und aufzuschrein im schmerz der einsamkeit.

Der kam zu spät der flehend zu dir sagte:
Dort ist kein weg mehr über eisige felsen
Und horste grauser vögel – nun ist not:
Sich bannen in den kreis den liebe schliesst ..
Und wenn die strenge und gequälte stimme
Dann wie ein loblied tönt in blaue nacht
Und helle flut – so klagt: sie hätte singen
Nicht reden sollen diese neue seele!

Stefan George

ECCE HOMO

Ja! Ich weiß, woher ich stamme!
Ungesättigt gleich der Flamme
glühe und verzehr' ich mich.
Licht wird alles, was ich fasse,
Kohle alles, was ich lasse:
Flamme bin ich sicherlich!

Friedrich Nietzsche

EIN MENSCH erhofft sich fromm und still,
daß er einst das kriegt, was er will;
bis er dann doch dem Wahn erliegt
und schließlich das will, was er kriegt.

Eugen Roth

VOR JEDEM steht ein Bild des, was er werden soll;
Solang er das nicht ist, ist nicht sein Friede voll.

Friedrich Rückert

WELT UND ICH

Im großen ungeheuren Ozeane
willst du, der Tropfe, dich in dich verschließen?
So wirst du nie zur Perl' zusammenschießen,
wie dich auch Fluten schütteln und Orkane!

Nein! öffne deine innersten Organe
und mische dich im Leiden und Genießen
mit allen Strömen, die vorüberfließen:
Dann dienst du dir und dienst dem höchsten Plane!

Und fürchte nicht, so in die Welt versunken,
dich selbst und dein Ureignes zu verlieren:
Der Weg zu dir führt eben durch das Ganze!

Erst wenn du kühn von jedem Wein getrunken,
wirst du die Kraft im tiefsten Innern spüren,
die jedem Sturm zu stehn vermag im Tanze!

Friedrich Hebbel

MENSCH, was du liebst, in das wirst du verwandelt werden:
Gott wirst du, liebst du Gott, und Erde, liebst du Erden.

Angelius Silesius

EINSAMKEIT UND SCHWERMUT

VEREINSAMT

Die Krähen schrein
und ziehen schwirren Flugs zur Stadt.
Bald wird es schnein.
Wohl dem, der jetzt noch – Heimat hat!

Nun stehst du starr,
schaust rückwärts, ach! wie lange schon!
Was bist du Narr
vor Winters in die Welt entflohn?

Die Welt – ein Tor
zu tausend Wüsten stumm und kalt!
Wer das verlor,
was du verlorst, macht nirgends halt.

Nun stehst du bleich,
zur Winter-Wanderschaft verflucht,
dem Rauche gleich,
der stets nach kältern Himmeln sucht.

Flieg, Vogel, schnarr
dein Lied im Wüstenvogel-Ton!
Versteck, du Narr,
dein blutend Herz in Eis und Hohn!

Die Krähen schrein
und ziehen schwirren Flugs zur Stadt.
Bald wird es schnein, –
weh dem, der keine Heimat hat!

Friedrich Nietzsche

MELANCHOLIE

Wenn man von Faltern liest, von Schilf und Immen,
daß sich darauf ein schöner Sommer wiegt,
dann fragt man sich, ob diese Glücke stimmen
und nicht dahinter eine Täuschung liegt,
und auch das Saitenspiel, von dem sie schreiben,
mit Schwirren, Dufthauch, flügelleichtem Kleid,
mit dem sie tun, als ob sie bleiben,
ist anderen Ohren eine Fraglichkeit:
ein künstliches, ein falsches Potpourri –
untäuschbar bleibt der Seele Agonie.

Was ist der Mensch – die Nacht vielleicht geschlafen,
doch vom Rasieren wieder schon so müd,
noch eh ihn Post und Telefone trafen,
ist die Substanz schon leer und ausgeglüht,
ein höheres, ein allgemeines Wirken,
von dem man hört und manches Mal auch ahnt,
versagt sich vielen leiblichen Bezirken,
verfehlte Kräfte, tragisch angebahnt:

man sage nicht, der Geist kann es erreichen,
er gibt nur manchmal kurzbelichtet Zeichen.

Nicht im entferntesten ist das zu deuten,
als ob der Schöpfer ohne Seele war,
er fragt nur nicht so einzeln nach den Leuten,
nach ihren Klagen, Krebsen, Haut und Haar,
er wob sie aus Verschiedenem zusammen,
das er auch noch für andere Sterne braucht,
er gab uns Mittel, selbst uns zu entflammen
– labil, stabil, labil – man träumt, man taucht:
schon eine Pille nimmt dich auf den Arm
und macht das Trübe hell, das Kalte warm.

Du mußt aus deiner Gegend alles holen,
denn auch von Reisen kommst du leer zurück,
verläßt du dich, beginnen Kapriolen
und du verlierst dir Stück um Stück.
Von Blumen mußt du solche wählen,
die blühn am Zaun und halb im Acker schon,
die in das Zimmer tun, die Laute zählen
des Lebens Laute, seinen Ton:
vermindert oder große Terzen –
ein Kältliches verstarrt die Herzen.

Die Blumen so – dann zu Vergangenem
sich wendend oder Zukunft, wie sie wird,
da gehst du von Verschleiert zu Verhangenem,
einem Vielleicht zu einwandfrei Geirrt,
ein Hin und Her: einmal versiegte Güsse
und Noah strahlt, die Arche streift auf Land,
und einmal ist der Nil der Fluß der Flüsse,
Antonius küßt die braune, schmale Hand:
die Ruriks, Anjous, Judas, Rasputin
und nur dein eigenes Heute ist nicht drin.

Tiere, die Perlen bilden, sind verschlossen,
sie liegen still und kennen nur die See;
an Land und Luft: Gekrönte und Professen –
noch eine Herme mehr in der Allee;

nur Äon schweigt, er hält die Perlengabe,
wo alles fehlt und alles zielt,
der Äon träumt, der Äon ist ein Knabe,
der mit sich selbst auf einem Brette spielt:
noch eine Herme mehr – man lasse sie,
auch sie führt zum Gedicht: Melancholie.

Gottfried Benn

DER LEIERMANN

Drüben hinterm Dorfe steht ein Leiermann
und mit starren Fingern dreht er, was er kann.

Barfuß auf dem Eise schwankt er hin und her
und sein kleiner Teller bleibt ihm immer leer.

Keiner mag ihn hören, keiner sieht ihn an,
und die Hunde knurren um den alten Mann.

Und er läßt es gehen, alles, wie es will,
dreht, und seine Leier steht ihm nimmer still.

Wunderlicher Alter, soll ich mit dir gehn?
Willst zu meinen Liedern deine Leier drehn?

Wilhelm Müller

April 1945

O NACHT der Trauer, Nacht April,
die ich im Feuerdunst durchschwamm,
umweht vom schwarzen Wassergras,
als schwankte Haar auf trübem Schlamm,
mit Pfählen treibend und mit Brettern,
mit Knäuln von Ästen und mit Aas,
versengtem Schilf, vereisten Blättern,
flußabwärts mit den Toten still.

O Grund der Welt, noch ungebunden,
o Pflug, der Gräber nicht verletzt,
o Mensch, verloren und gefunden,
auf morschem Floß noch ausgesetzt,
o öder Anhauch bleicher Lippen,
mit Blut und Regen kam der Tag,
da auf des Flusses steingen Rippen
das Morgenlicht zerschmettert lag!

Peter Huchel

DIE DREI ZIGEUNER

Drei Zigeuner fand ich einmal
liegen an einer Weide,
als mein Fuhrwerk mit müder Qual
schlich durch sandige Heide.

Hielt der eine für sich allein
in den Händen die Fiedel,
spielte, umglüht vom Abendschein,
sich ein feuriges Liedel.

Hielt der zweite die Pfeif' im Mund,
blickte nach seinem Rauche,
froh, als ob er vom Erdenrund
nichts zum Glück mehr brauche.

Und der dritte behaglich schlief,
und sein Zimbal am Baum hing,
über die Saiten ein Windhauch lief,
über sein Herz ein Traum ging.

An den Kleidern trugen die drei
Löcher und bunte Flicken;
aber sie boten trotzig frei
Spott den Erdengeschicken.

Dreifach haben sie mir gezeigt,
wenn das Leben uns nachtet,
wie man's verraucht, verschläft, vergeigt
und es dreimal verachtet.

Nach den Zigeunern lang noch schaun
mußt' ich im Weiterfahren,
nach den Gesichtern dunkelbraun,
den schwarzlockigen Haaren.

Nikolaus Lenau

DES FREMDLINGS ABENDLIED

Ich komme vom Gebirge her,
es ruft das Tal, es rauscht das Meer;
ich wandle still und wenig froh,
und immer fragt der Seufzer: Wo?

Die Sonne dünkt mich hier so kalt,
die Blüte welk, das Leben alt,
und was sie reden, tauber Schall;
ich bin ein Fremdling überall.

Wo bist du, mein gelobtes Land,
gesucht, geahnt und nie gekannt?
Das Land, das Land, so hoffnungsgrün,
das Land, wo meine Rosen blühn?

Wo meine Träume wandeln gehn,
wo meine Toten auferstehn;
das Land, das meine Sprache spricht
und alles hat, was mir gebricht?

Ich wandle still und wenig froh,
und immer fragt der Seufzer: Wo?
Es bringt die Luft den Hauch zurück:
Da, wo du nicht bist, blüht das Glück.

Georg Philipp Schmidt von Lübeck

DIE NACHT liegt in den letzten Zügen,
der Regen tropft, der Nebel spinnt …
Oh, daß die Märchen immer lügen,
die Märchen, die die Jugend sinnt!
Wie lieblich hat sich einst getrunken
der Hoffnung goldner Feuerwein!
Und jetzt? Erbarmungslos versunken
in dieses Elend der Spelunken –
O Sonnenschein! o Sonnenschein!

Nur einmal, einmal noch im Traume
Laßt mich hinaus, o Gott, hinaus!
Denn süß rauscht's nachts im Lindenbaume
vor meines Vaters Försterhaus.
Der Mond lugt golden um den Giebel,
der Vater träumt von Mars-la-Tour,
lieb Mütterchen studiert die Bibel,
ihr Nestling koloriert die Fibel
und leise, leise tickt die Uhr!

O goldene Lenznacht der Jasminen,
o wär' ich niemals dir entrückt!
Das ewige Rädern der Maschinen
hat mir das Hirn zerpflückt, zerstückt!
Einst schlich ich aus dem Haus der Väter
nachts in die Welt mich wie ein Dieb,
und heut – drei kurze Jährchen später? –
Wie ein geschlagner Missetäter
schluchz' ich: Vergib, o Gott, vergib!

Wozu dein armes Hirn zerwühlen?
Du grübelst und die Weltlust lacht!
Denn von Gedanken, von Gefühlen,
hat noch kein Mensch sich satt gemacht!
Ja, recht hat, o du süße Mutter,
dein Spruch, vor dem's mir stets gegraust:
Was soll uns Shakespeare, Kant und Luther?
Dem Elend dünkt ein Stückchen Butter
erhabner als der ganze Faust!

Arno Holz

ALTER STROMER

Am Tag, am dämmerhellen,
ob auch die Kälte kracht,
man hat doch seine Quellen –
aber die Nacht, die Nacht!

Wenn überall aus den Stuben
der Schein der Kerzen bricht,
dann gelten bloß Mädeln und Buben,
aber unsereins nicht.

Unsereins sieht die vollen
Teller am Fenstersims.
Unsereins darf sich trollen.
Keiner sagt: «Komm und nimm's!»

Keiner sagt: «Sei heute,
Herr Jesu, unser Gast!»
Heißen sich Christenleute.
Hat keiner das Wort erfaßt.

Im Dorf die Hunde schlagen
wild an … Ich drück' mich sacht.
Der Tag wär' zu ertragen –
aber die Nacht, die Nacht!

Owlglass

WALDLIED

Der Nachtwind hat in den Bäumen
sein Rauschen eingestellt,
die Vögel sitzen und träumen
am Aste traut gesellt.

Die ferne schmächtige Quelle,
weil alles andre ruht,
läßt hörbar nun Welle auf Welle
hinflüstern ihre Flut.

Und wenn die Nähe verklungen,
dann kommen an die Reih
die leisen Erinnerungen
und weinen fern vorbei.

Daß alles vorübersterbe,
ist alt und allbekannt;
doch diese Wehmut, die herbe,
hat niemand noch gebannt.

Nikolaus Lenau

IM NEBEL

Seltsam, im Nebel zu wandern!
Einsam ist jeder Busch und Stein,
kein Baum sieht den andern,
jeder ist allein.

Voll von Freunden war mir die Welt,
als noch mein Leben licht war;
nun, da der Nebel fällt,
ist keiner mehr sichtbar.

Wahrlich, keiner ist weise,
der nicht das Dunkel kennt,
das unentrinnbar und leise
von allen ihn trennt.

Seltsam, im Nebel zu wandern!
Leben ist Einsamsein.
Kein Mensch kennt den andern,
jeder ist allein.

Hermann Hesse

DER WEGWEISER

Was vermeid' ich denn die Wege,
wo die andern Wandrer gehn,
suche mir versteckte Stege
durch verschneite Felsenhöhn?

Habe ja doch nichts begangen,
daß ich Menschen sollte scheun –
welch ein törichtes Verlangen
treibt mich in die Wüstenein?

Weiser stehen auf den Straßen,
weisen auf die Städte zu,
und ich wandre sonder Maßen,
ohne Ruh' und suche Ruh'.

Einen Weiser seh' ich stehen
unverrückt vor meinem Blick;
eine Straße muß ich gehen,
die noch keiner ging zurück.

Wilhelm Müller

ZWANG MICH DIE EINSAMKEIT

Auf den Stoppelfeldern vor Salkhofen
zwang mich die Einsamkeit jäh
zu lautem Sprechen, zu Gemurmel
fremder Verse, aus Ackerstaub hergeweht.

Krähen, Luftgewichte am Gefieder,
langsam vor Kieferngruppen, und
weit hinten im Dunst Kamine,
Zeigfinger für Fleiß und Wohlstand.

Der Pfad führt – Land afrikanisch trocken –
zum Mittelpunkt der Welt. Oh Licht
und Ockerwoge im reifen Roggen.
Die flüchtigen Beduinenschatten
an Garbenzelten vergesse ich nicht.

Rainer Brambach

EINSAMER NIE –

Einsamer nie als im August:
Erfüllungsstunde –, im Gelände
die roten und die goldenen Brände,
doch wo ist deiner Gärten Lust?

Die Seen hell, die Himmel weich,
die Äcker rein und glänzen leise,
doch wo sind Sieg und Siegsbeweise
aus dem von dir vertretenen Reich?

Wo alles sich durch Glück beweist
und tauscht den Blick und tauscht die Ringe
im Weingeruch, im Rausch der Dinge –:
dienst du dem Gegenglück, dem Geist.

Gottfried Benn

WER SICH der Einsamkeit ergibt,
ach, der ist bald allein;
ein jeder lebt, ein jeder liebt
und läßt ihn seiner Pein.

Johann Wolfgang Goethe

DIE VERSCHEUCHTE

Es ist der Tag im Nebel völlig eingehüllt,
entseelt begegnen alle Welten sich –
kaum hingezeichnet wie auf einem Schattenbild.

Wie lange war kein Herz zu meinem mild …
Die Welt erkaltete, der Mensch verblich.
– Komm bete mit mir – denn Gott tröstet mich.

Wo weilt der Odem, der aus meinem Leben wich?
Ich streife heimatlos zusammen mit dem Wild
durch bleiche Zeiten träumend – ja, ich liebte dich …

Wo soll ich hin, wenn kalt der Nordsturm brüllt?
Die scheuen Tiere aus der Landschaft wagen sich
und ich vor deine Tür, ein Bündel Wegerich.

Bald haben Tränen alle Himmel weggespült,
an deren Kelchen Dichter ihren Durst gestillt –
auch du und ich.

Else Lasker-Schüler

ES LIEGT an eines Menschen Schmerz, an eines Menschen Wunde nichts,
es kehrt an das, was Kranke quält, sich ewig der Gesunde nichts!
Und wäre nicht das Leben kurz, das stets der Mensch vom Menschen erbt,
so gäb's Beklagenswerteres auf diesem weiten Runde nichts!
Einförmig stellt Natur sich her, doch tausendförmig ist ihr Tod,
es fragt die Welt nach meinem Ziel, nach deiner letzten Stunde nichts;
und wer sich willig nicht ergibt dem ehrnen Lose, das ihm dräut,
der zürnt ins Grab sich rettungslos und fühlt in dessen Schlunde nichts;
dies wissen alle, doch vergißt es jeder gerne jeden Tag.
So komme denn, in diesem Sinn, hinfort aus meinem Munde nichts!
Vergeßt, daß euch die Welt betrügt und daß ihr Wunsch nur Wünsche zeugt,
laßt eurer Liebe nichts entgehn, entschlüpfen eurer Kunde nichts!
Es hoffe jeder, daß die Zeit ihm gebe, was sie keinem gab,
denn jeder sucht ein All zu sein, und jeder ist im Grunde nichts.

August von Platen

TRÄNEN IN SCHWERER KRANKHEIT

Mir ist, ich weiß nicht wie; ich seufze für und für.
Ich weine Tag und Nacht, ich sitz in tausend Schmerzen,
und tausend fürcht ich noch; die Kraft in meinem Herzen
verschwind't, der Geist verschmacht, die Hände sinken mir.

Die Wangen werden bleich, der muntern Augen Zier
vergeht, gleich als der Schein der schon verbrannten Kerzen.
Die Seele wird bestürmt, gleich wie die See im Märzen.
Was ist dies Leben doch, was sind wir, ich und ihr?

Was bilden wir uns ein? Was wünschen wir zu haben?
Jetzt sind wir hoch und groß, und morgen schon vergraben;
jetzt Blumen, morgen Kot; wir sind ein Wind, ein Schaum,
ein Nebel und ein Bach, ein Reif, ein Tau, ein Schatten.
Jetzt was und morgen nichts, und was sind unsre Taten?
als ein mit herber Angst durchaus vermischter Traum.

Andreas Gryphius

DIE HOCHÖFEN DES SCHMERZES

In den Hochöfen des Schmerzes
welches Erz wird da geschmolzen?
Die Eiterknechte
Die Fieberschwestern
Wissen es nicht

Tag- und Nachtschicht allen Fleisches
Wie blühn die Wunden und die Feuer
Wild in den Salpetergärten
Und den heißen Rosenäckern

Und Asphodelen meiner Angst
An den Abhängen der Nacht

Was braut der Herr der Erze und der Herzen?
Den Schrei
Den Menschenschrei aus dem verreckten Leib
Der wie ein reiner Dolch
Die Morgensonne aller Toten stürzt.

Yvan Goll

STROPHE

Ich rufe Wehe über diese Welt:
Ich rufe Wehe, weil sie mir gefällt;
Ich rufe dreimal Wehe, weil sie, grausam,
was sie verspricht, dem Hungernden nicht hält.

Paul de Lagarde

ROSETTA

O meine müden Füße, ihr müßt tanzen
in bunten Schuhen,
und möchtet lieber tief, tief
im Boden ruhen.

O meine heißen Wangen, ihr müßt glühen
im wilden Kosen,
und möchtet lieber blühen –
zwei weiße Rosen.

O meine armen Augen, ihr müßt blitzen
im Strahl der Kerzen
und schlieft im Dunkel lieber aus
von euren Schmerzen.

Georg Büchner

HARFENSPIELER

Wer nie sein Brot mit Tränen aß,
wer nie die kummervollen Nächte
auf seinem Bette weinend saß,
der kennt euch nicht, ihr himmlischen Mächte!

Ihr führt ins Leben uns hinein,
ihr laßt den Armen schuldig werden;
dann überlaßt ihr ihn der Pein –
denn alle Schuld rächt sich auf Erden.

Johann Wolfgang Goethe

RESIGNATION
Eine Phantasie

Auch ich war in Arkadien geboren,
auch mir hat die Natur
an meiner Wiege Freude zugeschworen,
auch ich war in Arkadien geboren,
doch Tränen gab der kurze Lenz mir nur.

Des Lebens Mai blüht einmal und nicht wieder,
mir hat er abgeblüht.
Der stille Gott – o weinet, meine Brüder –
der stille Gott taucht meine Fackel nieder,
und die Erscheinung flieht.

Da steh' ich schon auf deiner Schauerbrücke,
ehrwürdge Geistermutter – Ewigkeit!
Empfange meinen Vollmachtbrief zum Glücke,
ich bring' ihn unerbrochen dir zurücke,
mein Lauf ist aus. Ich weiß von keiner Seligkeit.

Vor deinem Thron erheb' ich meine Klage,
verhüllte Richterin.
Auf jenem Stern ging eine frohe Sage,
du thronest hier mit des Gerichtes Waage
und nennest dich Vergelterin.

Hier – spricht man – warten Schrecken auf den Bösen
und Freuden auf den Redlichen.
Des Herzens Krümmen werdest du entblößen,
der Vorsicht Rätsel werdest du mir lösen
und Rechnung halten mit dem Leidenden.

Hier öffne sich die Heimat dem Verbannten,
hier endige des Dulders Dornenbahn.
Ein Götterkind, das sie mir *Wahrheit* nannten,
die meisten flohen, wenige nur kannten,
hielt meines Lebens raschen Zügel an:

«Ich zahle dir in einem andern Leben,
gib deine Jugend mir!
Nichts kann ich dir als diese Weisung geben.»
Ich nahm die Weisung auf das andre Leben,
und meiner Jugend Freuden gab ich ihr.

«Gib mir das Weib, so teuer deinem Herzen,
gib deine Laura mir!
Jenseits der Gräber wuchern deine Schmerzen.»
Ich riß sie blutend aus dem wunden Herzen
und weinte laut und gab sie ihr.

«Du siehst die Zeit nach jenen Ufern fliegen,
die blühende Natur
bleibt hinter ihr – ein welker Leichnam – liegen.
Wenn Erd und Himmel trümmernd auseinander fliegen,
daran erkenne den erfüllten Schwur.»

«Die Schuldverschreibung lautet an die Toten»,
hohnlächelte die Welt,
«die Lügnerin, gedungen von Despoten,
hat für die Wahrheit Schatten dir geboten,
du bist nicht mehr, wenn dieser Schein verfällt.»

Frech witzelte das Schlangenheer der Spötter:
«Vor einem Wahn, den nur Verjährung weiht,
erzitterst du? Was sollen deine Götter,
des kranken Weltplans schlau erdachte Retter,
die Menschenwitz des Menschen Notdurft leiht?

Ein Gaukelspiel, ohnmächtigen Gewürmen
vom Mächtigen gegönnt,
Schreckfeuer angesteckt auf hohen Türmen,
die Phantasie des Träumers zu bestürmen,
wo des Gesetzes Fackel dunkel brennt.

Was heißt die Zukunft, die uns Gräber decken?
Die Ewigkeit, mit der du eitel prangst?
Ehrwürdig nur, weil schlaue Hüllen sie verstecken,
der Riesenschatten unsrer eignen Schrecken
im hohlen Spiegel der Gewissensangst.

Ein Lügenbild lebendiger Gestalten,
die Mumie der Zeit
vom Balsamgeist der Hoffnung in den kalten
Behausungen des Grabes hingehalten,
das nennt dein Fieberwahn – Unsterblichkeit?

Für Hoffnungen – Verwesung straft sie Lügen –
gabst du *gewisse* Güter hin?
Sechstausend Jahre hat der Tod geschwiegen;
kam je ein Leichnam aus der Gruft gestiegen,
der Meldung tat von der Vergelterin?»

Ich sah die Zeit nach deinen Ufern fliegen,
die blühende Natur
blieb hinter ihr, ein welker Leichnam, liegen,
kein Toter kam aus seiner Gruft gestiegen,
und fest vertraut' ich auf den Götterschwur.

All meine Freuden hab' ich dir geschlachtet,
jetzt werf' ich mich vor deinen Richterthron.
Der Menge Spott hab' ich beherzt verachtet,
nur *deine* Güte hab' ich groß geachtet,
Vergelterin, ich fordre meinen Lohn.

«Mit gleicher Liebe lieb' ich meine Kinder»,
rief unsichtbar ein Genius.
«Zwei Blumen», rief er, «– hört es, Menschenkinder –
zwei Blumen blühen für den weisen Finder,
sie heißen *Hoffnung* und *Genuß*.»

Wer dieser Blumen eine brach, begehre
die andre Schwester nicht.
Genieße, wer nicht glauben kann. Die Lehre
ist ewig, wie die Welt. Wer glauben kann, entbehre.
Die Weltgeschichte ist das Weltgericht.

Du hast *gehofft*, dein Lohn ist abgetragen,
dein *Glaube* war dein zugewognes Glück.
Du konntest deine Weisen fragen,
was man von der Minute ausgeschlagen,
gibt keine Ewigkeit zurück.

Friedrich Schiller

DEPRESSION

I

Nun schließen sich wieder die Wege,
auf denen ich unterwegs war.
Es bleibt keine Frist mehr,
verloren zu gehen.

Die Erde entzieht sich meinen Schritten.
Ich sinke durch Sumpf auf eine Wolke,
die sich in keinen Himmel mehr hebt.

Ich höre nur noch das Geräusch
meiner Schritte,
die nicht mehr vorwärtskommen.
Ich steige hinunter, ich stapfe,
ein Schatten im Schatten.

II

Ich habe das Tischtuch zerschnitten,
den Tisch zerbrochen,
der für mich gedeckt war,
aus Angst, zu essen, zu trinken.

Ich habe das Feuer zertreten,
das für mich geschürt war,
um nicht mit mir warm zu werden.

Ich habe den Schlaf zerschnitten
mit den Messern meiner Gedanken
an Schuld und Versagen und Reue,
aus Angst vor den Träumen.

Nun wache ich
zwischen den Scherben und Asche
im Kalten allein.
Nur noch die Sohlen brennen
und zischen im Tau,
der sie löscht.

Wolfgang Bächler

DER PILGRIM

Noch in meines Lebens Lenze
war ich, und ich wandert' aus,
und der Jugend frohe Tänze
ließ ich in des Vaters Haus.

All mein Erbteil, meine Habe
warf ich fröhlich glaubend hin,
und am leichten Pilgerstabe
zog ich fort mit Kindersinn.

Denn mich trieb ein mächtig Hoffen
und ein dunkles Glaubenswort:
Wandle, rief's, der Weg ist offen,
immer nach dem Aufgang fort.

Bis zu einer goldnen Pforten
du gelangst, da gehst du ein,
denn das Irdische wird dorten
himmlisch unvergänglich sein.

Abends ward's und wurde Morgen,
nimmer, nimmer stand ich still,
aber immer blieb's verborgen,
was ich suche, was ich will.

Berge lagen mir im Wege,
Ströme hemmten meinen Fuß,
über Schlünde baut' ich Stege,
Brücken durch den wilden Fluß.

Und zu eines Stroms Gestaden
kam ich, der nach Morgen floß;
froh vertrauend seinem Faden,
werf' ich mich in seinen Schoß.

Hin zu einem großen Meere
trieb mich seiner Wellen Spiel;
vor mir liegt's in weiter Leere,
näher bin ich nicht dem Ziel.

Ach, kein Steg will dahin führen,
ach, der Himmel über mir
will die Erde nie berühren,
und das Dort ist niemals hier!

Friedrich Schiller

DIE SONNE SINKT

1

Nicht lange durstest du noch,
verbranntes Herz!
Verheißung ist in der Luft,
aus unbekannten Mündern bläst mich's an
  – die große Kühle kommt …

Meine Sonne stand heiß über mir im Mittage –
seid mir gegrüßt, daß ihr kommt,
  ihr plötzlichen Winde,
ihr kühlen Geister des Nachmittags!

Die Luft geht fremd und rein.
Schielt nicht mit schiefem
  Verführerblick
die Nacht mich an? …
Bleib stark, mein tapfres Herz!
Frag nicht: warum? –

2

Tag meines Lebens!
  die Sonne sinkt.
Schon steht die glatte
  Flut vergüldet.

Warm atmet der Fels:
schlief wohl zu Mittag
das Glück auf ihm seinen Mittagschlaf?
In grünen Lichtern
spielt Glück noch der braune Abgrund herauf.

Tag meines Lebens!
gen Abend geht's!
Schon glüht dein Auge
halbgebrochen,
schon quillt deines Taus
Tränengeträufel,
schon läuft still über weiße Meere
deiner Liebe Purpur,
deine letzte zögernde Seligkeit …

3
Heiterkeit, güldene, komm!
du des Todes
heimlichster, süßester Vorgenuss!
– Lief ich zu rasch meines Wegs?
Jetzt erst, wo der Fuß müde ward,
holt dein Blick mich noch ein,
holt dein Glück mich noch ein.

Rings nur Welle und Spiel.
Was je schwer war,
sank in blaue Vergessenheit,
müßig steht nun mein Kahn.
Sturm und Fahrt – wie verlernt er das!
Wunsch und Hoffen ertrank,
glatt liegt Seele und Meer.

Siebente Einsamkeit!
Nie empfand ich
näher mir süße Sicherheit,
wärmer der Sonne Blick:
– Glüht nicht das Eis meiner Gipfel noch?
silbern, leicht, ein Fisch
schwimmt nun mein Nachen hinaus …

Friedrich Nietzsche

GESANG DES LEBENS

Groß ist das Leben und reich!
Ewige Götter schenkten es uns,
lächelnder Güte voll,
uns, den Sterblichen, Freudegeschaffenen.

Aber arm ist des Menschen Herz!
Schnell verzagt, vergißt es der reifenden Früchte.
Immer wieder mit leeren Händen
sitzt der Bettler an staubiger Straße,
drauf das Glück mit den tönenden Rädern
leuchtend vorbeifuhr.

Otto Erich Hartleben

HÄLFTE DES LEBENS

Mit gelben Birnen hänget
und voll mit wilden Rosen
das Land in den See,
ihr holden Schwäne,
und trunken von Küssen
tunkt ihr das Haupt
ins heilignüchterne Wasser.

Weh mir, wo nehm ich, wenn
es Winter ist, die Blumen, und wo
den Sonnenschein
und den Schatten der Erde?
Die Mauern stehn
sprachlos und kalt, im Winde
klirren die Fahnen.

Friedrich Hölderlin

WO WIR die Beeren mit den Vögeln teilten
und mit dem Eidechs unterm Busche schliefen
und mit dem Kuckuck um die Wette riefen
und an den Bächen bei den Fischen weilten,

wo uns der Teich empfing mit seinen bleichen
und traumversunkenen Rosen, wo die Schwäne
das Wasser adeln und im Schilf die Kähne
verschwiegen warten, wo geheime Zeichen

in alten Linden weiterwachsen. Haben
wir nicht den Schwur getan als Knaben,
daß groß und rein das Leben werden muß?

Und gingen hin und haben ihn vergessen
und haben das vertan, was wir besessen,
als hätten wir davon im Überfluß.

Rudolf Hagelstange

IN EIN ALTES STAMMBUCH

Immer wieder kehrst du Melancholie,
o Sanftmut der einsamen Seele.
Zu Ende glüht ein goldener Tag.

Demutsvoll beugt sich dem Schmerz der Geduldige
tönend von Wohllaut und weichem Wahnsinn.
Siehe! Es dämmert schon.

Wieder kehrt die Nacht und klagt ein Sterbliches
und es leidet ein anderes mit.

Schaudernd unter herbstlichen Sternen
neigt sich jährlich tiefer das Haupt.

Georg Trakl

O STÜND' auf einem Reißbrett aufgerissen
der Weltplan mir, ein Licht in Finsternissen!
Doch meines eignen Lebens wirr verschlungene Fäden –
kenn' ich sie wohl? Und will den Weltplan wissen!

Paul de Lagarde

LASS die heil'gen Parabolen,
laß die frommen Hypothesen –
suche die verdammten Fragen
ohne Umschweif uns zu lösen.

Warum schleppt sich blutend, elend,
unter Kreuzlast der Gerechte,
während glücklich als ein Sieger
trabt auf hohem Roß der Schlechte?

Woran liegt die Schuld? Ist etwa
unser Herr nicht ganz allmächtig?
Oder treibt er selbst den Unfug?
Ach, das wäre niederträchtig.

Also fragen wir beständig,
bis man uns mit einer Handvoll
Erde endlich stopft die Mäuler –
aber ist das eine Antwort?

Heinrich Heine

WELTSCHMERZ

Ich, der brennende Wüstenwind,
erkaltete und nahm Gestalt an.

Wo ist die Sonne, die mich auflösen kann,
oder der Blitz, der mich zerschmettern kann!

Blick nun, ein steinernes Sphinxhaupt,
zürnend zu allen Himmeln auf.

Else Lasker-Schüler

AUS EINER NACHT

Oh Nachtgedank, mein Ungewinn:
Ich werde nie sein, der ich bin.
Der Ulmbaum ists, das Weinlaub ists,
du Regenguss an Scheiben bists,
ihr Füchse seids, ihr Gruben seids,
ein hingeflüstert Wort bereits.

Dies lag mir schon im Kindersinn:
Ich werde nie sein, der ich bin.
Die Mutter wars, das Zimmer wars,
der Fluss im Sterngeflimmer wars;
ein Hund im Ort, ein Hund an Bord,
ihr Zorngebell durch Stunden fort.

Mich führt kein Weg zu keinem hin:
Ich werde nie sein, der ich bin.
Was ich bedenk, bleibt ungelenk,
was ich betracht, scheint ungeschlacht;
was ich mir träum, sind Uferbäum,
darin ich euren Ruf versäum.

Ihr ruft mir schon seit Anbeginn,
jedoch ich bin nicht, der ich bin.
Ich hör im Ried, ich hör im Schilf
mein unverlierbar Lied: Gott hilf!
Und greif ins Haar, ob ich erfahr,
dass ich ein Schilf, ein Ried nie war.

Georg von der Vring

LIED

Schlief ich, da nachts vorm Haus
anhielt ein Wagen;
sprang der Kutscher heraus:
«Unglück läßt fragen,
wenn du was nötig hast
sollst du's ihm sagen,
Unglück wär gern dein Gast
und Wegbereiter,
komm, wenn du Zeit für ihn hast,
Unglück muß weiter.»
Sagte ich: «Freund, ich schlief
er wird's wohl wissen,
hab, da ich nicht nach ihm rief,
nichts zu vermissen,
hab ja kein Paradies
je zu verbüßen
und käm das Glückstier, dies
trät ich mit Füßen
unter die Erde tief.»
Lachte der Kutscher und rief:
«Unglück läßt grüßen!»

Christoph Meckel

DIE GÄRTEN

Die Gärten untergepflügt
die Wälder zermahlen
auf dem Nacktfels die Hütte gebaut
umzäunt mit geschütteten Steinen
eine Cactusfeige gesetzt
einen Brunnen gegraben
mich selbst
ans Drehkreuz gespannt
Da geh ich geh ich rundum
schöpfe mein brackiges Lebenswasser
schreie den Eselsschrei
hinauf zu den Sternen.

Marie Luise Kaschnitz

DAS SCHIFF

Das eilende Schiff, es kommt durch die Wogen
wie Sturmwind geflogen;
voll Jubel ertönt's vom Mast und vom Kiele:
«Wir nahen dem Ziele!»
Der Fährmann am Steuer spricht traurig und leise:
«Wir segeln im Kreise.»

Marie von Ebner-Eschenbach

NACHLASS

Ich werde so von hinnen eilen
mit tief geschlossenem Visier,
und ein paar arme, stumpfe Zeilen,
die bleiben dann der Welt von mir.
Nach diesen werden sie mich wägen,
Verdammung sprechen oder Lob,
nicht ahnend, ach, mit welchen Schlägen
sich oft mein Herz in meinem Busen hob;
wie ich am schönen Tag, in guter Stunde,
verschmelzend Geist in Geist gewebt,
mit einem kleinen Menschenbunde
ein ganzes, volles Leben durchgelebt;
wie wir das Herz, wie wir die Welt gemessen,
wie manch gewichtig Wort in Lethes Wellen fiel,
und wie wir dann in seligem Vergessen
manch kecken Scherz geübt, manch übermütig Spiel.
Vor solchem Leben frisch und reich
wie sind die Lettern tot und bleich!

Doch was ich mir in mir gewesen,
das hat kein Freund gesehn, wird keine Seele lesen.

Hermann Kurz

DIE FRAGE BLEIBT

Halte dich still, halte dich stumm,
nur nicht forschen, warum? warum?

Nur nicht bittre Fragen tauschen,
Antwort ist doch nur wie Meeresrauschen.

Wie's dich auch aufzuhorchen treibt,
das Dunkel, das Rätsel, die Frage bleibt.

Theodor Fontane

ENTFREMDUNG

Babelwärts

Andermeng dalott akotte
skaise long nu sleive slieve
haaf on munde word forgotte
medo börden rei pursieve.

Slaugan sneike frog nor more
wördschi nart no starna straipe
doitscho aimi zong furlore
norno wonna wörd son klaipe.

Anaman ornu glauname
zolemu on solin paast
tubischur a dei faukame
alabaut kadraiven faast.

Tiwi iesn taid in rumen
wendo anen snupen pott
anzer mast kamundi blumen
sinze faul an pulen rott.

Hans Krieger

WANDERERS NACHTLIED

Der du von dem Himmel bist,
alles Leid und Schmerzen stillest,
den, der doppelt elend ist,
doppelt mit Erquickung füllest,
ach, ich bin des Treibens müde!
Was soll all der Schmerz und Lust?
Süßer Friede,
komm, ach komm in meine Brust!

Johann Wolfgang Goethe

EIN BUCH SPRÜCHE

EIN WAHLSPRUCH? Lange sinn' ich hin und her,
ja, Kinder, wenn die Welt so einfach wär'!
Ich brauche, wie ich mich beschränken mag,
doch ungefähr ein Dutzend jeden Tag.
Und wollt' ich je für morgen einen sparen,
daß er verjährt war, mußt' ich stets erfahren.
So schrieb' am besten ich «von Fall zu Fall»; –
doch leider gilt auch der nicht überall.

Arthur Schnitzler

MEISTENS alles auf der Erden, drauf die Leut' am meisten streben,
stehet unter denen Dingen, die sich auf ein G anheben:
Gold, Geld, Gut, Geschenke, Gaben, Gunst, Gewinn, Gewalt, Geschicke,
Glaube, Glimpf, Gesund, Gewissen und mit einem Worte Glücke
will sich alles drunterstellen. Wann zu diesem zu sich zählet
Gott mit seiner Gnad' und Güte, weiß ich nicht, was Gutes fehlet.

Friedrich von Logau

HAUSINSCHRIFT

Gottes Gnade, ein gesunder Leib,
ein gutes Bett, ein schönes Weib,
tausend Dukaten in der Not,
fröhliche Urständ nach dem Tod,
wer die sechs Glück zusammen hat,
der komm' und lösch' den Reimen ab.

Unbekannt

DAS PARADIES der Erde
liegt auf dem Rücken der Pferde,
in der Gesundheit des Leibes
und am Herzen des Weibes.

Friedrich von Bodenstedt

WAS DER MENSCH auch gewinne, er muß es teuer bezahlen,
wär' es auch nur mit der Furcht, ob er's nicht wieder verliert.

Friedrich Hebbel

KUMMER, nimm erst Gestalt! Nur das Formlose ängstet und martert;
hat sich der Feind 'mal gestellt, halb ist gewonnen der Sieg.

Franz Grillparzer

EIN GLÜCK, das Grund hat, geht mit ihm zu Grunde stündlich,
und nur ein grundlos Glück ist wahr und unergründlich.

Hieronymus Lorm

WILLST DU dich in dem Glück nicht ausgelassen freun,
im Unglück nicht unmäßig kränken,
so lern so klug wie Eulenspiegel sein,
im Unglück gern ans Glück, im Glück ans Unglück denken.

Christian Fürchtegott Gellert

WER NICHTS VERLANGT, hat alls. Wer alles tut verlangen,
der hat in Wahrheit noch nicht einen Stiel empfangen.

Angelus Silesius

MEIN GLÜCK

Seit ich des Suchens müde ward,
erlernte ich das Finden.
Seit mir ein Wind hielt Widerpart,
segl' ich mit allen Winden.

Friedrich Nietzsche

NICHTS taugt Ungeduld,
noch weniger Reue:
Jene vermehrt die Schuld,
diese schafft neue.

Johann Wolfgang Goethe

ERST DIE Erinnerung muß uns offenbaren
den Segen, den uns das Geschick verlieh.
Wir wissen stets nur, daß wir glücklich waren;
doch daß wir glücklich sind, wir wissen's nie.

Josef Pape

«WAS LEHRT das Leben? Gib
mir bündigen Bescheid.»
Hingeben, was dir lieb,
hinnehmen, was dir leid.

Paul Heyse

«SO VIEL, was einzig mich beglückt,
warum versagt sich's mir?»
Die Rose, die du nie gepflückt,
sie duftet *ewig* dir!

Emanuel Geibel

«WAS DRÜCKT dich, lieber Freund?» – «Ich wollt', ich könnte fliegen
und alle Lebenslast und Erdenpein besiegen.
Ich bin so voll davon und wiege, ach, so schwer!
Warum bin ich nicht leicht?» – «Warum bist du nicht leer?»

Owlglass

UND SIND ja doch die Dinge dieser Welt
ganz angetan, uns leidlich zu vergnügen:
In einem zarten Schleier so zu lügen,
daß es uns Lächelnden gefällt.

Richard von Schaukal

WER SCHNELLER sich will als andre sputen,
verfehlt nicht selten das Ziel:
Wißt, eine Uhr, die in fünfzig Minuten
die Stunde zurücklegt, taugt nicht viel.

Julius Stettenheim

DAS SIND die Weisen,
die durch Irrtum zur Wahrheit reisen.
Die bei dem Irrtum verharren,
das sind die Narren.

Friedrich Rückert

GLÜCKLICH, wer in ruhigen Händen
seines Lebens Schale hält,
daß kein Tropfen zu Boden fällt.

Richard von Schaukal

MIT echtem, strahlendem Humor
kann Glück uns nimmer begaben:
Er blüht nur über der Gruft empor,
in der wir die Wünsche begraben.

Ludwig Fulda

JA, SCHELTE NUR und fluche fort,
es wird sich Bessres nie ergeben;
denn Trost ist ein absurdes Wort.
Wer nicht verzweifeln kann, der muß nicht leben.

Johann Wolfgang Goethe

DIE WELT ist nicht aus Brei und Mus geschaffen,
deswegen haltet euch nicht wie Schlaraffen;
harte Bissen gibt es zu kauen:
Wir müssen erwürgen oder sie verdauen.

Johann Wolfgang Goethe

EIN TOR klagt andre an, und ein Halbweiser sich;
sei ganz weis', und du klagst nicht andre an noch dich.
Friedrich Rückert

IRRTUM verläßt uns nie, doch ziehet ein höher Bedürfnis
immer den strebenden Geist leise zur Wahrheit hinan.
Johann Wolfgang Goethe

DIE GROSSEN gehn zum Ziel auf graden Gleisen,
die Größten kommen ihm durch Irrtum nah:
Die wollen ganz verkehrt nach Indien reisen
und finden unterwegs Amerika.
Ludwig Fulda

INS SICHERE willst du dich betten!
Ich liebe mir inneren Streit:
Denn, wenn wir die Zweifel nicht hätten,
wo wäre denn frohe Gewißheit?
Johann Wolfgang Goethe

«DU HAST Unsterblichkeit im Sinn;
kannst du uns deine Gründe nennen?»
Gar wohl! Der Hauptgrund liegt darin,
daß wir sie nicht entbehren können.
Johann Wolfgang Goethe

WILLST DU ins Unendliche schreiten,
geh nur im Endlichen nach allen Seiten.
Johann Wolfgang Goethe

WILLST DU, daß wir mit hinein
in das Haus dich bauen,
laß es dir gefallen, Stein,
daß wir dich behauen.
Friedrich Rückert

SEHNSUCHT ins Ferne, Künftige zu beschwichtigen,
beschäftige dich hier und heut im Tüchtigen.
Johann Wolfgang Goethe

DER HIMMEL ist in dir und auch der Höllen Qual:
Was du erkiest und willst, das hast du überall.
Angelus Silesius

EIN ANDRES

Geh! Gehorche meinen Winken,
nutze deine jungen Tage,
lerne zeitig klüger sein!
Auf des Glückes großer Waage
steht die Zunge selten ein:
Du mußt steigen oder sinken,
du mußt herrschen und gewinnen,
oder dienen und verlieren,
leiden oder triumphieren,
Amboß oder Hammer sein.

Johann Wolfgang Goethe

GABEN, wer hätte sie nicht?
Talente – Spielzeug für Kinder.
Erst der Ernst macht den Mann,
erst der Fleiß das Genie.

Theodor Fontane

WER mit dem Leben spielt,
kommt nie zurecht;
wer sich nicht selbst befiehlt,
bleibt immer ein Knecht.

Johann Wolfgang Goethe

DES MENSCHEN Taten und Gedanken, wißt,
sind nicht wie Meeres blind bewegte Wellen.
Die innre Welt, sein Mikrokosmos, ist
der tiefe Schacht, aus dem sie ewig quellen.
Sie sind notwendig wie des Baumes Frucht,
sie kann der Zufall gaukelnd nicht verwandeln.
Hab' ich des Menschen Kern erst untersucht,
so weiß ich auch sein Wollen und sein Handeln.

Friedrich Schiller

IMMER strebe zum Ganzen, und kannst du selber kein Ganzes
werden, als dienendes Glied schließ an ein Ganzes dich an!

Friedrich Schiller

SOLL ICH dein tiefstes Wesen klar erkennen,
so mußt du redlich mir zwei Dinge nennen:
Nicht bloß den Zielpunkt deines Tatendrangs –
nein, auch den Inhalt deines Müßiggangs.

Oskar Blumenthal

WILLST DU dich deines Wertes freuen,
so mußt der Welt du Wert verleihen.
Johann Wolfgang Goethe

NICHTS IST so elend als ein Mann,
der alles will und der nichts kann.
Matthias Claudius

MANN mit zugeknöpften Taschen,
dir tut niemand was zulieb.
Hand wird nur von Hand gewaschen:
Wenn du nehmen willst, so gib!
Johann Wolfgang Goethe

NUR EINES beglückt zu jeder Frist:
Schaffen, wofür man geschaffen ist.
Paul Heyse

NOCH IST ES Tag, da rühre sich der Mann,
die Nacht tritt ein, wo niemand wirken kann.
Johann Wolfgang Goethe

AM ABEND wird man klug
für den vergangenen Tag,
doch niemals klug genug
für den, der kommen mag.
Friedrich Rückert

ERHOLUNG reichet Müden jede Nacht genug.
Des echten Mannes wahre Feier ist die Tat!
Johann Wolfgang Goethe

FRAUEN, richtet mir nie des Mannes einzelne Taten;
aber über den Mann sprechet das richtende Wort!
Friedrich Schiller

EIGENHEITEN, die werden schon haften;
kultiviere deine Eigenschaften!
Johann Wolfgang Goethe

DES GESETZES strenge Fessel bindet
nur den Sklavensinn, der es verschmäht;
mit des Menschen Widerstand verschwindet
auch des Gottes Majestät.
Friedrich Schiller

IN DAS STAMMBUCH DES ENKELS WALTER GOETHE

Ihrer sechzig hat die Stunde,
über tausend hat der Tag.
Söhnchen, werde dir die Kunde,
was man alles leisten mag!

Johann Wolfgang Goethe

DU SELBER machst die Zeit: das Uhrwerk sind die Sinnen;
hemmst du die Unruh nur, so ist die Zeit von hinnen.

Angelus Silesius

ABER EINS verleihst du, o himmlisches Geld, was wenige, die dich besitzen,
zu genießen verstehn. Was ist dies Eine? Die Freiheit.

August von Platen

WER SEINE BITTE nur weiß zitternd vorzutragen,
lehrt, den er bittet, ihm sein Bitten abzuschlagen.

Barthold Heinrich Brockes

DU TRÄGST sehr leicht, wenn du nichts hast;
aber Reichtum ist eine leichtere Last.

Johann Wolfgang Goethe

ES LIESSE sich alles trefflich schlichten,
könnte man die Sachen zweimal verrichten.

Johann Wolfgang Goethe

SO HART ist kein Tyrann,
zu fordern von einem Mann,
was einer aus freien Stücken
sich ladet auf seinen Rücken.

Johannes Trojan

RUHM und du, geflügelt Gold,
ich entsag' euch beiden;
wenn ihr selbst mich suchen wollt,
will ich euch nicht meiden.

Unbekannt

HERR, laß dir gefallen
dieses kleine Haus,
größre kann man bauen,
mehr kommt nicht heraus.

Johann Wolfgang Goethe

ZUSPRUCH

Auf Ruhm hast du den Sinn gericht?
Dann acht der Lehre:
Beizeiten leiste frei Verzicht
auf Ehre!

Friedrich Nietzsche

WILLST du immer weiter schweifen?
Sieh, das Gute liegt so nah.
Lerne nur das Glück ergreifen,
denn das Glück ist immer da.

Johann Wolfgang Goethe

DAS IST das Beste auf der Welt,
daß Tod und Teufel nimmt kein Geld,
sonst müßte mancher arme Gesell
für einen Reichen in die Höll.

Unbekannt

IST DIE WIESE allgemein,
deren Gras ist gerne klein.

Unbekannt

AN DIE GESETZGEBER

Setzet immer voraus, daß der Mensch im ganzen das Rechte
will; im einzelnen nur rechnet mir niemals darauf.

Friedrich Schiller

«WORAN erkenn' ich den besten Staat?» Woran du die beste
Frau kennst! Daran, mein Freund, daß man von beiden nicht spricht.

Friedrich Schiller

WARUM ich Royaliste bin,
das ist sehr simpel:
Als Poet fand ich Ruhms Gewinn,
frei Segel, freie Wimpel;
mußt' aber alles selber tun,
konnt' niemand fragen;
der alte Fritz wußt' auch zu tun,
durft' ihm niemand was sagen.

Johann Wolfgang Goethe

UM Schöpsenbraten gut zu essen,
will man nicht selber Gras auch fressen;
genug ist's, daß der Schöps es fraß;
zu Gründlicher, o merke das.

Gustav Theodor Fechner

DIE FLÖHE und die Wanzen
gehören auch zum Ganzen.

Johann Wolfgang Goethe

POLITISCHE LEHRE

Alles sei recht, was du tust; doch dabei lass' es bewenden,
Freund, und enthalte dich ja, alles, was recht ist, zu tun.
Wahrem Eifer genügt, daß das Vorhandne vollkommen
sei; der falsche will stets, daß das Vollkommene sei.
Friedrich Schiller

GLAUB MIR, die Herrschaft ist ein Zauber eigner Art,
und stark genug, den Stärksten zu betören.
Wer oben steht, mag keine Weisheit hören,
und würde sie von Engelchören
ihm durch ein Wunder offenbart.
Emanuel Geibel

WÜRDE DES MENSCHEN

Nichts mehr davon, ich bitt' euch. Zu essen gebt ihm, zu wohnen;
habt ihr die Blöße bedeckt, gibt sich die Würde von selbst.
Friedrich Schiller

BEGEISTERUNG ist keine Heringsware,
die man einpökelt auf einige Jahre.
Johann Wolfgang Goethe

WES LOBSPRUCH dich nicht adelt,
des Schimpf dich auch nicht tadelt.
Oskar Blumenthal

WER IMMER nach dem Nutzen strebt,
der glaubt wohl, daß er ewig lebt,
sonst würd' er vor der Frage stutzen:
Am letzten Tag, wo bleibt der Nutzen?
Oskar Blumenthal

DER EINE fragt: Was kommt danach?
Der andere fragt nur: Ist es recht?
Und also unterscheidet sich
der Freie von dem Knecht.
Theodor Storm

WONACH soll man am Ende trachten?
Die Welt zu kennen und sie nicht verachten.
Johann Wolfgang Goethe

SOLLEN DICH die Dohlen nicht umschrein,
mußt nicht Knopf auf dem Kirchturm sein.
Johann Wolfgang Goethe

WANDERERS GEMÜTSRUHE

Übers Niederträchtige
niemand sich beklage;
denn es ist das Mächtige,
was man dir auch sage.

In dem Schlechten waltet es
sich zu Hochgewinne,
und mit Rechtem schaltet es
ganz nach seinem Sinne.

Wandrer! – Gegen solche Not
wolltest du dich sträuben?
Wirbelwind und trockner Kot,
laß sie drehn und stäuben.
Johann Wolfgang Goethe

HAUSINSCHRIFT

Wenn einer kommt und sagen kann,
er hab' es allen Leuten recht getan,
so bitt' ich diesen lieben Herrn,
er woll' mich diese Kunst auch lehrn.
Unbekannt

LEBE NUR! Dem Widerspruch
wird Lebendiges nicht entgehen.
Totgeborenes trifft der Fluch,
niemand je im Weg zu stehen.
Paul Heyse

KLÄFFER

Wir reiten in die Kreuz und Quer
nach Freuden und Geschäften,
doch immer kläfft es hinterher
und bellt aus allen Kräften.
So will der Spitz aus unserm Stall
uns immerfort begleiten,
und seines Bellens lauter Schall
beweist nur, daß wir reiten.
Johann Wolfgang Goethe

OFEN-SPRUCH

Wer redet, was ihn gelüstet,
muß hören, was ihn entrüstet.
Unbekannt

ALS GEGNER achte, wer es sei!
Strauchdiebe aber sind keine Partei!
Gottfried Keller

IST DAS WORT der Lipp' entflohen, du ergreifst es nimmermehr,
fährt die Reu auch mit vier Pferden augenblicklich hinterher. *Wilhelm Müller*

WENN DICH die Lästerzunge sticht,
so laß dir dies zum Troste sagen:
Die schlecht'sten Früchte sind es nicht,
woran die Wespen nagen.
Gottfried August Bürger

LERNT darum den Kunstgriff üben,
der euch den Erfolg verbriefe:
Müßt das seichte Wasser trüben,
daß man glaub', es habe Tiefe.
Paul Heyse

WENN SCHLECHTE Leute zanken, riecht's übel um sie her;
doch wenn sie sich versöhnen, so stinkt es noch viel mehr! *Gottfried Keller*

HAUSINSCHRIFT

Redt einer schlecht von dir – sei's ihm erlaubt,
doch du, du lebe so, daß keiner es ihm glaubt!
Unbekannt

NÄRRISCHE TADLER und Lober auf beiden Seiten! Doch darum
hat mir mein Schöpfer den Kopf zwischen die Ohren gesetzt. *Eduard Mörike*

UNSINN ist der Erbauung am wenigsten hinderlich; wo sie
nicht ergründet den Sinn, legt sie den tiefsten hinein. *Friedrich Rückert*

DAS IST ein häßliches Gebrechen,
wenn Menschen wie die Bücher sprechen.
Doch reich und fruchtbar sind für jeden
die Bücher, die wie Menschen reden.
Oskar Blumenthal

WER SICH nur einen Blick kann über sich erschwingen,
der kann das Gloria mit Gottes Engeln singen. *Angelus Silesius*

DIE ROS' ist ohn' warum, sie blühet, weil sie blühet,
sie acht' nicht ihrer selbst, fragt nicht, ob man sie siehet. *Angelus Silesius*

KOPHTISCHES LIED

Lasset Gelehrte sich zanken und streiten,
streng und bedächtig die Lehrer auch sein!
Alle die Weisesten aller der Zeiten
lächeln und winken und stimmen mit ein:
Töricht, auf Bessrung der Toren zu harren!
Kinder der Klugheit, o habet die Narren
eben zum Narren auch, wie sich's gehört!
Johann Wolfgang Goethe

WER JE die flamme umschritt
Bleibe der flamme trabant!
Wie er auch wandert und kreist:
Wo noch ihr schein ihn erreicht
Irrt er zu weit nie vom Ziel.
Nur wenn sein blick sie verlor
Eigener schimmer ihn trügt:
Fehlt ihm der mitte gesetz
Treibt er zerstiebend ins all.
Stefan George

WENN ICH den Scherz will ernsthaft nehmen,
so soll mich niemand drum beschämen;
und wenn ich den Ernst will scherzhaft treiben,
so wird' ich immer derselbe bleiben.
Johann Wolfgang Goethe

WENN ALLER Raketenspuk verweht,
der hoch ergötzt die lieben Kleinen,
dann werden in stiller Majestät,
die alten ewigen Sterne scheinen.
Paul Heyse

EFEU und ein zärtlich Gemüt
heftet sich an und grünt und blüht.
Kann es weder Stamm noch Mauer finden,
es muß verdorren, es muß verschwinden.
Johann Wolfgang Goethe

GÜTE UND GRÖSSE

Nur zwei Tugenden gibt's. O, wären sie immer vereinigt,
immer die Güte auch groß, immer die Größe auch gut!
Friedrich Schiller

ADEL IST auch in der sittlichen Welt. Gemeine Naturen
zahlen mit dem, was sie tun, edle mit dem, was sie sind.

Friedrich Schiller

IST RÄTSELSCHWANGER auch der Zukunft Schoß,
das Schicksal blind –
Nicht, was wir tun, entscheidet unser Los …
Nur, was wir sind.

Oskar Blumenthal

WENN sich die Sprüche widersprechen,
ist's eine Tugend und kein Verbrechen.
Du lernst nur wieder von Blatt zu Blatt,
daß jedes Ding zwei Seiten hat.

Paul Heyse

HASS, als minus und vergebens,
wird vom Leben abgeschrieben.
Positiv im Buch des Lebens
steht verzeichnet nur das Lieben.
Ob ein Minus oder Plus
uns verblieben, zeigt der Schluß.

Wilhelm Busch

DIE SINNGEDICHTE ÜBER SICH SELBST

Weiß uns der Leser auch für unsre Kürze Dank?
Wohl kaum. Denn Kürze ward durch Vielheit leider! lang.

Gotthold Ephraim Lessing

ABSCHIED AN DEN LESER

Wenn du von allem dem, was diese Blätter füllt,
mein Leser, nichts des Dankes wert gefunden:
So sei mir wenigstens für das verbunden,
was ich zurück behielt.

Gotthold Ephraim Lessing

BUCH DER HEITERKEIT UND DES UNSINNS

HUMOR

Man spricht von Humor jetzt oft und viel
und denkt dabei nur an ein leeres Spiel.
Mancher kursiert als Humorist,
der nichts weiter als Spaßmacher ist,
nichts ahnt von dem inneren Widerspruch,
von dem Zickzack, dem tiefen Bruch,
der durch das ganze Weltall dringt,
daß man immer fürchtet: es zerspringt,
während die also geborstne Welt
doch immer noch steht und zusammenhält ...
Hat aber einer die Geistesmacht,
die scharf durchschaut und doch heiter lacht,
bleibt er fest und verzweifelt nie,
hat er mehr als Witz, hat er Phantasie,
versteht er über sich selbst zu schweben,
sich selber dem Lachen preiszugeben:
Dem sei es gegönnt von ganzem Herzen,
auch einmal einfach närrisch zu scherzen,
ohne versteckte Gedankentiefen
seine Freude zu haben am Naiven.

Friedrich Theodor Vischer

ES SITZT ein Vogel auf dem Leim,
er flattert sehr und kann nicht heim.
Ein schwarzer Kater schleicht herzu,
die Krallen scharf, die Augen gluh.
Am Baum hinauf und immer höher
kommt er dem armen Vogel näher.

Der Vogel denkt: Weil das so ist
und weil mich doch der Kater frißt,
so will ich keine Zeit verlieren,
will noch ein wenig quinquilieren
und lustig pfeifen wie zuvor.
Der Vogel, scheint mir, hat Humor.

Wilhelm Busch

FRÜHLINGSLIED EINES GNÄDIGEN FRÄULEINS

Wie lange soll die Brunnenzeit
der gnädgen Tante dauern?
Man muß in dieser Einsamkeit
ja ganz und gar versauern!
Sie wird mit Einfalt und Natur
mich noch zur Närrin schwatzen!
Was schiert mich Hain und Quell und Flur,
und andre solche Fratzen!

Des Abends hört man nur Musik
der Frösch' und Heimchen schallen,
und das abscheuliche Gequiek
der dummen Nachtigallen!

Von Mücken wird man dann gepurrt,
und wälzet sich im Bette;
der Haushahn kräht; der Hofhund knurrt,
und bellt, und zerrt die Kette!

Und liegt man kaum im ersten Schlaf,
da geht es an ein Tuten!
Da brüllt der Ochs, da blöckt das Schaf,
da wiehern Hengst' und Stuten!
Dann poltert Tante vor der Tür,
fängt heiser an zu krähen:
Auf, Fräulein, auf! Du mußt mit mir
der Sonne Aufgang sehen.

Da gibts nicht Kaffee oder Tee,
noch Butterbrot mit Braten;
Ganz nüchtern und im Negligé
muß man den Tau durchwaten.
Zwo Stunden wenigstens muß ich
durch Dorn und Distel rennen,
und von der Sonnenhitze mich
zur Mohrin lassen brennen!

Und läutet man Glock zwölf zu Tisch,
so gibts nur Gras und Kräuter,
nur saure Milch, ein Stückchen Fisch,
ein Eichen, und so weiter.
Der Grobian von Sudelkoch
weiß nichts von Leckerbißchen!
Zum Nachtisch kömmt aufs höchste noch
ein Teller voll Radieschen! ...

Und in der Kirche gar zu sein,
das ist nun ganz abscheulich!
Der Pfaffe predigt so gemein!
Das Volk tut da so heilig!
Was macht man da mit Stoff und Uhr,
mit Schmink' und Demantringen?
Hans Hagel glaubt, man sei da nur
zum Beten und zum Singen!

Vermaledeites Einerlei,
wirst du denn ewig dauern?
O laß mich, lieber böser Mai,
zurück zu jenen Mauern!
Ach seht doch, in der blauen Fern,
wie schön der Rauch sich hebet!
Du liebe Stadt voll junger Herrn!
Ach! wie das Herz mir bebet!

Johann Heinrich Voß

RICHTSZENE

Zugehaun! Was trödelt er?
Ich werde doch nicht ewig knien sollen! –
«Sie sind ja längst geköpft, mein Herr!
Wenn gütigst Sie nur schütteln wollen!»

Friedrich Haug

DIE WUNDERWIRKUNG DER LATINITÄT

Ihr lieben Jungens in Stadt und Land,
ich weiß euch eine Geschichte!
Ich kenn' euch, ihr hört so trefflich zu
mit sehr ernsthaftem Gesichte,
doch in den Winkeln am Auge blitzt's,
wie von ganz anderen Sachen,
und eure Lippen beben dabei, –
das ist verhaltenes Lachen –
ihr seid nämlich eine ganz dolle Schwefelbande! –

Der Kurfürst Johann von Brandenburg,
der war gelehrt wie sonst keiner,
er sprach das flüssigste, klarste Latein
noch besser als selbst die Lateiner,
da nannten sie ihn den ‹Cicero›
– er fand das übel geraten, –
viel besser hätte ihm ‹Cäsar› gepaßt,
so liebte er die Soldaten,
vor allem seine sechstausend schweren märkischen Reiter!

Nun hatten einst einen großen Streit
die Könige von Ungarn und Polen,
da ließ der Kaiser, den das verdroß,
den Johann Cicero holen:
«Herr Kurfürst, Ihr sprecht das berühmte Latein,
so bitt' ich Euch, habt die Gnade
und zieht gen Warschau und söhnt sie aus
mit Eurer lateinischen Suade, –
vielleicht nehmt Ihr auch ein paar Soldaten mit?»

«Herr Kaiser, der Auftrag paßt mir gut!»,
sprach Johann mit tiefem Verneigen,
«Die klassische Kunst der Rhetorik wird
sich stark an Barbaren erzeigen,
die Ungarn und Polen versöhne ich
ganz ohne Schwertstreich und Wunde,
so wirkt der Wohllaut der Latinität
in meinem beredsamen Munde –
und außerdem nehm' ich meine sechstausend schweren Reiter mit!»

Vor Warschau, auf dem weiten Plan,
da standen Ungarn und Polen,
die beiden Könige rechts und links,
die saßen wie auf Kohlen,
denn Johann Cicero sprach und sprach,
wie troff die Rede von Milde,
und wenn er von «christlichen Gründen» sprach,
so waren doch alle im Bilde, –
hinter ihm standen Sechstausend aufgesessen und Lanzen eingelegt!

Was Johann Cicero dort gesagt,
es ist der Nachwelt verloren,
den feindlichen Königen klangen nur
so einzelne Worte in Ohren:
«Totschlago vos sofortissime,
nisi vos benehmitis bene!» –
Da söhnten die Gegner gerührt sich aus,
und Johann vergoß eine Träne,
und seine sechstausend Kerle brüllten: «Hurra, vivat Cicero!»

Ihr lieben Jungens, euch ist ja gelehrt,
warum die Dichter was dichten,
ihr wißt, der Zweck ist stets die Moral
bei allen solchen Geschichten,
drum, wenn einen Klassenaufsatz es gibt
über Münchhausens letzte Ballade,
so schreibt: Ein tadelloses Latein,
das ebnet im Leben die Pfade, –
vorausgesetzt, daß einer eine gute Faust daneben haut!

Börries von Münchhausen

DER GUTE PFALZGRAF

Es war ein Pfalzgraf an dem Rhein,
geboren zum Regieren.
Regieren tät er groß und klein,
die Menschen samt den Tieren:
Er ließ sie gehen und ließ sie stehn,
es ward ihm gar nicht sauer,
es blieb der Fisch in seinen Seen,
bei seinem Pflug der Bauer.

Der Mundschenk trank den besten Wein
wohl in dem ganzen Lande,
und wer ein Ritter wollte sein,
der trug ein Kreuz am Bande;
und wenn das Hofgesinde sah
die Tafel wohl servieret,
so rief es: «Cara patria.
Wie gut bist du regieret!»

Der edle Pfalzgraf, baß erfreut
ob seines Landes Segen,
berauschte sich in Seligkeit
und ließ ins Bett sich legen.
Da lag und schlief und schnarcht' er dann
bis an den hellen Morgen.
Wohl ihm, der also ruhen kann
und läßt den Herrgott sorgen!

Der gute Pfalzgraf ist nun tot
und tut nichts mehr regieren;
er hat sie nicht erlebt die Not,
die jetzt heißt Gouvernieren.
Regieren will nun jedermann,
niemand regieret werden:
Was jeder will und keiner kann,
wer macht das recht auf Erden?

Der gute Pfalzgraf ist nun tot,
und würd' er neu geboren,
so wären wir aus aller Not,
die Klugen samt den Toren.
Wir wählten ihn zum Herrn der Welt,
er ließ' sie gehen und stehen,
wo sie der Herrgott hingestellt
in seines Himmels Höhen.

Und wenn wir hier bei Wein und Sang
selbander jubilieren,
so ist uns um die Welt nicht bang
und um das Weltregieren.
O gebt mir einen Becher her,
dem alten Herrn zu Ehren!
Und wer es besser kann als der,
er soll's den andern lehren.

Wilhelm Müller

DAS GROSSVATERLIED

Als der Großvater die Großmutter nahm,
da wußte man nichts von Mamsell und Madam;
die züchtige Jungfrau, das häusliche Weib,
sie waren echt deutsch noch an Seel' und an Leib.

Als der Großvater die Großmutter nahm,
da herrschte noch sittig verschleierte Scham;
man trug sich fein ehrbar und fand es nicht schön,
in griechischer Nacktheit auf Straßen zu gehn.

Als der Großvater die Großmutter nahm,
da war ihr die Wirtschaft kein widriger Kram;
sie las nicht Romane, sie ging vor den Herd,
und mehr war ihr Kind als ein Schoßhund ihr wert.

Als der Großvater die Großmutter nahm,
da war es ein Biedermann, den sie bekam;
ein Handschlag zu jener hochrühmlichen Zeit
galt mehr als im heutigen Leben ein Eid.

Als der Großvater die Großmutter nahm,
da rief noch der Vaterlandsfreund nicht vor Gram:
O gäbe den Deutschen ein holdes Geschick
die glücklichen Großvaterzeiten zurück!

August Friedrich Ernst Langbein

DIE ALTE

Zu meiner Zeit
bestand noch Recht und Billigkeit.
Da wurden auch aus Kindern Leute,
da wurden auch aus Jungfern Bräute,
doch alles mit Bescheidenheit.
Es ward kein Liebling zum Verräter,
und unsre Jungfern freiten später,
sie reizten nicht der Mütter Neid.
O gute Zeit!

Zu meiner Zeit
befliß man sich der Heimlichkeit.
Genoß der Jüngling ein Vergnügen,
so war er dankbar und verschwiegen,
und itzt entdeckt er's ungescheut.
Die Regung mütterlicher Triebe,
der Fürwitz und der Geist der Liebe
fährt oftmals schon ins Flügelkleid,
o schlimme Zeit!

Zu meiner Zeit
ward Pflicht und Ordnung nicht entweiht.
Der Mann ward, wie es sich gebühret,
von einer lieben Frau regieret,
trotz seiner stolzen Männlichkeit.
Die Fromme herrschte nur gelinder,
uns blieb der Hut und ihm die Kinder.
Das war die Mode weit und breit.
O gute Zeit!

Zu meiner Zeit
war noch in Ehen Einigkeit.
Itzt darf der Mann uns fast gebieten,
uns widersprechen und uns hüten,
wo man mit Freunden sich erfreut.
Mit dieser Neuerung im Lande,
mit diesem Fluch im Ehestande
hat ein Komet uns längst bedräut.
O schlimme Zeit!

Friedrich von Hagedorn

AUS DER GUTEN ALTEN ZEIT

Es melden Bücher und Sagen
so manches Wunderding
von einem gelben Wagen,
der durch die Länder ging.
Die Kutsche fuhr, man denke,
des Tags drei Meilen weit
und hielt vor jeder Schenke.
O gute, alte Zeit!

Es ward von den Passagieren
zuvor das Haus bestellt.
Sie schieden von den Ihren,
als ging's ans End der Welt.
Sie trugen die Louisdore
vernäht in Stiefel und Kleid,
im Sack zwei Feuerrohre. –
O gute, alte Zeit!

Oft, wenn die Reisegenossen
sich sehnten nach Bett und Wirt,
da brummte der Schwager verdrossen
«Potz Blitz! Ich hab mich verirrt.»
Von fern her Wolfsgeheule,
kein Obdach weit und breit;
es schnaubten zitternd die Gäule. –
O gute, alte Zeit!

Auch war es sehr ergötzlich,
wenn mit gewaltigem Krach
in einem Hohlweg plötzlich
der Wagen zusammenbrach.
War nur ein Rad gebrochen,
so herrschte Fröhlichkeit.
Mitunter brachen auch Knochen. –
O gute, alte Zeit!

Der Abenteuer Perle
war doch das Waldwirtshaus.
Es spannten verdächtige Kerle
die müden Schimmel aus.
Ein Bett mit Federdecken
stand für den Gast bereit,
das zeigte blutige Flecken. –
O gute, alte Zeit!

Und waren der Gäste hundert
verschwunden im Waldwirtshaus,
dann schickte der Rat verwundert
berittene Häscher aus.
Die Leichen wurden gefunden,
bestattet und geweiht,
der Wirt, gerädert, geschunden. –
O gute, alte Zeit!

Rudolf Baumbach

DAS IST NUR CHIMÄRE

Wem a traurige Wirklichkeit nur is beschert,
der muß als Ressource[1] sich alls denken verkehrt;
ich schau oft mein' Sack an und denk mir dann: Ah!
Da is a Million drin, in dem san gar zwa! –
Wenn jetzt die, die in d'r Equipagi umfahrn,
sich plötzlich verwandleten in arme Narrn,
müßten betteln bei mir um a Gwand, um a alts –
das is wohl nur Chimäre[2], aber mich unterhalt's.

Mich schaun d'Madeln nit an, denn die Hübschen nur liebn's,
und an meiner Schönheit is nix Übertriebns;
ich tu aber mein Bild mir höchst reizend ausmaln
wie d'Mädln über mich alle in Wahnsinn verfalln;
und sie rennen mir nach, und sie schlafn in mein' Stall,
als wie's Käthchen von Heilbronn beim Wetter von Strahl,
und sie gehen nicht, wann i auch mit der Reitgerten schnalz –
das is wohl nur Chimäre, aber mich unterhalt's.

Quält mich einer aufs Blut und macht mir viel Verdruß,
und 's is aber einer, wo ich kuschen muß,
da denk ich mir, indem ich abischlick meine Rage[3]:
Ich bin in Amerika, hab a Plantage,
und ich bin der Herr, und der Kerl is mein G'schlav[4],
und der Kerl hat was angstellt, er war heut nicht brav,
und karbatsch'n in Gedanken, so recht aus'n Salz –
ja, das ist wohl nur Chimäre, aber mich unterhalt's.

Johann Nestroy

1 Hilfe 2 Einbildung 3 Wut 4 Sklave

ELYSIUM

Und ist's mit dieser Welt herum,
und komm' ich ins Elysium,
meiner Ahne Haus muß mit hinein,
sonst mag ich nicht darinnen sein.
Hinter dem Hause muß am Hag
die Sonne lagern den langen Tag,
daß golden durch der Blätter Luken
wie Engelsbacken die Kürbiss' gucken,
daß die Nachbarn wieder herüberschaun,
die Arme aufgestemmt am Zaun,
wie sie am Sonntag aus den Pfeifen
lassen die blauen Wolken schweifen;
lustige Mägde ziehn am Haus
in weißer Schürze den Weg hinaus;
doch draußen schütteln am Gartensaum
wir Buben den frühsten Birnenbaum.
So sei es im Elysium,
sonst scher' ich mich den Teufel drum.

Johann Georg Fischer

SPATZ UND SPÄTZIN

Auf dem Dache sitzt der Spatz,
und die Spätzin sitzt daneben;
und er spricht zu seinem Schatz:
«Küsse mich, mein holdes Leben!

Bald nun wird der Kirschbaum blühn;
Frühlingszeit ist so vergnüglich!
Ach, wie lieb' ich junges Grün
und die Erbsen ganz vorzüglich!»

Spricht die Spätzin: «Teurer Mann,
denke doch der neuen Pflichten!
Fangen wir noch heute an,
uns ein Nestchen einzurichten!»

Spricht der Spatz: «Das Nesterbaun,
Eier brüten, Junge füttern
und dem Mann den Kopf zu kraun,
liegt den Weibern ob und Müttern.»

Spricht die Spätzin: «Du Barbar,
soll ich bei der Arbeit schwitzen,
und du willst nur immerdar
zwitschern und Herumstibitzen?»

Spricht der Spatz: «Ich will dir hier
Mit zwei Worten kurz berichten:
Für den Spatz ist das Pläsier,
für die Spätzin sind die Pflichten!»

Karl Mayer

Er kommt nach Hause und macht eine Entdeckung:

Ach, mein Schatz ist durchgegangen,
Laridah!
Erst wollt' ich ihn wiederfangen,
Laridah!
Doch dann hab' ich mich besonnen,
Laridah!
Manch Verloren ist Gewonnen.
Laridah!

Zwar es war ein süßes Mädchen,
Laridah!
Und wir hatten manches Beetchen,
Laridah!
Nicht bloß Veilchen, Tulpen, Rosen,
Laridah!
Auch zwei Stämmchen Aprikosen.
Laridah!

Und wir wohnten ganz alleine,
Laridah!
Hatten Nachbarinnen keine,
Laridah!
Unser Nest war zungensicher,
Laridah!
Vor Gekeife und Gekicher.
Laridah!

Ach, nun sing' ich all das Holde,
Laridah!
Was ich doch vergessen wollte,
Laridah!
Nein, das heißt nicht klug gesungen,
Laridah!
Denn der Hase ist entsprungen.
Laridah!

Treue war nicht seine Sache,
Laridah!
Drum ist's besser, daß ich lache:
Laridah!
Wär's nicht gestern mir geschehen,
Laridah!
Müßt ich's morgen mich versehen.
Laridah!

Also, Herze, sei zufrieden,
Laridah!
Viele Hasen gibt's hienieden,
Laridah!
Ist der eine dir entlaufen,
Laridah!
Kannst du einen andern kaufen,
Laridah!

Einen schönen, weichen, weißen,
Laridah!
Mucki-Nucki soll er heißen,
Laridah!
Ach, wie schlägt das Herz mir schnelle,
Laridah!
Springt er über meine Schwelle,
Laridah!

Otto Julius Bierbaum

DAS ZAHNWEH, subjektiv genommen,
ist ohne Zweifel unwillkommen;
doch hat's die gute Eigenschaft,
daß sich dabei die Lebenskraft,
die man nach außen oft verschwendet,
auf einen Punkt nach innen wendet
und hier energisch konzentriert.
Kaum wird der erste Stich verspürt,
kaum fühlt man das bekannte Bohren,
das Rucken, Zucken und Rumoren –
und aus ist's mit der Weltgeschichte,
vergessen sind die Kursberichte,
die Steuern und das Einmaleins,
kurz jede Form gewohnten Seins,
die sonst real erscheint und wichtig,
wird plötzlich wesenlos und nichtig.
Ja, selbst die alte Liebe rostet –
man weiß nicht, was die Butter kostet –
denn einzig in der engen Höhle
des Backenzahnes weilt die Seele,
und unter Toben und Gesaus
reift der Entschluß: Er muß heraus!! –

Wilhelm Busch

VICE VERSA

Ein Hase sitzt auf einer Wiese,
des Glaubens, niemand sähe diese.

Doch, im Besitze eines Zeißes,
betrachtet voll gehaltnen Fleißes

vom vis-a-vis gelegnen Berg
ein Mensch den kleinen Löffelzwerg.

Ihn aber blickt hinwiederum
ein Gott von fern an, mild und stumm.

Christian Morgenstern

EIN GUTES TIER
ist das Klavier,
still, friedlich und bescheiden,
und muß dabei
doch vielerlei
erdulden und erleiden.

Der Virtuos
stürzt darauf los
mit hochgesträubter Mähne.
Er öffnet ihm
voll Ungestüm
den Leib, gleich der Hyäne.

Und rasend wild,
das Herz erfüllt
von mörderlicher Freude,
durchwühlt er dann,
soweit er kann,
des Opfers Eingeweide.

Wie es da schrie,
das arme Vieh,
und unter Angstgewimmer
bald hoch, bald tief
um Hilfe rief,
vergess' ich nie und nimmer.

Wilhelm Busch

PALMSTRÖM

Palmström steht an einem Teiche
und entfaltet groß ein rotes Taschentuch:
Auf dem Tuch ist eine Eiche
dargestellt, sowie ein Mensch mit einem Buch.

Palmström wagt nicht sich hineinzuschneuzen. –
Er gehört zu jenen Käuzen,
die oft unvermittelt – nackt
Ehrfurcht vor dem Schönen packt.

Zärtlich faltet er zusammen,
was er eben erst entbreitet.
Und kein Fühlender wird ihn verdammen,
weil er ungeschneuzt entschreitet.

Christian Morgenstern

DIE BEHÖRDE

Korf erhält vom Polizeibüro
ein geharnischt Formular,
wer er sei und wie und wo.

Welchen Orts er bis anheute war,
welchen Stands und überhaupt,
wo geboren, Tag und Jahr.

Ob ihm überhaupt erlaubt,
hier zu leben und zu welchem Zweck,
wieviel Geld er hat und was er glaubt.

Umgekehrten Falls man ihn vom Fleck
in Arrest verführen würde, und
darunter steht, Borowsky, Heck.

Korf erwidert darauf kurz und rund:
«Einer hohen Direktion
stellt sich, laut persönlichem Befund,

untig angefertigte Person
als nichtexistent im Eigen-Sinn
bürgerlicher Konvention

vor und aus und zeichnet, wennschonhin
mitbedauernd nebigen Betreff,
Korf. (An die Bezirksbehörde in –.)»

Staunend liest's der anbetroffne Chef.

Christian Morgenstern

DIE UNMÖGLICHE TATSACHE

Palmström, etwas schon an Jahren,
wird an einer Straßenbeuge
und von einem Kraftfahrzeuge
überfahren.

«Wie war» (spricht er, sich erhebend
und entschlossen weiterlebend)
«möglich, wie dies Unglück, ja –:
Daß es überhaupt geschah?

Ist die Staatskunst anzuklagen
in bezug auf Kraftfahrwagen?
Gab die Polizeivorschrift
hier dem Fahrer freie Trift?

Oder war vielmehr verboten,
hier Lebendige zu Toten
umzuwandeln, – kurz und schlicht:
Durfte hier der Kutscher nicht –?»

Eingehüllt in feuchte Tücher,
prüft er die Gesetzesbücher
und ist alsobald im klaren:
Wagen durften dort nicht fahren!

Und er kommt zu dem Ergebnis:
Nur ein Traum war das Erlebnis.
Weil, so schließt er messerscharf,
nicht sein kann, was nicht sein darf.

Christian Morgenstern

DER LATTENZAUN

Es war einmal ein Lattenzaun,
mit Zwischenraum, hindurchzuschaun.

Ein Architekt, der dieses sah,
stand eines Abends plötzlich da –

und nahm den Zwischenraum heraus
und baute draus ein großes Haus.

Der Zaun indessen stand ganz dumm,
mit Latten ohne was herum.

Ein Anblick gräßlich und gemein.
Drum zog ihn der Senat auch ein.

Der Architekt jedoch entfloh
nach Afri- od- Ameriko.

Christian Morgenstern

DAS KNIE

Ein Knie geht einsam durch die Welt.
Es ist ein Knie, sonst nichts!
Es ist kein Baum! Es ist kein Zelt!
Es ist ein Knie, sonst nichts.

Im Kriege ward einmal ein Mann
erschossen um und um.
Das Knie allein blieb unverletzt –
als wärs ein Heiligtum.

Seitdem geht's einsam durch die Welt.
Es ist ein Knie, sonst nichts.
Es ist kein Baum, es ist kein Zelt.
Es ist ein Knie, sonst nichts.

Christian Morgenstern

DREI HASEN

Drei Hasen tanzen im Mondschein
im Wiesenwinkel am See:
Der eine ist ein Löwe,
der andre eine Möwe,
der dritte ist ein Reh.

Wer fragt, der ist gerichtet,
hier wird nicht kommentiert,
hier wird an sich gedichtet;
doch fühlst du dich verpflichtet,
erheb sie ins Geviert,
und füg dazu den Purzel
von einem Purzelbaum,
und zieh aus dem Ganzen die Wurzel
und träum den Extrakt als Traum.

Dann wirst du die Hasen sehen
im Wiesenwinkel am See,
wie sie auf silbernen Zehen
im Mond sich wunderlich drehen
als Löwe, Möwe und Reh.

Christian Morgenstern

ES RAUSCHT in den Schachtelhalmen,
verdächtig leuchtet das Meer,
da schwimmt mit Tränen im Auge
ein Ichthyosaurus daher.

Ihn jammert der Zeiten Verderbnis,
denn ein sehr bedenklicher Ton
war neuerlich eingerissen
in der Liasformation.

«Der Plesiosaurus, der alte,
er jubelt in Saus und Braus,
der Pterodaktylus selber
flog neulich betrunken nach Haus.

Der Iguanodon, der Lümmel,
wird frecher zu jeglicher Frist,
schon hat er am hellen Tage
die Ichthyosaura geküßt.

Mir ahnt eine Weltkatastrophe,
so kann es ja länger nicht gehn;
was soll aus dem Lias noch werden,
wenn solche Dinge geschehn?»

So klagte der Ichthyosaurus,
da ward es ihm kreidig zu Mut,
sein letzter Seufzer verhallte
im Qualmen und Zischen der Flut.

Es starb zu derselbigen Stunde
die ganze Saurierei,
sie kamen zu tief in die Kreide,
da war es natürlich vorbei.

Joseph Victor von Scheffel

DAS HUHN UND DER KARPFEN

Auf einer Meierei,
da war einmal ein braves Huhn;
das legte, wie die Hühner tun,
an jedem Tag ein Ei
und kakelte,
mirakelte,
spektakelte,
als ob's ein Wunder sei!

Es war ein Teich dabei,
darin ein braver Karpfen saß
und stillvergnügt sein Futter fraß;
der hörte das Geschrei:
Wie's kakelte,
mirakelte,
spektakelte,
als ob's ein Wunder sei!

Da sprach der Karpfen «Ei!
Alljährlich leg ich 'ne Million
und rühm' mich des mit keinem Ton;
wenn ich um jedes Ei
so kakelte,
mirakelte,
spektakelte,
was gäb's für ein Geschrei!»

Heinrich Seidel

DAS HUHN

In der Bahnhofhalle, nicht für es gebaut,
geht ein Huhn
hin und her ...
Wo, wo ist der Herr Stationsvorsteh'r?
Wird dem Huhn
man nichts tun?
Hoffen wir es! Sagen wir es laut:
Daß ihm unsre Sympathie gehört,
selbst an dieser Stätte, wo es – ‹stört›!

Christian Morgenstern

DSS HUHRN

Gack gick gick, gack gick gick kack
mucht diss Huhrn dn gunzn Dagg;
ont äss kackurt gnz annormm,
pfündit's oinen Reignworrm,
ont äss peickt mütt greußtm Eiffur
ann'm düggn pfaddn Kaifur.
Duch di Zoitn snd vorreubur;
huite snd se schtüll ont seubur
z Mülljornen ünn Karbünen,
ont koin Hahrn kraiht mööhr nuch ühnen,
ont diss Pfleißbpandt rullt vorrpei
mütt stireilm Pfüschmuhlprei.

Matthias Koeppel

IM HEIL'GEN TEICH zu Singapur
da liegt ein altes Krokodil
von äußerst grämlicher Natur
und kaut an einem Lotosstiel.

Es ist ganz alt und völlig blind,
und wenn es einmal friert des Nachts,
so weint es wie ein kleines Kind,
doch, wenn ein schöner Tag ist, lacht's.

Hermann Lingg

ARM KRÄUTCHEN

Ein Sauerampfer auf dem Damm
stand zwischen Bahngeleisen,
machte vor jedem D-Zug stramm,
sah viele Menschen reisen.

Und stand verstaubt und schluckte Qualm
schwindsüchtig und verloren,
ein armes Kraut, ein schwacher Halm,
mit Augen, Herz und Ohren.

Sah Züge schwinden, Züge nahn.
Der arme Sauerampfer
sah Eisenbahn um Eisenbahn,
sah niemals einen Dampfer.

Joachim Ringelnatz

DIE NEUEN FERNEN

In der Stratosphäre
links vom Eingang führt ein Gang
wenn er nicht verschüttet wäre
sieben Kilometer lang
bis ins Ungefähre.
Dort erkennt man weit und breit
nichts, denn dort herrscht Dunkelheit.
Wenn man seine Augen schließt
und sich langsam selbst erschießt,
dann erinnert man sich gern
an den deutschen Abendstern.

Joachim Ringelnatz

GESETZT DEN FALL, ihr habt ein Schaf gekränkt –
(«Gesetzt den Fall» heißt «Nehmen wir mal an») –,
gesetzt den Fall, es hat den Kopf gesenkt
und ist euch böse – ja, was dann?

Dann solltet ihr dem Schaf was Liebes sagen,
ihr könnt' ihm auch dabei den Rücken streicheln,
ihr dürft nicht «Na? Warum so sauer?» fragen,
ihr müßt dem Schaf mit Freundlichkeiten schmeicheln.

Sagt mir jetzt nicht: «Ich wohn' doch in der Stadt,
wo soll ich da um Himmelswillen Schafe kränken?»
Ich gebe zu, daß das was für sich hat,
doch bitte ich euch trotzdem zu bedenken:

Ein gutes Wort ist nie verschenkt,
nicht nur bei Schafen, sondern überall.
Auch trefft ihr Schafe öfter, als ihr denkt.
Nicht nur auf Wiesen. Und nicht nur im Stall.

(Na wo denn noch?)

Robert Gernhardt

FÜNF VIERZEILER

In nur vier Zeilen was zu sagen
erscheint zwar leicht; doch es ist schwer!
Man braucht ja nur mal nachz-
uschlagen:
die meisten Dichter brauchen mehr ...

Ein Naßhorn und ein Trockenhorn
spazierten durch die Wüste,
da stolperte das Trockenhorn,
und's Naßhorn sagte: «Siehste!»

Manche Dichter gibt es, die be-
nötigen der Sachen vier:
einen guten Reim auf Liebe,
Feder, Tinte und Papier.

Ich denk nicht gern an jenen Kuß,
den du mir gabst, Helene;
denn wenn ich an ihn denken muß,
dann werd ich müd und gähne.

Nach Schluß der langen Oper hörte
ich neulich folgende Kritik:
«Was mich an dieser Oper störte,
das war der Schwan und die Musik!»

Heinz Erhardt

WER IN DIE HÖLLE KOMMT

wer in die
hölle kommt
hat den hintern
im brodeltopf –
wer in den
himmel kommt
denkt sich
erleichtert:
na servus
da hab ich
wieder einmal
verdienterweise
glück gehabt ...!
wie man sich
sesselt
so sitzt man ...
wer nun
in die hölle
fährt
darf sich
einen kommoden
bratspieß
aussuchen ...
wer aber in den
himmel steigt
hat eine auswahl
in schäferwölklein
zum draufhocken ...
wie man also
daraus ersieht
ist nicht nur
im diesseits
sondern auch
im jenseits
alles
auf das wohl-
oder übelergehen
unsrer hinterseite
abgestimmt ...

HC Artmann

VOM ALPHABEET ZUM ZETABEET

Die Alpha-Blume sieht man nur
in einer Garten-Hochkultur.
So wie die Blaue Blume steht
sie dort im Alpha-Lettern-Beet.

Die Beta-Blume findet man
in einem Beet gleich nebenan.
Sie macht die Lesemühe wett:
sie strahlt fast ultraviolett.

Und mitten im Metaphernklee
entdeckt man das bescheidne c.
Es ist nicht für sich selber da,
es hängt sich an das h und k.

Im Alphabet kommt dann das d.
Doch *das* da ist ein da-da-d.
Die Anna Blume hats gepflanzt
und Dada drumherum getanzt.

Was im normalen ABC
ein schlichtes Wald- und Wiesen-e,
wächst hier, in höherer Region,
als exquisites Epsilon.

Auch zeigt das f hier mehr Profil,
es blüht im klassisch hohen Stil
in Wörtern voller Harmonien:
Fortuna, Flora, Fridolin.

Kein Wunder, daß im Gamma-Beet
ein Phänomen spazieren geht:
ein junges Gamma-Strahlen-Lamm.
Es schenkt euch gern sein Autogramm.

Das h, bekanntlich nur ein Hauch,
ist hier der Duft, der Silbenrauch,
der uns aus einem Lettern-Beet
so angenehm entgegenweht.

Im Jota-Beet gehn, eng verwandt,
das i und j stets Hand in Hand.
Sie sind vom selben Geist beseelt,
so daß auch nicht ein Jota fehlt.

Im Kappa-Beet wird angepflanzt
das k, das aus der Reihe tanzt,
ein k, wie man es selten sah –
es ist schon fast ein Anti-k.

Das l erblüht uns hier zur Lust
im Januar wie im August.
Wen lullt das Lalula nicht ein,
man liest – und läßt sonst alles sein.

Das m, das auf drei Beinen steht,
braucht ein besonders breites Beet.
Auch gibt es Monstren hier zu sehen:
die m, die auf vier Beinen gehen.

Nanu, nana, nono, ohoo!
Da wird der Garten ja zum Zoo!
Das macht nichts, wir sind heut so froh.
Wir kommen nun vom n zum o.

Das große O gleicht einer Null,
so sangen schon Tibull, Catull.
Der Seufzer Oh! fleht früh und spät:
Erlöst mich von der Nullität!

Im P-Beet blüht die Prominenz,
die Sensation in Permanenz.
Ein Märchenprinz ist auch dabei,
der sanfte Cyrus Atabay.

Das Q ist eine Null mit Schwanz,
bekannt durch seine Querulanz.
Es schießt hier in die Quere wild
und paßt doch irgendwie ins Bild.

Die Blume Rho blüht rosarot,
wie die Natur es ihr gebot.
Als sehenswert sei noch notiert:
das rosarote Beet rotiert.

S schlängelt sich im Jugendstil
durch Skripten und Skripturen viel,
es ist in diesem Letternspiel
die Blume mit dem Sex-Appeal.

Im Tau-Beet wächst auf deutsch das T
von These, Titel, Tinte, Tee.
Da fehlt nur noch das Hunger-Tuch,
und schon entsteht ein Taschenbuch.

Im U-Beet machen wir Station,
dort haust noch unser Schutzpatron,
ein alter Dachs in seinem Bau,
der Ubu Roi mit seiner Frau.

Das stolze V blüht zeichenhaft,
verleiht dem Partisan die Kraft,
die finstren Zeiten zu bestehn:
so ist das V auch hier zu sehn.

Das W hat seine Blütezeit
im Winter, wenn es Bücher schneit.
Gottlob gibt es das Christentum,
sonst gäb es keinen Weihnachtsboom.

Im X-Beet stehen Xenien nur,
doch sehr verschiedener Natur.
Verwechselt mir im Dämmerlicht
die zahmen mit den scharfen nicht!

Das Ypsilon blüht nur zum Scheyn,
es möchte was Besondres seyn –
und ist ein i nur oder ü.
Kräht denn ein Hahn «kykeryky»?

Zum Zeta-Beet zog es uns hin.
Was kommt beim Z uns in den Sinn?
Daß auch das längste Alphabet
zu guter Letzt zu Ende geht.

Kurt Mautz

DAR WEIN

dar wein dar wein dar wein
dar wein dar wein dar wein
sunsd foed ma goa nix ein

dar schdeffe ewendduö
dar schdeffe ewendduö
und dar wein
dar wein dar wein dar wein
sunsd foed ma bei leib nix ein

dar wein dar wein dar wein
dar wein dar schdeffe dar wein
sunsd foed ma i schwea s nix mea ein

Gerhard Rühm

LETTERNTAUSCH

Turteltaschen
turteln sachte.
Rutschtalente
rutschen Latte.
Schultertante
schaltet unter
Schuttlaterne.
Natter luchste.
Nutte raschelt.
Stachler tuten.
Ente strauchlt.
Nestleuchtrat
schaut Lettern.
Streunte. Lacht
Lust, Nacht, Teer.

Kurt Mautz

WORT

Wenn Orte ruhen, tragen
Welten ohne Rand Taifun
Wie obdachlosen Ruhm. Tänzer
Werden oben Rauch, tauchen
Weg oder reißen Tränen
Wie Obst runter, tauschen
Wegen Ohnmacht Rümpfe teuer
Wie Orkane, rennen Teufels
Wege oder raufen Turbans
Wickel. Onkels Rede taugt
Wenig, Ofens Ruß teert
Warzen ohne Rahm. Trocken
Warten Optimisten, radikale Träumer
Werden objektiv, rechnen tausend
Watschen oder rücken tiefer,
Wohnen okkult. Raben tratschen
Wie Originale, rechtlos täuschen
Wunder. Ochsen reimen Türen
Wie offene Räume, trichtern
Winter oben rein, türmen
Worte ohne Regeln, taub.
Wunschlos ordnet Reigen Tiere
Wenn Ohren Räuspern tilgen.

Schuldt

GLIEDERWIND ISST NEBENSONNEN

drei schwindel hingen am winkelsprung
wie einfach zur verzweifelung
sie schwangen hin und stunden her
als ob auch ich ein schwengel wär
ach ihr verbund fing fingernd mir
zu schwinden an von rang und kür
der eine klang und ging und hing
der andre schlingerte und schlang
und ich der dritte schwamm im schwund
schwang eingemischt im sindelspund

Oskar Pastior

PERIKLETTEN

zu meiner zeit hat a jeder gwußt
was a schtaunperiklettnknuzerer is
wer no koan gseng hat der hat si schama gmüßt
schama hot si der gmüßt

i hob am schtaunperiklettnknuzerer scho nachgschaugt
auf der schtraßn
wia i no a kloana bua gwen bin
da hab i eahm scho nachgschaugt
wiara dahergwacklt is
wiara dahingwatschlt is
wiara dahingwatschacklt is
mit seine periklettn unterm arm
schtaunperiklettn hat a gschrian
frische warme schtaunperiklettn
und dleit san eahm nachgrennt
ois waarns ganz damisch überanand
daß' frische periklettn kriang
deszweng sans eahm nachgrennt
dem schtaunperiklettnknuzerer

heitzutog sans rar gwordn
die schtaunperiklettnknuzerer
de leit meng koane periklettn nimma
des is was für die paraber sagn dleit
für die ganz gscheertn sagn dleit
für die paraber is des was
mir meng so was nimmer heitzutag
des is was für die oitn deppn
für die san die periklettn guat
aber mir meng so was nimmer heitzutag sagn dleit

die leit ham hoit koan rechtn gschmack nimmer
koan gschmack ham de leit nimmer des sog i
und deszweng sans rar gwordn
die schtaunperiklettnknuzerer
hegstns daßd no wurlwaaznbaberer sigst auf der schtraß
wurlwaaznbaberer sigst scho no auf der schtraß

aber koane schtaunperiklettnknuzerer nimmer
weil dleit koa interesse nimmer ham
an die periklettn
dleit
o mei

vorige wocha bin i ins kaufhaus ganga
und hab a freilein gfragt
sie freilein wo gibt's denn da perikletten
wissens scho so schtaunperikletten
wia mas seinerzeit ghabt hat
was mechtens hats gsagt
schtaunperikletten hab i gsagt
und da hat sie mi angschaugt
ois wia wann i da neandertoni persönlich waar
perikletten hats gsagt
so was oitmodisch führn mir net
so was oitmodisch
mia san a neimodischer lodn
a neimodischer verschtengerns mi
so was oitmodisch hama mir net

hegstns wurlwaazn
die kanntns scho kriang da hint in dem eck
aber schtaunperiklettn
naa so was führn mir net so was oitmodisch
hegstns wurlwaazn
fragns in dem eck da hint

na bin i hoit in des eck hintri und hab gfragt
obs schtaunperiklettn ham
naa hat die verkeiferin gsagt
schtaunperiklettn hama mir net
i woaß scho was sie mechertn ehrlich
mei großmuatern hat soicherne schtaunperiklettn ghabt
aber de gibst scho lang nimmer
bloß wurlwaazn hama
da schaungs hera da
ganz gliezerte biberlferbige glozerte
schniebladerne wurlwaazn

mir kriang de ganz frisch
ehrlich ganz nei vom wurlwaaznbaberer
alle tag kriang mas frisch eina
vom wurlwaaznbaberer ehrlich
manche leit meng so was
mei gschmack waars ja net
aber
ehrlich
ganz neie wurlwaazn

naa hob i gsagt i mecht koane wurlwaazn net
aa net wanns vom wurlwaaznbaberer selber san
i mechat gscheite schtaunperiklettn
richtige gluamaserne schteibiglerte
bluzbinderne schtaunperiklettn
bitt hoit recht scheen sangs ma in gottes nama
wo i schtaunperiklettn kriag freilein
sans hoit so liab

jezat gengas zua
hats gsagt und is happi worn
jezat lassns mi doch mit eahnane
damischn schtaunperiklettn in ruah
mir hama koane hats gsagt ehrlich
und überhaupts gibts soicherne periklettn gar nimma
koa mensch kafft periklettn ehrlich
i taat mi schama mit eahnane periklettn

na bin i ganga und ham denkt
was san des für leit heitzutag
die wo koane schtaunperiklettn nimmer meng
soicherne periklettn
wo ma mir uns scho ois kinder drum grafft hamd
so gluamaserne schtaunperiklettn
o mei o mei o mei
i sogs ja
die leit heitzutag die leit
o mei

Felix Hoerburger

A KLOANS NONSENSERL

a ganz a kloans nonsenserl
a ganz a kloans
so kloan
daßd sowas überhaupts no net gseng hast
so a kloans nonsenserl

manchmal brauch i des einfach
manchmal brauch i
a kloans nonsenserl
auf der straß
oder im omnibus
oder in der vorlesung
a ganz kloans nonsenserl

des merkn die leit gar net
weil die koan verstand net habn
für so a kloans nonsenserl
so einen verstand hab bloß i
verschtengerns mi

da dreht sie der ganze hirnverstand
einmal im hirnkastn um
und nacher machts einen plimperer
manchmal sogar einen
plimperdatschnplempaduri
und das nonsenserl is da

aber der ganze hirnverstand
muaß si oamoi umdrehn
im hirnkastl
oamoi

des merkn die leit auf der straß gar net
aber nacha gibt's einen
plimperdatschnblempaduri
und das nonsenserl is da

mei dees is schee
so ein nonsenserl
bals auf oamoi da is
mei dees is schee
glabst

Felix Hoerburger

LÜGENMÄRCHEN

Ich will euch singen und nicht lügen:
Ich sah drei gebratene Hühner fliegen,
sie flogen also schnelle,
sie hatten die Bäuche zum Himmel gekehrt,
die Rücken nach der Hölle.

Ein Amboß und ein Mühlenstein,
die schwammen zusammen über den Rhein,
sie schwammen also leise,
da fraß ein Frosch einen glühenden Pflug
zu Pfingsten auf dem Eise.

Es wollten drei Kerls einen Hasen fangen,
sie kamen auf Krücken und Stelzen gangen,
der eine konnt nicht hören,
der andre war blind, der Dritte stumm,
der Vierte konnt sich nicht rühren.

Nun will ich euch singen, wie es geschah:
Der Blinde zuerst den Hasen sah
im Feld geschwind hertraben.
Der Stumme rief dem Lahmen zu,
da faßt ihn der am Kragen.

Es segelten etliche über Land,
die Segel hatten sie in Wind gespannt
und segelten auf den Feldern.
Sie segelten auf einen hohen Berg,
da ertranken sie in den Wäldern.

Es ging ein Krebs auf die Hasenjagd.
Die Wahrheit kommt heraus mit Macht
und bleibt nicht lang verschwiegen:
Es lag eine Kuhhaut auf dem Dach,
die war da hinauf gestiegen.

Hiermit will ich mein Lied beschließen,
sollt es die Leute gleich verdrießen,
und will nicht länger lügen.
In meinem Land sind die Fliegen so groß,
als hierzuland die Ziegen.

Unbekannt

DUNKEL war's, der Mond schien helle,
schneebedeckt die grüne Flur,
als ein Wagen blitzesschnelle
langsam um die Ecke fuhr.
Drinnen saßen stehend Leute
schweigend ins Gespräch vertieft,
als ein totgeschossner Hase
auf der Wiese Schlittschuh lief.
Und auf einer roten Bank,
die blau angestrichen war,
saß ein blondgelockter Jüngling
mit kohlrabenschwarzem Haar.
Neben ihm 'ne alte Schachtel,
zählte kaum erst sechzehn Jahr.
Und sie aß 'ne Butterstulle,
die mit Schmalz bestrichen war.
Droben auf dem Apfelbaume,
der sehr süße Birnen trug,
hing des Frühlings letzte Pflaume
und an Nüssen noch genug.

Unbekannt

EINE WASSERMAUS und eine Kröte
stiegen eines Abends spöte
einen steilen Berg hinan.
Sprach die Wassermaus zur Kröte:
«Warum gehst du abends spöte
diesen steilen Berg hinan?»
Sprach zur Wassermaus die Kröte:
«Zum Genuß der Abendröte
geh' ich diesen Abend spöte
diesen steilen Berg hinan.»

Dies ist ein Gedicht von Goethe,
das er eines Abends spöte
auf dem Sofa noch ersann.

Unbekannt

LEBERREIME

Die Leber ist von einem Hecht
und nicht von einem Fuchse,
und wenn dein Weib im Wasser ist,
sei mutig dann und duck se!

Die Leber ist von einem Schwein,
à la carte heißt sie ‹vom Kalbe›,
auch macht der Küchenchef aus ein
Portion leicht anderthalbe.

Unbekannt

SCHÜTTELREIME

Den Toren packt die Reisewut,
indes im Bett der Weise ruht.

Unbekannt

Zwecks Heirat fährt die Nichte Schi,
doch klappt halt die Geschichte nie.

Unbekannt

Den Mägdlein, die nur flirten möchten,
wird keiner gerne Myrten flechten.

Unbekannt

Oft hängt bei einem forschen Mädchen
die Tugend nur an morschen Fädchen.

Arthur Schnabel

LIMERICKS

Stets trug nur ein Tuch statt des Wamses,
auch bei Regen, der selige Ramses.
Der Arzt warnt' ihn sehr,
doch er fand kein Gehör,
zuletzt sprach er nur noch: «Da ham Se's!»

Curt Peiser

Ein Knabe in Tehuantepec,
der lief auf der Bahn seiner Tante weg,
sie lief hinterher,
denn sie liebte ihn sehr,
und außerdem trug er ihr Handgepäck!

Curt Peiser

Ein Fischer, geboren in Allenstein,
saß bei Java auf einem Korallenstein.
Und wie er da saß,
den Fischen er las
aus Shakespeare vor oder aus Wallenstein.

Walter Meckauer

Es gingen zwei Mädchen aus Schlesien
beim Oktoberfest auf der Theresien-
wies' gänzlich allein.
Ein Prinz lud sie ein,
nun sind sie in Indonesien ...

Walter Meckauer

KLAPPHORN-VERSE

Zwei Knaben gingen durch das Korn,
die sind noch immer Assessorn,
Amtsrichter wären sie schon heute,
doch sind zu viele Vorderleute.

Zwei Knaben gingen durch das Korn,
der zweite hat seinen Hut verlorn,
der erste würd' ihn finden,
ging' er statt vorne hinten.

Zwei Knaben gingen durch das Korn,
sie waren beide Feger des Schorn.
Der eine konnte gar nicht fegen,
der andre fog brillant dagegen.

Zwei Knaben machten sich den Jokus
und tranken Most im Keller,
da mußten beide auf den Lokus.
Jedoch der Most war schneller.

Unbekannt

BALTISCHE TRAGÖDIE

Ins Wasser sprang ein reicher Lette;
sein Diener, dass die Leich er rette,
wenn lebend nicht den Lett' erreiche,
ihm nach! ... Man barg die Retterleiche.

Wolfgang Werth

SCHOTTISCHE BEGEBENHEIT

In Glasgow, beim Karottenschaben,
bemerkten sieben Schotten Raben,
die, angetan mit Schattenroben,
in ihre Schnäbel Ratten schoben.

Wolfgang Werth

HEIMLICHER WUNSCH

Der Spießer liest in der Presse
die wüstesten Sex-Exzesse.
Er schämt, er ergrimmt sich,
wie man heute benimmt sich –
nur wüßte er gern die Adresse.

Eugen Roth

BÜHNE DES LEBENS

Als Held sich zu zeigen, beflissen,
tritt dreist einer vor die Kulissen.
Wie, abgeschminkt,
er in Schwermut versinkt,
braucht schließlich ja keiner zu wissen.

Eugen Roth

FÜR HUMANISTEN

Die schöne Sprache der Griechen
beginnt nach dem Abs schon zu siechen.
Kaum kann mans mehr lesen –
doch noch im Verwesen
den Duft der Unsterblichkeit riechen.

Eugen Roth

BEFÜRCHTUNG

Es stirbt ein großer Tragöde
vorm eignen unzählige Töde
von Hamlet bis Faust;
doch mit Recht du mißtraust:
im Ernstfall versagt er wohl schnöde.

Eugen Roth

NUR BEDINGT…

Der Mensch, solang's ihm geht prächtig,
hält Gott für allgütig, allmächtig.
Doch verregnets ihm kaum
einen Blütentraum –
schon wird die Sache verdächtig.

Eugen Roth

EIN LESER

Ein Badegast liest in Livorno
am Strande ein Buch von Adorno.
Das wird ihm zu schwierig,
drum greift er jetzt gierig
nach einem «Krimi plus Porno».

Eugen Roth

«DIE KIRCHE wirkt von außen trist!»
sagt einer, der noch draußen ist.
Doch kaum, daß er jetzt drinnen ist,
sieht er, sie ist auch innen trist.

Eugen Roth

ADELSSTOLZ

Nur ungern sehn die Feinen klettern
am Stammbaum ihre kleinen Vettern.

Eugen Roth

EIN KETTENREIM

Meine Damen und Herren,
Äppel sinn keene Bern',
Bern' sinn keene Äppel,
de Wurscht hat zwee Zäppel,
zwee Zäppel hat de Wurscht,
der Bauer hat Durscht,
Durscht hat der Bauer,
das Leben wird ihm sauer,
sauer wird ihm das Leben,

der Weinstock hat viel Reben,
viel Reben hat der Weinstock,
ein Kalb ist kein Ziegenbock,
ein Ziegenbock ist kein Kalb,
meine Predigt ist halb,
halb ist meine Predigt,
der Brotschrank ist ledig,
ledig ist der Brotschrank,
ein Tisch ist keine Ofenbank,

eine Ofenbank ist kein Tisch,
im See sind viel Fisch',
viel Fisch' sind im See,
der Hund hat viel Flöh',
viel Flöh' hat der Hund,
ein Viertel ist kein Pfund,
ein Pfund ist kein Viertel,

Bauernmädchen tragen rote Gürtel,
rote Gürtel tragen Bauernmädchen,
eine Maus ist kein Rotkehlchen,
ein Rotkehlchen ist keine Maus.

Meine Predigt ist aus.

Unbekannt

VOLKSSPRÜCHE

Wer Heu genug im Stall hat,
dem wird die Kuh nicht mager.
Und wer 'ne schöne Schwester hat,
der kriegt bald einen Schwager.

Vier Ochsen, drei Kälber
eine bucklige Kuh,
das gibt mir mein Vater,
wenn ich heiraten tu.

Sauerkraut und Rüben,
die haben mich vertrieben.
Hätt' meine Mutter Fleisch gekocht,
so wär' ich bei ihr blieben.

Ich hab' ein bös Kindchen;
wenn's immer so bleibt,
so stell' ich's in Garten
daß 's Spatzen vertreibt.

Schön jung ist mei Blut,
und schön rund ist mei Hut,
und Kurasch wie a Teufel!
Will sehn, wer mir was tut.

Der Hans im Schnakenloch
hat alles, was er will.
Und was er will, das hat er nicht,
und was er hat, das will er nicht.
Der Hans im Schnakenloch
hat alles, was er will.

Wird scho wieder wern,
sagt die Mutter Bern,
bei der Mutter Horn
is' auch wieder worn.

Unbekannt

SCHNADAHÜPFLN

Da Frühling is kemma,
hot d' Veigei[1] mitbrocht.
Und zan Schotz bin i genga
oll Tog moast af d'Nocht.

Dein Aug is a Sunn
und dein Göscherl[2] a Brunn,
za den kimm i g'rennt,
bol mi d'Sunn aso brennt.

A lustiger Bua
zreißt oft a Paar Schuah,
grad a trauriger Narr
hat lang an oam Paar.

«Ja, ja» und «na, na»
und «i mag» und «i muaß»:
So geht bei der Liebschaft
der ganze Dischkurs.

Und i kenn an scheans Deandl,
dös hat an schean Gang:
Mit oam Fuaß tuat's 'Gras mahn[3],
mit'm andern heugt[4] s' zsamm.

Ja, 's Deandl is sauber
vom Fuaß bis zum Kopf:
Nur am Hals hats a Pinkerl,
an kindsgroßen Kropf.

Und überall hoaßts:
Auf da Alm gibst koa Sünd,
aber Prügel kannst ham,
wann da Bua zuawa kimmt[5].

Geh her, du g'rings Bürscherl
i pack di bei'n Gwand –
Bippadi – bappadi –
pickst an da Wand!

Und machst von mein Deandl
allweil so a Gschroa[6],
na kriegst amal oane,
daß d'moanst, du kriegst zwoa!

Zu dir bin i gange
drei ganzi Wocha:
Wann i noh amal geh,
wer' i heili gsprocha.

Du zaundürre Lattn,
wannst moanst, du bist schön,
i nimm die als Steckn
zum Bergsteigngehn.

Für d'Flöh gibt's a Pulva,
für d'Schuah gibst a Wix,
für'n Durscht gibt's a Wassa –
bloß für d'Dummheit gibt's nix.

Und bal da Hahn kraht,
nacha kraht er am Mist,
nacha ändert sichs Wetta
oders bleibt so, wias ist.

Und da Hund hat leicht z'wackln
mit'm Schwoaf[7] hi und her,
weil da Schwoaf des halt net so ko –
is eahm da Hund ja viel z'schwer.

1 Veilchen 2 Mund 3 mähen 4 harkt 5 dazukommt 6 Geschrei 7 Schweif

Faulsein hat Gold im Mund,
da Dumme kimmt nöt am Hund,
an Gscheitn geht's öfta schlecht –
geschiacht eahm grad recht.

O du mein Gott und Herr!
Gib ma, was i begehr,
es ist ja net vill,
nur grad dös, was i will.

Unbekannt

ALPHABET DES LEBENS

Hab sinnend jeden Buchstabs Freud und Weh gezählt,
hätt gerne einmal noch A B und C gewählt;
doch steht am Himmel schon das große Wetterzeichen:
Durch keines Menschen Mund läßt sich das Z erweichen.

Benno Papentrigk

MARTERLN

Er hat sich mit sein Kraxeln
brochn beide Haxeln,
die Bratzeln a dazua,
mit dem war's no nit gnua:
's Gnack[1] hats ihm a verrenkt,
dös hatn am meisten kränkt.

Hier ruht der Bauernsepp,
Gott Gnad für Recht ihm geb'!
Denn viele hat, was er gemacht,
frühzeitig in das Grab gebracht.
Da liegt er nun, der Bierverhunzer,
bet, o Christ, fünf Vaterunser.

Durch einen Ochsenstoß
kam ich in des Himmels Schoß.
Mußte ich auch gleich erblassen
und Weib und Kind verlassen,
kam ich doch zur ewigen Ruh
durch dich, du Rindvieh du.

Unbekannt

1 Genick

NEUE MUSIK

Orff hört man in Reval,
in Vechta und Varel,
doch lieber fast wär all
den Leuten ein Ravel.

Lotar Selow

ERDGEIST

Greife wacker nach der Sünde;
aus der Sünde wächst Genuß.
Ach, du gleichest einem Kinde,
dem man alles zeigen muß.

Meide nicht die ird'schen Schätze:
Wo sie liegen, nimm sie mit.
Hat die Welt doch nur Gesetze,
daß man sie mit Füßen tritt.

Glücklich, wer geschickt und heiter
über frische Gräber hopst.
Tanzend auf der Galgenleiter
hat sich keiner noch gemopst.

Frank Wedekind

GRABINSCHRIFTEN

Im Leben rot wie Zinnober,
im Tode wie Kreide so bleich,
gestorben am 12. Oktober,
am 14. war die Leich!

Der Weg zur Ewigkeit
ist gar nicht so sehr weit,
um neun Uhr bin ich fort,
um elf Uhr war ich dort.

Hier ruhet Gottlieb Merkel
in sin Jugend was hei 'n Ferkel,
in sin Oller was hei 'n Swin[1],
min Gott, wat mag hei nu woll sin?

Hier liegt der Förster Rupert Huß,
er starb an einem Büchsenschuß,
der auf der Jagd von ohngefähr
ihn hat getroffen folgenschwer.
Zum Glück konnt' man ihn noch versehn.
Gott lass' ihn fröhlich auferstehn!
Ich nannt' ihn oben Rupert Huß,
um hinzuweisen auf den Schuß,
doch hieß er in der Tat Franz Leim,
das aber paßte nicht zum Reim.
Was hätt' ich mit dem Leim gemacht?
Wie hätt' den Schuß ich angebracht,
an dem er doch verschieden ist
als Jägersmann und guter Christ.

Unbekannt

1 Schwein

KOMISCHE BEGEBENHEITEN

DER KOCH MIT DEM KRANICH

Hört, zu Florenz ein Ritter saß,
der ein bewährter Weidmann was
und mit dem Federspiel umstrich.
Einst fing er einen Kranich sich
und seinem Koch den anbefahl,
daß er ihn briete zum Abendmahl.
Dem Rittersmann und seinen Gästen
bereitete der Koch zum besten
den Kranich, tat Wurzelwerk daran
und briet den feisten Braten dann.
Bald strömte aus der Küch' heraus
der Bratenduft durch Gass' und Haus.
Indem des Koches Buhlschaft kam
und bat den Koch ohn' alle Scham,
einen Kranichschenkel ihr zu schenken.
Der sprach: «Da ließ der Herr mich henken;
geh hin, ich geb' kein Stückchen dir.»
Sie sprach: «Versagst du die Bitte mir,
so ist es aus mit dir und mir.»
Da gab er einen Schenkel ihr.
Als man den Kranich trug zu Tisch,
wollt' ihn der Herr zerlegen frisch,
da hatt' der Kranich nur ein Bein.
Gleich fordert' er den Koch herein
und sagt' ihm ernst, daß er erkläre,
wo der eine Schenkel geblieben wäre.
Der Koch vermochte nichts zu sagen
und tät die Augen niederschlagen
und sprach: «Gestrenger Herre mein,
ein Kranich hat doch nur ein Bein.»
Mit Zürnen sprach der Ritter da:
«Meinst du, daß ich noch keinen sah?»
Der Koch beschwor, es wäre wahr,
er wollt' das Ding beweisen klar.
So sprach der Koch aus großen Sorgen.
Der Ritter sprach: «Das sollst du morgen!
Wenn du das nicht beweisen tust,
am nächsten Baum du hängen mußt.»

Kein Schlaf des Nachts dem Koche ward,
ihm bangt', der Herr bestraft' ihn hart. –
Früh ritten sie zu einem See,
wo Kraniche man traf von je.
Als sie dem Wasser kamen nah,
zwölf Kraniche wohl der Koch ersah;
ein jeder stand auf einem Bein.
Die zeigt' er gleich dem Herren sein
und sprach: «Jetzt seht die Wahrheit an!»
Der Herr lief dicht an sie heran
hob auf die Händ und schrie: «hu, hu!»
und schreckte sie aus ihrer Ruh.
Schnell zog ein jeder noch hervor
ein Bein und gleich die Flucht erkor.
«Wer hat nun recht?», so sprach der Ritter.
Da sprach der Koch und schluchzte bitter:
«Herr, hättet gestern Ihr gemacht
auch einen solchen Lärm, hervorgebracht
hätt auch der Braten ein zweites Bein,
des dürft Ihr fest versichert sein.
Ihr seht, es ist nicht meine Schuld.»
Durch dieses Wort erlangt' er Huld;
der Herr mußt' seiner Einfalt lachen.
So wird oft Scherz aus ernsten Sachen,
wo man erst fürchtet, daß erwachs'
Unheil daraus, so spricht

Hans Sachs

DER KAISER UND DER ABT

Ich will euch erzählen ein Märchen, gar schnurrig:
Es war mal ein Kaiser; der Kaiser war knurrig;
auch war mal ein Abt, ein gar stattlicher Herr;
nur schade! Sein Schäfer war klüger als er.

Dem Kaiser ward's sauer in Hitz' und in Kälte:
Oft schlief er bepanzert im Kriegesgezelte;
oft hatt' er kaum Wasser zu Schwarzbrot und Wurst;
und öfter noch litt er gar Hunger und Durst.

Das Pfäfflein, das wußte sich besser zu hegen,
und weidlich am Tisch und im Bette zu pflegen.
Wie Vollmond glänzte sein feistes Gesicht.
Drei Männer umspannten den Schmerbauch ihm nicht.

Drob suchte der Kaiser am Pfäfflein oft Hader.
Einst ritt er, mit riesigem Kriegesgeschwader,
in brennender Hitze des Sommers vorbei.
Das Pfäfflein spazierte vor seiner Abtei.

«Ha», dachte der Kaiser, «zur glücklichen Stunde!»
Und grüßte das Pfäfflein mit höhnischem Munde:
«Knecht Gottes, wie geht's dir? Mir deucht wohl ganz recht,
das Beten und Fasten bekomme nicht schlecht.

Doch deucht mir daneben, Euch plage viel Weile.
Ihr dankt mir's wohl, wenn ich Euch Arbeit erteile,
man rühmet, Ihr wäret der pfiffigste Mann,
ihr höret das Gräschen fast wachsen, sagt man.

So geb' ich denn Euren zwei tüchtigen Backen
zur Kurzweil drei artige Nüsse zu knacken.
Drei Monden von nun an bestimm' ich zur Zeit.
Dann will ich auf diese drei Fragen Bescheid.

Zum ersten: Wann hoch ich, im fürstlichen Rate,
zu Throne mich zeige im Kaiserornate,
dann sollt Ihr mir sagen, ein treuer Wardein,
wieviel ich wohl wert, bis zum Heller, mag sein?

Zum zweiten sollt Ihr mir berechnen und sagen:
Wie bald ich zu Rosse die Welt mag umjagen?
Und keine Minute zu wenig und viel!
Ich weiß, der Bescheid darauf ist Euch nur Spiel.

Zum dritten noch sollst du, o Preis der Prälaten,
aufs Härchen mir meine Gedanken erraten.
Die will ich dann treulich bekennen; allein
es soll auch kein Titelchen Wahres dran sein.

Und könnt Ihr mir diese drei Fragen nicht lösen,
so seid Ihr die längste Zeit Abt hier gewesen;
so laß ich Euch führen zu Esel durchs Land
verkehrt, statt des Zaumes den Schwanz in der Hand.»

Drauf trabte der Kaiser mit Lachen von hinnen.
Das Pfäfflein zerriß und zerspliß sich mit Sinnen.
Kein armer Verbrecher fühlt mehr Schwulität,
der vor hochnotpeinlichem Halsgericht steht.

Er schickte nach ein, zwei, drei, vier Un'vers'täten,
er fragte bei ein, zwei, drei, vier Fakultäten,
er zahlte Gebühren und Sporteln vollauf;
doch löste kein Doktor die Fragen ihm auf.

Schnell wuchsen, bei herzlichem Zagen und Pochen,
die Stunden zu Tagen, die Tage zu Wochen,
die Wochen zu Monden; schon kam der Termin!
Ihm ward's vor den Augen bald gelb und bald grün.

Nun sucht' er, ein bleicher hohlwangiger Werther,
in Wäldern und Feldern die einsamsten Örter.
Da traf ihn, auf selten betretener Bahn,
Hans Bendix, sein Schäfer, am Felsenhang an.

«Herr Abt», sprach Hans Bendix, «was mögt Ihr Euch grämen?
Ihr schwindet ja wahrlich dahin wie ein Schemen.
Maria und Joseph! Wie hotzelt Ihr ein!
Mein Sixchen! Es muß Euch was angetan sein.»

«Ach, guter Hans Bendix, so muß sich's wohl schicken.
Der Kaiser will gern mir am Zeuge was flicken,
und hat mir drei Nüss' auf die Zähne gepackt,
die schwerlich Beelzebub selber wohl knackt.

Zum ersten: Wann hoch er, im fürstlichen Rate,
zu Throne sich zeiget, im Kaiserornate,
dann soll ich ihm sagen, ein treuer Wardein,
wieviel er wohl wert, bis zum Heller, mag sein?

Zum zweiten soll ich ihm berechnen und sagen:
Wie bald er zu Rosse die Welt mag umjagen?
Um keine Minute zu wenig und viel!
Er meint, der Bescheid darauf wäre nur Spiel.

Zum dritten, ich ärmster von allen Prälaten,
soll ich ihm gar seine Gedanken erraten;
die will er mir treulich bekennen; allein
es soll auch kein Titelchen Wahres dran sein.

Und kann ich ihm diese drei Fragen nicht lösen,
so bin ich die längste Zeit Abt hier gewesen;
so läßt er mich führen zu Esel durchs Land,
verkehrt, statt des Zaumes den Schwanz in der Hand.»

«Nichts weiter?» erwidert Hans Bendix mit Lachen,
«Herr, gebt Euch zufrieden! Das will ich schon machen.
Nur borgt mir Eur Käppchen, Eur Kreuzchen und Kleid:
So will ich schon geben den rechten Bescheid.

Versteh' ich gleich nichts von lateinischen Brocken,
so weiß ich den Hund doch vom Ofen zu locken.
Was Ihr Euch, Gelehrte, für Geld nicht erwerbt,
das hab ich von meiner Frau Mutter geerbt.»

Da sprang wie ein Böcklein der Abt vor Behagen.
Mit Käppchen und Kreuzchen, mit Mantel und Kragen
ward stattlich Hans Bendix zum Abte geschmückt
und hurtig zum Kaiser nach Hofe geschickt.

Hier thronte der Kaiser im fürstlichen Rate,
hoch prangt' er, mit Zepter und Kron im Ornate:
«Nun sagt mir, Herr Abt, als ein treuer Wardein,
wieviel ich jetzt wert, bis zum Heller, mag sein?»

«Für dreißig Reichsgulden ward Christus verschachert:
drum gäb' ich, so sehr Ihr auch pochet und prachert,
für Euch keinen Deut mehr als zwanzig und neun,
denn einen müßt Ihr doch wohl minder wert sein.»

«Hum», sagte der Kaiser, «der Grund läßt sich hören,
und mag den durchlauchtigen Stolz wohl bekehren.
Nie hätt' ich, bei meiner hochfürstlichen Ehr!
geglaubet, daß so spottwohlfeil ich wär'.

Nun aber sollst du mir berechnen und sagen:
Wie bald ich zu Rosse die Welt mag umjagen?
Um keine Minute zu wenig und viel!
Ist dir der Bescheid darauf auch nur ein Spiel?»

«Herr, wenn mit der Sonn' Ihr früh sattelt und reitet
und stets sie in einerlei Tempo begleitet,
so setz' ich mein Kreuz und mein Käppchen daran,
in zweimal zwölf Stunden ist alles getan.»

«Ha», lachte der Kaiser, «vortrefflicher Haber!
Ihr futtert die Pferde mit Wenn und mit Aber.
Der Mann, der das Wenn und das Aber erdacht,
hat sicher aus Häckerling Gold schon gemacht.

Nun aber zum dritten, nun nimm dich zusammen!
Sonst muß ich dich dennoch zum Esel verdammen.
Was denk' ich, das falsch ist? das bringe heraus!
Nur bleib mir mit Wenn und mit Aber zu Haus!»

«Ihr denket, ich sei der Herr Abt von St. Gallen.»
«Ganz recht! und das kann von der Wahrheit nicht fallen.» –
«Sein Diener, Herr Kaiser! Euch trüget Eur Sinn:
Denn wißt, dass ich Bendix, sein Schäfer, nur bin!»

«Was Henker! Du bist nicht der Abt von St. Gallen?»
Rief hurtig, als wär er vom Himmel gefallen,
der Kaiser mit frohem Erstaunen darein;
«Wohlan denn, so sollst du von nun an es sein!

Ich will dich belehnen mit Ring und mit Stabe.
Dein Vorfahr besteige den Esel und trabe!
Und lerne fortan erst quid juris verstehn!
Denn wenn man will ernten, so muß man auch sä'n.»

«Mit Gunsten, Herr Kaiser! Das laßt nur hübsch bleiben!
Ich kann ja nicht lesen, noch rechnen und schreiben;
Auch weiß ich kein sterbendes Wörtchen Latein.
Was Hänschen versäumet, holt Hans nicht mehr ein.»

«Ach guter Hans Bendix, das ist ja recht schade!
Erbitte demnach dir ein' andere Gnade!
Sehr hat mich ergötzet dein lustiger Schwank;
drum soll dich auch wieder ergötzen mein Dank.»

«Herr Kaiser, groß hab' ich so eben nichts nötig:
Doch seid Ihr im Ernst mir zu Gnaden erbötig,
so will ich mir bitten zum ehrlichen Lohn,
für meinen hochwürdigen Herren Pardon.»

«Ha, bravo! Du trägst, wie ich merke, Geselle,
das Herz, wie den Kopf, auf der richtigen Stelle.
Drum sei der Pardon ihm in Gnaden gewährt,
und obendrein dir ein Panisbrief beschert:

Wir lassen dem Abt von St. Gallen entbieten:
Hans Bendix soll ihm nicht die Schafe mehr hüten.
Der Abt soll sein pflegen, nach unserm Gebot,
umsonst, bis an seinen sanftseligen Tod.»

Gottfried August Bürger

FRIEDRICHS DES ZWEITEN KUTSCHER

Des alten Fritz Leibkutscher soll aus Stein
zu Potsdam auf dem Stall zu sehen sein –
da fährt er so einher,
als ob er lebend wär':
Aller Kutscher Muster, treu und fest und grob.
Pfund genannt, Umschmeißen kannt' er nicht: das war sein Lob.

Mordwege fuhr er ohne Furcht, sein Mut
hielt aus in Schnee, Nacht, Sturm und Wasserflut.
Ihm war das einerlei,
er fand gar nichts dabei;

in dem Schnurrbart fest und steif blieb sein Gesicht,
und man sah darauf kein schlimmes Wetter niemals nicht.

Doch rührte man an seinen Kutscherstolz,
war jedes Wort von ihm ein Kloben Holz;
　　woher es auch geschah,
　　daß er es einst versah
und dem alten Fritz etwas gröblich kam,
wessenhalb derselbe eine starke Prise nahm

und sprach: «Ein grober Knüppel wie Er ist,
der fährt fortan mit Eseln Knüppel oder Mist!»
　　Und so geschah's. Ein Jahr
　　bereits verflossen war,
als der Pfund einst Knüppel fuhr und guten Muts
ihm begegnete der alte Fritz; der frug: «Wie tut's?»

«I nu, wenn ich nur fahre», sagte Pfund,
indem er fest auf seinem Fahrzeug stund,
　　«so ist's mir einerlei
　　und weiter nichts dabei,
ob's mit Pferden oder ob's mit Eseln geht,
fahr' ich Knüppel oder fahr' ich Euer Majestät.»

Da nahm der alte Fritz Tabak gemach
und sah den groben Pfund sich an und sprach:
　　«Hüm, findt Er nichts dabei
　　und ist Ihm einerlei,
ob es Pferd, ob Esel, Knüppel oder ich;
lad' Er ab und spann' Er um, und fahr' Er wieder mich.»

August Kopisch

AUF DIE FORM KOMMT ES AN

Einst zur Nachtzeit lag und schlief
Harun Raschid, der Kalif,
und ihm träumte mancherlei.
Aber von den Träumen allen
gab ihm einer viel zu sorgen,
als er früh erwacht' am Morgen,
denn es waren ihm dabei
alle Zähne ausgefallen.

Als der Zeichendeuter kam
und des Traumes Art vernahm,
sprach er: «Gott beschütze dich!
Also wird es dir ergehen:
Die sich deines Blutes nannten,
deine lieben Anverwandten,
wirst, o Fürst, du sicherlich
alle vor dir sterben sehen!»

Ob der bösen Deutung Art
wühlte sich in seinem Bart
der Kalif und rief in Wut:
«Fort, hinaus mit diesem Raben!
Kann er nichts als Unheil krähen,
mag er seinen Lohn besehen:
Hundert Streiche voll und gut
soll er auf die Sohlen haben!»

Einen andern rief man dann.
Dieser war ein kluger Mann.
Und er sprach, als er gefragt:
«Allah wolle Gnade geben,
langes Leben nach Gefallen
deinen Anverwandten allen,
aber dieser Traum besagt:
Du wirst alle überleben!»

Diese Deutung sagte zu,
und der Mann erhielt im Nu
hundert Golddukaten bar,
weil er wußte, wie man läutet.
Denn im Grunde sagten beide
Gleiches – nur in anderm Kleide. –
Hieran zeigt sich sonnenklar,
was die richt'ge Form bedeutet!

Heinrich Seidel

WIRKUNG IN DIE FERNE

Die Königin steht im hohen Saal,
da brennen der Kerzen so viele;
sie spricht zum Pagen: «Du läufst einmal
und holst mir den Beutel zum Spiele.
Er liegt zur Hand
auf meines Tisches Rand.»
Der Knabe, der eilt' so behende,
war bald an Schlosses Ende.

Und neben der Königin schlürft zur Stund'
Sorbett die schönste der Frauen.
Da brach ihr die Tasse so hart an dem Mund,
es war ein Greuel zu schauen.
Verlegenheit! Scham!
Ums Prachtkleid ist's getan!
Sie eilt und fliegt so behende
entgegen des Schlosses Ende.

Der Knabe zurück zu laufen kam
entgegen der Schönen in Schmerzen.
Es wußt' es niemand, doch beide zusamm',
sie hegten einander im Herzen!
Und o des Glücks,
des günst'gen Geschicks!
Sie warfen mit Brust sich zu Brüsten
und herzten und küßten nach Lüsten.

Doch endlich beide sich reißen los.
Sie eilt in ihre Gemächer;
der Page drängt sich zur Königin groß
durch alle die Degen und Fächer.
Die Fürstin entdeckt
das Westchen befleckt:
Für sie war nichts unerreichbar,
der Kön'gin von Saba vergleichbar.

Und sie die Hofmeisterin rufen läßt:
«Wir kamen doch neulich zu Streite,
und ihr behauptet steif und fest,
nicht reiche der Geist in die Weite;
die Gegenwart nur
die lasse wohl Spur;
doch niemand wirk' in die Ferne,
sogar nicht die himmlischen Sterne.

Nun seht! Soeben ward mir zur Seit'
der geistige Süßtrank verschüttet,
und gleich darauf hat er dort hinten so weit
dem Knaben die Weste zerrüttet.
Besorg dir sie neu!
Und weil ich mich freu',
daß sie mir zum Beweise gegolten,
ich zahl' sie! Sonst wirst du gescholten.»

Johann Wolfgang Goethe

RHAMPSENIT

Als der König Rhampsenit
eintrat in die goldne Halle
seiner Tochter, lachte diese,
lachten ihre Zofen alle.

Auch die Schwarzen, die Eunuchen,
stimmten lachend ein, es lachten
selbst die Mumien, selbst die Sphinxe,
daß sie schier zu bersten dachten.

Die Prinzessin sprach: «Ich glaubte
schon den Schatzdieb zu erfassen,
der hat aber einen toten
Arm in meiner Hand gelassen.

Jetzt begreif' ich, wie der Schatzdieb
dringt in deine Schatzhauskammern
und die Schätze dir entwendet,
trotz den Schlössern, Riegeln, Klammern.

Einen Zauberschlüssel hat er,
der erschließet allerorten
jede Türe, widerstehen
können nicht die stärksten Pforten.

Ich bin keine starke Pforte
und ich hab nicht widerstanden;
schätzehütend diese Nacht
kam ein Schätzlein mir abhanden.»

So sprach lachend die Prinzessin,
und sie tänzelt im Gemache,
und die Zofen und Eunuchen
hoben wieder ihre Lache.

An demselben Tag ganz Memphis
lachte, selbst die Krokodile
reckten lachend ihre Häupter
aus dem schlammig gelben Nile,

als sie Trommelschlag vernahmen
und sie hörten an dem Ufer
folgendes Reskript verlesen
von dem Kanzelei-Ausrufer:

«Rhampsenit, von Gottes Gnaden
König zu und in Ägypten,
Wir entbieten Gruß und Freundschaft
Unsern Vielgetreun und Liebden.

In der Nacht vom dritten zu dem
vierten Junius des Jahres
Dreizehnhundertvierundzwanzig
vor Christi Geburt, da war es,

daß ein Dieb aus Unserm Schatzhaus
eine Menge von Juwelen
uns entwendet'; es gelang ihm
Uns auch später zu bestehlen.

Zur Ermittelung des Täters
ließen schlafen Wir die Tochter
bei den Schätzen – doch auch jene
zu bestehlen schlau vermocht' er.

Um zu steuern solchem Diebstahl
und zu gleicher Zeit dem Diebe
Unsre Sympathie zu zeigen,
Unsre Ehrfurcht, Unsre Liebe,

wollen Wir ihm zur Gemahlin
unsre einz'ge Tochter geben
und ihn auch als Thronnachfolger
in den Fürstenstand erheben.

Sintemal Uns die Adresse
Unsres Eidams noch zur Stunde
unbekannt, soll dies Reskript ihm
bringen Unsrer Gnade Kunde.

So geschehn den dritten Jänner
Dreizehnhundert zwanzig sechs
vor Christi Geburt. – Signieret
von Uns: Rhampsenitus Rex.»

Rhampsenit hat Wort gehalten,
nahm den Dieb zum Schwiegersohne
und nach seinem Tode erbte
auch der Dieb Ägyptens Krone.

Er regierte wie die andern,
schützte Handel und Talente;
wenig, heißt es, ward gestohlen
unter seinem Regimente.

Heinrich Heine

GRAF EBERSTEIN

Zu Speyer im Saale, da hebt sich ein Klingen,
mit Fackeln und Kerzen ein Tanzen und Springen.
  Graf Eberstein
  führet den Reihn
mit des Kaisers holdseligem Töchterlein.

Und als er sie schwingt nun im luftigen Reigen,
da flüstert sie leise (sie kann's nicht verschweigen):
  «Graf Eberstein,
  hüte dich fein!
Heut nacht wird dein Schlößlein gefährdet sein.»

«Ei», denket der Graf, «Euer kaiserlich' Gnaden,
so habt Ihr mich darum zum Tanze geladen?»
  Er sucht sein Roß,
  läßt seinen Troß
und jagt nach seinem gefährdeten Schloß.

Um Ebersteins Feste, da wimmelt's von Streitern,
sie schleichen im Nebel mit Haken und Leitern.
  Graf Eberstein
  grüßet sie fein,
er wirft sie vom Wall in die Gräben hinein.

Als nun der Herr Kaiser am Morgen gekommen,
da meint er, es seie die Burg schon genommen.

Doch auf dem Wall
tanzen mit Schall
der Graf und seine Gewappneten all:

«Herr Kaiser, beschleicht Ihr ein andermal Schlösser,
tut's not, Ihr versteht aufs Tanzen Euch besser.
Euer Töchterlein
tanzet so fein,
dem soll meine Feste geöffnet sein.»

Im Schlosse des Grafen, da hebt sich ein Klingen,
mit Fackeln und Kerzen ein Tanzen und Springen.
Graf Eberstein
führet den Reihn
mit des Kaisers holdseligem Töchterlein.

Und als er sie schwingt nun im bräutlichen Reigen,
da flüstert er leise (nicht kann er's verschweigen):
«Schön Jungfräulein,
hüte dich fein!
Heut nacht wird ein Schlößlein gefährdet sein.»

Ludwig Uhland

DER SCHELM VON BERGEN

Zu Frankfurt auf dem Römer war heute Königswahl,
und abends drehn Vermummte sich bei der Fackeln Strahl:
Der König ist gekoren,
des Reiches Not beschworen;
ihr Masken, schwingt euch froh im Saal.

Zum Tanze lädt's, zum Tanze! der König fliegt dahin
und mit dem schwarzen Ritter die junge Königin:
Wer ist wohl der Beglückte,
den solche Ehre schmückte?
Sie wäre Fürsten Hochgewinn.

Und wieder lädt's zum Tanze, gar mancher Tänzer keicht:
Wem hat die junge Königin die Hand zum Tanz gereicht?

Es ist der schwarze Ritter,
er tanzt fürwahr nicht bitter,
ja, keiner schwebt so frei und leicht.

Und immer ist's der Schwarze, der sie zum Tanze führt:
Doch ist sie wohl zu tadeln, dass sie den Tänzer kürt? –
Die Larven werden fallen,
dann muß sein Name schallen,
dann zeigt sich, ob es ihm gebührt.

«Wollt Ihr euch nicht entmummen, Herr Ritter, es ist Zeit;
die Larven alle fielen, laßt schauen, wer Ihr seid!»
«Das, Herrin, nicht begehre!
Bei dein und meiner Ehre,
du forderst unser beider Leid.»

«Wärt Ihr des Reiches Ächter», begann der König hehr,
«hier dulden Ehrenwächter jetzt keine Masken mehr.»
Da kann er sich nicht bergen:
‹Der Scharfrichter von Bergen!›
Erschrocken schallt es rings umher.

«Unehrlicher, dein Atem befleckt die Königin,
den Frevel wirst du büßen, der Tod ist dein Gewinn.
Legt Hand an ihn, ihr Schergen,
den Scharfrichter von Bergen,
zum Richtplatz schleift ihn selber hin.»

«Was könnt' es helfen?», spricht er, «die Kön'gin blieb' entehrt,
ich will Euch besser raten, Herr König, zieht das Schwert,
schlagt mich damit zum Ritter:
Beschimpft sie dann ein dritter,
das räch' ich ritterlich bewehrt.» –

«Der Rat ist gut, knie nieder, ich lohn' ihn mit der Tat:
Du bist ein Schelm gewesen, und schelmisch war dein Rat,
so heiße Schelm von Bergen:
Der darf sich nicht verbergen,
dem dies der Deutschen König tat.»

Und wieder lädt's zum Tanze, gar mancher Tänzer keicht:
Wem hat die junge Königin die Hand zum Tanz gereicht?
Es ist der schwarze Ritter,
er tanzt mit offnem Gitter,
kein Reichsfürst tanzt so frei und leicht.

Karl Simrock

EIN REICHER BAUER lag im Sterben
und sprach zu seiner Frau:
«All meine Habe sollst du erben,
nur eins beachte mir genau!
Wir hatten immer gut zu leben!
Und hatten doch, Gott sei's geklagt,
den Armen selten was gegeben.
Drum weil mich nun die Reue plagt,
versprich mir, daß – sobald ich eingesargt –
du gleich zum Markt
mit unserm besten Pferde ziehst
und vorteilhaft es zu verkaufen siehst,
um den Erlös mit christlichem Erbarmen
zu spenden unsres Dorfes Armen!»

Der Bauer starb. Die Bäuerin nicht faul,
nimmt aus dem Stall den allerschönsten Gaul,
legt ihm den ersten besten Sattel auf,
trabt in die Stadt und bietet jedermann
das Pferd zum Kauf
mit wohlgesetzten Worten an.

Ein Käufer tritt bald vor sie hin,
nachdem er sich das Tier genau besehen,
und fragt: «Was kostet Euer Pferd?» –
«Zwei Kreuzer», spricht die Bäuerin,
«allein: Ihr müßt den Sattel auch erstehen,
und der ist fünfzig Gulden wert!»

«Ihr seid ein närrisch Weib!» – der Käufer lacht –
«daß Ihr so hoch den Sattel angesetzt
und Euren Schimmel nur zwei Kreuzer schätzt!

Doch mir ist's gleich, wie Ihr die Rechnung macht.
Nehmt fünfzig Gulden hier fürs Sattelzeug
und für den Gaul zwei Kreuzer – Gott mit Euch!»

Der Käufer zog von dannen mit dem Pferd –
und als die Bäuerin heimgekehrt,
gab sie getreu nach des Verstorbnen Sinn
zwei Kreuzer für die Armen hin.

Johannes Pauli

DER GESTRICHENE SCHEFFEL

«O weh, o weh, ich armer Mann!
Ich hab' kein Geld, was fang ich an?
Und kann ich's nicht erschwingen,
so mag's der Teufel bringen!» –

Da kam der Teufel, bot dem Mann
von Gold einen ganzen Scheffel an,
gehäuft, und sprach mit Tücke:
«Gib ihn im Jahr zurücke!

Du kriegst das Maß gehäufelt, Mann,
gestrichen nehm ich's wieder an.» –
Er denkt: das muß verführen,
er wird's verjubilieren!

«Gern nehm ich's», sprach darauf der Mann
und schrieb am Pakt – «doch sag mir an:
Darf ich dir's dann nur eben,
nicht eher wiedergeben?» –

«Auch eher! Ja, mein lieber Mann!» –
«Gut, schön! So nimm es jetzo an:
Ich hab es abgestrichen;
So ist das all verglichen!» –

Noch beut der Teufel unserem Mann
krumm, dumm und stumm den Scheffel an,
doch der sagt frisch und heiter:
«Ich dank', ich brauch nichts weiter!»

Seit dieser Zeit sieht seinen Mann
der Teufel sich viel besser an!
Gar raffiniert im Takte
sind jetzt Kontrakt' und Pakte.

August Kopisch

DIE BEIDEN SCHWESTERN

Es waren mal zwei Schwestern,
ich weiß es noch wie gestern.
Die eine namens Adelheid
war faul und voller Eitelkeit.
Die andre, die hieß Käthchen
und war ein gutes Mädchen.
Sie quält sich ab von früh bis spät,
wenn Adelheid spazieren geht.
Die Adelheid trank roten Wein,
dem Käthchen schenkt' sie Wasser ein.

Einst war dem Käthchen anbefohlen,
im Walde dürres Holz zu holen.
Da saß an einem Wasser
ein Frosch, ein grüner, nasser;
der quakte ganz unsäglich,
gottsjämmerlich und kläglich:
«Erbarme dich, erbarme dich,
ach, küsse und umarme mich!»

Das Käthchen denkt: «Ich will's nur tun,
sonst kann der arme Frosch nicht ruhn!»
Der erste Kuß schmeckt recht abscheulich.
Der gräsig grüne Frosch wird bläulich.
Der zweite schmeckt schon etwas besser;
der Frosch wird bunt und immer größer.
Beim dritten gibt es ein Getöse
als ob man die Kanonen löse.
Ein hohes Schloß steigt aus dem Moor,
ein schöner Prinz steht vor dem Tor.

Er spricht: «Lieb Käthchen, du allein
sollst meine Herzprinzessin sein!»
Nun ist das Käthchen hochbeglückt,
kriegt Kleider schön mit Gold bestickt
und trinkt mit ihrem Prinzgemahl
aus einem goldenen Pokal.

Indessen ist die Adelheid
in ihrem neusten Sonntagskleid
herumspaziert an einem Weiher,
da saß ein Knabe mit der Leier.
Die Leier klang, der Knabe sang:
«Ich liebe dich, bin treu gesinnt:
Komm, küsse mich, du hübsches Kind!»

Kaum küßt sie ihn, so wird er grün,
so wird er struppig, eiskalt und schuppig.
Und ist, o Schreck!
der alte, kalte Wasserneck.
«Ha!» – lacht er – «diese hätten wir!»
Und fährt bis auf den Grund mit ihr.

Da sitzt sie nun bei Wasserratzen,
muß Wassernickels Glatze kratzen,
trägt einen Rock von rauhen Binsen,
kriegt jeden Mittag Wasserlinsen;
und wenn sie etwas trinken muß,
ist Wasser da im Überfluß.

Wilhelm Busch

BÖSER MARKT

Einer kam vom Königsmahle
in den Park, sich zu bewegen;
aus dem Busch mit einem Male
trat ein andrer ihm entgegen;
zwischen Rock und Kamisole
griff der schnell, und die Pistole
setzt' er jenem auf die Brust.

«Leise, leise! muß ich bitten;
was wir hier für Handel treiben,
mag von unberufnen Dritten
füglich unbelauschet bleiben.
Wollt Ihr Uhren nebst Gehenken
wohl verkaufen? nicht verschenken;
nehmt drei Batzen Ihr dafür?»

«Mit Vergnügen!» – «Nimmer richtig
ist die Dorfuhr noch gegangen;
tut der Küster auch so wichtig,
weiß er's doch nicht anzufangen.
Jeder weiß in unsern Tagen,
was die Glocke hat geschlagen;
gottlob! nun erfahr' ich's auch.

Sagt mir ferner: Könnt Ihr missen,
was da blinkt an Euren Fingern?
Meine Hausfrau, sollt Ihr wissen,
ist gar arg nach solchen Dingern;
solche Ringe, solche Sterne,
wie Ihr da habt, kauf' ich gerne;
nehmt drei Batzen Ihr dafür?»

«Mit Vergnügen!» – «Habt Ihr künftig
mehr zu handeln, laßt mich holen;
edel seid Ihr und vernünftig
und ich lob' Euch unverhohlen.
Gleich mich dankbar Euch zu zeigen,
laß' ich jede Rücksicht schweigen
und verkauf' Euch, was Ihr wollt.

Seht den Ring da, den ich habe;
nur von Messing, schlecht, unscheinsam,
aber meiner Liebsten Gabe;
ach, sie starb und ließ mich einsam!
Nicht um einen Goldeshaufen …!
Aber Ihr, wollt Ihr ihn kaufen,
gebt mir zehn Dukaten nur!»

«Mit Vergnügen!» – «Ei! was seh' ich?!
Schöner Beutel, goldgeschwollen!
Du gefällst mir, das gesteh' ich;
die Pistole für den vollen!
Sie ist von dem besten Meister,
Kuchenreuter, glaub' ich, heißt er,
nehmt sie für den Beutel hin!»

«Mit Vergnügen! Nun, Geselle,
ist die Reih' an mich gekommen!
Her den Beutel auf der Stelle!
Her, was du mir abgenommen!
Gib mir das Geraubte wieder,
gleich! Ich schieße sonst dich nieder,
wie man einen Hund erschießt!» –

«Schießt nur, schießt nur, wahrlich, Schaden
wärt Ihr fähig anzurichten,
wäre nur das Ding geladen.
Ihr gefallt mir so mitnichten.
Unfein dürft' ich wohl Euch schelten:
Abgeschloßne Händel gelten,
merkt es Euch und – gute Nacht!»

Ihn verlachend unumwunden,
langgebeint, mit leichten Sätzen,
war er in dem Busch verschwunden
mit den eingetauschten Schätzen.
Jener, mit dem Kuchenreuter
in der Hand, sah nicht gescheiter
aus, als augenblicks zuvor.

Adelbert von Chamisso

DIE GESCHICHTE VON GOLIATH UND DAVID IN REIME GEBRACHT

War einst ein Riese Goliath,
gar ein gefährlich Mann!
Er hatte Tressen auf dem Hut
mit einem Klunker dran,
und einen Rock von Drap d'argent
und alles so nach advenant.

An seinen Schnurrbart sah man nur
mit Gräsern und mit Graus,
und dabei sah er von Natur
pur wie der – – aus!
Sein Sarraß war, man glaubt es kaum,
so groß schier als ein Weberbaum.

Er hatte Knochen wie ein Gaul,
und eine freche Stirn,
und ein entsetzlich großes Maul
und nur ein kleines Hirn;
gab jedem einen Rippenstoß
und flunkerte und prahlte groß.

So kam er alle Tage her
und sprach Israel Hohn.
«Wer ist der Mann? Wer wagt's mit mir?
Sei Vater oder Sohn,
er komme her, der Lumpenhund,
ich bax'n nieder auf den Grund.»

Da kam in seinem Schäferrock
ein Jüngling zart und fein;
er hatte nichts als seinen Stock,
als Schleuder und den Stein,
und sprach: «Du hast viel Stolz und Wehr,
ich komm im Namen Gottes her.»

Und damit schleudert' er auf ihn,
und traf die Stirne gar;
da fiel der lange Esel hin,
so lang und dick er war.
Und David haut' in guter Ruh
ihm nun den Kopf noch ab dazu.

Trau nicht auf deinen Tressenhut,
noch auf den Klunker dran!
Ein großes Maul es auch nicht tut:
Das lern vom langen Mann;
und von dem kleinen lerne wohl:
Wie man mit Ehren fechten soll.

Matthias Claudius

FAUSTIN

Faustin, der ganze fünfzehn Jahr
entfernt von Haus und Hof und Weib und Kindern war,
ward, von dem Wucher reich gemacht,
auf seinem Schiffe heimgebracht.
«Gott», seufzt der redliche Faustin,
als ihm die Vaterstadt in dunkler Fern' erschien,
«Gott, strafe mich nicht meiner Sünden,
und gib mir nicht verdienten Lohn!
Laß, weil du gnädig bist, mich Tochter, Weib und Sohn
gesund und fröhlich wieder finden.»
So seufzt Faustin, und Gott erhört den Sünder.
Er kam, und fand sein Haus in Überfluß und Ruh.
Er fand sein Weib und seine beiden Kinder,
und – Segen Gottes! – zwei dazu.

Gotthold Ephraim Lessing

DER RECHTE BARBIER

«Und soll ich nach Philisterart
mir Kinn und Wange putzen,
so will ich meinen langen Bart
den letzten Tag noch nutzen;
ja! ärgerlich, wie ich nun bin,
vor meinem Groll, vor meinem Kinn
soll mancher noch erzittern.

Holla! Herr Wirt, mein Pferd! macht fort!
Ihm wird der Hafer frommen.
Habt Ihr Barbierer hier im Ort?
Laßt gleich den rechten kommen!
Waldaus, waldein, verfluchtes Land!
Ich ritt die Kreuz und Quer und fand
doch nirgends noch den rechten.

Tritt her, Bartputzer, aufgeschaut!
Du sollst den Bart mir kratzen;
doch kitzlig sehr ist meine Haut:
ich biete hundert Batzen;
nur, machst du nicht die Sache gut,
und fließt ein einzges Tröpflein Blut –
fährt dir mein Dolch ins Herze.»

Das spitze, kalte Eisen sah
man auf dem Tische blitzen
und dem verwünschten Ding gar nah
auf seinem Schemel sitzen
den grimmgen, schwarzbehaarten Mann
im schwarzen, kurzen Wams, woran
noch schwärzre Troddeln hingen.

Dem Meister wird's zu grausig fast:
Er will die Messer wetzen,
er sieht den Dolch, er sieht den Gast,
es packt ihn das Entsetzen,
er zittert wie das Espenlaub,
er macht sich plötzlich aus dem Staub
und sendet den Gesellen.

«Einhundert Batzen mein Gebot,
falls du die Kunst besitzest;
doch, merk es dir, dich stech' ich tot,
so du die Haut mir ritzest.»
Und der Gesell: «Den Teufel auch!
Das ist des Landes nicht der Brauch.»
Er läuft und schickt den Jungen.

«Bist du der Rechte, kleiner Molch?
Frisch auf! fang an zu schaben;
hier ist das Geld, hier ist der Dolch,
das beides ist zu haben!
Und schneidest, ritzest du mich bloß,
so geb' ich dir den Gnadenstoß;
du wärest nicht der erste.»

Der Junge denkt der Batzen, druckst
nicht lang und ruft verwegen:
«Nur still gesessen! Nicht gemuckst!
Gott geb Euch seinen Segen!»
Er seift ihn ein, ganz unverdutzt,
er wetzt, er stutzt, er kratzt, er putzt:
«Gottlob! nun seid Ihr fertig!»

«Nimm, kleiner Knirps, dein Geld nur hin;
du bist ein wahrer Teufel!
Kein andrer mochte den Gewinn,
du hegtest keinen Zweifel,
es kam das Zittern dich nicht an,
und wenn ein Tröpflein Blutes rann,
so stach ich dich doch nieder!»

«Ei! guter Herr, so stand es nicht;
ich hielt Euch an der Kehle:
Verzucktet Ihr nur das Gesicht,
und ging der Schnitt mir fehle,
so ließ ich Euch dazu nicht Zeit,
entschlossen war ich und bereit,
die Kehl' Euch abzuschneiden.»

«So, so! Ein ganz verwünschter Spaß!»
Dem Herrn ward's unbehäglich;
er wurd' auf einmal leichenblaß
und zitterte nachträglich:
«So, so! das hatt' ich nicht bedacht,
doch hat es Gott noch gut gemacht;
ich will's mir aber merken.»

Adelbert von Chamisso

DER SCHNEIDERJUNGE VON KRIPPSTEDT

In Krippstedt wies ein Schneiderjunge
dem Bürgermeister einst die Zunge:
Es war im Jahr Eintausendsiebenhundert,
der Bürgermeister sehr sich wundert
und find't es wider den Respekt,
weshalb er in den Turm ihn steckt.
Es war nach der Nachmittagspredigt,
die Kirche noch nicht ganz erledigt,
am heil'gen Trinitatis Tag,
da geschah auf einmal ein großer Schlag!
Es schlug, mit Gedonner, im Wettersturm
der Blitz in denselben Sankt Niklasturm.
Der Schreck durchfährt dic ganze Stadt,
die kaum sich vom Brand erhoben hat.
Was innen ist im Gotteshaus,
das dringt mit aller Gewalt heraus:
Was außen ist, das will hinein! –
Da sieht man auf einmal Flammenschein
von außen an des Turmes Spitze:
Da rief man «Feuer! Wasser! Wo ist die Spritze?»
– Die Spritze, ja, die ist dicht dabei;
doch Kasten und Röhren sind entzwei!
Wie saure Milch läuft alles zusammen:
Man schreit und blickt auf die Feuerflammen.
Dazwischen – es war ein böser Tag –
hallt mancher Donner- und Wetterschlag! –
Nun sammelt sich der Magistrat,
und jeder weiß etwas und keiner weiß Rat!
Der Bürgermeister, ein weiser Mann,
sieht sich das Ding bedenklich an
und spricht: «Hört mich, wir zwingen's nicht!
Der Turm brennt nieder wie ein Licht,
es kommt, wer hätte das gedacht sich,
wie Anno sechzehnhundertachtzig!
Erst brennt der Turm, die Kirche, die Stadt sodann;
drum ist mein Rat: rett' jeder, was er kann!» –
Da laufen die Bürger; mit aller Kraft
ein jeder das Seine zusammenrafft.

Das ist ein Gerenne, wie fliegen die Zöpfe,
wie stoßen zusammen die Puderköpfe!
Auf einmal – was krabbelt dort aus dem Loch
am Turm? – der Junge! – Nein! – Und doch!
Er ist's, er klettert zu Turmes Spitze –
der Schlingel! Er nimmt vom Kopf die Mütze,
er schlägt auf das Feuer und – daß dich der Daus! –
Er löscht es mit seiner Mütze aus!
Er tupft am ganzen Turm umher,
man sieht nicht eine Flamme mehr!
Und während alle jubelnd schrein,
schlüpft er von neuem ins Loch hinein.
Er scheut des Magistrates Wesen
und sitzt, als wär gar nichts gewesen.
Das mehrt den Jubel; die Bürger alle
rufen ihm Vivat! mit großem Schalle,
der Bürgermeister aber spricht,
indem sein großer Zorn sich bricht:
«Holt ihn heraus, ich erzeig' ihm Ehr,
und tu' für ihn zeitlebens mehr!» –
«Da kommt er ganz rußig, der Knirps, der Zwerg!
Hoch lebe der kleine Liewenberg!» –
Der Bürgermeister sprach: «Komm, Junge!
Streck noch einmal heraus die Zunge!
Ich leg' dir lauter Dukaten drauf!
So, sperr den Mund recht angelweit auf!
Nur immer mehr herausgereckt!
Wir haben alle vor dir Respekt!
Und morgen wird, daß nichts manquiert,
die große Spritze hier probiert
und was entzwei ist, repariert!»

August Kopisch

DE BLINNE SCHAUSTERJUNG

«Ach, Meister! Meister! ach, ick unglückselig Kind!
Wo geiht mi dit? Herr Je, du mein!
Ach, Meister! Ick bün stockenblind,
ick kann ok nich en Spirken seihn!»[1]

1 sehen

De Meister smit den Leisten weg,
hei smit den Spannreim in de Eck
un löppt nah sinen Jungen hen:
«Herr Gott doch, Jung! Wo is di denn?» –
«Ach, Meister! Meister! Kiken S' hir!
Ick seih de Botter up't Brod nich mihr!»
De Meister nimmt dat Butterbrod,
bekikt dat nipp von vörn un hin'n:
«So slag doch Gott den Düwel dod!
Ick sülwst kann ok kein Botter fin'n.
Na, täuw!»[2] Hei geiht tau de Frau Meistern hen
un seggt tau ehr: «Wat makst du denn?
Wo is hir Botter up dat Brod?
Dor slag doch Gott den Düwel dod!» –
«Is dat nich gaud för so'n Jungen?
Ji sünd man all so'n Leckertungen;[3]
ji müggten Hus und Hof vertehren,[4]
un ick sall fingerdick upsmeren.
So geiht dat doch nich los! Prahl sacht!
De Botter gelt en Gröschner acht.»[5] –
«Ih, Mudder, ward man nich glik bös,
hest du den nich en beten Käs?»
Un richtig! Sei lett sick bedüden
un deiht den Jungen Käs upsniden.
De Meister bringt dat Botterbrod herin,
giwwt dat den Jungen hen und fröggt,
ob sick sin Blindheit nu hadd leggt,
un ob hei wedder seihen künn.
«Ja, Meister», seggt de Jung ganz swipp[6]
«ja, Meister, ja! Ick seih so nipp,[7]
as hadd 'ck 'ne Brill um mine Näs,
ick seih dat Brod all dörch den Käs.»

Fritz Reuter

2 warte 3 Leckerzungen 4 verzehren 5 kostet einen Groschen 6 rasch 7 genau

DIE HEINZELMÄNNCHEN

Wie war zu Köln es doch vordem
mit Heinzelmännchen so bequem!
Denn, war man faul – man legte sich
hin auf die Bank und pflegte sich.
Da kamen bei Nacht,
ehe man's gedacht,
die Männlein und schwärmten
und klappten und lärmten
und rupften
und zupften
und hüpften und trabten
und putzten und schabten.
Und eh' ein Faulpelz noch erwacht',
war all sein Tagewerk bereits gemacht.

Die Zimmerleute streckten sich
hin auf die Spän und reckten sich.
Indessen kam die Geisterschar
und sah, was da zu zimmern war.
Nahm Meißel und Beil
und die Säg' in Eil';
sie sägten und stachen
und hieben und brachen,
berappten
und kappten,
visierten wie Falken
und setzten die Balken.
Eh' sich's der Zimmermann versah …
klapp, stand das ganze Haus schon fertig da.

Beim Bäckermeister war nicht Not,
die Heinzelmännchen backten Brot.
Die faulen Burschen legten sich,
die Heinzelmännchen regten sich –
und ächzten daher
mit den Säcken schwer!
Und kneteten tüchtig
und wogen es richtig

und hoben
und schoben
und fegten und backten
und klopften und hackten.
Die Burschen schnarchten noch im Chor:
Da rückte schon das Brot, das neue, vor.

Beim Fleischer ging es just so zu:
Gesell und Bursche lag in Ruh'.
Indessen kamen die Männlein her
und hackten das Schwein die kreuz und quer.
Das ging so geschwind
wie die Mühl' im Wind!
Die klappten mit Beilen,
die schnitzten an Speilen,
die spülten,
die wühlten
und mengten und mischten
und stopften und wischten.
Tat der Gesell die Augen auf –
wapp! hing die Wurst da schon im Ausverkauf!

Beim Schenken war es so: es trank
der Küfer bis er niedersank,
am hohlen Fasse schlief er ein,
die Männlein sorgten um den Wein
und schwefelten fein
alle Fässer ein
und rollten und hoben
mit Winden und Kloben
und schwenkten
und senkten
und gossen und panschten
und mengten und manschten.
Und eh' der Küfer noch erwacht',
war schon der Wein geschönt und fein gemacht.

Einst hatt' ein Schneider große Pein:
Der Staatsrock sollte fertig sein;
warf hin das Zeug und legte sich
hin auf das Ohr und pflegte sich.

Da schlüpften sie frisch
in den Schneidertisch;
und schnitten und rückten
und nähten und stickten
und faßten
und paßten
und strichen und guckten
und zupften und ruckten,
und eh' mein Schneiderlein erwacht',
war Bürgermeisters Rock bereits gemacht.

Neugierig war des Schneiders Weib,
und macht sich diesen Zeitvertreib:
Streut Erbsen hin die andre Nacht.
Die Heinzelmännchen kommen sacht;
eins fährt nun aus,
schlägt hin im Haus,
die gleiten von Stufen
und plumpen in Kufen,
die fallen
mit Schallen,
die lärmen und schreien
und vermaledeien!
Sie springt hinunter auf den Schall
mit Licht: husch husch husch husch! – verschwinden all!

O weh! Nun sind sie alle fort
und keines ist mehr hier am Ort!
Man kann nicht mehr wie sonsten ruhn,
man muß nun alles selber tun!
Ein jeder muß fein
selbst fleißig sein
und kratzen und schaben
und rennen und traben
und schniegeln
und bügeln
und klopfen und hacken
und kochen und backen.
Ach, daß es noch wie damals wär'!
Doch kommt die schöne Zeit nicht wieder her!

August Kopisch

DIE SCHÖNE PREDI'

Der alte Pfarrer von Waxelmoos
der hat neuli predigt. Ah, der schießt los!
Kreuzhimmelsakra – der hats ihna gsagt,
all Leut habn gwoant und an jeden hats packt.
Nur oaner lahnt so an der Kirchtür dran.
«No», sag i, «kann dir denn jetzt gar nix an?»
«Ja», sagt er und rührt sie gar nit dabei,
«Ja, wissens, i bin nit aus dera Pfarrei!»

Karl Stieler

'S GEBET

A gar kloans Dirndl mit der Muatta
hat in der Kirch in Sunnta bett [1]
und is halt gwest so voller Andacht,
als wenn s'es glei recht nötig hätt;
dees hat der Muatta gar guat gfalln
und nach der Kircha sagt s' dazua:
«Du bist amol a recht a frummi,
du hast scho bett, in aller Fruah,
was hast jetzt bett, dees muaßt ma sagn,
du Schatzerl du, so brav und nett?»
Unds Maderl sagt auf ihre Fragen:
«Daß d'Kirch bald aus werd, hon i bett.»

Franz von Kobell

A SCHARFER ZEUGN

Beim Gricht, da hams zum Zeugn gsagt:
«Du warst dabei!
Jetzt sags, wenn hast an Hans begegnt?»
«Um halbe drei.»

«Kunnts nit dreiviertel gwesen sein?
So sags nur frei!
Auf dös kimmt jetzt dös Ganze an!» –
«Um halbe drei!»

«Ja, geht dei Uhr denn so akkrat? [2]
So bsinn die nur!»
«Ja», sagt der Zeugn, «akkrat [2] gehts nit,
i han koa Uhr!

Mir hat mein Lebtag neamand nie
no koane gschenkt.»
«Wie woaßt denn na, daß's halbe war?»
«I hab mirs – denkt!»

Karl Stieler

1 am Sonntag gebetet

2 akkurat, genau

BITTGANG

Im Sonnenfeuer lechzt die Flur,
versengt stehn Wälder und Almen,
verschmachten muß die Kreatur,
die Frucht verbrennt an den Halmen.

Das Bächlein, das ihr Kühle gesandt,
verlernte sein muntres Rieseln;
es glüht und glastet Julibrand
über den staubigen Kieseln.

Ein Bauer stapft entlang dem Rain,
ist einer von den Frommen,
und flucht doch still in den Bart hinein;
da sieht er den Pfarrer kommen.

Er zieht die Kappe und weist umher:
«Zugrund geht all der Segen.
Hochwürden, das Gescheitste wär,
einen Bittgang tun um Regen.»

Der Pfarrer nickt: «Ein fromm Gebet
tät not. Doch warten wir, Peter,
zwei Täglein noch. Einstweilen steht
zu hoch noch der Barometer.»

Paul Heyse

DIE GABEN

Es war ein Pastor, wer weiß wo?
Der predigte nur leeres Stroh,
und manche Klage war geschehn.
Ihn selbst zu hören und zu sehn,
beschloß der Superintendent.
Und als die Predigt war zu End,
da mußte er bedauernd sagen:
Die Leute haben recht, zu klagen.
Wie bring' ich ihm das glimpflich bei,
daß ihm das nicht zu schimpflich sei?
Und darum fing der gute Mann
ganz heimlich und verloren an:
«Ich hörte Sie und war ganz Ohr.
Doch, wie bereiten Sie sich vor,
mein lieber Bruder, möchte ich wissen?»
Und jener drauf: «Das kann ich missen!
So mancher druckt und sinnt und schreibt –
ich rede, wie der Geist mich treibt!»
«Ei, ei, was sind mir das für Sachen!
So könnt' ich das fürwahr nicht machen!»
Sprach nun der Superintendent:
«Das wäre nicht mein Element.
Am Donnerstag schon fang ich an
und überlege mir den Plan.
Am Freitag wird er dann entfaltet
und durchgeführt und ausgestaltet.
Dann schreib ich alles sorglich auf
und lern' es in des Samstags Lauf
und bin dann sicher meiner Sachen –
so, denk' ich, müßt' es jeder machen!»
Der Pastor aber schmunzelt sehr,
als ob ihm stark geschmeichelt wär.
«Ja, ja, das glaub' ich. Sicherlich
kann das nicht jedermann wie ich –
das muß der Mensch so in sich haben,
mein lieber Bruder – das sind Gaben!»

Heinrich Seidel

ABRAHAM A SANCTA CLARA

Ein Mann, der mehr uns gab als nahm
(wie schwer ist solcher Kunst Bestand),
das war Herr Pater Abraham,
auch Bruder Fabelhans genannt.
Die Seelen flatterten ihm zu
wie Motten, die ein Licht befällt.
Es gellte in des Bürgers Ruh
sein «Hui der Welt! und Pfui der Welt!
Wie sündhaft schwankt der Zeiten Lauf!
Auf, auf, ihr Christen, auf!»

Man sagt, als er geboren ward,
begann er jämmerlich zu schrei'n.
Hingegen soll vergnügter Art
und lachend er gestorben sein.
Ihn hat Herr Kaiser Leopold
zum Prediger bei Hof ernannt,
dieweil ihm Volk und Adel hold
und weit sein Witz berühmt im Land.
Von seinen Späßen frech und froh, -
erzähl ich einen, der war so:

Im Schloß zu Ebreichsdorf geschah's,
dort saß Herr Abraham zu Gast.
Es klang Burgunder Glas an Glas,
kaum trug der Tisch des Bratens Last.
So zwischen Fraß und Völlerei
geschah's, daß eine Sehnsucht kam
nach einem Mann, der geistlich sei
und fromm wie Pater Abraham.
Und man erbat von ihm als Gunst
ein Pröblein seiner Kanzelkunst.

Er sprach: «Ihr wünschet mich herbei,
so sei das Wort euch nicht versagt.
Der Arzt auch spendet Arzenei,
wenn irgendwo ein Siecher klagt.
Euch alle, die ihr hier vereint,
bezwing' ich mit des Wortes Macht,
auf daß ihr mir zur Rechten weint,
hingegen ihr zur Linken lacht!»
Da staunten all die Gäste rings:
Wir weinen rechts? Ihr lachet links?

Er ließ für eine Spanne Zeit
die Lichter löschen rund im Saal.
Dann scholl es durch die Dunkelheit:
«Nun spendet Licht zum andernmal!»
Und sieh – bei Kerzenflackerschein
prophetisch auf dem Tische stand
der Pater, mitten obendrein
der Stuhl vor sich als Kanzelwand.
Nach rechts sah nun sein Angesicht.
nach links sah – ei, das sagt man nicht.

Und nun begann er also stark
zu predigen von Not und Tod,
daß all den Gästen fror das Mark
vorm Zorn des Gottes Zebaoth.
Es schlug an sünd'ger Seelen Tor
ingrimmig seiner Rede Wucht,
als reuig Bächlein brach hervor
der Tränen ungestüme Flucht.
«O mea culpa», klang es weh
und bang' «peccavi, domine!»

Indessen schwoll, wie sonderbar,
Gelächter hinter ihm herfür.
Es war der Lauscher andre Schar,
die dort sich drängte Tür an Tür.
O seht – an seiner Kutte hing
ein Fuchsschwanz, buschig, wonniglich,
der baumelnd auf und nieder ging
und lieblich predigte für sich!
Je donnernder der Pater stritt,
je froher sprang das Schwänzlein mit.

Dies ist die Kunde, wie es kam,
daß dort geweint ward, hier gelacht.
Mich dünkt, nie hat Herr Abraham
so gute Predigt je vollbracht.
Zwiefache Predigt hielt er so,
uralter Seligkeit gewiß,
daß unzertrennlich ernst und froh
und eins sind Licht und Finsternis.
Es war wohl eines Schalks Gewinn,
doch trug es auch verborgnen Sinn!

Franz Karl Ginzkey

WIE HIERONYMUS ZUM KANDIDATEN EXAMINIERT WARD UND WIE ES IHM DABEI ERGING

Der Herr Inspektor machte den Anfang,
hustete viermal mit starkem Klang,
schnäuzte und räusperte auch viermal sich
und fragte, indem er den Bauch strich:

«Ich, als zeitlicher pro tempore Inspektor,
und der hiesigen Geistlichkeit Direktor,
frage Sie: Quid sit Episcopus?»
Alsbald antwortete Hieronymus:

«Ein Bischof ist, wie ich denke,
ein sehr angenehmes Getränke
aus rotem Wein, Zucker und Pomeranzensaft
und wärmet und stärket mit großer Kraft.»

Über diese Antwort des Kandidaten Jobses
geschah allgemeines Schütteln des Kopfes,
der Inspektor sprach zuerst, hem! hem!
Drauf die andern, secundum ordinem.

Nun hub der Assessor an zu fragen:
«Herr Hieronymus! Tun Sie mir sagen,
wer die Apostel gewesen sind?»
Hieronymus antwortete geschwind:

«Apostel nennet man große Krüge,
darin gehet Wein und Bier zur Genüge,
auf den Dörfern und sonst beim Schmaus
trinken die durstigen Burschen daraus.»

Über diese Antwort des Kandidaten Jobses
geschah allgemeines Schütteln des Kopfes,
der Inspektor sprach zuerst, hem! hem!
Drauf die andern, secundum ordinem.

Nun traf die Reihe den Herrn Krager,
und er sprach: «Herr Kandidat! Sag' er,
wer war der heilige Augustin?»
Hironymus antwortete kühn:

«Ich habe nie gehört oder gelesen,
daß ein anderer Augustin gewesen,
als der Universitätspedell Augustin,
er zitierte mich oft zum Prorektor hin.»

Über diese Antwort des Kandidaten Jobses
geschah allgemeines Schütteln des Kopfes,
der Inspektor sprach zuerst, hem! hem!
Drauf die andern, secundum ordinem.

Nun folgte Herr Krisch ohn Verweilen
und fragte: «Aus wie vielen Teilen
muß eine gute Predigt bestehn,
wenn nach Regeln sie sollte geschehn?»

Hieronymus, nachdem er sich eine Weile
bedacht, sprach: «Die Predigt hat zwei Teile,
den einen Teil niemand verstehen kann,
den andern Teil aber verstehet man.»

Über diese Antwort des Kandidaten Jobses
geschah allgemeines Schütteln des Kopfes,
der Inspektor sprach zuerst, hem! hem!
Drauf die andern, secundum ordinem.

Nun kam auch an den Herrn Schreie,
den Hieronymus zu fragen, die Reihe,
er fragte also: «Wie mancherlei
die Gattung der Engel eigentlich sei?»

Hieronymus tat die Antwort geben:
«Er kenne zwar nicht alle Engel eben,
doch wär' ihm ein blauer Engel bekannt
auf dem Schild an der Schenke, zum Engel genannt.»

Über diese Antwort des Kandidaten Jobses
geschah allgemeines Schütteln des Kopfes,
der Inspektor sprach zuerst, hem! hem!
Drauf die andern, secundum ordinem.

Nun folgte Herr Keffer, der geistliche Herre,
seine Frage schien zu beantworten sehr schwere,
sie betraf der Manichäer Ketzerei,
und was ihr Glaube sei?

Antwort: «Ja, diese einfältigen Teufel
glaubten, ich würde sie ohne Zweifel
vor meiner Abreise bezahlen noch,
ich habe sie aber geprellet doch.»

Über diese Antwort des Kandidaten Jobses
geschah allgemeines Schütteln des Kopfes,
der Inspektor sprach zuerst, hem! hem!
Drauf die andern, secundum ordinem.

Als nun die Prüfung zu Ende gekommen,
hat Hieronymus einen Abtritt genommen,
damit man die Sache nach Kirchenrecht
in reife Überlegung nehmen möcht':

«Ob es mit gutem Gewissen zu raten,
daß man in die Klasse der Kandidaten
des heiligen Ministerii den
Hieronymum aufnehmen könn.»

Es ging also an ein Votieren,
doch ohne vieles Disputieren
ward man einig alsobald:
«Es könne zwar dermal und solchergestalt

Herr Hieronymus es gar nicht verlangen,
den Kandidatenorden zu empfangen,
jedoch aus besonderer Konsideration
wolle man stilleschweigen davon.»

Es hat auch wirklich in vielen Jahren
kein Fremder davon etwas erfahren,
sondern jedermann hielt früh und spat
den Hieronymus für einen Kandidat.

Karl Arnold Kortum

DER BAUER UND SEIN SOHN

Ein guter, dummer Bauernknabe,
den Junker Hans einst mit auf Reisen nahm,
und der, trotz seinem Herrn, mit einer guten Gabe,
recht dreist zu lügen, wiederkam,
ging kurz nach der vollbrachten Reise
mit seinem Vater über Land.
Fritz, der im Gehn recht Zeit zum Lügen fand,
log auf die unverschämtste Weise.
Zu seinem Unglück kam ein großer Hund gerannt.
«Ja, Vater», rief der unverschämte Knabe,
«Ihr mögt mir's glauben oder nicht,
so sag ich's Euch und jedem ins Gesicht,
daß ich einst einen Hund bei – Haag gesehen habe,
hart an dem Weg, wo man nach Frankreich fährt,
der – ja, ich bin nicht ehrenwert,
wenn er nicht größer war als Euer größtes Pferd.»

«Das», sprach der Vater, «nimmt mich wunder;
wiewohl ein jeder Ort läßt Wunderdinge sehn.
Wir, zum Exempel, gehen itzunder
und werden keine Stunde gehn,
so wirst du eine Brücke sehn,
(wir müssen selbst darüber gehn,)
die hat dir manchen schon betrogen,
(denn überhaupt soll's dort nicht gar zu richtig sein;)
auf dieser Brücke liegt ein Stein,

an den stößt man, wenn man denselben Tag gelogen,
und fällt und bricht sogleich das Bein.»

Der Bub erschrak, sobald er dies vernommen.
«Ach!», sprach er, «lauft doch nicht so sehr!
Doch wieder auf den Hund zu kommen,
wie groß, sagt' ich, daß er gewesen wär'?
Wie Euer größtes Pferd? Dazu will viel gehören.
Der Hund, itzt fällt mir's ein, war erst ein halbes Jahr;
allein das wollt' ich wohl beschwören,
daß er so groß als mancher Ochse war.»

Sie gingen noch ein gutes Stücke;
doch Fritzen schlug das Herz. Wie konnt' es anders sein?
Denn niemand bricht doch gern ein Bein.
Er sah nunmehr die richterliche Brücke
und fühlte schon den Beinbruch halb.
«Ja Vater», fing er an, «der Hund, von dem ich redte,
war groß, und wenn ich ihn auch was vergrößert hätte,
so war er doch viel größer als ein Kalb.»

Die Brücke kommt. Fritz! Fritz! wie wird dir's gehen!
Der Vater geht voran; doch Fritz hält ihn geschwind.
«Ach Vater», spricht er, «seid kein Kind
und glaubt, daß ich dergleichen Hund gesehen;
denn kurz und gut, eh' wir darüber gehen:
Der Hund war nur so groß, wie alle Hunde sind.»

Du musst es nicht gleich übel nehmen,
wenn hie und da ein Geck zu lügen sich erkühnt.
Lüg auch und mehr als er und such ihn zu beschämen,
so machst du dich um ihn und um die Welt verdient.

Christian Fürchtegott Gellert

DER WEISSE HIRSCH

Es gingen drei Jäger wohl auf die Pirsch,
sie wollten erjagen den weißen Hirsch.

Sie legten sich unter den Tannenbaum,
da hatten die drei einen seltsamen Traum.

Der erste:
«Mir hat geträumt, ich klopf' auf den Busch,
da rauschte der Hirsch heraus, husch, husch!»

Der zweite:
«Und als er sprang mit der Hunde Geklaff,
da brannt' ich ihn auf das Fell, piff, paff!»

Der dritte:
«Und als ich den Hirsch an der Erde sah,
da stieß ich lustig ins Horn, trara!»

So lagen sie da und sprachen, die drei,
da rannte der weiße Hirsch vorbei,

und eh' die drei Jäger ihn recht gesehn,
so war er davon über Tiefen und Höhn.
Husch, husch! piff, paff! trara!

Ludwig Uhland

DIE AMEISEN

In Hamburg lebten zwei Ameisen,
die wollten nach Australien reisen.
Bei Altona auf der Chaussee
da taten ihnen die Beine weh,
und da verzichteten sie weise
dann auf den letzten Teil der Reise.

Joachim Ringelnatz

DER KLUGE KRANICH

«Ich bin mal so», sprach Förster Knast,
«die Flunkerei ist mir verhaßt,
doch sieht man oft was Sonderbares.

Im Frühling vor fünf Jahren war es,
als ich stockstill, den Hahn gespannt,
bei Mondschein vor dem Walde stand.
Da läßt sich plötzlich flügelsausend
ein Kranichheer, wohl an die tausend,
ganz dicht zu meinen Füßen nieder.

Sie kamen aus Ägypten wieder
und dachten auf der Reise nun
sich hier ein Stündchen auszuruhn.

Ich selbstverständlich, schlau und sacht,
gab sehr genau auf alles acht.
‹Du, Hans›, so rief der Oberkranich,
‚hast heut die Wache, drum ermahn' ich
dich ernstlich, halt dich stramm und paß
gehörig auf, sonst gibt es was!›

Bald schlief ein jeder ein und sägte,
Hans aber stand und überlegte.
Er nahm sich einen Kieselstein,
erhob ihn mit dem rechten Bein
und hielt sich auf dem linken nur
in Gleichgewicht und Positur.

Der arme Kerl war schrecklich müd.
Erst fiel das linke Augenlid,
das rechte blinzelt zwar noch schwach,
dann aber folgt's dem andern nach.
Er schnarcht sogar. Ich denke schon:
Wie wird es dir ergehn, mein Sohn?
So denk' ich, doch im Augenblick,
als ich es dachte, geht es klick!
Der Stein fiel Hänschen auf die Zeh,
das weckt ihn auf, er schreit auweh!
Er schaut sich um, hat mich gewittert,
pfeift, daß es Mark und Bein erschüttert,
und alsogleich im Winkelflug
entschwebt der ganze Heereszug.

Ich rief hurra! und schwang den Hut.
Der Vogel, der gefiel mir gut.
Er lebt auch noch. Schon oft seither
sah man ihn fern am Schwarzen Meer
auf einem Bein auf Posten stehn.

Dies schreibt mein Freund, der Kapitän,
und was er sagt, ist ohne Frage
so wahr, als was ich selber sage.»

Wilhelm Busch

DER GAUL

Es läutet beim Professor Stein.
Die Köchin rupft die Hühner.
Die Minna geht: Wer kann das sein? –
    Ein Gaul steht vor der Türe.

Die Minna wirft die Türe zu.
Die Köchin kommt: Was gibt's denn?
Das Fräulein kommt im Morgenschuh.
    Es kommt die ganze Familie.

«Ich bin, verzeihn Sie», spricht der Gaul,
«der Gaul vom Tischler Bartels.
Ich brachte Ihnen dazumaul
    die Tür- und Fensterrahmen!»

Die vierzehn Leute samt dem Mops,
sie stehn, als ob sie träumten.
Das kleinste Kind tut einen Hops,
    die andern stehn wie Bäume.

Der Gaul, da keiner ihn versteht,
schnalzt bloß mal mit der Zunge,
dann kehrt er still sich ab und geht
    die Treppe wieder hinunter.

Die dreizehn schaun auf ihren Herrn,
ob er nicht sprechen möchte.
«Das war», spricht der Professor Stein,
    «ein unerhörtes Erlebnis!» …

Christian Morgenstern

DER MASKENBALL DER TIERE

Die Tiere auf der Erde all,
die hielten einen Maskenball.

Die Schildkröte, die Schildkröte
blies im Orchester Trompete.

'

's Chamäleon, 's Chamäleon,
das blies den dicken Bombardon.

Die Läuse, die Läuse,
die machten ein Gesäuse.

Die Hummel, die Hummel,
die schlug die große Trummel.

Der Pinguin, der Pinguin,
der spielte erste Violin.

Die Kröte, die Kröte
blies Piccolo und Flöte.

Der Marabu, der Marabu
gab zum Konzert den Takt dazu.

Der Aal, der Aal,
der schwänzelt durch den Saal.

Der Leopard, der Leopard,
der hat auf seine Gattin gwart.

Der Flamingo, der Flamingo,
der sucht nen Platz sich irgendwo.

Der Esel, der Esel
saß hinten im Klubsessel.

Der Schwan, der Schwan
sah sich im Spiegel an.

Das Nilpferd, das Nilpferd
benahm sich wirklich ganz geschert.

Der Elefant, der Elefant,
der war, wie immer, sehr galant.

Das Schwein, das Schwein,
das war auch hier ein Schwein.

Der Büffel, der Büffel
scherzt mit der Gans, der Schlüffel.

Der Feuersalamander
rutscht übers Stiegenglander.

Die Fliege, die Fliege
stand draußen auf der Stiege.

Der Papagei, der Papagei,
der schrie fortwährend: 1 – 2 – 3.

Der Panther, der Panther,
vom Luchs war's ein Verwandter.

Die Störche, die Störche,
die warn maskiert als Lerche.

Die Wölfe, die Wölfe,
die warn maskiert als Zwölfe.

Der Löwe, der Löwe,
der war maskiert als Göwe.

Die Wanzen, die Wanzen,
die fingen an zu tanzen.

Der Adler, der Adler,
der tanzte den Schuhpladler.

Die Ameise, die Ameise,
die tanzte nur den Française.

Die Flöhe, die Flöhe,
die hupften in die Höhe.

Da plötzlich wurd's ganz still im Saal,
sie saßen alle jetzt beim Mahl.

Der Rabe, der Rabe,
fraß d' Suppn mit der Gabe.

Der Jaguar, der Jaguar
fand in der Suppe drin ein Haar.

Die Giraffe, die Giraffe,
die fraß a Schokoladwaffe.

Die Schlange, die Schlange
aß eine Blutorange.

Das Eidachsel, das Eidachsel,
das fraß a abbräunts Schweinshaxel.

Das Gnu, das Gnu,
das hatte schon genu.

Der Auerochs, der Auerochs,
der aß nicht auf und frug: «Wer mog's?»

Das Dromedar, das Dromedar
aß zur Verstärkung Kaviar.

Die Schnepfe, die Schnepfe,
die hat die größte Hepfe.

Das Lama, das Lama,
das fraß zuletzt alls zamma.

Daß der Gesang nur Unsinn war,
das wird zum Schlusse jedem klar.

Karl Valentin

DER WERWOLF

Ein Werwolf eines Nachts entwich
von Weib und Kind und sich begab
an eines Dorfschullehrers Grab
und bat ihn: «Bitte, beuge mich!»

Der Dorfschulmeister stieg hinauf
auf seines Blechschilds Messingknauf
und sprach zum Wolf, der seine Pfoten
geduldig kreuzte vor dem Toten:

«Der Werwolf», sprach der gute Mann,
«des Weswolfs, Genitiv sodann,
dem Wemwolf, Dativ, wie mans nennt,
den Wenwolf, – damit hats ein End.»

Dem Werwolf schmeichelten die Fälle,
er rollte seine Augenbälle.
«Indessen», bat er, «füge doch
zur Einzahl auch die Mehrzahl noch!»

Der Dorfschulmeister aber mußte
gestehn, daß er von ihr nichts wußte.
Zwar Wölfe gäbs in großer Schar,
doch ‚Wer' gäbs nur im Singular.

Der Wolf erhob sich tränenblind –
er hatte ja doch Weib und Kind!
Doch da er kein Gelehrter eben,
so schied er dankend und ergeben.

Christian Morgenstern

FUSSBALL
(nebst Abart und Ausartung)

Der Fußballwahn ist eine Krank-
heit, aber selten, Gott sei Dank.
Ich kenne wen, der litt akut
an Fußballwahn und Fußballwut.
Sowie er einen Gegenstand
in Kugelform und ähnlich fand,
so trat er zu und stieß mit Kraft
ihn in die bunte Nachbarschaft.
Ob es ein Schwalbennest, ein Tiegel,
ein Käse, Globus oder Igel,
ein Krug, ein Schmuckwerk am Altar,
ein Kegelball, ein Kissen war,
und wem der Gegenstand gehörte,
das war etwas, was ihn nicht störte.
Bald trieb er eine Schweineblase,
bald steife Hüte durch die Straße.
Dann wieder mit geübtem Schwung
stieß er den Fuß in Pferdedung.
Mit Schwamm und Seife trieb er Sport.
Die Lampenkuppel brach sofort.
Das Nachtgeschirr flog zielbewußt
der Tante Berta an die Brust.
Kein Abwehrmittel wollte nützen,
nicht Stacheldraht in Stiefelspitzen,
noch Puffer außen angebracht.
Er siegte immer, 0 zu 8.
Und übte weiter frisch, fromm, frei
mit Totenkopf und Straußenei.
Erschreckt durch seine wilden Stöße,
gab man ihm nie Kartoffelklöße.
Selbst vor dem Podex und den Brüsten
der Frau ergriff ihn ein Gelüsten,
was er jedoch als Mann von Stand
aus Höflichkeit meist überwand.
Dagegen gab ein Schwartenmagen
dem Fleischer Anlaß zum Verklagen.
Was beim Gemüsemarkt geschah,
kommt einer Schlacht bei Leipzig nah.
Da schwirrten Äpfel, Apfelsinen
durchs Publikum wie wilde Bienen.
Da sah man Blutorangen, Zwetschen
an blassen Wangen sich zerquetschen.
Das Eigelb überzog die Leiber,
ein Fischkorb platzte zwischen Weiber.
Kartoffeln spritzten und Zitronen.
Man duckte sich vor den Melonen.
Dem Krautkopf folgten Kürbisschüsse.
Dann donnerten die Kokosnüsse.
Genug! Als alles dies getan,
griff unser Held zum Größenwahn.
Schon schäkernd mit der U-Bootsmine –
besann er sich auf die Lawine.
Doch als pompöser Fußballstößer
fand er die Erde noch viel größer.
Er rang mit mancherlei Problemen.
Zunächst: Wie soll man Anlauf nehmen?
Dann schiffte er von dem Balkon
sich ein in einem Luftballon.
Und blieb von da an in der Luft,
verschollen. Hat sich selbst verpufft. –
Ich warne euch, ihr Brüder Jahns,
vor dem Gebrauch des Fußballwahns!

Joachim Ringelnatz

ALTES LIED

Es war einmal ein Bäcker,
der prunkte mit einem Wanst,
wie du ihn kühner und kecker
dir schwerlich träumen kannst.

Er hat zum Weibe genommen
ein würdiges Gegenstück;
sie konnten zusammen nicht kommen,
sie waren viel zu dick.

Frank Wedekind

DER TANTENMÖRDER

Ich hab' meine Tante geschlachtet,
meine Tante war alt und schwach;
Ich hatte bei ihr übernachtet
und grub in den Kisten-Kasten nach.

Da fand ich goldene Haufen,
fand auch an Papieren gar viel
und hörte die alte Tante schnaufen
ohn' Mitleid und Zartgefühl.

Was nutzt es, daß sie sich noch härme?
Nacht war es rings um mich her –
ich stieß ihr den Dolch in die Därme,
die Tante schnaufte nicht mehr.

Das Geld war schwer zu tragen,
viel schwerer die Tante noch.
Ich faßte sie bebend am Kragen
und stieß sie ins tiefe Kellerloch. –

Ich hab' meine Tante geschlachtet,
meine Tante war alt und schwach;
ihr aber, o Richter, ihr trachtet
Meiner blühenden Jugend-Jugend nach.

Frank Wedekind

ES STAND EIN MANN AM SIEGESTOR

Es stand ein Mann am Siegestor,
der an ein Weib sein Herz verlor.
Schaut sich nach ihr die Augen aus,
in Händen einen Blumenstrauß.
Zwar ist dies nichts Besunderes.
Ich aber - ich bewunder es.

Erich Mühsam

DER ZOOLOGE VON BERLIN

Hört, ihr Kinder, wie es jüngst ergangen
einem Zoologen in Berlin!
Plötzlich führt ein Schutzmann ihn gefangen
vor den Untersuchungsrichter hin.
Dieser tritt ihm kräftig auf die Zehen,
nimmt ihn hochnotpeinlich ins Gebet
und empfiehlt ihm, schlankweg zu gestehen,
daß beleidigt er die Majestät.

Dieser sprach: Herr Richter, ungeheuer
ist die Schuld, die man mir unterlegt;
denn daß eine Kuh ein Wiederkäuer,
Hat noch nirgends Ärgernis erregt.
So weit ist die Wissenschaft gediehen,
daß es längst in Kinderbüchern steht.
Wenn *Sie* das auf Majestät beziehen,
dann beleidigen *Sie* die Majestät!

Vor der Majestät, das kann ich schwören,
hegt' ich stets den schuldigsten Respekt;
ja, es freut mich oft sogar, zu hören,
wenn man den Beleidiger entdeckt;
denn dann wird die Majestät erst sehen,
ob sie majestätisch nach Gebühr.
Deshalb ist ein Mops, das bleibt bestehen,
zweifelsohne doch ein Säugetier.

Ebenso hab' vor den Staatsgewalten
ich mich vorschriftsmäßig stets gehalten
und vor Anarchisten ausgespuckt.
Auch wo Spitzel horchen in Vereinen,
sprach ich immer harmlos wie ein Kind.
Aber deshalb kann ich von den Schweinen
doch nicht sagen, daß es Menschen sind.

Viel Respekt hab' ich vor dir, o Richter,
unbegrenzten menschlichen Respekt!
Läßt du doch die ärgsten Bösewichter
in Berlin gewöhnlich unentdeckt.
Doch wenn hochzurufen ich mich sehne
von dem Schwarzwald bis nach Kiautschau,
bleibt deshalb gestreift nicht die Hyäne?
Nicht ein schönes Federvieh der Pfau?

Also war das Wort des Zoologen,
doch dann sprach der hohe Staatsanwalt;
und nachdem man alles wohl erwogen,
ward der Mann zu einem Jahr verknallt.
Deshalb vor Zoologie-Studieren
hüte sich ein jeder, wenn er jung;
denn es schlummert in den meisten Tieren
eine Majestätsbeleidigung.

Frank Wedekind

BALLADE IN U-DUR

Es lebte Herr Kunz von Karfunkel
mit seiner verrunzelten Kunkel
auf seinem Schlosse Punkpunkel
in Stille und Sturm.
Seine Lebensgeschichte war dunkel,
es murmelte manch Gemunkel
um seinen Turm.

Täglich ließ er sich sehen
beim Auf- und Niedergehen
in den herrlichen Ulmenalleen
seines adligen Guts.
Zuweilen blieb er stehen
und ließ die Federn wehen
seines Freiherrnhuts.

Er war just hundert Jahre,
hatte schneeschlohweiße Haare
und kam mit sich ins klare:
Ich sterbe nicht.
Weg mit der verfluchten Bahre
und ähnlicher Leichenware!
Hol' sie die Gicht!

Werd' ich, neugiertrunken
ins Gartengras hingesunken,
entdeckt von dem alten Halunken,
dann grunzt er plump:
Töw, Sumpfhuhn, ick will di glieks tunken
in den Uhlenpfuhl zu den Unken,
du schrumpliger Lump.

Einst lag ich im Verstecke
im Park an der Rosenhecke,
da kam auf der Ulmenstrecke
etwas angemufft.
Ich bebe, ich erschrecke:
Ohne Sense kommt mit Geblecke
der Tod, der Schuft.

Und von der andern Seite,
mit dem Krückstock als Geleite,
in knurrigem Geschreite,
kommt auch einer her.
Der sieht nicht in die Weite,
der sieht nicht in die Breite,
geht gedankenschwer.

Hallo, du kleine Mücke,
meckert der Tod voll Tücke,
hier ist eine Gräberlücke,
hinunter ins Loch!
Erlaube, daß ich dich pflücke,
sonst hau' ich dir auf die Perücke,
oller Knasterknoch.

Der alte Herr, mit Grimassen,
tut seinen Krückstock festfassen:
Was hast du hier aufzupassen,
du Uhu du!
Weg da aus meinen Gassen,
sonst will ich dich abschrammen lassen
zur Uriansruh'!

Sein Krückstock saust behende
auf die dürren, gierigen Hände,
die Knöchel- und Knochenverbände:
Knicksknucksknacks.
Freund Hein schreit: Au, mach ein Ende!
Au, au, ich lauf' ins Gelände
nach Haus schnurstracks.

Noch heut lebt Herr Kunz von Karfunkel
mit seiner verrunzelten Kunkel
auf seinem Schloß Punkpunkel
in Stille und Sturm.
Seine Lebensgeschichte ist dunkel,
es murmelt und raunt manch Gemunkel
um seinen Turm.

Detlev von Liliencron

DER REVOLUZZER
Der deutschen Sozialdemokratie gewidmet

War einmal ein Revoluzzer,
im Zivilstand Lampenputzer;
ging im Revoluzzerschritt
mit den Revoluzzern mit.

Und er schrie: «Ich revolüzze!»
Und die Revoluzzermütze
schob er auf das linke Ohr,
kam sich höchst gefährlich vor.

Doch die Revoluzzer schritten
mitten in der Straßen Mitten,
wo er sonsten unverdrutzt
alle Gaslaternen putzt.

Sie vom Boden zu entfernen,
rupfte man die Gaslaternen
aus dem Straßenpflaster aus,
zwecks des Barrikadenbaus.

Aber unser Revoluzzer
schrie: «Ich bin der Lampenputzer
dieses guten Leuchtelichts.
Bitte, bitte tut ihm nichts!

Wenn wir ihn' das Licht ausdrehen,
kann kein Bürger nichts mehr sehen.
Laßt die Lampen stehn, ich bitt! –
Denn sonst spiel ich nicht mehr mit!»

Doch die Revoluzzer lachten,
und die Gaslaternen krachten,
und der Lampenputzer schlich
fort und weinte bitterlich.

Dann ist er zuhaus geblieben
und hat dort ein Buch geschrieben:
nämlich, wie man revoluzzt
und dabei noch Lampen putzt.

Erich Mühsam

EIN WENIG SPOTT

DAVID UND SALOMO waren große Sünder,
sie hatten schöne Weiber lieb und zeugten viele Kinder;
da kamen sie ins Alter,
macht' der eine Sprüch' und der andre Psalter.

Unbekannt

ES WAR EINMAL ein König,
der hatt' einen großen Floh,
den liebt' er gar nicht wenig,
als wie seinen eignen Sohn.
Da rief er seinen Schneider,
der Schneider kam heran:
«Da, miß dem Junker Kleider
und miß ihm Hosen an!»

In Sammet und in Seide
war er nun angetan,
hatte Bänder auf dem Kleide,
hatt' auch ein Kreuz daran,
und war sogleich Minister
und hatt' einen großen Stern.
Da wurden seine Geschwister
bei Hof auch große Herrn.

Und Herrn und Fraun am Hofe,
die waren sehr geplagt,
die Königin und die Zofe
gestochen und genagt,
und durften sie nicht knicken
und weg sie jucken nicht. –
Wir knicken und ersticken
doch gleich, wenn einer sticht.

Johann Wolfgang Goethe

DAS MENSCHENBEWUSSTSEIN

Wie muß ich meinem Schöpfer danken,
daß ich nicht eine Kröte ward,
die ohne sittlichen Gedanken
im Kote nur sich wälzt und scharrt,
ich bin ein Mensch, vor Gott zu wandeln,
kein Schamgefühl bringt mir mein Handeln.

Wär' ich ein Ochs an seiner Krippe,
ich wüßte mir zu helfen nicht,
kein Wort belebte meine Lippe,
verstehen könnt' ich kein Gedicht.
Wie müßt' ich mich unglücklich fühlen,
wenn ich nur könnte sinnlos brüllen!

Wär' ich zum Tiger gar verfluchet,
der raubt und mordet grausen Sinns,
in Wildheit sich die Gattin suchet –
ich schauderte zu sehn: ich bin's.
Gottlob, daß ich ein Mensch geworden,
der nicht den Trieb hat, wild zu morden.

Oh, Mensch zu sein von Gottes Gnaden,
gut sein zu dürfen, fromm und rein,
die Vögel, Fische, Molche, Maden,
sie ahnen nicht, was das mag sein.
Der Seraph aber muß uns neiden,
denn er entbehrt Familienfreuden.

Ludwig Eichrodt

CÄSARS ABSCHIED VON CLEOPATRA

Der Kranz, der meine kahle Stirne
als gütiges Versatzstück säumt,
gibt keinen Trost, daß diese Dirne
bei mir von jungen Kerlen träumt.

Hast du das Daseinswerk erledigt,
so stehst du als enttäuschter Gast,
und keine Weltentat entschädigt
dich für die Glatze, die du hast.

Könnt ich den Zweck des Blödsinns ahnen!
Ich führte manchen schweren Streich,
bezwang mit Mühe die Germanen –
trotzdem kommt Sedan und das Reich...

Der Erdball taumelt in Ellipsen
mit uns. Urplötzlich naht die Nacht,
da fühlt man sich (wie nennt es Ibsen?)
als einen Toten, der erwacht.

Alfred Kerr

MIR TRÄUMT': ICH BIN DER LIEBE GOTT

Mir träumt': ich bin der liebe Gott
und sitz' im Himmel droben,
und Englein sitzen um mich her,
die meine Verse loben.

Und Kuchen ess' ich und Konfekt
für manchen lieben Gulden,
und Kardinal trink' ich dabei,
und habe keine Schulden.

Doch Langeweile plagt mich sehr,
ich wollt', ich wär' auf Erden,
und wär' ich nicht der liebe Gott?
Ich könnt' des Teufels werden.

Du langer Engel Gabriel,
geh, mach dich auf die Sohlen,
und meinen teuren Freund Eugen
sollst du herauf mir holen.

Such ihn nicht im Kollegium,
such ihn beim Glas Tokaier;
such ihn nicht in der Hedwigskirch',
such ihn bei Mamsell Meyer.

Da breitet aus sein Flügelpaar
und fliegt herab der Engel,
und packt ihn auf, und bringt herauf
den Freund, den lieben Bengel.

Ja, Jung, ich bin der liebe Gott,
und ich regier' die Erde!
Ich hab's ja immer dir gesagt,
daß ich was Rechts noch werde.

Und Wunder tu' ich alle Tag',
die sollen dich entzücken!
Und dir zum Spaße will ich heut
die Stadt Berlin beglücken.

Die Pflastersteine auf der Straß',
die sollen jetzt sich spalten,
und eine Auster frisch und klar,
soll jeder Stein enthalten.

Ein Regen von Zitronensaft
soll tauig sie begießen,
und in den Straßengössen soll
der beste Rheinwein fließen.

Wie freuen die Berliner sich,
sie gehen schon ans Fressen;
die Herren von dem Landgericht,
die saufen aus den Gössen.

Wie freuen die Poeten sich
bei solchem Götterfraße!
Die Leutnants und die Fähnderichs,
die lecken ab die Straße.

Die Leutnants und die Fähnderichs,
das sind die klügsten Leute,
sie denken, alle Tag geschieht
kein Wunder so wie heute.

Heinrich Heine

BEGEGNUNG

Wohl unter der Linde erklingt die Musik,
da tanzen die Burschen und Mädel,
da tanzen zwei, die niemand kennt.
Sie schaun so schlank und edel.

Sie schweben auf, sie schweben ab,
in seltsam fremder Weise,
sie lachen sich an, sie schütteln das Haupt;
das Fräulein flüstert leise:

«Mein schöner Junker, auf Eurem Hut
schwankt eine Neckenlilie,
die wächst nur tief im Meeresgrund –
ihr stammt nicht aus Adams Familie.

Ihr seid der Wassermann, Ihr wollt
verlocken des Dorfes Schönen.
Ich hab' Euch erkannt, beim ersten Blick,
an Euren fischgrätigen Zähnen.»

Sie schweben auf, sie schweben ab
in seltsam fremder Weise,
sie lachen sich an, sie schütteln das Haupt.
Der Junker flüstert leise:

«Mein schönes Fräulein, sagt mir, warum
so eiskalt Eure Hand ist?
Sagt mir, warum so naß der Saum
an Eurem weißen Gewand ist?

Ich hab' Euch erkannt, beim ersten Blick,
an Eurem spöttischen Knickse –
du bist kein irdisches Menschenkind,
du bist mein Mühmchen, die Nixe.»

Die Geigen verstummen, der Tanz ist aus,
es trennen sich höflich die beiden.
Sie kennen sich leider viel zu gut,
suchen sich jetzt zu vermeiden.

Heinrich Heine

ES WAREN DREI JUNGE LEUTE

Es waren drei junge Leute,
die liebten ein Mädchen so sehr.
Der eine war der Gescheute,
floh zeitig über das Meer.
Er fand eine gute Stelle
und ward seiner Jugend froh,
und lebt als Junggeselle
noch heut auf Borneo.

Der Zweite schied mit Weinen.
Er sang seiner Liebe Leid
und ließ es gebunden erscheinen
just um die Weihnachtszeit.
Das kalte Herz seiner Dame,
die Quelle all seines Wehs,
macht ihm die schönste Reklame
auf allen ästhetischen Tees.

Der Dritte nur war dämlich,
wie sich die Welt erzählt.
Er liebte die Holde nämlich
und hat sich mit ihr vermählt;
und sitzt jetzt ganz bescheiden
dabei mit dummem Gesicht,
wenn sie von den anderen beiden
mit Tränen im Auge spricht ...

Rudolf Presber

DENN ES IST DER REINE SCHWINDEL

Wenn der Jüngling mit der Heißgeliebten geht
in aller Hergottsfrüh
an Leib und Seel beglückt,
verzückt,
zwei Drittel schon verrückt,
und er plötzlich vor dem Sonnenaufgang steht
so rosig strahlt sie nie
an Leib und Seel beglückt,
verzückt,
zwei Drittel schon verrückt,
hell klingen alle Saiten
zu holdem Spiel
seine stolzen Blicke gleiten
über tausend Herrlichkeiten –
und er zärtlich dann bei ihr um Liebe fleht
leis zittern ihr die Knie
an Leib und Seel beglückt,
verzückt,
zwei Drittel schon verrückt.
So wirbelt das Gesindel
in Lust und Leid
um die eigene Galgenspindel
denn es ist der reine Schwindel
in Lust und Leid –
denn es ist der reine Schwindel

Wenn der Eh'mann schwitzend durch die Straßen keucht
in heißer Mittagsglut
an Leib und Seel gezähmt
vergrämt
zwei Drittel schon gelähmt,
ihm begehrenswert ein schönes Mädchen deucht
gleich schwillt ihm stolz der Mut
an Leib und Seel gezähmt,
vergrämt
zwei Drittel schon gelähmt.
Laut knarren rings die Bratschen:
«Schaff dies, schaff das»

wie gern möcht' er karbatschen
klaps, kriegt er eine Watschen
daß er sich am liebsten vor der Welt verkreucht
in namenloser Wut
an Leib und Seel gezähmt
vergrämt
zwei Drittel schon gelähmt.
So wirbelt das Gesindel
in Lust und Leid
um die eigene Galgenspindel
denn es ist der reine Schwindel
in Lust und Leid –
denn es ist der reine Schwindel

Wenn im Polsterstuhle sitzt der Mummelgreis
am Abend vor der Tür
an Leib und Seel verdumpft,
verschrumpft,
zwei Drittel abgestumpft,
und er absolut nichts mehr zu denken weiß,
dann träumt er wohl von ihr
an Leib und Seel verdumpft
verschrumpft
zwei Drittel abgestumpft.
Dumpf knurrt noch die Brummfidel
«Wie klang's einst schön» –
sie brummt ein altes Liedel,
dideldum dideldum dumdidel ...
Lächelnd schaut er um sich im Verwandtenkreis
«Schau, schau, Du auch noch hier»
an Leib und Seel verdumpft
verschrumpft
zwei Drittel abgestumpft
so wirbelt das Gesindel
in Lust und Leid
um die eigene Galgenspindel
denn es ist der reine Schwindel
in Lust und Leid –
denn es ist der reine Schwindel

Deshalb lasset keine Stunde ungenützt,
solang die Kraft noch wächst
an Leib und Seel hallo!
Horrido!
vor Freuden lichterloh!
Kämpft wie Löwen, wenn Ihr in der Patsche sitzt
von heißem Pech beklext
an Leib und Seel hallo!
Horrido!
vor Freuden lichterloh!
Die Zeit ist rasch entschwunden,
die Zeit der Tat
überdeckt von tausend Wunden
bei lebendigem Leib geschunden –
bleibt Ihr Herrn, solang noch Euer Auge blitzt
und Mann und Weib entzückt
an Leib und Seel hallo!
Horrido!
vor Freuden lichterloh!
So wirbelt das Gesindel
in Lust und Leid
um die eigene Galgenspindel
denn es ist der reine Schwindel
in Lust und Leid –
denn es ist der reine Schwindel.

Frank Wedekind

AM GRAB DER GATTIN sprach zum trauernden Geleite
der Leichenredner viel von Wiedersehn;
beim Heimweg sprach der Mann zum Pastor: «Scherz beiseite,
wird meine Frau denn wirklich auferstehn?»

Gottlieb Konrad Pfeffel

LIEBE

Ein Mensch, zur Zeit ganz unbeweibt,
bemüht sich, daß er es nicht bleibt.
Das bessere Ich hebt an zu warnen:
«Laß nicht schon wieder dich umgarnen!
O armer Narr, erinnre dich,
die Weiberzeit ist fürchterlich!
Dies Girren, Betteln, Warten, Schmachten,
Verachtet-Sein, Sich-selbst-Verachten,
dies ewige Blumensträuße-Kaufen,
dies zwecklos Durch-die-Straßen-Laufen,
dies Neppen und dies Zeitverschleppen,
kurz, dies Gefühl von einem Deppen,
bis eine dir gewogen scheint,
die du im Grunde nicht gemeint
und die, kaum hast du sie berührt,
schon auftrumpft, daß du sie verführt.
Dann zapple wieder in den Netzen
von Ängsten und Moralgesetzen,
wenn du nicht, was noch zehnmal schlimmer,
kommst an ein freches Frauenzimmer,
das dich verrät an einen Laffen,
der mehr für solches Glück geschaffen,
und das für Bitten, Schwüre, Tränen
nichts hat als ein gemeines Gähnen –»
Der Mensch spricht barsch zum bessern Ich:
«Behalte deinen Schmarrn für dich!
Denn was verstehst du schon von Liebe?!»
und folgt dem unglückseligen Triebe.

Eugen Roth

DE ENDECKUNGK VON HAMEREGA

Wo de Wasser des atlantschen
Ozeans mit Saus un Braus
an Hispanjens Giste plantschen,
blickt Golumbus spähend aus.
Manches geht in Gopp ihm rum ...
Merkste was, o Buwligum?[1]

Händeringend an Gestade
leeft er jetzo hin un her:
«Nee, das weer doch jammerschade,
wenn de Welt hier alle wär!»
Pletzlich hemmt er seinen Schritt
un – begibt sich nach Madrid.

Doch sobald Madrid vernommen,
wer in seinen Mauern sei,
läßt mer weeche Eier gommen,
un Golumbus nimmt ä Ei,
stellts mit stillvergniegden Sinn
lächelnd uf de Spitze hin.

Wiedhig schrein de hohen Gordes:[2]
«Fui, welch schneede Leimerei!»
Doch de Schändlichgeet des Wordes
is den Forscher eenerlei.
Er verbeigt sich feierlich:
«Mißverstehen Se mich nich!

Glädden Se de Zornesfalden,
stehn Se nicht so grimmig da;
länger laß ich mich nich halden –
ich endeck Hamerega!»
Sprichts un schifft sich schleinigst ein ...
Buwligum, was gann da sein?

Un so segelt er der Quere
dorch den feichden Ozean
nach der linken Hemisphäre,
der er innig zugedahn.
Awwer ach, der Schmach un Schand –
eegal zeigt sich noch gee Land!

Weider, weider, geht's nach Westen,
un schon wärds ihn gruselig.
«Hält de Hoffnungk mich zun besten?»
fragt Golumbus stindlich sich.
Un das Schiffsvolk is so frei,
plant de scheenste Meiderei.[3]

«Ha wir wollen ihn an Kragen!
Denn uns liegt, Schockschwerenot!
das Endecken längkst in Magen –
schießt Golumbum mausedodt!»
Un schonst is der Hahn gespannt,
horch – da brillt es pletzlich: ‚Land'!

Un den Arm der grimmen Meide
hält das Schicksal feindlich uf.
«Seht ihr, spricht Golumbus, Leide,
ich verstehe mich dadruf;
un was noch so sehr versteckt,
endlich wärd es doch endeckt!» –

Awwer als mer an den frommen
Ferdenand es debeschirt,
sprache er: «Ja, so muß es gommen,
wemmer Eier balangxiert!»
Sprachs un lächelde derzu ...
Buwligum, was sagste nu?

Edwin Bormann

1 Publikum 2 Cortes 3 Meuterei

SCHÖPFUNGSLIEDER

1.

Im Beginn schuf Gott die Sonne,
dann die nächtlichen Gestirne;
hierauf schuf er auch die Ochsen,
aus dem Schweiße seiner Stirne.

Später schuf er wilde Bestien,
Löwen mit den grimmen Tatzen;
nach des Löwen Ebenbilde
schuf er hübsche kleine Katzen.

Zur Bevölkerung der Wildnis
ward hernach der Mensch erschaffen;
nach des Menschen holdem Bildnis
schuf er intressante Affen.

Satan sah dem zu und lachte:
Ei, der Herr kopiert sich selber!
Nach dem Bilde seiner Ochsen
Macht er noch am Ende Kälber!

2.

Und der Gott sprach zu dem Teufel:
Ich der Herr kopier' mich selber,
nach der Sonne mach' ich Sterne,
nach den Ochsen mach' ich Kälber,
nach den Löwen mit den Tatzen
mach' ich kleine liebe Katzen,
nach den Menschen mach' ich Affen;
aber du kannst gar nichts schaffen.

3.

Ich hab' mir zu Ruhm und Preis erschaffen
die Menschen, Löwen, Ochsen, Sonne;
doch Sterne, Kälber, Katzen, Affen,
erschuf ich zu meiner eigenen Wonne.

4.
Kaum hab' ich die Welt zu schaffen begonnen,
In einer Woche war's abgetan.
Doch hatt' ich vorher tief ausgesonnen
jahrtausendlang den Schöpfungsplan.

Das Schaffen selbst ist eitel Bewegung,
das stümpert sich leicht in kurzer Frist;
jedoch der Plan, die Überlegung,
das zeigt erst wer ein Künstler ist.

Ich hab' allein dreihundert Jahre
tagtäglich darüber nachgedacht,
wie man am besten Doctores Juris
und gar die kleinen Flöhe macht.

5.
Sprach der Herr am sechsten Tage:
Hab' am Ende nun vollbracht
diese große, schöne Schöpfung,
und hab' alles gut gemacht.

Wie die Sonne rosengoldig
in dem Meere widerstrahlt!
Wie die Bäume grün und glänzend!
Ist nicht alles wie gemalt?

Sind nicht weiß wie Alabaster
dort die Lämmchen auf der Flur?
Ist sie nicht so schön vollendet
und natürlich die Natur?

Erd' und Himmel sind erfüllet
ganz von meiner Herrlichkeit,
und der Mensch er wird mich loben
bis in alle Ewigkeit!

6.
Der Stoff, das Material des Gedichts,
das saugt sich nicht aus dem Finger;
kein Gott erschafft die Welt aus nichts,
so wenig wie irdische Singer.

Aus vorgefundenem Urweltsdreck
erschuf ich die Männerleiber,
und aus dem Männerrippenspeck
erschuf ich die schönen Weiber.

Den Himmel erschuf ich aus der Erd'
und Engel aus Weiberentfaltung;
der Stoff gewinnt erst seinen Wert
durch künstlerische Gestaltung.

7.
Warum ich eigentlich erschuf
die Welt, ich will es gern bekennen:
Ich fühlte in der Seele brennen
wie Flammenwahnsinn, den Beruf.

Krankheit ist wohl der letzte Grund
des ganzen Schöpferdrangs gewesen;
erschaffend konnte ich genesen,
erschaffend wurde ich gesund.

Heinrich Heine

GROSSE DEUTSCHE LITERATURBALLADE

Gegen Abend in der Abendröte.
Ferne von der Menschen rohem Schwarm,
wandelten der Schiller und der Goethe
oft spazieren Arm in Arm.
Sie betrachteten die schöne Landschaft,
drückten sich die großen edlen Händ',
glücklich im Gefühl der Wahlverwandtschaft
unterhielten sie sich excellent.

«Sehen Sie», so redete der Goethe,
«dort die edle Pflanze in dem Gras,
jenes Steingebilde, diese Kröte,
dort den Schmetterling und dies und das!»
«Und – die Sonn'», erwiderte verwundert
drauf der Schiller, «sehen Sie, o Freund,
eben, sehn Sie, eben geht sie unter!
So hab ich's im Räuber Moor gemeint!»

Und ein andermal begann der Schiller
als sie wandelten am Wiesenbach,
und der Goethe wurde immer stiller,
während der entzückte Schiller sprach:
«Sehen Sie, wie diese Wellen fließen
ohne Ruh' und ohne Rast dahin,
wie die Menschen alle wandern müssen
und die Zeiten unaufhaltsam fliehn!»

«Herrlich ist, was Sie mir da bemerkten»,
gab der Goethe seinem Freund zurück:
«Hören Sie, daß Sie mir da bestärkten,
meine Meinung von des Menschen Glück.
Alles seh' ich gleichsam in dem Wasser,
Form und Ordnung, Maßstab und Bezug,
vieles Trefflichen bin ich Verfasser,
doch am Ende sei's gerad genug.»

«Alexander und Homerus starben,
dieses ist das Los von allem fast.»
«Und was sagen Sie denn von den Farben,
welchen ich so sorgsam aufgepaßt?»
«Geht es Ihnen auch so sehr zu Herzen,
Herr Geheimerat, das Ideal?»
«Mich ergreift, ich weiß nicht, soll ich scherzen,
himmlisches Behagen auf einmal!»

Manchmal blieben sie auf einmal stehen,
wie in plötzlicher Versteinerung,
tief durchschauert von dem heil'gen Wehen
gegenseitiger Bewunderung.

Auf dem Rücken faltete die Hände
dann der Goethe, eh' man sich's versah,
und so ganz in seinem Elemente
war der große Schiller da.

Hochbegeistert schwebten sie nach Hause;
jener brannte schon vor Ungeduld,
dieser knitterte an seiner Krause,
bis er stünd' an seinem Schreibepult.
«Sehe nun ein jeder, wie er's treibe»,
sprach der ältre zu dem jüngeren,
der versetzte mit verneigtem Leibe:
«Geh du rechtwärts, laß mich linkwärts gehn!»

Und bis zu der nächsten Morgenröte
schrieb der Schiller an dem siebten Band,
und den dreißigsten diktiert' der Goethe
seinem Sekretär noch in die Hand.
Still und dunkel auf den Straßen war es,
nur die Lampe brannte wieder hell
in den Zellen unseres Dichterpaares,
mahnend an der Wahrheit Strahlenquell.

Ludwig Eichrodt

SCHILLERS LOB DER FRAUEN

Ehret die Frauen! Sie stricken die Strümpfe,
wollig und warm, zu durchwaten die Sümpfe,
flicken zerrissene Pantalons aus;
kochen dem Manne die kräftigen Suppen,
putzen den Kindern die niedlichen Puppen,
halten mit mäßigem Wochengeld Haus.
Doch der Mann, der tölpelhafte,
findt am Zarten nicht Geschmack.
Zum gegornen Gerstensafte
raucht er immerfort Tabak;
brummt wie Bären an der Kette,
knufft die Kinder spat und fruh,
und dem Weibchen nachts in Bette
kehrt er gleich den Rücken zu.

August Wilhelm Schlegel

KREUBST DU DAS LERD

Kreubst du das Lerd, wo die Zertissen breun,
im dischen Lurb die Gonten-Schaffeln geun,
ein sichter Wold vom bluschen Hierzel waust,
die Mespe strall und hiech der Leubahr staust,
kreubst du es wirl?
    Derfarn! Derfarn
meut ich mit dir, o mein Gebeichler, zarn.

Kreubst du das Hieß? Auf Satzeln riest das Drauch,
es glabscht der Suhl, es schappert das Gemauch,
und Müsseldrehler strohn und spaun mich an:
Was hürscht man dir, du ampfes Kemd, gespran?
Kreubst du es wirl?
    Derfarn! Derfarn
meut ich mit dir, o mein Berasper, zarn.

Kreubst du den Bragg und seinen Weifelzerg?
Das Mohlmaar sämt im Nischel seinen Wärg,
im Hunkeln wast der Drannen alsche Brist,
es strift der Fauß und über ihn die Flißt;
kreubst du es wirl?
    Derfarn! Derfarn
grapst unser Wärg! o Veichsler, leuß uns zarn!

Hans Magnus Enzensberger

HEINE

Das war eine große Verwirrung,
das war des Neuen zu viel:
Satire, Chansons, Polemik,
und heimliche Tränen und Stil …

Heut weiß man, dass du der Dichter
des »Buchs der Lieder« bist.
Im Zweifelsfalle entscheiden
die Deutschen sich stets für den Mist.

Friedrich Torberg

NACH SCHILLER

Rauschend in den Katarakt der Wonne
wogt die unbekannte Sonne
des Verlustes seelenvoll dahin;
ew'ge Harmonien wallen über,
in die bodenlosen Freudenzüber
schöpft der Menschen Danaidensinn.
Keine Hoffnung adelt ihren Schaden,
auch der Glückliche fühlt sich beladen
und, den Stachel in der eignen Brust,
sinkt er abwärts, krank und schuldbewußt.
Durchs Getümmel ausgebrannter Krater
schleicht der Würde schwergeprüfter Vater
zu dem Traum des wandelnden Geschlechts;
der Vergeltung Antwort grüßt die Klage,
und es schwankt die umgekehrte Waage
in den Ausdruck eines Totenrechts.
Ungeläutert aus den Wirklichkeiten
siehst du das Verhängnis rückwärts schreiten,
in der stillverbißnen Schranke starrt
schon die Zukunft durch die Gegenwart.
Einstens aber labt den Adamiden
der Erkenntnis trauter Seelenfrieden,
und das Urteil bricht sich ab den Zahn;
jenseits flüstert heimliche Gebärde,
auf der kummerlosen Vatererde
schweigt der ungerührte Wahn.
Welten lodern und Begierden schlummern,
Hermes selber nimmt sich einen krummern,
einen minder starren Todesstab
in die Schattenwelt hinab.

Ludwig Eichroth

SCHILLER-QUINTESSENZ

Allen zitatenbedürftigen Gemütern gewidmet

Fern von Madrid, auf seines Daches Zinnen,
in seiner Kaiserpracht saß König Franz.
Wie wird mir? Brüllt er mit vergnügten Sinnen;
was ist das Leben ohne Liebesglanz?
Der Helm ist mein! Das ist das Los des Schönen
in seines Nichts durchbohrendem Gefühl;
und will der Lorbeer hier sich nicht gewöhnen –
Platz! Platz! O unglücksel'ges Flötenspiel!

Leicht beieinander wohnen die Gedanken.
Du hast's erreicht, Oktavio! spricht Zeus.
So fordr' ich mein Jahrhundert in die Schranken,
denn nur die Liebe ist der Liebe Preis.
Des Lebens Mai blüht einmal und nicht wieder,
o Königin, das Leben ist doch schön!
Das aber denkt ganz wie ein Seifensieder:
Max, bleibe bei mir! bleib, der Mohr kann gehn!

Blendwerk der Hölle, du bist blaß, Luise!
Was ist der langen Rede kurzer Sinn?
Ein Augenblick gelebt im Paradiese,
das ist die Stelle, wo ich sterblich bin.
Und sieh, er zählt die Häupter seiner Lieben,
das Spiel des Lebens sieht sich heiter an:
Kurz ist der Schmerz, das Phlegma ist geblieben,
die Axt im Haus erspart den Zimmermann.

Es wächst der Mensch mit seinen größern Zwecken,
eng ist die Welt, und das Gehirn ist weit;
spät kommt ihr, doch ihr kommt, den Leu zu wecken,
ernst ist der Anblick der Notwendigkeit.
Der Lebende hat Recht, den Leib zu malen;
wer wagt es, was die innre Stimme spricht?
Nacht muß es sein, wo Friedlands Sterne strahlen!
Unsinn, du siegst, und Minna kennt mich nicht!

Edwin Bormann

ÜBER SCHILLERS GEDICHT «DIE BÜRGSCHAFT»

O edle Zeit, o menschliches Gebaren!
Der eine ist dem andern etwas schuld.
Der ist tyrannisch, doch er zeigt Geduld
und läßt den Schuldner auf die Hochzeit fahren.

Der Bürge bleibt. Der Schuldner ist heraus.
Es weist sich, daß natürlich die Natur
ihm manche Ausflucht bietet, jedoch stur
kehrt er zurück und löst den Bürgen aus.

Solch ein Gebaren macht Verträge heilig.
In solchen Zeiten kann man auch noch bürgen.
Und, hat's der Schuldner mit dem Zahlen eilig

braucht man ihn ja nicht allzustark zu würgen.
Und schließlich zeigte es sich ja auch dann:
Am End war der Tyrann gar kein Tyrann!

Bertolt Brecht

DIE LORELEY

Grüß Gott und ich habe die Ehre,
das heißt, ich bin halt so frei,
Sie werden mich alle wohl kennen,
man heißt mich kurz die Loreley.
Was wurd über mich schon gesungen
und offen muß ich es gestehn
und niemand hat mich noch gesehn
und ich bin doch so fabelhaft schön!

Viel tausend Jahr hock ich hier oben
bei Sonnenschein, Regen und Schnee
auf diesem steinigen Felsblock,
mir tut schon mein Rückgebäud weh.
Ich singe und zupfe die Harfe,
ich wüßt ja net, was i sonst tat,
ich weiß nicht, was soll es bedeuten,
das Lied wird mir jetzt schon bald fad!

Wenn morgens vom Schlaf ich erwache,
dann kämm ich mein goldenes Haar,
das ist ja mein einziger Reichtum
denns Gold is gegnwärtig rar.
Ich gäbe zwar Gold her für Eisen,
da mach ich mir schließlich nix draus,
doch eiserne Haar –! 's wär a Blödsinn,
des haltet mein Kampe net aus!

Ich hab keine menschliche Seele,
ich leb nur als Märchen dahin,
drum ist es auch ganz leicht erklärlich,
daß viel tausend Jahr alt ich bin.
Wär ich eine menschliche Jungfrau,
ich sage es offen heraus,
hielt ich es so viel tausend Jahre
allein da heroben net aus!

Ein Schiffer, ein bildschöner Jüngling,
fährt oft mit dem Kahn hier vorbei,
er liebt nur ein einziges Wesen,
er liebt nur mich, die Loreley.
Da kommt er schon wieder gefahren,
was willst denn, du närrischer Tropf,
wenn du dich net glei aus dem Staub machst,
dann wirf i dir d'Musik an Kopf!

Nun haben d'Loreley Sie gesehen,
vergessen Sie nie diese Pracht,
und nun werd ich wieder verschwinden,
es dunkelt schon heimlich die Nacht,
's wird finster und immer finsterer
und langsam geh ich zur Ruh,
und daß wissen, daß aus is,
dreh ma das Mikrophon zu.

Karl Valentin

GRAZER TRISTANE

Wer die Schönheit angeschaut mit Augen,
wird für keinen Dienst auf Erden taugen.

Wer die Schönheit angehört mit Ohren,
ist dem Leben allezeit verloren.

Wer die Schönheit roch mit seiner Nasen,
dessen Lebenslicht ist ausgeblasen.

Wer die Schönheit angefaßt mit Fingern,
muß ermattet in den Abgrund schlingern.

Wer die Schönheit abgeleckt mit Zungen,
ist schon weit ins Dunkel vorgedrungen.

Wer die Schönheit ausgedacht im Hirne,
dem erglüht und explodiert die Stirne.

Wer sie einverleibt mit siebtem Sinne,
sitzt am tiefsten in des Todes Rinne.

Ludwig Harig

LUDWIG I. EINE MÄRZERINNERUNG

Lola, auf den Knieen vor dir liegend,
lebend in den höchsten Wonnen hin
und mein Haupt an deine Reize schmiegend,
war ich selig, Andalusierin!

Teutsche Kraft in alten Gliedern fühlend
und besiegend die Bedenklichkeit,
niemals die Begierde gänzlich kühlend,
hab' ich meine Reste dir geweiht.

Aber wütend, mein Idol bespeiend,
glaubete mein Volk sich heldenhaft;
immer Lümmel nur gewesen seiend,
spottet' es der Liebe Zauberkraft.

Ludwig Thoma

NACH STEFAN GEORGE

Fahlgrüne Nebel in gedunsnen Schwaden
verdächtig brauen über bleicher Feuchte.
Ein mattes Blech, des Mondes schwele Leuchte
spinnt kümmerlich der Strahlen Schwefelfaden.

Wildenten rauchbraun müde Köpfe baden.
Die blanke Schwalbe floh, die frostgescheuchte.
Mein Herz die Herbstgefühle wiederkeuchte,
die Lebensschwund dem Anger aufgeladen.

Da, plötzlich, purpurn fühl ich Tod umwittern
die Schläfe, wo verwelkte Rosen staken.
Es ebbt die Seele. – Schafft ihn auf die Morgue.

Mir aber schleunigst einen derben Bittern,
denn bei der Poesie der Kakerlaken,
da schwiemelt mir. Dank für Stefan George!

Ulrich von Wilamowitz-Moellendorff

Stefan George
der meister eh er noch die feder tauchte
denkt schon an bütten schon an offizin
den grauen augen staut sich der erlauchte
satz-bau von georg bondi in berlin

Rilke
Strophen gibt es, die singen sich von selber zu Bett.
Und du träumst von verblichnen Dingen,
von Bändern, und wie sie sich schlingen,
durch einer Madonna Korsett.

Hofmannsthal
Und Dichter wachsen auf und lesen vieles,

und sind wie Lamm und Pfau, und sehr umragt
von der Bemühtheit ihres eignen Stiles.

Und dennoch sagt der viel, der »Trakl« sagt.

Friedrich Torberg

DIE SEIENDE
nach Rainer Maria Rilke

Und dann kam sie, ganz von dem erfüllt,
was ihr droht in dunklen Corridoren,
seiend, aber beinah wie verloren
und von manchen Stunden wie enthüllt.

Daß das grenzenlose Ungemeine
ihrem jungen Herzen sich vermähle,
legte sie das schimmernde Juwele
um das Innerste der Kinderseele;
und dann stand sie plötzlich wie beraubt.

Aber manchmal wußte sie das Eine,
sah das singend Seiende und Seine,
groß verstanden und von ihr geglaubt.

Hans Heinrich von Twardowski

MUTTERANRUF

nach Hugo von Hofmannsthal

Und Kinder wachsen auf mit großen Augen
und wissen schon von ihrem tiefsten Walten
und wollen es schon daumenhaft besaugen.

Und Mütter gehn, und immer wieder halten
und heben sie die drohbereite Geste
und stehn erstarrt und drohn noch im Erkalten.

Und Dichter sind, und ihre Anapäste
sind wie die Neige tiefgesenkter Krüge
und schmecken schal wie trübe Hefereste.

Und wiegen sich in ihrer samtnen Lüge
und lieben Prunk, ein wenig überplundert,
und spreizen sich in gestriger Genüge.

Und stehen bleich im lärmenden Jahrhundert
und nehmen dankbar jegliche Beschau an.
Betroffen steht die Zeit: es bellt verwundert

ein Bologneserhündchen einen Pfau an.

Robert Neumann

HÖCHST SCHAUDERHAFTE BEGEBENHEIT

Ihr Leute merkt und nehmt zu Herzen
die traurige Geschicht';
der Diebstahl, der bringt große Schmerzen
und nie kein' Segen nicht.

Sabine war ein Frauenzimmer,
sie war auch tugendhaft;
deshalben war zufrieden immer
mit ihr auch die Herrschaft.

Da kam einstmals von Treuenbrietzen
ein junger Mensch daher
und sprach: Ich möchte sie besitzen!
Es war ein Schuhmacher.

Sie hat sich nicht sehr lang bedenket
und sprach: es mag so sein!
Sie hat zu leicht Vertraun geschenket
des Schusters falschem Schein.

Da tut er gleich das Geld verschwenden
in Schnaps und auch in Bier;
und tut sich nochmals an sie wenden:
will wieder Geld von ihr.

Sie kann nicht mehr kein Geld sich leihen;
drum geht sie auf der Stell',
und muß der Herrschaft veruntreuen
zwei silberne Löffel.

Als aber sind zwei Tag' vergangen,
da kommt der Diebstahl raus.
Die Herrschaft jug mit Schimpf und Schanden
Sabinen aus dem Haus.

Sie klagt's in ihren Gewissensbissen,
ihr ist das Herz so schwer;
doch will jetzt nichts mehr von ihr wissen,
der Treuenbrietzener.

Er kommt allnächtlich zu Sabinen
und seufzt: Ich steck' in Not!
Gerührt von seinen bittern Mienen
gibt sie ihm, was sie hot.

Sie seufzt: du böser Pflichtvergessner,
du rabenschwarze Seel'!
Da nimmt er schnell ein Tranchiermesser
und schneidt't ihr ab die Kehl'.

Das Herzblut tut sogleich 'rausspritzen,
sie sinket um und um.
Der falsche Schuster von Treuenbrietzen,
der steht um sie herum.

Sie tut auch gleich die Glieder strecken,
nebst einem Todesschrei;
den bösen Wicht tun jetzt einstecken
zwei Mann von der Polizei.

In Ketten und in Eisenbanden,
bei Wasser und bei Brot,
hat er reumütig eingestanden
die schwarze Freveltot.

Am Galgen wurd' der Treuenbrietzner
gehängt durch einen Strick;
dazu hat ihn gebracht die Untreu'
und auch die falsche Tück'.

Drum soll man keine Kehl' abschneiden,
es tut kein gut ja nicht. –
Der Krug, der geht so lang zum Wasser,
bis ihm der Henkel bricht.

Unbekannt

WEIHNACHTSLIED, CHEMISCH GEREINIGT

Morgen, Kinder, wird's nichts geben!
Nur wer hat, kriegt noch geschenkt.
Mutter schenkte euch das Leben.
Das genügt, wenn man's bedenkt.
Einmal kommt auch eure Zeit.
Morgen ist's noch nicht so weit.

Doch ihr dürft nicht traurig werden.
Reiche haben Armut gern.
Gänsebraten macht Beschwerden.
Puppen sind nicht mehr modern.
Morgen kommt der Weihnachtsmann.
Allerdings nur nebenan.

Lauft ein bißchen durch die Straßen!
Dort gibt's Weihnachtsfest genug.
Christentum, vom Turm geblasen,
macht die kleinsten Kinder klug.
Kopf gut schütteln vor Gebrauch!
Ohne Christbaum geht es auch.

Tannengrün mit Osrambirnen –
lernt drauf pfeifen! Werdet stolz!
Reißt die Bretter von den Stirnen,
denn im Ofen fehlt's an Holz!
Stille Nacht und heil'ge Nacht –
weint, wenn's geht, nicht! Sondern lacht!

Morgen, Kinder, wird's nichts geben!
Wer nichts kriegt, der kriegt Geduld!
Morgen, Kinder, lernt fürs Leben!
Gott ist nicht allein dran schuld.
Gottes Güte reicht so weit …
Ach, du liebe Weihnachtszeit!

Erich Kästner

EDUARD UND KUNIGUNDE

In Bayreuth ward er geboren,
wo sein Vater war der Schloßkast'llan;
doch den er sich zum Morden auserkoren,
war ein reicher Privatmann.

Seine Mutter, eine geborne Lerche,
hat das ganze Unglück angericht',
denn sie hielt ihn nicht zur Schule, nicht zur Kerche,
soff gar sehr und starb drum an der Gicht.

In Leipzig bei einem Schustermeister
lernte er das grasse Metier,
warf der Meisterin den Topf mit Kleister
an den Kopf und schumpf ihr: «Bestie!»

Gottlob Käsemeyer huß der Arme –
sechzehn Messerstich durch Arm und Brust
gab er ihm, daß Gott erbarme!
Und sein Lebenslicht war ausgepust.

Kunigunde, seine Vielgeliebte,
trug noch größre Schändlichkeit zur Schau,
denn mit einem Strumpfenband verübte
sie den Mord an Käsemeyers Frau.

Sieh, o Mensch, im Hintergrunde
einen Galgen aufgericht'!
Daran hängt die schöne Kunigunde,
eben durch des Henkers Hand verblicht.

Mit gelassener, kaltblüt'ger Miene
besteigt Eduard das Blutgerüst,
wirft noch einen Blick nach seiner Konkubine,
aber stirbt doch als ein guter Christ.

Ein Schandarm mit schnurrig-bärtger Miene
gibt dem Unglücksel'gen einen Klaps –
geht darauf zur Marketenderin Kathrine,
und verlangt kaltlächelnd einen Schnaps.

Diese Grausamkeit erregt im Publikume
lautes Murmeln rings umher –
da dreht sich der Schandarm wütend ume
und's verstummen alle Murmeler.

Drum, o Mensch, bezähme deine Triebe
hier in dieser Zeitlichkeit,
denn das sind die Folgen von der Liebe
und der mütterlichen Trunkenboldenhaftigkeit!

Unbekannt

DER ARME SÜNDER

Zu Grüneberg in der längsten Nacht,
in später Geisterstunde,
erbrauset mit Schneegestöber der Sturm,
die Eule kreischet im alten Turm,
und ängstlich winseln die Hunde.

Im untern Dorf in des Schulzen Haus
vermehret ein Traum das Grauen;
die Frau schreit auf: «Mein Kind! Mein Kind!
Auf, Vater auf! Zum Förster geschwind,
nach unserm Sohne zu schauen!»

«Was sollte dem Burschen geschehen sein?
Verscheuche mit Beten die Träume!
Zum Förster ist's weit, der Pfad ist verschneit;
schlaf ein! schlaf ein! 's ist Schlafenszeit,
es sind ja Träume nur Schäume.»

«Unsägliches muß ihm geschehen sein,
o Vater, bedenke das Ende!
Er saß im Bette, verstört und bleich,
und rang, dem armen Sünder gleich,
verzweiflungsvoll die Hände!»

Es grauset dem Vater bei solchem Wort;
da will er den Gang doch wagen.

Er kleidet sich an, er eilet hinaus
durch Nacht und Sturm nach dem Jägerhaus,
nach seinem Kinde zu fragen.

Kaum atmend erreicht er das Haus und beginnt,
an Tür und Fenster zu schlagen:
«Wach auf, du Förster! und öffne mir bald!
Ist hier mein Jürgen oder im Wald?
Was hat sich zugetragen?»

Der läßt ihn ein, er fragt ihn aus,
es will ihn seltsam bedunken:
«Dein Jürgen schläft. Gesund und rot,
hat gestern er noch zum Abendbrot
gegessen wie zwei und getrunken.»

«Ich will ihn sehen! ich muß ihn sehen!»
Den Förster rührt der Jammer.
Er treppenhinauf mit dem Alten steigt,
er öffnet die Tür, die sich da zeigt,
er leuchtet ihm in die Kammer.

Und was sie sehen – ! Es sträubt sich ihr Haar
zu Berge, sie stehen versteinet.
Der sitzt im Bette verstört und bleich
und ringt, dem armen Sünder gleich,
die Hände verzweifelt und weinet.

«Was ist geschehn?» – «Nichts! nichts! hinweg!» –
«O sprich! Was hast du begangen?» –
«Ich kann's nicht sagen!» – «Entdeck es uns nur!
Wir schwören dir hier den heiligsten Schwur,
du sollst Vergebung erlangen.»

«Oh wie ihr doch zudringlich seid!
Und wollt ihr's, und müßt ihr es wissen,
ich hab' – ich weiß nicht, wie es kam,
ich hab' – es überfällt mich die Scham,
ich hab ins ....
desunt quaedam in manuscripto.

Adelbert von Chamisso

ENTSETZLICH

Es sitzt die Gräfin auf der Zinne ihrer Burgen,
das Angesicht umflort von Kummer und von Surgen.
Halbwelk ist schon die jugendliche Holde;
so schaut sie tief hinab auf das Gefolde.
Da blühet alles in des Frühlings Prangen,
und Jubel tönet von der Vöglein Zangen.
Die Rosen duften und die Nelken sprossen,
die Philomele flötet aus Cyprossen.
Die Lerchen schmettern und die Käfer summen;
da klagt die Gräfin: «Wann wird er wohl kummen?
Ob mich ein Dämon seiner wohl beraubet?
Wo säumt der Mann, den meine Seele laubet?
Ist er mir jetzt schon gram; will er mir trotzen?
Daß er mich läßt auf dieser Zinne sotzen?
Bricht er die Treue, die er mir geschworen,
bricht er die Treue schon nach dritthalb Johren?
Hab ich's verschuldet, daß er meiner spottet?
War mein Geschick mit seinem nicht verkottet?»
So klagt die Gräfin, und ihr Aug, ihr schwarzes,
es rinnt im Übermaß des tiefsten Schmarzes.
Ihr Wort erstickt im bittersten Geschluchze;
und in Verzweiflung faßt sie eine Buchse,
sie spannt den Hahn – von Satanas verlocket –
drückt los und – ach! – schon liegt sie hingestrocket.
Sie liegt entseelt, durchschossen auf dem Boden!
Und neben ihr die Waffe, die sie selbst geloden.
Kaum aber hat ihr Leben sie verloren,
sieht man aufs Schloß zu einen Ritter galopporen.
Schon ist er da; schon springt er von dem Rappen
und eilt hinauf die langen Wandeltrappen.
Schon ist er auf der Zinne, ach! und sieht mit Schrecken
die starre Leiche vor den starren Blecken.
Da stampft er wild den Boden mit den Stiefeln
und ruft: «Warum, o Gräfin, mußtest du verzwiefeln?
Warum konnt'st du, o Holdeste der Holden,
dich nicht noch einen Augenblick gedolden?
Und muß ich dich als blutge Leiche schauen,
was soll ich jetzt in dieser Welt noch tauen?»

Er spricht's; es funkeln seine wilden Augen,
und aus der Scheide zieht er seinen Daugen.
Und schwingt ihn keck, und mit dem grimmsten Trotze
stößt er sich in die Brust die scharfe Spotze.
Er sinket um mit einem Schmerzenslaute,
und schon liegt er entpsycht in seinem Blaute.
Mit Schrecken sieht man bald vom Zinnengatter
den Leichnam von der Gräfin und dem Ratter.

Nutzanwendung:
Der Übereilung kann nichts Gutes nicht entwachsen:
O hüte dich vor Degen, Dolch und Bachsen!
Und wisse, daß sein Grab sich selber schaufelt,
wer an dem eigenen Geschick verzwaufelt.

Unbekannt

JAKOB UND SÖHNE

Jakob lebte einst in Kanaan
schlecht und recht ultramontanaan,
richtet' nach der Vorschrift sich,
sparsam, gottesfürchterlich.

Lieber als die andern Söhne all
hatte Jakob – o du Skanderal! –
seinen Joseph, keusch von Ruf,
weil er ihn so spät erschuf.

Und er schenkt' ein rotes Röcklein ihm,
zu der Brüder Neid und Schrecklajim,
Joseph machte viel Geschrei,
Wohldienst und Angeberei.

Jugendstreiche tat der Josef nicht,
war in keiner Art ein Bösewicht
und zufrieden mit ihm war
der Herr Lehrer immerdar.

Als sie weilten nun zu Dothanä,
ärgerte das Röcklein sothanä
seine Brüder dergestalt,
daß sie ihn gern machten kalt.

Retten wollt' der sanft're Ruben ihn,
werft ihn, sprach er, in die Gruben hin!
Eine Karawane grad
kam daher von Gilead.

Dummheit wär's, den Schlingel steinigen,
schächten und verun-sich reinigen!
Ascher sprach's – seid ihr gescheut?
Wozu sein wir Handelsleut?

Also ward er kühn verschacheret
an die Männer Ismaels hernacheret,
die verkauften gleich ihn bar
an den Meister Potiphar.

Potiphar, der Kämmrer Pharaos,
setzt den Joseph ob die Baaraos,
weil er rechnen konnte gut
und auch hübsch war als ein Jud.

Dieses merkt' auch gleich sein Eheweib,
möchte, daß er ihr die Flöh' vertreib',
sie erwischet ihn beim Rock,
er tat wie ein Kleiderstock.

Kein Piano, kein Fortissimo
half, er hielt am Katechissimo.
Wer errät des Menschen Sinn?
Löblich war es immerhin.

Die Geschichte wurde weltbekannt,
Joseph wird als Musterheld genannt.
Ja, des Augenblickes Kuß
wiegt nicht auf des Ruhms Genuß.

Doch die Falsche aus Egypterland
fluchet, daß er nicht verliebterant,
hat den Rock ihm wegstibitzt,
schreiet, bis der Joseph – sitzt.

Aber sieh, auch in Carceribus
hält der Amtmann ihn in Ehribus,
da der Herr wohl mit ihm sei,
tut er ihn zur Schreiberei.

Man beriet im Ministerio
einen Traum längst hin und herio,
aus geheimstem Kabinett:
von den Kühen dürr und fett.

Joseph spricht ganz vorbereitungslos,
denn so hat er die Traumdeutung los,
«Fette Jahr' und magre Jahr' –
Pharao, mach 's Inventar!

Pharao, mach 's Inventarium,
denn bald sind die fetten Jahr herum,
und die magern kommen schon,
kosten dir vielleicht den Thron!

Und die letzten sind die pauvresten!
König, such dir einen Obersten,
einen sehr verständ'gen Mann,
der Egypten helfen kann!»

Schreiber war er, schlechtbezahleter,
Joseph macht den Sprung mortaliter,
wird vom simplen Aktuar
Großvezier, Minister gar.

Und obwohl jetzt Reichskornwucherer
widerstand doch dem Versucher er,
für den edlen König sein
macht' er das Geschäft allein.

Schau, da strömten auch von Bethlehem
Jakobs Söhne, treu und redlehem,
wollten für Jakob und Söhn'
kaufen Mumienwaizoen.

Rührend schon war die Erkennungsszen',
nimmer sollt' es geben Trennungswehn,
und fürwahr die Trunkenheit
war so groß als wie die Freud.

Wunderbar, der Same Abrahams
lallte da in lauter Stabrahams,
wie die alten Deutschen, knüll,
in gemütlichem Gebrüll.

«Holet jetzt nur auch den Erzpapa!
Soll heraufziehn gleich von Bersaba!
Mit den Wagen, Weib und Kind,
Schaf', Ochs', Esel, Kalb und Rind!

Daß er gar nicht war nachträgerisch,
Großmut übte unabwegerisch,
rechn' ich hoch ihm an aus Pflicht,
denn Berechnung war es nicht.

Pharao zog Sonntagshosen an,
wies dem Volk die Landschaft Gosen an;
eigentlich wie alt er wär'?
Fragt den Jakob gnädig er.

Es verdiente aber viel Geld da
Gottes Volk in diesem Nildelta,
und vermehrte fürchterlich
nach Pläsir und Vorschrift sich.

Also in der Ramsau wimmelte
Israel, und es verkümmelte
alsbald das Egyptervolk
an den König, was es molk.

Als das Vieh jedoch veräußert war,
an die Äcker ging's und Häuser gar,
Joseph und der Pharao
wurden drob ohnmaßen froh.

In die Hofschatulle fließt der Saft
alles Lands, und bloß die Priesterschaft
darf behalten, was sie hat,
denn sie ist oft delikat.

Joseph nahm sich nur den Feigensaft,
er begründet die Leibeigenschaft
der Egypter, die sein Brot
aßen in der Hungersnot.

Und der König, vor Bewünderung
über diese Volksausplünderung,
machte den genialen Sohn
Jakobs eilends zum Baron.

Also steht's im Buche Genesis
das wir lesen, weil so schön es is,
wenn auch drin Kapitel stehn
mehr für die Erwachsenen.

Ludwig Eichrodt

DIE BALLADE VOM BLUTIGEN BOMME

hochverehrtes Publikum
werft uns nicht die bude um
wenn wir albernes berichten
denn die albernsten geschichten
macht der liebe gott persönlich
ich verbleibe ganz gewöhnlich
wenn ich auf den tod von Bomme
meinem freund zu sprechen komme

möge Ihnen nie geschehn
was Sie hier in bildern sehn

zur beweisaufnahme hatte
man die blutige krawatte
keine spur mehr von der beute
auf dem flur sogar die leute
horchen was nach außen dringt
denn der angeklagte bringt
das gericht zum männchenmachen
und das publikum zum lachen

seht die herren vom gericht
schätzt man offensichtlich nicht

eisentür und eisenbett
dicht daneben das klosett
und der wärter freut sich sehr
kennt den mann von früher her
Bomme fühlt sich gleich zuhaus
ruht von seiner arbeit aus
auch ein reicher mann hat ruh
hält den sarg von innen zu

jetzt geht Bomme dieser mann
und sein reichtum nichts mehr an

sagt der wärter: grüß dich mann
laß dirs gut gehn – denk daran
wärter sieht auch mal vorbei
mach mir keine schererei
essen kriegst du nicht zu knapp
Bomme denn dein kopf muß ab
Bomme ist schon sehr gespannt
und malt männchen an die wand

nein hier hilft kein daumenfalten
Bomme muß den kopf hinhalten

Bomme ist noch nicht bereit
für abendmahl und ewigkeit
kommt der pastor und erzählt
wie sich ein verdammter quält
wie er große tränen weint
und sich wälzet – Bomme meint
das ist alles intressant
und mir irgendwie bekannt

denn was weiß ein frommer christ
wie dem mann zumute ist

auf dem hof wird holz gehauen
Bomme hilft das fallbeil bauen
und er läßt sich dabei zeit
schließlich ist es doch soweit
daß es hoch und heilig ragt
Bomme sieht es an und sagt:
das ist schärfer als faschismus
und probiert den mechanismus

wenn die schwere klinge fällt
spürt er daß sie recht behält

aufstehn kurz vor morgengrauen
das schlägt Bomme ins verdauen
und da friert er – reibt die hände
konzentriert sich auf das ende
möchte gar nicht so sehr beten
lieber schnell aufs klo austreten
doch dann denkt er: einerlei
das geht sowieso vorbei

von zwei peinlichen verfahren
kann er eins am andern sparen

wäre mutter noch am leben
würde es auch tränen geben
aber so bleibt alles sachlich
Bomme wird ganz amtlich-fachlich
ausgestrichen aus der liste
und gelegt in eine kiste
nur ein sträfling seufzt dazwischen
denn er muß das blut aufwischen

bitte herrschaften verzeiht
solche unanständigkeit

doch wer meint das stück war gut
legt ein groschen in den hut

Christa Reinig

VERRÜCKTE AKZENTE

Wenn ich zart die Worte stellte,
wenn ich süß dich anlächelte,
schenktest du kein Lächeln mir.
Soll ich all den Schmerz dir nennen,
wenn ich mit dem verlorenen
Herzen stand, o Weib, vor dir?

Doch, ob wund von tausend Stichen,
öffn' ich noch dem verderblichen
Zagen nicht die Mannesbrust.
Schau, welch neue Kunst der Rede
sich dein Sänger aneignete,
ob du ihr nicht weichen mußt!

Magst du meine Lieb' erkennen
in der pomphaft erhabenen
Reime desperatem Gang.
Krampfhaft wild durch Nacht zum Lichte,
wie der Waldbach im Dickichte,
breche Bahn sich mein Gesang.

Ja, dein Herz, das starke, feste,
ist's, du angebeteteste
härter nicht als Felsgestein?
O, so gib's in meine Hände
und es schlägt der Wildrasende
sich mit ihm den Schädel ein!

Ludwig Eichrodt

MANDELKERNGEDICHT

In einem geselligen Kreise bei Gelegenheit einer verlorenen Wette

Zwischen Akten, dunkeln Wänden
bannt mich Freiheitbegehrenden
nun des Lebens strenge Pflicht,
und aus Schränken, Aktenschichten
lachen mir die beleidigten
Musen in das Amtsgesicht.

Als an Lenz und Morgenröte
noch das Herz sich erlabete,
o du stilles, heitres Glück!
Wie ich auch nun heiß mich sehne,
ach, aus dieser Sandebene
führt kein Weg dahin zurück.

Als der letzte Balkentreter
steh' ich armer Enterbeter
in des Staates Symphonie,
ach, in diesem Schwall von Tönen
wo fänd' ich da des eigenen
Herzens süße Melodie?

Ein Gedicht soll ich euch spenden:
Nun, so geht mit dem Leidenden
nicht so strenge ins Gericht!
Nehmt den Willen für Gewährung,
kühnen Reim für Begeisterung,
diesen Unsinn als Gedicht!

Joseph von Eichendorff

DER SPAZIERGANG IM WALDE

Zwei Löwen gingen einst selband
in einem Wald spazoren,
und haben da vor Wut entbrannt
einander aufgezohren.

Da kamen eines Tags daher
des Wegs zwei Leute, edel,
die fanden von dem Kampf nichts mehr
als beider Löwen Wedel.

Daraus geht nun für groß und klein
die weise Lehr hervor:
«Selbst mit dem besten Freunde dein
im Walde nie spazor!»

Unbekannt

DURCH DIE MITTE der Natur
zieht sich eine Pappelschnur.
Rechts sind Bäume, links sind Bäume
und dazwischen Zwischenräume.
In der Mitte fließt ein Bach –
Ach!

Unbekannt

DIE ARME KLEINE IDEE

Es war einmal eine kleine Idee,
ein armes, schmächtiges Wesen.
Da kamen drei Dichter des Weges – o weh! –
und haben sie aufgelesen.
Der eine macht' einen Spruch daraus –
das hielt die kleine Idee noch aus;
der zweite eine Ballade –
da wurde sie schwach und malade;
der dritte wollt' sie verwenden
zu einem Roman in zwei Bänden –
dem starb sie unter den Händen!

Otto Sommerstorff

DAS ÄSTHETISCHE WIESEL

Ein Wiesel
saß auf einem Kiesel
inmitten Bachgeriesel.

Wißt ihr
weshalb?

Das Mondkalb
verriet es mir
im stillen:
Das raffinier-
te Tier
tat's um des Reimes willen.

Christian Morgenstern

BUCH DER RÄTSEL

DAS ÄLTESTE GERMANISCHE RÄTSEL

Es kam ein Vogel federlos,
saß auf dem Baume blattlos,
da kam die Jungfer mundlos
und fraß den Vogel federlos
von dem Baume blattlos.

Schnee und Sonne

Immer ist es nah,
niemals ist es da.
Wenn du denkst, du seist daran,
nimmt es andern Namen an.

Morgen

Was ist nackter als nackt,
so nackt, daß es knackt?

Skelett

Was will ein jeder werden,
was will doch keiner sein?

alt

Ich rede ohne Zunge,
ich schreie ohne Lunge,
ich habe auch kein Herz,
und nehm' doch teil an Freud und Schmerz.

Glocke

Du warst noch nie,
warst immer da,
wirst nie mehr sein,
bist ewig nah.

Jetzt

Ich wandle mit dir Tag und Nacht,
im Sonnen- und im Mondenschein.
Auf leichten Sohlen schleich ich sacht
bald vor dir her, bald hinterdrein:
hinab ins Tal, hinan den Berg,
bald wie ein Ries', bald wie ein Zwerg.

Schatten

Friedrich Güll

Verfertigt ist's vor langer Zeit,
doch mehrenteils gemacht erst heut.
Sehr schätzbar ist es seinem Herrn,
und dennoch hütet's niemand gern.

Bett

Gottfried August Bürger

Klugen bin ich über alles, Narren dien ich nicht gar viel.
Keiner, der mich kann entbehren, der viel lern- und wissen will.
Mich deckt eines Tieres Haut. Hat mein Vater was verbrochen,
wird mit Feuer es an mir, aber nicht an ihm gerochen.

Buch

Christian Hoffmann von Hoffmannswaldau

Der es macht, der will es nicht;
Der es trägt, behält es nicht;
Der es kauft, der braucht es nicht;
Der es hat, der weiß es nicht.

Sarg

Der arme Tropf
hat keinen Kopf;
das arme Weib
hat keinen Leib;
die arme Kleine
hat keine Beine.
Sie ist ein langer Darm,
doch schlingt sie einen Arm
bedächtig in den andern ein.
Was mag das für ein Weiblein sein?

Brezel

Johann Peter Hebel

Kennst du das Bild auf zartem Grunde?
Es gibt sich selber Licht und Glanz.
Ein andres ist's zu jeder Stunde,
und immer ist es frisch und ganz.
Im engsten Raum ist's ausgeführet,
der kleinste Rahmen faßt es ein;
doch alle Größe, die dich rühret,
kennst du durch dieses Bild allein.
Und kannst du den Kristall mir nennen?
Ihm gleicht an Wert kein Edelstein;
er leuchtet, ohne je zu brennen,
das ganze Weltall saugt er ein.
Der Himmel selbst ist abgemalet
in seinem wundervollen Ring;
und doch ist, was er von sich strahlet,
noch schöner, als was er empfing.

Auge

Friedrich Schiller

Die besten Freunde, die wir haben,
sie kommen nur mit Schmerzen an,
und was sie uns für Weh getan,
ist fast so groß als ihre Gaben.
Und wenn sie wieder Abschied nehmen,
muß man zu Schmerzen sich bequemen.

Zähne

Johann Wolfgang Goethe

Ich hab' ein Ding im Sinn,
wohl lieben es die Mädchen traut,
es liegt um ihre zarte Haut,
doch stecken Nägel drin.

Handschuh

Johann Peter Hebel

Welcher Igel eins – zwei – drei
legt ein Mahagoni-Ei?

Kastanie

Friedrich Wagner-Poltrock

Kennst du den seltenen Kristall,
er deutet strahlend himmelwärts,
rund ist er wie das blaue All,
und seine Folie ist das Herz.
Es bricht aus ihm ein heilig Licht,
das ist der werten Folie Glanz;
wenn Lieb und Leiden dir's zerbricht,
zerfließet er in Strahlen ganz.

Auge

Justinus Kerner

Da kommt ein Knabe gegangen,
mit klingenden Glocken behangen,
sagt, Müßiggang heiße ihm Pflicht;
und was ihm die Brüder mit Darben,
mit Mühe und Sorgen erwarben,
verzehrt er im leckern Gericht.
Sonst schön wie ein Engel und heilig dazu,
mißgönnt er dem Küster und Pfarrer die Ruh'.

Sonntag

Johann Peter Hebel

Ein Bruder ist's von vielen Brüdern,
in allem ihnen völlig gleich,
ein nötig Glied von vielen Gliedern
in eines großen Vaters Reich;
jedoch erblickt man ihn nur selten,
fast, wie ein eingeschobnes Kind;
die andern lassen ihn nur gelten
da, wo sie unvermögend sind.

Schalttag

Johann Wolfgang Goethe

Es ist eine süße Zauberfrucht,
die einer umsonst zu brechen versucht.
Nur zweie zusammen können sie brechen,
doch kann es niemals geschehen im Sprechen;
und wollte sie einer haschen allein,
er haschte und schnappte ins Blaue hinein.

Kuß

Jacques Mises

Ich bin ein scheues Ding und rede
freiwillig auch nicht einen Laut;
doch Antwort steh ich, all und jede,
dem, der sein Fragwort mir vertraut.

Echo

Otto Sutermeister

Nimm mir ein Nu,
so bleib ich ein Nu.

Monument

Friedrich Schleiermacher

Kleinste Zeit in kleinster Zeit –
genügt das zur Unsterblichkeit?

Mo-nu-ment

Franz von Brentano

Zwei Schwestern kenn' ich, kannst du es fassen?
die ganz zusammen passen,
jed' Werk gemeinsam tun
und nachts zusammen ruhn;

doch gilt's in kleinsten Fragen
Ja oder Nein zu sagen,
wirst jedes Mal du sehn,
daß die zwei Schwestern auseinandergehn.

Lippen

Franz von Brentano

Ein Bild des Lebens ist's, des regen Lebens,
das aufwärts bald uns treibt und wieder abwärts strebt,
das wie des Herzens Hoffen, wie unstetes Sehnen
jetzt sinkt, jetzt steigt und schwindelnd hoch uns hebt.
Es trägt Euch unter Blütenzweige. Staunend
schaut über Wald und Flur der Blick. – Es schwebt
auf Sturmesschwingen fort. – Doch in dem Augenblicke,
wo Ihr am höchsten steht, zieht's wieder Euch zurücke.
Und wie ein rastlos Herz durch Freude, Hoffnung, Bangen,
führt's doch am Ende nur, von wo Ihr ausgegangen.

Schaukel

Helmuth von Moltke

Wenn du vorwärts mich beherrschst,
darfst du fröhlich lachen;
rückwärts kann dir alles sein,
was die Gegner machen.

Lage – egal

Franz von Brentano

LEICHT UND SCHWER

Im Mondschein schweben die Ersten
und schwingen das Zweite im Tanze,
doch führen die Dicksten und Schwersten
als härteste Waffe das Ganze.

Elfenbein

Ernst Buschor

Wenn Frühlings-Wonne, neu geboren,
des Herzens tiefsten Sinn entzückt,
steh ich vom Wechseltanz der Horen
als Blumenkönigin geschmückt;
und schöne Mädchen winden mich zu Kränzen,
als Schmuck auf ihrer Locken Gold zu glänzen.

Wird vorgesetzt das letzte Zeichen
als Götterknaben schaust du mich;
Zeus muß sich meinem Willen beugen,
ich quäle, ich beglücke dich;
aus meinen Händen fallen dir die Lose,
doch ohne Dornen reich ich keine Rose.

Rose – Eros

Theodor Körner

Noch sitzt auf halbverfallnem Throne,
noch hält die längst bestrittne Krone
die alte Königin der Welt.
Ob sie wohl je vom Throne fällt?
Vielleicht; doch liest du sie von hinten,
so wirst du einen König finden,
der herrscht, seitdem die Welt besteht,
des Reich nur mit der Welt vergeht;
sie schießt nicht ewig Donnerkeile,
doch treffen ewig seine Pfeile.

Roma – Amor

Wilhelm Hauff

Zuweilen ist sie angenehm,
zuweilen auch fatal.
Jedoch, wenn du sie umgedreht,
dann bleibt sie stets egal.

Lage

Karl Henrici

Herrlich steht es vor dir, ein Gebild aus edleren Zeiten,
und umarmet die Welt mit dem Gebote der Kraft.
Doch es wankt die Gewalt, sie kann die Bürde nicht halten,
die sie gierig umfaßt – und das Erhabene fällt.
Wandelst du aber die Ordnung und kehrst die Zeichen des Wortes:
Etwas Ewiges steht, etwas Unsterbliches da!
Mächtig herrscht es und strahlt im Glanz der olympischen Gottheit,
und durchbohrt uns das Herz, wenn es den Nektar uns reicht.

Roma – Amor

Theodor Körner

Ob ich von hinten oder vorn genommen,
man wird bei mir stets auf das Trockne kommen;
sei es am Strande, an der grünen See,
sei es im Keller oder Portemonnaie.

Ebbe

Karl Henrici

Wer mich bekommt, der gibt mich wieder her.
Wer mich verliert, behält, was er besessen.
Wer mich gelernt, dem wird das Leben schwer.
Der sicher weiß recht viel, der mich vergessen.

nichts

Karl Henrici

Wer es besitzt, hat Grund sich zu beklagen,
und wem es fehlt, der ist gesund.
Wer es verschweigt, vermag uns viel zu sagen,
und wer es sagt, der hält stets reinen Mund.
Der Geizige vermag es fortzuschenken;
der üppige Verschwender knappt sich's ab.
Wer niemals denkt, wird immer daran denken,
und jeder nimmt es mit sich in das Grab.

nichts

IDYLL

Hinter Trümmern einer Halle
saß ein Frosch und spuckte Galle.
Was bedeutet dieses Ganze?
Einen Menschen üble Pflanze!

Hal-unke

Ernst Buschor

Welcher Vogel ist es, den, so laut er girrt,
doch ein Gleichgenannter schwerlich hören wird?

die Taube – der Taube

Friedrich Rückert

Wir sind's gewiß in vielen Dingen,
im Tode sind wir's nimmermehr,
die sind's, die wir zu Grabe bringen,
und eben diese sind's nicht mehr.
Denn, weil wir leben, sind wir's eben
von Geist und Angesicht;
und weil wir leben, sind wir's eben
zur Zeit noch nicht.

Verschieden

Friedrich Schleiermacher

Wer aus den ersten beiden
sehr oft die Dritte tut,
den könnt ihr unterscheiden
an seiner Nase Glut.

Sonst geht stets aus den Höhen
herab des Steines Lauf;
das Ganze läßt ihn gehen
hoch in die Luft hinauf.

Flaschenzug

Gustav Theodor Fechner

Mein Körper ist von Holz, sehr leicht zu brechen,
mein Herz kann ohne Stimme mit euch sprechen.

Bleistift

Johann Peter Hebel

Ein Schmerz, ein Ausruf und ein ewig Nein
wird stets der Grund von aller Freundschaft sein.

Harm-o-nie

Franz von Brentano

DER LOHN EIN HOHN

Ein Hirt zog ein Lamm
aus furchtbarem Schlamm.
Was ward ihm beschert?
Ein wertloses Schwert!

Lamm, Schlamm

Ernst Buschor

Es ist der Name einer Frucht,
die zwar dem Gaumen wohlbehagt;
doch wo sie sich dem Ohr vereint,
da wird darüber nur geklagt;
und wer sich die gefallen läßt,
der ist das, was der Name sagt.

Ohrfeige

Friedrich Rückert

Durch Höll und Himmel erklingt's wie ein Hauch,
und im heimlichsten Pulsschlag vernimmst du es auch;
es schwebt bei den Horen zuvorderst in Reihn,
und was hoch ist und herrlich, das schließet es ein.

Ob stumm auch, erscheint's dir in jeglicher That,
und die Heerschlacht beginnt's und beschließet im Rath;
aus der Lohe, der wehenden, winkt es dir zu
und es schärft sich im Licht und erstirbt in der Ruh.

Dem Gedanken versagt sich's, nicht faßt's der Verstand,
doch in Blindheit ergreif's, und du hast's in der Hand;
sanft schwellt's dein Gefühl und vollendet dein Ich,
und zu Erz wird dein Herz, wenn es treulos entwich.

das H

Emanuel Geibel

In das Herz des größten Weltbezwingers
setze Du hinein,
und es wird der größte Leidensüberwinder
bezeichnet sein.

Ge-du-ld

Friedrich Schleiermacher

Mein Erstes ist nicht wenig,
mein Zweites ist nicht schwer,
mein Ganzes läßt dich hoffen,
doch hoffe nicht zu sehr.

viel-leicht

Friedrich Schleiermacher

Wer läuft mit dem Flinksten um die Wette
und liegt zur selbigen Zeit im Bette?
Wer ist bald hier und ist bald dort
und bleibt doch stets an demselbigen Ort?

Fluß

Otto Sutermeister

Man ist ihm gern ein milder Wirt,
indessen auf die Dauer kaum;
und wenn er selbst den Kopf verliert,
so hängt er schon am nächsten Baum.

Gast – Ast

Otto Sutermeister

Es muß das ganze Wort,
hat man's mit List gefangen,
durch seines dritten Kraft
hoch an dem ersten hangen.

Galgenstrick

Theodor Körner

Was zeigt und kann doch selbst nicht gehn
manch einem deutlich Weg und Straßen?
Was trug man ehmals, um zu sehn,
jetzt oftmals, um sich sehn zu lassen?

Brille

Otto Sutermeister

Mancher Junge nennt sich so,
wie die erste sagt,
und verzehrt die zweite froh,
wenn ihn Hunger plagt.
Sind vereint die beiden dann,
geht ein Hauptspaß an;
denn ein pudelnärrscher Mann
tritt jetzt auf den Plan.

Hanswurst

Otto Sutermeister

LEBEND UND TOT

Das Erste und Ganze sind völlig das gleiche,
sie sind vom lebendigen Zweiten die Leiche.
Den Lebenden fesselt des Erdreichs Schwere,
der Tote fährt fröhlich durch alle Meere.

Mastbaum

Ernst Buschor

APRILSCHERZ

Wärst, betont auf meiner Ersten,
selbst du's, wähltest du die Deine –
liegt der Ton auf meiner Zweiten,
denkst du sicher an die Seine. –

Paris

Friedrich Schaefer

Leser, du kannst hier mich finden, nichts verhindert dich daran,
ich steh frei vor deinen Augen, keine Deck ist vorgetan.
Welcher mich erlanget hat, kann nicht mehr auf Erden leben,
muß entweder in der Höll oder in dem Himmel schweben.

Ende

Christian Hoffmann von Hoffmannswaldau

Rätst du mich recht, so hast du falsch geraten;
und rätst du falsch, so hast du recht geraten.

falsch

BUCH DER LEBENSKUNST

NEUJAHRSLIED

Mit der Freude zieht der Schmerz
traulich durch die Zeiten.
Schwere Stürme, milde Weste,
bange Sorgen, frohe Feste
wandeln sich zur Seiten.

Und wo eine Träne fällt,
blüht auch eine Rose.
Schon gemischt, noch eh' wir's bitten,
ist für Thronen und für Hütten
Schmerz und Lust im Lose.

War's nicht so im alten Jahr?
Wird's im neuen enden?
Sonnen wallen auf und nieder,
Wolken gehn und kommen wieder,
und kein Wunsch wird's wenden.

Gebe denn, der über uns
wägt mit rechter Waage,
jedem Sinn für seine Freuden,
jedem Mut für seine Leiden
in die neuen Tage,

jedem auf des Lebens Pfad
einen Freund zur Seite,
ein zufriedenes Gemüte,
und zu stiller Herzensgüte
Hoffnung ins Geleite!

Johann Peter Hebel

TÄGLICH ZU SINGEN

Ich danke Gott und freue mich
wie's Kind zur Weihnachtsgabe,
daß ich bin, bin! und daß ich dich,
schön menschlich Antlitz! habe;

daß ich die Sonne, Berg und Meer
und Laub und Gras kann sehen
und abends unterm Sternenheer
und lieben Monde gehen;

und daß mir denn zumute ist,
als wenn wir Kinder kamen
und sahen, was der Heil'ge Christ
bescheret hatte, Amen!

Ich danke Gott mit Saitenspiel,
daß ich kein König worden;
ich wär geschmeichelt worden viel
und wär vielleicht verdorben.

Auch bet' ich ihn von Herzen an,
daß ich auf dieser Erde
nicht bin ein großer, reicher Mann
und auch wohl keiner werde.

Denn Ehr und Reichtum treibt und bläht,
hat mancherlei Gefahren,
und vielen hat's das Herz verdreht,
die weiland wacker waren.

Und all das Geld und all das Gut
gewährt zwar viele Sachen;
Gesundheit, Schlaf und guten Mut
kann's aber doch nicht machen.

Und die sind doch, bei Ja und Nein!,
ein rechter Lohn und Segen!
Drum will ich mich nicht groß kastein
des vielen Geldes wegen.

Gott gebe mir nur jeden Tag,
soviel ich darf zum Leben.
Er gibt's dem Sperling auf dem Dach;
wie sollt er's mir nicht geben!

Matthias Claudius

ABENDLIED

Augen, meine lieben Fensterlein,
gebt mir schon so lange holden Schein,
lasset freundlich Bild um Bild herein:
Einmal werdet ihr verdunkelt sein!

Fallen einst die müden Lider zu,
löscht ihr aus, dann hat die Seele Ruh';
tastend streift sie ab die Wanderschuh',
legt sich auch in ihre finstre Truh'.

Noch zwei Fünklein sieht sie glimmend stehn,
wie zwei Sternlein, innerlich zu sehn,
bis sie schwanken, und dann auch vergehn,
wie von eines Falters Flügelwehn.

Doch noch wandl' ich auf dem Abendfeld,
nur dem sinkenden Gestirn gesellt;
trinkt, o Augen, was die Wimper hält,
von dem goldnen Überfluß der Welt.

Gottfried Keller

DER ALTE LANDMANN AN SEINEN SOHN

Üb immer Treu und Redlichkeit
bis an dein kühles Grab
und weiche keinen Finger breit
von Gottes Wegen ab!

Dann wirst du wie auf grünen Aun
durchs Pilgerleben gehn,
dann kannst du sonder Furcht und Graun
dem Tod ins Auge sehn.

Dann suchen Enkel deine Gruft
und weinen Tränen drauf,
und Sommerblumen, voll von Duft,
blühn aus den Tränen auf.

Ludwig Christoph Heinrich Hölty

GELIEBTE, willst du doppelt leben,
so sei des Todes gern gedenk
und nimm, was dir die Götter geben,
tagtäglich hin wie ein Geschenk.

Mach dich vertraut mit dem Gedanken,
daß doch das Letzte kommen muß,
und statt in Trübsinn hinzukranken,
wird dir das Dasein zum Genuß.

Du magst nicht länger mehr vergeuden
die Spanne Zeit in eitlem Haß,
du freust dich reiner deiner Freuden
und sorgst nicht mehr um dies und das.

Du setzest an die rechte Stelle
das Hohe, Göttliche der Zeit,
und jede Stunde wird die Quelle
gesteigert neuer Dankbarkeit.

Theodor Fontane

WIRF DEIN Talent nicht so hinaus,
Beleidigung damit zu rächen!
Die Biene, die versucht zu stechen,
bringt keinen Honig mehr nach Haus.

Emanuel Geibel

AN DAS HERZ

Willst du nicht dich schließen,
Herz, du offnes Haus!
Worin Freund' und Feinde
gehen ein und aus?

Schau, wie sie verletzen
dir das Hausrecht stets!
Fühllos auf und nieder,
polternd, lärmend geht's.

Keiner putzt die Schuhe,
keiner sieht sich um,
staubig brechen alle
dir ins Heiligtum;

trinken aus den goldnen
Kelchen des Altars,
schänden Müh und Segen
dir des ganzen Jahrs;

werfen die Penaten
wild vom Herde dir,
pflanzen drauf mir Prahlen
ihr entfärbt Panier.

Und wenn zu verwüsten
nichts sie finden mehr,
lassen sie im Scheiden
dich, mein Herz, so leer!

Nein! und wenn nun alles
still und tot in dir,
oh, noch halt dich offen,
offen für und für!

Laß die Sonne scheinen
heiß in dich herein,
Stürme dich durchfahren
und den Wetterschein!

Wenn durch deine Kammern
so die Windsbraut zieht,
laß dein Glöcklein stürmen,
schallen Lied um Lied!

Denn noch kann's geschehen,
daß auf irrer Flucht
eine treue Seele
bei dir Obdach sucht!

Gottfried Keller

WER WEISS ZU LEBEN? Wer zu leiden weiß.
Wer zu genießen? Der zu meiden weiß.
Wer ist der Reiche? Der sich beim Ertrag
des eigenen Fleißes zu bescheiden weiß.
Wer lenkt die Herzen? Der den herben Ernst
stets in ein heitres Wort zu kleiden weiß.
Wer ist der Weise? Der das falsche Gold
vom echten schnell zu unterscheiden weiß.
Und wer der Fromme? Der vom Menschen wohl,
doch nichts von Christen oder Heiden weiß.

David Friedrich Strauß

EIN BAROMETER hängt in meines Freundes Zimmer,
das geht nicht, sondern steht auf gutem Wetter immer.
Ein solches Wetterglas ziemt philosophischen Sinnen:
Was draußen wechselnd schwankt, sei stete Ruhe drinnen.

Friedrich Rückert

ÜBERLASS ES DER ZEIT

Erscheint dir etwas unerhört,
bist du tiefsten Herzens empört,
bäume nicht auf, versuch's nicht mit Streit,
berühr es nicht, überlaß es der Zeit.
Am ersten Tag wirst du feige dich schelten,
am zweiten läßt du dein Schweigen schon gelten,
am dritten hast du's überwunden;
alles ist wichtig nur auf Stunden,
Ärger ist Zehrer und Lebensvergifter,
Zeit ist Balsam und Friedensstifter.

Theodor Fontane

WILLST DU dir ein hübsch Leben zimmern,
mußt dich ums Vergangne nicht bekümmern;
das Wenigste muß dich verdrießen;
mußt stets die Gegenwart genießen,
besonders keinen Menschen hassen
und die Zukunft Gott überlassen.

Johann Wolfgang Goethe

«DU BIST ein wunderlicher Mann,
warum verstummst du vor diesem Gesicht?»
Was ich nicht loben kann,
davon sprech' ich nicht.

Johann Wolfgang Goethe

VOM HEUT'GEN TAG, von heut'ger Nacht
verlange nichts,
als was die gestrigen gebracht.

Johann Wolfgang Goethe

SO UND NICHT ANDERS

Die Menschen kümmerten mich nicht viel,
eigen war mein Weg und Ziel.

Ich mied den Markt, ich mied den Schwarm,
andre sind reich, ich bin arm.

Andre regierten (regieren noch),
ich stand unten und ging durchs Joch.

Entsagen und lächeln bei Demütigungen,
das ist die Kunst, die mir gelungen.

Und doch, wär's in die Wahl mir gegeben,
ich führte noch einmal dasselbe Leben.

Und sollt' ich noch einmal die Tage beginnen,
ich würde denselben Faden spinnen.

Theodor Fontane

DER LÖWE UND DER FUCHS

«Herr Löwe», sprach der Fuchs, «ich muß
es dir nur sagen, mein Verdruß
hat sonst kein Ende.
Der Esel spricht von dir nicht gut;
er sagt, was ich an dir zu loben fände,
das wüßt' er nicht; dein Heldenmut
sei zweifelhaft; auch gäbst du keine Proben
von Großmut und Gerechtigkeit;
und würgest ohne Unterscheid,
er könne dich nicht loben.»
Ein Weilchen schwieg der Löwe still,
dann sprach er: «Fuchs! er spreche, was er will;
denn was von mir ein Esel spricht,
das acht' ich nicht!»

Johann Wilhelm Ludwig Gleim

FÜR MEINE SÖHNE

Hehle nimmer mit der Wahrheit!
Bringt sie Leid, nicht bringt sie Reue;
doch, weil Wahrheit eine Perle,
wirf sie auch nicht vor die Säue.

Blüte edelsten Gemütes
ist die Rücksicht; doch zu Zeiten
sind erfrischend wie Gewitter
goldne Rücksichtslosigkeiten.

Wackrer heimatlicher Grobheit
setze deine Stirn entgegen;
artigen Leutseligkeiten
gehe schweigend aus den Wegen.

Wo zum Weib du nicht die Tochter
wagen würdest zu begehren,
halte dich zu wert, um gastlich
in dem Hause zu verkehren.

Was du immer kannst, zu werden,
Arbeit scheue nicht und Wachen;
aber hüte deine Seele
vor dem Karrieremachen.

Wenn der Pöbel aller Sorte
tanzet um die goldnen Kälber,
halte fest: du hast vom Leben
doch am Ende nur dich selber.

Theodor Storm

DAS HOBELLIED

Da streiten sich die Leut herum
oft um den Wert des Glücks,
der eine heißt den andern dumm,
am End weiß keiner nix.
Das ist der allerärmste Mann,
der andre oft zu reich,
das Schicksal setzt den Hobel an
und hobelt s' beide gleich.

Die Jugend will halt stets mit Gwalt
in allem glücklich sein,
doch wird man nur ein bissel alt,
da gibt man sich schon drein.
Oft zankt mein Weib mit mir, o Graus!
Das bringt mich nicht in Wut,
da klopf' ich meinen Hobel aus
und denk', du brummst mir gut.

Zeigt sich der Tod einst mit Verlaub
und zupft mich: ‹Brüderl, kumm›,
da stell' ich mich im Anfang taub
und schau' mich gar nicht um.
Doch sagt er: ‹Lieber Valentin,
mach keine Umständ, geh!›,
da leg' ich meinen Hobel hin
und sag' der Welt ade.

Ferdinand Raimund

NEUJAHRSWÜNSCHE

Jeder wünscht sich langes Leben,
seine Kisten voller Geld,
Wiesen, Wälder, Äcker, Reben –
Klugheit, Schönheit, Ruhm der Welt,
doch wenn alles würde wahr,
was man wünscht zum neuen Jahr,
dann erst wär' es um die Welt,
glaubt es, jämmerlich bestellt.

Lebten alle tausend Jahre,
was gewönnen wir dabei?
Kahle Köpfe, graue Haare
und das ew'ge Einerlei!
Im erschrecklichen Gedränge
ungeheurer Menschenmenge
würden Stadt und Dorf zu enge,
und die ganze Welt zu klein.
Niemand könnte etwas erben,
denn es würde keiner sterben;
und wer möchte Doktor sein?

Wäre jedermann so reich,
als wohl jeder wünscht zu werden:
Nun, dann würden wir auf Erden
uns, in Sorgen, alle gleich.
Da niemand des andern Bürde
künftig auf sich laden würde,
müßte jeglicher allein
sein höchsteigner Diener sein;
selber ein Paar Strümpfe stricken,
möcht' er nicht gern barfuß gehen;
selber Rock und Hosen flicken
möcht' er nicht wie Adam stehn;
müßte kochen, braten, backen,
liebte er gesunde Kost.
Wäre er kein Freund vom Frost,
müßt' er selber Holz sich hacken.

Ständen alle ohne Mängel
wir hienieden schon, als Engel,
o wie wär' es böse Zeit
für die liebe Geistlichkeit!
Wer denn könnte Pfarrer werden
in dem Himmel hier auf Erden,
wenn der Laie besser wäre,
als die Predigt, die er hört?
Nur wo nötig ist die Lehre,
und sonst nirgends, hat sie Wert.
Advokaten gingen müßig;
Richter wären überflüssig;
und Dragoner und Husaren,
wären überflüss'ge Waren;
ach, in diesem Weltgetümmel
wüchse wieder neue Not,
denn es brächte unser Himmel
manchen braven Mann ums Brot.

Wären alle Mädchen schön,
und von außen und von innen,
und vom Wirbel bis zum Zehn
zauberische Huldgöttinnen:
zu alltäglich, zu gemein
würden schöne Mädchen sein;
niemand würde auf sie blicken. –
Wäre alles Diamant,
was jetzt Kiesel ist und Sand,
niemand möchte sich drum bücken.

Jeder wünscht zum neuen Jahr!
Aber würde alles wahr,
dann erst wär' es um die Welt,
glaubt es, jämmerlich bestellt!
Wollet Ihr die Welt verbessern,
(bloße Wünsche tun es nie,
Spiele sind's der Phantasie!)
wollet Ihr die Welt verbessern,

fange jeder an bei sich,
denn der Mittelpunkt der größern
Welt ist jeglichem sein Ich.
Dieses Ich wirft seine Strahlen,
einer innern Sonne gleich,
durch des Lebens weites Reich.
Wie es selber ist, so malen
sich die Dinge klein und groß,
prächtig oder farbenlos!

Heinrich Zschokke

BEHERZIGUNG

Ach, was soll der Mensch verlangen?
Ist es besser, ruhig bleiben?
Klammernd fest sich anzuhangen?
Ist es besser, sich zu treiben?

Soll er sich ein Häuschen bauen?
Soll er unter Zelten leben?
Soll er auf die Felsen trauen?
Selbst die festen Felsen beben.

Eines schickt sich nicht für alle!
Sehe jeder, wie er's treibe,
sehe jeder, wo er bleibe,
und wer steht, daß er nicht falle!

Johann Wolfgang Goethe

BLEIBE NICHT am Boden heften,
frisch gewagt und frisch hinaus!
Kopf und Arm mit heitern Kräften,
überall sind sie zu Haus;
wo wir uns der Sonne freuen,
sind wir jede Sorge los;
daß wir uns in ihr zerstreuen,
darum ist die Welt so groß.

Johann Wolfgang Goethe

FREISINN

Laßt mich nur auf meinem Sattel gelten!
Bleibt in euren Hütten, euren Zelten!
Und ich reite froh in alle Ferne,
über meiner Mütze nur die Sterne.

Johann Wolfgang Goethe

GUTER RAT

An einem Sommermorgen
da nimm den Wanderstab,
es fallen deine Sorgen
wie Nebel von dir ab.

Des Himmels heitere Bläue
lacht dir ins Herz hinein
und schließt, wie Gottes Treue,
mit seinem Dach dich ein.

Rings Blüten nur und Triebe
und Halme von Segen schwer,
dir ist, als zöge die Liebe
des Weges nebenher.

So heimisch alles klingt
als wie im Vaterhaus,
und über die Lerchen schwingt
die Seele sich hinaus.

Theodor Fontane

DER FROHE WANDERSMANN

Wem Gott will rechte Gunst erweisen,
den schickt er in die weite Welt;
dem will er seine Wunder weisen
in Berg und Wald und Strom und Feld.

Die Trägen, die zu Hause liegen,
erquicket nicht das Morgenrot;
sie wissen nur von Kinderwiegen,
von Sorgen, Last und Not um Brot.

Die Bächlein von den Bergen springen,
die Lerchen schwirren hoch vor Lust,
was sollt' ich nicht mit ihnen singen
aus voller Kehl' und frischer Brust?

Den lieben Gott lass' ich nur walten;
der Bächlein, Lerchen, Wald und Feld
und Erd und Himmel will erhalten,
hat auch mein' Sach' aufs best bestellt!

Joseph von Eichendorff

SOMMER

Dein ist Alles, all und jede Wonne,
wann sie aufgeht dir als eigne Sonne;
jeder Tag vom Licht emporgetragen,
wann er aufgeht dir als eignes Tagen.

Dein ist Alles, all der Blumen Glühen,
wann hervor sie aus dir selber blühen;
all die Rosenknospen auf der Erden,
wann sie Rosen in dir selber werden.

Dein ist Alles, was in Tal und Hügeln
lichtvoll sich in dir kann widerspiegeln;
dein die Himmel selbst, und selbst die Sterne,
wann du Glanz hast für den Glanz der Ferne.

Christian Wagner

ZWEI HEIMGEKEHRTE

Zwei Wanderer zogen hinaus zum Tor,
zur herrlichen Alpenwelt empor.
Der eine ging, weil's Mode just,
den andern trieb der Drang in der Brust.

Und als daheim nun wieder die zwei,
da rückt die ganze Sippe herbei,
da wirbelt's von Fragen ohne Zahl:
«Was habt ihr gesehn? Erzählt einmal!»

Der eine drauf mit Gähnen spricht:
«Was wir gesehn? Viel Rares nicht!
Ach, Bäume, Wiesen, Bach und Hain,
und blauen Himmel und Sonnenschein!»

Der andere lächelnd dasselbe spricht,
doch leuchtenden Blicks, mit verklärtem Gesicht:
«Ei, Bäume, Wiesen, Bach und Hain,
und blauen Himmel und Sonnenschein!»

Anastasius Grün

EIN TAGESLAUF

Sitz' ich sinnend, Haupt in Hand gestützt:
Schöner Tag, hab' ich dich recht genützt?

Einen Kuß auf meines Weibes Mund,
Liebesgruß in früher Morgenstund.

Sorg' ums Brot in treuer Tätigkeit,
offnes Wort in scharfem Männerstreit.

Einen guten Becher froh geleert,
kräftig einem argen Wunsch gewehrt.

Leuchtend kommt aus ewigem Sternenraum
noch zuletzt ein seliger Dichtertraum.

Sinnend sitz' ich, Haupt in Hand gestützt:
Schöner Tag, ich hab dich ausgenützt.

Gustav Falke

UNTER DEM HIMMEL

Laßt mich in Gras und Blumen liegen
und schaun dem blauen Himmel zu:
Wie goldne Wolken ihn durchfliegen,
in ihm ein Falke kreist in Ruh'.

Die blaue Stille stört dort oben
kein Dampfer und kein Segelschiff,
kein Menschentritt, kein Pferdetoben,
nicht des Dampfwagens wilder Pfiff.

Laßt satt mich schauen in die Klarheit,
in diesem stillen, sel'gen Raum:
Denn bald könnt' werden ja zur Wahrheit
das Fliegen, der unsel'ge Traum.

Dann flieht der Vogel aus den Lüften,
wie aus dem Rhein der Salme schon,
und wo einst singend Lerchen schifften,
schifft grämlich stumm Britannias Sohn.

Blick' ich gen Himmel, zu gewahren,
warum's so plötzlich dunkel sei,
erblick' ich einen Zug von Waren,
der an der Sonne schifft vorbei.

Fühl' Regen ich im Sonnenscheine,
such' ich den Regenbogen keck,
ist es nicht Regen, wie ich meine,
ward in der Luft ein Ölfaß leck.

Laßt schaun mich von dem Erdgetümmel
zum Himmel, eh' es ist zu spät,
eh' wie vom Erdball, so vom Himmel
die Poesie still trauernd geht.

Verzeiht dies Lied des Dichters Grolle,
träumt er von solchem Himmelsgraus,
er, den die Zeit, die dampfestolle,
schließt von der Erde lieblos aus. *Justinus Kerner*

ERWIDERUNG AN KERNER

Dein Lied ist rührend, edler Sänger,
doch zürne dem Genossen nicht,
wird ihm darob das Herz nicht bänger,
das, dir erwidernd, also spricht:

Die Poesie ist angeboren,
und sie erkennt kein Dort und Hier!
Ja, ging' die Seele mir verloren,
sie führ' zur Hölle selbst mit mir.

Inzwischen sieht's auf dieser Erde
noch lange nicht so graulich aus,
und manchmal scheint mir, daß das: Werde!
ertön' erst recht dem «Dichterhaus».

Schon schafft der Geist sich Sturmesschwingen
und spannt Eliaswagen an;
willst träumend du im Grase singen,
wer hindert dich, Poet, daran?

Ich grüße dich im Schäferkleide,
herfahrend, – doch mein Feuerdrach'
trägt mich vorbei, die dunkle Heide
und deine Geister schaun uns nach.

Was deine alten Pergamente
von tollem Zauber kund dir tun,
das seh' ich durch die Elemente
in Geistes Dienst verwirklicht nun.

Ich seh' sie keuchend glühn und sprühen
stahlschimmernd bauen Land und Stadt,
indes das Menschenkind zu blühen
und singen wieder Muße hat.

Und wenn vielleicht in hundert Jahren
ein Luftschiff hoch mit Griechenwein
durchs Morgenrot käm' hergefahren –
wer möchte da nicht Fährmann sein?

Dann bög' ich mich, ein sel'ger Zecher,
wohl über Bord von Kränzen schwer,
und gösse langsam meinen Becher
hinab in das verlaßne Meer.

Gottfried Keller

EURE WEISHEIT

Ich sah am liebsten hoch im Turm
weit nach den blauen Landen,
bin jauchzend bei dem lauten Sturm
des Glockenschwungs gestanden;
ich kam hernieder, doch empor
schlägt noch mein Herz nach Jahren.
So blieb ich immer euch ein Tor,
die niemals droben waren.

Johann Georg Fischer

NICHT Glückes bar sind deine Lenze,
du forderst nur des Glücks zu viel;
gib deinem Wunsche Maß und Grenze,
und dir entgegen kommt das Ziel.

Wie dumpfes Unkraut laß vermodern,
was in dir noch des Glaubens ist:
Du hättest doppelt einzufordern
des Lebens Glück, weil du es bist.

Das Glück, kein Reiter wird's erjagen,
es ist nicht dort, es ist nicht hier;
lern überwinden, lern entsagen,
und ungeahnt erblüht es dir.

Theodor Fontane

DU WIRST es nie zu Tücht'gem bringen
bei deines Grames Träumerein,
die Tränen lassen nichts gelingen:
Wer schaffen will, muß fröhlich sein.

Wohl Keime wecken mag der Regen,
der in die Scholle niederbricht,
doch golden Korn und Erntesegen
reift nur heran bei Sonnenlicht.

Theodor Fontane

REISEN

Meinen Sie Zürich zum Beispiel
sei eine tiefere Stadt,
wo man Wunder und Weihen
immer als Inhalt hat?

Meinen Sie, aus Habana,
weiß und hibiskusrot,
bräche ein ewiges Manna
für Ihre Wüstennot?

Bahnhofsstraßen und Rueen,
Boulevards, Lidos, Laan –
selbst auf den Fifth Avenueen
fällt Sie die Leere an –

ach, vergeblich das Fahren!
Spät erst erfahren Sie sich:
bleiben und stille bewahren
das sich umgrenzende Ich.

Gottfried Benn

LEGENDE VOM HUFEISEN

Als noch, verkannt und sehr gering,
unser Herr auf der Erde ging
und viele Jünger sich zu ihm fanden,
die sehr selten sein Wort verstanden,
liebt' er sich gar über die Maßen,
seinen Hof zu halten auf der Straßen,
weil unter des Himmels Angesicht
man immer besser und freier spricht.
Er ließ sie da die höchsten Lehren
aus seinem heiligen Munde hören;
besonders durch Gleichnis und Exempel
macht' er einen jeden Markt zum Tempel.

So schlendert' er in Geistes Ruh
mit ihnen einst einem Städtchen zu.
Sah etwas blinken auf der Straß',
das ein zerbrochen Hufeisen was.
Er sagte zu Sankt Peter drauf:
«Heb doch einmal das Eisen auf!»
Sankt Peter war nicht aufgeräumt,
er hatte so eben im Gehen geträumt,
so was vom Regiment der Welt,
was einem jeden wohlgefällt:
Denn im Kopf hat das keine Schranken;
das waren so seine liebsten Gedanken.
Nun war der Fund ihm viel zu klein,
hätte müssen Kron und Zepter sein;
aber wie sollt' er seinen Rücken
nach einem halben Hufeisen bücken?
Er also sich zur Seite kehrt
und tut, als hätt er's nicht gehört.

Der Herr, nach seiner Langmut, drauf
hebt selber das Hufeisen auf
und tut auch weiter nicht dergleichen.
Als sie nun bald die Stadt erreichen,
geht er vor eines Schmiedes Tür,
nimmt von dem Mann drei Pfennig dafür.
Und als sie über den Markt nun gehen,
sieht er daselbst schöne Kirschen stehen,
kauft ihrer, so wenig oder so viel,
als man für einen Dreier geben will,
die er sodann nach seiner Art
ruhig im Ärmel aufbewahrt.

Nun ging's zum andern Tor hinaus,
durch Wies' und Felder ohne Haus,
auch war der Weg von Bäumen bloß;
die Sonne schien, die Hitz' war groß,
so daß man viel an solcher Stätt'
für einen Trunk Wasser gegeben hätt'.
Der Herr geht immer voraus vor allen,
läßt unversehens eine Kirsche fallen.
Sankt Peter war gleich dahinter her,
als wenn es ein goldner Apfel wär;
das Beerlein schmeckte seinem Gaum.
Der Herr nach einem kleinen Raum
ein ander Kirschlein zur Erde schickt,
wonach Sankt Peter schnell sich bückt.
So läßt der Herr ihn seinen Rücken
gar vielmal nach den Kirschen bücken.
Das dauert' eine ganze Zeit.
Dann sprach der Herr mit Heiterkeit:
«Tätst du zur rechten Zeit dich regen,
hätt'st du's bequemer haben mögen.
Wer geringe Ding wenig acht't,
sich um geringere Mühe macht.»

Johann Wolfgang Goethe

DER TAUGENICHTS

Die ersten Veilchen waren schon
erwacht im stillen Tal;
ein Bettelpack stellt' seinen Thron
ins Feld zum ersten Mal.
Der Alte auf dem Rücken lag,
das Weib, das wusch am See;
bestaubt und unrein schmolz im Hag
das letzte Häuflein Schnee.

Der Vollmond warf den Silberschein
dem Bettler in die Hand,
bestreut' der Frau mit Edelstein
die Lumpen, die sie wand;
ein linder West blies in die Glut
von einem Dorngeflecht,
drauf kocht' in Bettelmannes Hut
ein sündengrauer Hecht.

Da kam der kleine Betteljung,
vor Hunger schwach und matt,
doch glühend in Begeisterung
vom Streifen durch die Stadt,
hielt eine Hyazinthe dar
in dunkelblauer Luft;
dicht drängte sich der Kelchlein Schar,
und selig war der Duft.

Der Vater rief: «Wohl hast du mir
viel Pfennige gebracht?»
Der Knabe rief: «O sehet hier
der Blume Zauberpracht!
Ich schlich zum goldnen Gittertor,
sooft ich ging, zurück,
bedacht' nur, aus dem Wunderflor
zu stehlen mir dies Glück!

O sehet nur, ich werde toll,
die Glöcklein alle an!
Ihr Duft, so fremd und wundervoll,
hat mir es angetan!
O schlaget nicht mich armen Wicht,
laßt Euren Stecken ruhn!
Ich will ja nichts, mich hungert nicht,
ich will's nicht wieder tun!»

«O wehe mir geschlagnem Tropf!»
brach nun der Alte aus,
«Mein Kind kommt mit verrücktem Kopf
anstatt mit Brot nach Haus!
Du Taugenichts, du Tagedieb
und deiner Eltern Schmach!»
Und rüstig langt' er Hieb auf Hieb
dem armen Jungen nach.

Im Zorn fraß er den Hecht, noch eh'
der gar gesotten war,
schmiß weit die Gräte in den See
und stülpt' den Filz aufs Haar.
Die Mutter schmält' mit sanftem Wort
den mißgeratnen Sohn,
der warf die Blume zitternd fort
und hinkte still davon.

Es perlte seiner Tränen Fluß,
er legte sich ins Gras
und zog aus seinem wunden Fuß
ein Stücklein scharfes Glas.
Der Gott der Taugenichtse rief
der guten Nachtigall,
daß sie dem Kind ein Liedchen pfiff
zum Schlaf mit süßem Schall.

Gottfried Keller

DER SCHATZGRÄBER

Arm am Beutel, krank am Herzen
schleppt' ich meine langen Tage.
Armut ist die größte Plage,
Reichtum ist das höchste Gut!
Und, zu enden meine Schmerzen,
ging ich, einen Schatz zu graben.
Meine Seele sollst du haben!
Schrieb ich hin mit eignem Blut.

Und so zog ich Kreis um Kreise,
stellte wunderbare Flammen,
Kraut und Knochenwerk zusammen:
Die Beschwörung war vollbracht.
Und auf die gelernte Weise
grub ich nach dem alten Schatze
auf dem angezeigten Platze;
schwarz und stürmisch war die Nacht.

Und ich sah ein Licht von weiten,
und es kam gleich einem Sterne
hinten aus der fernsten Ferne,
eben als es zwölfe schlug.
Und da galt kein Vorbereiten:
Heller ward's mit einem Male
von dem Glanz der vollen Schale,
die ein schöner Knabe trug.

Holde Augen sah ich blinken
unter dichtem Blumenkranze;
in des Trankes Himmelsglanze
trat er in den Kreis herein.
Und er hieß mich freundlich trinken.
Und ich dacht': es kann der Knabe
mit der schönen lichten Gabe
wahrlich nicht der Böse sein.

«Trinke Mut des reinen Lebens!
Dann verstehst du die Belehrung,
kommst, mit ängstlicher Beschwörung,
nicht zurück an diesen Ort.
Grabe hier nicht mehr vergebens.
Tages Arbeit, abends Gäste!
Saure Wochen, frohe Feste!
Sei dein künftig Zauberwort.»

Johann Wolfgang Goethe

SO UNVERMEIDBAR ein Geschick dir scheine,
neig ihm dein Haupt in frommer Demut nie.
Was heute sich des Schicksals Maske lieh,
war gestern vieler Möglichkeiten eine,
und wird heut ohne dich die Wahl gefällt –
von morgen die ist dir anheimgestellt.

Arthur Schnitzler

WOHL DEM, auf dessen Grabgewölb zu lesen,
ob auch gering war seines Schaffens Stärke:
«Sein Leben selbst ist seine Kunst gewesen,
und seine Tage waren seine Werke.»

Oskar Blumenthal

EIN CHINESE ('s sind nun schon an zweihundert Jahr)
in Frankreich auf einem Hofball war.
Und die einen frugen ihn: ob er das kenne?
Und die andern frugen ihn: wie man es nenne?
«Wir nennen es tanzen», sprach er mit Lachen,
«aber wir lassen es andere machen.»

Und dieses Wort, seit langer Frist,
mir immer in Erinnerung ist.
Ich seh' das Rennen, ich seh' das Jagen,
und wenn mich die Menschen umdrängen und fragen:
«Was tust du nicht mit? Warum stehst du beiseit?»
So sag ich: «Alles hat seine Zeit.
Auch die Jagd nach dem Glück. All derlei Sachen,
ich lasse sie längst durch andere machen.»

Theodor Fontane

DU FRAGST: ob mir in dieser Welt
überhaupt noch was gefällt?
Du fragst es und lächelst spöttisch dabei.

Lieber Freund, mir gefällt noch allerlei:
Jedes Frühjahr das erste Tiergartengrün,
oder wenn in Werder die Kirschen blühn,
zu Pfingsten Kalmus und Birkenreiser,
der alte Moltke, der alte Kaiser,
und dann zu Pferd, eine Stunde später,
mit dem gelben Streifen der «Halberstädter»;
Kuckucksrufen, im Wald ein Reh,
ein Spaziergang durch die Lästerallee,
Paraden, der Schapersche Goethekopf
und ein Backfisch mit einem Mozartzopf.

Theodor Fontane

DER GLÜCKSTAG

Ich war am Morgen
so frohen Mutes,
als müßt' begegnen
mir etwas Gutes.
Wohlan, es komme
das Glück gegangen!
Bereit hier sitz' ich,
es zu empfangen.

Da kam ein Brief,
den die Post mir brachte,
ich brach ihn auf, sah
hinein und lachte.
Logierbesuch will
ins Haus mir kommen:
Sei er mit Jubel
denn aufgenommen!

Drauf kam ein Mann, um
von mir zu borgen,
obwohl ich selbst war
bedrängt von Sorgen.
Daß er auf mich sein
Vertrauen setzte,
rührt' mich, ich gab ihm
sorglos das Letzte.

Nun eine Zeitung
nahm in die Hand ich,
darin auf mich was
geschrieben fand ich,
was Böses, Arges.
Wie das mich freute!
Seht, so beachten
mich schon die Leute.

Ich war noch immer
bei frohem Mute,
als müßte kommen
noch andres Gute.
Um mehr des Glückes
noch zu empfangen,
bin aus dem Haus ich
hinausgegangen.

Da überfiel mich
mit Donnerschlägen,
mich unbeschirmten,
ein heft'ger Regen.
Dem Himmel dankt' ich,
weil er uns schenkte
ersehntes Naß und
die Saaten tränkte.

Von einem Fenster-
brett fiel ein bunter
Tontopf mit Nelken
auf mich herunter.
Doch meinen Hut nur
hat er zertrümmert,
heil blieb ich selber
und unbekümmert.

Nach Hause eilt' ich,
da sah ich jagen
scharf um die Ecke
'nen Schlächterwagen.
Zu Boden riß er
mich freilich nieder,
doch kaum verletzt sprang
empor ich wieder.

Allmählich wurde
der Himmel heller;
nach Hause hinkt' ich,
stieg in den Keller,
holt' eine Flasche
mit gutem Weine,
wohl mir, ich hatte
just noch die eine!

Zusammen rief ich
darauf die Meinen,
mit mir im Jubel
sich zu vereinen.
Kommt her und trinket,
seid frohen Mutes!
Mir ist begegnet
heut so viel Gutes.

Johannes Trojan

EIN MENSCH am Ende seiner Kraft,
hat sich noch einmal aufgerafft.
Statt sich im Schmerze zu vergeuden
beschließt er, selbst sich zu befreuden,
und tut dies nun durch die Erdichtung
von äußerst peinlicher Verpflichtung.
So ist ihm Reden eine Qual:
Sitzt er nun wo als Gast im Saal,
befiehlt er streng sich in den Wahn,
er käm' jetzt gleich als Redner dran,
macht selber Angst sich bis zum Schwitzen –
und bleibt dann glücklich lächelnd sitzen.
Dann wieder bildet er sich ein,
mit einem Weib vermählt zu sein,
das trotz erbostem Scheidungsrütteln
auf keine Weise abzuschütteln.
Wenn er die Wut, daß sie sich weigert,
bis knapp zum Mord hinaufgesteigert,
so lacht er über seine List
und freut sich, daß er ledig ist.
Ein Mensch, ein bißchen eigenwillig,
schafft so sich Wonnen, gut und billig.

Eugen Roth

HUNDEKUR

Früh war ich aufgewacht verdroßnen Muts;
vom ganzen Tag verhieß ich mir nichts Guts.
Mit Knurren fiel zuerst mein Weib ich an,
dann kam die Magd und dann die Kinder dran.
So ward ein Stündchen um und um gebellt,
und endlich trollt' ich bissig mich ins Feld.

An einem Bauernhaus stapft' ich vorbei.
Ei, guter Tyras, welch ein wüst Geschrei!
Ich kam doch oft daher auf diesen Wegen:
Mit Wedeln sprang der Hund mir sonst entgegen,
ließ sich behaglich kraun die zott'ge Mähne,
heut aber knurrt' er muffig, fletscht' die Zähne;
und allen Ernstes, wenig fehlte nur,
daß schnappend er mir in die Waden fuhr.

Der Bauer schimpft' zurück das grobe Tier
und sprach, sich knapp entschuldigend, zu mir:
«Der kommt nun, merk' ich, auch zum Schinder bald.
Er ist seit kurzem so. Das Biest wird alt.»
Ich grüßte dankend, schritt nun hast'ger aus
und trollte neu verärgert mich nach Haus.
Ich murrte weiter, Stimmung grau in grau.
Fast ängstlich aber sprach die arme Frau:
«Du bist seit kurzem so. Was hast du nur?» –
Ein Schreck da seltsam mir zum Herzen fuhr;
und heimlich dräuend eine Stimme schalt
von seitwärts mir ins Ohr: «Das Biest wird alt.»

Und jählings ward verwandelt mir der Sinn:
Gott Lob und Dank, daß ich so jung noch bin!
Mit sechzig mag man knurren gut und gern;
ich aber bin den Fünfzigen noch fern! –
Ich küßte meine Frau, ich lächelt' heiter.
An diesem Tage quält' ich sie nicht weiter.

Hans Hoffmann

MARSCHLIED

Ich will es öfters sagen,
damit ihr's alle wißt,
die ihr mich könntet fragen,
wie schön das Leben ist.

Die Leute, welche meinen,
die Welt sei schlecht gemacht,
sind nicht mit sich im reinen
und gar noch nicht erwacht.

Im Guten wie im Schlechten,
hört eines Freundes Rat:
Nicht mit dem Schöpfer rechten,
der wußte, was er tat!

Gehst du am End zu Grunde,
so trags mit starkem Mut:
Die eine Schöpferstunde
macht alle Tode gut.

Carl Zuckmayer

WER EINSAM IST, der hat es gut,
weil keiner da, der ihm was tut.
Ihn stört in seinem Lustrevier
kein Tier, kein Mensch und kein Klavier,
und niemand gibt ihm weise Lehren,
die gut gemeint und bös zu hören.
Der Welt entronnen, geht er still
in Filzpantoffeln, wann er will.
Sogar im Schlafrock wandelt er
bequem den ganzen Tag umher.
Er kennt kein weibliches Verbot,
drum raucht und dampft er wie ein Schlot.
Geschützt vor fremden Späherblicken,
kann er sich selbst die Hose flicken.
Liebt er Musik, so darf er flöten,
um angenehm die Zeit zu töten,
und laut und kräftig darf er prusten,
und ohne Rücksicht darf er husten,
und allgemach vergißt man seiner.
Nur allerhöchstens fragt mal einer:
Was, lebt er noch? Ei schwerenot,
ich dachte längst, er wäre tot.
Kurz, abgesehn vom Steuerzahlen,
läßt sich das Glück nicht schöner malen.
Worauf denn auch der Satz beruht:
Wer einsam ist, der hat es gut.

Wilhelm Busch

LASS NUR die Sorge sein,
das gibt sich alles schon;
und fällt der Himmel ein,
kommt doch eine Lerche davon.

Johann Wolfgang Goethe

DIE FLUT steigt bis an den Ararat,
und es hilft keine Rettungsleiter,
da bringt die Taube Zweig und Blatt –
und es kribbelt und wibbelt weiter.

Es sicheln und mähen von Ost nach West
die apokalyptischen Reiter,
aber ob Hunger, ob Krieg, ob Pest,
es kribbelt und wibbelt weiter.

Ein Gott wird gekreuzigt auf Golgatha
es brennen Millionen Scheiter,
Märtyrer hier und Hexen da,
doch es kribbelt und wibbelt weiter.

So banne dein Ich in dich zurück
und ergib dich und sei heiter;
was liegt an dir und deinem Glück?
Es kribbelt und wibbelt weiter.

Theodor Fontane

IST AUCH DAS DASEIN voller harter Schmerzen,
spielt ewig die Tragödie auch hinein,
mein Gott, wir haben Sonnenschein im Herzen,
laßt nur die Freude sommerfroh gedeihn,
denn so viel Lust, sie ist nicht auszumerzen,
sie soll, sie muß der Plagen uns befrein.
Hinauf, hinab, wie tolle Kinder spielen,
wer sich das wahrt, der kommt zu hohen Zielen.

Singt durch den Wald! Seid Füllen auf der Wiese!
Geht mit dem Handwerksburschen, mit dem Jäger,
besteigt den Hengst, tanzt mit der braunen Lise,
seid meinethalb bei Bacchus Beckenschläger.
Reist durch die Welt, sie wird zum Paradiese,
Beelzebub dient euch als Kofferträger.
Habt ihr im Portemonnaie gar drei Mark achtzig,
da gilt der alte Reim: die Sache macht sich.

Hoch! Sursum corda! Hurra, schwenkt die Mützen!
Schmeißt alle Sorgen in den Tartarus!
Dann wird der Frohsinn euer Zelt beschützen,
im Sturm verfliegen Ärger und Verdruß.
Zum Schluß mag «folgende Moral» auch nützen,
des Siebes letzter Tropfen nach dem Guß:
Des Lebens Blume heißt die Gegenwart,
pflückst du sie nicht, hast du dich selbst genarrt!

Detlev von Liliencron

EIN FREUDENTAG

Jaja, ich hab' mir 'ne Pfeife gekauft,
eine Tabakspfeife von Ton!
Ja, Weibchen, ja: der Sparsamkeit
und aller Vernunft zum Hohn!

Haha, ich hab' mir 'ne Pfeife gekauft,
eine stattliche Pfeife von Ton,
wie sie Mynheer van Holland raucht,
der reiche Zuckerbaron!

Ja, lache nur, Weib, du hast ganz recht:
Ich rauch' überhaupt keine Pfeif';
Doch weil ich so überglücklich war,
so mußt' ich sie kaufen: begreif!

Daß unser Junge nun wieder gesund,
das machte mich wunderfroh.
Und bin ich vergnügt, so kauf' ich was,
ganz einerlei was und wo.

Und bin ich vergnügt, so verschwend' ich was,
leichtsinnig, wie ich nun bin.
So bin ich geboren, so sterb' ich einst,
so leb' ich inzwischen dahin.

Und siehst du: so hab' ich die Pfeife gekauft:
Ist sie nicht schön und lang?
Ich gab, bei Gott! eine Mark dafür,
ein Markstück rund und blank.

Die Pfeif' in der Hand, so schlendert' ich hin
und sang und summte beglückt.
Die Spießer glotzten und stießen sich an
und grinsten: «Der ist verrückt.»

Und wenn du, mein Liebchen, dasselbe meinst,
ich stell' es dir gänzlich frei.
Ich hab' meine Pfeife von feinstem Ton;
da, Junge, schmeiß sie entzwei! *Otto Ernst*

AN DIE FREUNDE

Liebe Freunde, es gab schönre Zeiten
als die unsern – das ist nicht zu streiten!
Und ein edler Volk hat einst gelebt.
Könnte die Geschichte davon schweigen,
tausend Steine würden redend zeugen,
die man aus dem Schoß der Erde gräbt.
  Doch es ist dahin, es ist verschwunden,
  dieses hochbegünstigte Geschlecht.
  Wir, wir leben! Unser sind die Stunden,
  und der Lebende hat recht.

Freunde, es gibt glücklichere Zonen
als das Land, worin wir leidlich wohnen,
wie der weitgereiste Wandrer spricht.
Aber hat Natur uns viel entzogen,
war die Kunst uns freundlich doch gewogen,
unser Herz erwarmt an ihrem Licht.
  Will der Lorbeer hier sich nicht gewöhnen,
  wird die Myrte unsers Winters Raub,
  grünet doch, die Schläfe zu bekrönen,
  uns der Rebe muntres Laub.

Wohl von größerm Leben mag es rauschen,
wo vier Welten ihre Schätze tauschen,
an der Themse, auf dem Markt der Welt.
Tausend Schiffe landen an und gehen;
da ist jedes Köstliche zu sehen,
und es herrscht der Erde Gott, das Geld.
  Aber nicht im trüben Schlamm der Bäche,
  der von wilden Regengüssen schwillt,
  auf des stillen Baches ebner Fläche
  spiegelt sich das Sonnenbild.

Prächtiger als wir in unserm Norden
wohnt der Bettler an der Engelspforten,
denn er sieht das ewig einz'ge Rom!
Ihn umgibt der Schönheit Glanzgewimmel,
und ein zweiter Himmel in den Himmel
steigt Sankt Peters wunderbarer Dom.
Aber Rom in allem seinem Glanze
ist ein Grab nur der Vergangenheit;
Leben duftet nur die frische Pflanze,
die die grüne Stunde streut.

Größres mag sich anderswo begeben
als bei uns in unserm kleinen Leben,
Neues – hat die Sonne nie gesehn.
Sehn wir doch das Große aller Zeiten
auf den Brettern, die die Welt bedeuten,
sinnvoll, still an uns vorübergehn.
Alles wiederholt sich nur im Leben,
ewig jung ist nur die Phantasie:
Was sich nie und nirgend hat begeben,
das allein veraltet nie!

Friedrich Schiller

DIE HIMMLISCHE RECHENKUNST

Was dem Herzen sich verwehrte,
laß es schwinden unbewegt,
allenthalben das Entbehrte
wird dir mystisch zugelegt.

Liebt doch Gott die leeren Hände,
und der Mangel wird Gewinn.
Immerdar enthüllt das Ende
sich als strahlender Beginn.

Jeder Schmerz entläßt dich reicher.
Preise die geweihte Not.
Und aus niegeleertem Speicher
nährt dich das geheime Brot.

Werner Bergengruen

ENTSAGUNG

Eins ist, was altersgraue Zeiten lehren,
und lehrt die Sonne, die erst heut getagt:
Des Menschen ew'ges Los, es heißt: Entbehren,
und kein Genuß, als den du dir versagst.

Die Speise, so erquicklich deinem Munde,
beim frohen Fest genippter Götterwein,
des Teuren Kuß auf deinem heißen Munde –
dein wär's? Sieh zu! ob du vielmehr nicht sein.

Denn der Natur alther notwend'ge Mächte,
sie hassen, was sich freie Bahnen zieht,
als vorenthalten ihrem ewgen Rechte,
und reißen's lauernd in ihr Machtgebiet.

All, was du hältst, davon bis du gehalten,
und wo du herrschest, bist du auch der Knecht.
Es sieht Genuß sich vom Bedarf gespalten,
und eine Pflicht knüpft sich an jedes Recht.

Nur was du abweist, kann dir wiederkommen,
was du verschmähst, naht ewig schmeichelnd sich;
und in dem Abschied, vom Besitz genommen,
erhältst du dir das einzig Deine: Dich!

Franz Grillparzer

ICH WEISS, daß mir nichts angehört
als der Gedanke, der ungestört
aus meiner Seele will fließen,
und jeder günstige Augenblick,
den mich ein liebendes Geschick
von Grund aus läßt genießen.

Johann Wolfgang Goethe

DIE GUNST DES AUGENBLICKS

Und so finden wir uns wieder
in dem heitern bunten Reihn,
und es soll der Kranz der Lieder
frisch und grün geflochten sein.

Aber wem der Götter bringen
wir des Liedes ersten Zoll?
Ihn vor allen laßt uns singen,
der die Freude schaffen soll.

Denn was frommt es, daß mit Leben
Ceres den Altar geschmückt?
Daß den Purpursaft der Reben
Bacchus in die Schale drückt?

Zückt vom Himmel nicht der Funken,
der den Herd in Flammen setzt,
ist der Geist nicht feuertrunken
und das Herz bleibt unergötzt.

Aus den Wolken muß es fallen,
aus der Götter Schoß, das Glück,
und der mächtigste von allen
Herrschern ist der Augenblick.

Von dem allerersten Werden
der unendlichen Natur –
alles Göttliche auf Erden
ist ein Lichtgedanke nur.

Langsam in dem Lauf der Horen
füget sich der Stein zum Stein,
schnell, wie es der Geist geboren,
will das Werk empfunden sein.

Wie im hellen Sonnenblicke
sich ein Farbenteppich webt,
wie auf ihrer bunten Brücke
Iris durch den Himmel schwebt –

So ist jede schöne Gabe
flüchtig wie des Blitzes Schein,
schnell in ihrem düstern Grabe
schließt die Nacht sie wieder ein.

Friedrich Schiller

GENERALBEICHTE

«Lasset heut im edlen Kreis
meine Warnung gelten:
Nehmt die ernste Stimmung wahr,
denn sie kommt so selten.
Manches habt ihr vorgenommen,
manches ist euch schlecht bekommen,
und ich muß euch schelten.

Reue soll man doch einmal
in der Welt empfinden:
So bekennt, vertraut und fromm,
eure größten Sünden!
Aus des Irrtums falschen Weiten
sammelt euch und sucht beizeiten
euch zurechtzufinden.»

«Ja, wir haben, sei's bekannt,
wachend oft geträumet,
nicht geleert das frische Glas,
wenn der Wein geschäumet;
manche rasche Schäferstunde,
flücht'gen Kuß vom lieben Munde
haben wir versäumet.

Still und maulfaul saßen wir,
wenn Philister schwätzten,
über göttlichen Gesang
ihr Geklatsche schätzten,
wegen glücklicher Momente,
deren man sich rühmen könnte,
uns zur Rede setzten.

Willst du Absolution
deinen Treuen geben,
wollen wir nach deinem Wink
unablässlich streben,
uns vom Halben zu entwöhnen
und im Ganzen, Guten, Schönen
resolut zu leben.

Den Philistern allzumal
wohlgemut zu schnippen,
jenen Perlenschaum des Weins
nicht nur flach zu nippen,
nicht zu liebeln leis mit Augen,
sondern fest uns anzusaugen
an geliebte Lippen.»

Johann Wolfgang Goethe

DIE GESÄNGE

Wo man singet, laß dich ruhig nieder,
ohne Furcht, was man im Lande glaubt;
wo man singet, wird kein Mensch beraubt;
Bösewichter haben keine Lieder.

Wenn der Becher mit dem Traubenblute
unter Rosen unsre Stunden kürzt,
und die Weisheit unsre Freuden würzt,
macht ein Lied den Wein zum Göttergute.

Wenn die Sprache stirbt von meinem Munde
und der Schauer mein Gebein durchläuft,
und mit Eisenarm der Tod mich greift;
singt ein Lied zu meiner schönen Stunde!

Johann Gottfried Seume

TRINKLIED

Greift zum Becher und laßt das Schelten!
Die Welt ist blind …
Sie fragt, was die Menschen gelten,
nicht, was sie sind.

Uns aber laßt zechen … und krönen
mit Laubgewind
die Stirnen, die noch dem Schönen
ergeben sind!

Und bei den Posaunenstößen,
die eitel Wind,
laßt uns lachen über Größen,
die keine sind.

Heinrich Leuthold

WER fröhlich sein will die halbe Stunde,
halt' eine brennende Pfeif' im Munde.
Wer fröhlich sein will den halben Tag,
erwart' auf den Abend ein Trinkgelag.
Wer fröhlich sein will die ganze Wochen,
lass' täglich sich seine Leibspeise kochen.
Wer fröhlich sein will einen ganzen Mon't,
tu' Tag für Tag, was er ist gewohnt.
Wer fröhlich sein will das ganze Jahr,
frage nicht, das wievielst' es war.
Wer fröhlich sein will sein Leben lang,
lasse der Welt ihren tollen Gang.

Friedrich Rückert

DAS WINDLICHT

Im Garten,
zur schwarzen Mitternacht,
unter den Sternen,
wenn es raschelt im Strauch:
Zünde das Windlicht an!

Die Fledermaus taumelt vorbei
und der bläuliche Falter,
und der Igel,
starrend von Stacheln,
geht über den Weg,
und die goldäugige Kröte.

Es ist die Nacht nur
der schwarze Bruder des Tags,
und bis der dir wieder erscheint:
Es brennt ja das Windlicht!

Leere den Weinkrug!
Schau der Flamme goldnes Gesicht!
Weißt du es nicht?
Kein Bild ist Betrug.

Hör, was das Windlicht spricht:
Unter der Sterne Gang,
Falterflug, Adlerflug,
kurz oder lang:
Genug.

Georg Britting

OKTOBERLIED

Der Nebel steigt, es fällt das Laub;
schenk ein den Wein, den holden!
Wir wollen uns den grauen Tag
vergolden, ja vergolden!

Und geht es draußen noch so toll,
unchristlich oder christlich,
ist doch die Welt, die schöne Welt,
so gänzlich unverwüstlich!

Und wimmert auch einmal das Herz –
stoß an und laß es klingen!
Wir wissen's doch, ein rechtes Herz
ist gar nicht umzubringen.

Der Nebel steigt, es fällt das Laub;
schenk ein den Wein, den holden!
Wir wollen uns den grauen Tag
vergolden, ja vergolden!

Wohl ist es Herbst; doch warte nur,
doch warte nur ein Weilchen!
Der Frühling kommt, der Himmel lacht,
es steht die Welt in Veilchen.

Die blauen Tage brechen an
und ehe sie verfließen,
wir wollen sie, mein wackrer Freund,
genießen, ja genießen!

Theodor Storm

MEINE ALTE SCHIFFSUHR

In meinem Zimmer hängt eine runde,
alte, achteckige Segelschiffsuhr.
Sie schlägt weder Glasen noch Stunde,
sie schlägt, wie sie will, und auch nur,

wann sie will. Die Uhrmacher gaben
sie alle ratlos mir zurück;
sie wollten mit solchem Teufelsstück
gar nichts zu tun haben.

Und gehe sie, wie sie wolle,
ich freue mich, weil sie noch lebt.
Nur schade, daß nie eine tolle
Dünung sie senkt oder hebt

oder schüttert. Nein, sie hängt sicher
geborgen. Doch in ihr kreist
ein ruhelos wunderlicher
Freibeuter-Klabautergeist.

Nachts, wenn ich still vor ihr hocke,
dann höre ich mehr als Ticktack.
Dann klingt was wie Nebelglocke
und ferner Hundswachenschnack.

Und manche Zeit versäume
ich vor der spukenden, unkenden Uhr,
indem ich davon träume,
wie ich mit ihr nach Westindien fuhr.

Joachim Ringelnatz

KOMM, SAGE MIR, WAS DU FÜR SORGEN HAST

Es zwitschert eine Lerche im Kamin,
wenn du sie hörst.
Ein jeder Schutzmann in Berlin
verhaftet dich, wenn du ihn störst.

Im Faltenwurfe einer Decke
klagt ein Gesicht,
wenn du es siehst.
Der Posten im Gefängnis schießt,
wenn du als kleiner Sträfling ihm entfliehst.
Ich tät' es nicht.

In eines Holzes Duft
lebt fernes Land.
Gebirge schreiten durch die blaue Luft.
Ein Windhauch streicht wie Mutter deine Hand.
Und eine Speise schmeckt nach Kindersand.
Die Erde hat ein freundliches Gesicht,
so groß, daß man's von weitem nur erfaßt.
Komm, sage mir, was du für Sorgen hast.
Reich willst du werden? – Warum bist du's nicht?

Joachim Ringelnatz

BRUNNENINSCHRIFT

All eures Fragens Sinn ist heißer Durst.
Erwartet keine Antwort. Doch erwartet
vom Quell des Lebens einen kühlen Trunk.

Wilhelm von Scholz

DER LESER

Sag: ist das nicht ein wunderliches Leid:
Um fremde Menschen trauern, die nicht leben,
Und über Dinge, die sich nie begeben,
Voll Sehnsucht träumen in der Einsamkeit?

Geheimnis, dessen Sinn ich nie verstand:
Sich über Worte atemlos zu neigen,
Und zu vernehmen, in gespanntem Schweigen,
Was einer dachte, fühlte und erfand.

Wenn Zeile so nach Zeile still verrinnt,
Sich wohlig weit zurück im Sessel lehnen,
Die Arme dehnen, lächeln unter Tränen.
Und wieder müßig blättern wie als Kind.

Und auf und ab in Abendgassen gehn
Und Verse singen, durch die Glocken läuten,
Und ahnen, daß sie Welt und Leben deuten
Und dennoch dunkel in den Wind verwehn ..

Felix Braun

LASST MICH WEINEN! umschränkt von Nacht,
in unendlicher Wüste.
Kamele ruhn, die Treiber desgleichen,
rechnend still wacht der Armenier;
ich aber, neben ihm, berechne die Meilen,
die mich von Suleika trennen, wiederhole
die wegeverlängernden ärgerlichen Krümmungen.
Laßt mich weinen! Das ist keine Schande.
Weinende Männer sind gut.
Weinte doch Achill um seine Briseis!
Xerxes beweinte das unerschlagene Heer;
über den selbstgemordeten Liebling
Alexander weinte.
Laßt mich weinen! Tränen beleben den Staub.
Schon grunelts.

Johann Wolfgang Goethe

TROST IN TRÄNEN

Wie kommt's, daß du so traurig bist,
da alles froh erscheint?
Man sieht dir's an den Augen an,
gewiß, du hast geweint.

«Und hab' ich einsam auch geweint,
so ist's mein eigner Schmerz.
Und Tränen fließen gar so süß,
erleichtern mir das Herz.»

Die frohen Freunde laden dich:
O, komm an unsre Brust!
Und was du auch verloren hast,
vertraue den Verlust.

«Ihr lärmt und rauscht und ahnet nicht,
was mich, den Armen, quält.
Ach nein, verloren hab' ich's nicht,
so sehr es mir auch fehlt.»

So raffe denn dich eilig auf!
Du bist ein junges Blut.
In deinen Jahren hat man Kraft
und zum Erwerben Mut.

«Ach nein, erwerben kann ich's nicht,
es steht mir gar zu fern.
Es weilt so hoch, es blinkt so schön,
wie droben jener Stern.»

Die Sterne, die begehrt man nicht,
man freut sich ihrer Pracht,
und mit Entzücken blickt' man auf
in jeder heitern Nacht.

«Und mit Entzücken blick' ich auf
so manchen lieben Tag;
verweinen laßt die Nächte mich,
so lang ich weinen mag.»

Johann Wolfgang Goethe

BLEIB ERSCHÜTTERBAR UND WIDERSTEH

Also heut: zum Ersten, Zweiten, Letzten:
Allen Durchgedrehten, Umgehetzten,
was ich, kaum erhoben, wanken seh,
gestern an und morgen abgeschaltet:
Eh dein Kopf zum Totenkopf erkaltet:
Bleib erschütterbar – doch widersteh!

Die uns Erde, Wasser, Luft versauen
– Fortschritt marsch! mit Gas und Gottvertrauen -
Ehe sie dich einvernehmen, eh
du im Strudel bist und schon im Solde,
wartend, daß die Kotze sich vergolde:
Bleib erschütterbar – und widersteh.

Schön, wie sich die Sterblichen berühren –
Knüppel zielen schon auf Hirn und Nieren,
daß der Liebe gleich der Mut vergeh …
Wer geduckt steht, will auch andre biegen.
(Sorgen brauchst du dir nicht selber zuzufügen;
alles, was gefürchtet wird, wird wahr!)
Bleib erschütterbar.
Bleib erschütterbar – doch widersteh.

Widersteht! im Siegen Ungeübte,
zwischen Scylla hier und dort Charybde
schwankt der Wechselkurs der Odyssee …
Finsternis kommt reichlich nachgeflossen;
aber du mit – such sie dir! – Genossen!
teilst das Dunkel, und es teilt sich die Gefahr,
leicht und jäh – – –
Bleib erschütterbar!
Bleib erschütterbar – und widersteh.

Peter Rühmkorf

ERMUTIGUNG

Peter Huchel gewidmet

Du, laß dich nicht verhärten
in dieser harten Zeit
Die all zu hart sind, brechen
Die all zu spitz sind, stechen
und brechen ab sogleich

Du, laß dich nicht verbittern
in dieser bittren Zeit
Die Herrschenden erzittern
– sitzt du erst hinter Gittern –
doch nicht vor deinem Leid

Du, laß dich nicht erschrecken
in dieser Schreckenszeit
Das wolln sie doch bezwecken
daß wir die Waffen strecken
schon vor dem großen Streit

Du, laß dich nicht verbrauchen
Gebrauche deine Zeit
Du kannst nicht untertauchen
Du brauchst uns, und wir brauchen
grad deine Heiterkeit

Wir wolln es nicht verschweigen
in dieser Schweigezeit
Das Grün bricht aus den Zweigen
Wir wolln das allen zeigen
Dann wissen sie Bescheid

Wolf Biermann

NACH DER KRANKHEIT

Ich lag und schlief; da fiel ein böses Fieber
im Schlaf auf mich daher,
und stach mir in der Brust und nach dem Rücken über,
und wütete fast sehr.

Es sprachen Trost, die um mein Bette saßen;
lieb Weibel grämte sich,
ging auf und ab, wollt' sich nicht trösten lassen,
und weinte bitterlich.

Da kam Freund Hein: «Lieb Weib, mußt nicht so grämen,
ich bring' ihn sanft zur Ruh»;
und trat ans Bett, mich in den Arm zu nehmen,
und lächelte dazu.

«Sei mir willkommen, sei gesegnet, Lieber!
Weil du so lächelst; doch –
doch, guter Hein, hör an, darfst du vorüber,
so geh und laß mich noch!»

«Bist bange, Asmus? – Darf vorübergehen
auf dein Gebet und Wort.
Leb also wohl, und bis auf Wiedersehen!»
Und damit ging er fort.

Und ich genas! Wie soll' ich Gott nicht loben!
Die Erde ist doch schön,
ist herrlich doch wie seine Himmel oben,
und lustig drauf zu gehn!

Will mich denn freun noch, wenn auch Lebensmühe
mein wartet, will mich freun!
Und wenn du wiederkommst, spät oder frühe,
so lächle wieder, Hein!

Matthias Claudius

DER GENESENE

Jetzt, da ich's bestanden habe,
leuchtet mir's erst deutlich ein:
Krankheit, du bist Gottes Gabe,
er soll drum gepriesen sein!

Wie der Mensch dich schwer bekämpfe:
doch im Ringen allzumal
lösen sich der Seele Krämpfe –
innrer Schmerz in äußrer Qual.

Besserst an der Menschheit Bilde,
scharfe Züge mäßigst du;
war sonst rauh, jetzt bin ich milde,
unstet sonst und jetzt in Ruh'.

Auch die andern, die da kamen,
waren alle gut und weich;
weil sie mich als Gleichen nahmen –
gleiches Leiden macht ja gleich.

Ob man sonst nach Fernem jage,
setztest du ein näher Ziel,
machst den Tag zum Ziel dem Tage,
eine ruh'ge Nacht scheint viel.

Das Gemüt verstockt, verquollen,
von so manchem, das es trug,
öffnet sich, wie Ackers-Schollen,
aufgelockert durch den Pflug.

Und als ob der Lenz erwache
all mit seiner Freuden Chor,
treibt es nach der langen Brache
grüne Spitzen neu hervor.

Und erquickt von all der Labe
ruf' ich froh im Sonnenschein:
Krankheit auch ist Gottes Gabe!
Er soll drum gepriesen sein!

Franz Grillparzer

HARLEKIN

Lieben, Hassen, Hoffen, Zagen,
alle Lust und alle Qual,
alles kann ein Herz ertragen
einmal um das andere Mal.

Aber weder Lust noch Schmerzen,
abgestorben auch der Pein,
das ist tödlich deinem Herzen,
und so darfst du mir nicht sein!

Mußt dich aus dem Dunkel heben,
wär' es auch um neue Qual,
leben mußt du, liebes Leben,
leben noch dies eine Mal!

Hugo von Hofmannsthal

ARCHAISCHER TORSO APOLLOS

Wir kannten nicht sein unerhörtes Haupt,
darin die Augenäpfel reiften. Aber
sein Torso glüht noch wie ein Kandelaber,
in dem sein Schauen, nur zurückgeschraubt,

sich hält und glänzt. Sonst könnte nicht der Bug
der Brust dich blenden, und im leisen Drehen
der Lenden könnte nicht ein Lächeln gehen
zu jener Mitte, die die Zeugung trug.

Sonst stünde dieser Stein entstellt und kurz
unter der Schultern durchsichtigem Sturz
und flimmerte nicht so wie Raubtierfelle;

und bräche nicht aus allen seinen Rändern
aus wie ein Stern: denn da ist keine Stelle,
die dich nicht sieht. Du mußt dein Leben ändern.

Rainer Maria Rilke

IN DER FRÜHE

Kein Schlaf noch kühlt das Auge mir
dort gehet schon der Tag herfür
an meinem Kammerfenster.
Es wühlet mein verstörter Sinn
noch zwischen Zweifeln her und hin
und schaffet Nachtgespenster.
– Ängste, quäle
dich nicht länger, meine Seele!
Freu dich! Schon sind da und dorten
Morgenglocken wach geworden.

Eduard Mörike

GEBET

Herr! schicke, was du willt,
ein Liebes oder Leides;
ich bin vergnügt, daß beides
aus deinen Händen quillt.

Wollest mit Freuden
und wollest mit Leiden
mich nicht überschütten!
Doch in der Mitten
liegt holdes Bescheiden.

Eduard Mörike

FREUND, so du etwas bist, so bleib doch ja nicht stehn:
Man muß aus einem Licht fort in das andre gehn.

Angelus Silesius

AUFERSTEHUNG

Manchmal stehen wir auf
stehen wir zur Auferstehung auf
mitten am Tage
mit unserem lebendigen Haar
mit unserer atmenden Haut.

Nur das Gewohnte ist um uns.
Keine Fata Morgana von Palmen
mit weidenden Löwen
und sanften Wölfen.

Die Weckuhren hören nicht auf zu ticken
ihre Leuchtzeiger löschen nicht aus.

Und dennoch leicht
und dennoch unverwundbar
geordnet in geheimnisvolle Ordnung
vorweggenommen in ein Haus aus Licht.

Marie Luise Kaschnitz

GESTÜRZTE LINDE

Meine Hand auf dem alten Leib
der Linde –

da fällt mir ein:
ich habe nicht bemerkt,
wie meine Jahre vergingen.

Immer noch bin ich versucht,
zu denken: morgen
beginnt das Leben.

Rainer Malkowski

WAS IM weinenden Auge mir oft die Tränen zurückhält,
ist ein spielendes Kind oder ein Vogel im Flug.

Justinus Kerner

MORGEN

Jeder Tag ist schön,
schöner als der vergangene,
wenn in der Tiefe
das Licht stirbt,
wenn du es spürst,
wenn du am Schattenrand
zwischen den Wolken
den Ton hörst,
reiner als Licht,
schöner
als das rauschende Singen
der Sterne, ein leuchtender Atem
schwebt über den Wassern,
stirb langsam, stirb
langsam,
wenn dein Leben beginnt.

Wolf Peter Schnetz

RÜCKBLICK

Kein Haus gebaut,
keinen Sohn gezeugt,
nur Bücher geschrieben.

Genügt es?
Nein, es genügt nicht.

Auch das mit dem Besitz
ist bei dir so eine Sache,
eine fragwürdige, wie sich versteht.

In Dachstuben hast du gewohnt
mit Möbeln von früher.
Die hast du lange gekannt.

Was die andern so »Leben« nennen,
war für dich mühsam.
Geschafft hast du es nie.

Wenn du nur durchkommst.

Hermann Lenz

O VERLERNE DIE ZEIT

O verlerne die Zeit,
daß nicht dein Antlitz verkümmre
und mit dem Antlitz das Herz!
Leg ab deine Namen!
Verhänge die Spiegel!
Weihe dich einer Gefahr!

Wer einem Wink folgt im Sein,
vieles zu Einem erbaut,
stündlich prägt ihn der Stern.
Und nach glühenden Jahren,
wenn wir irdisch erblinden,
reift eine größre Natur.

Hans Carossa

VERBORGENHEIT

Laß, o Welt, o laß mich sein!
Locket nicht mit Liebesgaben,
laßt dies Herz alleine haben
seine Wonne, seine Pein!

Was ich traure, weiß ich nicht,
es ist unbekanntes Wehe;
immerdar durch Tränen sehe
ich der Sonne liebes Licht.

Oft bin ich mir kaum bewußt,
und die helle Freude zücket
durch die Schwere, so mich drücket,
wonniglich in meiner Brust.

Laß, o Welt, o laß mich sein!
Locket nicht mit Liebesgaben,
laßt dies Herz alleine haben
seine Wonne, seine Pein!

Eduard Mörike

AN SICH

Sei dennoch unverzagt, gib dennoch unverloren,
weich keinem Glücke nicht, steh höher als der Neid,
vergnüge dich an dir und acht' es für kein Leid,
hat sich gleich wider dich Glück, Ort und Zeit verschworen.

Was dich betrübt und labt, halt alles für erkoren,
nimm dein Verhängnis an, laß alles unbereut,
tu, was getan muß sein, und eh' man dir's gebeut.
Was du noch hoffen kannst, das wird noch stets geboren.

Was klagt, was lobt man doch? Sein Unglück und sein Glücke
ist ihm ein jeder selbst. Schau alle Sachen an.
Dies alles ist in dir, laß deinen eiteln Wahn,

und eh' du förder gehst, so geh in dich zurücke.
Wer sein selbst Meister ist und sich beherrschen kann,
dem ist die weite Welt und alles untertan.

Paul Fleming

STUFEN

Wie jede Blüte welkt und jede Jugend
dem Alter weicht, blüht jede Lebensstufe,
blüht jede Weisheit auch und jede Tugend
zu ihrer Zeit und darf nicht ewig dauern.
Es muß das Herz bei jedem Lebensrufe
bereit zum Abschied sein und Neubeginne,
um sich in Tapferkeit und ohne Trauern
in andre, neue Bindungen zu geben.
Und jedem Anfang wohnt ein Zauber inne,
der uns beschützt und der uns hilft, zu leben.

Wir sollen heiter Raum um Raum durchschreiten,
an keinem wie an einer Heimat hängen,
der Weltgeist will nicht fesseln uns und engen,
er will uns Stuf' um Stufe heben, weiten.
Kaum sind wir heimisch einem Lebenskreise
und traulich eingewohnt, so droht Erschlaffen;
nur wer bereit zu Aufbruch ist und Reise,
mag lähmender Gewöhnung sich entraffen.

Es wird vielleicht auch noch die Todesstunde
uns neuen Räumen jung entgegensenden,
des Lebens Ruf an uns wird niemals enden …
wohlan denn, Herz, nimm Abschied und gesunde.

Hermann Hesse

TALISMANE

Gottes ist der Orient!
Gottes ist der Okzident!
Nord- und südliches Gelände
ruht im Frieden seiner Hände.

Er, der einzige Gerechte,
will für jedermann das Rechte.
Sei von seinen hundert Namen
dieser hochgelobet! Amen.

Mich verwirren will das Irren;
doch du weißt mich zu entwirren.
Wenn ich handle, wenn ich dichte,
gib du meinem Weg die Richte.

Ob ich Ird'sches denk' und sinne,
das gereicht zu höherem Gewinne.
Mit dem Staube nicht der Geist zerstoben,
dringet, in sich selbst gedrängt, nach oben.

Im Atemholen sind zweierlei Gnaden:
Die Luft einziehn, sich ihrer entladen.
Jenes bedrängt, dieses erfrischt;
so wunderbar ist das Leben gemischt.
Du danke Gott, wenn er dich preßt,
und dank' ihm, wenn er dich wieder entläßt.

Johann Wolfgang Goethe

SYMBOLE UND TRÄUME

ANRUFUNG DES GROSSEN BÄREN

Großer Bär, komm herab, zottige Nacht,
Wolkenpelztier mit den alten Augen,
Sternenaugen,
durch das Dickicht brechen schimmernd
deine Pfoten mit den Krallen,
Sternenkrallen,
wachsam halten wir die Herden,
doch gebannt von dir, und mißtrauen
deinen müden Flanken und den scharfen
halbentblößten Zähnen,
alter Bär.

Ein Zapfen: eure Welt.
Ihr: die Schuppen dran.
Ich treib sie, roll sie
von den Tannen im Anfang
zu den Tannen am Ende,
schnaub sie an, prüf sie im Maul
und pack zu mit den Tatzen.

Fürchtet euch oder fürchtet euch nicht!
Zahlt in den Klingelbeutel und gebt
dem blinden Mann ein gutes Wort,
daß er den Bären an der Leine hält.
Und würzt die Lämmer gut.

's könnt sein, daß dieser Bär
sich losreißt, nicht mehr droht
und alle Zapfen jagt, die von den Tannen
gefallen sind, den großen, geflügelten,
die aus dem Paradiese stürzten.

Ingeborg Bachmann

GESANG DER GEISTER ÜBER DEN WASSERN

Des Menschen Seele
gleicht dem Wasser:
Vom Himmel kommt es,
zum Himmel steigt es,
und wieder nieder
zur Erde muß es.
Ewig wechselnd.

Strömt von der hohen,
steilen Felswand
der reine Strahl,
dann stäubt er lieblich
in Wolkenwellen
zum glatten Fels,
und leicht empfangen
wallt er verschleiernd,
leisrauschend
zur Tiefe nieder.

Ragen Klippen
dem Sturz entgegen,
schäumt er unmutig
stufenweise
zum Abgrund.

Im flachen Bette
schleicht er das Wiesental hin,
und in dem glatten See
weiden ihr Antlitz
alle Gestirne.

Wind ist der Welle
lieblicher Buhler;
Wind mischt vom Grund aus
schäumende Wogen.

Seele des Menschen,
wie gleichst du dem Wasser!
Schicksal des Menschen,
wie gleichst du dem Wind!

Johann Wolfgang Goethe

GESANG WEYLAS

Du bist Orplid, mein Land!
das ferne leuchtet;
vom Meere dampfet dein besonnter Strand
den Nebel, so der Götter Wange feuchtet.

Uralte Wasser steigen
verjüngt um deine Hüften, Kind!
Vor deiner Gottheit beugen
sich Könige, die deine Wärter sind.

Eduard Mörike

LEBENSLIED

Den Erben laß verschwenden
an Adler, Lamm und Pfau
das Salböl aus den Händen
der toten alten Frau!
Die Toten, die entgleiten,
die Wipfel in dem Weiten –
Ihm sind sie wie das Schreiten
der Tänzerinnen wert!

Er geht wie den kein Walten
vom Rücken her bedroht.
Er lächelt, wenn die Falten
des Lebens flüstern: Tod!
Ihm bietet jede Stelle
geheimnisvoll die Schwelle;
es gibt sich jeder Welle
der Heimatlose hin.

Der Schwarm von wilden Bienen
nimmt seine Seele mit;
das Singen von Delphinen
beflügelt seinen Schritt:
Ihn tragen alle Erden
mit mächtigen Gebärden.
Der Flüsse Dunkelwerden
begrenzt den Hirtentag!

Das Salböl aus den Händen
der toten alten Frau
laß lächelnd ihn verschwenden
an Adler, Lamm und Pfau:
Er lächelt der Gefährten. –
Die schwebend unbeschwerten
Abgründe und die Gärten
des Lebens tragen ihn.

Hugo von Hofmannsthal

ALLE LANDSCHAFTEN haben
sich mit Blau erfüllt.
Alle Büsche und Bäume des Stromes,
der weit in den Norden schwillt.

Leichte Geschwader, Wolken,
weiße Segel dicht,
die Gestade des Himmels dahinter
zergehen in Wind und Licht.

Wenn die Abende sinken
und wir schlafen ein,
gehen die Träume, die schönen,
mit leichten Füßen herein.

Zymbeln lassen sie klingen
in den Händen licht.
Manche flüstern und halten
Kerzen vor ihr Gesicht.

Georg Heym

KINDHEIT

Voll Früchten der Holunder; ruhig wohnte die Kindheit
in blauer Höhle. Über vergangenen Pfad,
wo nun bräunlich das wilde Gras saust,
sinnt das stille Geäst; das Rauschen des Laubs

ein gleiches, wenn das blaue Wasser im Felsen tönt.
Sanft ist der Amsel Klage. Ein Hirt
folgt sprachlos der Sonne, die vom herbstlichen Hügel rollt.

Ein blauer Augenblick ist nur mehr Seele.
Am Waldsaum zeigt sich ein scheues Wild und friedlich
ruhn im Grund die alten Glocken und finsteren Weiler.

Frömmer kennst du den Sinn der dunklen Jahre,
Kühle und Herbst in einsamen Zimmern;
und in heiliger Bläue läuten leuchtende Schritte fort.

Leise klirrt ein offenes Fenster; zu Tränen
rührt der Anblick des verfallenen Friedhofs am Hügel,
Erinnerung an erzählte Legenden; doch manchmal erhellt sich die Seele,
wenn sie frohe Menschen denkt, dunkelgoldene Frühlingstage.

Georg Trakl

ENGELSGESANG

Wir bringen ein erstes Grüßen
durch Finsternisse getragen;
wir haben auf unsern Federn
ein erstes Hauchen von Glück.

Wir führen am Saum unsrer Kleider
ein erstes Duften des Frühlings;
es blüht von unsern Lippen
die erste Röte des Tags.

Es leuchtet vor unsern Füßen
der grüne Schein unsrer Heimat;
es blitzen im Grund unsrer Augen
die Zinnen der ewigen Stadt.

Gerhart Hauptmann

WELTGEHEIMNIS

Der tiefe Brunnen weiß es wohl,
einst waren alle tief und stumm,
und alle wußten drum.

Wie Zauberworte, nachgelallt
und nicht begriffen in den Grund,
so geht es jetzt von Mund zu Mund.

Der tiefe Brunnen weiß es wohl;
in den gebückt, begriffs ein Mann,
begriff es und verlor es dann.

Und redet' irr und sang ein Lied –
auf dessen dunklen Spiegel bückt
sich einst ein Kind und wird entrückt.

Und wächst und weiß nichts von sich selbst
und wird ein Weib, das einer liebt
und – wunderbar wie Liebe gibt!

Wie Liebe tiefe Kunde gibt! –
Da wird an Dinge, dumpf geahnt,
in ihren Küssen tief gemahnt ...

In unsern Worten liegt es drin,
So tritt des Bettlers Fuß den Kies,
Der eines Edelsteins Verlies.

Der tiefe Brunnen weiß es wohl,
einst aber wußten alle drum,
nun zuckt im Kreis ein Traum herum.

Hugo von Hofmannsthal

IN SOLOTHURN

Vor hundert Jahren suchte ich die schöne Magelone.
Sie liebte mich, ich war ihr gut genug.
Vor hundert Jahren, als mein Fuß mich schwebend trug.

Ich bin in Solothurn. Frag ich, ob sie hier wohne?
Die weiße Kathedrale fleht den Sommerhimmel an.
Auf hoher Treppe sitze ich, ein junggeglühter Mann.
Die alten Brunnenheiligen stehn schlank;
die Wasser rauschen, Eichendorff zu Dank.

Hôtel de la Couronne. Mit goldnen Gittern schweifen die Balkone.
Ein Auto hielt. War sie's, die in den Sitz sich schwang?
Adieu! Dein Reiseschal des Windes Fang.

Die Brunnen rauschen. Ihre Stimme spricht
Uns hundert Jahre wieder ins Gedicht:
mich, Peter von Provence, dich, Magelone.

Wilhelm Lehmann

SAGORA

Hier bleibe ich, abseits
Von der Arena, hier
Unterm Himmel: unendliches Blau,
Orpheus singt
In den Lüften, im
Lichtzersplitterten Baum,
In der Schlucht,
Wo sie die Nüsse jetzt schlagen.
Ich sitze am Brunnen
Und höre die Esel, sie schrein
In den Mittag, die Stille.

Die Hände voll Licht
Bringe ich dir
Und Staub in den Schuhen
Und Liebessehnsucht soviel
Wie Gold über Dächern nächtlich.

Briefe werde ich schreiben
Auf der Terrasse, nackt,
Nur Wind über mir, Vögel-Geraschel
Im Weinlaub.

Und abends der Weg
In die Stadt, über
Geröll, entgegen
Kommt mir der Herr
Auf einer Eselin Füllen.

Und die Zypressen
Tanzen die Stufen herab,
Und unten:
Lichter, Gesänge
Aus Gärten, und gewürzt
Ist die Luft und hell
Einmal die Nacht.

Alles so wär
Und könnt sein
Unter den Sternen, gezeichnet
Die Wege mit Lüften.

Eher gibt Wasser der Stein,
Eh wir von Träumen leicht
Einziehen wieder ins heitre Gefild
Antikischer Lust.

Sklave wärst du gewesen,
Hättest Steine geschichtet.

Orpheus' Gesang
Ging vorbei.
Es blieb das Geschrei
Eines Esels und
Krachen der Zweige, Trommeln
Der Nüsse
Auf den verhärteten Boden.

Heinz Czechowski

DER RÖMISCHE BRUNNEN

Aufsteigt der Strahl und fallend gießt
er voll der Marmorschale Rund,
die, sich verschleiernd, überfließt
in einer zweiten Schale Grund;
die zweite gibt, sie wird zu reich,
der dritten wallend ihre Flut,
und jede nimmt und gibt zugleich
und strömt und ruht.

Conrad Ferdinand Meyer

VENEDIG

An der Brücke stand
jüngst ich in brauner Nacht.
Fernher kam Gesang:
goldener Tropfen quoll's
über die zitternde Fläche weg.
Gondeln, Lichter, Musik –
trunken schwamm's in die Dämm'rung hinaus...

Meine Seele, ein Saitenspiel,
sang sich, unsichtbar berührt,
heimlich ein Gondellied dazu,
zitternd vor bunter Seligkeit.
Hörte jemand ihr zu?

Friedrich Nietzsche

ALTER SCHLAF, wo hast du deine Söhne?
Junge, starke Söhne sollst du haben,
solche Kerle, die noch mehr vermögen
als bloß kommen und die Lampe löschen.

Einer soll zu meiner Angst sich legen,
einer sich auf meine Sehnsucht knien,
feste Fäuste müssen beide haben,
daß die Nachbarn keine Schreie hören.

Was willst du in meine Augen streuen?
Sand? – Ich lache! – eine ganze Wüste
kann ich dir für solche Augen schenken,
die damit sich schon zufrieden geben.

Meine, weißt du, sind zwei Feuersäulen,
einmal wird der Himmel davon brennen!
Aber vorher möcht ich endlich schlafen.
Alter, Alter, hast du keine Söhne?

Christine Lavant

DAS TRUNKENE LIED

O Mensch! Gib acht!
Was spricht die tiefe Mitternacht?
«Ich schlief, ich schlief –
aus tiefem Traum bin ich erwacht: –
Die Welt ist tief,
und tiefer als der Tag gedacht.
Tief ist ihr Weh –,
Lust – tiefer noch als Herzeleid:
Weh spricht: Vergeh!
Doch alle Lust will Ewigkeit –,
will tiefe, tiefe Ewigkeit!»

Friedrich Nietzsche

SILS – MARIA

Hier saß ich, wartend, wartend, – doch auf nichts,
jenseits von Gut und Böse, bald des Lichts
genießend, bald des Schattens, ganz nur Spiel,
ganz See, ganz Mittag, ganz Zeit ohne Ziel.
Da, plötzlich, Freundin! wurde eins zu zwei –
– und Zarathustra ging an mir vorbei...

Friedrich Nietzsche

VERKLÄRUNG

Wenn es Abend wird,
verläßt dich leise ein blaues Antlitz.
Ein kleiner Vogel singt im Tamarindenbaum.

Ein sanfter Mönch
faltet die erstorbenen Hände.
Ein weißer Engel sucht Marien heim.

Ein nächtiger Kranz
von Veilchen, Korn und purpurnen Trauben
ist das Jahr des Schauenden.

Zu deinen Füßen
öffnen sich die Gräber der Toten,
wenn du die Stirne in die silbernen Hände legst.

Stille wohnt
an deinem Mund der herbstliche Mond,
trunken von Mohnsaft dunkler Gesang;

blaue Blume,
die leise tönt in vergilbtem Gestein.

Georg Trakl

DAS SPIEGELBILD

Schaust du mich an aus dem Kristall
mit deiner Augen Nebelball,
Kometen gleich, die im Verbleichen,
mit Zügen, worin wunderlich
zwei Seelen wie Spione sich
umschleichen, ja, dann flüstre ich:
Phantom, du bist nicht meinesgleichen!

Bist nur entschlüpft der Träume Hut,
zu eisen mir das warme Blut,
die dunkle Locke mir zu blassen;
und dennoch, dämmerndes Gesicht,
drin seltsam spielt ein Doppellicht,
trätest du vor, ich weiß es nicht,
würd' ich dich lieben oder hassen?

Zu deiner Stirne Herrscherthron,
wo die Gedanken leisten Fron
wie Knechte, würd' ich schüchtern blicken;
doch von des Auges kaltem Glast
voll toten Lichts, gebrochen fast,
gespenstig, würd', ein scheuer Gast,
weit, weit ich meinen Schemel rücken.

Und was den Mund umspielt so lind,
so weich und hilflos wie ein Kind,
das möcht' in treue Hut ich bergen;
und wieder, wenn er höhnend spielt,
wie von gespanntem Bogen zielt,
wenn leis es durch die Züge wühlt,
dann möcht' ich fliehen wie vor Schergen.

Es ist gewiß, du bist nicht ich,
ein fremdes Dasein, dem ich mich
wie Moses nahe, unbeschuhet;
voll Kräfte, die mir nicht bewußt,
voll fremden Leides, fremder Lust;
Gnade mir Gott, wenn in der Brust
mir schlummernd deine Seele ruhet!

Und dennoch fühl' ich, wie verwandt,
zu deinen Schauern mich gebannt,
und Liebe muß der Furcht sich einen.
Ja, trätest aus Kristalles Rund,
Phantom, du lebend auf den Grund,
nur leise zittern würd' ich, und
mich dünkt – ich würde um dich weinen!

Annette von Droste-Hülshoff

ES WAR ZUR NACHT, da ich ins Meerhorn stieß.
Es war zur Nacht, da ich zum Aufbruch blies.
Es war zur Nacht, da ich den Strand verließ.
Mein Boot lag in der Mondquelle.
Ich stand in vollendeter Helle.
Ich stand schlafähnlich starr auf silbernem Kies.

Alfred Mombert

MANCHE FREILICH

Manche freilich müssen drunten sterben,
wo die schweren Ruder der Schiffe streifen,
andre wohnen bei dem Steuer droben,
kennen Vogelflug und die Länder der Sterne.

Manche liegen immer mit schweren Gliedern
bei den Wurzeln des verworrenen Lebens,
andern sind die Stühle gerichtet
bei den Sibyllen, den Königinnen,
und da sitzen sie wie zu Hause,
leichten Hauptes und leichter Hände.

Doch ein Schatten fällt von jenen Leben
in die anderen Leben hinüber,
und die leichten sind an die schweren
wie an Luft und Erde gebunden:

Ganz vergessener Völker Müdigkeiten
kann ich nicht abtun von meinen Lidern,
noch weghalten von der erschrockenen Seele
stummes Niederfallen ferner Sterne.

Viele Geschicke weben neben dem meinen,
durcheinander spielt sie alle das Dasein,
und mein Teil ist mehr als dieses Lebens
schlanke Flamme oder schmale Leier.

Hugo von Hofmannsthal

DÄMMEREMPFINDUNG

Was treibt mich hier von hinnen?
Was lockt mich dort geheimnisvoll?
Was ist's, das ich gewinnen,
und was, womit ich's kaufen soll?

Trat unsichtbar mein Erbe,
ein Geist, ein luft'ger, schon heran,
und drängt mich, daß ich sterbe,
weil er nicht eher leben kann?

Und winkt mir aus der Ferne
die Traube schon, die mir gereift
auf einem andern Sterne,
und will, daß meine Hand sie streift?

Friedrich Hebbel

WIE HOCH die Welt sich bäumet,
wie laut auf breiter Spur
das Leben schäumet,
uns alle träumet
der Weltgeist nur.

Friedrich Theodor Vischer

EIN TRAUM, ein Traum ist unser Leben
auf Erden hier.
Wie Schatten auf den Wogen schweben
und schwinden wir,
und messen unsre trägen Tritte
nach Raum und Zeit;
und sind (und wissen's nicht) in Mitte
der Ewigkeit.

Johann Gottfried Herder

ERLEUCHTUNG

In unermeßlich tiefen Stunden
hast du, in ahnungsvollem Schmerz,
den Geist des Weltalls nie empfunden,
der niederflammte in dein Herz?

Jedwedes Dasein zu ergänzen
durch ein Gefühl, das ihn umfaßt,
schließt er sich in die engen Grenzen
der Sterblichkeit als reichster Gast.

Da tust du in die dunkeln Risse
des Unerforschten einen Blick
und nimmst in deine Finsternisse
ein leuchtend Bild der Welt zurück;

du trinkst das allgemeinste Leben,
nicht mehr den Tropfen, der dir floß,
und ins Unendliche verschweben
kann leicht, wer es im Ich genoß.

Friedrich Hebbel

WENN NICHT mehr Zahlen und Figuren
sind Schlüssel aller Kreaturen,
wenn die, so singen oder küssen,
mehr als die Tiefgelehrten wissen,
wenn sich die Welt ins freie Leben
und in die Welt wird zurückbegeben,
wenn dann sich wieder Licht und Schatten
zu echter Klarheit werden gatten
und man in Märchen und Gedichten
erkennt die wahren Weltgeschichten,
dann fliegt von *einem* geheimen Wort
das ganze verkehrte Wesen fort.

Novalis

FRÜHLINGSMÄRCHEN

Spielt ein Neger auf der Flöte Palestrina,
am Girardiplatz, im Winter, wenn es schneit,
ja, dann teilen sich die Wolken über China
und in Moskau spricht die jüngste Ballerina:
«Es ist Frühlingszeit!»

Dreht ein Mädchen namens Mia sich gen Mekka,
und der Wind zerreißt das Band auf ihrem Hut,
ja, dann wird man in Skutari plötzlich kecker
und in Sofia beginnt ein Streik der Bäcker.
Dann ist alles gut.

Flötenunterricht kann nicht viel kosten.
Und Palestrina sollte jedermann studiern.
Und die Mia dreh ich selber gegen Osten.
Nur muß man das genau synchronisiern.

Denn dann teilen sich die Wolken über China,
und am Balkan ruft man froh: «Es ist so weit!»
Und in Moskau spricht die jüngste Ballerina:
«Es ist Frühlingszeit!»

Georg Kreisler

WAS REIF in diesen Zeilen steht,
was lächelnd winkt und sinnend fleht,
das soll kein Kind betrüben;
die Einfalt hat es ausgesät,
die Schwermut hat hindurch geweht,
die Sehnsucht hat's getrieben.
Und ist das Feld einst abgemäht,
die Armut durch die Stoppeln geht,
sucht Ähren, die geblieben;
sucht Lieb', die für sie untergeht,
sucht Lieb', die mit ihr aufersteht,
sucht Lieb', die sie kann lieben.
Und hat sie einsam und verschmäht
die Nacht durch, dankend in Gebet,
die Körner ausgerieben,
liest sie, als früh der Hahn gekräht,
was Lieb' erhielt, was Leid verweht,
ans Feldkreuz angeschrieben:
O Stern und Blume, Geist und Kleid,
Lieb', Leid und Zeit und Ewigkeit.

Clemens Brentano

DER ALTE GARTEN

Kaiserkron' und Päonien rot,
die müssen verzaubert sein,
denn Vater und Mutter sind lange tot,
was blühn sie hier so allein?

Der Springbrunn plaudert noch immerfort
von der alten schönen Zeit,
eine Frau sitzt eingeschlafen dort,
ihre Locken bedecken ihr Kleid.

Sie hat eine Laute in der Hand,
als ob sie im Schlafe spricht,
mir ist, als hätt' ich sie sonst gekannt –
still, geh vorbei und weck sie nicht!

Und wenn es dunkelt das Tal entlang,
streift sie die Saiten sacht,
da gibt's einen wunderbaren Klang
durch den Garten die ganze Nacht.

Joseph von Eichendorff

ZUEIGNUNG

Der Morgen kam; es scheuchten seine Tritte
den leisen Schlaf, der mich gelind umfing,
daß ich, erwacht aus meiner stillen Hütte
den Berg hinauf mit frischer Seele ging;
ich freute mich bei einem jeden Schritte
der neuen Blume, die voll Tropfen hing;
der junge Tag erhob sich mit Entzücken,
und alles war erquickt, mich zu erquicken.

Und wie ich stieg, zog von dem Fluß der Wiesen
ein Nebel sich in Streifen sacht hervor.
Er wich und wechselte mich zu umfließen,
und wuchs geflügelt mir ums Haupt empor:

Des schönen Blicks sollt' ich nicht mehr genießen,
die Gegend deckte mir ein trüber Flor;
bald sah ich mich von Wolken wie umgossen
und mit mir selbst in Dämmrung eingeschlossen.

Auf einmal schien die Sonne durchzudringen,
im Nebel ließ sich eine Klarheit sehn.
Hier sank er, leise sich hinabzuschwingen;
hier teilt' er steigend sich um Wald und Höhn.
Wie hofft' ich ihr den ersten Gruß zu bringen!
Sie hofft' ich nach der Trübe doppelt schön.
Der luft'ge Kampf war lange nicht vollendet –
ein Glanz umgab mich, und ich stand geblendet.

Bald machte mich, die Augen aufzuschlagen,
ein innrer Trieb des Herzens wieder kühn,
ich konnt' es nur mit schnellen Blicken wagen,
denn alles schien zu brennen und zu glühn.
Da schwebte mit den Wolken hergetragen
ein göttlich Weib vor meinen Augen hin,
kein schöner Bild sah ich in meinem Leben,
sie sah mich an und blieb verweilend schweben.

«Kennst du mich nicht?» sprach sie mit einem Munde,
dem aller Lieb und Treue Ton entfloß,
«erkennst du mich, die ich in manche Wunde
des Lebens dir den reinsten Balsam goß?
Du kennst mich wohl, an die zu ew'gem Bunde
dein strebend Herz sich fest und fester schloß.
Sah ich dich nicht mit heißen Herzenstränen
als Knabe schon nach mir dich eifrig sehnen?»

«Ja!» rief ich aus, indem ich selig nieder
zur Erde sank, «lang hab' ich dich gefühlt;
du gabst mir Ruh, wenn durch die jungen Glieder
die Leidenschaft sich rastlos durchgewühlt;
du hast mir wie mit himmlischem Gefieder
am heißen Tag die Stirne sanft gekühlt;
du schenktest mir der Erde beste Gaben,
und jedes Glück will ich durch dich nur haben!

Dich nenn' ich nicht. Zwar hör' ich dich von vielen
gar oft genannt, und jeder heißt dich sein,
ein jedes Auge glaubt auf dich zu zielen,
fast jedem Auge wird dein Strahl zur Pein.
Ach, da ich irrte, hatt' ich viel Gespielen,
da ich dich kenne, bin ich fast allein;
ich muß mein Glück nur mit mir selbst genießen,
dein holdes Licht verdecken und verschließen.»

Sie lächelte, sie sprach: «Du siehst, wie klug,
wie nötig war's, euch wenig zu enthüllen!
Kaum bist du sicher vor dem gröbsten Trug,
kaum bist du Herr vom ersten Kinderwillen,
so glaubst du dich schon Übermensch genug,
versäumst die Pflicht des Mannes zu erfüllen!
Wieviel bist du von andern unterschieden?
Erkenne dich, leb mit der Welt in Frieden!»

«Verzeih mir», rief ich aus, «ich meint' es gut;
soll ich umsonst die Augen offen haben?
Ein froher Wille lebt in meinem Blut,
ich kenne ganz den Wert von deinen Gaben!
Für andre wächst in mir das edle Gut,
ich kann und will das Pfund nicht mehr vergraben!
Warum sucht' ich den Weg so sehnsuchtsvoll,
wenn ich ihn nicht den Brüdern zeigen soll?»

Und wie ich sprach, sah mich das hohe Wesen
mit einem Blick mitleid'ger Nachsicht an;
ich konnte mich in ihrem Auge lesen,
was ich verfehlt und was ich recht getan.
Sie lächelte. Da war ich schon genesen,
zu neuen Freuden stieg mein Geist heran;
ich konnte nun mit innigem Vertrauen
mich zu ihr nahn und ihre Nähe schauen.

Da reckte sie die Hand aus in die Streifen
der leichten Wolken und des Dufts umher;
wie sie ihn faßte, ließ er sich ergreifen,
er ließ sich ziehn, es war kein Nebel mehr.

Mein Auge konnt' im Tale wieder schweifen,
gen Himmel blickt' ich, er war hell und hehr.
Nur sah ich sie den reinsten Schleier halten,
er floß um sie und schwoll in tausend Falten.

«Ich kenne dich, ich kenne deine Schwächen,
ich weiß, was Gutes in dir lebt und glimmt!»
– So sagte sie, ich hör' sie ewig sprechen –
«Empfange hier, was ich dir lang bestimmt!
Dem Glücklichen kann es an nichts gebrechen,
der dies Geschenk mit stiller Seele nimmt:
Aus Morgenduft gewebt und Sonnenklarheit,
der Dichtung Schleier aus der Hand der Wahrheit.

Und wenn es dir und deinen Freunden schwüle
am Mittag wird, so wirf ihn in die Luft!
Sogleich umsäuselt Abendwindes Kühle,
umhaucht euch Blumenwürzgeruch und Duft.
Es schweigt das Wehen banger Erdgefühle,
zum Wolkenbette wandelt sich die Gruft,
besänftiget wird jede Lebenswelle,
der Tag wird lieblich, und die Nacht wird helle.» –

So kommt denn, Freunde, wenn auf euren Wegen
des Lebens Bürde schwer und schwerer drückt,
wenn eure Bahn ein frischerneuter Segen
mit Blumen ziert, mit goldnen Früchten schmückt,
wir gehn vereint dem nächsten Tag entgegen!
So leben wir, so wandeln wir beglückt.
Und dann auch soll, wenn Enkel um uns trauern,
zu ihrer Lust noch unsre Liebe dauern.

Johann Wolfgang Goethe

WENN DER LAHME WEBER TRÄUMT

Wenn der lahme Weber träumt, er webe,
träumt die kranke Lerche auch, sie schwebe,
träumt die stumme Nachtigall, sie singe,
daß das Herz des Widerhalls zerspringe,
träumt das blinde Huhn, es zähl die Kerne,
und der drei je zählte kaum, die Sterne,
träumt das starre Erz, gar linde tau es,
und das Eisenherz, ein Kind vertrau es;
träumt die taube Nüchternheit, sie lausche,
wie der Traube Schüchternheit berausche;
kömmt dann Wahrheit mutternackt gelaufen,
führt der hellen Töne Glanzgefunkel
und der grellen Lichter Tanz durchs Dunkel,
rennt den Traum sie schmerzlich übern Haufen.
Horch, die Fackel lacht, horch! Schmerz-Schalmeien
der erwachten Nacht ins Herz all schreien;
weh, ohn Opfer gehn die süßen Wunder,
gehn die armen Herzen einsam unter!

Clemens Brentano

GLEICHUNG

Soll ich dann nicht mehr sein,
wenn ich dir fern bin?
Wirst du dann Erde sein,
wenn ich ein Stern bin?

Folgest du mir nicht mehr,
wenn ich entschwunden?
Wenn ich entfesselt schon,
bist du gebunden? –

Leben und Tod ist nur
gleiches Berauschen.
Sterne und Erde sind
nicht mehr zu tauschen.

Sterb' ich dir heute nicht,
sterb' ich dir morgen:
Schwebend im Gleich des All
sind wir geborgen.

Rudolf G. Binding

SELIGE SEHNSUCHT

Sagt es niemand, nur den Weisen,
weil die Menge gleich verhöhnet,
das Lebend'ge will ich preisen,
das nach Flammentod sich sehnet.

In der Liebesnächte Kühlung,
die dich zeugte, wo du zeugtest,
überfällt dich fremde Fühlung,
wenn die stille Kerze leuchtet.

Nicht mehr bleibest du umfangen
in der Finsternis Beschattung,
und dich reißet neu Verlangen
auf zu höherer Begattung.

Keine Ferne macht dich schwierig,
kommst geflogen und gebannt,
und zuletzt, des Lichts begierig,
bist du, Schmetterling, verbrannt.

Und solang du das nicht hast,
dieses: Stirb und werde!
bist du nur ein trüber Gast
auf der dunklen Erde.

Johann Wolfgang Goethe

ALLES VERGÄNGLICHE
ist nur ein Gleichnis;
das Unzulängliche,
hier wird's Ereignis;
das Unbeschreibliche,
hier ist's getan;
das Ewig-Weibliche
zieht uns hinan.

Johann Wolfgang Goethe

BUCH DES GLAUBENS

WÄR' NICHT das Auge sonnenhaft,
die Sonne könnt' es nie erblicken;
läg' nicht in uns des Gottes eigne Kraft,
wie könnt' uns Göttliches entzücken?

Johann Wolfgang Goethe

GLAUBE UND TAT

Was auf das Leben folgt, deckt tiefe Finsternis;
was uns zu tun gebührt, des nur sind wir gewiß.
Dem kann kein Mißgeschick, kein Tod die Hoffnung rauben,
der glaubt, um recht zu tun, recht tut, um froh zu glauben.

Immanuel Kant

DIE EHRE GOTTES AUS DER NATUR

Die Himmel rühmen des Ewigen Ehre,
ihr Schall pflanzt seinen Namen fort.
Ihn rühmt der Erdkreis, ihn preisen die Meere;
vernimm, o Mensch, ihr göttlich Wort!

Wer trägt der Himmel unzählbare Sterne?
Wer führt die Sonn' aus ihrem Zelt?
Sie kömmt, und leuchtet, und lacht uns von ferne,
und läuft den Weg, gleich als ein Held.

Vernimm's, und siehe die Wunder der Werke,
die die Natur dir aufgestellt!
Verkündigt Weisheit und Ordnung und Stärke
dir nicht den Herrn, den Herrn der Welt?

Kannst du der Wesen unzählbare Heere,
den kleinsten Staub fühllos beschaun?
Durch wen ist alles? O gib ihm die Ehre!
Mir, ruft der Herr, sollst du vertraun.

Mein ist die Kraft, mein Himmel und Erde;
an meinen Werken kennst du mich.
Ich bin's, und werde sein, der ich sein werde,
dein Gott und Vater ewiglich.

Ich bin dein Schöpfer, bin Weisheit und Güte,
ein Gott der Ordnung, und dein Heil;
ich bin's! Mich liebe von ganzem Gemüte,
und nimm an meiner Gnade teil!

Christian Fürchtegott Gellert

AN DIE FREUDE

Freude, schöner Götterfunken,
Tochter aus Elysium,
wir betreten feuertrunken,
Himmlische, dein Heiligtum.
Deine Zauber binden wieder,
was die Mode streng geteilt;
alle Menschen werden Brüder,
wo dein sanfter Flügel weilt.

Chor:
Seid umschlungen, Millionen!
Diesen Kuß der ganzen Welt!
Brüder – überm Sternenzelt
muß ein lieber Vater wohnen.

Wem der große Wurf gelungen,
eines Freundes Freund zu sein,
wer ein holdes Weib errungen,
mische seinen Jubel ein!
Ja – wer auch nur eine Seele
sein nennt auf dem Erdenrund!
Und wer's nie gekonnt, der stehle
weinend sich aus diesem Bund!

Chor:
Was den großen Ring bewohnet,
huldige der Sympathie!
Zu den Sternen leitet sie,
wo der Unbekannt thronet.

Freude trinken alle Wesen
an den Brüsten der Natur,
alle Guten, alle Bösen
folgen ihrer Rosenspur.
Küsse gab sie uns und Reben,
einen Freund, geprüft im Tod;
Wollust ward dem Wurm gegeben,
und der Cherub steht vor Gott.

Chor:
Ihr stürzt nieder, Millionen?
Ahndest du den Schöpfer, Welt?
Such ihn überm Sternenzelt!
Über Sternen muß er wohnen.

Freude heißt die starke Feder
in der ewigen Natur.
Freude, Freude treibt die Räder
in der großen Weltenuhr.
Blumen lockt sie aus den Keimen,
Sonnen aus dem Firmament,
Sphären rollt sie in den Räumen,
die des Sehers Rohr nicht kennt.

Chor:
Froh, wie seine Sonnen fliegen
durch des Himmels prächt'gen Plan,
wandelt, Brüder, eure Bahn,
freudig wie ein Held zum Siegen.

Aus der Wahrheit Feuerspiegel
lächelt sie den Forscher an.
Zu der Tugend steilem Hügel
leitet sie des Dulders Bahn.
Auf des Glaubens Sonnenberge
sieht man ihre Fahnen wehn,
durch den Riß gesprengter Särge
sie im Chor der Engel stehn.

Chor:
Duldet mutig, Millionen!
Duldet für die bessre Welt!
Droben überm Sternenzelt
wird ein großer Gott belohnen.

Göttern kann man nicht vergelten;
schön ist's, ihnen gleich zu sein.
Gram und Armut soll sich melden,
mit den Frohen sich erfreun.
Groll und Rache sei vergessen,
unserm Todfeind sei verziehn,
keine Träne soll ihn pressen,
keine Reue nage ihn.

Chor:
Unser Schuldbuch sei vernichtet!
Ausgesöhnt die ganze Welt!
Brüder – überm Sternenzelt
richtet Gott, wie wir gerichtet.

Freude sprudelt in Pokalen,
in der Traube goldnem Blut
trinken Sanftmut Kannibalen,
die Verzweiflung Heldenmut.
Brüder, fliegt von euren Sitzen,
wenn der volle Römer kreist,
laßt den Schaum zum Himmel spritzen:
Dieses Glas dem guten Geist!

Chor:
Den der Sterne Wirbel loben,
den des Seraphs Hymne preist,
dieses Glas dem guten Geist
überm Sternenzelt dort oben!

Festen Mut in schweren Leiden,
Hilfe, wo die Unschuld weint,
Ewigkeit geschwornen Eiden,
Wahrheit gegen Freund und Feind,
Männerstolz vor Königsthronen –
Brüder, gält' es Gut und Blut:
Dem Verdienste seine Kronen,
Untergang der Lügenbrut!

Chor:
Schließt den heilgen Zirkel dichter,
schwört bei diesem goldnen Wein,
dem Gelübde treu zu sein,
schwört es bei dem Sternenrichter!

Friedrich Schiller

GOTTES IST DER ORIENT,
Gottes ist der Okzident;
nord- und südliches Gelände
ruht im Frieden seiner Hände.

Johann Wolfgang Goethe

MENSCH, werde wesentlich: denn wann die Welt vergeht,
so fällt der Zufall weg, das Wesen, das besteht.

Angelus Silesius

DER SPRUCH

In einem alten Buche stieß ich auf ein Wort,
das traf mich wie ein Schlag und brennt durch meine Tage fort:
Und wenn ich mich an trübe Lust vergebe,
Schein, Lug und Spiel zu mir anstatt des Wesens hebe,
wenn ich gefällig mich mit raschem Sinn belüge,
als wäre Dunkles klar, als wenn nicht Leben tausend wild verschloßne Tore trüge,
und Worte wieder spreche, deren Weite nie ich ausgefühlt,
und Dinge fasse, deren Sein mich niemals aufgewühlt,
wenn mich willkommner Traum mit Sammethänden streicht,
und Tag und Wirklichkeit von mir entweicht,
der Welt entfremdet, fremd dem tiefsten Ich,
dann steht das Wort mir auf: Mensch, werde wesentlich!

Ernst Stadler

GEBET

Gib Liebe mir und einen frohen Mund,
daß ich dich, Herr der Erde, tue kund;
Gesundheit gib bei sorgenfreiem Gut,
ein frommes Herz und einen festen Mut;
gib Kinder mir, die aller Mühe wert;
verscheuch die Feinde von dem trauten Herd;
gib Flügel dann und einen Hügel Sand;
den Hügel Sand im lieben Vaterland;
die Flügel schenk dem abschiedsschweren Geist,
daß er sich leicht der schönen Welt entreißt.

Achim von Arnim

DER UMKEHRENDE

Es wandelt, was wir schauen,
Tag sinkt ins Abendrot,
die Lust hat eignes Grauen,
und alles hat den Tod.

Ins Leben schleicht das Leiden
sich heimlich wie ein Dieb,
wir alle müssen scheiden
von allem, was uns lieb.

Was gäb' es doch auf Erden,
wer hielt' den Jammer aus,
wer möcht' geboren werden,
hieltst du nicht droben haus!

Du bist's, der, was wir bauen,
mild über uns zerbricht,
daß wir den Himmel schauen –
darum so klag' ich nicht.

Joseph von Eichendorff

DEM UNBEKANNTEN GOTT

Noch einmal, eh' ich weiterziehe
und meine Blicke vorwärts sende,
heb' ich vereinsamt meine Hände
zu Dir empor, zu dem ich fliehe,
dem ich in tiefster Herzenstiefe
Altäre feierlich geweiht,
daß allezeit
mich deine Stimme wieder riefe.

Darauf erglüht tief eingeschrieben
das Wort: Dem unbekannten Gotte.
Sein bin ich, ob ich in der Frevler Rotte
auch bis zur Stunde bin geblieben:
Sein bin ich – und ich fühl' die Schlingen,
die mich im Kampf darniederziehn
und, mag ich fliehn,
mich doch zu seinem Dienste zwingen.

Ich will Dich kennen, Unbekannter,
Du tief in meine Seele Greifender,
mein Leben wie ein Sturm Durchschweifender,
Du Unfaßbarer, mir Verwandter!
Ich will Dich kennen, selbst Dir dienen.

Friedrich Nietzsche

TROST

Wenn alles eben käme,
wie du gewollt es hast,
und Gott dir gar nichts nähme
und gäb' dir keine Last,
wie wär's da um dein Sterben,
du Menschenkind, bestellt?
Du müßtest fast verderben,
so lieb wär' dir die Welt!

Nun fällt – eins nach dem andern –
manch süßes Band dir ab,
und heiter kannst du wandern
gen Himmel durch das Grab;
dein Zagen ist gebrochen,
und deine Seele hofft. –
Dies ward schon oft gesprochen,
doch spricht man's nie zu oft.

Friedrich de la Motte Fouqué

NEUE LIEBE

Kann auch ein Mensch des andern auf der Erde
ganz, wie er möchte, sein?
– In langer Nacht bedacht' ich mir's, und mußte sagen, nein!

So kann ich niemands heißen auf der Erde,
und niemand wäre mein?
– Aus Finsternissen hell in mir aufzückt ein Freudenschein:

Sollt' ich mit Gott nicht können sein,
so wie ich möchte, Mein und Dein?
Was hielte mich, daß ich's nicht heute werde?

Ein süßes Schrecken geht durch mein Gebein!
Mich wundert, daß es mir ein Wunder wollte sein,
Gott selbst zu eigen haben auf der Erde!

Eduard Mörike

MEIN SIND DIE JAHRE NICHT, die mir die Zeit genommen;
mein sind die Jahre nicht, die etwa möchten kommen;
der Augenblick ist mein, und nehm' ich den in acht,
so ist der mein, der Jahr und Ewigkeit gemacht.

Andreas Gryphius

MEDIA VITA

Aus Todes Furcht, aus Angst des Lebens,
aus mittler Mitte dieser Zeit
schrei' ich zu Dir und schrei' vergebens,
ich rufe Dich; und Du bist weit.

In dumpfer Dämmernis gefangen
der ewig widerspenstigen Pein,
fühl' ich nicht Reue, nur Verlangen,
nicht mehr von Adams Blut zu sein.

Viel hat sich schon mit mir begeben,
und wieder viel bereitet sich;
da dennoch alles, Tod und Leben,
nur ein Geschwätz sind ohne Dich.

Rudolf Alexander Schröder

WIR SIND NUR GAST AUF ERDEN

Wir sind nur Gast auf Erden
und wandern ohne Ruh
mit mancherlei Beschwerden
der ewigen Heimat zu.

Die Wege sind verlassen,
und oft sind wir allein.
In diesen grauen Gassen
will niemand bei uns sein.

Nur einer gibt Geleite,
das ist der Herre Christ;
er wandert treu zur Seite,
wenn alles uns vergißt.

Gar manche Wege führen
aus dieser Welt hinaus.
O daß wir nicht verlieren
den Weg zum Vaterhaus.

Und sind wir einmal müde,
dann stell ein Licht uns aus,
o Gott, in deiner Güte,
dann finden wir nach Haus.

Georg Thurmair

DER MENSCH ist bald vergessen,
der Mensch vergißt so bald,
der Mensch hat nichts besessen,
er sterb' jung oder alt.

Der Mensch ist bald vergessen,
nur Gott vergißt uns nicht,
hat unser Herz ermessen,
wenn es in Schmerzen bricht.

Wir steigen im Gebete
zu ihm wie aus dem Tod,
sein Hauch, der uns durchwehte,
tat unsrem Herzen not.

Achim von Arnim

AUS TIEFER NOT schrei' ich zu dir,
Herr Gott! erhör mein Rufen.
Dein gnädig Ohren kehr zu mir
und meiner Bitt' sie öffne.
Denn so du willst das sehen an,
was Sünd' und Unrecht ist getan,
wer kann, Herr, vor dir bleiben?

Bei dir gilt nichts denn Gnad und Gunst,
die Sünden zu vergeben.
Es ist doch unser Tun umsonst
auch in dem besten Leben.
Vor dir niemand sich rühmen kann,
des muß dich fürchten jedermann
und deiner Gnaden leben.

Darum auf Gott will hoffen ich,
auf mein Verdienst nicht bauen.
Auf ihn mein Herz soll lassen sich
und seiner Güte trauen,
die mir zusagt sein wertes Wort,
das ist mein Trost und treuer Hort,
des will ich allzeit harren.

Martin Luther

WENN ICH IHN NUR HABE

Wenn ich ihn nur habe,
wenn er mein nur ist,
wenn mein Herz bis hin zum Grabe
seine Treue nie vergißt:
weiß ich nichts von Leide,
fühle nichts als Andacht, Lieb und Freude.

Wenn ich ihn nur habe,
lass' ich alles gern,
folg' an meinem Wanderstabe
treugesinnt nur meinem Herrn;
lasse still die andern
breite, lichte, volle Straßen wandern.

Wenn ich ihn nur habe,
schlaf' ich fröhlich ein;
ewig wird zu süßer Labe
seines Herzens Flut mir sein,
die mit sanftem Zwingen
alles wird erweichen und durchdringen.

Wenn ich ihn nur habe,
hab' ich auch die Welt;
selig wie ein Himmelsknabe,
der der Jungfrau Schleier hält.
Hingesenkt in Schauen
kann mir vor dem Irdischen nicht grauen.

Wo ich ihn nur habe,
ist mein Vaterland;
und es fällt mir jede Gabe
wie ein Erbteil in die Hand;
längst vermißte Brüder
find' ich nun in seinen Jüngern wieder.

Novalis

ES MAG SEIN, daß alles fällt,
daß die Burgen dieser Welt
um dich her in Trümmer brechen.
Halte du den Glauben fest,
daß dich Gott nicht fallen läßt:
Er hält sein Versprechen.

Es mag sein, daß Trug und List
eine Weile Meister ist,
wie Gott will, sind Gottes Gaben.
Rechte nicht um Mein und Dein;
manches Glück ist auf den Schein,
laß es Weile haben.

Es mag sein, daß Frevel siegt,
wo der Fromme niederliegt;
doch nach jedem Unterliegen
wirst du den Gerechten sehn
lebend aus dem Feuer gehn,
neue Kräfte kriegen.

Es mag sein, die Welt ist alt;
Missetat und Mißgestalt
sind in ihr gemeine Plagen.
Schau dir's an und stehe fest:
Nur wer sich nicht schrecken läßt,
darf die Krone tragen.

Es mag sein, so soll es sein!
Faß ein Herz und gib dich drein;
Angst und Sorge wird's nicht wenden.
Streite, du gewinnst den Streit!
Deine Zeit und alle Zeit
stehn in Gottes Händen.

Rudolf Alexander Schröder

AM GRÜNENDONNERSTAG

Ev.: Von der Fußwaschung

O Wundernacht, ich grüße!
Herr Jesus wäscht die Füße,
die Luft ganz stille stand.
Man hört den Atem hallen
und wie die Tropfen fallen
von seiner heil'gen Hand.

Da Jesus sich tut beugen,
ins tiefe Meer sich neigen
wohl Inseln diesem Gruß.
Ist er so tief gestiegen,
so muß ich ewig liegen
vor meines Nächsten Fuß.

Herr, ob sich gleich betöret
die Seele mein empöret
vor aller Niedrigkeit,
daß ich vielmehr mein Leben
in Qualen aufzugeben
für deinen Ruhm bereit:

So gib, daß ich nicht klage,
wenn du in meine Tage
hast alle Schmach gebannt.
Laß brennen meine Wunden
so du mich stark befunden
zu solchem harten Stand!

O Gott, ich kann nicht bergen,
wie angst mir vor den Schergen,
die du vielleicht gesandt,
in Krankheit oder Grämen
die Sinne mir zu nehmen
zu töten den Verstand!

Es ist mir oft zu Sinnen,
als wolle schon beginnen
dein schweres Strafgericht,
als dämmre eine Wolke,
doch unbewußt dem Volke,
um meines Geistes Licht.

Doch wie die Schmerzen schwinden,
die mein Gehirn entzünden,
so flieht der Nebelduft,
und mit geheimem Glühen
fühl' ich mich neu umziehen
die frische starke Luft.

Mein Jesu, darf ich wählen,
ich will mich lieber quälen
in aller Schmach und Leid,
als daß mir so benommen,
ob auch zu meinem Frommen,
die Menschenherrlichkeit.

Doch ist er so vergiftet,
daß es Vernichtung stiftet,
wenn er mein Herz umfleußt,
so laß mich ihn verlieren,
die Seele heimzuführen,
den reichbegabten Geist.

Hast du es denn beschlossen,
daß ich soll ausgegossen
ein tot Gewässer stehn
für dieses ganze Leben,
so will ich denn mit Beben
an deine Prüfung gehn.

Annette von Droste-Hülshoff

WAS GOTT TUT, das ist wohlgetan,
es bleibt gerecht sein Wille.
Wie er fängt meine Sachen an,
will ich ihm halten stille.
Er ist mein Gott,
der in der Not
mich wohl weiß zu erhalten,
drum lass' ich ihn nur walten.

Was Gott tut, das ist wohlgetan,
er wird mich nicht betrügen.
Er führet mich auf rechter Bahn,
so lass' ich mich begnügen
an seiner Huld
und hab' Geduld.
Er wird mein Unglück wenden.
Es steht in deinen Händen.

Was Gott tut, das ist wohlgetan,
er wird mich wohl bedenken,
er, als mein Arzt und Wundermann,
wird mir nicht Gift einschenken,
für Arzenei,
Gott ist getreu,
drum will ich auf ihn bauen,
und seiner Güte trauen.

Was Gott tut, das ist wohlgetan,
er ist mein Licht und Leben,
der mir nichts Böses gönnen kann,
ich will mich ihm ergeben
in Freud und Leid,
es kömmt die Zeit,
da öffentlich erscheinet,
wie treulich er es meinet.

Was Gott tut, das ist wohlgetan,
muß ich den Kelch gleich schmecken,
der bitter ist nach meinem Wahn,
lass' ich mich doch nicht schrecken,
weil doch zuletzt
ich werd' ergetzt
mit süßem Trost im Herzen,
da weichen alle Schmerzen.

Was Gott tut, das ist wohlgetan,
dabei will ich verbleiben,
es mag mich auf die rauhe Bahn
Not, Tod und Elend treiben,
so wird Gott mich
ganz väterlich
in seinen Armen halten.
Drum lass' ich ihn nur walten.

Samuel Rodigast

VIEL KANN mißlingen, was wir säten
auf ird'schem Rund,
was stets gelingt, das ist ein Beten
aus Herzensgrund.
Denn möcht' auch Gott nicht so es lenken,
wie dir's gefiel:
Er wird dafür dir andres schenken
und Schönres viel.

Friedrich de la Motte Fouqué

ALLEIN DEN BETERN kann es noch gelingen,
das Schwert ob unsern Häuptern aufzuhalten
und diese Welt den richtenden Gewalten
durch ein geheiligt Leben abzuringen.

Denn Täter werden nie den Himmel zwingen:
Was sie vereinen wird sich wieder spalten,
was sie erneuern über Nacht veralten,
und was sie stiften Not und Unheil bringen.

Jetzt ist die Zeit, da sich das Heil verbirgt,
und Menschenhochmut auf dem Markte feiert,
indes im Dorn die Beter sich verhüllen.

Bis Gott aus unsern Opfern Segen wirkt,
und in den Tiefen, die kein Aug entschleiert,
die trocknen Brunnen sich mit Leben füllen.

Reinhold Schneider

BEFIEHL DU DEINE WEGE
und was dein Herze kränkt
der allertreusten Pflege
des, der den Himmel lenkt!
Der Wolken, Luft und Winden
gibt Wege, Luft und Bahn,
der wird auch Wege finden,
da dein Fuß gehen kann.

Dem Herren mußt du trauen,
wenn dir's soll wohlergehn;
auf sein Werk mußt du schauen,
wenn dein Werk soll bestehn.
Mit Sorgen und mit Grämen
und mit selbsteigner Pein
läßt Gott sich gar nichts nehmen,
es muß erbeten sein.

Dein ewge Treu und Gnade,
o Vater, weiß und sieht,
was gut sei oder schade
dem sterblichen Geblüt:
Und was du dann erlesen,
das treibst du, starker Held,
und bringst zum Stand und Wesen,
was deinem Rat gefällt.

Weg hast du allerwegen,
an Mitteln fehlt dir's nicht;
Dein Tun ist lauter Segen,
Dein Gang ist lauter Licht.
Dein Werk kann niemand hindern,
Dein Arbeit darf nicht ruhn,
wenn du, was deinen Kindern
ersprießlich ist, willst tun.

Und ob gleich alle Teufel
hie wollten widerstehn,
so wird doch ohne Zweifel
Gott nicht zurücke gehen;
was Er ihm fürgenommen
und was Er haben will,
das muß doch endlich kommen
zu seinem Zweck und Ziel.

Hoff, o du arme Seele,
hoff und sei unverzagt:
Gott wird dich aus der Höhle,
da dich der Kummer plagt,
mit großen Gnaden rücken;
erwarte nur der Zeit,
so wirst du schon erblicken
die Sonn' der schönsten Freud.

Auf, auf, gib deinem Schmerze
und Sorgen gute Nacht!
Laß fahren, was das Herze
betrübt und traurig macht!
Bist du doch nicht Regente,
der alles führen soll;
Gott sitzt im Regimente
und führet alles wohl.

Ihn, ihn laß tun und walten,
Er ist ein weiser Fürst
und wird sich so verhalten,
daß du dich wundern wirst,
wann Er, wie ihm gebühret,
mit wunderbarem Rat
das Werk hinausgeführet
das dich bekümmert hat.

Er wird zwar eine Weile
mit seinem Trost verziehn
und tun an seinem Teile,
als hätt' in seinem Sinn
Er deiner sich begeben;
und sollst du für und für
in Angst und Nöten schweben
so frag Er nichts nach dir.

Wird's aber sich befinden,
daß du ihm treu verbleibst,
so wird Er dich entbinden,
da du's am wengsten gläubst;
Er wird dein Herze lösen
von der so schweren Last,
die du zu keinem Bösen
bisher getragen hast.

Wohl dir, du Kind der Treue,
du hast und trägst davon
mit Ruhm und Dankgeschreie
den Sieg und Ehrenkron'.
Gott gibt dir selbst die Palmen
in deine rechte Hand,
und du singst Freudenpsalmen
dem, der dein Leid gewandt.

Mach End', o Herr, mach Ende
an aller unser Not!
Stärk unser Füß und Hände
und laß bis in den Tod
uns allzeit Deiner Pflege
und Treu' befohlen sein,
so gehen unsre Wege
gewiß zum Himmel ein.

Paul Gerhardt

FRÜHLINGSSCHREI EINES KNECHTES AUS DER TIEFE

Meister, ohne dein Erbarmen
muß im Abgrund ich verzagen,
willst du nicht mit starken Armen
wieder mich zum Lichte tragen.

Jährlich greifet deine Güte
in die Erde, in die Herzen;
jährlich weckest du die Blüte,
weckst in mir die alten Schmerzen.

Einmal nur zum Licht geboren,
aber tausendmal gestorben,
bin ich ohne dich verloren,
ohne dich in mir verdorben.

Wenn sich so die Erde reget,
wenn die Luft so sonnig wehet,
dann wird auch die Flut beweget,
die in Todesbanden stehet.

Und in meinem Herzen schauert
ein betrübter, bittrer Bronnen;
wenn der Frühling draußen lauert,
kommt die Angstflut angeronnen.

Weh! Durch giftge Erdenlagen,
wie die Zeit sie angeschwemmet,
habe ich den Schacht geschlagen,
und er ist nur schwach verdämmet.

Wenn nun rings die Quellen schwellen,
wenn der Grund gebärend ringet,
brechen her die bittern Wellen,
die kein Witz, kein Fluch mir zwinget.

Andern ruf ich: Schwimme, schwimme!
Mir kann solcher Ruf nicht taugen;
denn in mir ja steigt die grimme
Sündflut, bricht aus meinen Augen.

Und dann scheinen bös Gezüchte
mir die bunten Lämmer alle,
die ich grüßte, süße Früchte,
die mir reiften, bittre Galle.

Herr, erbarme du dich meiner,
daß mein Herz neu blühend werde! –
Mein erbarmte sich noch keiner
von den Frühlingen der Erde.

Meister, wenn dir alle Hände
nahn mit süß erfüllten Schalen,
kann ich mit der bittern Spende
meine Schuld dir nimmer zahlen.

Ach, wie ich auch tiefer wühle,
wie ich schöpfe, wie ich weine,
nimmer ich den Schwall erspüle
zum Kristallgrund fest und reine.

Immer stürzen mir die Wände,
jede Schicht hat mich belogen,
und die arbeitblutgen Hände
brennen in den bittern Wogen.

Weh, der Raum wird immer enger,
wilder, wüster stets die Wogen!
Herr, o Herr, ich treib's nicht länger,
schlage deinen Regenbogen!

Herr, ich mahne dich: Verschone,
Herr, ich hört in jungen Tagen,
wunderbarer Segen wohne,
ach, in deinem Blute, sagen.

Und so muß ich zu dir schreien,
schreien aus der bittern Tiefe,
könntest du auch nie verzeihen,
daß dein Knecht so kühnlich riefe.

Daß des Lichtes Quelle wieder
rein und heilig in mir flute,
träufle einen Tropfen nieder,
Jesus, mir von deinem Blute!

Clemens Brentano

EIN FESTE BURG IST UNSER GOTT

Ein feste Burg ist unser Gott,
ein gute Wehr und Waffen.
Er hilft uns frei aus aller Not,
die uns jetzt hat betroffen.
Der alt böse Feind,
mit Ernst er's jetzt meint,
groß Macht und viel List
sein grausam Rüstung ist,
auf Erd ist nicht seins gleichen.

Mit unser Macht ist nichts getan,
wir sind gar bald verloren.
Es streit für uns der rechte Mann,
den Gott hat selbst erkoren.
Fragst du, wer der ist?
Er heißt Jesus Christ,
der Herr Zebaoth
und ist kein ander Gott,
das Feld muß er behalten.

Und wenn die Welt voll Teufel wär'
und wollt' uns gar verschlingen,
so fürchten wir uns nicht zu sehr,
es soll uns doch gelingen.
Der Fürst dieser Welt,
wie saur er sich stellt,
tut er uns doch nicht,
das macht, er ist gericht,
ein Wörtlein kann ihn fällen.

Das Wort sie sollen lassen stahn
und kein Dank dazu haben.
Er ist bei uns wohl auf dem Plan
mit seinem Geist und Gaben.
Nehmen sie den Leib,
Gut, Ehr, Kind und Weib:
Laß fahren dahin,
sie haben's kein Gewinn,
das Reich muß uns doch bleiben.

Martin Luther

DER SOLDAT

Und wenn es einst dunkelt,
der Erd' bin ich satt,
durchs Abendrot funkelt
eine prächtge Stadt:
Von den goldenen Türmen
singet der Chor,
wir aber stürmen
das himmlische Tor.

Joseph von Eichendorff

WIE SOLL ICH dich empfangen
und wie begegn' ich dir,
o aller Welt Verlangen,
o meiner Seelen Zier?
O Jesu, Jesu, setze
mir selbst die Fackel bei,
damit, was dich ergetze,
mir kund und wissend sei!

Was hast du unterlassen
zu meinem Trost und Freud,
als Leib und Seele saßen
in ihrem größten Leid?
Als mir das Reich genommen,
da Fried und Freude lacht,
da bist du, mein Heil, kommen
und hast mich froh gemacht.

Ich lag in schweren Banden,
du kommst und machst mich los;
ich stand in Spott und Schanden,
du kommst und machst mich groß
und hebst mich hoch zu Ehren
und schenkst mir großes Gut,
das sich nicht läßt verzehren,
wie irdisch Reichtum tut.

Das schreib dir in dein Herze,
du hochbetrübtes Heer,
bei denen Gram und Schmerze
sich häuft je mehr und mehr;
seid unverzagt, ihr habet
die Hilfe vor der Tür;
der eure Herzen labet
und tröstet, steht allhier.

Ihr dürft euch nicht bemühen
noch sorgen Tag und Nacht,
wie ihr ihn möget ziehen
mit eures Armes Macht:
er kommt, er kommt mit Willen,
ist voller Lieb und Lust,
all Angst und Not zu stillen,
die ihm an euch bewußt.

Auch dürft ihr nicht erschrecken
vor eurer Sündenschuld;
nein, Jesus will sie decken
mit seiner Lieb und Huld.
Er kommt, er kommt den Sündern
zu Trost und wahrem Heil,
schafft, daß bei Gottes Kindern
verbleib' ihr Erb und Teil.

Paul Gerhardt

MACHT HOCH DIE TÜR, die Tor macht weit,
es kommt der Herr der Herrlichkeit,
ein König aller Königreich,
ein Heiland aller Welt zugleich,
der Heil und Leben mit sich bringt,
derhalben jauchzt, mit Freuden singt:
Gelobet sei mein Gott, mein Schöpfer reich von Rat.

Macht hoch die Tür, die Tor macht weit,
eur Herz zum Tempel zubereit;
die Zweiglein der Gottseligkeit
steckt auf mit Andacht, Lust und Freud;
so kommt der König auch zu euch,
ja, Heil und Leben mit zugleich.
Gelobet sei mein Gott, voll Rat, voll Tat, voll Gnad!

Komm, o mein Heiland Jesu Christ,
meins Herzens Tür dir offen ist.
Ach zeuch mit deiner Gnade ein,
dein Freundlichkeit auch uns erschein'.
Dein heil'ger Geist uns führ' und leit'
den Weg zur ew'gen Seligkeit.
Dem Namen dein, o Herr, sei ewig Preis und Ehr!

Georg Weissel

ES IST EIN ROS' ENTSPRUNGEN
aus einer Wurzel zart,
als uns die Alten sungen:
Aus Jesse kam die Art.
Und hat ein Blümlein bracht
mitten im kalten Winter
wohl zu der halben Nacht.

Das Röslein, das ich meine,
davon Jesaias sagt,
hat uns gebracht alleine
Maria, die reine Magd:
Aus Gottes ew'gem Rat
hat sie ein Kind geboren
wohl zu der halben Nacht.

Unbekannt

STILLE NACHT, heilige Nacht!
Alles schläft, einsam wacht
nur das traute, hochheilige Paar.
Holder Knabe im lockigen Haar,
schlaf in himmlischer Ruh!

Stille Nacht, heilige Nacht!
Hirten erst kundgemacht,
durch der Engel Halleluja
tönt es laut von fern und nah:
Christ, der Retter, ist da!

Stille Nacht, heilige Nacht!
Gottes Sohn, o wie lacht
Lieb' aus deinem göttlichen Mund,
da uns schlägt die rettende Stund,
Christ, in deiner Geburt!

Joseph Mohr

O DU FRÖHLICHE, o du selige,
gnadenbringende Weihnachtszeit!
Welt ging verloren,
Christ ist geboren:
Freue, freue dich, o Christenheit!

O du fröhliche, o du selige,
gnadenbringende Weihnachtszeit!
Christ ist erschienen,
uns zu versühnen:
Freue, freue dich, o Christenheit!

O du fröhliche, o du selige,
gnadenbringende Weihnachtszeit!
Himmlische Heere
jauchzen dir Ehre:
Freue, freue dich, o Christenheit!

Johann Daniel Falk

ZUM NEUEN JAHR

Wie heimlicher Weise
ein Engelein leise
mit rosigen Füßen
die Erde betritt,
so nahte der Morgen.
Jauchzt ihm, ihr Frommen,
ein heilig Willkommen!
Ein heilig Willkommen,
Herz, jauchze du mit!

In ihm sei's begonnen,
der Monde und Sonnen
an blauen Gezelten
des Himmels bewegt.
Du, Vater, du rate!
Lenke du und wende!
Herr, dir in die Hände
sei Anfang und Ende,
sei alles gelegt!

Eduard Mörike

NEUJAHRGESANG

Nun laßt uns gehn und treten
mit Singen und mit Beten
zum Herrn, der unserm Leben
bis hierher Kraft gegeben.

Wir gehn dahin und wandern
von einem Jahr zum andern,
wir leben und gedeihen
vom alten bis zum neuen.

Durch so viel Angst und Plagen,
durch Zittern und durch Zagen,
durch Krieg und große Schrecken,
die alle Welt bedecken.

Ach Hüter unsers Lebens,
fürwahr, es ist vergebens
mit unserm Tun und Machen,
wo nicht dein' Augen wachen.

Schleuß zu die Jammerpforten
und laß an allen Orten,
wo Krieg und Blutvergießen,
die Freudenströme fließen.

Hilf gnädig allen Kranken,
gib fröhliche Gedanken
den hochbetrübten Seelen,
die sich mit Schwermut quälen!

Und endlich, was das meiste,
füll uns mit deinem Geiste,
der uns hier herrlich ziere
und dort zum Himmel führe.

Das alles wollst du geben,
o meines Lebens Leben
mir und der Christenschare
zum sel'gen neuen Jahre!

Paul Gerhardt

TRAUERGESANG VON DER NOT CHRISTI AM ÖLBERG IN DEM GARTEN

Bei stiller Nacht zur ersten Wacht
ein Stimm sich gund zu klagen;
ich nahm in acht, was die doch sagt;
tat hin mit Augen schlagen.

Ein junges Blut, von Sitten gut,
alleinig, ohn Gefährten,
in großer Not, fast halber tot,
im Garten lag auf Erden.

Es war der liebe Gottessohn,
sein Haupt er hat in Armen,
viel weiß und bleicher dann der Mon,
ein Stein es möcht erbarmen.

«Ach, Vater, liebster Vater mein,
und muß den Kelch ich trinken?
Und mags dann ja nit anders sein?
Mein Seel nit laß versinken!»

«Ach, liebes Kind, trink aus geschwind,
dirs laß in Treuen sagen:
Sei wohl gesinnt, bald überwind,
den Handel mußt du wagen.»

«Ach, Vater mein, und kanns nit sein,
und muß ichs je dann wagen,
will trinken rein den Kelch allein,
kann dirs ja nit versagen.

Doch Sinn und Mut erschrecken tut.
Soll ich mein Leben lassen?
O bitter Tod! mein Angst und Not
ist über alle Maßen.

Maria zart, jungfräulich Art,
sollst du mein Schmerzen wissen,
mein Leiden hart zu dieser Fahrt,
dein Herz wär schon gerissen.

Ach, Mutter mein, bin ja kein Stein,
das Herz mir dürft zerspringen;
sehr große Pein muß nehmen ein,
mit Tod und Marter ringen.

Ade, ade, zu guter Nacht,
Maria, Mutter milde!
Ist niemand, der denn mit mir wacht
in dieser Wüsten wilde?

Der schöne Mon will untergohn,
vor Leid nit mehr mag scheinen;
die Sternen lan ihr Glitzen stahn,
mit mir sie wollen weinen.

Kein Vogelsang noch Freudenklang
man höret in den Lüften,
die wilden Tier traurn auch mit mir
in Steinen und in Klüften.»

Friedrich von Spee

1.
O HAUPT voll Blut und Wunden,
voll Schmerz und voller Hohn!
O Haupt, zum Spott gebunden
mit einer Dornenkron!
O Haupt! sonst schön gezieret
mit höchster Ehr und Zier,
jetzt aber höchst schimpfieret,
gegrüßet seist du mir!

2.
Du edles Angesichte,
davor sonst schrickt und scheut
das große Weltgewichte:
wie bist du so bespeit?
Wie bist du so erbleichet?
Wer hat dein Augenlicht,
dem sonst kein Licht nicht gleichet,
so schändlich zugericht?

3.
Die Farbe deiner Wangen,
der roten Lippen Pracht
ist hin und ganz vergangen:
des blassen Todes Macht
hat alles hingenommen,
hat alles hingerafft,
und daher bist du kommen
von deines Leibes Kraft.

4.
Nun, was du, Herr, erduldet,
ist alles meine Last:
ich hab es selbst verschuldet,
was du getragen hast.
Schau her, hier steh ich Armer,
der Zorn verdienet hat.
Gib mir, o mein Erbarmer,
den Anblick deiner Gnad.

5.
Erkenne mich, mein Hüter,
mein Hirte, nimm mich an.
Von dir, Quell aller Güter,
ist mir viel Guts getan:
Dein Mund hat mich gelabet
mit Milch und süßer Kost,
dein Geist hat mich begabet
mit mancher Himmelslust.

6.
Ich will hier bei dir stehen,
verachte mich doch nicht:
von dir will ich nicht gehen,
wenn dir dein Herze bricht;
wenn dein Haupt wird erblassen
im letzten Todesstoß,
alsdann will ich dich fassen
in meinen Arm und Schoß.

7.
Es dient zu meinen Freuden,
und tut mir herzlich wohl,
wenn ich in deinem Leiden,
mein Heil, mich finden soll.
Ach möcht ich, o mein Leben,
an deinem Kreuze hier
mein Leben von mir geben!
Wie wohl geschähe mir!

8.
Ich danke dir von Herzen,
o Jesu, liebster Freund,
für deines Todes Schmerzen,
da du's so gut gemeint:
Ach gib, daß ich mich halte
zu dir und deiner Treu
und, wenn ich nun erkalte,
in dir mein Ende sei.

9.
Wenn ich einmal soll scheiden,
so scheide nicht von mir!
Wenn ich den Tod soll leiden,
so tritt du dann herfür:
wenn mir am allerbängsten
wird um das Herze sein:
so reiß mich aus den Ängsten
kraft deiner Angst und Pein.

10.
Erscheine mir zum Schilde,
zum Trost in meinem Tod,
und laß mich sehn dein Bilde
in deiner Kreuzesnot.
Da ich will nach dir blicken,
da will ich glaubensvoll
dich fest an mein Herz drücken.
Wer so stirbt, der stirbt wohl.

Paul Gerhardt

TENEBRAE

Nah sind wir, Herr,
nahe und greifbar.

Gegriffen schon, Herr,
ineinander verkrallt, als wär
der Leib eines jeden von uns
dein Leib, Herr.

Bete, Herr,
bete zu uns,
wir sind nah.

Windschief gingen wir hin,
gingen wir hin, uns zu bücken
nach Mulde und Maar.

Zur Tränke gingen wir, Herr.

Es war Blut, es war,
was du vergossen, Herr.

Es glänzte.

Es warf uns dein Bild in die Augen, Herr.
Augen und Mund stehn so offen und leer, Herr.
Wir haben getrunken, Herr.
Das Blut und das Bild, das im Blut war, Herr.

Bete, Herr.
Wir sind nah.

Paul Celan

NICHT MUTIG

Die Mutigen wissen
daß sie nicht auferstehen
daß kein Fleisch um sie wächst
am jüngsten Morgen
daß sie nichts mehr erinnern
niemandem wiederbegegnen
daß nichts ihrer wartet
keine Seligkeit
keine Folter
Ich
bin nicht mutig

Marie Luise Kaschnitz

AUF DIE SIXTINISCHE MADONNA

Sie trägt zur Welt ihn: und er schaut entsetzt
in ihrer Greu'l chaotische Verwirrung,
in ihres Tobens wilde Raserei,
in ihres Treibens nie geheilte Torheit,
in ihrer Qualen nie gestillten Schmerz –
entsetzt: doch strahlet Ruh und Zuversicht
und Siegesglanz sein Aug', verkündigend
schon der Erlösung ewige Gewißheit.

Arthur Schopenhauer

ICH SEHE DICH IN TAUSEND BILDERN

Ich sehe dich in tausend Bildern,
Maria, lieblich ausgedrückt,
doch keins von allen kann dich schildern,
wie meine Seele dich erblickt.

Ich weiß nur, daß der Welt Getümmel
seitdem mir wie ein Traum verweht
und ein unnennbar süßer Himmel
mir ewig im Gemüte steht.

Novalis

VERKÜNDIGUNG

Als Maria, da der Engel ihr
Jungfrauengemach verlassen, schier,
wie die Flut ihr Herz hinuntertrank,
hinverlöschend durch des Weinens Gier
auf das Kissen, wo sie kniete, sank,

da, noch eh der Tau vom Auge brach,
sah sie, daß vorm Fenster – ihr Gemach
wurde hell davon – ein Baum im Reif
stand, wie knospet Gold durch Wasser, sprach
sie, die weiße Flamme. – Herz begreif!

Konrad Weiß

ANDACHT BEI NÄCHTLICHEM WACHEN

Nun schläfet man,
und wer nicht schlafen kann,
der bete mit mir an
den großen Namen,
dem Tag und Nacht
wird von der Himmelswacht
Preis, Lob und Ehr' gebracht,
o Jesu, Amen!

Weg, Phantasie!
Mein Herr und Gott ist hie;
du schläfst, mein Wächter, nie;
dir will ich wachen.
Ich liebe dich,
ich geb' zum Opfer mich
und lasse ewiglich
dich mit mir machen.

Es leuchte dir
der Himmelslichter Zier;
ich sei dein Sternlein, hier
und dort zu funkeln.
Nun kehr' ich ein;
Herr, rede du allein
beim tiefsten Stillesein
zu mir im Dunkeln.

Gerhard Tersteegen

DIE STERNSEHERIN LISE

Ich sehe oft um Mitternacht,
wenn ich mein Werk getan
und niemand mehr im Hause wacht,
die Stern' am Himmel an.

Sie gehn da, hin und her zerstreut,
als Lämmer auf der Flur,
in Rudeln auch und aufgereiht
wie Perlen an der Schnur.

Und funkeln alle weit und breit
und funkeln rein und schön;
ich seh' die große Herrlichkeit
und kann mich satt nicht sehn...

Dann saget unterm Himmelszelt
mein Herz mir in der Brust:
«Es gibt was Bessers in der Welt
als all ihr Schmerz und Lust.»

Ich werf' mich auf mein Lager hin
und liege lange wach
und suche es in meinem Sinn;
und sehne mich darnach.

Matthias Claudius

HERR, DEINE WELT IST SCHÖN, Herr, deine Welt ist gut;
gib mir nur hellen Sinn, gib mir nur frohen Mut!
Ich fühle, daß ich bin, ich fühle, daß du bist,
und daß mein Sein von dir ein sel'ger Abglanz ist.
Die Welt beseligst du, beseligst dich in ihr;
Sollt' ich nicht selig sein, Allseliger, in dir!

Friedrich Rückert

GAR VIELE WEGE gehn zu Gott, auch deiner geht
zu Gott, geh ihn getrost mit Preisen und Gebet.
Und laß dich nicht darin von denen irre machen,
die andre Wege gehn, und mach nicht irr die Schwachen.
Wer mit auf meinem Weg will gehn, der sei willkommen;
und geh' ich auch allein, doch geh' ich unbeklommen.

Friedrich Rückert

ABENDLIED

Nun ruhen alle Wälder,
Vieh, Menschen, Städt' und Felder,
es schläft die ganze Welt.
Ihr aber, meine Sinnen,
auf, auf, ihr sollt beginnen,
was eurem Schöpfer wohlgefällt.

Wo bist du, Sonne, blieben?
Die Nacht hat dich vertrieben,
die Nacht, des Tages Feind.
Fahr hin, ein andre Sonne,
mein Jesus, meine Wonne,
gar hell in meinem Herzen scheint.

Der Tag ist nun vergangen,
die güldnen Sterne prangen
am blauen Himmelssaal.
Also werd' ich auch stehen,
wenn mich wird heißen gehen
mein Gott aus diesem Jammertal.

Der Leib eilt nun zur Ruhe,
legt ab das Kleid und Schuhe,
das Bild der Sterblichkeit.
Die zieh' ich aus; dagegen
wird Christus mir anlegen
den Rock der Ehr und Herrlichkeit.

Nun geht, ihr matten Glieder,
geht, geht und legt euch nieder,
der Betten ihr begehrt.
Es kommen Stund' und Zeiten,
da man euch wird bereiten
zur Ruh ein Bettlein in der Erd.

Mein Augen stehn verdrossen,
im Nu sind sie geschlossen;
wo bleibt dann Leib und Seel?
Nimm sie zu deinen Gnaden,
sei gut für allen Schaden,
du Aug' und Wächter Israel.

Breit aus die Flügel beide,
o Jesu, meine Freude,
und nimm dein Küchlein ein.
Will Satan mich verschlingen,
so laß die Englein singen:
Dies Kind soll unverletzet sein.

Auch euch, ihr meine Lieben
soll heinte[1] nicht betrüben
kein Unfall noch Gefahr.
Gott laß euch selig schlafen,
stell' euch die güldnen Waffen
ums Bett und seiner Engel Schar.

Paul Gerhardt

1 heute nacht

MORGENGLANZ der Ewigkeit,
Licht vom unerschöpften Lichte,
schick uns diese Morgenzeit
deine Strahlen zu Gesichte
und vertreib durch deine Macht
unsre Nacht.

Deiner Güte Morgentau
fall' auf unser matt Gewissen;
laß die dürre Lebensau
lauter süßen Trost genießen
und erquick uns, deine Schar,
immerdar.

Gib, daß deiner Liebe Glut
unsre kalten Werke töte,
und erweck uns Herz und Mut
bei entstandner Morgenröte,
daß wir, eh' wir gar vergehn,
recht aufstehn.

Christian Knorr von Rosenroth

ICH KOMM', weiß nit woher,
ich bin und weiß nit wer,
ich leb', weiß nit wie lang,
ich sterb' und weiß nit wann,
ich fahr', weiß nit wohin:
Mich wundert's, daß ich fröhlich bin.

Da mir mein Sein so unbekannt
geb' ich es ganz in Gottes Hand, –
die führt es wohl, so her wie hin:
Mich wundert's, wenn ich noch traurig bin.

Hans Thoma

DER REST DES FADENS

Drachensteigen. Spiel
für große Ebnen ohne Baum und Wasser.
Im offenen Himmel
steigt auf
der Stern aus Papier, unhaltbar
ins Licht gerissen, höher, aus allen Augen
und weiter, weiter

Uns gehört der Rest des Fadens, und daß wir dich kannten.

Sarah Kirsch

ZUFLUCHT NOCH HINTER DER ZUFLUCHT

(für Peter Huchel)

Hier tritt ungebeten nur der wind durchs tor

Hier
ruft nur gott an

Unzählige leitungen läßt er legen
vom himmel zur erde

Vom dach des leeren kuhstalls
aufs dach des leeren schafstalls
schrillt aus hölzerner rinne
der regenstrahl

Was machst du, fragt gott

Herr, sag ich, es
regnet, was
soll man tun

Und seine antwort wächst
grün durch alle fenster

Reiner Kunze

WENN IM UNENDLICHEN dasselbe
sich wiederholend ewig fließt,
das tausendfältige Gewölbe
sich kräftig ineinanderschließt,
strömt Lebenslust aus allen Dingen,
dem kleinsten wie dem größten Stern,
und alles Drängen, alles Ringen
ist ewige Ruh' in Gott dem Herrn.

Johann Wolfgang Goethe

SO ODER SO

Die handeln und die dichten –
das ist der Lebenslauf,
der eine macht Geschichten,
der andre schreibt sie auf,

und der will beide richten;
so schreibt und treibt sich's fort,
der Herr wird alles schlichten,
verloren ist kein Wort.

Joseph von Eichendorff

BUCH DES DICHTERS

ICH SAZ ÛF EIME STEINE

ich saz ûf eime steine
und dahte bein mit beine:
dar ûf satzt ich den ellenbogen:
ich hete in mîne hant gesmogen
daz kinne und ein mîn wange.
dô dâhte ich mir vil ange,
wie man zer welte solte leben:
deheinen rât kond ich gegeben,
wie man driu dinc erwurbe,
der keines niht verdurbe.
diu zwei sint êre und varnde guot,
daz dicke ein ander schaden tuot:
daz dritte ist gotes hulde,
der zweier übergulde.
die wolte ich gerne in einen schrîn.
jâ leider desn mac niht gesîn,
daz guot und weltlich êre
und gotes hulde mêre
zesamene in ein herze komen.
stîg unde wege sint in benomen:
untriuwe ist in der sâze,
gewalt vert ûf der strâze:
fride unde reht sint sêre wunt.
diu driu enhabent geleites niht,
    diu zwei enwerden ê gesunt.

Ich hôrte ein wazzer diezen
und sach die vische fliezen,
ich sach swaz in der welte was,
velt walt loup rôr unde gras.
swaz kriuchet unde fliuget
und bein zer erde biuget,
daz sach ich, unde sage iu daz:
der keinez lebet âne haz.
daz wilt und daz gewürme
die strîtent starke stürme,
sam tuont die vogel under in;
wan daz si habent einen sin:

Ich saß auf einem Stein
ein Bein über das andere geschlagen,
darauf setzte ich den Ellenbogen,
ich hatte in meine Hand
das Kinn und eine Wange geschmiegt.
Da grübelte ich angestrengt
wie man in dieser Welt leben soll:
Ich konnte nicht ergründen,
wie man drei Dinge erringen kann,
ohne daß eins davon verdirbt.
Zwei sind Ehre und bewegliche Güter,
da schadet oft eins dem anderen:
Das dritte ist Gottes Gnade,
mehr wert als die beiden anderen.
Die hätte ich gern in *einem* Schrein.
Doch leider ist es unmöglich,
daß Güter und weltliche Ehre
und noch dazu Gottes Gnade
In *einem* Herzen zusammenkommen.
Wege und Steg sind ihnen genommen,
Untreue lauert im Hinterhalt
Gewalt ist auf der Straße:
Frieden und Recht sind verletzt.
Die drei haben keinen Geleitschutz,
sind nicht die zwei erst gesund.

Ich hörte ein Wasser rauschen
und sah die Fische schwimmen,
ich sah alles, was auf der Welt war,
Feld, Wald, Laub, Schilfrohr und Gras.
Alles, was kriecht und fliegt
und Beine zur Erde biegt,
das sah ich, und ich sage euch Folgendes:
Keins von ihnen lebt ohne Feindschaft.
das Wild und das Gewürm,
tragen unerbittliche Kämpfe aus,
so machen es auch die Vögel unter sich;
Sie sind in einer Hinsicht vernünftig:

si dûhten sich ze nihte
si enschüefen starc
gerihte.
sie kiesent künege unde
reht,
si setzent hêrren unde
kneht.
sô wê dir, tiuschiu zunge,
wie stêt dîn ordenunge!
daz nû diu mugge ir künec hât,
und daz dîn êre alsô
zergât.
bekêrâ dich, bekêre.
die cirkel sint ze hêre,
die armen künege dringent dich:
Philippe setze en weisen ûf,
und heiz si
treten hinder sich.

Sie hielten sich für arm,
hätten sie nicht solide Rechtsordnungen
geschaffen.
Sie wählen Könige und schaffen
Gesetze,
sie legen fest, wer Herr und wer Knecht
ist.
Doch wehe dir, deutsches Volk,
wie steht es mit deiner Ordnung?
daß nun die Mücke ihren König hat,
und deine Ehre dagegen so zugrunde
geht!
Bekehre dich, bekehre!
Fremde Kronen werden ehrgeizig,
Vasallenkönige drängen dich:
Philipp möge sich die verwaiste Krone
aufsetzen und sie alle
in ihre Schranken weisen!

Ich sach mit mînen ougen
mann unde wîbe tougen,
daz ich gehôrte und gesach
swaz iemen tet, swaz iemen sprach.
ze Rôme hôrte ich liegen
und zwêne künege triegen.
dâ von huop sich der meiste strît
der ê was oder iemer sît,
dô sich begunden zweien
die pfaffen unde leien.
daz was ein nôt vor aller nôt:
lîp unde sêle lac dâ tôt.
die pfaffen striten sêre:
doch wart der leien mêre.
diu swert diu leiten si dernider
und griffen zuo der stôle wider:
si bienen die si wolten
und niht den si solten.
dô stôrte man diu goteshûs.
ich hôrte verre in einer klûs
vil michel ungebære:

Ich sah mit meinen Augen
Mann und Frau im Stillen.
wobei ich hörte und sah,
was jeder tat und jeder sprach.
Zu Rom hörte ich, wie man log
und zwei Könige betrog.
Von da rührte der größte Streit her,
den es jemals gab oder geben wird,
als sich die Pfaffen und Laien
zu streiten anfingen.
Das war die größte aller Nöte:
Leib und Seele gingen zugrunde.
Die Pfaffen kämpften sehr:
Doch die Laien besiegten sie.
Die Schwerter legten sie nieder
und griffen wieder zur Stola:
Sie bannten, wen sie wollten
und nicht, wen sie sollten.
Da störte man die Gotteshäuser.
Ich hörte fern in einer Klause
sehr großes Wehklagen:

dâ weinte ein klôsenære,
er klagete gote sîniu leit,
‹owê der bâbest ist ze junc: hilf,
hêrre, dîner kristenheit.›
Walther von der Vogelweide

Da weinte ein Klausner,
er klagte Gott sein Leid:
«Oh weh, der Papst ist zu jung, hilf,
Herr, deiner Christenheit!»
Übersetzung: Bettina Göbels

ICH HÂN MÎN LÊHEN

Ich hân mîn lêhen, al diu werlt, ich hân mîn lêhen.
nû enfürhte ich nicht den hornunc an die zêhen,
und wil alle bœse hêrren dester minre flêhen.
der edel künec, der milte künec hât mich berâten,
daz ich den sumer luft und in dem winter hitze hân.
mîn nâhgebûren dunke ich verre baz getân:
si sehent mich niht mêr an in butzen wîs als si wîlent tâten.
ich bin ze lange arm gewesen ân mînen danc.
ich was sô voller scheltens daz mîn âten stanc:
daz hât der künec gemachet reine, und dar zuo mînen sanc.
Walther von der Vogelweide

Ich habe mein Lehen, höre, Welt! – ich habe mein Lehen.
Jetzt fürchte ich nicht mehr den Februarfrost an den Zehen,
und werde all die geizigen Herren weniger anbetteln.
Der edle König, der milde König hat mich versorgt,
daß ich im Sommer Kühlung und im Winter Wärme habe.
Meine Nachbarn halten mich für viel vornehmer:
Sie sehen mich nicht mehr als Schreckgespenst, wie sie das vorher taten.
Leider war ich zu lange arm.
Ich war so voller Schmähung, daß mein Atem stank.
Den hat der König rein gemacht, und darüber singe ich.
Übersetzung: Bettina Göbels

VOM ARMEN B.B.

1
Ich, Bertolt Brecht, bin aus den schwarzen Wäldern.
Meine Mutter trug mich in die Städte hinein
als ich in ihrem Leibe lag. Und die Kälte der Wälder
wird in mir bis zu meinem Absterben sein.

2
In der Asphaltstadt bin ich daheim. Von allem Anfang
versehen mit jedem Sterbsakrament:
Mit Zeitungen. Und Tabak. Und Branntwein.
Mißtrauisch und faul und zufrieden am End.

3
Ich bin zu den Leuten freundlich. Ich setze
einen steifen Hut auf nach ihrem Brauch.
Ich sage: es sind ganz besonders riechende Tiere
und ich sage: es macht nichts, ich bin es auch.

4
In meine leeren Schaukelstühle vormittags
setze ich mir mitunter ein paar Frauen
und ich betrachte sie sorglos und sage ihnen:
In mir habt ihr einen, auf den könnt ihr nicht bauen.

5
Gegen abends versammle ich um mich Männer
Wir reden uns da mit «Gentleman» an
Sie haben ihre Füße auf meinen Tischen
und sagen: es wird besser mit uns. Und ich frage nicht: wann.

6
Gegen Morgen in der grauen Frühe pissen die Tannen
und ihr Ungeziefer, die Vögel, fängt an zu schrein.
Um die Stunde trink ich mein Glas in der Stadt aus und schmeiße
den Tabakstummel weg und schlafe beunruhigt ein.

7
Wir sind gesessen ein leichtes Geschlechte
in Häusern, die für unzerstörbare galten
(So haben wir gebaut die langen Gehäuse des Eilands Manhattan
und die dünnen Antennen, die das Atlantische Meer unterhalten).

8
Von diesen Städten wird bleiben: der durch sie hindurchging, der Wind!
Fröhlich machet das Haus den Esser: er leert es.
Wir wissen, dass wir Vorläufige sind
und nach uns wird kommen: nichts Nennenswertes.

9
Bei den Erdbeben, die kommen werden, werde ich hoffentlich
meine Virginia nicht ausgehen lassen durch Bitterkeit
ich, Bertolt Brecht, in die Asphaltstädte verschlagen
aus den schwarzen Wäldern in meiner Mutter in früher Zeit.

Bertolt Brecht

WEIL VOM WOHLLAUT DEINER LIEDER

Weil vom Wohllaut deiner Lieder
selbst das Totenreich erbebte,
kam's, daß die Geliebte wieder
in den lichten Äther schwebte.

Hättest du nur nicht so zweifelnd
deinen Blick zurückgewendet,
wäre ihr ein neues Leben
durch des Liedes Kraft gespendet.

In der Unterwelt Gehäuse
muß sich jeder Dichter wagen,
um wie Orpheus Eurydiken
in das Licht emporzutragen.

Meines Weinbergs Hyazinthen,
welche Muskatduft verhauchen,
haben ohne Zweifel Wurzeln,
die bis in den Hades tauchen.

Dieser Duft ist wie ein Schlüssel
zu den allerfernsten Räumen,
wo die Geister aller Blumen
ihre Liebesträume träumen.

Charons schwarzer Nachen kann nicht
nach dem andern Ufer finden,
ohne daß die lichten Horen
hier ein Rosensträußchen winden.

Friedrich Georg Jünger

AN DIE DICHTKUNST

Gespielin meiner Nebenstunden,
bei der ein Teil der Zeit verschwunden,
die mir, nicht andern, zugehört;
o Dichtkunst, die das Leben lindert!
Wie manchen Gram hast du vermindert,
wie manche Fröhlichkeit vermehrt!

Die Kraft, der Helden Trefflichkeiten
mit tapfern Worten auszubreiten,
verdankt Homer und Maro dir.
Die Fähigkeit, von hohen Dingen
den Ewigkeiten vorzusingen,
verliehst du ihnen, und nicht mir.

Die Lust, vom Wahn mich zu entfernen,
und deinem Flaccus abzulernen,
wie man durch echten Witz gefällt;
die Lust, den Alten nachzustreben,
ist mir im Zorn von dir gegeben,
wenn nicht mein Wunsch das Ziel erhält.

Zu eitel ist das Lob der Freunde:
Uns drohen in der Nachwelt Feinde,
die finden unsre Größe klein.
Den itzt an Liedern reichen Zeiten
empfehl ich diese Kleinigkeiten:
Sie wollen nicht unsterblich sein.

Friedrich von Hagedorn

WÜNSCHELRUTE

Schläft ein Lied in allen Dingen,
die da träumen fort und fort,
und die Welt hebt an zu singen,
triffst du nur das Zauberwort.

Joseph von Eichendorff

DER SÄNGER

«Was hör' ich draußen vor dem Tor,
was auf der Brücke schallen?
Laß den Gesang vor unserm Ohr
im Saale widerhallen!»
Der König sprach's, der Page lief;
der Knabe kam, der König rief:
«Laßt mir herein den Alten!»

«Gegrüßet seid mir, edle Herrn,
gegrüßt ihr, schöne Damen!
Welch reicher Himmel! Stern bei Stern!
Wer kennet ihre Namen?
Im Saal voll Pracht und Herrlichkeit
schließt, Augen, euch: hier ist nicht Zeit,
sich staunend zu ergötzen.»

Der Sänger drückt' die Augen ein
und schlug in vollen Tönen;
die Ritter schauten mutig drein
und in den Schoß die Schönen.
Der König, dem das Lied gefiel,
ließ, ihn zu ehren für sein Spiel,
eine goldne Kette holen.

«Die goldne Kette gib mir nicht,
die Kette gib den Rittern,
vor deren kühnem Angesicht
der Feinde Lanzen splittern;
gib sie dem Kanzler, den du hast,
und laß ihn noch die goldne Last
zu andern Lasten tragen!

Ich singe, wie der Vogel singt,
der in den Zweigen wohnet;
das Lied, das aus der Kehle dringt,
ist Lohn, der reichlich lohnet.
Doch darf ich bitten, bitt' ich eins:
Laß mir den besten Becher Weins
in purem Golde reichen!»

Er setzt' ihn an, er trank ihn aus:
«O Trank voll süßer Labe!
O wohl dem hochbeglückten Haus,
wo das ist kleine Gabe!
Ergeht's Euch wohl, so denkt an mich,
und danket Gott so warm, als ich
für diesen Trunk Euch danke.»

Johann Wolfgang Goethe

FREIE KUNST

Singe, wem Gesang gegeben,
in dem deutschen Dichterwald!
Das ist Freude, das ist Leben,
wenn's von allen Zweigen schallt.

Nicht an wenig stolze Namen
ist die Liederkunst gebannt;
ausgestreuet ist der Samen
über alles deutsche Land.

Deines vollen Herzens Triebe,
gib sie keck im Klange frei!
Säuselnd wandle deine Liebe,
donnernd uns dein Zorn vorbei!

Singst du nicht dein ganzes Leben,
sing doch in der Jugend Drang!
Nur im Blütenmond erheben
Nachtigallen ihren Sang.

Kann man's nicht in Bücher binden,
was die Stunden dir verleihn:
Gib ein fliegend Blatt den Winden!
Muntre Jugend hascht es ein.

Fahret wohl, geheime Kunden,
Nekromantik, Alchimie!
Formel hält uns nicht gebunden,
unsre Kunst heißt Poesie.

Heilig achten wir die Geister,
aber Namen sind uns Dunst;
würdig ehren wir die Meister,
aber frei ist uns die Kunst!

Nicht in kalten Marmorsteinen,
nicht in Tempeln, dumpf und tot:
In den frischen Eichenhainen
webt und rauscht der deutsche Gott.

Ludwig Uhland

HOCHSEIL

Wir turnen in höchsten Höhen herum,
selbstredend und selbstreimend,
von einem Individuum
aus nichts als Worten träumend.

Was uns bewegt – warum? wozu? –
den Teppich zu verlassen?
Ein nie erforschtes Who-is-who
im Sturzflug zu erfassen.

Wer von so hoch zu Boden blickt,
der sieht nur Verarmtes/Verirrtes.
Ich sage: wer Lyrik schreibt, ist verrückt,
wer sie für wahr nimmt, wird es.

Ich spiel mit meinem Astralleib Klavier,
vierfüßig – vierzigzehig –
Ganz unten am Boden gelten wir
für nicht mehr ganz zurechnungsfähig.

Die Loreley entblößt ihr Haar
am umgekippten Rheine …
Ich schwebe graziös in Lebensgefahr
grad zwischen Freund Hein und Freund Heine.

Peter Rühmkorf

DIE TEILUNG DER ERDE

«Nehmt hin die Welt!» rief Zeus von seinen Höhen
den Menschen zu. «Nehmt, sie soll euer sein!
Euch schenk' ich sie zum Erb' und ew'gen Lehen –
doch teilt euch brüderlich darein.»

Da eilt', was Hände hat, sich einzurichten,
es regte sich geschäftig jung und alt.
Der Ackermann griff nach des Feldes Früchten,
der Junker birschte durch den Wald.

Der Kaufmann nimmt, was seine Speicher fassen,
der Abt wählt sich den edlen Firnewein,
der König sperrt' die Brücken und die Straßen
und sprach: «Der Zehente ist mein.»

Ganz spät, nachdem die Teilung längst geschehen,
naht' der Poet, er kam aus weiter Fern
ach, da war überall nichts mehr zu sehen,
und alles hatte seinen Herrn!

«Weh mir! so soll denn ich allein von allen
vergessen sein, ich, dein getreuster Sohn?»
So ließ er laut der Klage Ruf erschallen
und warf sich hin vor Jovis Thron.

«Wenn du im Land der Träume dich verweilet»,
versetzt der Gott, «so hadre nicht mit mir.
Wo warst du denn, als man die Welt geteilet?»
«Ich war», sprach der Poet, «bei dir.

Mein Auge hing an deinem Angesichte,
an deines Himmels Harmonie mein Ohr –
verzeih dem Geiste, der, von deinem Lichte
berauscht, das Irdische verlor!»

«Was tun?» spricht Zeus. «Die Welt ist weggegeben,
der Herbst, die Jagd, der Markt ist nicht mehr mein,
willst du in meinem Himmel mit mir leben –
so oft du kommst, er soll dir offen sein.»

Friedrich Schiller

GRABSCHRIFT

Ich war ein Dichter und empfand die Schläge
der bösen Zeit, in welcher ich entsprossen;
doch schon als Jüngling hab' ich Ruhm genossen,
und auf die Sprache drückt' ich mein Gepräge.

Die Kunst zu lernen war ich nie zu träge,
drum hab' ich neue Bahnen aufgeschlossen,
in Reim und Rhythmus meinen Geist ergossen,
die dauernd sind, wofern ich recht erwäge.

Gesänge formt' ich aus verschiednen Stoffen,
Lustspiele sind und Märchen mir gelungen
in einem Stil, den keiner übertroffen;

der ich der Ode zweiten Preis errungen
und im Sonett des Lebens Schmerz und Hoffen
und diesen Vers für meine Gruft gesungen.

August von Platen

AN DIE PARZEN

Nur einen Sommer gönnt, ihr Gewaltigen!
Und einen Herbst zu reifem Gesange mir,
daß williger mein Herz, vom süßen
Spiele gesättiget, dann mir sterbe!

Die Seele, der im Leben ihr göttlich Recht
nicht ward, sie ruht auch drunten im Orkus nicht;
doch ist mir einst das Heilge, das am
Herzen mir liegt, das Gedicht, gelungen:

Willkommen dann, o Stille der Schattenwelt!
Zufrieden bin ich, wenn auch mein Saitenspiel
mich nicht hinabgeleitet: einmal
lebt' ich wie Götter, und mehr bedarf's nicht.

Friedrich Hölderlin

AN DIE JUNGEN DICHTER

Lieben Brüder! es reift unsere Kunst vielleicht,
da, dem Jünglinge gleich, lange sie schon gegärt,
bald zur Stille der Schönheit;
seid nur fromm, wie der Grieche war!

Liebt die Götter und denkt freundlich der Sterblichen!
Haßt den Rausch, wie den Frost! lehrt, und beschreibet nichts!
Wenn der Meister euch ängstigt,
fragt die große Natur um Rat.

Friedrich Hölderlin

DIE ALTEN NATURDICHTER UND DIE NEUEN
(Brockes und Geßner, Stifter, Kompert usw.)

Wißt ihr, warum euch die Käfer, die Butterblumen so
glücken?
Weil ihr die Menschen nicht kennt, weil ihr die Sterne
nicht seht!
Schautet ihr tief in die Herzen, wie könntet ihr schwärmen
für Käfer?
Säht ihr das Sonnensystem, sagt doch, was wär' euch ein
Strauß?
Aber das mußte so sein; damit ihr das Kleine vortrefflich
liefertet, hat die Natur klug euch das Große entrückt.

Friedrich Hebbel

BESCHEIDENER DICHTER

Älter ist das Wort
und gewitzter als ich.
Dauernder der Satz:
Wozu braucht der mich?

Satz verlangt nach Satz:
So entsteht Gedicht.
und das macht dann Sinn.
Aber ich doch nicht.

Robert Gernhardt

DER SPAZIERGANG

Ihr Wälder schön an der Seite,
am grünen Abhang gemalt,
wo ich umher mich leite,
durch süße Ruhe bezahlt
für jeden Stachel im Herzen,
wenn dunkel mir ist der Sinn,
den Kunst und Sinnen hat Schmerzen
gekostet von Anbeginn.
Ihr lieblichen Bilder im Tale,
zum Beispiel Gärten und Baum,
und dann der Steg, der schmale,
der Bach zu sehen kaum,
wie schön aus heiterer Ferne
glänzt einem das herrliche Bild
der Landschaft, die ich gerne
besuch in Witterung mild.
Die Gottheit freundlich geleitet
uns erstlich mit Blau,
hernach mit Wolken bereitet,
gebildet wölbig und grau,
mit sengenden Blitzen und Rollen
des Donners, mit Reiz des Gefilds,
mit Schönheit, die gequollen
vom Quell ursprünglichen Bilds.

Friedrich Hölderlin

TÜBINGEN, JÄNNER

Zur Blindheit über-
redete Augen.
Ihre – «ein
Rätsel ist Rein-
entsprungenes» –, ihre
Erinnerung an
schwimmende Hölderlintürme, möwen-
umschwirrt.

Besuche ertrunkener Schreiner bei
diesen
tauchenden Worten:

Käme,
käme ein Mensch,
käme ein Mensch zur Welt, heute, mit
dem Lichtbart der
Patriarchen: er dürfte,
spräch er von dieser
Zeit, er
dürfte
nur lallen und lallen,
immer-, immer-
zuzu.

(«Pallaksch. Pallaksch.»)

Paul Celan

HARZREISE IM WINTER

Dem Geier gleich,
der auf schweren Morgenwolken
mit sanftem Fittich ruhend
nach Beute schaut,
schwebe mein Lied.

Denn ein Gott hat
jedem seine Bahn
vorgezeichnet,
die der Glückliche
rasch zum freudigen
Ziele rennt:

Wem aber Unglück
das Herz zusammenzog,
er sträubt vergebens
sich gegen die Schranken
des ehernen Fadens,
den die doch bittre Schere
nur einmal löst.

In Dickichts-Schauer
drängt sich das rauhe Wild,
und mit den Sperlingen
haben längst die Reichen
in ihre Sümpfe sich gesenkt.

Leicht ist's folgen dem Wagen,
den Fortuna führt,
wie der gemächliche Troß
auf gebesserten Wegen
hinter des Fürsten Einzug.

Aber abseits, wer ist's?
Ins Gebüsch verliert sich sein Pfad,
hinter ihm schlagen
die Sträuche zusammen,
das Gras steht wieder auf,
die Öde verschlingt ihn.
Ach, wer heilet die Schmerzen
des, dem Balsam zu Gift ward?
Der sich Menschenhaß
aus der Fülle der Liebe trank!
Erst verachtet, nun ein Verächter,
zehrt er heimlich auf
seinen eignen Wert
in ung'nügender Selbstsucht.

Ist auf deinem Psalter
Vater der Liebe, ein Ton
seinem Ohre vernehmlich,
so erquicke sein Herz!

Öffne den umwölkten Blick
über die tausend Quellen
neben dem Durstenden
in der Wüste!

Der du der Freuden viel schaffst,
jedem ein überfließend Maß,
segne die Brüder der Jagd
auf der Fährte des Wilds
mit jugendlichem Übermut
fröhlicher Mordsucht,
späte Rächer des Unbills,
dem schon Jahre vergeblich
wehrt mit Knütteln der Bauer.

Aber den Einsamen hüll
in deine Goldwolken!
Umgib mit Wintergrün,
bis die Rose wieder heranreift,
die feuchten Haare,
o Liebe, deines Dichters!

Mit der dämmernden Fackel
leuchtest du ihm
durch die Furten bei Nacht,
über grundlose Wege
auf öden Gefilden;
mit dem tausendfarbigen Morgen
lachst du ins Herz ihm;
mit dem beizenden Sturm
trägst du ihn hoch empor.

Winterströme stürzen vom Felsen
in seine Psalmen,
und Altar des lieblichsten Danks
wird ihm des gefürchteten Gipfels
schneebehangner Scheitel,
den mit Geisterreihen
kränzten ahnende Völker.

Du stehst mit unerforschtem Busen
geheimnisvoll offenbar
über der erstaunten Welt
und schaust aus Wolken
auf ihre Reiche und Herrlichkeit,
die du aus den Adern deiner Brüder
neben dir wässerst.

Johann Wolfgang Goethe

WIE WOHL IST DEM, der dann und wann
sich etwas Schönes dichten kann!

Der Mensch, durchtrieben und gescheit,
bemerkte schon seit alter Zeit,
daß ihm hienieden allerlei
verdrießlich und zuwider sei.
Die Freude flieht auf allen Wegen;
der Ärger kommt uns gern entgegen.
Gar mancher schleicht betrübt umher;
sein Knopfloch ist so öd und leer.
Für manchen hat ein Mädchen Reiz,
nur bleibt die Liebe seinerseits.
Doch gibt's noch mehr Verdrießlichkeiten,
zum Beispiel läßt sich nicht bestreiten:
Die Sorge, wie man Nahrung findet,
ist häufig nicht so unbegründet.
Kommt einer dann und fragt: Wie geht's?
steht man gewöhnlich oder stets
gewissermaßen peinlich da,
indem man spricht: Nun, so lala!
Und nur der Heuchler lacht vergnüglich
und gibt zur Antwort: Ei, vorzüglich!
Im Durchschnitt ist man kummervoll
und weiß nicht, was man machen soll. –

Nicht so der Dichter. Kaum mißfällt
ihm diese altgebackne Welt,
so knetet er aus weicher Kleie
für sich privatim eine neue.

O, wie beglückt ist doch ein Mann,
wenn er Gedichte machen kann!

Wilhelm Busch

SCHLUSS

Ich wußte ehmals nichts davon,
bin unschuldsvoll gewesen,
bis daß ich Wielands Oberon
und Heines Gedichte gelesen. –

Die haben sodann im Lauf der Zeit
mein bißchen Tugend gemeistert.
Ich träumte von himmlischer Seligkeit
und ward zum Dichten begeistert.

Auch fand ich, das Dichten sei keine Kunst,
man müßt' es nur einmal gewohnt sein. –
Ich sang von feuriger Liebesbrunst,
von Rosenknospen und Mondschein;

besang der Sonne strahlendes Licht. –
Viel Schönes ist mir gelungen.
Jeweilen mit dem schönsten Gedicht
hab' ich mich selber besungen.

Und folgte treu der gegebenen Spur,
auf meine Muster gestützet;
schrieb viele Bogen Makulatur. –
Wer weiß, zu was sie noch nützet? –

Und wenn das Dichten so weitergeht,
so darf ich im Tode behaupten:
«Am Ende war ich doch ein Poet,
Obwohl es die wenigsten glaubten.» –

Frank Wedekind

WAS UND WER ALLES IHM AM 13. DEZEMBER 2000 DURCH DEN KOPF GING

Jedes Weiterleben rächt sich:
Heute wurd ich Dreiundsechzig.

Dreiundsechzig!
Kein Alter fürn Dichter.
Allein dieser Zahlen
gemütlicher Dreischritt:
Drei, sechs, Quersumme neun,
so breiig sie alle, so unendlich rundlich –
und ein Dichter soll doch anecken!

Siebzehn! Das säbelt
zack! ins Zivile.
Einundzwanzig!
Das zeigts den Zeloten.
Item der Vierziger spitzige Sicheln
zielen und ritzen, schnitzen und sprießen –
dann aber ziehts sich bis siebzig.

Dreiundsechzig!
Gesegnetes Alter?
Im deutschen Dichterwald
schafftens nur wen'ge.
Entsprechend groß die Zahl der vorher
gefällten Dichterinnen und Dichter.
Wollen wir sie reinlassen?

Wie den edlen Wolfram von Eschenbach
wie Walther von der Vogelweide
wie den unsteten Ulrich von Hutten
mähte der mächtige Tod
Martin Opitz samt Simon Dach,
bevor sie sechzig wurden.

Auch den famosen Paul Fleming
den frommen Friedrich von Logau
den armen Andreas Gryphius

kappte samt Christian Hofmann
von Hofmanswaldau die ebenso scharf
wie früh geschwungene Sense.

Kunstreicher Quirinus Kuhlmann
genialer Christian Günther
geliebter Christan Gellert
scharfzüngiger Christian Schubart
hymnischer Ludwig Christoph Hölty –
ihr sankt in der Blüte der Jahre.

Grollender Gottfried Bürger
feiernder Friedrich Schiller
Neuland suchender Novalis
verzweifelnde von Günderode
und du auch, Achim von Arnim, ihr wurdet
zwar älter, aber nicht alt.

Ach Adelbert von Chamisso
o hochbegabter Hauff
verwehter Wilhelm Müller
gespaltener Graf von Platen
Annette von Droste-Hülshoff – ihr senktet
alle zu früh eure Fackel.

Nie lustiger Nikolaus Lenau
nie heimischer Heinrich Heine
nie fröhlicher Friedrich Hebbel
stets nachdenklicher Friedrich Nietzsche –
samt dem in die Ferne drängenden Dauthendey
welktet ihr vor der Reife.

Krankheit schlug Christian Morgenstern
Herzweh Hugo von Hofmannsthal
Haß verfolgte van Hoddis
Erz ereilte Ernst Stadler
Rosen beschwor noch der röchelnde Rilke
solang dazu Zeit war.

Es ging Georg Heym
es starb August Stramm
es litt Alfred Lichtenstein
es bezahlte Ernst Blass
es verschlang Flex und Trakl ein Krieg,
der auf Frischfleisch aus war.

Einsamer Erich Mühsam
waidwunder Franz Werfel
glückloser Yvan Goll
rastloser Joachim Ringelnatz –
gleich dem schwatzhaften Schwitters gingt ihr zeitig
oder wurdet gegangen.

Heimatlos Max Hermann-Neisse
todtraurig Kurt Tucholsky
sterbenskrank Klabund
wahngeschlagen Weinheber
im KZ ermordet Gertrud Kolmar –
das Ende hat viele Gesichter.

Langgässer hielt es nicht lange
beizeiten ging Bertolt Brecht
Theodor Kramer verkam
Reinhold Schneider verschied
den Albrecht Haushofer holten die Henker
zur frühen letzten Stunde.

Verendender Wolfgang Borchert
verblassender Bobrowski
verkümmernde Christine Lavant
verzweifelnder Paul Celan –
mit Konrad Bayer, dem bleichen Komplizen,
macht ihr die sechzig voll.

Fehln noch drei Dichter,
um dreiundsechzig
Namen zu nennen,
die es nicht schafften,
den dreiundsechzigsten Lenz zu feiern.

Oder wollten sie's gar nicht und machten sich deshalb
beizeiten aus dem Staube?

Brennende Ingeborg Bachmann
blutender Rolf Dieter Brinkmann
euch ging und vielen der andern
voran der schlesische Engel
Angelus Silesius.
Wann schlägt, ihm zu folgen, die Stunde dem,
der euch alle überlebt hat?

Robert Gernhardt

AN DIE KRITIKER

Nur nicht gleich das Schwert gewetzt
und das Beil geschliffen!
Was ihr niemals überschätzt,
habt ihr nie begriffen.

Paul Heyse

DIE KRITIKER, will sagen: die neuen,
vergleich' ich den Papageien;
sie haben drei oder vier Worte,
die wiederholen sie an jedem Orte.

Romantisch, klassisch und modern:
scheint schon ein Urteil diesen Herrn,
und sie übersehen in stolzem Mut
die wahren Gattungen: schlecht und gut.

Franz Grillparzer

REZENSENT

Da hatt' ich einen Kerl zu Gast,
er war mir eben nicht zur Last;
ich hatt' just mein gewöhnlich Essen.
Hat sich der Kerl pumpsatt gefressen,
zum Nachtisch, was ich gespeichert hatt'.
Und kaum ist mir der Kerl so satt,
tut ihn der Teufel zum Nachbar führen,
über mein Essen zu räsonieren:
«Die Supp' hätt können gewürzter sein,
der Braten brauner, firner der Wein.»
Der Tausendsackerment!
Schlagt ihn tot, den Hund! Es ist ein Rezensent.

Johann Wolfgang Goethe

JA, DONNERT GOTT, Ja, singt der Dichter,
stell etwas hin und laß sie schrein!
Der Teufel nur, der Splitterrichter,
der selbst nichts schafft, sagt ewig: Nein.
Emanuel Geibel

ABSCHIED

Unangeklopft ein Herr tritt abends bei mir ein:
«Ich hab die Ehr', Ihr Rezensent zu sein.»
Sofort nimmt er das Licht in die Hand,
besieht lang meinen Schatten an der Wand,
rückt nah und fern: «Nun, lieber junger Mann,
sehn Sie doch gefälligst mal Ihre Nas' so von der Seite an.
Sie geben zu, daß das ein Auswuchs is.»
«Das? Alle Wetter – gewiß!
Ei Hasen! ich dachte nicht,
all mein Lebtage nicht,
daß ich so eine Weltnase führt' im Gesicht!»

Der Mann sprach noch verschiednes hin und her,
ich weiß, auf meine Ehre, nicht mehr;
meinte vielleicht, ich sollt' ihm beichten.
Zuletzt stand er auf; ich tat ihm leuchten.
Wie wir nun an der Treppe sind,
da geb' ich ihm, ganz froh gesinnt,
einen kleinen Tritt,
nur so von hinten aufs Gesäße, mit –
alle Hagel! ward das ein Gerumpel,
ein Gepurzel, ein Gehumpel!
Dergleichen hab' ich nie gesehn,
all mein Lebtage nicht gesehn,
einen Menschen so rasch die Treppe hinabgehn!
Eduard Mörike

LEGENDE VON DER ENTSTEHUNG DES BUCHES TAOTEKING AUF DEM WEGE DES LAOTSE IN DIE EMIGRATION

Als er siebzig war und war gebrechlich,
drängte es den Lehrer doch nach Ruh.
Denn die Güte war im Lande wieder einmal schwächlich
und die Bosheit nahm an Kräften wieder einmal zu.
Und er gürtete den Schuh.

Und er packte ein, was er so brauchte:
Wenig. Doch es wurde dies und das.
So die Pfeife, die er immer abends rauchte
und das Büchlein, das er immer las.
Weißbrot nach dem Augenmaß.

Freute sich des Tals noch einmal und vergaß es,
als er ins Gebirg den Weg einschlug.
Und sein Ochse freute sich des frischen Grases
kauend, während er den Alten trug.
Denn dem ging es schnell genug.

Doch am vierten Tag im Felsgesteine
hat ein Zöllner ihm den Weg verwehrt:
«Kostbarkeiten zu verzollen?» – «Keine.»
Und der Knabe, der den Ochsen führte, sprach: «Er hat gelehrt.»
Und so war auch das erklärt.

Doch der Mann in einer heitren Regung
fragte noch: «Hat er was rausgekriegt?»
Sprach der Knabe: «Daß das weiche Wasser in Bewegung
mit der Zeit den mächtigen Stein besiegt.
Du verstehst, das Harte unterliegt.»

Daß er nicht das letzte Tageslicht verlöre,
trieb der Knabe nun den Ochsen an.
Und die drei verschwanden schon um eine schwarze Föhre,
da kam plötzlich Fahrt in unsern Mann
und er schrie: «He, du! Halt an!

Was ist das mit diesem Wasser, Alter?»
Hielt der Alte: «Interessiert es dich?»
Sprach der Mann: «Ich bin nur Zollverwalter,
doch wer wen besiegt, das interessiert auch mich.
Wenn du's weißt, dann sprich!

Schreib mir's auf! Diktier es diesem Kinde!
So was nimmt man doch nicht mit sich fort.
Da gibt's doch Papier bei uns und Tinte,
und ein Nachtmahl gibt es auch: ich wohne dort.
Nun, ist das ein Wort?»

Über seine Schulter sah der Alte
auf den Mann: Flickjoppe. Keine Schuh.
Und die Stirne eine einzige Falte.
Ach, kein Sieger trat da auf ihn zu.
Und er murmelte: «Auch du?»

Eine höfliche Bitte abzuschlagen,
war der Alte, wie es schien, zu alt.
Denn er sagte laut: «Die etwas fragen,
die verdienen Antwort.» Sprach der Knabe: «Es wird auch schon kalt.»
«Gut, ein kleiner Aufenthalt.»

Und von seinem Ochsen stieg der Weise,
sieben Tage schrieben sie zu zweit,
und der Zöllner brachte Essen (und er fluchte nur noch leise
mit den Schmugglern in der ganzen Zeit).
Und dann war's so weit.

Und dem Zöllner händigte der Knabe
eines Morgens einundachtzig Sprüche ein,
und mit Dank für eine kleine Reisegabe
bogen sie um jene Föhre ins Gestein.
Sagt jetzt: kann man höflicher sein?

Aber rühmen wir nicht nur den Weisen,
dessen Name auf dem Buche prangt!
Denn man muß dem Weisen seine Weisheit erst entreißen.
Darum sei der Zöllner auch bedankt:
Er hat sie ihm abverlangt. *Bertolt Brecht*

DER VOGEL BIENENFRESSER

Die den süßen Honig holen,
von den Rosen, von dem Flieder –
was sie eben sich gestohlen,
raubt sich gleich ein andrer wieder
auf die frechste Räuberweise,
goldner Stacheln ungeachtet:
Und die Bienen, schwer befrachtet,
selber sind sie nun die Speise,
und wie Honig ihnen, besser
schmecken sie dem Bienenfresser.

Und der Dichter? Voller Gier,
ohne Vorsicht und Bewahrung
schluckt er stachelige Nahrung
wie das Bienenfressertier.
Nie und nie, daß er verzichte,
kann er nur den Honig haben:
Bienen baun aus Honig Waben
und die Dichter draus Gedichte.

Georg Britting

DER REIM

Der Reim ist heilig. Denn durch ihn erfahren
wir tiefe Zwieheit, die sich will entsprechen.
Sind wir nicht selbst mit Aug-, Ohr-, Lippenpaaren
gepaarte Reime ohne Klang-Gebrechen?

Das Reimwort meinst du mühsam zu bestechen,
doch wird es unversehens offenbaren,
wie Liebeskräfte, die zerspalten waren,
zum Kuß des Gleichklangs durch die Fernen brechen.

Allein nicht jede Sprache hat geheiligt
den reinen Reim. Wo nur sich deckt die Endung,
droht leeres Spiel. Der Geist bleibt unbeteiligt.

Dieselben Silben lassen leicht sich leimen.
Doch Stämm' und Wurzeln spotten solcher Blendung.
Im Deutschen müssen sich die Sachen reimen.

Franz Werfel

SCHLECHTE ZEIT FÜR LYRIK

Ich weiß doch: nur der Glückliche
ist beliebt. Seine Stimme
hört man gern. Sein Gesicht ist schön.

Der verkrüppelte Baum im Hof
zeigt auf den schlechten Boden, aber
die Vorübergehenden schimpfen ihn einen Krüppel
doch mit Recht.

Die grünen Boote und die lustigen Segel des Sundes
sehe ich nicht. Von allem
sehe ich nur der Fischer rissiges Garnnetz.
Warum rede ich nur davon
daß die vierzigjährige Häuslerin gekrümmt geht?
Die Brüste der Mädchen
sind warm wie ehedem.

In meinem Lied ein Reim
käme mir fast vor wie Übermut.

In mir streiten sich
die Begeisterung über den blühenden Apfelbaum
und das Entsetzen über die Reden des Anstreichers.
Aber nur das zweite
drängt mich zum Schreibtisch.

Bertolt Brecht

DIE DICHTER

Wo die Linde ihren schweren
grünen Mantel hält,

Ulme, um sich abzukehren,
schließt ihr Blätterzelt,

seid ihr ihnen, euch zu nähren,
sorglich beigesellt,

aus der Welt Verwiesene, deren
Wort ins Dunkel fällt.

Georg von der Vring

EIN LIED AUS MEINER ZEIT

Ein politisch Lied, ein garstig Lied!
So dachten die Dichter mit Goethe'n
und glaubten, sie hätten genug getan,
wenn sie könnten girren und flöten
von Nachtigallen, von Lieb' und Wein,
von blauen Bergesfernen,
von Rosenduft und Lilienschein,
von Sonne, Mond und Sternen.

Ein politisch Lied, ein garstig Lied!
So dachten die Dichter mit Goethe'n
und glaubten, sie hätten genug getan,
wenn sie könnten girren und flöten –
Doch anders dachte das Vaterland:
Das will von der Dichterinnung
Für den verbrauchten Leiertand,
Nur Muth und biedre Gesinnung.

Ich sang nach alter Sitt' und Brauch
von Mond und Sternen und Sonne,
von Wein und Nachtigallen auch,
von Liebeslust und Wonne.
Da rief mir zu das Vaterland:
Du sollst das Alte lassen,
den alten verbrauchten Leiertand,
du sollst die Zeit erfassen!

Denn anders geworden ist die Welt,
es leben andere Leute;
Was gestern noch stand, schon heute fällt,
was gestern nicht galt, gilt heute.
Und wer nicht die Kunst in unserer Zeit
weiß gegen die Zeit zu richten,
Der werde nun endlich bei Zeiten gescheit
Und lasse lieber das Dichten!

Hoffmann von Fallersleben

CHORUS DER LYRIKER

O Mainacht, Mond und Mandoline!
Wer schwärmte früher für Lassalle?
Heut gellt der Pfiff der Dampfmaschine
ins Hohelied der Nachtigall!

Man schimpft uns «ewge Sekundaner»,
doch falsch ist ihre Strategie:
Wir sind die letzten Mohikaner
der deutschen Stimmungspoesie.

Wir klopfen an die leere Tonne
und rufen: Wein her, roten Wein!
Auch uns erfreut das Licht der Sonne,
nur darf es nicht elektrisch sein.

Laßt uns die Henkelkrüge schwingen:
Ju Evoë, Anakreon!
Was geht die Zeit uns an! Wir singen
vom Mammut und vom Mastodon!

Arno Holz

REDE VOM GEDICHT

Das Gedicht ist nicht der Ort, wo die Schönheit gepflegt wird.

Hier ist die Rede vom Salz, das brennt in den Wunden.
Hier ist die Rede vom Tod, von vergifteten Sprachen.
Von Vaterländern, die eisernen Schuhen gleichen.
Das Gedicht ist nicht der Ort, wo die Wahrheit verziert wird.

Hier ist die Rede vom Blut, das fließt aus den Wunden.
Vom Elend, vom Elend, vom Elend des Traums.
Von Verwüstung und Auswurf, von klapprigen Utopien.
Das Gedicht ist nicht der Ort, wo der Schmerz verheilt wird.

Hier ist die Rede von Zorn und Täuschung und Hunger
(die Stadien der Sättigung werden hier nicht besungen).
Hier ist die Rede von Fressen, Gefressenwerden
von Mühsal und Zweifel, hier ist die Chronik der Leiden.
Das Gedicht ist nicht der Ort, wo das Sterben begütigt,
wo der Hunger gestillt, wo die Hoffnung verklärt wird.

Das Gedicht ist der Ort der zu Tode verwundeten Wahrheit.
Flügel! Flügel! Der Engel stürzt, die Federn
fliegen einzeln und blutig im Sturm der Geschichte!

Das Gedicht ist nicht der Ort, wo der Engel geschont wird.

Christoph Meckel

AUSBRECHEN

Ausbrechen
aus den Wortzäunen,
den Satzketten,
den Punktsystemen,
den Einklammerungen,
den Rahmen der Selbstbespiegelungen,
den Beistrichen, den Gedankenstrichen
– um die ausweichenden, aufweichenden
Gedankenlosigkeiten gesetzt –
Ausbrechen
in die Freiheit des Schweigens.

Wolfgang Bächler

NICHT GESAGT

Nicht gesagt
was von der Sonne zu sagen gewesen wäre
und vom Blitz nicht das einzig richtige
geschweige denn von der Liebe.

Versuche. Gesuche. Mißlungen
ungenaue Beschreibung

Weggelassen das Morgenrot
nicht gesprochen vom Sämann
und nur am Rande vermerkt
den Hahnenfuß und das Veilchen.

Euch nicht den Rücken gestärkt
mit ewiger Seligkeit
den Verfall nicht geleugnet
und nicht die Verzweiflung

Den Teufel nicht an die Wand
weil ich nicht an ihn glaube
Gott nicht gelobt
aber wer bin ich daß

Marie Luise Kaschnitz

AUSBLICK

Glanzloses Leben,
aber die Abende:
Lampe, Feder und Pfeife und
daß du Entschwundenes festhieltst.

Einritzen in Papier,
was dir wert war:
ein Ammonit, im Geröll gefunden,
Septemberlicht wie von anderswo.

Was dahinter ist,
wenn die Lampe brennt.
In der Ferne werden die Berge hell.
Wasser und Gras überleben dich.

Hermann Lenz

KAVALIERSHAUS

Daß ich drin könnte wohnen,
hab ich nie geglaubt;
es würde von keinem Fürsten
einem wie mir erlaubt.

Es wären auch die Kastanien
des Gartens für mich zu schön;
und Stund um Stunde die Schloßuhr
hören, das zarte Getön.

Im übrigen: nach den Fenstern
zu schließen, die Räume stehn leer –
wo nähme ein Fürst auch passende
Hausbewohner her?

Auf mich wird er nicht verfallen;
noch kommt hinzu: er ist
kein Kenner von meinerlei Dingen,
abandonnés et tristes.

Georg von der Vring

EIN WORT

Ein Wort, ein Satz –: aus Chiffren steigen
erkanntes Leben, jäher Sinn,
die Sonne steht, die Sphären schweigen
und alles ballt sich zu ihm hin.

Ein Wort – ein Glanz, ein Flug, ein Feuer,
ein Flammenwurf, ein Sternenstrich –
und wieder Dunkel, ungeheuer,
im leeren Raum um Welt und Ich.

Gottfried Benn

DER TOD DER DICHTER

Der Dichter, der des Toren Bosheit spürt …
Georg Heym

Man denkt an keinen, der im Eis ertrunken,
an keinen, den das salz'ge Meer verschlang,
man denkt an die Moräste nicht, an Lurch und Unken,
man hört Gesang.

Auch Orpheus wurde ja zuletzt zerrissen,
man hört Gesang,
man hört das Stöhnen nicht in den verschwitzten Kissen,
man weilt im Jenseits nicht und in den Finsternissen,
man will den Überschwang.

Dem einen faulten ab die Finger und die Zehen,
und dann ergriff es die verseuchten Glieder,
das glaubt man nicht, man denkt, so seien Wehen
für Verse und für Lieder.

Was sagen dem, der liest, die Gifte und die Seuchen,
die in die angsterfüllten Seelen dringen? –
Die Fledermäuse sind nicht zu verscheuchen,
Die schwirrenden, die niemals singen,
vor Furcht ist er, vor tollem Wahnwitz krank,
niemand vernimmt sein Stöhnen und sein Keuchen,
man hört Gesang.

Horst Lange

DIE SINNGEDICHTE AN DEN LESER

Wer wird nicht einen *Klopstock* loben?
Doch wird ihn jeder lesen? – Nein.
Wir wollen weniger erhoben,
und fleißiger gelesen sein.

Gotthold Ephraim Lessing

DICHTERVIERTEL

Zu Lebzeiten meist
arme Schlucker, Bittsteller,
verlacht, verfolgt, verkommen –
aber tot und berühmt zu gebrauchen:
Jetzt gibt es Kleist-
und Hölderlin- und Büchner-
und Heine- und Tucholskystraßen.
Auch des armen B.B.
hat man gedacht,
zwischen Scheffel und Geibel.
So triste Straßen wie die,
in der Gregor Samsa wohnte und starb,
heißen Frauenlob- oder Klopstockstraße.
Und nach dem, der den Weg nicht wußte,
hat man einen genannt, den Kafkaweg.
In der Goethestraße Behörden und Ämter,
in der Schillerstraße Kasernen und Schulen:
Im Dichterviertel ist immer Totensonntag.

Kurt Mautz

WORTE

Allein: du mit den Worten
und das ist wirklich allein,
Clairons und Ehrenpforten
sind nicht in diesem Sein.

Du siehst ihnen in die Seele
nach Vor- und Urgesicht,
Jahre um Jahre – quäle
dich ab, du findest nicht.

Und drüben brennen die Leuchten
in sanftem Menschenhort,
von Lippen, rosigen, feuchten
perlt unbedenklich das Wort.

Nur deine Jahre vergilben
in einem anderen Sinn,
bis in die Träume: Silben –
doch schweigend gehst du hin.

Gottfried Benn

DAS ENDE DER KUNST

Du darfst nicht, sagte die eule zum auerhahn,
du darfst nicht die sonne besingen
Die sonne ist nicht wichtig

Der auerhahn nahm
die sonne aus seinem gedicht

Du bist ein künstler,
sagte die eule zum auerhahn

Und es war schön finster

Reiner Kunze

WÖRTER

Wörter
meine Fallschirme
mit euch
springe
ich
ab

Ich fürchte nicht die Tiefe
wer euch richtig
öffnet

schwebt
Horst Bienek

OH SAGE, DICHTER, was du tust? – Ich rühme.
Aber das Tödliche und Ungestüme,
wie hältst du's aus, wie nimmst du's hin? – Ich rühme.
Aber das Namenlose, Anonyme,
wie rufst du's, Dichter, dennoch an? – Ich rühme.
Woher dein Recht, in jeglichem Kostüme,
in jeder Maske wahr zu sein? – Ich rühme.
Und daß das Stille und das Ungestüme
wie Stern und Sturm dich kennen?: – weil ich rühme.
Rainer Maria Rilke

GEDICHTE

Im Namen dessen, der die Stunden spendet,
im Schicksal des Geschlechts, dem du gehört,
hast du fraglosen Aug's den Blick gewendet
in eine Stunde, die den Blick zerstört.
Die Dinge dringen kalt in die Gesichte
und reißen sich der alten Bindung fort,
es gibt nur ein Begegnen: im Gedichte
die Dinge mystisch bannen durch das Wort.

Am Steingeröll der großen Weltruine,
dem Ölberg, wo die tiefste Seele litt,
vorbei am Posilipp der Anjouine,
dem Stauferblut und ihrem Racheschritt:
ein neues Kreuz, ein neues Hochgerichte,
doch eine Stätte ohne Blut und Strang,
sie schwört in Strophen, urteilt im Gedichte,
die Spindeln drehen still: die Parze sang.

Im Namen dessen, der die Stunden spendet,
erahnbar nur, wenn er vorüberzieht
an einem Schatten, der das Jahr vollendet,
doch unausdeutbar bleibt das Stundenlied –
ein Jahr am Steingeröll der Weltgeschichte,
Geröll der Himmel und Geröll der Macht,
und nun die Stunde, deine: im Gedichte
das Selbstgspräch des Leides und der Nacht.

Gottfried Benn

ANHANG

VERZEICHNIS DER RECHTEINHABER

Stefan Andres © Hans-Joachim Klapperich-Andres
H. C. Artmann © Rosa Artmann
Cyrus Atabay © Insel Verlag, Frankfurt am Main
Rose Ausländer aus: Die Sichel mäht die Zeit zu Heu. Gedichte 1957-1965 © S. Fischer Verlag GmbH, Frankfurt am Main 1985
Wolfgang Bächler aus: Ausbrechen. Gedichte aus 30 Jahren © S. Fischer Verlag GmbH, Frankfurt am Main 1976
Ingeborg Bachmann aus: Werke. Bd. 1, Gedichte © 1978 Piper Verlag GmbH, München
Johannes R. Becher aus: Gesammelte Werke. 18 Bände. Herausgegeben vom Johannes-R.-Becher-Archiv der Deutschen Akademie der Künste zu Berlin, seit 1973 Johannes-R.-Becher-Archiv der Akademie der Künste der Deutschen Demokratischen Republik. 1966-1981. «Tränen des Vaterlandes anno 1937», «In deiner Sprache» © Aufbau-Verlag Berlin und Weimar 1966; «Auferstanden aus Ruinen», «Deutschland meine Trauer» © Aufbau-Verlag Berlin und Weimar 1973
Hans Bender aus: Lyrische Biographie, Werkkunstschule Wuppertal 1957 © Hans Bender
Gottfried Benn «Tag, der den Sommer endet», «Astern», «Ein Wort», «Einsamer nie», «Gedichte» aus: Statische Gedichte © 1948, 2000 by Arche Verlag AG, Zürich – Hamburg; «Worte», «Menschen getroffen», «Nur zwei Dinge», «März. Brief nach Meran», «Leb wohl, du Flüchtige, Freie», «Auf deine Lider senk ich Schlummer», «Pappel», «Kann keine Trauer sein», «Für Klabund», «Melancholie», «Reisen» aus: Gottfried Benn. Sämtliche Gedichte © Klett-Cotta, Stuttgart 1998
Werner Bergengruen «An die Völker der Erde» aus: Dies irae. Gedichtzyklus. Verlag Kurt Desch, München 1945; «Die Meise» aus: Die heile Welt, Zürich 1950 © N. Luise Hackelsberger; «Totenklage um Samogonski», «Die himmlische Rechenkunst», «Zu Lehen», «Der Hund in der Kirche», «Auf ein Grab», «Leben eines Mannes» aus: Meines Vaters Haus. Gesammelte Gedichte. Herausgegeben von N. Luise Hackelsberger © 1992, 2004 by Arche Verlag AG, Zürich – Hamburg
Wolf Biermann «Um Deutschland ist mir gar nicht bang» aus: Paradies uff Erden © 1999 by Verlag Kiepenheuer & Witsch, Köln; «Soldat, Soldat», «Ermutigung» aus: Alle Lieder © 1991 by Verlag Kiepenheuer & Witsch, Köln; «Nachricht» aus: Nachlaß 1 © 1977 by Verlag Kiepenheuer & Witsch, Köln
Johannes Bobrowski aus: Gesammelte Werke in sechs Bänden. Erster Band: Die Gedichte © 1998 Deutsche Verlags-Anstalt, München in der Verlagsgruppe Random House GmbH
Rudolf Borchardt aus: Gesammelte Werke. In 14 Einzelbänden. Gedichte. Textkritisch revidierte Neuedition der Ausgabe von 1957. Herausgegeben von Gerhard Schuster und Lars Korten © Klett-Cotta, Stuttgart 2003
Elisabeth Borchers © Suhrkamp Verlag, Frankfurt am Main
Nicolas Born aus: Gedichte. Herausgegeben von Katharina Born. 2. Auflage © Wallstein Verlag, Göttingen 2005, S. 79
Rainer Brambach aus: Gesammelte Gedichte, Copyright © 2003 Diogenes Verlag AG Zürich
Felix Braun © Tatjana Popovic
Bertolt Brecht © Suhrkamp Verlag, Frankfurt am Main
Gertrud von den Brincken © Mare Baltikum Verlag, Lübeck-Travemünde
Rolf Dieter Brinkmann aus: Westwärts 1 & 2. Gedichte. Mit Fotos und Anmerkungen des Autors. Erweiterte Neuausgabe. Copyright © 2005 by Rowohlt Verlag GmbH, Reinbek bei Hamburg

Georg Britting © Ingeborg Schuldt-Britting

Christine Busta aus: Der Regenbaum © Otto Müller Verlag, Salzburg 1995, 2. Auflage

Hans Carossa © Eva Kampmann-Carossa

Paul Celan «Die Todesfuge» aus: Mohn und Gedächtnis © 1952 Deutsche Verlags-Anstalt, München in der Verlagsgruppe Random House GmbH; «Tenebrae» aus: Sprachgitter © S. Fischer Verlag GmbH, Frankfurt am Main 1959; «Tübingen, Jänner» aus: Die Niemandsrose © S. Fischer Verlag GmbH, Frankfurt am Main 1963; «Die Schwermutsschnellen hindurch» © Suhrkamp Verlag, Frankfurt am Main

Franz Theodor Csokor © Irmgard Broz-Rieder

Heinz Czechowski © Heinz Czechowski

Heinrich Detering aus: Schwebstoffe. Gedichte © Wallstein Verlag, Göttingen 2004, S. 42

Hugo Dittberner © Buch & Media GmbH, München

Hilde Domin «Die Liebe» aus: Der Baum blüht trotzdem. Gedichte © S. Fischer Verlag GmbH, Frankfurt am Main 1999; «Gleichgewicht» aus: Gesammelte Gedichte © S. Fischer Verlag GmbH, Frankfurt am Main 1987

Günter Eich © Suhrkamp Verlag, Frankfurt am Main

Hans Magnus Enzensberger © Suhrkamp Verlag, Frankfurt am Main

Heinz Erhardt © Lappan Verlag GmbH, Oldenburg

Richard Exner © Radius Verlag, Stuttgart

Erich Fried «Werbung» aus: Warngedichte © 1979 Carl Hanser Verlag, München – Wien; «Trennung» aus: Liebesgedichte © 1979 Verlag Klaus Wagenbach, Berlin

Walter Helmut Fritz «Du bist das Haus», «Nichts sonst» © Akademie der Wissenschaften und der Literatur, Mainz; «Es sterben nur die anderen» Copyright © 1979 by Hoffmann und Campe Verlag, Hamburg

Peter Gan aus: Gesammelte Werke in drei Bänden. Herausgegeben von Friedhelm Kemp. Wallstein Verlag, Göttingen 1997, Bd. 1, S. 93 und S. 354. Auch in: Peter Gan. Ausgewählte Gedichte. Ausgewählt und herausgegeben von Friedhelm Kemp. Wallstein Verlag, Göttingen 1994, S. 42 und S. 111 © Gesina Möring

Robert Gernhardt «Bescheidener Dichter» aus: Weiche Ziele © Robert Gernhardt 1994. Alle Rechte vorbehalten S. Fischer Verlag GmbH, Frankfurt am Main; «Was und wer alles ihm am 13. Dezember 2000 durch den Kopf ging» aus: Im Glück und anderswo. Gedichte © S. Fischer Verlag GmbH, Frankfurt am Main 2002; «Alter Wein» aus: Später Spagat. Gedichte © S. Fischer Verlag GmbH, Frankfurt am Main 2006; «Gesetzt den Fall, ihr habt ein Schaf gekränkt» aus: Ich höre was, was du nicht siehst, Insel Verlag, Frankfurt am Main 1975 © Robert Gernhardt, durch Agentur Schlück. Alle Rechte vorbehalten.

Albrecht Goes aus: Lichtschatten du. Gedichte aus fünfzig Jahren © S. Fischer Verlag GmbH, Frankfurt am Main 1978

Yvan Goll aus: Die Lyrik in vier Bänden. Band II. Liebesgedichte 1917-1950. Herausgegeben und kommentiert von Barbara Glauert-Hesse im Auftrag der Fondation Yvan et Claire Goll, Saint-Dié-des-Vosges © 1996 Argon Verlag GmbH, Berlin, S. 319. Alle Rechte bei und vorbehalten durch Wallstein-Verlag, Göttingen

Günter Grass aus: Lyrische Beute © Steidl Verlag, Göttingen 2004

Ludwig Greve aus: Die Gedichte. Herausgegeben von Reinhard Tgahrt © Wallstein Verlag, Göttingen, S. 7

Harald Grill © Edition Toni Pongratz

Michael Groißmeier © Buch & Media GmbH, München
Durs Grünbein aus: Porzellan. Poem vom Untergang meiner Stadt, Frankfurt am Main, Suhrkamp 2005 © Suhrkamp Verlag, Frankfurt am Main
Michael Guttenbrunner © Rimbaud Verlagsgesellschaft mbH, Aachen
Rudolf Hagelstange © Regine Stolzke
Ulla Hahn aus: So offen die Welt © 2004 Deutsche Verlags-Anstalt, München in der Verlagsgruppe Random House GmbH
Peter Hamm aus: Der Balken. Gedichte © 1981 Carl Hanser Verlag, München – Wien
Ludwig Harig aus: Hundert Gedichte. Alexandrinische Sonette, Terzinen, Couplets und andere Verse in strenger Form. Mit einem Nachwort von Karl Krolow © 1988 Carl Hanser Verlag, München – Wien
Harald Hartung aus: Aktennotiz meines Engels. Gedichte 1957–2004 © Wallstein Verlag, Göttingen 2005
Gerhart Hauptmann aus: Sämtliche Werke. © 1962 Propyläen Verlag in der Ullstein Buchverlage GmbH, Berlin
Albrecht Haushofer © Langewiesche-Brandt KG Verlag, Ebenhausen
Manfred Hausmann aus: Jahre des Lebens. Gedichte © Neukirchener Verlag, Neukirchen-Vluyn 1974
Manfred Peter Hein © Ammann Verlag, Zürich
Günter Herburger © Günter Herburger
Hermann Hesse © Suhrkamp Verlag, Frankfurt am Main
Dieter Hoffmann © Dieter Hoffmann
Walter Höllerer aus: Der fremde Gast. Gedichte © 1952 Carl Hanser Verlag, München – Wien
Ricarda Huch «Zuversicht», «Ewige Liebe», «Wo hast Du all die Schönheit hergenommen», «Du kamst zu mir», «O blühende Heide», «Sehnsucht», «Wiegenlied aus dem dreißigjährigen Krieg», «Uralter Worte kundig kommt die Nacht» aus: Gesammelte Werke. Band 5. Herausgegeben von Wilhelm Emrich © 1971 by Verlag Kiepenheuer & Witsch, Köln; «Matt im Schoß liegt die Hand»: Mit Genehmigung des Verlages Kiepenheuer & Witsch, Köln; «Himmelsmärchen», «Zwei Gärten», «Tief in den Himmel verklingt» © Insel Verlag, Frankfurt am Main
Peter Huchel «Sibylle des Sommers» aus: Chausseen Chausseen. Gedichte © S. Fischer Verlag GmbH, Frankfurt am Main 1963; «Späte Zeit», «April 1945», «Löwenzahn» © Roger Melis; «Odysseus und die Circe», «Exil», «Undine», «Unter der blanken Hacke des Mondes» © Suhrkamp Verlag, Frankfurt am Main
Ernst Jandl aus: Ernst Jandl, poetische Werke. Herausgegeben von Klaus Siblewski © 1997 by Luchterhand Literaturverlag, München, einem Unternehmen der Verlagsgruppe Random House GmbH
Georg Friedrich Jünger © Vittorio Klostermann GmbH, Frankfurt am Main
Mascha Kaléko aus: Verse für Zeitgenossen, Rowohlt Verlag, Reinbek © 1975 Gisela Zoch-Westphal
Emma Kann © Hartung-Gorre Verlag, Konstanz
Yaak Karsunke © Buch & Media GmbH, München
Marie Luise Kaschnitz «Auferstehung», «Dein Schweigen», «Dreimal», «Nicht gesagt», «Die Kinder dieser Welt», «Hiroshima», «Am Strande», «Juni» aus: Überallnie. Ausgewählte Gedichte 1928-1965 © 1965 Claassen Verlag in der Ullstein Buchverlage GmbH, Berlin; «Die Gärten», «Nicht mutig» © Suhrkamp Verlag, Frankfurt am Main
Erich Kästner © Atrium Verlag, Zürich, und Thomas Kästner
Alfred Kerr aus: Liebes Deutschland. Gedichte © Argon Verlag, Berlin 1991. Alle Rechte vorbehalten S. Fischer Verlag GmbH, Frankfurt am Main

Sarah Kirsch aus: Sämtliche Gedichte © 2005 Deutsche Verlags-Anstalt, München in der Verlagsgruppe Random House GmbH

Wulf Kirsten © Suhrkamp Verlag, Frankfurt am Main

Eckart Kleßmann © Eckart Kleßmann

Matthias Koeppel aus: Koeppels Tierleben in Starckdeutsch © 1991 Verlag Klaus Wagenbach, Berlin

Gertrud Kolmar © Suhrkamp Verlag, Frankfurt am Main

Max Kommerell © Vittorio Klostermann GmbH, Frankfurt am Main

Theodor Kramer aus: Gesammelte Gedichte in 3 Bänden. Herausgegeben von Erwin Chvojka. Band 3 © Paul Zsolnay Verlag Wien 1997 und 2004

Hans Krieger aus: Frei wie die Zäune - Eine Saison in Virginia © Oreos Verlag GmbH, Waakirchen 2005

Karl Krolow © Suhrkamp Verlag, Frankfurt am Main

Michael Krüger © Suhrkamp Verlag, Frankfurt am Main

Dietrich Krusche © Dietrich Krusche

Günter Kunert aus: Die Verkündigung des Wetters. Gedichte © 1966 Carl Hanser Verlag, München – Wien

Reiner Kunze «Spaziergang zu allen Jahreszeiten» aus: ein tag auf dieser erde © S. Fischer Verlag GmbH, Frankfurt am Main 1998; «Wohin der Schlaf sich schlafen legt» aus: Wohin der Schlaf sich schlafen legt © S. Fischer Verlag GmbH, Frankfurt am Main 1991; «Zuflucht noch hinter der Zuflucht», «Das Ende der Kunst» aus: gespräch mit der amsel © S. Fischer Verlag GmbH, Frankfurt am Main 1984

Isolde Kurz © Magnus Verlag, Essen

Horst Lange aus: Aus dumpfen Fluten kam Gesang. Gedichte. Stuttgart: Goverts Verlag 1958 © Eberhard Horst

Elisabeth Langgässer aus: Gesammelte Werke. Bd. 3: Gedichte. © 1959 Claassen Verlag in der Ullstein Buchverlage GmbH, Berlin

Else Lasker-Schüler © Suhrkamp Verlag, Frankfurt am Main

Christine Lavant «Alter Schlaf, wo hast du deine Söhne» aus: Die Bettlerschale © Otto Müller Verlag, Salzburg 2002, 7. Auflage; «Aus sanfter Mulde in dem Erdgenick» aus: Der Pfauenschrei © Otto Müller Verlag, Salzburg 1991, 4. Auflage; «An die Sonne» aus: Kunst wie meine ist nur verstümmeltes Leben © Otto Müller Verlag, Salzburg 1978

Gertrud von le Fort © Deutsche Schillergesellschaft, Marbach am Neckar

Wilhelm Lehmann aus: Gesammelte Werke in acht Bänden. Herausgegeben von Agathe Weigel-Lehmann u.a. Band 1: Sämtliche Gedichte. Herausgegeben von Hans Dieter Schäfer © Klett-Cotta, Stuttgart 1982

Hans Leip © Andrea Keller

Hermann Lenz © Insel Verlag, Frankfurt am Main

Oskar Loerke © Suhrkamp Verlag, Frankfurt am Main

Paula Ludwig © Langewiesche-Brandt KG Verlag, Ebenhausen

Otto Mainzer © P. Kirchheim Verlag, München

Rainer Malkowski «Gestürzte Linde» aus: Die Herkunft der Uhr. Gedichte © 2004 Carl Hanser Verlag, München – Wien; «Mit vierzehn», «Auf den Sieger», «Wenn mir nur noch ein Jahr bliebe», «Die Zypresse» © Suhrkamp Verlag, Frankfurt am Main

Kurt Mautz «Letterntausch» © Anabas-Verlag, Frankfurt am Main; «Vom Alphabeet zum Zetabeet», «Dichterviertel» © Verlag Eremiten-Presse, Düsseldorf

Friederike Mayröcker © Suhrkamp Verlag, Frankfurt am Main
Walter Meckauer aus: Die Sterne fallen herab © 1952, 1987 by Langen Müller Verlag in der F.A. Herbig Verlagsbuchhandlung GmbH, München
Christoph Meckel «Rede vom Gedicht» aus: Ungefähr ohne Tod im Schatten der Bäume. Ausgewählte Gedichte. Herausgegeben und mit einem Nachwort von Lutz Seiler © 2003 Carl Hanser Verlag, München – Wien; «Schinder», «Lied», «Odysseus» © Christoph Meckel
Ernst Meister © Rimbaud Verlagsgesellschaft mbH, Aachen
Max Mell aus: Prosa – Dramen – Verse © by Langen Müller Verlag in der F.A. Herbig Verlagsbuchhandlung GmbH, München
Alfred Mombert aus: Dichtungen © Kösel-Verlag, Verlagsgruppe Random House, München 1963
Peter Horst Neumann © Edition Toni Pongratz
Robert Neumann aus: Gesamtwerk © 1986 Deutsche Verlags-Anstalt, München in der Verlagsgruppe Random House GmbH
Dagmar Nick © Rimbaud Verlagsgesellschaft mbH, Aachen
Benno Papentrigk © Anton von Hesler, Rimsting
Oskar Pastior aus: Jalousien aufgemacht. Ein Lesebuch © 1987 Carl Hanser Verlag, München – Wien
Dirk von Petersdorff aus: Die Teufel in Arezzo. Gedichte © S. Fischer Verlag GmbH, Frankfurt am Main 2004
Richard Pietraß © Richard Pietraß
Heinz Piontek aus: Helldunkel © Verlag Herder, Freiburg im Breisgau 1987
Clemens Podewils © Barbara von Wulffen
Christa Reinig © Verlag Eremiten-Presse, Düsseldorf
Rudolf Riedler © 1980 Schneekluth Verlag GmbH, München
Eugen Roth © Eugen Roth Erben
Gerhard Rühm © Parthas Verlag, Berlin
Peter Rühmkorf «Hochseil» aus: Gedichte – Werke 1. Copyright © 2000 by Rowohlt Verlag GmbH, Reinbek bei Hamburg; «Liebe Dich, Liebe», «Minnesangs Abschiedslied» aus: Wenn – aber dann. Vorletzte Gedichte. Copyright © 1999 by Rowohlt Verlag GmbH, Reinbek bei Hamburg; «Bleib erschütterbar und widersteh» © Peter Rühmkorf
Martha Saalfeld © Berthold Roland
Nelly Sachs © Suhrkamp Verlag, Frankfurt am Main
Said © P. Kirchheim Verlag, München
Oda Schaefer aus: Grasmelodie. Neue Gedichte. München: Piper 1959 © Eberhard Horst
Richard von Schaukal aus: Gedichte © by Langen Müller Verlag in der F.A. Herbig Verlagsbuchhandlung GmbH, München
Ruth Schaumann © Andreas Fuchs
Wieland Schmied © Wieland Schmied
Friedrich Schnack © Sebastian Schnack
Reinhold Schneider © Insel Verlag, Frankfurt am Main
Wolf Peter Schnetz aus: Die Früchte des Regenbogenbaums oder Die Entdeckung des Schweigens © Lichtung Verlag GmbH, Viechtach
Rudolf Alexander Schröder © Suhrkamp Verlag, Frankfurt am Main
Schuldt © Literaturverlag Droschl
Ina Seidel aus: Gedichte © 2005 Deutsche Verlags-Anstalt, München in der Verlagsgruppe Random House GmbH

Lonja Stehelin-Holzing © Akademie der Wissenschaften und der Literatur, Mainz
Ludwig Steinherr © Ludwig Steinherr
Hubertus Graf von Strachwitz © Auer Verlag
Lulu von Strauß und Torney © Antje Diederichs
Jürgen Theobaldy © Verlag Das Wunderhorn
Georg Thurmair © Elisabeth Thurmair
Friedrich Torberg aus: Parodien, Pamphlete, Post-Scripts © 1964 by Langen Müller Verlag in der F.A. Herbig Verlagsbuchhandlung GmbH, München
Karl Valentin aus: Gesammelte Werke in einem Band © Piper Verlag GmbH, München 1985
Guntram Vesper © Buch & Media GmbH, München
Georg von der Vring © Langewiesche-Brandt KG Verlag, Ebenhausen
Jan Wagner © Jan Wagner
Josef Weinheber Copyright © 1953 by Hoffmann und Campe Verlag, Hamburg
Konrad Weiß © Friedhelm Kemp
Franz Werfel aus: Das Lyrische Werk. Herausgegeben von Adolf D. Klarmann © S. Fischer Verlag GmbH, Frankfurt am Main 1967
Wolfgang Werth © Wolfgang Werth
Ror Wolf © Frankfurter Verlagsanstalt GmbH, Frankfurt am Main 1996
Paul Zech © Bert Kasties
Carl Zuckmayer aus: Gedichte © S. Fischer Verlag GmbH, Frankfurt am Main 1977
Stefan Zweig aus: Silberne Saiten © S. Fischer Verlag GmbH, Frankfurt am Main 1982

Der Verlag hat versucht, die Inhaber aller Rechte ausfindig zu machen. Nicht in jedem Fall ist das gelungen. Der Verlag ist bereit, berechtigte Ansprüche abzugelten.

GEDICHTANFÄNGE UND GEDICHTÜBERSCHRIFTEN

VERZEICHNIS DER DICHTER